Megapack Oposiciones

Parte 1: Normativa

pág.

Constitución Española
de 29 de diciembre de 1978 3

Ley 39/2015, de 1 de octubre, del
**Procedimiento Administrativo Común
de las Administraciones Públicas** 19

Ley 40/2015, de 1 de octubre, de
Régimen Jurídico del Sector Público 55

Real Decreto Legislativo 5/2015, de 30 de octubre,
por el que se aprueba el texto refundido de la
Ley del Estatuto Básico del Empleado Público 117

Parte 2: Tests de apoyo al estudio

Ley 39/2015 (18 tests) 145

**Procedimiento y Régimen Jurídico
del Sector Público** (8 tests) 164

Ley 40/2015 (14 tests) 170

Estatuto Básico del Empleado Público (11 tests) 182

Otros exámenes (1.000 preguntas) 243

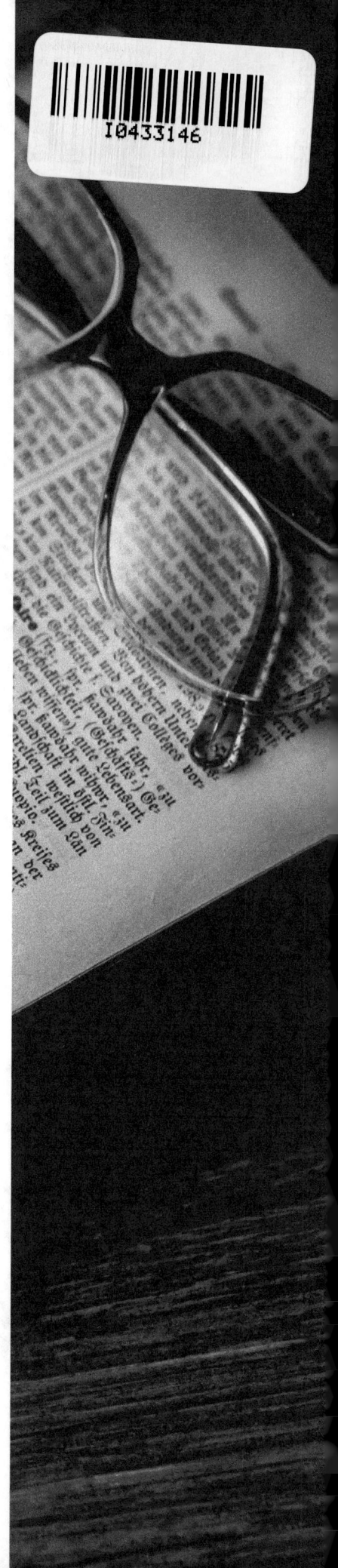

Porque yo también pasé por ello...

Estimado/a opositor/a; este volumen pretende ayudarte en tu tarea de estudio. Recopila las cuatro normas más vinculadas a la función pública y más de dos mil preguntas tipo test utilizadas en exámenes reales durante la última década.

El formato DinA4 facilita la legibilidad y deja más espacio para tus anotaciones. Puedes hacernos llegar cualquier sugerencia de mejora que estimes oportuna. Yo también recorrí el duro camino del opositor y ahora sólo espero humildemente haber podido facilitarte el tuyo.

Agustín Odriozola Kent
agustinodriozolakent@gmail.com

Triple Eñe Ediciones
ISBN: 978-1979266529

Impresión: CreateSpace

Fotografías Dariusz Sankowski
pixabay.com/es/users/DariuszSankowski

Constitución Española

de 29 de diciembre de 1978

Constitución Española

Don Juan Carlos I, Rey de España.

A todos los que la presente vieren y entendieren.

Sabed: que las Cortes han aprobado y el Pueblo español ratificado la siguiente Constitución.

Constitución Española de 1978

DON JUAN CARLOS I, REY DE ESPAÑA, A TODOS LOS QUE LA PRESENTE VIEREN Y ENTENDIEREN,

SABED: QUE LAS CORTES HAN APROBADO Y EL PUEBLO ESPAÑOL RATIFICADO LA SIGUIENTE CONSTITUCIÓN:

PREÁMBULO

La Nación española, deseando establecer la justicia, la libertad y la seguridad y promover el bien de cuantos la integran, en uso de su soberanía, proclama su voluntad de:

Garantizar la convivencia democrática dentro de la Constitución y de las leyes conforme a un orden económico y social justo.

Consolidar un Estado de Derecho que asegure el imperio de la ley como expresión de la voluntad popular.

Proteger a todos los españoles y pueblos de España en el ejercicio de los derechos humanos, sus culturas y tradiciones, lenguas e instituciones.

Promover el progreso de la cultura y de la economía para asegurar a todos una digna calidad de vida.

Establecer una sociedad democrática avanzada, y

Colaborar en el fortalecimiento de unas relaciones pacíficas y de eficaz cooperación entre todos los pueblos de la Tierra.

En consecuencia, las Cortes aprueban y el pueblo español ratifica la siguiente

CONSTITUCIÓN

TÍTULO PRELIMINAR

Artículo 1

1. España se constituye en un Estado social y democrático de Derecho, que propugna como valores superiores de su ordenamiento jurídico la libertad, la justicia, la igualdad y el pluralismo político.

2. La soberanía nacional reside en el pueblo español, del que emanan los poderes del Estado.

3. La forma política del Estado español es la Monarquía parlamentaria.

Artículo 2

La Constitución se fundamenta en la indisoluble unidad de la Nación española, patria común e indivisible de todos los españoles, y reconoce y garantiza el derecho a la autonomía de las nacionalidades y regiones que la integran y la solidaridad entre todas ellas.

Artículo 3

1. El castellano es la lengua española oficial del Estado. Todos los españoles tienen el deber de conocerla y el derecho a usarla.

2. Las demás lenguas españolas serán también oficiales en las respectivas Comunidades Autónomas de acuerdo con sus Estatutos.

3. La riqueza de las distintas modalidades lingüísticas de España es un patrimonio cultural que será objeto de especial respeto y protección.

Artículo 4

1. La bandera de España está formada por tres franjas horizontales, roja, amarilla y roja, siendo la amarilla de doble anchura que cada una de las rojas.

2. Los Estatutos podrán reconocer banderas y enseñas propias de las Comunidades Autónomas. Estas se utilizarán junto a la bandera de España en sus edificios públicos y en sus actos oficiales.

Artículo 5

La capital del Estado es la villa de Madrid.

Artículo 6

Los partidos políticos expresan el pluralismo político, concurren a la formación y manifestación de la voluntad popular y son instrumento fundamental para la participación política. Su creación y el ejercicio de su actividad son libres dentro del respeto a la Constitución y a la ley. Su estructura interna y funcionamiento deberán ser democráticos.

Artículo 7

Los sindicatos de trabajadores y las asociaciones empresariales contribuyen a la defensa y promoción de los intereses económicos y sociales que les son propios. Su creación y el ejercicio de su actividad son libres dentro del respeto a la Constitución y a la ley. Su estructura interna y funcionamiento deberán ser democráticos.

Artículo 8

1. Las Fuerzas Armadas, constituidas por el Ejército de Tierra, la Armada y el Ejército del Aire, tienen como misión garantizar la soberanía e independencia de España, defender su integridad territorial y el ordenamiento constitucional.

2. Una ley orgánica regulará las bases de la organización militar conforme a los principios de la presente Constitución.

Artículo 9

1. Los ciudadanos y los poderes públicos están sujetos a la Constitución y al resto del ordenamiento jurídico.

2. Corresponde a los poderes públicos promover las condiciones para que la libertad y la igualdad del individuo y de los grupos en que se integra sean reales y efectivas; remover los obstáculos que impidan o dificulten su plenitud y facilitar la participación de todos los ciudadanos en la vida política, económica, cultural y social.

3. La Constitución garantiza el principio de legalidad, la jerarquía normativa, la publicidad de las normas, la irretroactividad de las disposiciones sancionadoras no favorables o restrictivas de derechos individuales, la seguridad jurídica, la responsabilidad y la interdicción de la arbitrariedad de los poderes públicos.

TÍTULO I. DE LOS DERECHOS Y DEBERES FUNDAMENTALES

Artículo 10

1. La dignidad de la persona, los derechos inviolables que le son inherentes, el libre desarrollo de la personalidad, el respeto a la ley y a los derechos de los demás son fundamento del orden político y de la paz social.

2. Las normas relativas a los derechos fundamentales y a las libertades que la Constitución reconoce se interpretarán de conformidad con la Declaración Universal de Derechos Humanos y los tratados y acuerdos internacionales sobre las mismas materias ratificados por España.

CAPÍTULO PRIMERO

De los españoles y los extranjeros

Artículo 11

1. La nacionalidad española se adquiere, se conserva y se pierde de acuerdo con lo establecido por la ley.

2. Ningún español de origen podrá ser privado de su nacionalidad.

3. El Estado podrá concertar tratados de doble nacionalidad con los países iberoamericanos o con aquellos que hayan tenido o tengan una particular vinculación con España. En estos mismos países, aun cuando no reconozcan a sus ciudadanos un derecho recíproco, podrán naturalizarse los españoles sin perder su nacionalidad de origen.

Artículo 12

Los españoles son mayores de edad a los dieciocho años.

Artículo 13

1. Los extranjeros gozarán en España de las libertades públicas que garantiza el presente Título en los términos que establezcan los tratados y la ley.

2. Solamente los españoles serán titulares de los derechos reconocidos en el artículo 23, salvo lo que, atendiendo a criterios de reciprocidad, pueda establecerse por tratado o ley para el derecho de sufragio activo **y pasivo*** en las elecciones municipales.

3. La extradición sólo se concederá en cumplimiento de un tratado o de la ley, atendiendo al principio de reciprocidad. Quedan excluidos de la extradición los delitos políticos, no considerándose como tales los actos de terrorismo.

4. La ley establecerá los términos en que los ciudadanos de otros países y los apátridas podrán gozar del derecho de asilo en España.

CAPÍTULO SEGUNDO

Derechos y libertades

Artículo 14

Los españoles son iguales ante la ley, sin que pueda prevalecer discriminación alguna por razón de nacimiento, raza, sexo, religión, opinión o cualquier otra condición o circunstancia personal o social.

SECCIÓN 1.ª

De los derechos fundamentales y de las libertades públicas

Artículo 15

Todos tienen derecho a la vida y a la integridad física y moral, sin que, en ningún caso, puedan ser sometidos a tortura ni a penas o tratos inhumanos o degradantes. Queda abolida la pena de muerte, salvo lo que puedan disponer las leyes penales militares para tiempos de guerra.

Artículo 16

1. Se garantiza la libertad ideológica, religiosa y de culto de los individuos y las comunidades sin más limitación, en sus manifestaciones, que la necesaria para el mantenimiento del orden público protegido por la ley.

2. Nadie podrá ser obligado a declarar sobre su ideología, religión o creencias.

3. Ninguna confesión tendrá carácter estatal. Los poderes públicos tendrán en cuenta las creencias religiosas de la sociedad española y mantendrán las consiguientes relaciones de cooperación con la Iglesia Católica y las demás confesiones.

Artículo 17

1. Toda persona tiene derecho a la libertad y a la seguridad. Nadie puede ser privado de su libertad, sino con la observancia de lo establecido en este artículo y en los casos y en la forma previstos en la ley.

2. La detención preventiva no podrá durar más del tiempo estrictamente necesario para la realización de las averiguaciones tendentes al esclarecimiento de los hechos, y, en todo caso, en el plazo máximo de setenta y dos horas, el detenido deberá ser puesto en libertad o a disposición de la autoridad judicial.

3. Toda persona detenida debe ser informada de forma inmediata, y de modo que le sea comprensible, de sus derechos y de las razones de su detención, no pudiendo ser obligada a declarar. Se garantiza la asistencia de abogado al detenido en las diligencias policiales y judiciales, en los términos que la ley establezca.

4. La ley regulará un procedimiento de «habeas corpus» para producir la inmediata puesta a disposición judicial de toda persona detenida ilegalmente. Asimismo, por ley se determinará el plazo máximo de duración de la prisión provisional.

Artículo 18

1. Se garantiza el derecho al honor, a la intimidad personal y familiar y a la propia imagen.

2. El domicilio es inviolable. Ninguna entrada o registro podrá hacerse en él sin consentimiento del titular o resolución judicial, salvo en caso de flagrante delito.

3. Se garantiza el secreto de las comunicaciones y, en especial, de las postales, telegráficas y telefónicas, salvo resolución judicial.

4. La ley limitará el uso de la informática para garantizar el honor y la intimidad personal y familiar de los ciudadanos y el pleno ejercicio de sus derechos.

Artículo 19

Los españoles tienen derecho a elegir libremente su residencia y a circular por el territorio nacional.

Asimismo, tienen derecho a entrar y salir libremente de España en los términos que la ley establezca. Este derecho no podrá ser limitado por motivos políticos o ideológicos.

Artículo 20

1. Se reconocen y protegen los derechos:

a) A expresar y difundir libremente los pensamientos, ideas y opiniones mediante la palabra, el escrito o cualquier otro medio de reproducción.

b) A la producción y creación literaria, artística, científica y técnica.

c) A la libertad de cátedra.

d) A comunicar o recibir libremente información veraz por cualquier medio de difusión. La ley regulará el derecho a la cláusula de conciencia y al secreto profesional en el ejercicio de estas libertades.

2. El ejercicio de estos derechos no puede restringirse mediante ningún tipo de censura previa.

3. La ley regulará la organización y el control parlamentario de los medios de comunicación social dependientes del Estado o de cualquier ente público y garantizará el acceso a dichos medios de los grupos sociales y políticos significativos, respetando el pluralismo de la sociedad y de las diversas lenguas de España.

4. Estas libertades tienen su límite en el respeto a los derechos reconocidos en este Título, en los preceptos de las leyes que lo desarrollen y, especialmente, en el derecho al honor, a la intimidad, a la propia imagen y a la protección de la juventud y de la infancia.

5. Sólo podrá acordarse el secuestro de publicaciones, grabaciones y otros medios de información en virtud de resolución judicial.

Artículo 21

1. Se reconoce el derecho de reunión pacífica y sin armas. El ejercicio de este derecho no necesitará autorización previa.

2. En los casos de reuniones en lugares de tránsito público y manifestaciones se dará comunicación previa a la autoridad, que sólo podrá prohibirlas cuando existan razones fundadas de alteración del orden público, con peligro para personas o bienes.

Artículo 22

1. Se reconoce el derecho de asociación.

2. Las asociaciones que persigan fines o utilicen medios tipificados como delito son ilegales.

3. Las asociaciones constituidas al amparo de este artículo deberán inscribirse en un registro a los solos efectos de publicidad.

4. Las asociaciones sólo podrán ser disueltas o suspendidas en sus actividades en virtud de resolución judicial motivada.

5. Se prohíben las asociaciones secretas y las de carácter paramilitar.

Artículo 23

1. Los ciudadanos tienen el derecho a participar en los asuntos públicos, directamente o por medio de representantes, libremente elegidos en elecciones periódicas por sufragio universal.

2. Asimismo, tienen derecho a acceder en condiciones de igualdad a las funciones y cargos públicos, con los requisitos que señalen las leyes.

Artículo 24

1. Todas las personas tienen derecho a obtener la tutela efectiva de los jueces y tribunales en el ejercicio de sus derechos e intereses legítimos, sin que, en ningún caso, pueda producirse indefensión.

2. Asimismo, todos tienen derecho al Juez ordinario predeterminado por la ley, a la defensa y a la asistencia de letrado, a ser informados de la acusación formulada contra ellos, a un proceso público sin dilaciones indebidas y con todas las garantías, a utilizar los medios de prueba pertinentes para su defensa, a no declarar contra sí mismos, a no confesarse culpables y a la presunción de inocencia.

La ley regulará los casos en que, por razón de parentesco o de secreto profesional, no se estará obligado a declarar sobre hechos presuntamente delictivos.

Artículo 25

1. Nadie puede ser condenado o sancionado por acciones u omisiones que en el momento de producirse no constituyan delito, falta o infracción administrativa, según la legislación vigente en aquel momento.

2. Las penas privativas de libertad y las medidas de seguridad estarán orientadas hacia la reeducación y reinserción social y no podrán consistir en trabajos forzados. El condenado a pena de prisión que estuviere cumpliendo la misma gozará de los derechos fundamentales de este Capítulo, a excepción de los que se vean expresamente limitados por el contenido del fallo condenatorio, el sentido de la pena y la ley penitenciaria. En todo caso, tendrá derecho a un trabajo remunerado y a los beneficios correspondientes de la Seguridad Social, así como al acceso a la cultura y al desarrollo integral de su personalidad.

3. La Administración civil no podrá imponer sanciones que, directa o subsidiariamente, impliquen privación de libertad.

Artículo 26

Se prohíben los Tribunales de Honor en el ámbito de la Administración civil y de las organizaciones profesionales.

Artículo 27

1. Todos tienen el derecho a la educación. Se reconoce la libertad de enseñanza.

2. La educación tendrá por objeto el pleno desarrollo de la personalidad humana en el respeto a los principios democráticos de convivencia y a los derechos y libertades fundamentales.

3. Los poderes públicos garantizan el derecho que asiste a los padres para que sus hijos reciban la formación religiosa y moral que esté de acuerdo con sus propias convicciones.

4. La enseñanza básica es obligatoria y gratuita.

5. Los poderes públicos garantizan el derecho de todos a la educación, mediante una programación general de la enseñanza, con participación efectiva de todos los sectores afectados y la creación de centros docentes.

6. Se reconoce a las personas físicas y jurídicas la libertad de creación de centros docentes, dentro del respeto a los principios constitucionales.

7. Los profesores, los padres y, en su caso, los alumnos intervendrán en el control y gestión de todos los centros sostenidos por la Administración con fondos públicos, en los términos que la ley establezca.

8. Los poderes públicos inspeccionarán y homologarán el sistema educativo para garantizar el cumplimiento de las leyes.

9. Los poderes públicos ayudarán a los centros docentes que reúnan los requisitos que la ley establezca.

10. Se reconoce la autonomía de las Universidades, en los términos que la ley establezca.

Artículo 28

1. Todos tienen derecho a sindicarse libremente. La ley podrá limitar o exceptuar el ejercicio de este derecho a las Fuerzas o Institutos armados o a los demás Cuerpos sometidos a disciplina militar y regulará las peculiaridades de su ejercicio para los funcionarios públicos. La libertad sindical comprende el derecho a fundar sindicatos y a afiliarse al de su elección, así como el derecho de los sindicatos a formar confederaciones y a fundar organizaciones sindicales internacionales o a afiliarse a las mismas. Nadie podrá ser obligado a afiliarse a un sindicato.

2. Se reconoce el derecho a la huelga de los trabajadores para la defensa de sus intereses. La ley que regule el ejercicio de este derecho establecerá las garantías precisas para asegurar el mantenimiento de los servicios esenciales de la comunidad.

Artículo 29

1. Todos los españoles tendrán el derecho de petición individual y colectiva, por escrito, en la forma y con los efectos que determine la ley.

2. Los miembros de las Fuerzas o Institutos armados o de los Cuerpos sometidos a disciplina militar podrán ejercer este derecho sólo individualmente y con arreglo a lo dispuesto en su legislación específica.

SECCIÓN 2.ª

De los derechos y deberes de los ciudadanos

Artículo 30

1. Los españoles tienen el derecho y el deber de defender a España.

2. La ley fijará las obligaciones militares de los españoles y regulará, con las debidas garantías, la objeción de conciencia, así como las demás causas de exención del servicio militar obligatorio, pudiendo imponer, en su caso, una prestación social sustitutoria.

3. Podrá establecerse un servicio civil para el cumplimiento de fines de interés general.

4. Mediante ley podrán regularse los deberes de los ciudadanos en los casos de grave riesgo, catástrofe o calamidad pública.

Artículo 31

1. Todos contribuirán al sostenimiento de los gastos públicos de acuerdo con su capacidad económica mediante un sistema tributario justo inspirado en los principios de igualdad y progresividad que, en ningún caso, tendrá alcance confiscatorio.

2. El gasto público realizará una asignación equitativa de los recursos públicos, y su programación y ejecución responderán a los criterios de eficiencia y economía.

3. Sólo podrán establecerse prestaciones personales o patrimoniales de carácter público con arreglo a la ley.

Artículo 32

1. El hombre y la mujer tienen derecho a contraer matrimonio con plena igualdad jurídica.

2. La ley regulará las formas de matrimonio, la edad y capacidad para contraerlo, los derechos y deberes de los cónyuges, las causas de separación y disolución y sus efectos.

Artículo 33

1. Se reconoce el derecho a la propiedad privada y a la herencia.

2. La función social de estos derechos delimitará su contenido, de acuerdo con las leyes.

3. Nadie podrá ser privado de sus bienes y derechos sino por causa justificada de utilidad pública o interés social, mediante la correspondiente indemnización y de conformidad con lo dispuesto por las leyes.

Artículo 34

1. Se reconoce el derecho de fundación para fines de interés general, con arreglo a la ley.

2. Regirá también para las fundaciones lo dispuesto en los apartados 2 y 4 del artículo 22.

Artículo 35

1. Todos los españoles tienen el deber de trabajar y el derecho al trabajo, a la libre elección de profesión u oficio, a la promoción a través del trabajo y a una remuneración suficiente para satisfacer sus necesidades y las de su familia, sin que en ningún caso pueda hacerse discriminación por razón de sexo.

2. La ley regulará un estatuto de los trabajadores.

Artículo 36

La ley regulará las peculiaridades propias del régimen jurídico de los Colegios Profesionales y el ejercicio de las profesiones tituladas. La estructura interna y el funcionamiento de los Colegios deberán ser democráticos.

Artículo 37

1. La ley garantizará el derecho a la negociación colectiva laboral entre los representantes de los trabajadores y empresarios, así como la fuerza vinculante de los convenios.

2. Se reconoce el derecho de los trabajadores y empresarios a adoptar medidas de conflicto colectivo. La ley que regule el ejercicio de este derecho, sin perjuicio de las limitaciones que puedan establecer, incluirá las garantías precisas para asegurar el funcionamiento de los servicios esenciales de la comunidad.

Artículo 38

Se reconoce la libertad de empresa en el marco de la economía de mercado. Los poderes públicos garantizan y protegen su ejercicio y la defensa de la productividad, de acuerdo con las exigencias de la economía general y, en su caso, de la planificación.

CAPÍTULO TERCERO

De los principios rectores de la política social y económica

Artículo 39

1. Los poderes públicos aseguran la protección social, económica y jurídica de la familia.

2. Los poderes públicos aseguran, asimismo, la protección integral de los hijos, iguales éstos ante la ley con independencia de su filiación, y de las madres, cualquiera que sea su estado civil. La ley posibilitará la investigación de la paternidad.

3. Los padres deben prestar asistencia de todo orden a los hijos habidos dentro o fuera del matrimonio, durante su minoría de edad y en los demás casos en que legalmente proceda.

4. Los niños gozarán de la protección prevista en los acuerdos internacionales que velan por sus derechos.

Artículo 40

1. Los poderes públicos promoverán las condiciones favorables para el progreso social y económico y para una distribución de la renta regional y personal más equitativa, en el marco de una política de estabilidad económica. De manera especial realizarán una política orientada al pleno empleo.

2. Asimismo, los poderes públicos fomentarán una política que garantice la formación y readaptación profesionales; velarán por la seguridad e higiene en el trabajo y garantizarán el descanso necesario, mediante la limitación de la jornada laboral, las vacaciones periódicas retribuidas y la promoción de centros adecuados.

Artículo 41

Los poderes públicos mantendrán un régimen público de Seguridad Social para todos los ciudadanos, que garantice la asistencia y prestaciones sociales suficientes ante situaciones de necesidad, especialmente en caso de desempleo. La asistencia y prestaciones complementarias serán libres.

Artículo 42

El Estado velará especialmente por la salvaguardia de los derechos económicos y sociales de los trabajadores españoles en el extranjero y orientará su política hacia su retorno.

Artículo 43

1. Se reconoce el derecho a la protección de la salud.

2. Compete a los poderes públicos organizar y tutelar la salud pública a través de medidas preventivas y de las prestaciones y servicios necesarios. La ley establecerá los derechos y deberes de todos al respecto.

3. Los poderes públicos fomentarán la educación sanitaria, la educación física y el deporte. Asimismo facilitarán la adecuada utilización del ocio.

Artículo 44

1. Los poderes públicos promoverán y tutelarán el acceso a la cultura, a la que todos tienen derecho.

2. Los poderes públicos promoverán la ciencia y la investigación científica y técnica en beneficio del interés general.

Artículo 45

1. Todos tienen el derecho a disfrutar de un medio ambiente adecuado para el desarrollo de la persona, así como el deber de conservarlo.

2. Los poderes públicos velarán por la utilización racional de todos los recursos naturales, con el fin de proteger y mejorar la calidad de la vida y defender y restaurar el medio ambiente, apoyándose en la indispensable solidaridad colectiva.

3. Para quienes violen lo dispuesto en el apartado anterior, en los términos que la ley fije se establecerán sanciones penales o, en su caso, administrativas, así como la obligación de reparar el daño causado.

Artículo 46

Los poderes públicos garantizarán la conservación y promoverán el enriquecimiento del patrimonio histórico, cultural y artístico de los pueblos de España y de los bienes que lo integran, cualquiera que sea su régimen jurídico y su titularidad. La ley penal sancionará los atentados contra este patrimonio.

Artículo 47

Todos los españoles tienen derecho a disfrutar de una vivienda digna y adecuada. Los poderes públicos promoverán las condiciones necesarias y establecerán las normas pertinentes para hacer efectivo este derecho, regulando la utilización del suelo de acuerdo con el interés general para impedir la especulación. La comunidad participará en las plusvalías que genere la acción urbanística de los entes públicos.

Artículo 48

Los poderes públicos promoverán las condiciones para la participación libre y eficaz de la juventud en el desarrollo político, social, económico y cultural.

Artículo 49

Los poderes públicos realizarán una política de previsión, tratamiento, rehabilitación e integración de los disminuidos físicos, sensoriales y psíquicos a los que prestarán la atención especializada que requieran y los ampararán especialmente para el disfrute de los derechos que este Título otorga a todos los ciudadanos.

Artículo 50

Los poderes públicos garantizarán, mediante pensiones adecuadas y periódicamente actualizadas, la suficiencia económica a los ciudadanos durante la tercera edad. Asimismo, y con independencia de las obligaciones familiares, promoverán su bienestar mediante un sistema de servicios sociales que atenderán sus problemas específicos de salud, vivienda, cultura y ocio.

Artículo 51

1. Los poderes públicos garantizarán la defensa de los consumidores y usuarios, protegiendo, mediante procedimientos eficaces, la seguridad, la salud y los legítimos intereses económicos de los mismos.

2. Los poderes públicos promoverán la información y la educación de los consu-

midores y usuarios, fomentarán sus organizaciones y oirán a éstas en las cuestiones que puedan afectar a aquéllos, en los términos que la ley establezca.

3. En el marco de lo dispuesto por los apartados anteriores, la ley regulará el comercio interior y el régimen de autorización de productos comerciales.

Artículo 52

La ley regulará las organizaciones profesionales que contribuyan a la defensa de los intereses económicos que les sean propios. Su estructura interna y funcionamiento deberán ser democráticos.

CAPÍTULO CUARTO

De las garantías de las libertades y derechos fundamentales

Artículo 53

1. Los derechos y libertades reconocidos en el Capítulo segundo del presente Título vinculan a todos los poderes públicos. Sólo por ley, que en todo caso deberá respetar su contenido esencial, podrá regularse el ejercicio de tales derechos y libertades, que se tutelarán de acuerdo con lo previsto en el artículo 161, 1, a).

2. Cualquier ciudadano podrá recabar la tutela de las libertades y derechos reconocidos en el artículo 14 y la Sección primera del Capítulo segundo ante los Tribunales ordinarios por un procedimiento basado en los principios de preferencia y sumariedad y, en su caso, a través del recurso de amparo ante el Tribunal Constitucional. Este último recurso será aplicable a la objeción de conciencia reconocida en el artículo 30.

3. El reconocimiento, el respeto y la protección de los principios reconocidos en el Capítulo tercero informarán la legislación positiva, la práctica judicial y la actuación de los poderes públicos. Sólo podrán ser alegados ante la Jurisdicción ordinaria de acuerdo con lo que dispongan las leyes que los desarrollen.

Artículo 54

Una ley orgánica regulará la institución del Defensor del Pueblo, como alto comisionado de las Cortes Generales, designado por éstas para la defensa de los derechos comprendidos en este Título, a cuyo efecto podrá supervisar la actividad de la Administración, dando cuenta a las Cortes Generales.

CAPÍTULO QUINTO

De la suspensión de los derechos y libertades

Artículo 55

1. Los derechos reconocidos en los artículos 17, 18, apartados 2 y 3, artículos 19, 20, apartados 1, a) y d), y 5, artículos 21, 28, apartado 2, y artículo 37, apartado 2, podrán ser suspendidos cuando se acuerde la declaración del estado de excepción o de sitio en los términos previstos en la Constitución. Se exceptúa de lo establecido anteriormente el apartado 3 del artículo 17 para el supuesto de declaración de estado de excepción.

2. Una ley orgánica podrá determinar la forma y los casos en los que, de forma individual y con la necesaria intervención judicial y el adecuado control parlamentario, los derechos reconocidos en los artículos 17, apartado 2, y 18, apartados 2 y 3, pueden ser suspendidos para personas determinadas, en relación con las investigaciones correspondientes a la actuación de bandas armadas o elementos terroristas.

La utilización injustificada o abusiva de las facultades reconocidas en dicha ley orgánica producirá responsabilidad penal, como violación de los derechos y libertades reconocidos por las leyes.

TÍTULO II. DE LA CORONA

Artículo 56

1. El Rey es el Jefe del Estado, símbolo de su unidad y permanencia, arbitra y modera el funcionamiento regular de las instituciones, asume la más alta representación del Estado español en las relaciones internacionales, especialmente con las naciones de su comunidad histórica, y ejerce las funciones que le atribuyen expresamente la Constitución y las leyes.

2. Su título es el de Rey de España y podrá utilizar los demás que correspondan a la Corona.

3. La persona del Rey es inviolable y no está sujeta a responsabilidad. Sus actos estarán siempre refrendados en la forma establecida en el artículo 64, careciendo de validez sin dicho refrendo, salvo lo dispuesto en el artículo 65, 2.

Artículo 57

1. La Corona de España es hereditaria en los sucesores de S. M. Don Juan Carlos I de Borbón, legítimo heredero de la dinastía histórica. La sucesión en el trono seguirá el orden regular de primogenitura y representación, siendo preferida siempre la línea anterior a las posteriores; en la misma línea, el grado más próximo al más remoto; en el mismo grado, el varón a la mujer, y en el mismo sexo, la persona de más edad a la de menos.

2. El Príncipe heredero, desde su nacimiento o desde que se produzca el hecho que origine el llamamiento, tendrá la dignidad de Príncipe de Asturias y los demás títulos vinculados tradicionalmente al sucesor de la Corona de España.

3. Extinguidas todas las líneas llamadas en Derecho, las Cortes Generales proveerán a la sucesión en la Corona en la forma que más convenga a los intereses de España.

4. Aquellas personas que teniendo derecho a la sucesión en el trono contrajeren matrimonio contra la expresa prohibición del Rey y de las Cortes Generales, quedarán excluidas en la sucesión a la Corona por sí y sus descendientes.

5. Las abdicaciones y renuncias y cualquier duda de hecho o de derecho que ocurra en el orden de sucesión a la Corona se resolverán por una ley orgánica.

Artículo 58

La Reina consorte o el consorte de la Reina no podrán asumir funciones constitucionales, salvo lo dispuesto para la Regencia.

Artículo 59

1. Cuando el Rey fuere menor de edad, el padre o la madre del Rey y, en su defecto, el pariente mayor de edad más próximo a suceder en la Corona, según el orden establecido en la Constitución, entrará a ejercer inmediatamente la Regencia y la ejercerá durante el tiempo de la minoría de edad del Rey.

2. Si el Rey se inhabilitare para el ejercicio de su autoridad y la imposibilidad fuere reconocida por las Cortes Generales, entrará a ejercer inmediatamente la Regencia el Príncipe heredero de la Corona, si fuere mayor de edad. Si no lo fuere, se procederá de la manera prevista en el apartado anterior, hasta que el Príncipe heredero alcance la mayoría de edad.

3. Si no hubiere ninguna persona a quien corresponda la Regencia, ésta será nombrada por las Cortes Generales, y se compondrá de una, tres o cinco personas.

4. Para ejercer la Regencia es preciso ser español y mayor de edad.

5. La Regencia se ejercerá por mandato constitucional y siempre en nombre del Rey.

Artículo 60

1. Será tutor del Rey menor la persona que en su testamento hubiese nombrado el Rey difunto, siempre que sea mayor de edad y español de nacimiento; si no lo hubiese nombrado, será tutor el padre o la madre mientras permanezcan viudos. En su defecto, lo nombrarán las Cortes Generales, pero no podrán acumularse los cargos de Regente y de tutor sino en el padre, madre o ascendientes directos del Rey.

2. El ejercicio de la tutela es también incompatible con el de todo cargo o representación política.

Artículo 61

1. El Rey, al ser proclamado ante las Cortes Generales, prestará juramento de desempeñar fielmente sus funciones, guardar y hacer guardar la Constitución y las leyes y respetar los derechos de los ciudadanos y de las Comunidades Autónomas.

2. El Príncipe heredero, al alcanzar la mayoría de edad, y el Regente o Regentes al hacerse cargo de sus funciones, prestarán el mismo juramento, así como el de fidelidad al Rey.

Artículo 62

Corresponde al Rey:

a) Sancionar y promulgar las leyes.

b) Convocar y disolver las Cortes Generales y convocar elecciones en los términos previstos en la Constitución.

c) Convocar a referéndum en los casos previstos en la Constitución.

d) Proponer el candidato a Presidente del Gobierno y, en su caso, nombrarlo, así como poner fin a sus funciones en los términos previstos en la Constitución.

e) Nombrar y separar a los miembros del Gobierno, a propuesta de su Presidente.

f) Expedir los decretos acordados en el Consejo de Ministros, conferir los empleos civiles y militares y conceder honores y distinciones con arreglo a las leyes.

g) Ser informado de los asuntos de Estado y presidir, a estos efectos, las sesiones del Consejo de Ministros, cuando lo estime oportuno, a petición del Presidente del Gobierno.

h) El mando supremo de las Fuerzas Armadas.

i) Ejercer el derecho de gracia con arreglo a la ley, que no podrá autorizar indultos generales.

j) El Alto Patronazgo de las Reales Academias.

Artículo 63

1. El Rey acredita a los embajadores y otros representantes diplomáticos. Los representantes extranjeros en España están acreditados ante él.

2. Al Rey corresponde manifestar el consentimiento del Estado para obligarse internacionalmente por medio de tratados, de conformidad con la Constitución y las leyes.

3. Al Rey corresponde, previa autorización de las Cortes Generales, declarar la guerra y hacer la paz.

Artículo 64

1. Los actos del Rey serán refrendados por el Presidente del Gobierno y, en su caso, por los Ministros competentes. La propuesta y el nombramiento del Presidente del Gobierno, y la disolución prevista en el artículo 99, serán refrendados por el Presidente del Congreso.

2. De los actos del Rey serán responsables las personas que los refrenden.

Artículo 65

1. El Rey recibe de los Presupuestos del Estado una cantidad global para el sostenimiento de su Familia y Casa, y distribuye libremente la misma.

2. El Rey nombra y releva libremente a los miembros civiles y militares de su Casa.

TÍTULO III. DE LAS CORTES GENERALES

CAPÍTULO PRIMERO

De las Cámaras

Artículo 66

1. Las Cortes Generales representan al pueblo español y están formadas por el Congreso de los Diputados y el Senado.

2. Las Cortes Generales ejercen la potestad legislativa del Estado, aprueban sus Presupuestos, controlan la acción del Gobierno y tienen las demás competencias que les atribuya la Constitución.

3. Las Cortes Generales son inviolables.

Artículo 67

1. Nadie podrá ser miembro de las dos Cámaras simultáneamente, ni acumular el acta de una Asamblea de Comunidad Autónoma con la de Diputado al Congreso.

2. Los miembros de las Cortes Generales no estarán ligados por mandato imperativo.

3. Las reuniones de Parlamentarios que se celebren sin convocatoria reglamentaria no vincularán a las Cámaras, y no podrán ejercer sus funciones ni ostentar sus privilegios.

Artículo 68

1. El Congreso se compone de un mínimo de 300 y un máximo de 400 Diputados, elegidos por sufragio universal, libre, igual, directo y secreto, en los términos que establezca la ley.

2. La circunscripción electoral es la provincia. Las poblaciones de Ceuta y Melilla estarán representadas cada una de ellas por un Diputado. La ley distribuirá el número total de Diputados, asignando una representación mínima inicial a cada circunscripción y distribuyendo los demás en proporción a la población.

3. La elección se verificará en cada circunscripción atendiendo a criterios de representación proporcional.

4. El Congreso es elegido por cuatro años. El mandato de los Diputados termina cuatro años después de su elección o el día de la disolución de la Cámara.

5. Son electores y elegibles todos los españoles que estén en pleno uso de sus derechos políticos.

La ley reconocerá y el Estado facilitará el ejercicio del derecho de sufragio a los españoles que se encuentren fuera del territorio de España.

6. Las elecciones tendrán lugar entre los treinta días y sesenta días desde la terminación del mandato. El Congreso electo deberá ser convocado dentro de los veinticinco días siguientes a la celebración de las elecciones.

Artículo 69

1. El Senado es la Cámara de representación territorial.

2. En cada provincia se elegirán cuatro Senadores por sufragio universal, libre, igual, directo y secreto por los votantes de cada una de ellas, en los términos que señale una ley orgánica.

3. En las provincias insulares, cada isla o agrupación de ellas, con Cabildo o Consejo Insular, constituirá una circunscripción a efectos de elección de Senadores, correspondiendo tres a cada una de las islas mayores –Gran Canaria, Mallorca y Tenerife– y uno a cada una de las siguientes islas o agrupaciones: Ibiza-Formentera, Menorca, Fuerteventura, Gomera, Hierro, Lanzarote y La Palma.

4. Las poblaciones de Ceuta y Melilla elegirán cada una de ellas dos Senadores.

5. Las Comunidades Autónomas designarán además un Senador y otro más por cada millón de habitantes de su respectivo territorio. La designación corresponderá a la Asamblea legislativa o, en su defecto, al órgano colegiado superior de la Comunidad Autónoma, de acuerdo con lo que establezcan los Estatutos, que asegurarán, en todo caso, la adecuada representación proporcional.

6. El Senado es elegido por cuatro años. El mandato de los Senadores termina cuatro años después de su elección o el día de la disolución de la Cámara.

Artículo 70

1. La ley electoral determinará las causas de inelegibilidad e incompatibilidad de los Diputados y Senadores, que comprenderán, en todo caso:

a) A los componentes del Tribunal Constitucional.

b) A los altos cargos de la Administración del Estado que determine la ley, con la excepción de los miembros del Gobierno.

c) Al Defensor del Pueblo.

d) A los Magistrados, Jueces y Fiscales en activo.

e) A los militares profesionales y miembros de las Fuerzas y Cuerpos de Seguridad y Policía en activo.

f) A los miembros de las Juntas Electorales.

2. La validez de las actas y credenciales de los miembros de ambas Cámaras estará sometida al control judicial, en los términos que establezca la ley electoral.

Artículo 71

1. Los Diputados y Senadores gozarán de inviolabilidad por las opiniones manifestadas en el ejercicio de sus funciones.

2. Durante el período de su mandato los Diputados y Senadores gozarán asimismo de inmunidad y sólo podrán ser detenidos en caso de flagrante delito. No podrán ser inculpados ni procesados sin la previa autorización de la Cámara respectiva.

3. En las causas contra Diputados y Senadores será competente la Sala de lo Penal del Tribunal Supremo.

4. Los Diputados y Senadores percibirán una asignación que será fijada por las respectivas Cámaras.

Artículo 72

1. Las Cámaras establecen sus propios Reglamentos, aprueban autónomamente sus presupuestos y, de común acuerdo, regulan el Estatuto del Personal de las Cortes Generales. Los Reglamentos y su reforma serán sometidos a una votación final sobre su totalidad, que requerirá la mayoría absoluta.

2. Las Cámaras eligen sus respectivos Presidentes y los demás miembros de sus Mesas. Las sesiones conjuntas serán presididas por el Presidente del Congreso y se regirán por un Reglamento de las Cortes Generales aprobado por mayoría absoluta de cada Cámara.

3. Los Presidentes de las Cámaras ejercen en nombre de las mismas todos los poderes administrativos y facultades de policía en el interior de sus respectivas sedes.

Artículo 73

1. Las Cámaras se reunirán anualmente en dos períodos ordinarios de sesiones: el primero, de septiembre a diciembre, y el segundo, de febrero a junio.

2. Las Cámaras podrán reunirse en sesiones extraordinarias a petición del Gobierno, de la Diputación Permanente o de la mayoría absoluta de los miembros de cualquiera de las Cámaras. Las sesiones extraordinarias deberán convocarse sobre un orden del día determinado y serán clausuradas una vez que éste haya sido agotado.

Artículo 74

1. Las Cámaras se reunirán en sesión conjunta para ejercer las competencias no legislativas que el Título II atribuye expresamente a las Cortes Generales.

2. Las decisiones de las Cortes Generales previstas en los artículos 94, 1, 145, 2 y 158, 2, se adoptarán por mayoría de cada una de las Cámaras. En el primer caso, el procedimiento se iniciará por el Congreso, y en los otros dos, por el Senado. En ambos casos, si no hubiera acuerdo entre Senado y Congreso, se intentará obtener por una Comisión Mixta compuesta de igual número de Diputados y Senadores. La Comisión presentará un texto que será votado por ambas Cámaras. Si no se aprueba en la forma establecida, decidirá el Congreso por mayoría absoluta.

Artículo 75

1. Las Cámaras funcionarán en Pleno y por Comisiones.

2. Las Cámaras podrán delegar en las Comisiones Legislativas Permanentes la aprobación de proyectos o proposiciones de ley. El Pleno podrá, no obstante, recabar en cualquier momento el debate y votación de cualquier proyecto o proposición de ley que haya sido objeto de esta delegación.

3. Quedan exceptuados de lo dispuesto en el apartado anterior la reforma constitucional, las cuestiones internacionales, las leyes orgánicas y de bases y los Presupuestos Generales del Estado.

Artículo 76

1. El Congreso y el Senado, y, en su caso, ambas Cámaras conjuntamente, podrán nombrar Comisiones de investigación sobre cualquier asunto de interés público. Sus conclusiones no serán vinculantes para los Tribunales, ni afectarán a las resoluciones judiciales, sin perjuicio de que el resultado de la investigación sea comunicado al Ministerio Fiscal para el ejercicio, cuando proceda, de las acciones oportunas.

2. Será obligatorio comparecer a requerimiento de las Cámaras. La ley regulará las sanciones que puedan imponerse por incumplimiento de esta obligación.

Artículo 77

1. Las Cámaras pueden recibir peticiones individuales y colectivas, siempre por escrito, quedando prohibida la presentación directa por manifestaciones ciudadanas.

2. Las Cámaras pueden remitir al Gobierno las peticiones que reciban. El Gobierno está obligado a explicarse sobre su contenido, siempre que las Cámaras lo exijan.

Artículo 78

1. En cada Cámara habrá una Diputación Permanente compuesta por un mínimo de veintiún miembros, que representarán a los grupos parlamentarios, en proporción a su importancia numérica.

2. Las Diputaciones Permanentes estarán presididas por el Presidente de la Cámara respectiva y tendrán como funciones la prevista en el artículo 73, la

de asumir las facultades que correspondan a las Cámaras, de acuerdo con los artículos 86 y 116, en caso de que éstas hubieren sido disueltas o hubiere expirado su mandato y la de velar por los poderes de las Cámaras cuando éstas no estén reunidas.

3. Expirado el mandato o en caso de disolución, las Diputaciones Permanentes seguirán ejerciendo sus funciones hasta la constitución de las nuevas Cortes Generales.

4. Reunida la Cámara correspondiente, la Diputación Permanente dará cuenta de los asuntos tratados y de sus decisiones.

Artículo 79

1. Para adoptar acuerdos, las Cámaras deben estar reunidas reglamentariamente y con asistencia de la mayoría de sus miembros.

2. Dichos acuerdos, para ser válidos, deberán ser aprobados por la mayoría de los miembros presentes, sin perjuicio de las mayorías especiales que establezcan la Constitución o las leyes orgánicas y las que para elección de personas establezcan los Reglamentos de las Cámaras.

3. El voto de Senadores y Diputados es personal e indelegable.

Artículo 80

Las sesiones plenarias de las Cámaras serán públicas, salvo acuerdo en contrario de cada Cámara, adoptado por mayoría absoluta o con arreglo al Reglamento.

CAPÍTULO SEGUNDO

De la elaboración de las leyes

Artículo 81

1. Son leyes orgánicas las relativas al desarrollo de los derechos fundamentales y de las libertades públicas, las que aprueben los Estatutos de Autonomía y el régimen electoral general y las demás previstas en la Constitución.

2. La aprobación, modificación o derogación de las leyes orgánicas exigirá mayoría absoluta del Congreso, en una votación final sobre el conjunto del proyecto.

Artículo 82

1. Las Cortes Generales podrán delegar en el Gobierno la potestad de dictar normas con rango de ley sobre materias determinadas no incluidas en el artículo anterior.

2. La delegación legislativa deberá otorgarse mediante una ley de bases cuando su objeto sea la formación de textos articulados o por una ley ordinaria cuando se trate de refundir varios textos legales en uno solo.

3. La delegación legislativa habrá de otorgarse al Gobierno de forma expresa para materia concreta y con fijación del plazo para su ejercicio. La delegación se agota por el uso que de ella haga el Gobierno mediante la publicación de la norma correspondiente. No podrá entenderse concedida de modo implícito o por tiempo indeterminado. Tampoco podrá permitir la subdelegación a autoridades distintas del propio Gobierno.

4. Las leyes de bases delimitarán con precisión el objeto y alcance de la delegación legislativa y los principios y criterios que han de seguirse en su ejercicio.

5. La autorización para refundir textos legales determinará el ámbito normativo a que se refiere el contenido de la delegación, especificando si se circunscribe a la mera formulación de un texto único o si se incluye la de regularizar, aclarar y armonizar los textos legales que han de ser refundidos.

6. Sin perjuicio de la competencia propia de los Tribunales, las leyes de delegación podrán establecer en cada caso fórmulas adicionales de control.

Artículo 83

Las leyes de bases no podrán en ningún caso:

a) Autorizar la modificación de la propia ley de bases.

b) Facultar para dictar normas con carácter retroactivo.

Artículo 84

Cuando una proposición de ley o una enmienda fuere contraria a una delegación legislativa en vigor, el Gobierno está facultado para oponerse a su tramitación. En tal supuesto, podrá presentarse una proposición de ley para la derogación total o parcial de la ley de delegación.

Artículo 85

Las disposiciones del Gobierno que contengan legislación delegada recibirán el título de Decretos Legislativos.

Artículo 86

1. En caso de extraordinaria y urgente necesidad, el Gobierno podrá dictar disposiciones legislativas provisionales que tomarán la forma de Decretos-leyes y que no podrán afectar al ordenamiento de las instituciones básicas del Estado, a los derechos, deberes y libertades de los ciudadanos regulados en el Título I, al régimen de las Comunidades Autónomas ni al Derecho electoral general.

2. Los Decretos-leyes deberán ser inmediatamente sometidos a debate y votación de totalidad al Congreso de los Diputados, convocado al efecto si no estuviere reunido, en el plazo de los treinta días siguientes a su promulgación. El Congreso habrá de pronunciarse expresamente dentro de dicho plazo sobre su convalidación o derogación, para lo cual el Reglamento establecerá un procedimiento especial y sumario.

3. Durante el plazo establecido en el apartado anterior, las Cortes podrán tramitarlos como proyectos de ley por el procedimiento de urgencia.

Artículo 87

1. La iniciativa legislativa corresponde al Gobierno, al Congreso y al Senado, de acuerdo con la Constitución y los Reglamentos de las Cámaras.

2. Las Asambleas de las Comunidades Autónomas podrán solicitar del Gobierno la adopción de un proyecto de ley o remitir a la Mesa del Congreso una proposición de ley, delegando ante dicha Cámara un máximo de tres miembros de la Asamblea encargados de su defensa.

3. Una ley orgánica regulará las formas de ejercicio y requisitos de la iniciativa popular para la presentación de proposiciones de ley. En todo caso se exigirán no menos de 500.000 firmas acreditadas. No procederá dicha iniciativa en materias propias de ley orgánica, tributarias o de carácter internacional, ni en lo relativo a la prerrogativa de gracia.

Artículo 88

Los proyectos de ley serán aprobados en Consejo de Ministros, que los someterá al Congreso, acompañados de una exposición de motivos y de los antecedentes necesarios para pronunciarse sobre ellos.

Artículo 89

1. La tramitación de las proposiciones de ley se regulará por los Reglamentos de las Cámaras, sin que la prioridad debida a los proyectos de ley impida el ejercicio de la iniciativa legislativa en los términos regulados por el artículo 87.

2. Las proposiciones de ley que, de acuerdo con el artículo 87, tome en consideración el Senado, se remitirán al Congreso para su trámite en éste como tal proposición.

Artículo 90

1. Aprobado un proyecto de ley ordinaria u orgánica por el Congreso de los Diputados, su Presidente dará inmediata cuenta del mismo al Presidente del Senado, el cual lo someterá a la deliberación de éste.

2. El Senado en el plazo de dos meses, a partir del día de la recepción del texto, puede, mediante mensaje motivado, oponer su veto o introducir enmiendas al mismo. El veto deberá ser aprobado por mayoría absoluta. El proyecto no podrá ser sometido al Rey para sanción sin que el Congreso ratifique por mayoría absoluta, en caso de veto, el texto inicial, o por mayoría simple, una vez transcurridos dos meses desde la interposición del mismo, o se pronuncie sobre las enmiendas, aceptándolas o no por mayoría simple.

3. El plazo de dos meses de que el Senado dispone para vetar o enmendar el proyecto se reducirá al de veinte días naturales en los proyectos declarados urgentes por el Gobierno o por el Congreso de los Diputados.

Artículo 91

El Rey sancionará en el plazo de quince días las leyes aprobadas por las Cortes Generales, y las promulgará y ordenará su inmediata publicación.

Artículo 92

1. Las decisiones políticas de especial trascendencia podrán ser sometidas a referéndum consultivo de todos los ciudadanos.

2. El referéndum será convocado por el Rey, mediante propuesta del Presidente del Gobierno, previamente autorizada por el Congreso de los Diputados.

3. Una ley orgánica regulará las condiciones y el procedimiento de las distintas modalidades de referéndum previstas en esta Constitución.

CAPÍTULO TERCERO

De los Tratados Internacionales

Artículo 93

Mediante ley orgánica se podrá autorizar la celebración de tratados por los que se atribuya a una organización o institución internacional el ejercicio de competencias derivadas de la Constitución. Corresponde a las Cortes Generales o al Gobierno, según los casos, la garantía del cumplimiento de estos tratados y de las resoluciones emanadas de los organismos internacionales o supranacionales titulares de la cesión.

Artículo 94

1. La prestación del consentimiento del Estado para obligarse por medio de tratados o convenios requerirá la previa autorización de las Cortes Generales, en los siguientes casos:

a) Tratados de carácter político.

b) Tratados o convenios de carácter militar.

c) Tratados o convenios que afecten a la integridad territorial del Estado o a los derechos y deberes fundamentales establecidos en el Título I.

d) Tratados o convenios que impliquen obligaciones financieras para la Hacienda Pública.

e) Tratados o convenios que supongan modificación o derogación de alguna ley o exijan medidas legislativas para su ejecución.

2. El Congreso y el Senado serán inmediatamente informados de la conclusión de los restantes tratados o convenios.

Artículo 95

1. La celebración de un tratado internacional que contenga estipulaciones contrarias a la Constitución exigirá la previa revisión constitucional.

2. El Gobierno o cualquiera de las Cámaras puede requerir al Tribunal Constitucional para que declare si existe o no esa contradicción.

Artículo 96

1. Los tratados internacionales válidamente celebrados, una vez publicados oficialmente en España, formarán parte del ordenamiento interno. Sus disposiciones sólo podrán ser derogadas, modificadas o suspendidas en la forma prevista en los propios tratados o de acuerdo con las normas generales del Derecho internacional.

2. Para la denuncia de los tratados y convenios internacionales se utilizará el mismo procedimiento previsto para su aprobación en el artículo 94.

TÍTULO IV. DEL GOBIERNO Y DE LA ADMINISTRACIÓN

Artículo 97

El Gobierno dirige la política interior y exterior, la Administración civil y militar y la defensa del Estado. Ejerce la función ejecutiva y la potestad reglamentaria de acuerdo con la Constitución y las leyes.

Artículo 98

1. El Gobierno se compone del Presidente, de los Vicepresidentes, en su caso, de los Ministros y de los demás miembros que establezca la ley.

2. El Presidente dirige la acción del Gobierno y coordina las funciones de los demás miembros del mismo, sin perjuicio de la competencia y responsabilidad directa de éstos en su gestión.

3. Los miembros del Gobierno no podrán ejercer otras funciones representativas que las propias del mandato parlamentario, ni cualquier otra función pública que no derive de su cargo, ni actividad profesional o mercantil alguna.

4. La ley regulará el estatuto e incompatibilidades de los miembros del Gobierno.

Artículo 99

1. Después de cada renovación del Congreso de los Diputados, y en los demás supuestos constitucionales en que así proceda, el Rey, previa consulta con los representantes designados por los Grupos políticos con representación parlamentaria, y a través del Presidente del Congreso, propondrá un candidato a la Presidencia del Gobierno.

2. El candidato propuesto conforme a lo previsto en el apartado anterior expondrá ante el Congreso de los Diputados el programa político del Gobierno que pretenda formar y solicitará la confianza de la Cámara.

3. Si el Congreso de los Diputados, por el voto de la mayoría absoluta de sus miembros, otorgare su confianza a dicho candidato, el Rey le nombrará Presidente. De no alcanzarse dicha mayoría, se someterá la misma propuesta a nueva votación cuarenta y ocho horas después de la anterior, y la confianza se entenderá otorgada si obtuviere la mayoría simple.

4. Si efectuadas las citadas votaciones no se otorgase la confianza para la investidura, se tramitarán sucesivas propuestas en la forma prevista en los apartados anteriores.

5. Si transcurrido el plazo de dos meses, a partir de la primera votación de investidura, ningún candidato hubiere obtenido la confianza del Congreso, el Rey disolverá ambas Cámaras y convocará nuevas elecciones con el refrendo del Presidente del Congreso.

Artículo 100

Los demás miembros del Gobierno serán nombrados y separados por el Rey, a propuesta de su Presidente.

Artículo 101

1. El Gobierno cesa tras la celebración de elecciones generales, en los casos de pérdida de la confianza parlamentaria previstos en la Constitución, o por dimisión o fallecimiento de su Presidente.

2. El Gobierno cesante continuará en funciones hasta la toma de posesión del nuevo Gobierno.

Artículo 102

1. La responsabilidad criminal del Presidente y los demás miembros del Gobierno será exigible, en su caso, ante la Sala de lo Penal del Tribunal Supremo.

2. Si la acusación fuere por traición o por cualquier delito contra la seguridad del Estado en el ejercicio de sus funciones, sólo podrá ser planteada por iniciativa de la cuarta parte de los miembros del Congreso, y con la aprobación de la mayoría absoluta del mismo.

3. La prerrogativa real de gracia no será aplicable a ninguno de los supuestos del presente artículo.

Artículo 103

1. La Administración Pública sirve con objetividad los intereses generales y actúa de acuerdo con los principios de eficacia, jerarquía, descentralización, desconcentración y coordinación, con sometimiento pleno a la ley y al Derecho.

2. Los órganos de la Administración del Estado son creados, regidos y coordinados de acuerdo con la ley.

3. La ley regulará el estatuto de los funcionarios públicos, el acceso a la función pública de acuerdo con los principios de mérito y capacidad, las peculiaridades del ejercicio de su derecho a sindicación, el sistema de incompatibilidades y las garantías para la imparcialidad en el ejercicio de sus funciones.

Artículo 104

1. Las Fuerzas y Cuerpos de seguridad, bajo la dependencia del Gobierno, tendrán como misión proteger el libre ejercicio de los derechos y libertades y garantizar la seguridad ciudadana.

2. Una ley orgánica determinará las funciones, principios básicos de actuación y estatutos de las Fuerzas y Cuerpos de seguridad.

Artículo 105

La ley regulará:

a) La audiencia de los ciudadanos, directamente o a través de las organizaciones y asociaciones reconocidas por la ley, en el procedimiento de elaboración de las disposiciones administrativas que les afecten.

b) El acceso de los ciudadanos a los archivos y registros administrativos, salvo en lo que afecte a la seguridad y defensa del Estado, la averiguación de los delitos y la intimidad de las personas.

c) El procedimiento a través del cual deben producirse los actos administrativos, garantizando, cuando proceda, la audiencia del interesado.

Artículo 106

1. Los Tribunales controlan la potestad reglamentaria y la legalidad de la actuación administrativa, así como el sometimiento de ésta a los fines que la justifican.

2. Los particulares, en los términos establecidos por la ley, tendrán derecho a ser indemnizados por toda lesión que sufran en cualquiera de sus bienes y derechos, salvo en los casos de fuerza mayor, siempre que la lesión sea consecuencia del funcionamiento de los servicios públicos.

Artículo 107

El Consejo de Estado es el supremo órgano consultivo del Gobierno. Una ley orgánica regulará su composición y competencia

TÍTULO V. DE LAS RELACIONES ENTRE EL GOBIERNO Y LAS CORTES GENERALES

Artículo 108

El Gobierno responde solidariamente en su gestión política ante el Congreso de los Diputados.

Artículo 109

Las Cámaras y sus Comisiones podrán recabar, a través de los Presidentes de aquéllas, la información y ayuda que precisen del Gobierno y de sus Departamentos y de cualesquiera autoridades del Estado y de las Comunidades Autónomas.

Artículo 110

1. Las Cámaras y sus Comisiones pueden reclamar la presencia de los miembros del Gobierno.

2. Los miembros del Gobierno tienen acceso a las sesiones de las Cámaras y a sus Comisiones y la facultad de hacerse oír en ellas, y podrán solicitar que informen ante las mismas funcionarios de sus Departamentos.

Artículo 111

1. El Gobierno y cada uno de sus miembros están sometidos a las interpelaciones y preguntas que se le formulen en las Cámaras. Para esta clase de debate los Reglamentos establecerán un tiempo mínimo semanal.

2. Toda interpelación podrá dar lugar a una moción en la que la Cámara manifieste su posición.

Artículo 112

El Presidente del Gobierno, previa deliberación del Consejo de Ministros, puede plantear ante el Congreso de los Diputados la cuestión de confianza sobre su programa o sobre una declaración de política general. La confianza se entenderá otorgada cuando vote a favor de la misma la mayoría simple de los Diputados.

Artículo 113

1. El Congreso de los Diputados puede exigir la responsabilidad política del Gobierno mediante la adopción por mayoría absoluta de la moción de censura.

2. La moción de censura deberá ser propuesta al menos por la décima parte de los Diputados, y habrá de incluir un candidato a la Presidencia del Gobierno.

3. La moción de censura no podrá ser votada hasta que transcurran cinco días desde su presentación. En los dos primeros días de dicho plazo podrán presentarse mociones alternativas.

4. Si la moción de censura no fuere aprobada por el Congreso, sus signatarios no podrán presentar otra durante el mismo período de sesiones.

Artículo 114

1. Si el Congreso niega su confianza al Gobierno, éste presentará su dimisión al Rey, procediéndose a continuación a la designación de Presidente del Gobierno, según lo dispuesto en el artículo 99.

2. Si el Congreso adopta una moción de censura, el Gobierno presentará su dimisión al Rey y el candidato incluido en aquélla se entenderá investido de la confianza de la Cámara a los efectos previstos en el artículo 99. El Rey le nombrará Presidente del Gobierno.

Artículo 115

1. El Presidente del Gobierno, previa deliberación del Consejo de Ministros, y bajo su exclusiva responsabilidad, podrá proponer la disolución del Congreso, del Senado o de las Cortes Generales, que será decretada por el Rey. El decreto de disolución fijará la fecha de las elecciones.

2. La propuesta de disolución no podrá presentarse cuando esté en trámite una moción de censura.

3. No procederá nueva disolución antes de que transcurra un año desde la anterior, salvo lo dispuesto en el artículo 99, apartado 5.

Artículo 116

1. Una ley orgánica regulará los estados de alarma, de excepción y de sitio, y las competencias y limitaciones correspondientes.

2. El estado de alarma será declarado por el Gobierno mediante decreto acordado en Consejo de Ministros por un plazo máximo de quince días, dando cuenta al Congreso de los Diputados, reunido inmediatamente al efecto y sin cuya autorización no podrá ser prorrogado dicho plazo. El decreto determinará el ámbito territorial a que se extienden los efectos de la declaración.

3. El estado de excepción será declarado por el Gobierno mediante decreto acordado en Consejo de Ministros, previa autorización del Congreso de los Diputados. La autorización y proclamación del estado de excepción deberá determinar expresamente los efectos del mismo, el ámbito territorial a que se extiende y su duración, que no podrá exceder de treinta días, prorrogables por otro plazo igual, con los mismos requisitos.

4. El estado de sitio será declarado por la mayoría absoluta del Congreso de los Diputados, a propuesta exclusiva del Gobierno. El Congreso determinará su ámbito territorial, duración y condiciones.

5. No podrá procederse a la disolución del Congreso mientras estén declarados algunos de los estados comprendidos en el presente artículo, quedando automáticamente convocadas las Cámaras si no estuvieren en período de sesiones. Su funcionamiento, así como el de los demás poderes constitucionales del Estado, no podrán interrumpirse durante la vigencia de estos estados.

Disuelto el Congreso o expirado su mandato, si se produjere alguna de las situaciones que dan lugar a cualquiera de dichos estados, las competencias del Congreso serán asumidas por su Diputación Permanente.

6. La declaración de los estados de alarma, de excepción y de sitio no modificarán el principio de responsabilidad del Gobierno y de sus agentes reconocidos en la Constitución y en las leyes

TÍTULO VI.
DEL PODER JUDICIAL

Artículo 117

1. La justicia emana del pueblo y se administra en nombre del Rey por Jueces y Magistrados integrantes del poder judicial, independientes, inamovibles, responsables y sometidos únicamente al imperio de la ley.

2. Los Jueces y Magistrados no podrán ser separados, suspendidos, trasladados ni jubilados, sino por alguna de las causas y con las garantías previstas en la ley.

3. El ejercicio de la potestad jurisdiccional en todo tipo de procesos, juzgando y haciendo ejecutar lo juzgado, corresponde exclusivamente a los Juzgados y Tribunales determinados por las leyes, según las normas de competencia y procedimiento que las mismas establezcan.

4. Los Juzgados y Tribunales no ejercerán más funciones que las señaladas en el apartado anterior y las que expresamente les sean atribuidas por ley en garantía de cualquier derecho.

5. El principio de unidad jurisdiccional es la base de la organización y funcionamiento de los Tribunales. La ley regulará el ejercicio de la jurisdicción militar en el ámbito estrictamente castrense y en los supuestos de estado de sitio, de acuerdo con los principios de la Constitución.

6. Se prohíben los Tribunales de excepción.

Artículo 118

Es obligado cumplir las sentencias y demás resoluciones firmes de los Jueces y Tribunales, así como prestar la colaboración requerida por éstos en el curso del proceso y en la ejecución de lo resuelto.

Artículo 119

La justicia será gratuita cuando así lo disponga la ley y, en todo caso, respecto de quienes acrediten insuficiencia de recursos para litigar.

Artículo 120

1. Las actuaciones judiciales serán públicas, con las excepciones que prevean las leyes de procedimiento.

2. El procedimiento será predominantemente oral, sobre todo en materia criminal.

3. Las sentencias serán siempre motivadas y se pronunciarán en audiencia pública.

Artículo 121

Los daños causados por error judicial, así como los que sean consecuencia del funcionamiento anormal de la Administración de Justicia, darán derecho a una indemnización a cargo del Estado, conforme a la ley.

Artículo 122

1. La ley orgánica del poder judicial determinará la constitución, funcionamiento y gobierno de los Juzgados y Tribunales, así como el estatuto jurídico de los Jueces y Magistrados de carrera, que formarán un Cuerpo único, y del personal al servicio de la Administración de Justicia.

2. El Consejo General del Poder Judicial es el órgano de gobierno del mismo. La ley orgánica establecerá su estatuto y el régimen de incompatibilidades de sus miembros y sus funciones, en particular en materia de nombramientos, ascensos, inspección y régimen disciplinario.

3. El Consejo General del Poder Judicial estará integrado por el Presidente del Tribunal Supremo, que lo presidirá, y por veinte miembros nombrados por el Rey por un periodo de cinco años. De éstos, doce entre Jueces y Magistrados de todas las categorías judiciales, en los términos que establezca la ley orgánica; cuatro a propuesta del Congreso de los Diputados, y cuatro a propuesta del Senado, elegidos en ambos casos por mayoría de tres quintos de sus miembros, entre abogados y otros juristas, todos ellos de reconocida competencia y con más de quince años de ejercicio en su profesión.

Artículo 123

1. El Tribunal Supremo, con jurisdicción en toda España, es el órgano jurisdiccional superior en todos los órdenes, salvo lo dispuesto en materia de garantías constitucionales.

2. El Presidente del Tribunal Supremo será nombrado por el Rey, a propuesta del Consejo General del Poder Judicial, en la forma que determine la ley.

Artículo 124

1. El Ministerio Fiscal, sin perjuicio de las funciones encomendadas a otros órganos, tiene por misión promover la acción de la justicia en defensa de la legalidad, de los derechos de los ciudadanos y del interés público tutelado por la ley, de oficio o a petición de los interesados, así como velar por la independencia de los Tribunales y procurar ante éstos la satisfacción del interés social.

2. El Ministerio Fiscal ejerce sus funciones por medio de órganos propios conforme a los principios de unidad de actuación y dependencia jerárquica y con sujeción, en todo caso, a los de legalidad e imparcialidad.

3. La ley regulará el estatuto orgánico del Ministerio Fiscal.

4. El Fiscal General del Estado será nombrado por el Rey, a propuesta del Gobierno, oído el Consejo General del Poder Judicial.

Artículo 125

Los ciudadanos podrán ejercer la acción popular y participar en la Administración de Justicia mediante la institución del Jurado, en la forma y con respecto a aquellos procesos penales que la ley determine, así como en los Tribunales consuetudinarios y tradicionales.

Artículo 126

La policía judicial depende de los Jueces, de los Tribunales y del Ministerio Fiscal en sus funciones de averiguación del delito y descubrimiento y aseguramiento del delincuente, en los términos que la ley establezca.

Artículo 127

1. Los Jueces y Magistrados así como los Fiscales, mientras se hallen en activo, no podrán desempeñar otros cargos públicos, ni pertenecer a partidos políticos o sindicatos. La ley establecerá el sistema y modalidades de asociación profesional de los Jueces, Magistrados y Fiscales.

2. La ley establecerá el régimen de incompatibilidades de los miembros del poder judicial, que deberá asegurar la total independencia de los mismos.

TÍTULO VII.
ECONOMÍA Y HACIENDA

Artículo 128

1. Toda la riqueza del país en sus distintas formas y sea cual fuere su titularidad está subordinada al interés general.

2. Se reconoce la iniciativa pública en la actividad económica. Mediante ley se podrá reservar al sector público recursos o servicios esenciales, especialmente en caso de monopolio y asimismo acordar la intervención de empresas cuando así lo exigiere el interés general.

Artículo 129

1. La ley establecerá las formas de participación de los interesados en la Seguridad Social y en la actividad de los organismos públicos cuya función afecte directamente a la calidad de la vida o al bienestar general.

2. Los poderes públicos promoverán eficazmente las diversas formas de participación en la empresa y fomentarán, mediante una legislación adecuada, las sociedades cooperativas. También establecerán los medios que faciliten el acceso de los trabajadores a la propiedad de los medios de producción.

Artículo 130

1. Los poderes públicos atenderán a la modernización y desarrollo de todos los sectores económicos y, en particular, de la agricultura, de la ganadería, de la pesca y de la artesanía, a fin de equiparar el nivel de vida de todos los españoles.

2. Con el mismo fin, se dispensará un tratamiento especial a las zonas de montaña.

Artículo 131

1. El Estado, mediante ley, podrá planificar la actividad económica general para atender a las necesidades colectivas, equilibrar y armonizar el desarrollo regional y sectorial y estimular el crecimiento de la renta y de la riqueza y su más justa distribución.

2. El Gobierno elaborará los proyectos de planificación, de acuerdo con las previsiones que le sean suministradas por las Comunidades Autónomas y el asesoramiento y colaboración de los sindicatos y otras organizaciones profesionales, empresariales y económicas. A tal fin se constituirá un Consejo, cuya composición y funciones se desarrollarán por ley.

Artículo 132

1. La ley regulará el régimen jurídico de los bienes de dominio público y de los comunales, inspirándose en los principios de inalienabilidad, imprescriptibilidad e inembargabilidad, así como su desafectación.

2. Son bienes de dominio público estatal los que determine la ley y, en todo caso, la zona marítimo-terrestre, las playas, el mar territorial y los recursos naturales de la zona económica y la plataforma continental.

3. Por ley se regularán el Patrimonio del Estado y el Patrimonio Nacional, su administración, defensa y conservación.

Artículo 133

1. La potestad originaria para establecer los tributos corresponde exclusivamente al Estado, mediante ley.

2. Las Comunidades Autónomas y las Corporaciones locales podrán establecer y exigir tributos, de acuerdo con la Constitución y las leyes.

3. Todo beneficio fiscal que afecte a los tributos del Estado deberá establecerse en virtud de ley.

4. Las administraciones públicas sólo podrán contraer obligaciones financieras y realizar gastos de acuerdo con las leyes.

Artículo 134

1. Corresponde al Gobierno la elaboración de los Presupuestos Generales del Estado y a las Cortes Generales, su examen, enmienda y aprobación.

2. Los Presupuestos Generales del Estado tendrán carácter anual, incluirán la totalidad de los gastos e ingresos del sector público estatal y en ellos se consignará el importe de los beneficios fiscales que afecten a los tributos del Estado.

3. El Gobierno deberá presentar ante el Congreso de los Diputados los Presupuestos Generales del Estado al menos tres meses antes de la expiración de los del año anterior.

4. Si la Ley de Presupuestos no se aprobara antes del primer día del ejercicio económico correspondiente, se considerarán automáticamente prorrogados los Presupuestos del ejercicio anterior hasta la aprobación de los nuevos.

5. Aprobados los Presupuestos Generales del Estado, el Gobierno podrá presentar proyectos de ley que impliquen aumento del gasto público o disminución de los ingresos correspondientes al mismo ejercicio presupuestario.

6. Toda proposición o enmienda que suponga aumento de los créditos o disminución de los ingresos presupuestarios requerirá la conformidad del Gobierno para su tramitación.

7. La Ley de Presupuestos no puede crear tributos. Podrá modificarlos cuando una ley tributaria sustantiva así lo prevea.

Artículo 135*
*Modificado íntegramente en 2011

Versión original:

«1. El Gobierno habrá de estar autorizado por ley para emitir Deuda Pública o contraer crédito.

2. Los créditos para satisfacer el pago de intereses y capital de la Deuda Pública del Estado se entenderán siempre incluidos en el estado de gastos de los presupuestos y no podrán ser objeto de enmienda o modificación, mientras se ajusten a las condiciones de la ley de emisión.»

Nueva redacción tras la reforma constitucional de 2011

Todas las Administraciones Públicas adecuarán sus actuaciones al principio de estabilidad presupuestaria.

El Estado y las Comunidades Autónomas no podrán incurrir en un déficit estructural que supere los márgenes establecidos, en su caso, por la Unión Europea para sus Estados Miembros.

Una Ley Orgánica fijará el déficit estructural máximo permitido al Estado y a las Comunidades Autónomas, en relación con su producto interior bruto. Las Entidades Locales deberán presentar equilibrio presupuestario.

El Estado y las Comunidades Autónomas habrán de estar autorizados por Ley para emitir deuda pública o contraer crédito.

Los créditos para satisfacer los intereses y el capital de la deuda pública de las Administraciones se entenderán siempre incluidos en el estado de gastos de sus presupuestos y su pago gozará de prioridad absoluta. Estos créditos no podrán ser objeto de enmienda o modificación, mientras se ajusten a las condiciones de la Ley de emisión.

El volumen de deuda pública del conjunto de las Administraciones Públicas en relación al producto interior bruto del Estado no podrá superar el valor de referencia establecido en el Tratado de Funcionamiento de la Unión Europea.

Los límites de déficit estructural y de volumen de deuda pública sólo podrán superarse en caso de catástrofes naturales, recesión económica o situaciones de emergencia extraordinaria que escapen al control del Estado y perjudiquen considerablemente la situación financiera o la sostenibilidad económica o social del Estado, apreciadas por la mayoría absoluta de los miembros del Congreso de los Diputados.

Una Ley Orgánica desarrollará los principios a que se refiere este artículo, así como la participación, en los procedimientos respectivos, de los órganos de coordinación institucional entre las Administraciones Públicas en materia de política fiscal y financiera. En todo caso, regulará:

a) La distribución de los límites de déficit y de deuda entre las distintas Administraciones Públicas, los supuestos excepcionales de superación de los mismos y la forma y plazo de corrección de las desviaciones que sobre uno y otro pudieran producirse.

b) La metodología y el procedimiento para el cálculo del déficit estructural.

c) La responsabilidad de cada Administración Pública en caso de incumplimiento de los objetivos de estabilidad presupuestaria.

Las Comunidades Autónomas, de acuerdo con sus respectivos Estatutos y dentro de los límites a que se refiere este artículo, adoptarán las disposiciones que procedan para la aplicación efectiva del principio de estabilidad en sus normas y decisiones presupuestarias.

Artículo 136

1. El Tribunal de Cuentas es el supremo órgano fiscalizador de las cuentas y de la gestión económica de Estado, así como del sector público.

Dependerá directamente de las Cortes Generales y ejercerá sus funciones por delegación de ellas en el examen y comprobación de la Cuenta General del Estado.

2. Las cuentas del Estado y del sector público estatal se rendirán al Tribunal de Cuentas y serán censuradas por éste.

El Tribunal de Cuentas, sin perjuicio de su propia jurisdicción, remitirá a las Cortes Generales un informe anual en el que, cuando proceda, comunicará las infracciones o responsabilidades en que, a su juicio, se hubiere incurrido.

3. Los miembros del Tribunal de Cuentas gozarán de la misma independencia e inamovilidad y estarán sometidos a las mismas incompatibilidades que los Jueces.

4. Una ley orgánica regulará la composición, organización y funciones del Tribunal de Cuentas.

TÍTULO VIII.
DE LA ORGANIZACIÓN TERRITORIAL DEL ESTADO

CAPÍTULO PRIMERO

Principios generales

Artículo 137

El Estado se organiza territorialmente en municipios, en provincias y en las Comunidades Autónomas que se constituyan. Todas estas entidades gozan de autonomía para la gestión de sus respectivos intereses.

Artículo 138

1. El Estado garantiza la realización efectiva del principio de solidaridad consagrado en el artículo 2 de la Constitución, velando por el establecimiento de un equilibrio económico, adecuado y justo entre las diversas partes del territorio español, y atendiendo en particular a las circunstancias del hecho insular.

2. Las diferencias entre los Estatutos de las distintas Comunidades Autónomas no podrán implicar, en ningún caso, privilegios económicos o sociales.

Artículo 139

1. Todos los españoles tienen los mismos derechos y obligaciones en cualquier parte del territorio del Estado.

2. Ninguna autoridad podrá adoptar medidas que directa o indirectamente obstaculicen la libertad de circulación y establecimiento de las personas y la libre circulación de bienes en todo el territorio español.

CAPÍTULO SEGUNDO

De la Administración Local

Artículo 140

La Constitución garantiza la autonomía de los municipios. Estos gozarán de personalidad jurídica plena. Su gobierno y administración corresponde a sus respectivos Ayuntamientos, integrados por los Alcaldes y los Concejales. Los Concejales serán elegidos por los vecinos del municipio mediante sufragio universal, igual, libre, directo y secreto, en la forma establecida por la ley. Los Alcaldes serán elegidos por los Concejales o por los vecinos. La ley regulará las condiciones en las que proceda el régimen del concejo abierto.

Artículo 141

1. La provincia es una entidad local con personalidad jurídica propia, determinada por la agrupación de municipios y división territorial para el cumplimiento de las actividades del Estado. Cualquier alteración de los límites provinciales habrá de ser aprobada por las Cortes Generales mediante ley orgánica.

2. El Gobierno y la administración autónoma de las provincias estarán encomendados a Diputaciones u otras Corporaciones de carácter representativo.

3. Se podrán crear agrupaciones de municipios diferentes de la provincia.

4. En los archipiélagos, las islas tendrán además su administración propia en forma de Cabildos o Consejos.

Artículo 142

Las Haciendas locales deberán disponer de los medios suficientes para el desempeño de las funciones que la ley atribuye a las Corporaciones respectivas y se nutrirán fundamentalmente de tributos propios y de participación en los del Estado y de las Comunidades Autónomas.

CAPÍTULO TERCERO

De las Comunidades Autónomas

Artículo 143

1. En el ejercicio del derecho a la autonomía reconocido en el artículo 2 de la Constitución, las provincias limítrofes con características históricas, culturales y económicas comunes, los territorios insulares y las provincias con entidad regional histórica podrán acceder a su autogobierno y constituirse en Comunidades Autónomas con arreglo a lo previsto en este Título y en los respectivos Estatutos.

2. La iniciativa del proceso autonómico corresponde a todas las Diputaciones interesadas o al órgano interinsular correspondiente y a las dos terceras partes de los municipios cuya población represente, al menos, la mayoría del censo electoral de cada provincia o isla. Estos requisitos deberán ser cumplidos en el plazo de seis meses desde el primer acuerdo adoptado al respecto por alguna de las Corporaciones locales interesadas.

3. La iniciativa, en caso de no prosperar, solamente podrá reiterarse pasados cinco años.

Artículo 144

Las Cortes Generales, mediante ley orgánica, podrán, por motivos de interés nacional:

a) Autorizar la constitución de una comunidad autónoma cuando su ámbito territorial no supere el de una provincia y no reúna las condiciones del apartado 1 del artículo 143.

b) Autorizar o acordar, en su caso, un Estatuto de autonomía para territorios que no estén integrados en la organización provincial.

c) Sustituir la iniciativa de las Corporaciones locales a que se refiere el apartado 2 del artículo 143.

Artículo 145

1. En ningún caso se admitirá la federación de Comunidades Autónomas.

2. Los Estatutos podrán prever los supuestos, requisitos y términos en que las Comunidades Autónomas podrán celebrar convenios entre sí para la gestión y prestación de servicios propios de las mismas, así como el carácter y efectos de la correspondiente comunicación a las Cortes Generales. En los demás supuestos, los acuerdos de cooperación entre las Comunidades Autónomas necesitarán la autorización de las Cortes Generales.

Artículo 146

El proyecto de Estatuto será elaborado por una asamblea compuesta por los miembros de la Diputación u órgano interinsular de las provincias afectadas y por los Diputados y Senadores elegidos en ellas y será elevado a las Cortes Generales para su tramitación como ley.

Artículo 147

1. Dentro de los términos de la presente Constitución, los Estatutos serán la norma institucional básica de cada Comunidad Autónoma y el Estado los reconocerá y amparará como parte integrante de su ordenamiento jurídico.

2. Los Estatutos de autonomía deberán contener:

a) La denominación de la Comunidad que mejor corresponda a su identidad histórica.

b) La delimitación de su territorio.

c) La denominación, organización y sede de las instituciones autónomas propias.

d) Las competencias asumidas dentro del marco establecido en la Constitución y las bases para el traspaso de los servicios correspondientes a las mismas.

3. La reforma de los Estatutos se ajustará al procedimiento establecido en los mismos y requerirá, en todo caso, la aprobación por las Cortes Generales, mediante ley orgánica.

Artículo 148

1. Las Comunidades Autónomas podrán asumir competencias en las siguientes materias:

1.ª Organización de sus instituciones de autogobierno.

2.ª Las alteraciones de los términos municipales comprendidos en su territorio y, en general, las funciones que correspondan a la Administración del Estado sobre las Corporaciones locales y cuya transferencia autorice la legislación sobre Régimen Local.

3.ª Ordenación del territorio, urbanismo y vivienda.

4.ª Las obras públicas de interés de la Comunidad Autónoma en su propio territorio.

5.ª Los ferrocarriles y carreteras cuyo itinerario se desarrolle íntegramente en el territorio de la Comunidad Autónoma y, en los mismos términos, el transporte desarrollado por estos medios o por cable.

6.ª Los puertos de refugio, los puertos y aeropuertos deportivos y, en general, los que no desarrollen actividades comerciales.

7.ª La agricultura y ganadería, de acuerdo con la ordenación general de la economía.

8.ª Los montes y aprovechamientos forestales.

9.ª La gestión en materia de protección del medio ambiente.

10.ª Los proyectos, construcción y explotación de los aprovechamientos hidráulicos, canales y regadíos de interés de la Comunidad Autónoma; las aguas minerales y termales.

11.ª La pesca en aguas interiores, el marisqueo y la acuicultura, la caza y la pesca fluvial.

12.ª Ferias interiores.

13.ª El fomento del desarrollo económico de la Comunidad Autónoma dentro de los objetivos marcados por la política económica nacional.

14.ª La artesanía.

15.ª Museos, bibliotecas y conservatorios de música de interés para la Comunidad Autónoma.

16.ª Patrimonio monumental de interés de la Comunidad Autónoma.

17.ª El fomento de la cultura, de la investigación y, en su caso, de la enseñanza de la lengua de la Comunidad Autónoma.

18.ª Promoción y ordenación del turismo en su ámbito territorial.

19.ª Promoción del deporte y de la adecuada utilización del ocio.

20.ª Asistencia social.

21.ª Sanidad e higiene.

22.ª La vigilancia y protección de sus edificios e instalaciones. La coordinación y demás facultades en relación con las policías locales en los términos que establezca una ley orgánica.

2. Transcurridos cinco años, y mediante la reforma de sus Estatutos, las Comunidades Autónomas podrán ampliar sucesivamente sus competencias dentro del marco establecido en el artículo 149.

Artículo 149

1. El Estado tiene competencia exclusiva sobre las siguientes materias:

1.ª La regulación de las condiciones básicas que garanticen la igualdad de todos los españoles en el ejercicio de los derechos y en el cumplimiento de los deberes constitucionales.

2.ª Nacionalidad, inmigración, emigración, extranjería y derecho de asilo.

3.ª Relaciones internacionales.

4.ª Defensa y Fuerzas Armadas.

5.ª Administración de Justicia.

6.ª Legislación mercantil, penal y penitenciaria; legislación procesal, sin perjuicio de las necesarias especialidades que en este orden se deriven de las particularidades del derecho sustantivo de las Comunidades Autónomas.

7.ª Legislación laboral; sin perjuicio de su ejecución por los órganos de las Comunidades Autónomas.

8.ª Legislación civil, sin perjuicio de la

conservación, modificación y desarrollo por las Comunidades Autónomas de los derechos civiles, forales o especiales, allí donde existan. En todo caso, las reglas relativas a la aplicación y eficacia de las normas jurídicas, relaciones jurídico-civiles relativas a las formas de matrimonio, ordenación de los registros e instrumentos públicos, bases de las obligaciones contractuales, normas para resolver los conflictos de leyes y determinación de las fuentes del Derecho, con respeto, en este último caso, a las normas de derecho foral o especial.

9.ª Legislación sobre propiedad intelectual e industrial.

10.ª Régimen aduanero y arancelario; comercio exterior.

11.ª Sistema monetario: divisas, cambio y convertibilidad; bases de la ordenación de crédito, banca y seguros.

12.ª Legislación sobre pesas y medidas, determinación de la hora oficial.

13.ª Bases y coordinación de la planificación general de la actividad económica.

14.ª Hacienda general y Deuda del Estado.

15.ª Fomento y coordinación general de la investigación científica y técnica.

16.ª Sanidad exterior. Bases y coordinación general de la sanidad. Legislación sobre productos farmacéuticos.

17.ª Legislación básica y régimen económico de la Seguridad Social, sin perjuicio de la ejecución de sus servicios por las Comunidades Autónomas.

18.ª Las bases del régimen jurídico de las Administraciones públicas y del régimen estatutario de sus funcionarios que, en todo caso, garantizarán a los administrados un tratamiento común ante ellas; el procedimiento administrativo común, sin perjuicio de las especialidades derivadas de la organización propia de las Comunidades Autónomas; legislación sobre expropiación forzosa; legislación básica sobre contratos y concesiones administrativas y el sistema de responsabilidad de todas las Administraciones públicas.

19.ª Pesca marítima, sin perjuicio de las competencias que en la ordenación del sector se atribuyan a las Comunidades Autónomas.

20.ª Marina mercante y abanderamiento de buques; iluminación de costas y señales marítimas; puertos de interés general; aeropuertos de interés general; control del espacio aéreo, tránsito y transporte aéreo, servicio meteorológico y matriculación de aeronaves.

21.ª Ferrocarriles y transportes terrestres que transcurran por el territorio de más de una Comunidad Autónoma; régimen general de comunicaciones; tráfico y circulación de vehículos a motor; correos y telecomunicaciones; cables aéreos, submarinos y radiocomunicación.

22.ª La legislación, ordenación y concesión de recursos y aprovechamientos hidráulicos cuando las aguas discurran por más de una Comunidad Autónoma, y la autorización de las instalaciones eléctricas cuando su aprovechamiento afecte a otra Comunidad o el transporte de energía salga de su ámbito territorial.

23.ª Legislación básica sobre protección del medio ambiente, sin perjuicio de las facultades de las Comunidades Autónomas de establecer normas adicionales de protección. La legislación básica sobre montes, aprovechamientos forestales y vías pecuarias.

24.ª Obras públicas de interés general o cuya realización afecte a más de una Comunidad Autónoma.

25.ª Bases de régimen minero y energético.

26.ª Régimen de producción, comercio, tenencia y uso de armas y explosivos.

27.ª Normas básicas del régimen de prensa, radio y televisión y, en general, de todos los medios de comunicación social, sin perjuicio de las facultades que en su desarrollo y ejecución correspondan a las Comunidades Autónomas.

28.ª Defensa del patrimonio cultural, artístico y monumental español contra la exportación y la expoliación; museos, bibliotecas y archivos de titularidad estatal, sin perjuicio de su gestión por parte de las Comunidades Autónomas.

29.ª Seguridad pública, sin perjuicio de la posibilidad de creación de policías por las Comunidades Autónomas en la forma que se establezca en los respectivos Estatutos en el marco de lo que disponga una ley orgánica.

30.ª Regulación de las condiciones de obtención, expedición y homologación de títulos académicos y profesionales y normas básicas para el desarrollo del artículo 27 de la Constitución, a fin de garantizar el cumplimiento de las obligaciones de los poderes públicos en esta materia.

31.ª Estadística para fines estatales.

32.ª Autorización para la convocatoria de consultas populares por vía de referéndum.

2. Sin perjuicio de las competencias que podrán asumir las Comunidades Autónomas, el Estado considerará el servicio de la cultura como deber y atribución esencial y facilitará la comunicación cultural entre las Comunidades Autónomas, de acuerdo con ellas.

3. Las materias no atribuidas expresamente al Estado por esta Constitución podrán corresponder a las Comunidades Autónomas, en virtud de sus respectivos Estatutos. La competencia sobre las materias que no se hayan asumido por los Estatutos de Autonomía corresponderá al Estado, cuyas normas prevalecerán, en caso de conflicto, sobre las de las Comunidades Autónomas en todo lo que no esté atribuido a la exclusiva competencia de éstas. El derecho estatal será, en todo caso, supletorio del derecho de las Comunidades Autónomas.

Artículo 150

1. Las Cortes Generales, en materias de competencia estatal, podrán atribuir a todas o a alguna de las Comunidades Autónomas la facultad de dictar, para sí mismas, normas legislativas en el marco de los principios, bases y directrices fijados por una ley estatal. Sin perjuicio de la competencia de los Tribunales, en cada ley marco se establecerá la modalidad del control de las Cortes Generales sobre estas normas legislativas de las Comunidades Autónomas.

2. El Estado podrá transferir o delegar en las Comunidades Autónomas, mediante ley orgánica, facultades correspondientes a materia de titularidad estatal que por su propia naturaleza sean susceptibles de transferencia o delegación. La ley preverá en cada caso la correspondiente transferencia de medios financieros, así como las formas de control que se reserve el Estado.

3. El Estado podrá dictar leyes que establezcan los principios necesarios para armonizar las disposiciones normativas de las Comunidades Autónomas, aun en el caso de materias atribuidas a la competencia de éstas, cuando así lo exija el interés general. Corresponde a las Cortes Generales, por mayoría absoluta de cada Cámara, la apreciación de esta necesidad.

Artículo 151

1. No será preciso dejar transcurrir el plazo de cinco años, a que se refiere el apartado 2 del artículo 148, cuando la iniciativa del proceso autonómico sea acordada dentro del plazo del artículo 143.2, además de por las Diputaciones o los órganos interinsulares correspondientes, por las tres cuartas partes de los municipios de cada una de las provincias afectadas que representen, al menos, la mayoría del censo electoral de cada una de ellas y dicha iniciativa sea ratificada mediante referéndum por el voto afirmativo de la mayoría absoluta de los electores de cada provincia en los términos que establezca una ley orgánica.

2. En el supuesto previsto en el apartado anterior, el procedimiento para la elaboración del Estatuto será el siguiente:

1.º El Gobierno convocará a todos los Diputados y Senadores elegidos en las circunscripciones comprendidas en el ámbito territorial que pretenda acceder al autogobierno, para que se constituyan en Asamblea, a los solos efectos de elaborar el correspondiente proyecto de Estatuto de autonomía, mediante el acuerdo de la mayoría absoluta de sus miembros.

2.º Aprobado el proyecto de Estatuto por la Asamblea de Parlamentarios, se remitirá a la Comisión Constitucional del Congreso, la cual, dentro del plazo de dos meses, lo examinará con el concurso y asistencia de una delegación de la Asamblea proponente para determinar de común acuerdo su formulación definitiva.

3.º Si se alcanzare dicho acuerdo, el texto resultante será sometido a referéndum del cuerpo electoral de las provincias comprendidas en el ámbito territorial del proyectado Estatuto.

4.º Si el proyecto de Estatuto es aprobado en cada provincia por la mayoría de los votos válidamente emitidos, será elevado a las Cortes Generales. Los plenos de ambas Cámaras decidirán sobre el texto mediante un voto de ratificación. Aprobado el Estatuto, el Rey lo sancionará y lo promulgará como ley.

5.º De no alcanzarse el acuerdo a que se refiere el apartado 2 de este número, el proyecto de Estatuto será tramitado como proyecto de ley ante las Cortes Generales. El texto aprobado por éstas será sometido a referéndum del cuerpo electoral de las provincias comprendidas en el ámbito territorial del proyectado Estatuto. En caso de ser aprobado por la mayoría de los votos válidamente emitidos en cada provincia, procederá su promulgación en los términos del párrafo anterior.

3. En los casos de los párrafos 4.º y 5.º del apartado anterior, la no aprobación del proyecto de Estatuto por una o varias provincias no impedirá la constitución entre las restantes de la Comunidad Autónoma proyectada, en la forma que establezca la ley orgánica prevista en el apartado 1 de este artículo.

Artículo 152

1. En los Estatutos aprobados por el procedimiento a que se refiere el artículo anterior, la organización institucional autonómica se basará en una Asamblea Legislativa, elegida por sufragio universal, con arreglo a un sistema de representación proporcional que asegure, además, la representación de las diversas zonas del territorio; un Consejo de Gobierno con funciones ejecutivas y administrativas y un Presidente, elegido por la Asamblea, de entre sus miembros, y nombrado por el Rey, al que corresponde la dirección del Consejo de Gobierno, la suprema representación de la respectiva Comunidad y la ordinaria del Estado en aquélla. El Presidente y los miembros del Consejo de Gobierno serán políticamente responsables ante la Asamblea.

Un Tribunal Superior de Justicia, sin perjuicio de la jurisdicción que corresponde al Tribunal Supremo, culminará la organización judicial en el ámbito territorial de la Comunidad Autónoma. En los Estatutos de las Comunidades Autónomas podrán establecerse los supuestos y las formas de participación de aquéllas en la organización de las demarcaciones judiciales del territorio. Todo ello de conformidad con lo previsto en la ley orgánica del poder judicial y dentro de la unidad e independencia de éste.

Sin perjuicio de lo dispuesto en el artículo 123, las sucesivas instancias procesales, en su caso, se agotarán ante órganos judiciales radicados en el mismo territorio de la Comunidad Autónoma en que esté el órgano competente en primera instancia.

2. Una vez sancionados y promulgados los respectivos Estatutos, solamente podrán ser modificados mediante los procedimientos en ellos establecidos y con referéndum entre los electores inscritos en los censos correspondientes.

3. Mediante la agrupación de municipios limítrofes, los Estatutos podrán establecer circunscripciones territoriales propias, que gozarán de plena personalidad jurídica.

Artículo 153

El control de la actividad de los órganos de las Comunidades Autónomas se ejercerá:

a) Por el Tribunal Constitucional, el relativo a la constitucionalidad de sus disposiciones normativas con fuerza de ley.

b) Por el Gobierno, previo dictamen del Consejo de Estado, el del ejercicio de funciones delegadas a que se refiere el apartado 2 del artículo 150.

c) Por la jurisdicción contencioso-administrativa, el de la administración autónoma y sus normas reglamentarias.

d) Por el Tribunal de Cuentas, el económico y presupuestario.

Artículo 154

Un Delegado nombrado por el Gobierno dirigirá la Administración del Estado en el territorio de la Comunidad Autónoma y la coordinará, cuando proceda, con la administración propia de la Comunidad.

Artículo 155

1. Si una Comunidad Autónoma no cumpliere las obligaciones que la Constitución u otras leyes le impongan, o actuare de forma que atente gravemente al interés general de España, el Gobierno, previo requerimiento al Presidente de la Comunidad Autónoma y, en el caso de no ser atendido, con la aprobación por mayoría absoluta del Senado, podrá adoptar las medidas necesarias para obligar a aquélla al cumplimiento forzoso de dichas obligaciones o para la protección del mencionado interés general.

2. Para la ejecución de las medidas previstas en el apartado anterior, el Gobierno podrá dar instrucciones a todas las autoridades de las Comunidades Autónomas.

Artículo 156

1. Las Comunidades Autónomas gozarán de autonomía financiera para el desarrollo y ejecución de sus competencias con arreglo a los principios de coordinación con la Hacienda estatal y de solidaridad entre todos los españoles.

2. Las Comunidades Autónomas podrán actuar como delegados o colaboradores del Estado para la recaudación, la gestión y la liquidación de los recursos tributarios de aquél, de acuerdo con las leyes y los Estatutos.

Artículo 157

1. Los recursos de las Comunidades Autónomas estarán constituidos por:

a) Impuestos cedidos total o parcialmente por el Estado; recargos sobre impuestos estatales y otras participaciones en los ingresos del Estado.

b) Sus propios impuestos, tasas y contribuciones especiales.

c) Transferencias de un Fondo de Compensación interterritorial y otras asignaciones con cargo a los Presupuestos Generales del Estado.

d) Rendimientos procedentes de su patrimonio e ingresos de derecho privado.

e) El producto de las operaciones de crédito.

2. Las Comunidades Autónomas no podrán en ningún caso adoptar medidas tributarias sobre bienes situados fuera de su territorio o que supongan obstáculo para la libre circulación de mercancías o servicios.

3. Mediante ley orgánica podrá regularse el ejercicio de las competencias financieras enumeradas en el precedente apartado 1, las normas para resolver los conflictos que pudieran surgir y las posibles formas de colaboración financiera entre las Comunidades Autónomas y el Estado.

Artículo 158

1. En los Presupuestos Generales del Estado podrá establecerse una asignación a las Comunidades Autónomas en función del volumen de los servicios y actividades estatales que hayan asumido y de la garantía de un nivel mínimo en la prestación de los servicios públicos fundamentales en todo el territorio español.

2. Con el fin de corregir desequilibrios económicos interterritoriales y hacer efectivo el principio de solidaridad, se constituirá un Fondo de Compensación con destino a gastos de inversión, cuyos recursos serán distribuidos por las Cortes Generales entre las Comunidades Autónomas y provincias, en su caso.

TÍTULO IX. DEL TRIBUNAL CONSTITUCIONAL

Artículo 159

1. El Tribunal Constitucional se compone de 12 miembros nombrados por el Rey; de ellos, cuatro a propuesta del Congreso por mayoría de tres quintos de sus miembros; cuatro a propuesta del Senado, con idéntica mayoría; dos a propuesta del Gobierno, y dos a propuesta del Consejo General del Poder Judicial.

2. Los miembros del Tribunal Constitucional deberán ser nombrados entre Magistrados y Fiscales, Profesores de Universidad, funcionarios públicos y Abogados, todos ellos juristas de reconocida competencia con más de quince años de ejercicio profesional.

3. Los miembros del Tribunal Constitucional serán designados por un período de nueve años y se renovarán por terceras partes cada tres.

4. La condición de miembro del Tribunal Constitucional es incompatible: con todo mandato representativo; con los cargos políticos o administrativos; con el desempeño de funciones directivas en un partido político o en un sindicato y con el empleo al servicio de los mismos; con el ejercicio de las carreras judicial y fiscal, y con cualquier actividad profesional o mercantil.

En lo demás los miembros del Tribunal Constitucional tendrán las incompatibilidades propias de los miembros del poder judicial.

5. Los miembros del Tribunal Constitucional serán independientes e inamovibles en el ejercicio de su mandato.

Artículo 160

El Presidente del Tribunal Constitucional será nombrado entre sus miembros por el Rey, a propuesta del mismo Tribunal en pleno y por un período de tres años.

Artículo 161

1. El Tribunal Constitucional tiene jurisdicción en todo el territorio español y es competente para conocer:

a) Del recurso de inconstitucionalidad contra leyes y disposiciones normativas con fuerza de ley. La declaración de inconstitucionalidad de una norma jurídica con rango de ley, interpretada por la jurisprudencia, afectará a ésta, si bien la sentencia o sentencias recaídas no perderán el valor de cosa juzgada.

b) Del recurso de amparo por violación de los derechos y libertades referidos en el artículo 53, 2, de esta Constitución, en los casos y formas que la ley establezca.

c) De los conflictos de competencia entre el Estado y las Comunidades Autónomas o de los de éstas entre sí.

d) De las demás materias que le atribuyan la Constitución o las leyes orgánicas.

2. El Gobierno podrá impugnar ante el Tribunal Constitucional las disposiciones y resoluciones adoptadas por los órganos de las Comunidades Autónomas. La impugnación producirá la suspensión de la disposición o resolución recurrida, pero el Tribunal, en su caso, deberá ratificarla o levantarla en un plazo no superior a cinco meses.

Artículo 162

1. Están legitimados:

a) Para interponer el recurso de inconstitucionalidad, el Presidente del Gobierno, el Defensor del Pueblo, 50 Diputados, 50 Senadores, los órganos colegiados ejecutivos de las Comunidades Autónomas y, en su caso, las Asambleas de las mismas.

b) Para interponer el recurso de amparo, toda persona natural o jurídica que invoque un interés legítimo, así como el Defensor del Pueblo y el Ministerio Fiscal.

2. En los demás casos, la ley orgánica determinará las personas y órganos legitimados.

Artículo 163

Cuando un órgano judicial considere, en algún proceso, que una norma con rango de ley, aplicable al caso, de cuya validez dependa el fallo, pueda ser contraria a la Constitución, planteará la cuestión ante el Tribunal Constitucional en los supuestos, en la forma y con los efectos que establezca la ley, que en ningún caso serán suspensivos.

Artículo 164

1. Las sentencias del Tribunal Constitucional se publicarán en el boletín oficial del Estado con los votos particulares, si los hubiere. Tienen el valor de cosa juzgada a partir del día siguiente de su publicación y no cabe recurso alguno contra ellas. Las que declaren la inconstitucionalidad de una ley o de una norma con fuerza de ley y todas las que no se limiten a la estimación subjetiva de un derecho, tienen plenos efectos frente a todos.

2. Salvo que en el fallo se disponga otra cosa, subsistirá la vigencia de la ley en la parte no afectada por la inconstitucionalidad.

Artículo 165

Una ley orgánica regulará el funcionamiento del Tribunal Constitucional, el estatuto de sus miembros, el procedimiento ante el mismo y las condiciones para el ejercicio de las acciones.

TÍTULO X. DE LA REFORMA CONSTITUCIONAL

Artículo 166

La iniciativa de reforma constitucional se ejercerá en los términos previstos en los apartados 1 y 2 del artículo 87.

Artículo 167

1. Los proyectos de reforma constitucional deberán ser aprobados por una mayoría de tres quintos de cada una de las Cámaras. Si no hubiera acuerdo entre ambas, se intentará obtenerlo mediante la creación de una Comisión de composición paritaria de Diputados y Senadores, que presentará un texto que será votado por el Congreso y el Senado.

2. De no lograrse la aprobación mediante el procedimiento del apartado anterior, y siempre que el texto hubiere obtenido el voto favorable de la mayoría absoluta del Senado, el Congreso, por mayoría de dos tercios, podrá aprobar la reforma.

3. Aprobada la reforma por las Cortes Generales, será sometida a referéndum para su ratificación cuando así lo soliciten, dentro de los quince días siguientes a su aprobación, una décima parte de los miembros de cualquiera de las Cámaras.

Artículo 168

1. Cuando se propusiere la revisión total de la Constitución o una parcial que afecte al Título preliminar, al Capítulo segundo, Sección primera del Título I, o al Título II, se procederá a la aprobación del principio por mayoría de dos tercios de cada Cámara, y a la disolución inmediata de las Cortes.

2. Las Cámaras elegidas deberán ratificar la decisión y proceder al estudio del nuevo texto constitucional, que deberá ser aprobado por mayoría de dos tercios de ambas Cámaras.

3. Aprobada la reforma por las Cortes Generales, será sometida a referéndum para su ratificación.

Artículo 169

No podrá iniciarse la reforma constitucional en tiempo de guerra o de vigencia de alguno de los estados previstos en el artículo 116.

DISPOSICIONES ADICIONALES

Primera.

La Constitución ampara y respeta los derechos históricos de los territorios forales.

La actualización general de dicho régimen foral se llevará a cabo, en su caso, en el marco de la Constitución y de los Estatutos de Autonomía.

Segunda.

La declaración de mayoría de edad contenida en el artículo 12 de esta Constitución no perjudica las situaciones amparadas por los derechos forales en el ámbito del Derecho privado.

Tercera.

La modificación del régimen económico y fiscal del archipiélago canario requerirá informe previo de la Comunidad Autónoma o, en su caso, del órgano provisional autonómico.

Cuarta.

En las Comunidades Autónomas donde tengan su sede más de una Audiencia Territorial, los Estatutos de Autonomía respectivos podrán mantener las existentes, distribuyendo las competencias entre ellas, siempre de conformidad con lo previsto en la ley orgánica del poder judicial y dentro de la unidad e independencia de éste.

DISPOSICIONES TRANSITORIAS

Primera.

En los territorios dotados de un régimen provisional de autonomía, sus órganos colegiados superiores, mediante acuerdo adoptado por la mayoría absoluta de sus miembros, podrán sustituir la iniciativa que en el apartado 2 del artículo 143 atribuye a las Diputaciones Provinciales o a los órganos interinsulares correspondientes.

Segunda.

Los territorios que en el pasado hubiesen plebiscitado afirmativamente proyectos de Estatuto de autonomía y cuenten, al tiempo de promulgarse esta Constitución, con regímenes provisionales de autonomía podrán proceder inmediatamente en la forma que se prevé en el apartado 2 del artículo 148, cuando así lo acordaren, por mayoría absoluta, sus órganos preautonómicos colegiados superiores, comunicándolo al Gobierno. El proyecto de Estatuto será elaborado de acuerdo con lo establecido en el artículo 151, número 2, a convocatoria del órgano colegiado preautonómico.

Tercera.

La iniciativa del proceso autonómico por parte de las Corporaciones locales o de sus miembros, prevista en el apartado 2 del artículo 143, se entiende diferida, con todos sus efectos, hasta la celebración de las primeras elecciones locales una vez vigente la Constitución.

Cuarta.

1. En el caso de Navarra, y a efectos de su incorporación al Consejo General Vasco o al régimen autonómico vasco que le sustituya, en lugar de lo que establece el artículo 143 de la Constitución, la iniciativa corresponde al Órgano Foral competente, el cual adoptará su decisión por mayoría de los miembros que lo componen. Para la validez de dicha iniciativa será preciso, además, que la decisión del Órgano Foral competente sea ratificada por referéndum expresamente convocado al efecto, y aprobado por mayoría de los votos válidos emitidos.

2. Si la iniciativa no prosperase, solamente se podrá reproducir la misma en distinto período del mandato del Organo Foral competente, y en todo caso, cuando haya transcurrido el plazo mínimo que establece el artículo 143.

Quinta.

Las ciudades de Ceuta y Melilla podrán constituirse en Comunidades Autónomas si así lo deciden sus respectivos Ayuntamientos, mediante acuerdo adoptado por la mayoría absoluta de sus miembros y así lo autorizan las Cortes Generales, mediante una ley orgánica, en los términos previstos en el artículo 144.

Sexta.

Cuando se remitieran a la Comisión Constitucional del Congreso varios proyectos de Estatuto, se dictaminarán por el orden de entrada en aquélla, y el plazo de dos meses a que se refiere el artículo 151 empezará a contar desde que la Comisión termine el estudio del proyecto o proyectos de que sucesivamente haya conocido.

Séptima.

Los organismos provisionales autonómicos se considerarán disueltos en los siguientes casos:

a) Una vez constituidos los órganos que establezcan los Estatutos de Autonomía aprobados conforme a esta Constitución.

b) En el supuesto de que la iniciativa del proceso autonómico no llegara a prosperar por no cumplir los requisitos previstos en el artículo 143.

c) Si el organismo no hubiera ejercido el derecho que le reconoce la disposición transitoria primera en el plazo de tres años.

Octava.

1. Las Cámaras que han aprobado la presente Constitución asumirán, tras la entrada en vigor de la misma, las funciones y competencias que en ella se señalan, respectivamente, para el Congreso y el Senado, sin que en ningún caso su mandato se extienda más allá del 15 de junio de 1981.

2. A los efectos de lo establecido en el artículo 99, la promulgación de la Constitución se considerará como supuesto constitucional en el que procede su aplicación. A tal efecto, a partir de la citada promulgación se abrirá un período de treinta días para la aplicación de lo dispuesto en dicho artículo.

Durante este período, el actual Presidente del Gobierno, que asumirá las funciones y competencias que para dicho cargo establece la Constitución, podrá optar por utilizar la facultad que le reconoce el artículo 115 o dar paso, mediante la dimisión, a la aplicación de lo establecido en el artículo 99, quedando en este último caso en la situación prevista en el apartado 2 del artículo 101.

3. En caso de disolución, de acuerdo con lo previsto en el artículo 115, y si no se hubiera desarrollado legalmente lo previsto en los artículos 68 y 69, serán de aplicación en las elecciones las normas vigentes con anterioridad, con las solas excepciones de que en lo referente a inelegibilidades e incompatibilidades se aplicará directamente lo previsto en el inciso segundo de la letra b) del apartado 1 del artículo 70 de la Constitución, así como lo dispuesto en la misma respecto a la edad para el voto y lo establecido en el artículo 69,3.

Novena.

A los tres años de la elección por vez primera de los miembros del Tribunal Constitucional se procederá por sorteo para la designación de un grupo de cuatro miembros de la misma procedencia electiva que haya de cesar y renovarse. A estos solos efectos se entenderán agrupados como miembros de la misma procedencia a los dos designados a propuesta del Gobierno y a los dos que proceden de la formulada por el Consejo General del Poder Judicial. Del mismo modo se procederá transcurridos otros tres años entre los dos grupos no afectados por el sorteo anterior. A partir de entonces se estará a lo establecido en el número 3 del artículo 159.

DISPOSICION DEROGATORIA

1. Queda derogada la Ley 1/1977, de 4 de enero, para la Reforma Política, así como, en tanto en cuanto no estuvieran ya derogadas por la anteriormente mencionada Ley, la de Principios del Movimiento Nacional, de 17 de mayo de 1958; el Fuero de los Españoles, de 17 de julio de 1945; el del Trabajo, de 9 de marzo de 1938; la Ley Constitutiva de las Cortes, de 17 de julio de 1942; la Ley de Sucesión en la Jefatura del Estado, de 26 de julio de 1947, todas ellas modificadas por la Ley Orgánica del Estado, de 10 de enero de 1967, y en los mismos términos esta última y la de Referéndum Nacional de 22 de octubre de 1945.

2. En tanto en cuanto pudiera conservar alguna vigencia, se considera definitivamente derogada la Ley de 25 de octubre de 1839 en lo que pudiera afectar a las provincias de Alava, Guipúzcoa y Vizcaya.

En los mismos términos se considera definitivamente derogada la Ley de 21 de julio de 1876.

3. Asimismo quedan derogadas cuantas disposiciones se opongan a lo establecido en esta Constitución.

DISPOSICION FINAL

Esta Constitución entrará en vigor el mismo día de la publicación de su texto oficial en el boletín oficial del Estado. Se publicará también en las demás lenguas de España.

POR TANTO,

MANDO A TODOS LOS ESPAÑOLES, PARTICULARES Y AUTORIDADES, QUE GUARDEN Y HAGAN GUARDAR ESTA CONSTITUCIÓN COMO NORMA FUNDAMENTAL DEL ESTADO.

PALACIO DE LAS CORTES, A VEINTISIETE DE DICIEMBRE DE MIL NOVECIENTOS SETENTA Y OCHO.

JUAN CARLOS

EL PRESIDENTE DE LAS CORTES
Antonio Hernández Gil

EL PRESIDENTE DEL CONGRESO DE LOS DIPUTADOS
Fernando Alvarez de Miranda y Torres

EL PRESIDENTE DEL SENADO
Antonio Fontán Pérez

Ley 39/2015, de 1 de octubre, del Procedimiento Administrativo Común de las Administraciones Públicas

Se estructura en 133 artículos, distribuidos en siete títulos, cinco disposiciones adicionales, cinco disposiciones transitorias, una disposición derogatoria y siete disposiciones finales.

NOVEDADES MÁS DESTACABLES:

- Introduce en el ámbito de la ley los principios que informan el ejercicio de la iniciativa legislativa y la potestad reglamentaria de las Administraciones
- Dejando a salvo los trámites especiales ya recogidos en otras leyes especiales, establece la previsión de que sólo mediante Ley puedan establecerse trámites adicionales o distintos a los contemplados en la norma.
- Extiende la capacidad de obrar en el ámbito del Derecho Administrativo a los grupos de afectados, las uniones y entidades sin personalidad jurídica y los patrimonios independientes o autónomos cuando la Ley así lo declare expresamente.
- En materia de representación introduce nuevos sistemas para acreditarla, destacando el apoderamiento apud acta presencial o electrónico o la acreditación de su inscripción en el registro electrónico de apoderamientos
- Una de las principales novedades es la separación entre la identificación del interesado y la firma electrónica del mismo, de modo que, con carácter general, sólo será necesaria la primera, y se exigirá la segunda cuando deba acreditarse la voluntad y consentimiento del interesado. Se produce además la introducción de un conjunto de categorías de identificación y firma a utilizar por todas las Administraciones.
- Establece la obligación de todas las Administraciones Públicas de contar con un registro electrónico general, o, en su caso, adherirse al de la Administración General del Estado. Y además de contar con un archivo electrónico único con los documentos de los procedimientos finalizados.
- Clarifica el régimen de las copias de los documentos
- Introduce el cómputo de plazos por horas y la declaración de los sábados como días inhábiles, unificando de este modo el cómputo de plazos en el ámbito judicial y el administrativo.
- En materia de regulación de los requisitos de los actos administrativos, su eficacia y las reglas sobre nulidad y anulabilidad se mantiene básicamente el régimen de la Ley 30/1992
- En el procedimiento administrativo común se generaliza la utilización en todas las fases de los medios electrónicos
- Añade la tramitación simplificada del procedimiento administrativo común, donde se establece su ámbito objetivo de aplicación, el plazo máximo de resolución que será de treinta días y los trámites de que constará
- Incluye varias novedades para incrementar la participación de los ciudadanos en el procedimiento de elaboración de normas, entre las que destaca, la necesidad de recabar, con carácter previo a la elaboración de la norma, la opinión de ciudadanos y empresas acerca de los problemas que se pretenden solucionar con la iniciativa, la necesidad y oportunidad de su aprobación, los objetivos de la norma y las posibles soluciones alternativas.

ANÁLISIS

RANGO: LEY
Fecha de disposición: 01/10/2015
Fecha de publicación: 02/10/2015
Entrada en vigor: 2 de octubre de 2016, con la salvedad indicada en la disposición última

MATERIAS
Acceso a la información
Actos procesales
Administración electrónica
Administración General del Estado
Administración Local
Administraciones Públicas
Apremios
Archivos
Boletín Oficial del Estado
Certificados
Comunidades Autónomas
Conciliación
Derechos de los ciudadanos
Despidos
Documentos públicos
Enjuiciamiento Civil
Firma electrónica
Iniciativa legislativa
Juzgados de lo Social
Normas jurídicas
Notificaciones, citaciones y emplazamientos
Patrimonio de las Administraciones Públicas
Procedimiento administrativo
Procedimiento sancionador
Publicidad institucional
Recurso Contencioso-Administrativo
Registros administrativos
Registros telemáticos
Responsabilidad Civil
Responsabilidad Civil de la Administración
Seguridad Social

ESTA LEY DEROGA:
Arts. 4 a 7 de la Ley 2/2011, de 4 de marzo (Ref. BOE-A-2011-4117).

en la forma indicada, determinados preceptos del Real Decreto 1671/2009, de 6 de noviembre (Ref. BOE-A-2009-18358).

en la forma indicada, la Ley 11/2007, de 22 de junio (Ref. BOE-A-2007-12352).

Real Decreto 772/1999, de 7 de mayo (Ref. BOE-A-1999-11499).

Real Decreto 1398/1993, de 4 de agosto (Ref. BOE-A-1993-20748).

Real Decreto 429/1993, de 26 de marzo (Ref. BOE-A-1993-11253).

en la forma indicada, la Ley 30/1992, de 26 de noviembre (Ref. BOE-A-1992-26318).

MODIFICA:
Arts. 64, 69, 70, 72, 73, 85, 103 y 117 de la Ley 36/2011, de 10 de octubre (Ref. BOE-A-2011-15936).

Art. 3 de la Ley 59/2003, de 19 de diciembre (Ref. BOE-A-2003-23399).

CITA:
Ley Orgánica 2/2012, de 27 de abril (Ref. BOE-A-2012-5730).

Ley 47/2003, de 26 de noviembre (Ref. BOE-A-2003-21614).

RECURSOS CONTRA ELLA:
3865/2016 promovido contra los arts.1 y 127 a 133 (Ref. BOE-A-2016-7356).

3628/2016 promovido contra determinados preceptos (Ref. BOE-A-2016-7353).

Contenidos

Preámbulo

TÍTULO PRELIMINAR. Disposiciones generales
Art. 1. Objeto de la Ley
Art. 2. Ámbito subjetivo de aplicación

TÍTULO I. De los interesados en el procedimiento

CAPÍTULO I. La capacidad de obrar y el concepto de interesado
Art. 3. Capacidad de obrar
Art. 4. Concepto de interesado
Art. 5. Representación
Art. 6. Registros electrónicos de apoderamientos
Art. 7. Pluralidad de interesados
Art. 8. Nuevos interesados en el procedimiento

CAPÍTULO II. Identificación y firma de los interesados en el procedimiento administrativo
Art. 9. Sistemas de identificación de los interesados en el procedimiento
Art. 10. Sistemas de firma admitidos por las Administraciones Públicas
Art. 11. Uso de medios de identificación y firma en el procedimiento administrativo
Art. 12. Asistencia en el uso de medios electrónicos a los interesados

TÍTULO II. De la actividad de las Administraciones Públicas

CAPÍTULO I. Normas generales de actuación
Art. 13. Derechos de las personas en sus relaciones con las Administraciones Públicas
Art. 14. Derecho y obligación de relacionarse electrónicamente con las Administraciones Públicas
Art. 15. Lengua de los procedimientos
Art. 16. Registros
Art. 17. Archivo de documentos
Art. 18. Colaboración de las personas
Art. 19. Comparecencia de las personas
Art. 20. Responsabilidad de la tramitación
Art. 21. Obligación de resolver
Art. 22. Suspensión del plazo máximo para resolver
Art. 23. Ampliación del plazo máximo para resolver y notificar
Art. 24. Silencio administrativo en procedimientos iniciados a solicitud del interesado
Art. 25. Falta de resolución expresa en procedimientos iniciados de oficio
Art. 26. Emisión de documentos por las Administraciones Públicas
Art. 27. Validez y eficacia de las copias realizadas por las Administraciones Públicas
Art. 28. Documentos aportados por los interesados al procedimiento administrativo

CAPÍTULO II. Términos y plazos
Art. 29. Obligatoriedad de términos y plazos
Art. 30. Cómputo de plazos
Art. 31. Cómputo de plazos en los registros
Art. 32. Ampliación
Art. 33. Tramitación de urgencia

TÍTULO III. De los actos administrativos

CAPÍTULO I. Requisitos de los actos administrativos
Art. 34. Producción y contenido
Art. 35. Motivación
Art. 36. Forma

CAPÍTULO II. Eficacia de los actos
Art. 37. Inderogabilidad singular
Art. 38. Ejecutividad
Art. 39. Efectos
Art. 40. Notificación
Art. 41. Condiciones generales para la práctica de las notificaciones
Art. 42. Práctica de las notificaciones en papel
Art. 43. Práctica de las notificaciones a través de medios electrónicos
Art. 44. Notificación infructuosa
Art. 45. Publicación
Art. 46. Indicación de notificaciones y publicaciones

CAPÍTULO III. Nulidad y anulabilidad
Art. 47. Nulidad de pleno derecho
Art. 48. Anulabilidad
Art. 49. Límites a la extensión de la nulidad o anulabilidad de los actos
Art. 50. Conversión de actos viciados
Art. 51. Conservación de actos y trámites
Art. 52. Convalidación

TÍTULO IV. De las disposiciones sobre el procedimiento administrativo común

CAPÍTULO I. Garantías del procedimiento
Art. 53. Derechos del interesado en el procedimiento administrativo

CAPÍTULO II. Iniciación del procedimiento

Sección 1.ª Disposiciones generales
Art. 54. Clases de iniciación
Art. 55. Información y actuaciones previas
Art. 56. Medidas provisionales
Art. 57. Acumulación

Sección 2.ª Iniciación del procedimiento de oficio por la administración
Art. 58. Iniciación de oficio
Art. 59. Inicio del procedimiento a propia iniciativa
Art. 60. Inicio del procedimiento como consecuencia de orden superior
Art. 61. Inicio del procedimiento por petición razonada de otros órganos
Art. 62. Inicio del procedimiento por denuncia
Art. 63. Especialidades en el inicio de los procedimientos de naturaleza sancionadora
Art. 64. Acuerdo de iniciación en los procedimientos de naturaleza sancionadora
Art. 65. Especialidades en el inicio de oficio de los procedimientos de responsabilidad patrimonial

Sección 3.ª Inicio del procedimiento a solicitud del interesado
Art. 66. Solicitudes de iniciación
Art. 67. Solicitudes de iniciación en los procedimientos de responsabilidad patrimonial
Art. 68. Subsanación y mejora de la solicitud
Art. 69. Declaración responsable y comunicación

CAPÍTULO III. Ordenación del procedimiento
Art. 70. Expediente Administrativo
Art. 71. Impulso
Art. 72. Concentración de trámites
Art. 73. Cumplimiento de trámites
Art. 74. Cuestiones incidentales

CAPÍTULO IV. Instrucción del procedimiento

Sección 1.ª Disposiciones generales
Art. 75. Actos de instrucción
Art. 76. Alegaciones
Sección 2.ª Prueba
Art. 77. Medios y período de prueba
Art. 78. Práctica de prueba
Sección 3.ª Informes
Art. 79. Petición
Art. 80. Emisión de informes
Art. 81. Solicitud de informes y dictámenes en los procedimientos de responsabilidad patrimonial
Sección 4.ª Participación de los interesados
Art. 82. Trámite de audiencia
Art. 83. Información pública

CAPÍTULO V. Finalización del procedimiento

Sección 1.ª Disposiciones generales
Art. 84. Terminación
Art. 85. Terminación en los procedimientos sancionadores
Art. 86. Terminación convencional
Sección 2.ª Resolución
Art. 87. Actuaciones complementarias
Art. 88. Contenido
Art. 89. Propuesta de resolución en los procedimientos de carácter sancionador
Art. 90. Especialidades de la resolución en los procedimientos sancionadores
Art. 91. Especialidades de la resolución en los procedimientos en materia de responsabilidad patrimonial
Art. 92. Competencia para la resolución de los procedimientos de responsabilidad patrimonial
Sección 3.ª Desistimiento y renuncia
Art. 93. Desistimiento por la Administración
Art. 94. Desistimiento y renuncia por los interesados
Sección 4.ª Caducidad
Art. 95. Requisitos y efectos

CAPÍTULO VI. De la tramitación simplificada del procedimiento administrativo común

Art. 96. Tramitación simplificada del procedimiento administrativo común

CAPÍTULO VII. Ejecución

Art. 97. Título
Art. 98. Ejecutoriedad
Art. 99. Ejecución forzosa
Art. 100. Medios de ejecución forzosa
Art. 101. Apremio sobre el patrimonio
Art. 102. Ejecución subsidiaria
Art. 103. Multa coercitiva
Art. 104. Compulsión sobre las personas
Art. 105. Prohibición de acciones posesorias

TÍTULO V. DE LA REVISIÓN DE LOS ACTOS EN VÍA ADMINISTRATIVA

CAPÍTULO I. Revisión de oficio

Art. 106. Revisión de disposiciones y actos nulos
Art. 107. Declaración de lesividad de actos anulables
Art. 108. Suspensión
Art. 109. Revocación de actos y rectificación de errores
Art. 110. Límites de la revisión
Art. 111. Competencia para la revisión de oficio de las disposiciones y de actos nulos y anulables en la Administración General del Estado

CAPÍTULO II. Recursos administrativos

Sección 1.ª Principios generales
Art. 112. Objeto y clases
Art. 113. Recurso extraordinario de revisión
Art. 114. Fin de la vía administrativa
Art. 115. Interposición de recurso
Art. 116. Causas de inadmisión
Art. 117. Suspensión de la ejecución
Art. 118. Audiencia de los interesados
Art. 119. Resolución
Art. 120. Pluralidad de recursos administrativos
Sección 2.ª Recurso de alzada
Art. 121. Objeto
Art. 122. Plazos
Sección 3.ª Recurso potestativo de reposición
Art. 123. Objeto y naturaleza
Art. 124. Plazos
Sección 4.ª Recurso extraordinario de revisión
Art. 125. Objeto y plazos
Art. 126. Resolución

TÍTULO VI. DE LA INICIATIVA LEGISLATIVA Y DE LA POTESTAD PARA DICTAR REGLAMENTOS Y OTRAS DISPOSICIONES

Art. 127. Iniciativa legislativa y potestad para dictar normas con rango de ley
Art. 128. Potestad reglamentaria
Art. 129. Principios de buena regulación
Art. 130. Evaluación normativa y adaptación de la normativa vigente a los principios de buena regulación
Art. 131. Publicidad de las normas
Art. 132. Planificación normativa
Art. 133. Participación de los ciudadanos en el procedimiento de elaboración de normas con rango de Ley y reglamentos

Disposiciones adicionales

Disposición adicional primera. Especialidades por razón de materia
Disposición adicional segunda. Adhesión de las Comunidades Autónomas y Entidades Locales a las plataformas y registros de la Administración General del Estado
Disposición adicional tercera. Notificación por medio de anuncio publicado en el «Boletín Oficial del Estado»
Disposición adicional cuarta. Oficinas de asistencia en materia de registros
Disposición adicional quinta. Actuación administrativa de los órganos constitucionales del Estado y de los órganos legislativos y de control autonómicos

Disposiciones transitorias

Disposición transitoria primera. Archivo de documentos
Disposición transitoria segunda. Registro electrónico y archivo electrónico único
Disposición transitoria tercera. Régimen transitorio de los procedimientos
Disposición transitoria cuarta. Régimen transitorio de los archivos, registros y punto de acceso general
Disposición transitoria quinta. Procedimientos de responsabilidad patrimonial derivados de la declaración de inconstitucionalidad de una norma o su carácter contrario al Derecho de la Unión Europea

Disposiciones derogatorias

Disposición derogatoria única. Derogación normativa

Disposiciones finales

Disposición final primera. Título competencial
Disposición final segunda. Modificación de la Ley 59/2003, de 19 de diciembre, de firma electrónica
Disposición final tercera. Modificación de la Ley 36/2011, de 10 de octubre, reguladora de la jurisdicción social
Disposición final cuarta. Referencias normativas
Disposición final quinta. Adaptación normativa
Disposición final sexta. Desarrollo normativo de la Ley
Disposición final séptima. Entrada en vigor.

Ley 39/2015, de 1 de octubre, del Procedimiento Administrativo Común de las Administraciones Públicas

FELIPE VI

REY DE ESPAÑA

A todos los que la presente vieren y entendieren.

Sabed: Que las Cortes Generales han aprobado y Yo vengo en sancionar la siguiente ley:

PREÁMBULO

I

La esfera jurídica de derechos de los ciudadanos frente a la actuación de las Administraciones Públicas se encuentra protegida a través de una serie de instrumentos tanto de carácter reactivo, entre los que destaca el sistema de recursos administrativos o el control realizado por jueces y tribunales, como preventivo, a través del procedimiento administrativo, que es la expresión clara de que la Administración Pública actúa con sometimiento pleno a la Ley y al Derecho, como reza el artículo 103 de la Constitución.

El informe elaborado por la Comisión para la Reforma de las Administraciones Públicas en junio de 2013 parte del convencimiento de que una economía competitiva exige unas Administraciones Públicas eficientes, transparentes y ágiles.

En esta misma línea, el Programa nacional de reformas de España para 2014 recoge expresamente la aprobación de nuevas leyes administrativas como una de las medidas a impulsar para racionalizar la actuación de las instituciones y entidades del poder ejecutivo, mejorar la eficiencia en el uso de los recursos públicos y aumentar su productividad.

Los defectos que tradicionalmente se han venido atribuyendo a las Administraciones españolas obedecen a varias causas, pero el ordenamiento vigente no es ajeno a ellas, puesto que el marco normativo en el que se ha desenvuelto la actuación pública ha propiciado la aparición de duplicidades e ineficiencias, con procedimientos administrativos demasiado complejos que, en ocasiones, han generado problemas de inseguridad jurídica. Para superar estas deficiencias es necesaria una reforma integral y estructural que permita ordenar y clarificar cómo se organizan y relacionan las Administraciones tanto externamente, con los ciudadanos y empresas, como internamente con el resto de Administraciones e instituciones del Estado.

En coherencia con este contexto, se propone una reforma del ordenamiento jurídico público articulada en dos ejes fundamentales: las relaciones «ad extra» y «ad intra» de las Administraciones Públicas. Para ello se impulsan simultáneamente dos nuevas leyes que constituirán los pilares sobre los que se asentará el Derecho administrativo español: la Ley del Procedimiento Administrativo Común de las Administraciones Públicas, y la Ley de Régimen Jurídico del Sector Público.

Esta Ley constituye el primero de estos dos ejes, al establecer una regulación completa y sistemática de las relaciones «ad extra» entre las Administraciones y los administrados, tanto en lo referente al ejercicio de la potestad de autotutela y en cuya virtud se dictan actos administrativos que inciden directamente en la esfera jurídica de los interesados, como en lo relativo al ejercicio de la potestad reglamentaria y la iniciativa legislativa. Queda así reunido en cuerpo legislativo único la regulación de las relaciones «ad extra» de las Administraciones con los ciudadanos como ley administrativa de referencia que se ha de complementar con todo lo previsto en la normativa presupuestaria respecto de las actuaciones de las Administraciones Públicas, destacando especialmente lo previsto en la Ley Orgánica 2/2012, de 27 de abril, de Estabilidad Presupuestaria y Sostenibilidad Financiera; la Ley 47/2003, de 26 de noviembre, General Presupuestaria, y la Ley de Presupuestos Generales del Estado.

II

La Constitución recoge en su título IV, bajo la rúbrica «Del Gobierno y la Administración», los rasgos propios que diferencian al Gobierno de la Nación de la Administración, definiendo al primero como un órgano eminentemente político al que se reserva la función de gobernar, el ejercicio de la potestad reglamentaria y la dirección de la Administración y estableciendo la subordinación de ésta a la dirección de aquel.

En el mencionado título constitucional el artículo 103 establece los principios que deben regir la actuación de las Administraciones Públicas, entre los que destacan el de eficacia y el de legalidad, al imponer el sometimiento pleno de la actividad administrativa a la Ley y al Derecho. La materialización de estos principios se produce en el procedimiento, constituido por una serie de cauces formales que han de garantizar el adecuado equilibrio entre la eficacia de la actuación administrativa y la imprescindible salvaguarda de los derechos de los ciudadanos y las empresas, que deben ejercerse en condiciones básicas de igualdad en cualquier parte del territorio, con independencia de la Administración con la que se relacionen sus titulares.

Estas actuaciones «ad extra» de las Administraciones cuentan con mención expresa en el artículo 105 del texto constitucional, que establece que la Ley regulará la audiencia de los ciudadanos, directamente o a través de las organizaciones y asociaciones reconocidas por la Ley, en el procedimiento de elaboración de las disposiciones administrativas que les afecten, así como el procedimiento a través del cual deben producirse los actos administrativos, garantizando, cuando proceda, la audiencia a los interesados.

A ello cabe añadir que el artículo 149.1.18.ª de la Constitución Española atribuye al Estado, entre otros aspectos, la competencia para regular el procedimiento administrativo común, sin perjuicio de las especialidades derivadas de la organización propia de las Comunidades Autónomas, así como el sistema de responsabilidad de todas las Administraciones Públicas.

De acuerdo con el marco constitucional descrito, la presente Ley regula los derechos y garantías mínimas que corresponden a todos los ciudadanos respecto de la actividad administrativa, tanto en su vertiente del ejercicio de la potestad de autotutela, como de la potestad reglamentaria e iniciativa legislativa.

Por lo que se refiere al procedimiento administrativo, entendido como el conjunto ordenado de trámites y actuaciones formalmente realizadas, según el cauce legalmente previsto, para dictar un acto administrativo o expresar la voluntad de la Administración, con esta nueva regulación no se agotan las competencias estatales y autonómicas para establecer especialidades «ratione materiae» o para concretar ciertos extremos, como el órgano competente para resolver, sino que su carácter de común resulta de su aplicación a todas las Administraciones Públicas y respecto a todas sus actuaciones. Así lo ha venido reconociendo el Tribunal Constitucional en su jurisprudencia, al considerar que la regulación del procedimiento administrativo común por el Estado no obsta a que las Comunidades Autónomas dicten las normas de procedimiento necesarias para la aplicación de su Derecho sustantivo, siempre que se respeten las reglas que, por ser competencia exclusiva del Estado, integran el concepto de Procedimiento Administrativo Común con carácter básico.

III

Son varios los antecedentes legislativos relevantes en esta materia. El legislador ha hecho evolucionar el concepto de procedimiento administrativo y adaptando la forma de actuación de las Administraciones al contexto histórico y la realidad social de cada momento. Al margen de la conocida como Ley de Azcárate, de 19 de octubre de 1889, la primera regulación completa del procedimiento administrativo en nuestro ordenamiento jurídico es la contenida en la Ley de Procedimiento Administrativo de 17 de julio de 1958.

La Constitución de 1978 alumbra un nuevo concepto de Administración, expresa y plenamente sometida a la Ley y al Derecho, como expresión democrática de la voluntad popular, y consagra su carácter instrumental, al ponerla al servicio objetivo de los intereses generales bajo la dirección del Gobierno, que responde políticamente por su gestión. En este sentido, la Ley 30/1992, de 26 de noviembre, de Régimen Jurídico de las Administraciones Públicas y del Procedimiento Administrativo Común, supuso un hito clave de la evolución del Derecho administrativo en el nuevo marco constitucional. Para ello, incorporó avances significativos en las relaciones de las Administraciones con los administrados mediante la mejora del funcionamiento de aquellas y, sobre todo, a través de una mayor garantía de los derechos de los ciudadanos frente a la potestad de autotutela de la Administración, cuyo elemento de cierre se encuentra en la revisión judicial de su actuación por ministerio del artículo 106 del texto fundamental.

La Ley 4/1999, de 13 de enero, de modificación de la Ley 30/1992, de 26 de noviembre, de Régimen Jurídico de las Administraciones Públicas y del Procedimiento Administrativo Común, reformuló varios aspectos sustanciales del procedimiento administrativo, como el silencio administrativo, el sistema de revisión de actos administrativos o el régimen de responsabilidad patrimonial de las Administraciones, lo que permitió incrementar la seguridad jurídica de los interesados.

El desarrollo de las tecnologías de la información y comunicación también ha venido afectando profundamente a la forma y al contenido de las relaciones de la Administración con los ciudadanos y las empresas.

Si bien la Ley 30/1992, de 26 de noviembre, ya fue consciente del impacto de las nuevas tecnologías en las relaciones administrativas, fue la Ley 11/2007, de 22 de junio, de acceso electrónico de los ciudadanos a los Servicios Públicos, la que les dio carta de naturaleza legal, al establecer el derecho de los ciudadanos a relacionarse electrónicamente con las Administraciones Públicas, así como la obligación de éstas de dotarse de los medios y sistemas necesarios para que ese derecho pudiera ejercerse. Sin embargo, en el entorno actual, la tramitación electrónica no puede ser todavía una forma especial de gestión de los procedimientos sino que debe constituir la actuación habitual de las Administraciones. Porque una Administración sin papel basada en un funcionamiento íntegramente electrónico no sólo sirve mejor a los principios de eficacia y eficiencia, al ahorrar costes a ciudadanos y empresas, sino que también refuerza las garantías de los interesados. En efecto, la constancia de documentos y actuaciones en un archivo electrónico facilita el cumplimiento de las obligaciones de transparencia, pues permite ofrecer información puntual, ágil y actualizada a los interesados.

Por otra parte, la regulación de esta materia venía adoleciendo de un problema de dispersión normativa y superposición de distintos regímenes jurídicos no siempre coherentes entre sí, de lo que es muestra la sucesiva aprobación de normas con incidencia en la materia, entre las que cabe citar: la Ley 17/2009, de 23 de noviembre, sobre libre acceso a las actividades de servicios y su ejercicio; la Ley 2/2011, de 4 de marzo, de Economía Sostenible; la Ley 19/2013, de 9 de diciembre, de transparencia, acceso a la información pública y buen gobierno, o la Ley 20/2013, de 9 de diciembre, de garantía de la unidad de mercado.

Ante este escenario legislativo, resulta clave contar con una nueva Ley que sistematice toda la regulación relativa al procedimiento administrativo, que clarifique e integre el contenido de las citadas Ley 30/1992, de 26 de noviembre y Ley 11/2007, de 22 de junio, y profundice en la agilización de los procedimientos con un pleno funcionamiento electrónico. Todo ello revertirá en un mejor cumplimiento de los principios constitucionales de eficacia y seguridad jurídica que deben regir la actuación de las Administraciones Públicas.

IV

Durante los más de veinte años de vigencia de la Ley 30/1992, de 26 de noviembre, en el seno de la Comisión Europea y de la Organización para la Cooperación y el Desarrollo Económicos se ha ido avanzando en la mejora de la producción normativa («Better regulation» y «Smart regulation»). Los diversos informes internacionales sobre la materia definen la regulación inteligente como un marco jurídico de calidad, que permite el cumplimiento de un objetivo regulatorio a la vez que ofrece los incentivos adecuados para dinamizar la actividad económica, permite simplificar procesos y reducir cargas administrativas. Para ello, resulta esencial un adecuado análisis de impacto de las normas de forma continua, tanto ex ante como ex post, así como la participación de los ciudadanos y empresas en los procesos de elaboración normativa, pues sobre ellos recae el cumplimiento de las leyes.

En la última década, la Ley 17/2009, de 23 de noviembre, y la Ley 2/2011, de 4 de marzo, supusieron un avance en la implantación de los principios de buena regulación, especialmente en lo referido al ejercicio de las actividades económicas. Ya en esta legislatura, la Ley 20/2013, de 9 de diciembre, ha dado importantes pasos adicionales, al poner a disposición de los ciudadanos la información con relevancia jurídica propia del procedimiento de elaboración de normas.

Sin embargo, es necesario contar con una nueva regulación que, terminando con la dispersión normativa existente, refuerce la participación ciudadana, la seguridad jurídica y la revisión del ordenamiento. Con estos objetivos, se establecen por primera vez en una ley las bases con arreglo a las cuales se ha de desenvolver la iniciativa legislativa y la potestad reglamentaria de las Administraciones Públicas con el objeto de asegurar su ejercicio de acuerdo con los principios de buena regulación, garantizar de modo adecuado la audiencia y participación de los ciudadanos en la elaboración de las normas y lograr la predictibilidad y evaluación pública del ordenamiento, como corolario imprescindible del derecho constitucional a la seguridad jurídica. Esta novedad deviene crucial especialmente en un Estado territorialmente descentralizado en el que coexisten tres niveles de Administración territorial que proyectan su actividad normativa sobre espacios subjetivos y geográficos en muchas ocasiones coincidentes. Con esta regulación se siguen las recomendaciones que en esta materia ha formulado la Organización para la Cooperación y el Desarrollo Económicos (OCDE) en su informe emitido en 2014 «Spain: From Administrative Reform to Continous Improvement».

V

La Ley se estructura en 133 artículos, distribuidos en siete títulos, cinco disposiciones adicionales, cinco disposiciones transitorias, una disposición derogatoria y siete disposiciones finales.

El título preliminar, de disposiciones generales, aborda el ámbito objetivo y subjetivo de la Ley. Entre sus principales novedades, cabe señalar, la inclusión en el objeto de la Ley, con carácter básico, de los principios que informan el ejercicio de la iniciativa legislativa y la potestad reglamentaria de las Administraciones. Se prevé la aplicación de lo previsto en esta Ley a todos los sujetos comprendidos en el concepto de Sector Público, si bien las Corporaciones de Derecho Público se regirán por su normativa específica en el ejercicio de las funciones públicas que les hayan sido atribuidas y supletoriamente por la presente Ley.

Asimismo, destaca la previsión de que sólo mediante Ley puedan establecerse trámites adicionales o distintos a los contemplados en esta norma, pudiéndose concretar reglamentariamente ciertas especialidades del procedimiento referidas a la identificación de los órganos competentes, plazos, formas de iniciación y terminación, publicación e informes a recabar. Esta previsión no afecta a los trámites adicionales o distintos ya recogidos en las leyes especiales vigentes, ni a la concreción que, en normas reglamentarias, se haya producido de los órganos competentes, los plazos propios del concreto procedimiento por razón de la materia, las formas de iniciación y terminación, la publicación de los actos o los informes a recabar, que mantendrán sus efectos. Así, entre otros casos, cabe señalar la vigencia del anexo 2 al que se refiere la disposición adicional vigésima novena de la Ley 14/2000, de 29 de diciembre, de medidas fiscales, administrativas y del orden social, que establece una serie de procedimientos que quedan excepcionados de la regla general del silencio administrativo positivo.

El título I, de los interesados en el procedimiento, regula entre otras cuestiones, las especialidades de la capacidad de obrar en el ámbito del Derecho administrativo, haciéndola extensiva por primera vez a los grupos de afectados, las uniones y entidades sin personalidad jurídica y los patrimonios independientes o autónomos cuando la Ley así lo declare expresamente. En materia de representación, se incluyen nuevos medios para acreditarla en el ámbito exclusivo de las Administraciones Públicas, como son el apoderamiento «apud acta», presencial o electrónico, o la acreditación de su inscripción en el registro electrónico de apoderamientos de la Administración Pública u Organismo competente. Igualmente, se dispone la obligación de cada Administración Pública de contar con un registro electrónico de apoderamientos, pudiendo las Administraciones territoriales adherirse al del Estado, en aplicación del principio de eficiencia, reconocido en el artículo 7 de la Ley Orgánica 2/2012, de 27 de abril, de Estabilidad Presupuestaria y Sostenibilidad Financiera.

Por otro lado, este título dedica parte de su articulado a una de las novedades más importantes de la Ley: la separación entre identificación y firma electrónica y la simplificación de los medios para acreditar una u otra, de modo que, con carácter general, sólo será necesaria la primera, y se exigirá la segunda cuando deba acreditarse la voluntad y consentimiento del interesado. Se establece, con carácter básico, un conjunto mínimo de categorías de medios de identificación y firma a utilizar por todas las Administraciones. En particular, se admitirán como sistemas de firma: los sistemas de firma electrónica reconocida o cualificada y avanzada basados en certificados electrónicos cualificados de firma electrónica, que comprenden tanto los certificados electrónicos de persona jurídica como los de entidad sin personalidad jurídica; los sistemas de sello electrónico reconocido o cualificado y de sello electrónico avanzado basados en certificados cualificados de sello electrónico; así como cualquier otro sistema que las Administraciones Públicas consideren válido, en los términos y condiciones que se establezcan. Se admitirán como sistemas de identificación cualquiera de los sistemas de firma admitidos, así como sistemas de clave concertada y cualquier otro que establezcan las Administraciones Públicas.

Tanto los sistemas de identificación como los de firma previstos en esta Ley son plenamente coherentes con lo dispuesto en el Reglamento (UE) n.º 910/2014 del Parlamento Europeo y del Consejo, de 23 de julio de 2014, relativo a la identificación electrónica y los servicios de confianza para las transacciones electrónicas en el mercado interior y por la que se deroga la Directiva 1999/93/CE. Debe recordarse la obligación de los Estados miembros de admitir los sistemas de identificación electrónica notificados a la Comisión Europea por el resto de Estados miembros, así como los sistemas de firma y sello electrónicos basados en certificados electrónicos cualificados emitidos por prestadores de servicios que figuren en las listas de confianza de otros Estados miembros de la Unión Europea, en los términos que prevea dicha norma comunitaria.

El título II, de la actividad de las Administraciones Públicas, se estructura en dos capítulos. El capítulo I sobre normas generales de actuación identifica como novedad, los sujetos obligados a relacionarse electrónicamente con las Administraciones Públicas.

Asimismo, en el citado Capítulo se dispone la obligación de todas las Administraciones Públicas de contar con un registro electrónico general, o, en su caso, adherirse al de la Administración General del Estado. Estos registros estarán asistidos a su vez por la actual red de oficinas en materia de registros, que pasarán a denominarse oficinas de asistencia en materia de registros, y que permitirán a los interesados, en el caso que así lo deseen, presentar sus solicitudes en papel, las cuales se convertirán a formato electrónico.

En materia de archivos se introduce como novedad la obligación de cada Administración Pública de mantener un archivo electrónico único de los documentos que correspondan a procedimientos finalizados, así como la obligación de que estos expedientes sean conservados en un formato que permita garantizar la autenticidad, integridad y conservación del documento.

A este respecto, cabe señalar que la creación de este archivo electrónico único resultará compatible con los diversos sistemas y redes de archivos en los términos previstos en la legislación vigente, y respetará el reparto de responsabilidades sobre la custodia o traspaso correspondiente. Asimismo, el archivo electrónico único resultará compatible con la continuidad del Archivo Histórico Nacional de acuerdo con lo previsto en la Ley 16/1985, de 25 de junio, del Patrimonio Histórico Español y su normativa de desarrollo.

Igualmente, en el capítulo I se regula el régimen de validez y eficacia de las copias, en donde se aclara y simplifica el actual régimen y se definen los requisitos necesarios para que una copia sea auténtica, las características que deben reunir los documentos emitidos por las Administraciones Públicas para ser considerados válidos, así como los que deben aportar los interesados al procedimiento, estableciendo con carácter general la obligación de las Administraciones Públicas de no requerir documentos ya aportados por los interesados, elaborados por las Administraciones Públicas o documentos originales, salvo las excepciones contempladas en la Ley. Por tanto, el interesado podrá presentar con carácter general copias de documentos, ya sean digitalizadas por el propio interesado o presentadas en soporte papel.

Destaca asimismo, la obligación de las Administraciones Públicas de contar con un registro u otro sistema equivalente que permita dejar constancia de los funcionarios habilitados para la realización de copias auténticas, de forma que se garantice que las mismas han sido expedidas adecuadamente, y en el que, si así decide organizarlo cada Administración, podrán constar también conjuntamente los funcionarios dedicados a asistir a los interesados en el uso de medios electrónicos, no existiendo impedimento a que un mismo funcionario tenga reconocida ambas funciones o sólo una de ellas.

El capítulo II, de términos y plazos, establece las reglas para su cómputo, ampliación o la tramitación de urgencia. Como principal novedad destaca la introducción del cómputo de plazos por horas y la declaración de los sábados como días inhábiles, unificando de este modo el cómputo de plazos en el ámbito judicial y el administrativo.

El título III, de los actos administrativos, se estructura en tres capítulos y se centra en la regulación de los requisitos de los actos administrativos, su eficacia y las reglas sobre nulidad y anulabilidad, manteniendo en su gran mayoría las reglas generales ya establecidas por la Ley 30/1992, de 26 de noviembre.

Merecen una mención especial las novedades introducidas en materia de notificaciones electrónicas, que serán preferentes y se realizarán en la sede electrónica o en la dirección electrónica habilitada única, según corresponda. Asimismo, se incrementa la seguridad jurídica de los interesados estableciendo nuevas medidas que garanticen el conocimiento de la puesta a disposición de las notificaciones como: el envío de avisos de notificación, siempre que esto sea posible, a los dispositivos electrónicos y/o a la dirección de correo electrónico que el interesado haya comunicado, así como el acceso a sus notificaciones a través del Punto de Acceso General Electrónico de la Administración que funcionará como un portal de entrada.

El título IV, de disposiciones sobre el procedimiento administrativo común, se estructura en siete capítulos y entre sus principales novedades destaca que los anteriores procedimientos especiales sobre potestad sancionadora y responsabilidad patrimonial que la Ley 30/1992, de 26 de noviembre, regulaba en títulos separados, ahora se han integrado como especialidades del procedimiento administrativo común. Este planteamiento responde a uno de los objetivos que persigue esta Ley, la simplificación de los procedimientos administrativos y su integración como especialidades en el procedimiento administrativo común, contribuyendo así a aumentar la seguridad jurídica. De acuerdo con la sistemática seguida, los principios generales de la potestad sancionadora y de la responsabilidad patrimonial de las Administraciones Públicas, en cuanto que atañen a aspectos más orgánicos que procedimentales, se regulan en la Ley de Régimen Jurídico del Sector Público.

Asimismo, este título incorpora a las fases de iniciación, ordenación, instrucción y finalización del procedimiento el uso generalizado y obligatorio de medios electrónicos. Igualmente, se incorpora la regulación del expediente administrativo estableciendo su formato electrónico y los documentos que deben integrarlo.

Como novedad dentro de este título, se incorpora un nuevo Capítulo relativo a la tramitación simplificada del procedimiento administrativo común, donde se establece su ámbito objetivo de aplicación, el plazo máximo de resolución que será de treinta días y los trámites de que constará. Si en un procedimiento fuera necesario realizar cualquier otro trámite adicional, deberá seguirse entonces la tramitación ordinaria. Asimismo, cuando en un procedimiento tramitado de manera simplificada fuera preceptiva la emisión del Dictamen del Consejo de Estado, u órgano consultivo equivalente, y éste manifestara un criterio contrario al fondo de la propuesta de resolución, para mayor garantía de los interesados se deberá continuar el procedimiento pero siguiendo la tramitación ordinaria, no ya la abreviada, pudiéndose en este caso realizar otros trámites no previstos en el caso de la tramitación simplificada, como la realización de pruebas a solicitud de los interesados. Todo ello, sin perjuicio de la posibilidad de acordar la tramitación de urgencia del procedimiento en los mismos términos que ya contemplaba la Ley 30/1992, de 26 de noviembre.

El título V, de la revisión de los actos en vía administrativa, mantiene las mismas vías previstas en la Ley 30/1992, de 26 de noviembre, permaneciendo por tanto la revisión de oficio y la tipología de recursos administrativos existentes hasta la fecha (alzada, potestativo de reposición y extraordinario de revisión). No obstante, cabe destacar como novedad la posibilidad de que cuando una Administración deba resolver una pluralidad de recursos administrativos que traigan causa de un mismo acto administrativo y se hubiera interpuesto un recurso judicial contra una resolución administrativa o contra el correspondiente acto presunto desestimatorio, el órgano administrativo podrá acordar la suspensión del plazo para resolver hasta que recaiga pronunciamiento judicial.

De acuerdo con la voluntad de suprimir trámites que, lejos de constituir una ventaja para los administrados, suponían una carga que dificultaba el ejercicio de sus derechos, la Ley no contempla ya las reclamaciones previas en vía civil y laboral, debido a la escasa utilidad práctica que han demostrado hasta la fecha y que, de este modo, quedan suprimidas.

El título VI, sobre la iniciativa legislativa y potestad normativa de las Administraciones Públicas, recoge los principios a los que ha de ajustar su ejercicio la Administración titular, haciendo efectivos los derechos constitucionales en este ámbito.

Junto con algunas mejoras en la regulación vigente sobre jerarquía, publicidad de las normas y principios de buena regulación, se incluyen varias novedades para incrementar la participación de los ciudadanos en el procedimiento de elaboración de normas, entre las que destaca, la necesidad de recabar, con carácter previo a la elaboración de la norma, la opinión de ciudadanos y empresas acerca de los problemas que se pretenden solucionar con la iniciativa, la necesidad y oportunidad de su aprobación, los objetivos de la norma y las posibles soluciones alternativas regulatorias y no regulatorias.

Por otra parte, en aras de una mayor seguridad jurídica, y la predictibilidad del ordenamiento, se apuesta por mejorar la planificación normativa ex ante. Para ello, todas las Administraciones divulgarán un Plan Anual Normativo en el que se recogerán todas las propuestas con rango de ley o de reglamento que vayan a ser elevadas para su aprobación el año siguiente. Al mismo tiempo, se fortalece la evaluación ex post, puesto que junto con el deber de revisar de forma continua la adaptación de la normativa a los principios de buena regulación, se impone la obligación de evaluar periódicamente la aplicación de las normas en vigor, con el objeto de comprobar si han cumplido los objetivos perseguidos y si el coste y cargas derivados de ellas estaba justificado y adecuadamente valorado.

Por lo que respecta a las disposiciones adicionales, transitorias, derogatorias y finales, cabe aludir a la relativa a la adhesión por parte de las Comunidades Autónomas y Entidades Locales a los registros y sistemas establecidos por la Administración General del Estado en aplicación del principio de eficiencia reconocido en la Ley Orgánica 2/2012, de 27 de abril.

Destaca igualmente, la disposición sobre las especialidades por razón de la materia donde se establece una serie de actuaciones y procedimientos que se regirán por su normativa específica y supletoriamente por lo previsto en esta Ley, entre las que cabe destacar las de aplicación de los tributos y revisión en materia tributaria y aduanera, las de gestión, inspección, liquidación, recaudación, impugnación y revisión en materia de Seguridad Social y Desempleo, en donde se entienden comprendidos, entre otros, los actos de encuadramiento y afiliación de la Seguridad Social y las aportaciones económicas por despidos que afecten a trabajadores de cincuenta o más años en empresas con beneficios, así como las actuaciones y procedimientos sancionadores en materia tributaria y aduanera, en el orden social, en materia de tráfico y seguridad vial y en materia de extranjería.

Por último, la Ley contiene las disposiciones de derecho transitorio aplicables a los procedimientos en curso, a su entrada en vigor, a archivos y registros y al Punto de Acceso General electrónico, así como las que habilitan para el desarrollo de lo previsto en la Ley.

TÍTULO PRELIMINAR

DISPOSICIONES GENERALES

■ Art. 1. Objeto de la Ley.

1. La presente Ley tiene por objeto regular los requisitos de validez y eficacia de los actos administrativos, el procedimiento administrativo común a todas las Administraciones Públicas, incluyendo el sancionador y el de reclamación de responsabilidad de las Administraciones Públicas, así como los principios a los que se ha de ajustar el ejercicio de la iniciativa legislativa y la potestad reglamentaria.

2. Solo mediante ley, cuando resulte eficaz, proporcionado y necesario para la consecución de los fines propios del procedimiento, y de manera motivada, podrán incluirse trámites adicionales o distintos a los contemplados en esta Ley. Reglamentariamente podrán establecerse especialidades del procedimiento referidas a los órganos competentes, plazos propios del concreto procedimiento por razón de la materia, formas de iniciación y terminación, publicación e informes a recabar.

■ Art. 2. Ámbito subjetivo de aplicación.

1. La presente Ley se aplica al sector público, que comprende:

a) La Administración General del Estado.

b) Las Administraciones de las Comunidades Autónomas.

c) Las Entidades que integran la Administración Local.

d) El sector público institucional.

2. El sector público institucional se integra por:

a) Cualesquiera organismos públicos y entidades de derecho público vinculados o dependientes de las Administraciones Públicas.

b) Las entidades de derecho privado vinculadas o dependientes de las Administraciones Públicas, que quedarán sujetas a lo dispuesto en las normas de esta Ley que específicamente se refieran a las mismas, y en todo caso, cuando ejerzan potestades administrativas.

c) Las Universidades públicas, que se regirán por su normativa específica y supletoriamente por las previsiones de esta Ley.

3. Tienen la consideración de Administraciones Públicas la Administración General del Estado, las Administraciones de las Comunidades Autónomas, las Entidades que integran la Administración Local, así como los organismos públicos y entidades de derecho público previstos en la letra a) del apartado 2 anterior.

4. Las Corporaciones de Derecho Público se regirán por su normativa específica en el ejercicio de las funciones públicas que les hayan sido atribuidas por Ley o delegadas por una Administración Pública, y supletoriamente por la presente Ley.

TÍTULO I

DE LOS INTERESADOS EN EL PROCEDIMIENTO

CAPÍTULO I. La capacidad de obrar y el concepto de interesado

■ Art. 3. Capacidad de obrar.

A los efectos previstos en esta Ley, tendrán capacidad de obrar ante las Administraciones Públicas:

a) Las personas físicas o jurídicas que ostenten capacidad de obrar con arreglo a las normas civiles.

b) Los menores de edad para el ejercicio y defensa de aquellos de sus derechos e intereses cuya actuación esté permitida por el ordenamiento jurídico sin la asistencia de la persona que ejerza la patria potestad, tutela o curatela. Se exceptúa el supuesto de los menores incapacitados, cuando la extensión de la incapacitación afecte al ejercicio y defensa de los derechos o intereses de que se trate.

c) Cuando la Ley así lo declare expresamente, los grupos de afectados, las uniones y entidades sin personalidad jurídica y los patrimonios independientes o autónomos.

■ Art. 4. Concepto de interesado.

1. Se consideran interesados en el procedimiento administrativo:

a) Quienes lo promuevan como titulares de derechos o intereses legítimos individuales o colectivos.

b) Los que, sin haber iniciado el procedimiento, tengan derechos que puedan resultar afectados por la decisión que en el mismo se adopte.

c) Aquellos cuyos intereses legítimos, individuales o colectivos, puedan resultar afectados por la resolución y se personen en el procedimiento en tanto no haya recaído resolución definitiva.

2. Las asociaciones y organizaciones representativas de intereses económicos y sociales serán titulares de intereses legítimos colectivos en los términos que la Ley reconozca.

3. Cuando la condición de interesado derivase de alguna relación jurídica transmisible, el derechohabiente sucederá en tal condición cualquiera que sea el estado del procedimiento.

■ Art. 5. Representación.

1. Los interesados con capacidad de obrar podrán actuar por medio de representante, entendiéndose con éste las actuaciones administrativas, salvo manifestación expresa en contra del interesado.

2. Las personas físicas con capacidad de obrar y las personas jurídicas, siempre que ello esté previsto en sus Estatutos, podrán actuar en representación de otras ante las Administraciones Públicas.

3. Para formular solicitudes, presentar declaraciones responsables o comunicaciones, interponer recursos, desistir de acciones y renunciar a derechos en nombre de otra persona, deberá acreditarse la representación. Para los actos y gestiones de mero trámite se presumirá aquella representación.

4. La representación podrá acreditarse mediante cualquier medio válido en Derecho que deje constancia fidedigna de su existencia.

A estos efectos, se entenderá acreditada la representación realizada mediante apoderamiento apud acta efectuado por comparecencia personal o comparecencia electrónica en la correspondiente sede electrónica, o a través de la acreditación de su inscripción en el registro electrónico de apoderamientos de la Administración Pública competente.

5. El órgano competente para la tramitación del procedimiento deberá incorporar al expediente administrativo acreditación de la condición de representante y de los poderes que tiene reconocidos en dicho momento. El documento electrónico que acredite el resultado de la consulta al registro electrónico de apoderamientos correspondiente tendrá la condición de acreditación a estos efectos.

6. La falta o insuficiente acreditación de la representación no impedirá que se tenga por realizado el acto de que se trate, siempre que se aporte aquélla o se subsane el defecto dentro del plazo de diez días que deberá conceder al efecto el órgano administrativo, o de un plazo superior cuando las circunstancias del caso así lo requieran.

7. Las Administraciones Públicas podrán habilitar con carácter general o específico a personas físicas o jurídicas autorizadas para la realización de determinadas transacciones electrónicas en representación de los interesados. Dicha habilitación deberá especificar las condiciones y obligaciones a las que se comprometen los que así adquieran la condición de representantes, y determinará la presunción de validez de la representación salvo que la normativa de aplicación prevea otra cosa. Las Administraciones Públicas podrán requerir, en cualquier momento, la acreditación de dicha representación. No obstante, siempre podrá comparecer el interesado por sí mismo en el procedimiento.

■ Art. 6. Registros electrónicos de apoderamientos.

1. La Administración General del Estado, las Comunidades Autónomas y las Entidades Locales dispondrán de un registro electrónico general de apoderamientos, en el que deberán inscribirse, al menos, los de carácter general otorgados apud acta, presencial o electrónicamente, por quien ostente la condición de interesado en un procedimiento administrativo a favor de representante, para actuar en su nombre ante las Administraciones Públicas. También deberá constar el bastanteo realizado del poder.

En el ámbito estatal, este registro será el Registro Electrónico de Apoderamientos de la Administración General del Estado.

Los registros generales de apoderamientos no impedirán la existencia de registros particulares en cada Organismo donde se inscriban los poderes otorgados para la realización de trámites específicos en el mismo. Cada Organismo podrá disponer de su propio registro electrónico de apoderamientos.

2. Los registros electrónicos generales y particulares de apoderamientos pertenecientes a todas y cada una de las Administraciones, deberán ser plenamente interoperables entre sí, de modo que se garantice su interconexión, compatibilidad informática, así como la transmisión telemática de las solicitudes, escritos y comunicaciones que se incorporen a los mismos.

Los registros electrónicos generales y particulares de apoderamientos permitirán comprobar válidamente la representación de quienes actúen ante las Administraciones Públicas en nombre de un tercero, mediante la consulta a otros registros administrativos similares, al registro mercantil, de la propiedad, y a los protocolos notariales.

Los registros mercantiles, de la propiedad, y de los protocolos notariales serán interoperables con los registros electrónicos generales y particulares de apoderamientos.

3. Los asientos que se realicen en los registros electrónicos generales y particulares de apoderamientos deberán contener, al menos, la siguiente información:

a) Nombre y apellidos o la denominación o razón social, documento nacional de identidad, número de identificación fiscal o documento equivalente del poderdante.

b) Nombre y apellidos o la denominación o razón social, documento nacional de identidad, número de identificación fiscal o documento equivalente del apoderado.

c) Fecha de inscripción.

d) Período de tiempo por el cual se otorga el poder.

e) Tipo de poder según las facultades que otorgue.

4. Los poderes que se inscriban en los registros electrónicos generales y particulares de apoderamientos deberán corresponder a alguna de las siguientes tipologías:

a) Un poder general para que el apoderado pueda actuar en nombre del poderdante en cualquier actuación administrativa y ante cualquier Administración.

b) Un poder para que el apoderado pueda actuar en nombre del poderdante en cualquier actuación administrativa ante una Administración u Organismo concreto.

c) Un poder para que el apoderado pueda actuar en nombre del poderdante únicamente para la realización de determinados trámites especificados en el poder.

A tales efectos, por Orden del Ministro de Hacienda y Administraciones Públicas se aprobarán, con carácter básico, los modelos de poderes inscribibles en el registro distinguiendo si permiten la actuación ante todas las Administraciones de acuerdo con lo previsto en la letra a) anterior, ante la Administración General del Estado o ante las Entidades Locales.

Cada Comunidad Autónoma aprobará los modelos de poderes inscribibles en el registro cuando se circunscriba a actuaciones ante su respectiva Administración.

5. El apoderamiento «apud acta» se otorgará mediante comparecencia electrónica en la correspondiente sede electrónica haciendo uso de los sistemas de firma electrónica previstos en esta Ley, o bien mediante comparecencia personal en las oficinas de asistencia en materia de registros.

6. Los poderes inscritos en el registro tendrán una validez determinada máxima de cinco años a contar desde la fecha de inscripción. En todo caso, en cualquier momento antes de la finalización de dicho plazo el poderdante podrá revocar o prorrogar el poder. Las prórrogas otorgadas por el poderdante al registro tendrán una validez determinada máxima de cinco años a contar desde la fecha de inscripción.

7. Las solicitudes de inscripción del poder, de revocación, de prórroga o de denuncia del mismo podrán dirigirse a cualquier registro, debiendo quedar inscrita esta circunstancia en el registro de la Administración u Organismo ante la que tenga efectos el poder y surtiendo efectos desde la fecha en la que se produzca dicha inscripción.

■ Art. 7. Pluralidad de interesados.

Cuando en una solicitud, escrito o comunicación figuren varios interesados, las actuaciones a que den lugar se efectuarán con el representante o el interesado que expresamente hayan señalado, y, en su defecto, con el que figure en primer término.

■ Art. 8. Nuevos interesados en el procedimiento.

Si durante la instrucción de un procedimiento que no haya tenido publicidad, se advierte la existencia de personas que sean titulares de derechos o intereses legítimos y directos cuya identificación resulte del expediente y que puedan resultar afectados por la resolución que se dicte, se comunicará a dichas personas la tramitación del procedimiento.

CAPÍTULO II. Identificación y firma de los interesados en el procedimiento administrativo

■ Art. 9. Sistemas de identificación de los interesados en el procedimiento.

1. Las Administraciones Públicas están obligadas a verificar la identidad de los interesados en el procedimiento administrativo, mediante la comprobación de su nombre y apellidos o denominación o razón social, según corresponda, que consten en el Documento Nacional de Identidad o documento identificativo equivalente.

2. Los interesados podrán identificarse electrónicamente ante las Administraciones Públicas a través de cualquier sistema que cuente con un registro previo como usuario que permita garantizar su identidad. En particular, serán admitidos, los sistemas siguientes:

a) Sistemas basados en certificados electrónicos reconocidos o cualificados de firma electrónica expedidos por prestadores incluidos en la «Lista de confianza de prestadores de servicios de certificación». A estos efectos, se entienden comprendidos entre los citados certificados electrónicos reconocidos o cualificados los de persona jurídica y de entidad sin personalidad jurídica.

b) Sistemas basados en certificados electrónicos reconocidos o cualificados de sello electrónico expedidos por prestadores incluidos en la «Lista de confianza de prestadores de servicios de certificación».

c) Sistemas de clave concertada y cualquier otro sistema que las Administraciones Públicas consideren válido, en los términos y condiciones que se establezcan.

Cada Administración Pública podrá determinar si sólo admite alguno de estos sistemas para realizar determinados trámites o procedimientos, si bien la admisión de alguno de los sistemas de identificación previstos en la letra c) conllevará la admisión de todos los previstos en las letras a) y b) anteriores para ese trámite o procedimiento.

3. En todo caso, la aceptación de alguno de estos sistemas por la Administración General del Estado servirá para acreditar frente a todas las Administraciones Públicas, salvo prueba en contrario, la identificación electrónica de los interesados en el procedimiento administrativo.

■ Art. 10. Sistemas de firma admitidos por las Administraciones Públicas.

1. Los interesados podrán firmar a través de cualquier medio que permita acreditar la autenticidad de la expresión de su voluntad y consentimiento, así como la integridad e inalterabilidad del documento.

2. En el caso de que los interesados optaran por relacionarse con las Administraciones Públicas a través de medios electrónicos, se considerarán válidos a efectos de firma:

a) Sistemas de firma electrónica reconocida o cualificada y avanzada basados en certificados electrónicos reconocidos o cualificados de firma electrónica expedidos por prestadores incluidos en la «Lista de confianza de prestadores de servicios de certificación». A estos efectos, se entienden comprendidos entre los citados certificados electrónicos reconocidos o cualificados los de persona jurídica y de entidad sin personalidad jurídica.

b) Sistemas de sello electrónico reconocido o cualificado y de sello electrónico avanzado basados en certificados electrónicos reconocidos o cualificados de sello electrónico incluidos en la «Lista de confianza de prestadores de servicios de certificación».

c) Cualquier otro sistema que las Administraciones Públicas consideren válido, en los términos y condiciones que se establezcan.

Cada Administración Pública, Organismo o Entidad podrá determinar si sólo admite algunos de estos sistemas para realizar determinados trámites o procedimientos de su ámbito de competencia.

3. Cuando así lo disponga expresamente la normativa reguladora aplicable, las Administraciones Públicas podrán admitir los sistemas de identificación contemplados en esta Ley como sistema de firma cuando permitan acreditar la autenticidad de la expresión de la voluntad y consentimiento de los interesados.

4. Cuando los interesados utilicen un sistema de firma de los previstos en este artículo, su identidad se entenderá ya acreditada mediante el propio acto de la firma.

■ Art. 11. Uso de medios de identificación y firma en el procedimiento administrativo.

1. Con carácter general, para realizar cualquier actuación prevista en el procedimiento administrativo, será suficiente con que los interesados acrediten previamente su identidad a través de cualquiera de los medios de identificación previstos en esta Ley.

2. Las Administraciones Públicas sólo requerirán a los interesados el uso obligatorio de firma para:

a) Formular solicitudes.

b) Presentar declaraciones responsables o comunicaciones.

c) Interponer recursos.

d) Desistir de acciones.

e) Renunciar a derechos.

■ Art. 12. Asistencia en el uso de medios electrónicos a los interesados.

1. Las Administraciones Públicas deberán garantizar que los interesados pueden relacionarse con la Administración a través de medios electrónicos, para lo que pondrán a su disposición los canales de acceso que sean necesarios así como los sistemas y aplicaciones que en cada caso se determinen.

2. Las Administraciones Públicas asistirán en el uso de medios electrónicos a los interesados no incluidos en los apartados 2 y 3 del artículo 14 que así lo soliciten, especialmente en lo referente a la identificación y firma electrónica, presentación de solicitudes a través del registro electrónico general y obtención de copias auténticas.

Asimismo, si alguno de estos interesados no dispone de los medios electrónicos necesarios, su identificación o firma electrónica en el procedimiento administrativo podrá ser válidamente realizada por un funcionario público mediante el uso del sistema de firma electrónica del que esté dotado para ello. En este caso, será necesario que el interesado que carezca de los medios electrónicos necesarios se identifique ante el funcionario y preste su consentimiento expreso para esta actuación, de lo que deberá quedar constancia para los casos de discrepancia o litigio.

3. La Administración General del Estado, las Comunidades Autónomas y las Entidades Locales mantendrán actualizado un registro, u otro sistema equivalente, donde constarán los funcionarios habilitados para la identificación o firma regulada en este artículo. Estos registros o sistemas deberán ser plenamente interoperables y estar interconectados con los de las restantes Administraciones Públicas, a los efectos de comprobar la validez de las citadas habilitaciones.

En este registro o sistema equivalente, al menos, constarán los funcionarios que presten servicios en las oficinas de asistencia en materia de registros.

TÍTULO II

DE LA ACTIVIDAD DE LAS ADMINISTRACIONES PÚBLICAS

CAPÍTULO I. Normas generales de actuación

■ Art. 13. Derechos de las personas en sus relaciones con las Administraciones Públicas.

Quienes de conformidad con el artículo 3, tienen capacidad de obrar ante las Administraciones Públicas, son titulares, en sus relaciones con ellas, de los siguientes derechos:

a) A comunicarse con las Administraciones Públicas a través de un Punto de Acceso General electrónico de la Administración.

b) A ser asistidos en el uso de medios electrónicos en sus relaciones con las Administraciones Públicas.

c) A utilizar las lenguas oficiales en el territorio de su Comunidad Autónoma, de acuerdo con lo previsto en esta Ley y en el resto del ordenamiento jurídico.

d) Al acceso a la información pública, archivos y registros, de acuerdo con lo previsto en la Ley 19/2013, de 9 de diciembre, de transparencia, acceso a la información pública y buen gobierno y el resto del Ordenamiento Jurídico.

e) A ser tratados con respeto y deferencia por las autoridades y empleados públicos, que habrán de facilitarles el ejercicio de sus derechos y el cumplimiento de sus obligaciones.

f) A exigir las responsabilidades de las Administraciones Públicas y autoridades, cuando así corresponda legalmente.

g) A la obtención y utilización de los medios de identificación y firma electrónica contemplados en esta Ley.

h) A la protección de datos de carácter personal, y en particular a la seguridad y confidencialidad de los datos que figuren en los ficheros, sistemas y aplicaciones de las Administraciones Públicas.

i) Cualesquiera otros que les reconozcan la Constitución y las leyes.

Estos derechos se entienden sin perjuicio de los reconocidos en el artículo 53 referidos a los interesados en el procedimiento administrativo.

■ Art. 14. Derecho y obligación de relacionarse electrónicamente con las Administraciones Públicas.

1. Las personas físicas podrán elegir en todo momento si se comunican con las Administraciones Públicas para el ejercicio de sus derechos y obligaciones a través de medios electrónicos o no, salvo que estén obligadas a relacionarse a través de medios electrónicos con las Administraciones Públicas. El medio elegido por la persona para comunicarse con las Administraciones Públicas podrá

ser modificado por aquella en cualquier momento.

2. En todo caso, estarán obligados a relacionarse a través de medios electrónicos con las Administraciones Públicas para la realización de cualquier trámite de un procedimiento administrativo, al menos, los siguientes sujetos:

a) Las personas jurídicas.

b) Las entidades sin personalidad jurídica.

c) Quienes ejerzan una actividad profesional para la que se requiera colegiación obligatoria, para los trámites y actuaciones que realicen con las Administraciones Públicas en ejercicio de dicha actividad profesional. En todo caso, dentro de este colectivo se entenderán incluidos los notarios y registradores de la propiedad y mercantiles.

d) Quienes representen a un interesado que esté obligado a relacionarse electrónicamente con la Administración.

e) Los empleados de las Administraciones Públicas para los trámites y actuaciones que realicen con ellas por razón de su condición de empleado público, en la forma en que se determine reglamentariamente por cada Administración.

3. Reglamentariamente, las Administraciones podrán establecer la obligación de relacionarse con ellas a través de medios electrónicos para determinados procedimientos y para ciertos colectivos de personas físicas que por razón de su capacidad económica, técnica, dedicación profesional u otros motivos quede acreditado que tienen acceso y disponibilidad de los medios electrónicos necesarios.

■ Art. 15. Lengua de los procedimientos.

1. La lengua de los procedimientos tramitados por la Administración General del Estado será el castellano. No obstante lo anterior, los interesados que se dirijan a los órganos de la Administración General del Estado con sede en el territorio de una Comunidad Autónoma podrán utilizar también la lengua que sea cooficial en ella.

En este caso, el procedimiento se tramitará en la lengua elegida por el interesado. Si concurrieran varios interesados en el procedimiento, y existiera discrepancia en cuanto a la lengua, el procedimiento se tramitará en castellano, si bien los documentos o testimonios que requieran los interesados se expedirán en la lengua elegida por los mismos.

2. En los procedimientos tramitados por las Administraciones de las Comunidades Autónomas y de las Entidades Locales, el uso de la lengua se ajustará a lo previsto en la legislación autonómica correspondiente.

3. La Administración Pública instructora deberá traducir al castellano los documentos, expedientes o partes de los mismos que deban surtir efecto fuera del territorio de la Comunidad Autónoma y los documentos dirigidos a los interesados que así lo soliciten expresamente. Si debieran surtir efectos en el territorio de una Comunidad Autónoma donde sea cooficial esa misma lengua distinta del castellano, no será precisa su traducción.

■ Art. 16. Registros.

1. Cada Administración dispondrá de un Registro Electrónico General, en el que se hará el correspondiente asiento de todo documento que sea presentado o que se reciba en cualquier órgano administrativo, Organismo público o Entidad vinculado o dependiente a éstos. También se podrán anotar en el mismo, la salida de los documentos oficiales dirigidos a otros órganos o particulares.

Los Organismos públicos vinculados o dependientes de cada Administración podrán disponer de su propio registro electrónico plenamente interoperable e interconectado con el Registro Electrónico General de la Administración de la que depende.

El Registro Electrónico General de cada Administración funcionará como un portal que facilitará el acceso a los registros electrónicos de cada Organismo. Tanto el Registro Electrónico General de cada Administración como los registros electrónicos de cada Organismo cumplirán con las garantías y medidas de seguridad previstas en la legislación en materia de protección de datos de carácter personal.

Las disposiciones de creación de los registros electrónicos se publicarán en el diario oficial correspondiente y su texto íntegro deberá estar disponible para consulta en la sede electrónica de acceso al registro. En todo caso, las disposiciones de creación de registros electrónicos especificarán el órgano o unidad responsable de su gestión, así como la fecha y hora oficial y los días declarados como inhábiles.

En la sede electrónica de acceso a cada registro figurará la relación actualizada de trámites que pueden iniciarse en el mismo.

2. Los asientos se anotarán respetando el orden temporal de recepción o salida de los documentos, e indicarán la fecha del día en que se produzcan. Concluido el trámite de registro, los documentos serán cursados sin dilación a sus destinatarios y a las unidades administrativas correspondientes desde el registro en que hubieran sido recibidas.

3. El registro electrónico de cada Administración u Organismo garantizará la constancia, en cada asiento que se practique, de un número, epígrafe expresivo de su naturaleza, fecha y hora de su presentación, identificación del interesado, órgano administrativo remitente, si procede, y persona u órgano administrativo al que se envía, y, en su caso, referencia al contenido del documento que se registra. Para ello, se emitirá automáticamente un recibo consistente en una copia autenticada del documento de que se trate, incluyendo la fecha y hora de presentación y el número de entrada de registro, así como un recibo acreditativo de otros documentos que, en su caso, lo acompañen, que garantice la integridad y el no repudio de los mismos.

4. Los documentos que los interesados dirijan a los órganos de las Administraciones Públicas podrán presentarse:

a) En el registro electrónico de la Administración u Organismo al que se dirijan, así como en los restantes registros electrónicos de cualquiera de los sujetos a los que se refiere el artículo 2.1.

b) En las oficinas de Correos, en la forma que reglamentariamente se establezca.

c) En las representaciones diplomáticas u oficinas consulares de España en el extranjero.

d) En las oficinas de asistencia en materia de registros.

e) En cualquier otro que establezcan las disposiciones vigentes.

Los registros electrónicos de todas y cada una de las Administraciones, deberán ser plenamente interoperables, de modo que se garantice su compatibilidad informática e interconexión, así como la transmisión telemática de los asientos registrales y de los documentos que se presenten en cualquiera de los registros.

5. Los documentos presentados de manera presencial ante las Administraciones Públicas, deberán ser digitalizados, de acuerdo con lo previsto en el artículo 27 y demás normativa aplicable, por la oficina de asistencia en materia de registros en la que hayan sido presentados para su incorporación al expediente administrativo electrónico, devolviéndose los originales al interesado, sin perjuicio de aquellos supuestos en que la norma determine la custodia por la Administración de los documentos presentados o resulte obligatoria la presentación de objetos o de documentos en un soporte específico no susceptibles de digitalización.

Reglamentariamente, las Administraciones podrán establecer la obligación de presentar determinados documentos por medios electrónicos para ciertos procedimientos y colectivos de personas físicas que, por razón de su capacidad económica, técnica, dedicación profesional u otros motivos quede acreditado que tienen acceso y disponibilidad de los medios electrónicos necesarios.

6. Podrán hacerse efectivos mediante transferencia dirigida a la oficina pública correspondiente cualesquiera cantidades que haya que satisfacer en el momento de la presentación de documentos a las Administraciones Públicas, sin perjuicio de la posibilidad de su abono por otros medios.

7. Las Administraciones Públicas deberán hacer pública y mantener actualizada una relación de las oficinas en las que se prestará asistencia para la presentación electrónica de documentos.

8. No se tendrán por presentados en el registro aquellos documentos e información cuyo régimen especial establezca otra forma de presentación.

■ Art. 17. Archivo de documentos.

1. Cada Administración deberá mantener un archivo electrónico único de los documentos electrónicos que correspondan a procedimientos finalizados, en los términos establecidos en la normativa reguladora aplicable.

2. Los documentos electrónicos deberán conservarse en un formato que permita garantizar la autenticidad, integridad y conservación del documento, así como su consulta con independencia del tiempo transcurrido desde su emisión. Se asegurará en todo caso la posibilidad de trasladar los datos a otros formatos y soportes que garanticen el acceso desde diferentes aplicaciones. La eliminación de dichos documentos deberá ser autorizada de acuerdo a lo dispuesto en la normativa aplicable.

3. Los medios o soportes en que se almacenen documentos, deberán contar con medidas de seguridad, de acuerdo con lo previsto en el Esquema Nacional de Seguridad, que garanticen la integridad, autenticidad, confidencialidad, calidad, protección y conservación de los documentos almacenados. En particular, asegurarán la identificación de los usuarios y el control de accesos, así como el cumplimiento de las garantías previstas en la legislación de protección de datos.

■ Art. 18. Colaboración de las personas.

1. Las personas colaborarán con la Administración en los términos previstos en la Ley que en cada caso resulte aplicable, y a falta de previsión expresa, facilitarán a la Administración los informes, inspecciones y otros actos de investigación que requieran para el ejercicio de sus competencias, salvo que la revelación de la información solicitada por la Administración atentara contra el honor, la intimidad personal o familiar o supusieran la comunicación de datos confidenciales de terceros de los que tengan conocimiento por la prestación de servicios profesionales de diagnóstico, asesoramiento o defensa, sin perjuicio de lo dispuesto en la legislación en materia de blanqueo de capitales y financiación de actividades terroristas.

2. Los interesados en un procedimiento que conozcan datos que permitan identificar a otros interesados que no hayan comparecido en él tienen el deber de proporcionárselos a la Administración actuante.

3. Cuando las inspecciones requieran la entrada en el domicilio del afectado o en los restantes lugares que requieran autorización del titular, se estará a lo dispuesto en el artículo 100.

■ Art. 19. Comparecencia de las personas.

1. La comparecencia de las personas ante las oficinas públicas, ya sea presencialmente o por medios electrónicos, sólo será obligatoria cuando así esté previsto en una norma con rango de ley.

2. En los casos en que proceda la comparecencia, la correspondiente citación hará constar expresamente el lugar, fecha, hora, los medios disponibles y objeto de la comparecencia, así como los efectos de no atenderla.

3. Las Administraciones Públicas entregarán al interesado certificación acreditativa de la comparecencia cuando así lo solicite.

■ Art. 20. Responsabilidad de la tramitación.

1. Los titulares de las unidades administrativas y el personal al servicio de las Administraciones Públicas que tuviesen a su cargo la resolución o el despacho de los asuntos, serán responsables directos de su tramitación y adoptarán las medidas oportunas para remover los obstáculos que impidan, dificulten o retrasen el ejercicio pleno de los derechos de los interesados o el respeto a sus intereses legítimos, disponiendo lo necesario para evitar y eliminar toda anormalidad en la tramitación de procedimientos.

2. Los interesados podrán solicitar la exigencia de esa responsabilidad a la Administración Pública de que dependa el personal afectado.

■ Art. 21. Obligación de resolver.

1. La Administración está obligada a dictar resolución expresa y a notificarla en todos los procedimientos cualquiera que sea su forma de iniciación.

En los casos de prescripción, renuncia del derecho, caducidad del procedimiento o desistimiento de la solicitud, así como de desaparición sobrevenida del objeto del procedimiento, la resolución consistirá en la declaración de la circunstancia que concurra en cada caso, con indicación de los hechos producidos y las normas aplicables.

Se exceptúan de la obligación a que se refiere el párrafo primero, los supuestos de terminación del procedimiento por pacto o convenio, así como los procedimientos relativos al ejercicio de derechos sometidos únicamente al deber de declaración responsable o comunicación a la Administración.

2. El plazo máximo en el que debe notificarse la resolución expresa será el fijado por la norma reguladora del correspondiente procedimiento.

Este plazo no podrá exceder de seis meses salvo que una norma con rango de Ley establezca uno mayor o así venga previsto en el Derecho de la Unión Europea.

3. Cuando las normas reguladoras de los procedimientos no fijen el plazo máximo, éste será de tres meses. Este plazo y los previstos en el apartado anterior se contarán:

a) En los procedimientos iniciados de oficio, desde la fecha del acuerdo de iniciación.

b) En los iniciados a solicitud del interesado, desde la fecha en que la solicitud haya tenido entrada en el registro electrónico de la Administración u Organismo competente para su tramitación.

4. Las Administraciones Públicas deben publicar y mantener actualizadas en el portal web, a efectos informativos, las relaciones de procedimientos de su competencia, con indicación de los plazos máximos de duración de los mismos, así como de los efectos que produzca el silencio administrativo.

En todo caso, las Administraciones Públicas informarán a los interesados del plazo máximo establecido para la resolución de los procedimientos y para la notificación de los actos que les pongan término, así como de los efectos que pueda producir el silencio administrativo. Dicha mención se incluirá en la notificación o publicación del acuerdo de iniciación de oficio, o en la comunicación que se dirigirá al efecto al interesado dentro de los diez días siguientes a la recepción de la solicitud iniciadora del procedimiento en el registro electrónico de la Administración u Organismo competente para su tramitación. En este último caso, la comunicación indicará además la fecha en que la solicitud ha sido recibida por el órgano competente.

5. Cuando el número de las solicitudes formuladas o las personas afectadas pudieran suponer un incumplimiento del plazo máximo de resolución, el órgano competente para resolver, a propuesta razonada del órgano instructor, o el superior jerárquico del órgano competente para resolver, a propuesta de éste, podrán habilitar los medios personales y materiales para cumplir con el despacho adecuado y en plazo.

6. El personal al servicio de las Administraciones Públicas que tenga a su cargo el despacho de los asuntos, así como los titulares de los órganos administrativos competentes para instruir y resolver son directamente responsables, en el ámbito de sus competencias del cumplimiento de la obligación legal de dictar resolución expresa en plazo.

El incumplimiento de dicha obligación dará lugar a la exigencia de responsabilidad disciplinaria, sin perjuicio de la que hubiere lugar de acuerdo con la normativa aplicable.

■ Art. 22. Suspensión del plazo máximo para resolver.

1. El transcurso del plazo máximo legal para resolver un procedimiento y notificar la resolución se podrá suspender en los siguientes casos:

a) Cuando deba requerirse a cualquier interesado para la subsanación de deficiencias o la aportación de documentos y otros elementos de juicio necesarios, por el tiempo que medie entre la notificación del requerimiento y su efectivo cumplimiento por el destinatario, o, en su defecto, por el del plazo concedido, todo ello sin perjuicio de lo previsto en el artículo 68 de la presente Ley.

b) Cuando deba obtenerse un pronunciamiento previo y preceptivo de un órgano de la Unión Europea, por el tiempo que medie entre la petición, que habrá de comunicarse a los interesados, y la notificación del pronunciamiento a la Administración instructora, que también deberá serles comunicada.

c) Cuando exista un procedimiento no finalizado en el ámbito de la Unión Europea que condicione directamente el contenido de la resolución de que se trate, desde que se tenga constancia de su existencia, lo que deberá ser comunicado a los interesados, hasta que se resuelva, lo que también habrá de ser notificado.

d) Cuando se soliciten informes preceptivos a un órgano de la misma o distinta Administración, por el tiempo que medie entre la petición, que deberá comunicarse a los interesados, y la recepción del informe, que igualmente deberá ser comunicada a los mismos. Este plazo de suspensión no podrá exceder en ningún caso de tres meses. En caso de no recibirse el informe en el plazo indicado, proseguirá el procedimiento.

e) Cuando deban realizarse pruebas técnicas o análisis contradictorios o dirimentes propuestos por los interesados, durante el tiempo necesario para la incorporación de los resultados al expediente.

f) Cuando se inicien negociaciones con vistas a la conclusión de un pacto o convenio en los términos previstos en el artículo 86 de esta Ley, desde la declaración formal al respecto y hasta la conclusión sin efecto, en su caso, de las referidas negociaciones, que se constatará mediante declaración formulada por la Administración o los interesados.

g) Cuando para la resolución del procedimiento sea indispensable la obtención de un previo pronunciamiento por parte de un órgano jurisdiccional, desde el momento en que se solicita, lo que habrá de comunicarse a los interesados, hasta que la Administración tenga constancia del mismo, lo que también deberá serles comunicado.

2. El transcurso del plazo máximo legal para resolver un procedimiento y notificar la resolución se suspenderá en los siguientes casos:

a) Cuando una Administración Pública requiera a otra para que anule o revise un acto que entienda que es ilegal y que constituya la base para el que la primera haya de dictar en el ámbito de sus competencias, en el supuesto al que se refiere el apartado 5 del artículo 39 de esta Ley, desde que se realiza el requerimiento hasta que se atienda o, en su caso, se resuelva el recurso interpuesto ante la jurisdicción contencioso administrativa. Deberá ser comunicado a los interesados tanto la realización del requerimiento, como su cumplimiento o, en su caso, la resolución del correspondiente recurso contencioso-administrativo.

b) Cuando el órgano competente para resolver decida realizar alguna actuación complementaria de las previstas en el artículo 87, desde el momento en que se notifique a los interesados el acuerdo motivado del inicio de las actuaciones hasta que se produzca su terminación.

c) Cuando los interesados promuevan la recusación en cualquier momento de la tramitación de un procedimiento, desde que ésta se plantee hasta que sea resuelta por el superior jerárquico del recusado.

■ Art. 23. Ampliación del plazo máximo para resolver y notificar.

1. Excepcionalmente, cuando se hayan agotado los medios personales y materiales disponibles a los que se refiere el apartado 5 del artículo 21, el órgano competente para resolver, a propuesta, en su caso, del órgano instructor o el superior jerárquico del órgano competente para resolver, podrá acordar de manera motivada la ampliación del plazo máximo de resolución y notificación, no pudiendo ser éste superior al establecido para la tramitación del procedimiento.

2. Contra el acuerdo que resuelva sobre la ampliación de plazos, que deberá ser notificado a los interesados, no cabrá recurso alguno.

■ Art. 24. Silencio administrativo en procedimientos iniciados a solicitud del interesado.

1. En los procedimientos iniciados a solicitud del interesado, sin perjuicio de la resolución que la Administración debe dictar en la forma prevista en el apartado 3 de este artículo, el vencimiento del plazo máximo sin haberse notificado resolución expresa, legitima al interesado o interesados para entenderla estimada por silencio administrativo, excepto en los supuestos en los que una norma con rango de ley o una norma de Derecho de la Unión Europea o de Derecho internacional aplicable en España establezcan lo contrario. Cuando el procedimiento tenga por objeto el acceso a actividades o su ejercicio, la ley que disponga el carácter desestimatorio del silencio deberá fundarse en la concurrencia de razones imperiosas de interés general.

El silencio tendrá efecto desestimatorio en los procedimientos relativos al ejercicio del derecho de petición, a que se refiere el artículo 29 de la Constitución, aquellos cuya estimación tuviera como consecuencia que se transfirieran al solicitante o a terceros facultades relativas al dominio público o al servicio público, impliquen el ejercicio de actividades que puedan dañar el medio ambiente y en los procedimientos de responsabilidad patrimonial de las Administraciones Públicas.

El sentido del silencio también será desestimatorio en los procedimientos de impugnación de actos y disposiciones y en los de revisión de oficio iniciados a solicitud de los interesados. No obstante, cuando el recurso de alzada se haya interpuesto contra la desestimación por silencio administrativo de una solicitud por el transcurso del plazo, se entenderá estimado el mismo si, llegado el plazo de resolución, el órgano administrativo competente no dictase y notificase resolución expresa, siempre que no se refiera a las materias enumeradas en el párrafo anterior de este apartado.

2. La estimación por silencio administrativo tiene a todos los efectos la consideración de acto administrativo finalizador del procedimiento. La desestimación por silencio administrativo tiene los solos efectos de permitir a los interesados la interposición del recurso administrativo o contencioso-administrativo que resulte procedente.

3. La obligación de dictar resolución expresa a que se refiere el apartado primero del artículo 21 se sujetará al siguiente régimen:

a) En los casos de estimación por silencio administrativo, la resolución expresa posterior a la producción del acto sólo podrá dictarse de ser confirmatoria del mismo.

b) En los casos de desestimación por silencio administrativo, la resolución expresa posterior al vencimiento del plazo se adoptará por la Administración sin vinculación alguna al sentido del silencio.

4. Los actos administrativos producidos por silencio administrativo se podrán hacer valer tanto ante la Administración como ante cualquier persona física o jurídica, pública o privada. Los mismos producen efectos desde el vencimiento del plazo máximo en el que debe dictarse y notificarse la resolución expresa sin que la misma se haya expedido, y su existencia puede ser acreditada por cualquier medio de prueba admitido en Derecho, incluido el certificado acreditativo del silencio producido. Este certificado se expedirá de oficio por el órgano competente para resolver en el plazo de quince días desde que expire el plazo máximo para resolver el procedimiento. Sin perjuicio de lo anterior, el interesado podrá pedirlo en cualquier momento, computándose el plazo indicado anteriormente desde el día siguiente a aquél en que la petición tuviese entrada en el registro electrónico de la Administración u Organismo competente para resolver.

■ Art. 25. Falta de resolución expresa en procedimientos iniciados de oficio.

1. En los procedimientos iniciados de oficio, el vencimiento del plazo máximo establecido sin que se haya dictado y notificado resolución expresa no exime a la Administración del cumplimiento de la obligación legal de resolver, produciendo los siguientes efectos:

a) En el caso de procedimientos de los que pudiera derivarse el reconocimiento o, en su caso, la constitución de derechos u otras situaciones jurídicas favorables, los interesados que hubieren comparecido podrán entender desestimadas sus pretensiones por silencio administrativo.

b) En los procedimientos en que la Administración ejercite potestades sancionadoras o, en general, de intervención, susceptibles de producir efectos desfavorables o de gravamen, se producirá la caducidad. En estos casos, la resolución que declare la caducidad ordenará el archivo de las actuaciones, con los efectos previstos en el artículo 95.

2. En los supuestos en los que el procedimiento

se hubiera paralizado por causa imputable al interesado, se interrumpirá el cómputo del plazo para resolver y notificar la resolución.

■ Art. 26. Emisión de documentos por las Administraciones Públicas.

1. Se entiende por documentos públicos administrativos los válidamente emitidos por los órganos de las Administraciones Públicas. Las Administraciones Públicas emitirán los documentos administrativos por escrito, a través de medios electrónicos, a menos que su naturaleza exija otra forma más adecuada de expresión y constancia.

2. Para ser considerados válidos, los documentos electrónicos administrativos deberán:

a) Contener información de cualquier naturaleza archivada en un soporte electrónico según un formato determinado susceptible de identificación y tratamiento diferenciado.

b) Disponer de los datos de identificación que permitan su individualización, sin perjuicio de su posible incorporación a un expediente electrónico.

c) Incorporar una referencia temporal del momento en que han sido emitidos.

d) Incorporar los metadatos mínimos exigidos.

e) Incorporar las firmas electrónicas que correspondan de acuerdo con lo previsto en la normativa aplicable.

Se considerarán válidos los documentos electrónicos, que cumpliendo estos requisitos, sean trasladados a un tercero a través de medios electrónicos.

3. No requerirán de firma electrónica, los documentos electrónicos emitidos por las Administraciones Públicas que se publiquen con carácter meramente informativo, así como aquellos que no formen parte de un expediente administrativo. En todo caso, será necesario identificar el origen de estos documentos.

■ Art. 27. Validez y eficacia de las copias realizadas por las Administraciones Públicas.

1. Cada Administración Pública determinará los órganos que tengan atribuidas las competencias de expedición de copias auténticas de los documentos públicos administrativos o privados.

Las copias auténticas de documentos privados surten únicamente efectos administrativos. Las copias auténticas realizadas por una Administración Pública tendrán validez en las restantes Administraciones.

A estos efectos, la Administración General del Estado, las Comunidades Autónomas y las Entidades Locales podrán realizar copias auténticas mediante funcionario habilitado o mediante actuación administrativa automatizada.

Se deberá mantener actualizado un registro, u otro sistema equivalente, donde constarán los funcionarios habilitados para la expedición de copias auténticas que deberán ser plenamente interoperables y estar interconectados con los de las restantes Administraciones Públicas, a los efectos de comprobar la validez de la citada habilitación. En este registro o sistema equivalente constarán, al menos, los funcionarios que presten servicios en las oficinas de asistencia en materia de registros.

2. Tendrán la consideración de copia auténtica de un documento público administrativo o privado las realizadas, cualquiera que sea su soporte, por los órganos competentes de las Administraciones Públicas en las que quede garantizada la identidad del órgano que ha realizado la copia y su contenido.

Las copias auténticas tendrán la misma validez y eficacia que los documentos originales.

3. Para garantizar la identidad y contenido de las copias electrónicas o en papel, y por tanto su carácter de copias auténticas, las Administraciones Públicas deberán ajustarse a lo previsto en el Esquema Nacional de Interoperabilidad, el Esquema Nacional de Seguridad y sus normas técnicas de desarrollo, así como a las siguientes reglas:

a) Las copias electrónicas de un documento electrónico original o de una copia electrónica auténtica, con o sin cambio de formato, deberán incluir los metadatos que acrediten su condición de copia y que se visualicen al consultar el documento.

b) Las copias electrónicas de documentos en soporte papel o en otro soporte no electrónico susceptible de digitalización, requerirán que el documento haya sido digitalizado y deberán incluir los metadatos que acrediten su condición de copia y que se visualicen al consultar el documento.

Se entiende por digitalización, el proceso tecnológico que permite convertir un documento en soporte papel o en otro soporte no electrónico en un fichero electrónico que contiene la imagen codificada, fiel e íntegra del documento.

c) Las copias en soporte papel de documentos electrónicos requerirán que en las mismas figure la condición de copia y contendrán un código generado electrónicamente u otro sistema de verificación, que permitirá contrastar la autenticidad de la copia mediante el acceso a los archivos electrónicos del órgano u Organismo público emisor.

d) Las copias en soporte papel de documentos originales emitidos en dicho soporte se proporcionarán mediante una copia auténtica en papel del documento electrónico que se encuentre en poder de la Administración o bien mediante una puesta de manifiesto electrónica conteniendo copia auténtica del documento original.

A estos efectos, las Administraciones harán públicos, a través de la sede electrónica correspondiente, los códigos seguros de verificación u otro sistema de verificación utilizado.

4. Los interesados podrán solicitar, en cualquier momento, la expedición de copias auténticas de los documentos públicos administrativos que hayan sido válidamente emitidos por las Administraciones Públicas. La solicitud se dirigirá al órgano que emitió el documento original, debiendo expedirse, salvo las excepciones derivadas de la aplicación de la Ley 19/2013, de 9 de diciembre, en el plazo de quince días a contar desde la recepción de la solicitud en el registro electrónico de la Administración u Organismo competente.

Asimismo, las Administraciones Públicas estarán obligadas a expedir copias auténticas electrónicas de cualquier documento en papel que presenten los interesados y que se vaya a incorporar a un expediente administrativo.

5. Cuando las Administraciones Públicas expidan copias auténticas electrónicas, deberá quedar expresamente así indicado en el documento de la copia.

6. La expedición de copias auténticas de documentos públicos notariales, registrales y judiciales, así como de los diarios oficiales, se regirá por su legislación específica.

■ Art. 28. Documentos aportados por los interesados al procedimiento administrativo.

1. Los interesados deberán aportar al procedimiento administrativo los datos y documentos exigidos por las Administraciones Públicas de acuerdo con lo dispuesto en la normativa aplicable. Asimismo, los interesados podrán aportar cualquier otro documento que estimen conveniente.

2. Los interesados no estarán obligados a aportar documentos que hayan sido elaborados por cualquier Administración, con independencia de que la presentación de los citados documentos tenga carácter preceptivo o facultativo en el procedimiento de que se trate, siempre que el interesado haya expresado su consentimiento a que sean consultados o recabados dichos documentos. Se presumirá que la consulta u obtención es autorizada por los interesados salvo que conste en el procedimiento su oposición expresa o la ley especial aplicable requiera consentimiento expreso.

En ausencia de oposición del interesado, las Administraciones Públicas deberán recabar los documentos electrónicamente a través de sus redes corporativas o mediante consulta a las plataformas de intermediación de datos u otros sistemas electrónicos habilitados al efecto.

Cuando se trate de informes preceptivos ya elaborados por un órgano administrativo distinto al que tramita el procedimiento, éstos deberán ser remitidos en el plazo de diez días a contar desde su solicitud. Cumplido este plazo, se informará al interesado de que puede aportar este informe o esperar a su remisión por el órgano competente.

3. Las Administraciones no exigirán a los interesados la presentación de documentos originales,

salvo que, con carácter excepcional, la normativa reguladora aplicable establezca lo contrario.

Asimismo, las Administraciones Públicas no requerirán a los interesados datos o documentos no exigidos por la normativa reguladora aplicable o que hayan sido aportados anteriormente por el interesado a cualquier Administración. A estos efectos, el interesado deberá indicar en qué momento y ante que órgano administrativo presentó los citados documentos, debiendo las Administraciones Públicas recabarlos electrónicamente a través de sus redes corporativas o de una consulta a las plataformas de intermediación de datos u otros sistemas electrónicos habilitados al efecto. Se presumirá que esta consulta es autorizada por los interesados, salvo que conste en el procedimiento su oposición expresa o la ley especial aplicable requiera consentimiento expreso, debiendo, en ambos casos, ser informados previamente de sus derechos en materia de protección de datos de carácter personal. Excepcionalmente, si las Administraciones Públicas no pudieran recabar los citados documentos, podrán solicitar nuevamente al interesado su aportación.

4. Cuando con carácter excepcional, y de acuerdo con lo previsto en esta Ley, la Administración solicitara al interesado la presentación de un documento original y éste estuviera en formato papel, el interesado deberá obtener una copia auténtica, según los requisitos establecidos en el artículo 27, con carácter previo a su presentación electrónica. La copia electrónica resultante reflejará expresamente esta circunstancia.

5. Excepcionalmente, cuando la relevancia del documento en el procedimiento lo exija o existan dudas derivadas de la calidad de la copia, las Administraciones podrán solicitar de manera motivada el cotejo de las copias aportadas por el interesado, para lo que podrán requerir la exhibición del documento o de la información original.

6. Las copias que aporten los interesados al procedimiento administrativo tendrán eficacia, exclusivamente en el ámbito de la actividad de las Administraciones Públicas.

7. Los interesados se responsabilizarán de la veracidad de los documentos que presenten.

CAPÍTULO II. Términos y plazos

■ Art. 29. Obligatoriedad de términos y plazos.

Los términos y plazos establecidos en ésta u otras leyes obligan a las autoridades y personal al servicio de las Administraciones Públicas competentes para la tramitación de los asuntos, así como a los interesados en los mismos.

■ Art. 30. Cómputo de plazos.

1. Salvo que por Ley o en el Derecho de la Unión Europea se disponga otro cómputo, cuando los plazos se señalen por horas, se entiende que éstas son hábiles. Son hábiles todas las horas del día que formen parte de un día hábil.

Los plazos expresados por horas se contarán de hora en hora y de minuto en minuto desde la hora y minuto en que tenga lugar la notificación o publicación del acto de que se trate y no podrán tener una duración superior a veinticuatro horas, en cuyo caso se expresarán en días.

2. Siempre que por Ley o en el Derecho de la Unión Europea no se exprese otro cómputo, cuando los plazos se señalen por días, se entiende que éstos son hábiles, excluyéndose del cómputo los sábados, los domingos y los declarados festivos.

Cuando los plazos se hayan señalado por días naturales por declararlo así una ley o por el Derecho de la Unión Europea, se hará constar esta circunstancia en las correspondientes notificaciones.

3. Los plazos expresados en días se contarán a partir del día siguiente a aquel en que tenga lugar la notificación o publicación del acto de que se trate, o desde el siguiente a aquel en que se produzca la estimación o la desestimación por silencio administrativo.

4. Si el plazo se fija en meses o años, éstos se computarán a partir del día siguiente a aquel en que tenga lugar la notificación o publicación del acto de que se trate, o desde el siguiente a aquel en que se produzca la estimación o desestimación por silencio administrativo.

El plazo concluirá el mismo día en que se produjo la notificación, publicación o silencio administrativo en el mes o el año de vencimiento. Si en el mes de vencimiento no hubiera día equivalente a aquel en que comienza el cómputo, se entenderá que el plazo expira el último día del mes.

5. Cuando el último día del plazo sea inhábil, se entenderá prorrogado al primer día hábil siguiente.

6. Cuando un día fuese hábil en el municipio o Comunidad Autónoma en que residiese el interesado, e inhábil en la sede del órgano administrativo, o a la inversa, se considerará inhábil en todo caso.

7. La Administración General del Estado y las Administraciones de las Comunidades Autónomas, con sujeción al calendario laboral oficial, fijarán, en su respectivo ámbito, el calendario de días inhábiles a efectos de cómputos de plazos. El calendario aprobado por las Comunidades Autónomas comprenderá los días inhábiles de las Entidades Locales correspondientes a su ámbito territorial, a las que será de aplicación.

Dicho calendario deberá publicarse antes del comienzo de cada año en el diario oficial que corresponda, así como en otros medios de difusión que garanticen su conocimiento generalizado.

8. La declaración de un día como hábil o inhábil a efectos de cómputo de plazos no determina por sí sola el funcionamiento de los centros de trabajo de las Administraciones Públicas, la organización del tiempo de trabajo o el régimen de jornada y horarios de las mismas.

■ Art. 31. Cómputo de plazos en los registros.

1. Cada Administración Pública publicará los días y el horario en el que deban permanecer abiertas las oficinas que prestarán asistencia para la presentación electrónica de documentos, garantizando el derecho de los interesados a ser asistidos en el uso de medios electrónicos.

2. El registro electrónico de cada Administración u Organismo se regirá a efectos de cómputo de los plazos, por la fecha y hora oficial de la sede electrónica de acceso, que deberá contar con las medidas de seguridad necesarias para garantizar su integridad y figurar de modo accesible y visible.

El funcionamiento del registro electrónico se regirá por las siguientes reglas:

a) Permitirá la presentación de documentos todos los días del año durante las veinticuatro horas.

b) A los efectos del cómputo de plazo fijado en días hábiles, y en lo que se refiere al cumplimiento de plazos por los interesados, la presentación en un día inhábil se entenderá realizada en la primera hora del primer día hábil siguiente salvo que una norma permita expresamente la recepción en día inhábil.

Los documentos se considerarán presentados por el orden de hora efectiva en el que lo fueron en el día inhábil. Los documentos presentados en el día inhábil se reputarán anteriores, según el mismo orden, a los que lo fueran el primer día hábil posterior.

c) El inicio del cómputo de los plazos que hayan de cumplir las Administraciones Públicas vendrá determinado por la fecha y hora de presentación en el registro electrónico de cada Administración u Organismo. En todo caso, la fecha y hora efectiva de inicio del cómputo de plazos deberá ser comunicada a quien presentó el documento.

3. La sede electrónica del registro de cada Administración Pública u Organismo, determinará, atendiendo al ámbito territorial en el que ejerce sus competencias el titular de aquélla y al calendario previsto en el artículo 30.7, los días que se considerarán inhábiles a los efectos previstos en este artículo. Este será el único calendario de días inhábiles que se aplicará a efectos del cómputo de plazos en los registros electrónicos, sin que resulte de aplicación a los mismos lo dispuesto en el artículo 30.6.

■ Art. 32. Ampliación.

1. La Administración, salvo precepto en contrario, podrá conceder de oficio o a petición de los interesados, una ampliación de los plazos establecidos, que no exceda de la mitad de los mismos, si las circunstancias lo aconsejan y con ello no se perjudican derechos de tercero. El acuerdo de ampliación deberá ser notificado a los interesados.

2. La ampliación de los plazos por el tiempo máximo permitido se aplicará en todo caso a los procedimientos tramitados por las misiones diplomáticas y oficinas consulares, así como a aquellos que, sustanciándose en el interior, exijan cumplimentar algún trámite en el extranjero o en los que intervengan interesados residentes fuera de España.

3. Tanto la petición de los interesados como la decisión sobre la ampliación deberán producirse, en todo caso, antes del vencimiento del plazo de que se trate. En ningún caso podrá ser objeto de ampliación un plazo ya vencido. Los acuerdos sobre ampliación de plazos o sobre su denegación no serán susceptibles de recurso, sin perjuicio del procedente contra la resolución que ponga fin al procedimiento.

4. Cuando una incidencia técnica haya imposibilitado el funcionamiento ordinario del sistema o aplicación que corresponda, y hasta que se solucione el problema, la Administración podrá determinar una ampliación de los plazos no vencidos, debiendo publicar en la sede electrónica tanto la incidencia técnica acontecida como la ampliación concreta del plazo no vencido.

■ Art. 33. Tramitación de urgencia.

1. Cuando razones de interés público lo aconsejen, se podrá acordar, de oficio o a petición del interesado, la aplicación al procedimiento de la tramitación de urgencia, por la cual se reducirán a la mitad los plazos establecidos para el procedimiento ordinario, salvo los relativos a la presentación de solicitudes y recursos.

2. No cabrá recurso alguno contra el acuerdo que declare la aplicación de la tramitación de urgencia al procedimiento, sin perjuicio del procedente contra la resolución que ponga fin al procedimiento.

TÍTULO III

DE LOS ACTOS ADMINISTRATIVOS

CAPÍTULO I. Requisitos de los actos administrativos

■ Art. 34. Producción y contenido.

1. Los actos administrativos que dicten las Administraciones Públicas, bien de oficio o a instancia del interesado, se producirán por el órgano competente ajustándose a los requisitos y al procedimiento establecido.

2. El contenido de los actos se ajustará a lo dispuesto por el ordenamiento jurídico y será determinado y adecuado a los fines de aquéllos.

■ Art. 35. Motivación.

1. Serán motivados, con sucinta referencia de hechos y fundamentos de derecho:

a) Los actos que limiten derechos subjetivos o intereses legítimos.

b) Los actos que resuelvan procedimientos de revisión de oficio de disposiciones o actos administrativos, recursos administrativos y procedimientos de arbitraje y los que declaren su inadmisión.

c) Los actos que se separen del criterio seguido en actuaciones precedentes o del dictamen de órganos consultivos.

d) Los acuerdos de suspensión de actos, cualquiera que sea el motivo de ésta, así como la adopción de medidas provisionales previstas en el artículo 56.

e) Los acuerdos de aplicación de la tramitación de urgencia, de ampliación de plazos y de realización de actuaciones complementarias.

f) Los actos que rechacen pruebas propuestas por los interesados.

g) Los actos que acuerden la terminación del procedimiento por la imposibilidad material de continuarlo por causas sobrevenidas, así como los que acuerden el desistimiento por la Administración en procedimientos iniciados de oficio.

h) Las propuestas de resolución en los procedimientos de carácter sancionador, así como los actos que resuelvan procedimientos de carácter sancionador o de responsabilidad patrimonial.

i) Los actos que se dicten en el ejercicio de potestades discrecionales, así como los que deban serlo en virtud de disposición legal o reglamentaria expresa.

2. La motivación de los actos que pongan fin a los procedimientos selectivos y de concurrencia competitiva se realizará de conformidad con lo que dispongan las normas que regulen sus convocatorias, debiendo, en todo caso, quedar acreditados en el procedimiento los fundamentos de la resolución que se adopte.

■ Art. 36. Forma.

1. Los actos administrativos se producirán por escrito a través de medios electrónicos, a menos que su naturaleza exija otra forma más adecuada de expresión y constancia.

2. En los casos en que los órganos administrativos ejerzan su competencia de forma verbal, la constancia escrita del acto, cuando sea necesaria, se efectuará y firmará por el titular del órgano inferior o funcionario que la reciba oralmente, expresando en la comunicación del mismo la autoridad de la que procede. Si se tratara de resoluciones, el titular de la competencia deberá autorizar una relación de las que haya dictado de forma verbal, con expresión de su contenido.

3. Cuando deba dictarse una serie de actos administrativos de la misma naturaleza, tales como nombramientos, concesiones o licencias, podrán refundirse en un único acto, acordado por el órgano competente, que especificará las personas u otras circunstancias que individualicen los efectos del acto para cada interesado.

CAPÍTULO II. Eficacia de los actos

■ Art. 37. Inderogabilidad singular.

1. Las resoluciones administrativas de carácter particular no podrán vulnerar lo establecido en una disposición de carácter general, aunque aquéllas procedan de un órgano de igual o superior jerarquía al que dictó la disposición general.

2. Son nulas las resoluciones administrativas que vulneren lo establecido en una disposición reglamentaria, así como aquellas que incurran en alguna de las causas recogidas en el artículo 47.

■ Art. 38. Ejecutividad.

Los actos de las Administraciones Públicas sujetos al Derecho Administrativo serán ejecutivos con arreglo a lo dispuesto en esta Ley.

■ Art. 39. Efectos.

1. Los actos de las Administraciones Públicas sujetos al Derecho Administrativo se presumirán válidos y producirán efectos desde la fecha en que se dicten, salvo que en ellos se disponga otra cosa.

2. La eficacia quedará demorada cuando así lo exija el contenido del acto o esté supeditada a su notificación, publicación o aprobación superior.

3. Excepcionalmente, podrá otorgarse eficacia retroactiva a los actos cuando se dicten en sustitución de actos anulados, así como cuando produzcan efectos favorables al interesado, siempre que los supuestos de hecho necesarios existieran ya en la fecha a que se retrotraiga la eficacia del acto y ésta no lesione derechos o intereses legítimos de otras personas.

4. Las normas y actos dictados por los órganos de las Administraciones Públicas en el ejercicio de su propia competencia deberán ser observadas por el resto de los órganos administrativos, aunque no dependan jerárquicamente entre sí o pertenezcan a otra Administración.

5. Cuando una Administración Pública tenga que dictar, en el ámbito de sus competencias, un acto que necesariamente tenga por base otro dictado por una Administración Pública distinta y aquélla entienda que es ilegal, podrá requerir a ésta previamente para que anule o revise el acto de acuerdo con lo dispuesto en el artículo 44 de la Ley 29/1998, de 13 de julio, reguladora de la Jurisdicción Contencioso- Administrativa, y, de rechazar el requerimiento, podrá interponer recurso contencioso-administrativo. En estos casos, quedará suspendido el procedimiento para dictar resolución.

■ Art. 40. Notificación.

1. El órgano que dicte las resoluciones y actos administrativos los notificará a los interesados cuyos derechos e intereses sean afectados por aquéllos, en los términos previstos en los artículos siguientes.

2. Toda notificación deberá ser cursada dentro del plazo de diez días a partir de la fecha en que el acto haya sido dictado, y deberá contener el texto íntegro de la resolución, con indicación de si pone fin o no a la vía administrativa, la expresión de los recursos que procedan, en su caso, en vía administrativa y judicial, el órgano ante el que hubieran de presentarse y el plazo para interponerlos, sin perjuicio de que los interesados puedan ejercitar, en su caso, cualquier otro que estimen procedente.

3. Las notificaciones que, conteniendo el texto íntegro del acto, omitiesen alguno de los demás requisitos previstos en el apartado anterior, surtirán efecto a partir de la fecha en que el interesado realice actuaciones que supongan el conocimiento del contenido y alcance de la resolución o acto objeto de la notificación, o interponga cualquier recurso que proceda.

4. Sin perjuicio de lo establecido en el apartado anterior, y a los solos efectos de entender cumplida la obligación de notificar dentro del plazo máximo de duración de los procedimientos, será suficiente la notificación que contenga, cuando menos, el texto íntegro de la resolución, así como el intento de notificación debidamente acreditado.

5. Las Administraciones Públicas podrán adoptar las medidas que consideren necesarias para la protección de los datos personales que consten en las resoluciones y actos administrativos, cuando éstos tengan por destinatarios a más de un interesado.

■ Art. 41. Condiciones generales para la práctica de las notificaciones.

1. Las notificaciones se practicarán preferentemente por medios electrónicos y, en todo caso, cuando el interesado resulte obligado a recibirlas por esta vía.

No obstante lo anterior, las Administraciones podrán practicar las notificaciones por medios no electrónicos en los siguientes supuestos:

a) Cuando la notificación se realice con ocasión de la comparecencia espontánea del interesado o su representante en las oficinas de asistencia en materia de registro y solicite la comunicación o notificación personal en ese momento.

b) Cuando para asegurar la eficacia de la actuación administrativa resulte necesario practicar la notificación por entrega directa de un empleado público de la Administración notificante.

Con independencia del medio utilizado, las notificaciones serán válidas siempre que permitan tener constancia de su envío o puesta a disposición, de la recepción o acceso por el interesado o su representante, de sus fechas y horas, del contenido íntegro, y de la identidad fidedigna del remitente y destinatario de la misma. La acreditación de la notificación efectuada se incorporará al expediente.

Los interesados que no estén obligados a recibir notificaciones electrónicas, podrán decidir y comunicar en cualquier momento a la Administración Pública, mediante los modelos normalizados que se establezcan al efecto, que las notificaciones sucesivas se practiquen o dejen de practicarse por medios electrónicos.

Reglamentariamente, las Administraciones podrán establecer la obligación de practicar electrónicamente las notificaciones para determinados procedimientos y para ciertos colectivos de personas físicas que por razón de su capacidad económica, técnica, dedicación profesional u otros motivos quede acreditado que tienen acceso y disponibilidad de los medios electrónicos necesarios.

Adicionalmente, el interesado podrá identificar un dispositivo electrónico y/o una dirección de correo electrónico que servirán para el envío de los avisos regulados en este artículo, pero no para la práctica de notificaciones.

2. En ningún caso se efectuarán por medios electrónicos las siguientes notificaciones:

a) Aquellas en las que el acto a notificar vaya acompañado de elementos que no sean susceptibles de conversión en formato electrónico.

b) Las que contengan medios de pago a favor de los obligados, tales como cheques.

3. En los procedimientos iniciados a solicitud del interesado, la notificación se practicará por el medio señalado al efecto por aquel. Esta notificación será electrónica en los casos en los que exista obligación de relacionarse de esta forma con la Administración.

Cuando no fuera posible realizar la notificación de acuerdo con lo señalado en la solicitud, se practicará en cualquier lugar adecuado a tal fin, y por cualquier medio que permita tener constancia de la recepción por el interesado o su representante, así como de la fecha, la identidad y el contenido del acto notificado.

4. En los procedimientos iniciados de oficio, a los solos efectos de su iniciación, las Administraciones Públicas podrán recabar, mediante consulta a las bases de datos del Instituto Nacional de Estadística, los datos sobre el domicilio del interesado recogidos en el Padrón Municipal, remitidos por las Entidades Locales en aplicación de lo previsto en la Ley 7/1985, de 2 de abril, reguladora de las Bases del Régimen Local.

5. Cuando el interesado o su representante rechace la notificación de una actuación administrativa, se hará constar en el expediente, especificándose las circunstancias del intento de notificación y el medio, dando por efectuado el trámite y siguiéndose el procedimiento.

6. Con independencia de que la notificación se realice en papel o por medios electrónicos, las Administraciones Públicas enviarán un aviso al dispositivo electrónico y/o a la dirección de correo electrónico del interesado que éste haya comunicado, informándole de la puesta a disposición de una notificación en la sede electrónica de la Administración u Organismo correspondiente o en la dirección electrónica habilitada única. La falta de práctica de este aviso no impedirá que la notificación sea considerada plenamente válida.

7. Cuando el interesado fuera notificado por distintos cauces, se tomará como fecha de notificación la de aquélla que se hubiera producido en primer lugar.

■ Art. 42. Práctica de las notificaciones en papel.

1. Todas las notificaciones que se practiquen en papel deberán ser puestas a disposición del interesado en la sede electrónica de la Administración u Organismo actuante para que pueda acceder al contenido de las mismas de forma voluntaria.

2. Cuando la notificación se practique en el domicilio del interesado, de no hallarse presente éste en el momento de entregarse la notificación, podrá hacerse cargo de la misma cualquier persona mayor de catorce años que se encuentre en el domicilio y haga constar su identidad. Si nadie se hiciera cargo de la notificación, se hará constar esta circunstancia en el expediente, junto con el día y la hora en que se intentó la notificación, intento que se repetirá por una sola vez y en una hora distinta dentro de los tres días siguientes. En caso de que el primer intento de notificación se haya realizado antes de las quince horas, el segundo intento deberá realizarse después de las quince horas y viceversa, dejando en todo caso al menos un margen de diferencia de tres horas entre ambos intentos de notificación. Si el segundo intento también resultara infructuoso, se procederá en la forma prevista en el artículo 44.

3. Cuando el interesado accediera al contenido de la notificación en sede electrónica, se le ofrecerá la posibilidad de que el resto de notificaciones se puedan realizar a través de medios electrónicos.

■ Art. 43. Práctica de las notificaciones a través de medios electrónicos.

1. Las notificaciones por medios electrónicos se practicarán mediante comparecencia en la sede electrónica de la Administración u Organismo actuante, a través de la dirección electrónica habilitada única o mediante ambos sistemas, según disponga cada Administración u Organismo.

A los efectos previstos en este artículo, se entiende por comparecencia en la sede electrónica, el acceso por el interesado o su representante debidamente identificado al contenido de la notificación.

2. Las notificaciones por medios electrónicos se entenderán practicadas en el momento en que se produzca el acceso a su contenido.

Cuando la notificación por medios electrónicos sea de carácter obligatorio, o haya sido expresamente elegida por el interesado, se entenderá rechazada cuando hayan transcurrido diez días naturales desde la puesta a disposición de la notificación sin que se acceda a su contenido.

3. Se entenderá cumplida la obligación a la que se refiere el artículo 40.4 con la puesta a disposición de la notificación en la sede electrónica de la Administración u Organismo actuante o en la dirección electrónica habilitada única.

4. Los interesados podrán acceder a las notificaciones desde el Punto de Acceso General electrónico de la Administración, que funcionará como un portal de acceso.

■ Art. 44. Notificación infructuosa.

Cuando los interesados en un procedimiento sean desconocidos, se ignore el lugar de la notificación o bien, intentada ésta, no se hubiese podido practicar, la notificación se hará por medio de un anuncio publicado en el «Boletín Oficial del Estado».

Asimismo, previamente y con carácter facultativo, las Administraciones podrán publicar un anuncio en el boletín oficial de la Comunidad Autónoma o de la Provincia, en el tablón de edictos del Ayuntamiento del último domicilio del interesado o del Consulado o Sección Consular de la Embajada correspondiente.

Las Administraciones Públicas podrán establecer otras formas de notificación complementarias a través de los restantes medios de difusión, que no excluirán la obligación de publicar el correspondiente anuncio en el «Boletín Oficial del Estado».

■ Art. 45. Publicación.

1. Los actos administrativos serán objeto de publicación cuando así lo establezcan las normas reguladoras de cada procedimiento o cuando lo aconsejen razones de interés público apreciadas por el órgano competente.

En todo caso, los actos administrativos serán objeto de publicación, surtiendo ésta los efectos de la notificación, en los siguientes casos:

a) Cuando el acto tenga por destinatario a una pluralidad indeterminada de personas o cuando la Administración estime que la notificación efectuada a un solo interesado es insuficiente para garantizar la notificación a todos, siendo, en este último caso, adicional a la individualmente realizada.

b) Cuando se trate de actos integrantes de un procedimiento selectivo o de concurrencia competitiva de cualquier tipo. En este caso, la convocatoria del procedimiento deberá indicar el medio donde se efectuarán las sucesivas publicaciones, careciendo de validez las que se lleven a cabo en lugares distintos.

2. La publicación de un acto deberá contener los mismos elementos que el artículo 40.2 exige respecto de las notificaciones. Será también aplicable a la publicación lo establecido en el apartado 3 del mismo artículo.

En los supuestos de publicaciones de actos que contengan elementos comunes, podrán publicarse de forma conjunta los aspectos coincidentes, especificándose solamente los aspectos individuales de cada acto.

3. La publicación de los actos se realizará en el diario oficial que corresponda, según cual sea la Administración de la que proceda el acto a notificar.

4. Sin perjuicio de lo dispuesto en el artículo 44, la publicación de actos y comunicaciones que, por disposición legal o reglamentaria deba practicarse en tablón de anuncios o edictos, se entenderá cumplida por su publicación en el Diario oficial correspondiente.

■ Art. 46. Indicación de notificaciones y publicaciones.

Si el órgano competente apreciase que la notificación por medio de anuncios o la publicación de un acto lesiona derechos o intereses legítimos, se limitará a publicar en el Diario oficial que corresponda una somera indicación del contenido del acto y del lugar donde los interesados podrán comparecer, en el plazo que se establezca, para conocimiento del contenido íntegro del mencionado acto y constancia de tal conocimiento.

Adicionalmente y de manera facultativa, las Administraciones podrán establecer otras formas de notificación complementarias a través de los restantes medios de difusión que no excluirán la obligación de publicar en el correspondiente Diario oficial.

CAPÍTULO III. Nulidad y anulabilidad

■ Art. 47. Nulidad de pleno derecho.

1. Los actos de las Administraciones Públicas son nulos de pleno derecho en los casos siguientes:

a) Los que lesionen los derechos y libertades susceptibles de amparo constitucional.

b) Los dictados por órgano manifiestamente incompetente por razón de la materia o del territorio.

c) Los que tengan un contenido imposible.

d) Los que sean constitutivos de infracción penal o se dicten como consecuencia de ésta.

e) Los dictados prescindiendo total y absolutamente del procedimiento legalmente establecido o de las normas que contienen las reglas esenciales para la formación de la voluntad de los órganos colegiados.

f) Los actos expresos o presuntos contrarios al ordenamiento jurídico por los que se adquieren facultades o derechos cuando se carezca de los requisitos esenciales para su adquisición.

g) Cualquier otro que se establezca expresamente en una disposición con rango de Ley.

2. También serán nulas de pleno derecho las disposiciones administrativas que vulneren la Constitución, las leyes u otras disposiciones administrativas de rango superior, las que regulen materias reservadas a la Ley, y las que establezcan la retroactividad de disposiciones sancionadoras no favorables o restrictivas de derechos individuales.

■ Art. 48. Anulabilidad.

1. Son anulables los actos de la Administración que incurran en cualquier infracción del ordenamiento jurídico, incluso la desviación de poder.

2. No obstante, el defecto de forma sólo determinará la anulabilidad cuando el acto carezca de los requisitos formales indispensables para alcanzar su fin o dé lugar a la indefensión de los interesados.

3. La realización de actuaciones administrativas fuera del tiempo establecido para ellas sólo implicará la anulabilidad del acto cuando así lo imponga la naturaleza del término o plazo.

■ Art. 49. Límites a la extensión de la nulidad o anulabilidad de los actos.

1. La nulidad o anulabilidad de un acto no implicará la de los sucesivos en el procedimiento que sean independientes del primero.

2. La nulidad o anulabilidad en parte del acto administrativo no implicará la de las partes del mismo independientes de aquélla, salvo que la parte viciada sea de tal importancia que sin ella el acto administrativo no hubiera sido dictado.

■ Art. 50. Conversión de actos viciados.

Los actos nulos o anulables que, sin embargo, contengan los elementos constitutivos de otro distinto producirán los efectos de éste.

■ Art. 51. Conservación de actos y trámites.

El órgano que declare la nulidad o anule las actuaciones dispondrá siempre la conservación de aquellos actos y trámites cuyo contenido se hubiera mantenido igual de no haberse cometido la infracción.

■ Art. 52. Convalidación.

1. La Administración podrá convalidar los actos anulables, subsanando los vicios de que adolezcan.

2. El acto de convalidación producirá efecto desde su fecha, salvo lo dispuesto en el artículo 39.3 para la retroactividad de los actos administrativos.

3. Si el vicio consistiera en incompetencia no determinante de nulidad, la convalidación podrá realizarse por el órgano competente cuando sea superior jerárquico del que dictó el acto viciado.

4. Si el vicio consistiese en la falta de alguna autorización, podrá ser convalidado el acto mediante el otorgamiento de la misma por el órgano competente.

TÍTULO IV

DE LAS DISPOSICIONES SOBRE EL PROCEDIMIENTO ADMINISTRATIVO COMÚN

CAPÍTULO I. Garantías del procedimiento

■ Art. 53. Derechos del interesado en el procedimiento administrativo.

1. Además del resto de derechos previstos en esta Ley, los interesados en un procedimiento administrativo, tienen los siguientes derechos:

a) A conocer, en cualquier momento, el estado de la tramitación de los procedimientos en los que tengan la condición de interesados; el sentido del silencio administrativo que corresponda, en caso de que la Administración no dicte ni notifique resolución expresa en plazo; el órgano competente para su instrucción, en su caso, y resolución; y los actos de trámite dictados. Asimismo, también tendrán derecho a acceder y a obtener copia de los documentos contenidos en los citados procedimientos.

Quienes se relacionen con las Administraciones Públicas a través de medios electrónicos, tendrán derecho a consultar la información a la que se refiere el párrafo anterior, en el Punto de Acceso General electrónico de la Administración que funcionará como un portal de acceso. Se entenderá cumplida la obligación de la Administración de facilitar copias de los documentos contenidos en los procedimientos mediante la puesta a disposición de las mismas en el Punto de Acceso General electrónico de la Administración competente o en las sedes electrónicas que correspondan.

b) A identificar a las autoridades y al personal al servicio de las Administraciones Públicas bajo cuya responsabilidad se tramiten los procedimientos.

c) A no presentar documentos originales salvo que, de manera excepcional, la normativa reguladora aplicable establezca lo contrario. En caso de que, excepcionalmente, deban presentar un documento original, tendrán derecho a obtener una copia autenticada de éste.

d) A no presentar datos y documentos no exigidos por las normas aplicables al procedimiento de que se trate, que ya se encuentren en poder de las Administraciones Públicas o que hayan sido elaborados por éstas.

e) A formular alegaciones, utilizar los medios de defensa admitidos por el Ordenamiento Jurídico, y a aportar documentos en cualquier fase del procedimiento anterior al trámite de audiencia, que deberán ser tenidos en cuenta por el órgano competente al redactar la propuesta de resolución.

f) A obtener información y orientación acerca de los requisitos jurídicos o técnicos que las disposiciones vigentes impongan a los proyectos, actuaciones o solicitudes que se propongan realizar.

g) A actuar asistidos de asesor cuando lo consideren conveniente en defensa de sus intereses.

h) A cumplir las obligaciones de pago a través de los medios electrónicos previstos en el artículo 98.2.

i) Cualesquiera otros que les reconozcan la Constitución y las leyes.

2. Además de los derechos previstos en el apartado anterior, en el caso de procedimientos administrativos de naturaleza sancionadora, los presuntos responsables tendrán los siguientes derechos:

a) A ser notificado de los hechos que se le imputen, de las infracciones que tales hechos puedan constituir y de las sanciones que, en su caso, se les pudieran imponer, así como de la identidad del instructor, de la autoridad competente para imponer la sanción y de la norma que atribuya tal competencia.

b) A la presunción de no existencia de responsabilidad administrativa mientras no se demuestre lo contrario.

CAPÍTULO II. Iniciación del procedimiento

Sección 1.ª Disposiciones generales

■ Art. 54. Clases de iniciación.

Los procedimientos podrán iniciarse de oficio o a solicitud del interesado.

■ Art. 55. Información y actuaciones previas.

1. Con anterioridad al inicio del procedimiento, el órgano competente podrá abrir un período de información o actuaciones previas con el fin de conocer las circunstancias del caso concreto y la conveniencia o no de iniciar el procedimiento.

2. En el caso de procedimientos de naturaleza sancionadora las actuaciones previas se orientarán a determinar, con la mayor precisión posible, los hechos susceptibles de motivar la incoación del procedimiento, la identificación de la persona o personas que pudieran resultar responsables y las circunstancias relevantes que concurran en unos y otros.

Las actuaciones previas serán realizadas por los órganos que tengan atribuidas funciones de investigación, averiguación e inspección en la materia y, en defecto de éstos, por la persona u órgano administrativo que se determine por el órgano competente para la iniciación o resolución del procedimiento.

■ Art. 56. Medidas provisionales.

1. Iniciado el procedimiento, el órgano administrativo competente para resolver, podrá adoptar, de oficio o a instancia de parte y de forma motivada, las medidas provisionales que estime oportunas para asegurar la eficacia de la resolución que pudiera recaer, si existiesen elementos de juicio suficientes para ello, de acuerdo con los principios de proporcionalidad, efectividad y menor onerosidad.

2. Antes de la iniciación del procedimiento administrativo, el órgano competente para iniciar o instruir el procedimiento, de oficio o a instancia de parte, en los casos de urgencia inaplazable y para la protección provisional de los intereses implicados, podrá adoptar de forma motivada las medidas provisionales que resulten necesarias y proporcionadas. Las medidas provisionales deberán ser confirmadas, modificadas o levantadas en el acuerdo de iniciación del procedimiento, que deberá efectuarse dentro de los quince días siguientes a su adopción, el cual podrá ser objeto del recurso que proceda.

En todo caso, dichas medidas quedarán sin efecto si no se inicia el procedimiento en dicho plazo o cuando el acuerdo de iniciación no contenga un pronunciamiento expreso acerca de las mismas.

3. De acuerdo con lo previsto en los dos apartados anteriores, podrán acordarse las siguientes medidas provisionales, en los términos previstos en la Ley 1/2000, de 7 de enero, de Enjuiciamiento Civil:

a) Suspensión temporal de actividades.

b) Prestación de fianzas.

c) Retirada o intervención de bienes productivos o suspensión temporal de servicios por razones de sanidad, higiene o seguridad, el cierre temporal del establecimiento por estas u otras causas previstas en la normativa reguladora aplicable.

d) Embargo preventivo de bienes, rentas y cosas fungibles computables en metálico por aplicación de precios ciertos.

e) El depósito, retención o inmovilización de cosa mueble.

f) La intervención y depósito de ingresos obtenidos mediante una actividad que se considere ilícita y cuya prohibición o cesación se pretenda.

g) Consignación o constitución de depósito de las cantidades que se reclamen.

h) La retención de ingresos a cuenta que deban abonar las Administraciones Públicas.

i) Aquellas otras medidas que, para la protección de los derechos de los interesados, prevean expresamente las leyes, o que se estimen necesarias para asegurar la efectividad de la resolución.

4. No se podrán adoptar medidas provisionales que puedan causar perjuicio de difícil o imposible reparación a los interesados o que impliquen violación de derechos amparados por las leyes.

5. Las medidas provisionales podrán ser alzadas o modificadas durante la tramitación del procedimiento, de oficio o a instancia de parte, en virtud de circunstancias sobrevenidas o que no pudieron ser tenidas en cuenta en el momento de su adopción.

En todo caso, se extinguirán cuando surta efectos la resolución administrativa que ponga fin al procedimiento correspondiente.

■ Art. 57. Acumulación.

El órgano administrativo que inicie o tramite un procedimiento, cualquiera que haya sido la forma de su iniciación, podrá disponer, de oficio o a instancia de parte, su acumulación a otros con los que guarde identidad sustancial o íntima conexión, siempre que sea el mismo órgano quien deba tramitar y resolver el procedimiento.

Contra el acuerdo de acumulación no procederá recurso alguno.

Sección 2.ª Iniciación del procedimiento de oficio por la administración

■ Art. 58. Iniciación de oficio.

Los procedimientos se iniciarán de oficio por acuerdo del órgano competente, bien por propia iniciativa o como consecuencia de orden superior, a petición razonada de otros órganos o por denuncia.

■ Art. 59. Inicio del procedimiento a propia iniciativa.

Se entiende por propia iniciativa, la actuación derivada del conocimiento directo o indirecto de las circunstancias, conductas o hechos objeto del procedimiento por el órgano que tiene atribuida la competencia de iniciación.

■ Art. 60. Inicio del procedimiento como consecuencia de orden superior.

1. Se entiende por orden superior, la emitida por un órgano administrativo superior jerárquico del competente para la iniciación del procedimiento.

2. En los procedimientos de naturaleza sancionadora, la orden expresará, en la medida de lo posible, la persona o personas presuntamente responsables; las conductas o hechos que pudieran constituir infracción administrativa y su tipificación; así como el lugar, la fecha, fechas o período de tiempo continuado en que los hechos se produjeron.

■ Art. 61. Inicio del procedimiento por petición razonada de otros órganos.

1. Se entiende por petición razonada, la propuesta de iniciación del procedimiento formulada por cualquier órgano administrativo que no tiene competencia para iniciar el mismo y que ha tenido conocimiento de las circunstancias, conductas o hechos objeto del procedimiento, bien ocasionalmente o bien por tener atribuidas funciones de inspección, averiguación o investigación.

2. La petición no vincula al órgano competente para iniciar el procedimiento, si bien deberá comunicar al órgano que la hubiera formulado los motivos por los que, en su caso, no procede la iniciación.

3. En los procedimientos de naturaleza sancionadora, las peticiones deberán especificar, en la medida de lo posible, la persona o personas presuntamente responsables; las conductas o hechos que pudieran constituir infracción administrativa y su tipificación; así como el lugar, la fecha, fechas o período de tiempo continuado en que los hechos se produjeron.

4. En los procedimientos de responsabilidad patrimonial, la petición deberá individualizar la lesión producida en una persona o grupo de personas, su relación de causalidad con el funcionamiento del servicio público, su evaluación económica si fuera posible, y el momento en que la lesión efectivamente se produjo.

■ Art. 62. Inicio del procedimiento por denuncia.

1. Se entiende por denuncia, el acto por el que cualquier persona, en cumplimiento o no de una obligación legal, pone en conocimiento de un órgano administrativo la existencia de un determinado hecho que pudiera justificar la iniciación de oficio de un procedimiento administrativo.

2. Las denuncias deberán expresar la identidad de la persona o personas que las presentan y el relato de los hechos que se ponen en conocimiento de la Administración. Cuando dichos hechos pudieran constituir una infracción administrativa, recogerán la fecha de su comisión y, cuando sea posible, la identificación de los presuntos responsables.

3. Cuando la denuncia invocara un perjuicio en el patrimonio de las Administraciones Públicas la no iniciación del procedimiento deberá ser motivada y se notificará a los denunciantes la decisión de si se ha iniciado o no el procedimiento.

4. Cuando el denunciante haya participado en la comisión de una infracción de esta naturaleza y existan otros infractores, el órgano competente para resolver el procedimiento deberá eximir al denunciante del pago de la multa que le correspondería u otro tipo de sanción de carácter no pecuniario, cuando sea el primero en aportar elementos de prueba que permitan iniciar el procedimiento o comprobar la infracción, siempre y cuando en el momento de aportarse aquellos no se disponga de elementos suficientes para ordenar la misma y se repare el perjuicio causado.

Asimismo, el órgano competente para resolver deberá reducir el importe del pago de la multa que le correspondería o, en su caso, la sanción de carácter no pecuniario, cuando no cumpliéndose alguna de las condiciones anteriores, el denunciante facilite elementos de prueba que aporten un valor añadido significativo respecto de aquellos de los que se disponga.

En ambos casos será necesario que el denunciante cese en la participación de la infracción y no haya destruido elementos de prueba relacionados con el objeto de la denuncia.

5. La presentación de una denuncia no confiere, por sí sola, la condición de interesado en el procedimiento.

■ Art. 63. Especialidades en el inicio de los procedimientos de naturaleza sancionadora.

1. Los procedimientos de naturaleza sancionadora se iniciarán siempre de oficio por acuerdo del órgano competente y establecerán la debida separación entre la fase instructora y la sancionadora, que se encomendará a órganos distintos.

Se considerará que un órgano es competente para iniciar el procedimiento cuando así lo determinen las normas reguladoras del mismo.

2. En ningún caso se podrá imponer una sanción sin que se haya tramitado el oportuno procedimiento.

3. No se podrán iniciar nuevos procedimientos de carácter sancionador por hechos o conductas tipificadas como infracciones en cuya comisión el infractor persista de forma continuada, en tanto no haya recaído una primera resolución sancionadora, con carácter ejecutivo.

■ Art. 64. Acuerdo de iniciación en los procedimientos de naturaleza sancionadora.

1. El acuerdo de iniciación se comunicará al instructor del procedimiento, con traslado de cuantas actuaciones existan al respecto, y se notificará a los interesados, entendiendo en todo caso por tal al inculpado.

Asimismo, la incoación se comunicará al denunciante cuando las normas reguladoras del procedimiento así lo prevean.

2. El acuerdo de iniciación deberá contener al menos:

a) Identificación de la persona o personas presuntamente responsables.

b) Los hechos que motivan la incoación del procedimiento, su posible calificación y las sanciones que pudieran corresponder, sin perjuicio de lo que resulte de la instrucción.

c) Identificación del instructor y, en su caso, Secretario del procedimiento, con expresa indicación del régimen de recusación de los mismos.

d) Órgano competente para la resolución del procedimiento y norma que le atribuya tal competencia, indicando la posibilidad de que el presunto responsable pueda reconocer voluntariamente su responsabilidad, con los efectos previstos en el artículo 85.

e) Medidas de carácter provisional que se hayan acordado por el órgano competente para iniciar el procedimiento sancionador, sin perjuicio de las que se puedan adoptar durante el mismo de conformidad con el artículo 56.

f) Indicación del derecho a formular alegaciones y a la audiencia en el procedimiento y de los plazos para su ejercicio, así como indicación de que, en caso de no efectuar alegaciones en el plazo previsto sobre el contenido del acuerdo de iniciación, éste podrá ser considerado propuesta de resolución cuando contenga un pronunciamiento preciso acerca de la responsabilidad imputada.

3. Excepcionalmente, cuando en el momento de dictar el acuerdo de iniciación no existan elementos suficientes para la calificación inicial de los hechos que motivan la incoación del procedimiento, la citada calificación podrá realizarse en una fase posterior mediante la elaboración de un Pliego de cargos, que deberá ser notificado a los interesados.

■ Art. 65. Especialidades en el inicio de oficio de los procedimientos de responsabilidad patrimonial.

1. Cuando las Administraciones Públicas decidan iniciar de oficio un procedimiento de responsabilidad patrimonial será necesario que no haya prescrito el derecho a la reclamación del interesado al que se refiere el artículo 67.

2. El acuerdo de iniciación del procedimiento se notificará a los particulares presuntamente lesionados, concediéndoles un plazo de diez días para que aporten cuantas alegaciones, documentos o información estimen conveniente a su derecho y propongan cuantas pruebas sean pertinentes para el reconocimiento del mismo. El procedimiento iniciado se instruirá aunque los particulares presuntamente lesionados no se personen en el plazo establecido.

Sección 3.ª Inicio del procedimiento a solicitud del interesado

■ Art. 66. Solicitudes de iniciación.

1. Las solicitudes que se formulen deberán contener:

a) Nombre y apellidos del interesado y, en su caso, de la persona que lo represente.

b) Identificación del medio electrónico, o en su defecto, lugar físico en que desea que se practique la notificación. Adicionalmente, los interesados podrán aportar su dirección de correo electrónico y/o dispositivo electrónico con el fin de que las Administraciones Públicas les avisen del envío o puesta a disposición de la notificación.

c) Hechos, razones y petición en que se concrete, con toda claridad, la solicitud.

d) Lugar y fecha.

e) Firma del solicitante o acreditación de la autenticidad de su voluntad expresada por cualquier medio.

f) Órgano, centro o unidad administrativa a la que se dirige y su correspondiente código de identificación.

Las oficinas de asistencia en materia de registros estarán obligadas a facilitar a los interesados el código de identificación si el interesado lo desconoce. Asimismo, las Administraciones Públicas deberán mantener y actualizar en la sede electrónica correspondiente un listado con los códigos de identificación vigentes.

2. Cuando las pretensiones correspondientes a una pluralidad de personas tengan un contenido y fundamento idéntico o sustancialmente similar, podrán ser formuladas en una única solicitud, salvo que las normas reguladoras de los procedimientos específicos dispongan otra cosa.

3. De las solicitudes, comunicaciones y escritos que presenten los interesados electrónicamente o en las oficinas de asistencia en materia de registros de la Administración, podrán éstos exigir el correspondiente recibo que acredite la fecha y hora de presentación.

4. Las Administraciones Públicas deberán establecer modelos y sistemas de presentación masiva que permitan a los interesados presentar simultáneamente varias solicitudes. Estos modelos, de uso voluntario, estarán a disposición de los interesados en las correspondientes sedes electrónicas y en las oficinas de asistencia en materia de registros de las Administraciones Públicas.

Los solicitantes podrán acompañar los elementos que estimen convenientes para precisar o completar los datos del modelo, los cuales deberán ser admitidos y tenidos en cuenta por el órgano al que se dirijan.

5. Los sistemas normalizados de solicitud podrán incluir comprobaciones automáticas de la información aportada respecto de datos almacenados en sistemas propios o pertenecientes a otras Administraciones u ofrecer el formulario cumplimentado, en todo o en parte, con objeto de que el interesado verifique la información y, en su caso, la modifique y complete.

6. Cuando la Administración en un procedimiento concreto establezca expresamente modelos específicos de presentación de solicitudes, éstos serán de uso obligatorio por los interesados.

■ Art. 67. Solicitudes de iniciación en los procedimientos de responsabilidad patrimonial.

1. Los interesados sólo podrán solicitar el inicio de un procedimiento de responsabilidad patrimonial, cuando no haya prescrito su derecho a reclamar. El derecho a reclamar prescribirá al año de producido el hecho o el acto que motive la indemnización o se manifieste su efecto lesivo. En caso de daños de carácter físico o psíquico a las personas, el plazo empezará a computarse desde la curación o la determinación del alcance de las secuelas.

En los casos en que proceda reconocer derecho a indemnización por anulación en vía administrativa o contencioso-administrativa de un acto o disposición de carácter general, el derecho a reclamar prescribirá al año de haberse notificado la resolución administrativa o la sentencia definitiva.

En los casos de responsabilidad patrimonial a que se refiere el artículo 32, apartados 4 y 5, de la Ley de Régimen Jurídico del Sector Público, el derecho a reclamar prescribirá al año de la publicación en el «Boletín Oficial del Estado» o en el «Diario Oficial de la Unión Europea», según el caso, de la sentencia que declare la inconstitucionalidad de la norma o su carácter contrario al Derecho de la Unión Europea.

2. Además de lo previsto en el artículo 66, en la solicitud que realicen los interesados se deberán especificar las lesiones producidas, la presunta relación de causalidad entre éstas y el funcionamiento del servicio público, la evaluación económica de la responsabilidad patrimonial, si fuera posible, y el momento en que la lesión efectivamente se produjo, e irá acompañada de cuantas alegaciones, documentos e informaciones se estimen oportunos y de la proposición de prueba, concretando los medios de que pretenda valerse el reclamante.

■ Art. 68. Subsanación y mejora de la solicitud.

1. Si la solicitud de iniciación no reúne los requisitos que señala el artículo 66, y, en su caso, los que señala el artículo 67 u otros exigidos por la legislación específica aplicable, se requerirá al interesado para que, en un plazo de diez días, subsane la falta o acompañe los documentos preceptivos, con indicación de que, si así no lo hiciera, se le tendrá por desistido de su petición, previa resolución que deberá ser dictada en los términos previstos en el artículo 21.

2. Siempre que no se trate de procedimientos selectivos o de concurrencia competitiva, este plazo podrá ser ampliado prudencialmente, hasta cinco días, a petición del interesado o a iniciativa del órgano, cuando la aportación de los documentos requeridos presente dificultades especiales.

3. En los procedimientos iniciados a solicitud de los interesados, el órgano competente podrá recabar del solicitante la modificación o mejora voluntarias de los términos de aquélla. De ello se levantará acta sucinta, que se incorporará al procedimiento.

4. Si alguno de los sujetos a los que hace referencia el artículo 14.2 y 14.3 presenta su solicitud presencialmente, las Administraciones Públicas requerirán al interesado para que la subsane a través de su presentación electrónica. A estos efectos, se considerará como fecha de presentación de la solicitud aquella en la que haya sido realizada la subsanación.

■ Art. 69. Declaración responsable y comunicación.

1. A los efectos de esta Ley, se entenderá por declaración responsable el documento suscrito por un interesado en el que éste manifiesta, bajo su responsabilidad, que cumple con los requisitos establecidos en la normativa vigente para obtener el reconocimiento de un derecho o facultad o para su ejercicio, que dispone de la documentación que así lo acredita, que la pondrá a disposición de la Administración cuando le sea requerida, y que se compromete a mantener el cumplimiento de las anteriores obligaciones durante el período de tiempo inherente a dicho reconocimiento o ejercicio.

Los requisitos a los que se refiere el párrafo anterior deberán estar recogidos de manera expresa, clara y precisa en la correspondiente declaración responsable. Las Administraciones podrán requerir en cualquier momento que se aporte la documentación que acredite el cumplimiento de los mencionados requisitos y el interesado deberá aportarla.

2. A los efectos de esta Ley, se entenderá por comunicación aquel documento mediante el que los interesados ponen en conocimiento de la Administración Pública competente sus datos identificativos o cualquier otro dato relevante para el inicio de una actividad o el ejercicio de un derecho.

3. Las declaraciones responsables y las comunicaciones permitirán, el reconocimiento o ejercicio de un derecho o bien el inicio de una actividad, desde el día de su presentación, sin perjuicio de las facultades de comprobación, control e inspección que tengan atribuidas las Administraciones Públicas.

No obstante lo dispuesto en el párrafo anterior, la comunicación podrá presentarse dentro de un plazo posterior al inicio de la actividad cuando la legislación correspondiente lo prevea expresamente.

4. La inexactitud, falsedad u omisión, de carácter esencial, de cualquier dato o información que se incorpore a una declaración responsable o a una comunicación, o la no presentación ante la Administración competente de la declaración responsable, la documentación que sea en su caso requerida para acreditar el cumplimiento de lo declarado, o la comunicación, determinará la imposibilidad de continuar con el ejercicio del derecho o actividad afectada desde el momento en que se tenga constancia de tales hechos, sin perjuicio de las responsabilidades penales, civiles o administrativas a que hubiera lugar.

Asimismo, la resolución de la Administración Pública que declare tales circunstancias podrá determinar la obligación del interesado de restituir la situación jurídica al momento previo al reconocimiento o al ejercicio del derecho o al inicio de la actividad correspondiente, así como la imposibilidad de instar un nuevo procedimiento con el mismo objeto durante un período de tiempo determinado por la ley, todo ello conforme a los términos establecidos en las normas sectoriales de aplicación.

5. Las Administraciones Públicas tendrán permanentemente publicados y actualizados modelos de declaración responsable y de comunicación, fácilmente accesibles a los interesados.

6. Únicamente será exigible, bien una declaración responsable, bien una comunicación para iniciar una misma actividad u obtener el reconocimiento de un mismo derecho o facultad para su ejercicio, sin que sea posible la exigencia de ambas acumulativamente.

CAPÍTULO III. Ordenación del procedimiento

■ Art. 70. Expediente Administrativo.

1. Se entiende por expediente administrativo el conjunto ordenado de documentos y actuaciones que sirven de antecedente y fundamento a la resolución administrativa, así como las diligencias encaminadas a ejecutarla.

2. Los expedientes tendrán formato electrónico y se formarán mediante la agregación ordenada de cuantos documentos, pruebas, dictámenes, informes, acuerdos, notificaciones y demás diligencias deban integrarlos, así como un índice numerado de todos los documentos que contenga cuando se remita. Asimismo, deberá constar en el expediente copia electrónica certificada de la resolución adoptada.

3. Cuando en virtud de una norma sea preciso remitir el expediente electrónico, se hará de acuerdo con lo previsto en el Esquema Nacional de Interoperabilidad y en las correspondientes Normas Técnicas de Interoperabilidad, y se enviará completo, foliado, autentificado y acompañado de un índice, asimismo autentificado, de los documentos que contenga. La autenticación del citado índice garantizará la integridad e inmutabilidad del expediente electrónico generado desde el momento de su firma y permitirá su recuperación siempre que sea preciso, siendo admisible que un mismo documento forme parte de distintos expedientes electrónicos.

4. No formará parte del expediente administrativo la información que tenga carácter auxiliar o de apoyo, como la contenida en aplicaciones, ficheros y bases de datos informáticas, notas, borradores, opiniones, resúmenes, comunicaciones e informes internos o entre órganos o entidades administrativas, así como los juicios de valor emitidos por las Administraciones Públicas, salvo que se trate de informes, preceptivos y facultativos, solicitados antes de la resolución administrativa que ponga fin al procedimiento.

■ Art. 71. Impulso.

1. El procedimiento, sometido al principio de celeridad, se impulsará de oficio en todos sus trámites y a través de medios electrónicos, respetando los principios de transparencia y publicidad.

2. En el despacho de los expedientes se guardará el orden riguroso de incoación en asuntos de homogénea naturaleza, salvo que por el titular de la unidad administrativa se dé orden motivada en contrario, de la que quede constancia.

El incumplimiento de lo dispuesto en el párrafo anterior dará lugar a la exigencia de responsabilidad disciplinaria del infractor y, en su caso, será causa de remoción del puesto de trabajo.

3. Las personas designadas como órgano instructor o, en su caso, los titulares de las unidades administrativas que tengan atribuida tal función serán responsables directos de la tramitación del procedimiento y, en especial, del cumplimiento de los plazos establecidos.

■ Art. 72. Concentración de trámites.

1. De acuerdo con el principio de simplificación administrativa, se acordarán en un solo acto todos los trámites que, por su naturaleza, admitan un impulso simultáneo y no sea obligado su cumplimiento sucesivo.

2. Al solicitar los trámites que deban ser cumplidos por otros órganos, deberá consignarse en la comunicación cursada el plazo legal establecido al efecto.

■ Art. 73. Cumplimiento de trámites.

1. Los trámites que deban ser cumplimentados por los interesados deberán realizarse en el plazo de diez días a partir del siguiente al de la notificación del correspondiente acto, salvo en el caso de que en la norma correspondiente se fije plazo distinto.

2. En cualquier momento del procedimiento, cuando la Administración considere que alguno de los actos de los interesados no reúne los requisitos necesarios, lo pondrá en conocimiento de su autor, concediéndole un plazo de diez días para cumplimentarlo.

3. A los interesados que no cumplan lo dispuesto en los apartados anteriores, se les podrá declarar decaídos en su derecho al trámite correspondiente. No obstante, se admitirá la actuación del interesado y producirá sus efectos legales, si se produjera antes o dentro del día que se notifique la resolución en la que se tenga por transcurrido el plazo.

■ Art. 74. Cuestiones incidentales.

Las cuestiones incidentales que se susciten en el procedimiento, incluso las que se refieran a la nulidad de actuaciones, no suspenderán la tramitación del mismo, salvo la recusación.

CAPÍTULO IV. Instrucción del procedimiento

Sección 1.ª Disposiciones generales

■ Art. 75. Actos de instrucción.

1. Los actos de instrucción necesarios para la determinación, conocimiento y comprobación de los hechos en virtud de los cuales deba pronunciarse la resolución, se realizarán de oficio y a través de medios electrónicos, por el órgano que tramite el procedimiento, sin perjuicio del derecho de los interesados a proponer aquellas actuaciones que requieran su intervención o constituyan trámites legal o reglamentariamente establecidos.

2. Las aplicaciones y sistemas de información utilizados para la instrucción de los procedimientos deberán garantizar el control de los tiempos y plazos, la identificación de los órganos responsables y la tramitación ordenada de los expedientes, así como facilitar la simplificación y la publicidad de los procedimientos.

3. Los actos de instrucción que requieran la intervención de los interesados habrán de practicarse en la forma que resulte más conveniente para ellos y sea compatible, en la medida de lo posible, con sus obligaciones laborales o profesionales.

4. En cualquier caso, el órgano instructor adoptará las medidas necesarias para lograr el pleno respeto a los principios de contradicción y de igualdad de los interesados en el procedimiento.

■ Art. 76. Alegaciones.

1. Los interesados podrán, en cualquier momento del procedimiento anterior al trámite de audiencia, aducir alegaciones y aportar documentos u otros elementos de juicio.

Unos y otros serán tenidos en cuenta por el órgano competente al redactar la correspondiente propuesta de resolución.

2. En todo momento podrán los interesados alegar los defectos de tramitación y, en especial, los que supongan paralización, infracción de los plazos preceptivamente señalados o la omisión de trámites que pueden ser subsanados antes de la resolución definitiva del asunto. Dichas alegaciones podrán dar lugar, si hubiere razones para ello, a la exigencia de la correspondiente responsabilidad disciplinaria.

Sección 2.ª Prueba

■ Art. 77. Medios y período de prueba.

1. Los hechos relevantes para la decisión de un procedimiento podrán acreditarse por cualquier medio de prueba admisible en Derecho, cuya valoración se realizará de acuerdo con los criterios establecidos en la Ley 1/2000, de 7 de enero, de Enjuiciamiento Civil.

2. Cuando la Administración no tenga por ciertos los hechos alegados por los interesados o la naturaleza del procedimiento lo exija, el instructor del mismo acordará la apertura de un período de prueba por un plazo no superior a treinta días ni inferior a diez, a fin de que puedan practicarse cuantas juzgue pertinentes. Asimismo, cuando lo considere necesario, el instructor, a petición de los interesados, podrá decidir la apertura de un período extraordinario de prueba por un plazo no superior a diez días.

3. El instructor del procedimiento sólo podrá rechazar las pruebas propuestas por los interesados cuando sean manifiestamente improcedentes o innecesarias, mediante resolución motivada.

4. En los procedimientos de carácter sancionador, los hechos declarados probados por resoluciones judiciales penales firmes vincularán a las Administraciones Públicas respecto de los procedimientos sancionadores que substancien.

5. Los documentos formalizados por los funcionarios a los que se reconoce la condición de autoridad y en los que, observándose los requisitos legales correspondientes se recojan los hechos constatados por aquéllos harán prueba de éstos salvo que se acredite lo contrario.

6. Cuando la prueba consista en la emisión de un informe de un órgano administrativo, organismo público o Entidad de derecho público, se entenderá que éste tiene carácter preceptivo.

7. Cuando la valoración de las pruebas practicadas pueda constituir el fundamento básico de la decisión que se adopte en el procedimiento, por ser pieza imprescindible para la correcta evaluación de los hechos, deberá incluirse en la propuesta de resolución.

■ Art. 78. Práctica de prueba.

1. La Administración comunicará a los interesados, con antelación suficiente, el inicio de las actuaciones necesarias para la realización de las pruebas que hayan sido admitidas.

2. En la notificación se consignará el lugar, fecha y hora en que se practicará la prueba, con la advertencia, en su caso, de que el interesado puede nombrar técnicos para que le asistan.

3. En los casos en que, a petición del interesado, deban efectuarse pruebas cuya realización implique gastos que no deba soportar la Administración, ésta podrá exigir el anticipo de los mismos, a reserva de la liquidación definitiva, una vez practicada la prueba. La liquidación de los gastos se practicará uniendo los comprobantes que acrediten la realidad y cuantía de los mismos.

Sección 3.ª Informes

■ Art. 79. Petición.

1. A efectos de la resolución del procedimiento, se solicitarán aquellos informes que sean preceptivos por las disposiciones legales, y los que se juzguen necesarios para resolver, citándose el precepto que los exija o fundamentando, en su caso, la conveniencia de reclamarlos.

2. En la petición de informe se concretará el extremo o extremos acerca de los que se solicita.

■ Art. 80. Emisión de informes.

1. Salvo disposición expresa en contrario, los informes serán facultativos y no vinculantes.

2. Los informes serán emitidos a través de medios electrónicos y de acuerdo con los requisitos que señala el artículo 26 en el plazo de diez días, salvo que una disposición o el cumplimiento del resto de los plazos del procedimiento permita o exija otro plazo mayor o menor.

3. De no emitirse el informe en el plazo señalado, y sin perjuicio de la responsabilidad en que incurra el responsable de la demora, se podrán proseguir las actuaciones salvo cuando se trate de un informe preceptivo, en cuyo caso se podrá suspender el transcurso del plazo máximo legal para resolver el procedimiento en los términos establecidos en la letra d) del apartado 1 del artículo 22.

4. Si el informe debiera ser emitido por una Administración Pública distinta de la que tramita el procedimiento en orden a expresar el punto de vista correspondiente a sus competencias respectivas, y transcurriera el plazo sin que aquél se hubiera emitido, se podrán proseguir las actuaciones.

El informe emitido fuera de plazo podrá no ser tenido en cuenta al adoptar la correspondiente resolución.

■ Art. 81. Solicitud de informes y dictámenes en los procedimientos de responsabilidad patrimonial.

1. En el caso de los procedimientos de responsabilidad patrimonial será preceptivo solicitar informe al servicio cuyo funcionamiento haya ocasionado la presunta lesión indemnizable, no pudiendo exceder de diez días el plazo de su emisión.

2. Cuando las indemnizaciones reclamadas sean de cuantía igual o superior a 50.000 euros o a la que se establezca en la correspondiente legislación autonómica, así como en aquellos casos que disponga la Ley Orgánica 3/1980, de 22 de abril, del Consejo de Estado, será preceptivo solicitar dictamen del Consejo de Estado o, en su caso, del órgano consultivo de la Comunidad Autónoma.

A estos efectos, el órgano instructor, en el plazo de diez días a contar desde la finalización del trámite de audiencia, remitirá al órgano competente para solicitar el dictamen una propuesta de resolución, que se ajustará a lo previsto en el artículo 91, o, en su caso, la propuesta de acuerdo por el que se podría terminar convencionalmente el procedimiento.

El dictamen se emitirá en el plazo de dos meses y deberá pronunciarse sobre la existencia o no de relación de causalidad entre el funcionamiento del servicio público y la lesión producida y, en su caso, sobre la valoración del daño causado y la cuantía y modo de la indemnización de acuerdo con los criterios establecidos en esta Ley.

3. En el caso de reclamaciones en materia de responsabilidad patrimonial del Estado por el funcionamiento anormal de la Administración de Justicia, será preceptivo el informe del Consejo General del Poder Judicial que será evacuado en el plazo máximo de dos meses. El plazo para dictar resolución quedará suspendido por el tiempo que medie entre la solicitud, del informe y su recepción, no pudiendo exceder dicho plazo de los citados dos meses.

Sección 4.ª Participación de los interesados

■ Art. 82. Trámite de audiencia.

1. Instruidos los procedimientos, e inmediatamente antes de redactar la propuesta de resolución, se pondrán de manifiesto a los interesados o, en su caso, a sus representantes, para lo que se tendrán en cuenta las limitaciones previstas en su caso en la Ley 19/2013, de 9 de diciembre.

La audiencia a los interesados será anterior a la solicitud del informe del órgano competente para el asesoramiento jurídico o a la solicitud del Dictamen del Consejo de Estado u órgano consultivo equivalente de la Comunidad Autónoma, en el caso que éstos formaran parte del procedimiento.

2. Los interesados, en un plazo no inferior a diez días ni superior a quince, podrán alegar y presentar los documentos y justificaciones que estimen pertinentes.

3. Si antes del vencimiento del plazo los interesados manifiestan su decisión de no efectuar alegaciones ni aportar nuevos documentos o justificaciones, se tendrá por realizado el trámite.

4. Se podrá prescindir del trámite de audiencia cuando no figuren en el procedimiento ni sean tenidos en cuenta en la resolución otros hechos ni otras alegaciones y pruebas que las aducidas por el interesado.

5. En los procedimientos de responsabilidad patrimonial a los que se refiere el artículo 32.9 de la Ley de Régimen Jurídico del Sector Público, será necesario en todo caso dar audiencia al contratista, notificándole cuantas actuaciones se realicen en el procedimiento, al efecto de que se persone en el mismo, exponga lo que a su derecho convenga y proponga cuantos medios de prueba estime necesarios.

■ Art. 83. Información pública.

1. El órgano al que corresponda la resolución del procedimiento, cuando la naturaleza de éste lo requiera, podrá acordar un período de información pública.

2. A tal efecto, se publicará un anuncio en el Diario oficial correspondiente a fin de que cualquier persona física o jurídica pueda examinar el expediente, o la parte del mismo que se acuerde.

El anuncio señalará el lugar de exhibición, debiendo estar en todo caso a disposición de las personas que lo soliciten a través de medios electrónicos en la sede electrónica correspondiente, y determinará el plazo para formular alegaciones, que en ningún caso podrá ser inferior a veinte días.

3. La incomparecencia en este trámite no impedirá a los interesados interponer los recursos procedentes contra la resolución definitiva del procedimiento.

La comparecencia en el trámite de información pública no otorga, por sí misma, la condición de interesado. No obstante, quienes presenten alegaciones u observaciones en este trámite tienen derecho a obtener de la Administración una respuesta razonada, que podrá ser común para todas aquellas alegaciones que planteen cuestiones sustancialmente iguales.

4. Conforme a lo dispuesto en las leyes, las Administraciones Públicas podrán establecer otras formas, medios y cauces de participación de las personas, directamente o a través de las organizaciones y asociaciones reconocidas por la ley en el procedimiento en el que se dictan los actos administrativos.

CAPÍTULO V. Finalización del procedimiento

Sección 1.ª Disposiciones generales

■ Art. 84. Terminación.

1. Pondrán fin al procedimiento la resolución, el desistimiento, la renuncia al derecho en que se funde la solicitud, cuando tal renuncia no esté prohibida por el ordenamiento jurídico, y la declaración de caducidad.

2. También producirá la terminación del procedimiento la imposibilidad material de continuarlo por causas sobrevenidas. La resolución que se dicte deberá ser motivada en todo caso.

■ Art. 85. Terminación en los procedimientos sancionadores.

1. Iniciado un procedimiento sancionador, si el infractor reconoce su responsabilidad, se podrá resolver el procedimiento con la imposición de la sanción que proceda.

2. Cuando la sanción tenga únicamente carácter pecuniario o bien quepa imponer una sanción pecuniaria y otra de carácter no pecuniario pero se ha justificado la improcedencia de la segunda, el pago voluntario por el presunto responsable, en cualquier momento anterior a la resolución, implicará la terminación del procedimiento, salvo en lo relativo a la reposición de la situación alterada o a la determinación de la indemnización por los daños y perjuicios causados por la comisión de la infracción.

3. En ambos casos, cuando la sanción tenga únicamente carácter pecuniario, el órgano competente para resolver el procedimiento aplicará reducciones de, al menos, el 20 % sobre el importe de la sanción propuesta, siendo éstos acumulables entre sí. Las citadas reducciones, deberán estar determinadas en la notificación de iniciación del procedimiento y su efectividad estará condicionada al desistimiento o renuncia de cualquier acción o recurso en vía administrativa contra la sanción.

El porcentaje de reducción previsto en este apartado podrá ser incrementado reglamentariamente.

■ Art. 86. Terminación convencional.

1. Las Administraciones Públicas podrán celebrar acuerdos, pactos, convenios o contratos con personas tanto de Derecho público como privado, siempre que no sean contrarios al ordenamiento jurídico ni versen sobre materias no susceptibles de transacción y tengan por objeto satisfacer el interés público que tienen encomendado, con el alcance, efectos y régimen jurídico específico que, en su caso, prevea la disposición que lo regule, pudiendo tales actos tener la consideración de finalizadores de los procedimientos administrativos o insertarse en los mismos con carácter previo, vinculante o no, a la resolución que les ponga fin.

2. Los citados instrumentos deberán establecer como contenido mínimo la identificación de las partes intervinientes, el ámbito personal, funcional y territorial, y el plazo de vigencia, debiendo publicarse o no según su naturaleza y las personas a las que estuvieran destinados.

3. Requerirán en todo caso la aprobación expresa del Consejo de Ministros u órgano equivalente de las Comunidades Autónomas, los acuerdos que versen sobre materias de la competencia directa de dicho órgano.

4. Los acuerdos que se suscriban no supondrán alteración de las competencias atribuidas a los órganos administrativos, ni de las responsabilidades que correspondan a las autoridades y funcionarios, relativas al funcionamiento de los servicios públicos.

5. En los casos de procedimientos de responsabilidad patrimonial, el acuerdo alcanzado entre las partes deberá fijar la cuantía y modo de indemnización de acuerdo con los criterios que para calcularla y abonarla establece el artículo 34 de la Ley de Régimen Jurídico del Sector Público.

Sección 2.ª Resolución

■ Art. 87. Actuaciones complementarias.

Antes de dictar resolución, el órgano competente para resolver podrá decidir, mediante acuerdo motivado, la realización de las actuaciones complementarias indispensables para resolver el procedimiento. No tendrán la consideración de actuaciones complementarias los informes que preceden inmediatamente a la resolución final del procedimiento.

El acuerdo de realización de actuaciones complementarias se notificará a los interesados, concediéndoseles un plazo de siete días para formular las alegaciones que tengan por pertinentes tras la finalización de las mismas. Las actuaciones complementarias deberán practicarse en un plazo no superior a quince días. El plazo para resolver el procedimiento quedará suspendido hasta la terminación de las actuaciones complementarias.

■ Art. 88. Contenido.

1. La resolución que ponga fin al procedimiento decidirá todas las cuestiones planteadas por los interesados y aquellas otras derivadas del mismo.

Cuando se trate de cuestiones conexas que no hubieran sido planteadas por los interesados, el órgano competente podrá pronunciarse sobre las mismas, poniéndolo antes de manifiesto a aquéllos por un plazo no superior a quince días, para que formulen las alegaciones que estimen pertinentes y aporten, en su caso, los medios de prueba.

2. En los procedimientos tramitados a solicitud del interesado, la resolución será congruente con las peticiones formuladas por éste, sin que en ningún caso pueda agravar su situación inicial y sin perjuicio de la potestad de la Administración de incoar de oficio un nuevo procedimiento, si procede.

3. Las resoluciones contendrán la decisión, que será motivada en los casos a que se refiere el artículo 35. Expresarán, además, los recursos que contra la misma procedan, órgano administrativo o judicial ante el que hubieran de presentarse y plazo para interponerlos, sin perjuicio de que los interesados puedan ejercitar cualquier otro que estimen oportuno.

4. Sin perjuicio de la forma y lugar señalados por el interesado para la práctica de las notificaciones, la resolución del procedimiento se dictará electrónicamente y garantizará la identidad del órgano competente, así como la autenticidad e integridad del documento que se formalice mediante el empleo de alguno de los instrumentos previstos en esta Ley.

5. En ningún caso podrá la Administración abstenerse de resolver so pretexto de silencio, oscuridad o insuficiencia de los preceptos legales aplicables al caso, aunque podrá acordarse la inadmisión de las solicitudes de reconocimiento de derechos no previstos en el ordenamiento jurídico o manifiestamente carentes de fundamento, sin perjuicio del derecho de petición previsto por el artículo 29 de la Constitución.

6. La aceptación de informes o dictámenes servirá de motivación a la resolución cuando se incorporen al texto de la misma.

7. Cuando la competencia para instruir y resolver un procedimiento no recaiga en un mismo órgano, será necesario que el instructor eleve al órgano competente para resolver una propuesta de resolución.

En los procedimientos de carácter sancionador, la propuesta de resolución deberá ser notificada a los interesados en los términos previstos en el artículo siguiente.

■ Art. 89. Propuesta de resolución en los procedimientos de carácter sancionador.

1. El órgano instructor resolverá la finalización del procedimiento, con archivo de las actuaciones, sin que sea necesaria la formulación de la propuesta de resolución, cuando en la instrucción procedimiento se ponga de manifiesto que concurre alguna de las siguientes circunstancias:

a) La inexistencia de los hechos que pudieran constituir la infracción.

b) Cuando los hechos no resulten acreditados.

c) Cuando los hechos probados no constituyan, de modo manifiesto, infracción administrativa.

d) Cuando no exista o no se haya podido identificar a la persona o personas responsables o bien aparezcan exentos de responsabilidad.

e) Cuando se concluyera, en cualquier momento, que ha prescrito la infracción.

2. En el caso de procedimientos de carácter sancionador, una vez concluida la instrucción del procedimiento, el órgano instructor formulará una propuesta de resolución que deberá ser notificada a los interesados. La propuesta de resolución deberá indicar la puesta de manifiesto del procedimiento y el plazo para formular alegaciones y presentar los documentos e informaciones que se estimen pertinentes.

3. En la propuesta de resolución se fijarán de forma motivada los hechos que se consideren probados y su exacta calificación jurídica, se determinará la infracción que, en su caso, aquéllos constituyan, la persona o personas responsables y la sanción que se proponga, la valoración de las pruebas practicadas, en especial aquellas que constituyan los fundamentos básicos de la decisión, así como las medidas provisionales que, en su caso, se hubieran adoptado. Cuando la instrucción concluya la inexistencia de infracción o responsabilidad y no se haga uso de la facultad prevista en el apartado primero, la propuesta declarará esa circunstancia.

■ Art. 90. Especialidades de la resolución en los procedimientos sancionadores.

1. En el caso de procedimientos de carácter sancionador, además del contenido previsto en los dos artículos anteriores, la resolución incluirá la valoración de las pruebas practicadas, en especial aquellas que constituyan los fundamentos básicos de la decisión, fijarán los hechos y, en su caso, la persona o personas responsables, la infracción o infracciones cometidas y la sanción o sanciones que se imponen, o bien la declaración de no existencia de infracción o responsabilidad.

2. En la resolución no se podrán aceptar hechos distintos de los determinados en el curso del procedimiento, con independencia de su diferente valoración jurídica. No obstante, cuando el órgano competente para resolver considere que la infracción o la sanción revisten mayor gravedad que la determinada en la propuesta de resolución, se notificará al inculpado para que aporte cuantas alegaciones estime convenientes en el plazo de quince días.

3. La resolución que ponga fin al procedimiento será ejecutiva cuando no quepa contra ella ningún recurso ordinario en vía administrativa, pudiendo adoptarse en la misma las disposiciones cautelares precisas para garantizar su eficacia en tanto no sea ejecutiva y que podrán consistir en el mantenimiento de las medidas provisionales que en su caso se hubieran adoptado.

Cuando la resolución sea ejecutiva, se podrá suspender cautelarmente, si el interesado manifiesta a la Administración su intención de interponer recurso contencioso-administrativo contra la resolución firme en vía administrativa. Dicha suspensión cautelar finalizará cuando:

a) Haya transcurrido el plazo legalmente previsto sin que el interesado haya interpuesto recurso contencioso administrativo.

b) Habiendo el interesado interpuesto recurso contencioso-administrativo:

1.º No se haya solicitado en el mismo trámite la suspensión cautelar de la resolución impugnada.

2.º El órgano judicial se pronuncie sobre la suspensión cautelar solicitada, en los términos previstos en ella.

4. Cuando las conductas sancionadas hubieran causado daños o perjuicios a las Administraciones y la cuantía destinada a indemnizar estos daños no hubiera quedado determinada en el expediente, se fijará mediante un procedimiento complementario, cuya resolución será inmediatamente ejecutiva. Este procedimiento será susceptible de terminación convencional, pero ni ésta ni la aceptación por el infractor de la resolución que pudiera recaer implicarán el reconocimiento voluntario de su responsabilidad. La resolución del procedimiento pondrá fin a la vía administrativa.

■ Art. 91. Especialidades de la resolución en los procedimientos en materia de responsabilidad patrimonial.

1. Una vez recibido, en su caso, el dictamen al que se refiere el artículo 81.2 o, cuando éste no sea preceptivo, una vez finalizado el trámite de audiencia, el órgano competente resolverá o someterá la propuesta de acuerdo para su formalización por el interesado y por el órgano administrativo competente para suscribirlo. Cuando no se estimase procedente formalizar la propuesta de terminación convencional, el órgano competente resolverá en los términos previstos en el apartado siguiente.

2. Además de lo previsto en el artículo 88, en los casos de procedimientos de responsabilidad patrimonial, será necesario que la resolución se pronuncie sobre la existencia o no de la relación de causalidad entre el funcionamiento del servicio público y la lesión producida y, en su caso, sobre la valoración del daño causado, la cuantía y el modo de la indemnización, cuando proceda, de acuerdo con los criterios que para calcularla y abonarla se establecen en el artículo 34 de la Ley de Régimen Jurídico del Sector Público.

3. Transcurridos seis meses desde que se inició el procedimiento sin que haya recaído y se notifique resolución expresa o, en su caso, se haya formalizado el acuerdo, podrá entenderse que la resolución es contraria a la indemnización del particular.

■ Art. 92. Competencia para la resolución de los procedimientos de responsabilidad patrimonial.

En el ámbito de la Administración General del Estado, los procedimientos de responsabilidad patrimonial se resolverán por el Ministro respectivo o por el Consejo de Ministros en los casos del artículo 32.3 de la Ley de Régimen Jurídico del Sector Público o cuando una ley así lo disponga.

En el ámbito autonómico y local, los procedimientos de responsabilidad patrimonial se resolverán por los órganos correspondientes de las Comunidades Autónomas o de las Entidades que integran la Administración Local.

En el caso de las Entidades de Derecho Público, las normas que determinen su régimen jurídico podrán establecer los órganos a quien corresponde la resolución de los procedimientos de responsabilidad patrimonial. En su defecto, se aplicarán las normas previstas en este artículo.

Sección 3.ª Desistimiento y renuncia

■ Art. 93. Desistimiento por la Administración.

En los procedimientos iniciados de oficio, la Administración podrá desistir, motivadamente, en los supuestos y con los requisitos previstos en las Leyes.

■ Art. 94. Desistimiento y renuncia por los interesados.

1. Todo interesado podrá desistir de su solicitud o, cuando ello no esté prohibido por el ordenamiento jurídico, renunciar a sus derechos.

2. Si el escrito de iniciación se hubiera formulado por dos o más interesados, el desistimiento o la renuncia sólo afectará a aquellos que la hubiesen formulado.

3. Tanto el desistimiento como la renuncia podrán hacerse por cualquier medio que permita su constancia, siempre que incorpore las firmas que correspondan de acuerdo con lo previsto en la normativa aplicable.

4. La Administración aceptará de plano el desistimiento o la renuncia, y declarará concluso el procedimiento salvo que, habiéndose personado en el mismo terceros interesados, insten éstos su continuación en el plazo de diez días desde que fueron notificados del desistimiento o renuncia.

5. Si la cuestión suscitada por la incoación del procedimiento entrañase interés general o fuera conveniente sustanciarla para su definición y esclarecimiento, la Administración podrá limitar los efectos del desistimiento o la renuncia al interesado y seguirá el procedimiento.

Sección 4.ª Caducidad

■ Art. 95. Requisitos y efectos.

1. En los procedimientos iniciados a solicitud del interesado, cuando se produzca su paralización por causa imputable al mismo, la Administración le advertirá que, transcurridos tres meses, se producirá la caducidad del procedimiento. Consumido este plazo sin que el particular requerido realice las actividades necesarias para reanudar la tramitación, la Administración acordará el archivo de las actuaciones, notificándoselo al interesado. Contra la resolución que declare la caducidad procederán los recursos pertinentes.

2. No podrá acordarse la caducidad por la simple inactividad del interesado en el cumplimiento de trámites, siempre que no sean indispensables para dictar resolución. Dicha inactividad no tendrá otro efecto que la pérdida de su derecho al referido trámite.

3. La caducidad no producirá por sí sola la prescripción de las acciones del particular o de la Administración, pero los procedimientos caducados no interrumpirán el plazo de prescripción.

En los casos en los que sea posible la iniciación de un nuevo procedimiento por no haberse producido la prescripción, podrán incorporarse a éste los actos y trámites cuyo contenido se hubiera mantenido igual de no haberse producido la caducidad. En todo caso, en el nuevo procedimiento deberán cumplimentarse los trámites de alegaciones, proposición de prueba y audiencia al interesado.

4. Podrá no ser aplicable la caducidad en el supuesto de que la cuestión suscitada afecte al interés general, o fuera conveniente sustanciarla para su definición y esclarecimiento.

CAPÍTULO VI. De la tramitación simplificada del procedimiento administrativo común

■ Art. 96. Tramitación simplificada del procedimiento administrativo común.

1. Cuando razones de interés público o la falta de complejidad del procedimiento así lo aconsejen, las Administraciones Públicas podrán acordar, de oficio o a solicitud del interesado, la tramitación simplificada del procedimiento.

En cualquier momento del procedimiento anterior a su resolución, el órgano competente para su tramitación podrá acordar continuar con arreglo a la tramitación ordinaria.

2. Cuando la Administración acuerde de oficio la tramitación simplificada del procedimiento deberá notificarlo a los interesados. Si alguno de ellos manifestara su oposición expresa, la Administración deberá seguir la tramitación ordinaria.

3. Los interesados podrán solicitar la tramitación simplificada del procedimiento. Si el órgano competente para la tramitación aprecia que no concurre alguna de las razones previstas en el apartado 1, podrá desestimar dicha solicitud, en el plazo de cinco días desde su presentación, sin que exista posibilidad de recurso por parte del interesado. Transcurrido el mencionado plazo de cinco días se entenderá desestimada la solicitud.

4. En el caso de procedimientos en materia de responsabilidad patrimonial de las Administraciones Públicas, si una vez iniciado el procedimiento administrativo el órgano competente para su tramitación considera inequívoca la relación de causalidad entre el funcionamiento del servicio público y la lesión, así como la valoración del daño y el cálculo de la cuantía de la indemnización, podrá acordar de oficio la suspensión del procedimiento general y la iniciación de un procedimiento simplificado.

5. En el caso de procedimientos de naturaleza sancionadora, se podrá adoptar la tramitación simplificada del procedimiento cuando el órgano competente para iniciar el procedimiento considere que, de acuerdo con lo previsto en su normativa reguladora, existen elementos de juicio suficientes para calificar la infracción como leve, sin que quepa la oposición expresa por parte del interesado prevista en el apartado 2.

6. Salvo que reste menos para su tramitación ordinaria, los procedimientos administrativos tramitados de manera simplificada deberán ser resueltos en treinta días, a contar desde el siguiente al que se notifique al interesado el acuerdo de tramitación simplificada del procedimiento, y constarán únicamente de los siguientes trámites:

a) Inicio del procedimiento de oficio o a solicitud del interesado.

b) Subsanación de la solicitud presentada, en su caso.

c) Alegaciones formuladas al inicio del procedimiento durante el plazo de cinco días.

d) Trámite de audiencia, únicamente cuando la resolución vaya a ser desfavorable para el interesado.

e) Informe del servicio jurídico, cuando éste sea preceptivo.

f) Informe del Consejo General del Poder Judicial, cuando éste sea preceptivo.

g) Dictamen del Consejo de Estado u órgano consultivo equivalente de la Comunidad Autónoma en los casos en que sea preceptivo. Desde que se solicite el Dictamen al Consejo de Estado, u órgano equivalente, hasta que éste sea emitido, se producirá la suspensión automática del plazo para resolver.

El órgano competente solicitará la emisión del Dictamen en un plazo tal que permita cumplir el plazo de resolución del procedimiento. El Dictamen podrá ser emitido en el plazo de quince días si así lo solicita el órgano competente.

En todo caso, en el expediente que se remita al Consejo de Estado u órgano consultivo equivalente, se incluirá una propuesta de resolución. Cuando el Dictamen sea contrario al fondo de la propuesta de resolución, con independencia de que se atienda o no este criterio, el órgano competente para resolver acordará continuar el procedimiento con arreglo a la tramitación ordinaria, lo que se notificará a los interesados. En este caso, se entenderán convalidadas todas las actuaciones que se hubieran realizado durante la tramitación simplificada del procedimiento, a excepción del Dictamen del Consejo de Estado u órgano consultivo equivalente.

h) Resolución.

7. En el caso que un procedimiento exigiera la realización de un trámite no previsto en el apartado anterior, deberá ser tramitado de manera ordinaria.

CAPÍTULO VII. Ejecución

■ Art. 97. Título.

1. Las Administraciones Públicas no iniciarán ninguna actuación material de ejecución de resoluciones que limite derechos de los particulares sin que previamente haya sido adoptada la resolución que le sirva de fundamento jurídico.

2. El órgano que ordene un acto de ejecución material de resoluciones estará obligado a notificar al particular interesado la resolución que autorice la actuación administrativa.

■ Art. 98. Ejecutoriedad.

1. Los actos de las Administraciones Públicas sujetos al Derecho Administrativo serán inmediatamente ejecutivos, salvo que:

a) Se produzca la suspensión de la ejecución del acto.

b) Se trate de una resolución de un procedimiento de naturaleza sancionadora contra la que quepa algún recurso en vía administrativa, incluido el potestativo de reposición.

c) Una disposición establezca lo contrario.

d) Se necesite aprobación o autorización superior.

2. Cuando de una resolución administrativa, o de cualquier otra forma de finalización del procedimiento administrativo prevista en esta ley, nazca una obligación de pago derivada de una sanción pecuniaria, multa o cualquier otro derecho que haya de abonarse a la Hacienda pública, éste se efectuará preferentemente, salvo que se justifique la imposibilidad de hacerlo, utilizando alguno de los medios electrónicos siguientes:

a) Tarjeta de crédito y débito.

b) Transferencia bancaria.

c) Domiciliación bancaria.

d) Cualesquiera otros que se autoricen por el órgano competente en materia de Hacienda Pública.

■ Art. 99. Ejecución forzosa.

Las Administraciones Públicas, a través de sus órganos competentes en cada caso, podrán proceder, previo apercibimiento, a la ejecución forzosa de los actos administrativos, salvo en los supuestos en que se suspenda la ejecución de acuerdo con la Ley, o cuando la Constitución o la Ley exijan la intervención de un órgano judicial.

■ Art. 100. Medios de ejecución forzosa.

1. La ejecución forzosa por las Administraciones Públicas se efectuará, respetando siempre el principio de proporcionalidad, por los siguientes medios:

a) Apremio sobre el patrimonio.

b) Ejecución subsidiaria.

c) Multa coercitiva.

d) Compulsión sobre las personas.

2. Si fueran varios los medios de ejecución admisibles se elegirá el menos restrictivo de la libertad individual.

3. Si fuese necesario entrar en el domicilio del afectado o en los restantes lugares que requieran la autorización de su titular, las Administraciones Públicas deberán obtener el consentimiento del mismo o, en su defecto, la oportuna autorización judicial.

■ Art. 101. Apremio sobre el patrimonio.

1. Si en virtud de acto administrativo hubiera de satisfacerse cantidad líquida se seguirá el procedimiento previsto en las normas reguladoras del procedimiento de apremio.

2. En cualquier caso no podrá imponerse a los administrados una obligación pecuniaria que no estuviese establecida con arreglo a una norma de rango legal.

■ Art. 102. Ejecución subsidiaria.

1. Habrá lugar a la ejecución subsidiaria cuando se trate de actos que por no ser personalísimos puedan ser realizados por sujeto distinto del obligado.

2. En este caso, las Administraciones Públicas realizarán el acto, por sí o a través de las personas que determinen, a costa del obligado.

3. El importe de los gastos, daños y perjuicios se exigirá conforme a lo dispuesto en el artículo anterior.

4. Dicho importe podrá liquidarse de forma provisional y realizarse antes de la ejecución, a reserva de la liquidación definitiva.

■ Art. 103. Multa coercitiva.

1. Cuando así lo autoricen las Leyes, y en la forma y cuantía que éstas determinen, las Administraciones Públicas pueden, para la ejecución de determinados actos, imponer multas coercitivas, reiteradas por lapsos de tiempo que sean suficientes para cumplir lo ordenado, en los siguientes supuestos:

a) Actos personalísimos en que no proceda la compulsión directa sobre la persona del obligado.

b) Actos en que, procediendo la compulsión, la Administración no la estimara conveniente.

c) Actos cuya ejecución pueda el obligado encargar a otra persona.

2. La multa coercitiva es independiente de las sanciones que puedan imponerse con tal carácter y compatible con ellas.

■ Art. 104. Compulsión sobre las personas.

1. Los actos administrativos que impongan una obligación personalísima de no hacer o soportar podrán ser ejecutados por compulsión directa sobre las personas en los casos en que la ley expresamente lo autorice, y dentro siempre del respeto debido a su dignidad y a los derechos reconocidos en la Constitución.

2. Si, tratándose de obligaciones personalísimas de hacer, no se realizase la prestación, el obligado deberá resarcir los daños y perjuicios, a cuya liquidación y cobro se procederá en vía administrativa.

■ Art. 105. Prohibición de acciones posesorias.

No se admitirán a trámite acciones posesorias contra las actuaciones de los órganos administrativos realizadas en materia de su competencia y de acuerdo con el procedimiento legalmente establecido.

TÍTULO V

DE LA REVISIÓN DE LOS ACTOS EN VÍA ADMINISTRATIVA

CAPÍTULO I. Revisión de oficio

■ Art. 106. Revisión de disposiciones y actos nulos.

1. Las Administraciones Públicas, en cualquier momento, por iniciativa propia o a solicitud de interesado, y previo dictamen favorable del Consejo de Estado u órgano consultivo equivalente de la Comunidad Autónoma, si lo hubiere, declararán de oficio la nulidad de los actos administrativos que hayan puesto fin a la vía administrativa o que no hayan sido recurridos en plazo, en los supuestos previstos en el artículo 47.1.

2. Asimismo, en cualquier momento, las Administraciones Públicas de oficio, y previo dictamen favorable del Consejo de Estado u órgano consultivo equivalente de la Comunidad Autónoma si lo hubiere, podrán declarar la nulidad de las disposiciones administrativas en los supuestos previstos en el artículo 47.2.

3. El órgano competente para la revisión de oficio podrá acordar motivadamente la inadmisión a trámite de las solicitudes formuladas por los interesados, sin necesidad de recabar Dictamen del Consejo de Estado u órgano consultivo de la Comunidad Autónoma, cuando las mismas no se basen en alguna de las causas de nulidad del artículo 47.1 o carezcan manifiestamente de fundamento, así como en el supuesto de que se hubieran desestimado en cuanto al fondo otras solicitudes sustancialmente iguales.

4. Las Administraciones Públicas, al declarar la nulidad de una disposición o acto, podrán establecer, en la misma resolución, las indemnizaciones que proceda reconocer a los interesados, si se dan las circunstancias previstas en los artículos 32.2 y 34.1 de la Ley de Régimen Jurídico del Sector Público sin perjuicio de que, tratándose de una disposición, subsistan los actos firmes dictados en aplicación de la misma.

5. Cuando el procedimiento se hubiera iniciado de oficio, el transcurso del plazo de seis meses desde su inicio sin dictarse resolución producirá la caducidad del mismo. Si el procedimiento se hubiera iniciado a solicitud de interesado, se podrá entender la misma desestimada por silencio administrativo.

■ Art. 107. Declaración de lesividad de actos anulables.

1. Las Administraciones Públicas podrán impugnar ante el orden jurisdiccional contencioso-administrativo los actos favorables para los interesados que sean anulables conforme a lo dispuesto en el artículo 48, previa su declaración de lesividad para el interés público.

2. La declaración de lesividad no podrá adoptarse

una vez transcurridos cuatro años desde que se dictó el acto administrativo y exigirá la previa audiencia de cuantos aparezcan como interesados en el mismo, en los términos establecidos por el artículo 82.

Sin perjuicio de su examen como presupuesto procesal de admisibilidad de la acción en el proceso judicial correspondiente, la declaración de lesividad no será susceptible de recurso, si bien podrá notificarse a los interesados a los meros efectos informativos.

3. Transcurrido el plazo de seis meses desde la iniciación del procedimiento sin que se hubiera declarado la lesividad, se producirá la caducidad del mismo.

4. Si el acto proviniera de la Administración General del Estado o de las Comunidades Autónomas, la declaración de lesividad se adoptará por el órgano de cada Administración competente en la materia.

5. Si el acto proviniera de las entidades que integran la Administración Local, la declaración de lesividad se adoptará por el Pleno de la Corporación o, en defecto de éste, por el órgano colegiado superior de la entidad.

■ Art. 108. Suspensión.

Iniciado el procedimiento de revisión de oficio al que se refieren los artículos 106 y 107, el órgano competente para declarar la nulidad o lesividad, podrá suspender la ejecución del acto, cuando ésta pudiera causar perjuicios de imposible o difícil reparación.

■ Art. 109. Revocación de actos y rectificación de errores.

1. Las Administraciones Públicas podrán revocar, mientras no haya transcurrido el plazo de prescripción, sus actos de gravamen o desfavorables, siempre que tal revocación no constituya dispensa o exención no permitida por las leyes, ni sea contraria al principio de igualdad, al interés público o al ordenamiento jurídico.

2. Las Administraciones Públicas podrán, asimismo, rectificar en cualquier momento, de oficio o a instancia de los interesados, los errores materiales, de hecho o aritméticos existentes en sus actos.

■ Art. 110. Límites de la revisión.

Las facultades de revisión establecidas en este Capítulo, no podrán ser ejercidas cuando por prescripción de acciones, por el tiempo transcurrido o por otras circunstancias, su ejercicio resulte contrario a la equidad, a la buena fe, al derecho de los particulares o a las leyes.

■ Art. 111. Competencia para la revisión de oficio de las disposiciones y de actos nulos y anulables en la Administración General del Estado.

En el ámbito estatal, serán competentes para la revisión de oficio de las disposiciones y los actos administrativos nulos y anulables:

a) El Consejo de Ministros, respecto de sus propios actos y disposiciones y de los actos y disposiciones dictados por los Ministros.

b) En la Administración General del Estado:

1.º Los Ministros, respecto de los actos y disposiciones de los Secretarios de Estado y de los dictados por órganos directivos de su Departamento no dependientes de una Secretaría de Estado.

2.º Los Secretarios de Estado, respecto de los actos y disposiciones dictados por los órganos directivos de ellos dependientes.

c) En los Organismos públicos y entidades derecho público vinculados o dependientes de la Administración General del Estado:

1.º Los órganos a los que estén adscritos los Organismos públicos y entidades de derecho público, respecto de los actos y disposiciones dictados por el máximo órgano rector de éstos.

2.º Los máximos órganos rectores de los Organismos públicos y entidades de derecho público, respecto de los actos y disposiciones dictados por los órganos de ellos dependientes.

CAPÍTULO II. Recursos administrativos

Sección 1.ª Principios generales

■ Art. 112. Objeto y clases.

1. Contra las resoluciones y los actos de trámite, si estos últimos deciden directa o indirectamente el fondo del asunto, determinan la imposibilidad de continuar el procedimiento, producen indefensión o perjuicio irreparable a derechos e intereses legítimos, podrán interponerse por los interesados los recursos de alzada y potestativo de reposición, que cabrá fundar en cualquiera de los motivos de nulidad o anulabilidad previstos en los artículos 47 y 48 de esta Ley.

La oposición a los restantes actos de trámite podrá alegarse por los interesados para su consideración en la resolución que ponga fin al procedimiento.

2. Las leyes podrán sustituir el recurso de alzada, en supuestos o ámbitos sectoriales determinados, y cuando la especificidad de la materia así lo justifique, por otros procedimientos de impugnación, reclamación, conciliación, mediación y arbitraje, ante órganos colegiados o Comisiones específicas no sometidas a instrucciones jerárquicas, con respeto a los principios, garantías y plazos que la presente Ley reconoce a las personas y a los interesados en todo procedimiento administrativo.

En las mismas condiciones, el recurso de reposición podrá ser sustituido por los procedimientos a que se refiere el párrafo anterior, respetando su carácter potestativo para el interesado.

La aplicación de estos procedimientos en el ámbito de la Administración Local no podrá suponer el desconocimiento de las facultades resolutorias reconocidas a los órganos representativos electos establecidos por la Ley.

3. Contra las disposiciones administrativas de carácter general no cabrá recurso en vía administrativa.

Los recursos contra un acto administrativo que se funden únicamente en la nulidad de alguna disposición administrativa de carácter general podrán interponerse directamente ante el órgano que dictó dicha disposición.

4. Las reclamaciones económico-administrativas se ajustarán a los procedimientos establecidos por su legislación específica.

■ Art. 113. Recurso extraordinario de revisión.

Contra los actos firmes en vía administrativa, sólo procederá el recurso extraordinario de revisión cuando concurra alguna de las circunstancias previstas en el artículo 125.1.

■ Art. 114. Fin de la vía administrativa.

1. Ponen fin a la vía administrativa:

a) Las resoluciones de los recursos de alzada.

b) Las resoluciones de los procedimientos a que se refiere el artículo 112.2.

c) Las resoluciones de los órganos administrativos que carezcan de superior jerárquico, salvo que una Ley establezca lo contrario.

d) Los acuerdos, pactos, convenios o contratos que tengan la consideración de finalizadores del procedimiento.

e) La resolución administrativa de los procedimientos de responsabilidad patrimonial, cualquiera que fuese el tipo de relación, pública o privada, de que derive.

f) La resolución de los procedimientos complementarios en materia sancionadora a los que se refiere el artículo 90.4.

g) Las demás resoluciones de órganos administrativos cuando una disposición legal o reglamentaria así lo establezca.

2. Además de lo previsto en el apartado anterior, en el ámbito estatal ponen fin a la vía administrativa los actos y resoluciones siguientes:

a) Los actos administrativos de los miembros y órganos del Gobierno.

b) Los emanados de los Ministros y los Secretarios de Estado en el ejercicio de las competencias que tienen atribuidas los órganos de los que son titulares.

c) Los emanados de los órganos directivos con nivel de Director general o superior, en relación con las competencias que tengan atribuidas en materia de personal.

d) En los Organismos públicos y entidades derecho público vinculados o dependientes de la Administración General del Estado, los emanados de los máximos órganos de dirección unipersonales o colegiados, de acuerdo con lo que establezcan sus estatutos, salvo que por ley se establezca otra cosa.

■ Art. 115. Interposición de recurso.

1. La interposición del recurso deberá expresar:

a) El nombre y apellidos del recurrente, así como la identificación personal del mismo.

b) El acto que se recurre y la razón de su impugnación.

c) Lugar, fecha, firma del recurrente, identificación del medio y, en su caso, del lugar que se señale a efectos de notificaciones.

d) Órgano, centro o unidad administrativa al que se dirige y su correspondiente código de identificación.

e) Las demás particularidades exigidas, en su caso, por las disposiciones específicas.

2. El error o la ausencia de la calificación del recurso por parte del recurrente no será obstáculo para su tramitación, siempre que se deduzca su verdadero carácter.

3. Los vicios y defectos que hagan anulable un acto no podrán ser alegados por quienes los hubieren causado.

■ Art. 116. Causas de inadmisión.

Serán causas de inadmisión las siguientes:

a) Ser incompetente el órgano administrativo, cuando el competente perteneciera a otra Administración Pública. El recurso deberá remitirse al órgano competente, de acuerdo con lo establecido en el artículo 14.1 de la Ley de Régimen Jurídico del Sector Público.

b) Carecer de legitimación el recurrente.

c) Tratarse de un acto no susceptible de recurso.

d) Haber transcurrido el plazo para la interposición del recurso.

e) Carecer el recurso manifiestamente de fundamento.

■ Art. 117. Suspensión de la ejecución.

1. La interposición de cualquier recurso, excepto en los casos en que una disposición establezca lo contrario, no suspenderá la ejecución del acto impugnado.

2. No obstante lo dispuesto en el apartado anterior, el órgano a quien competa resolver el recurso, previa ponderación, suficientemente razonada, entre el perjuicio que causaría al interés público o a terceros la suspensión y el ocasionado al recurrente como consecuencia de la eficacia inmediata del acto recurrido, podrá suspender, de oficio o a solicitud del recurrente, la ejecución del acto impugnado cuando concurran alguna de las siguientes circunstancias:

a) Que la ejecución pudiera causar perjuicios de imposible o difícil reparación.

b) Que la impugnación se fundamente en alguna de las causas de nulidad de pleno derecho previstas en el artículo 47.1 de esta Ley.

3. La ejecución del acto impugnado se entenderá suspendida si transcurrido un mes desde que la solicitud de suspensión haya tenido entrada en el registro electrónico de la Administración u Organismo competente para decidir sobre la misma, el órgano a quien competa resolver el recurso no ha dictado y notificado resolución expresa al respecto. En estos casos, no será de aplicación lo establecido en el artículo 21.4 segundo párrafo, de esta Ley.

4. Al dictar el acuerdo de suspensión podrán adoptarse las medidas cautelares que sean necesarias para asegurar la protección del interés público o de terceros y la eficacia de la resolución o el acto impugnado.

Cuando de la suspensión puedan derivarse perjuicios de cualquier naturaleza, aquélla sólo producirá efectos previa prestación de caución o garantía suficiente para responder de ellos, en los términos establecidos reglamentariamente.

La suspensión se prolongará después de agotada la vía administrativa cuando, habiéndolo solicitado previamente el interesado, exista medida cautelar y los efectos de ésta se extiendan a la vía contencioso-administrativa. Si el interesado interpusiera recurso contencioso-administrativo, solicitando la suspensión del acto objeto del proceso, se mantendrá la suspensión hasta que se produzca el correspondiente pronunciamiento judicial sobre la solicitud.

5. Cuando el recurso tenga por objeto la impugnación de un acto administrativo que afecte a una pluralidad indeterminada de personas, la suspensión de su eficacia habrá de ser publicada en el periódico oficial en que aquél se insertó.

■ Art. 118. Audiencia de los interesados.

1. Cuando hayan de tenerse en cuenta nuevos hechos o documentos no recogidos en el expediente originario, se pondrán de manifiesto a los interesados para que, en un plazo no inferior a diez días ni superior a quince, formulen las alegaciones y presenten los documentos y justificantes que estimen procedentes.

No se tendrán en cuenta en la resolución de los recursos, hechos, documentos o alegaciones del recurrente, cuando habiendo podido aportarlos en el trámite de alegaciones no lo haya hecho. Tampoco podrá solicitarse la práctica de pruebas cuando su falta de realización en el procedimiento en el que se dictó la resolución recurrida fuera imputable al interesado.

2. Si hubiera otros interesados se les dará, en todo caso, traslado del recurso para que en el plazo antes citado, aleguen cuanto estimen procedente.

3. El recurso, los informes y las propuestas no tienen el carácter de documentos nuevos a los efectos de este artículo. Tampoco lo tendrán los que los interesados hayan aportado al expediente antes de recaer la resolución impugnada.

■ Art. 119. Resolución.

1. La resolución del recurso estimará en todo o en parte o desestimará las pretensiones formuladas en el mismo o declarará su inadmisión.

2. Cuando existiendo vicio de forma no se estime procedente resolver sobre el fondo se ordenará la retroacción del procedimiento al momento en que el vicio fue cometido, sin perjuicio de que eventualmente pueda acordarse la convalidación de actuaciones por el órgano competente para ello, de acuerdo con lo dispuesto en el artículo 52.

3. El órgano que resuelva el recurso decidirá cuantas cuestiones, tanto de forma como de fondo, plantee el procedimiento, hayan sido o no alegadas por los interesados. En este último caso se les oirá previamente. No obstante, la resolución será congruente con las peticiones formuladas por el recurrente, sin que en ningún caso pueda agravarse su situación inicial.

■ Art. 120. Pluralidad de recursos administrativos.

1. Cuando deban resolverse una pluralidad de recursos administrativos que traigan causa de un mismo acto administrativo y se hubiera interpuesto un recurso judicial contra una resolución administrativa o bien contra el correspondiente acto presunto desestimatorio, el órgano administrativo podrá acordar la suspensión del plazo para resolver hasta que recaiga pronunciamiento judicial.

2. El acuerdo de suspensión deberá ser notificado a los interesados, quienes podrán recurrirlo.

La interposición del correspondiente recurso por un interesado, no afectará a los restantes procedimientos de recurso que se encuentren suspendidos por traer causa del mismo acto administrativo.

3. Recaído el pronunciamiento judicial, será comunicado a los interesados y el órgano administrativo competente para resolver podrá dictar resolución sin necesidad de realizar ningún trámite adicional, salvo el de audiencia, cuando proceda.

Sección 2.ª Recurso de alzada

■ Art. 121. Objeto.

1. Las resoluciones y actos a que se refiere el artículo 112.1, cuando no pongan fin a la vía administrativa, podrán ser recurridos en alzada ante el órgano superior jerárquico del que los dictó. A estos efectos, los Tribunales y órganos de selección del personal al servicio de las Administraciones Públicas y cualesquiera otros que, en el seno de éstas, actúen con autonomía funcional, se considerarán dependientes del órgano al que estén adscritos o, en su defecto, del que haya nombrado al presidente de los mismos.

2. El recurso podrá interponerse ante el órgano que dictó el acto que se impugna o ante el competente para resolverlo.

Si el recurso se hubiera interpuesto ante el órgano que dictó el acto impugnado, éste deberá remitirlo al competente en el plazo de diez días, con su informe y con una copia completa y ordenada del expediente.

El titular del órgano que dictó el acto recurrido será responsable directo del cumplimiento de lo previsto en el párrafo anterior.

■ Art. 122. Plazos.

1. El plazo para la interposición del recurso de alzada será de un mes, si el acto fuera expreso. Transcurrido dicho plazo sin haberse interpuesto el recurso, la resolución será firme a todos los efectos.

Si el acto no fuera expreso el solicitante y otros posibles interesados podrán interponer recurso de alzada en cualquier momento a partir del día siguiente a aquel en que, de acuerdo con su normativa específica, se produzcan los efectos del silencio administrativo.

2. El plazo máximo para dictar y notificar la resolución será de tres meses. Transcurrido este plazo sin que recaiga resolución, se podrá entender desestimado el recurso, salvo en el supuesto previsto en el artículo 24.1, tercer párrafo.

3. Contra la resolución de un recurso de alzada no cabrá ningún otro recurso administrativo, salvo el recurso extraordinario de revisión, en los casos establecidos en el artículo 125.1.

Sección 3.ª Recurso potestativo de reposición

■ Art. 123. Objeto y naturaleza.

1. Los actos administrativos que pongan fin a la vía administrativa podrán ser recurridos potestativamente en reposición ante el mismo órgano que los hubiera dictado o ser impugnados directamente ante el orden jurisdiccional contencioso-administrativo.

2. No se podrá interponer recurso contencioso-administrativo hasta que sea resuelto expresamente o se haya producido la desestimación presunta del recurso de reposición interpuesto.

■ Art. 124. Plazos.

1. El plazo para la interposición del recurso de reposición será de un mes, si el acto fuera expreso. Transcurrido dicho plazo, únicamente podrá interponerse recurso contencioso-administrativo, sin perjuicio, en su caso, de la procedencia del recurso extraordinario de revisión.

Si el acto no fuera expreso, el solicitante y otros posibles interesados podrán interponer recurso de reposición en cualquier momento a partir del día siguiente a aquel en que, de acuerdo con su normativa específica, se produzca el acto presunto.

2. El plazo máximo para dictar y notificar la resolución del recurso será de un mes.

3. Contra la resolución de un recurso de reposición no podrá interponerse de nuevo dicho recurso.

Sección 4.ª Recurso extraordinario de revisión

■ Art. 125. Objeto y plazos.

1. Contra los actos firmes en vía administrativa podrá interponerse el recurso extraordinario de revisión ante el órgano administrativo que los dictó, que también será el competente para su resolución, cuando concurra alguna de las circunstancias siguientes:

a) Que al dictarlos se hubiera incurrido en error de hecho, que resulte de los propios documentos incorporados al expediente.

b) Que aparezcan documentos de valor esencial para la resolución del asunto que, aunque sean posteriores, evidencien el error de la resolución recurrida.

c) Que en la resolución hayan influido esencialmente documentos o testimonios declarados falsos por sentencia judicial firme, anterior o posterior a aquella resolución.

d) Que la resolución se hubiese dictado como consecuencia de prevaricación, cohecho, violencia, maquinación fraudulenta u otra conducta punible y se haya declarado así en virtud de sentencia judicial firme.

2. El recurso extraordinario de revisión se interpondrá, cuando se trate de la causa a) del apartado anterior, dentro del plazo de cuatro años siguientes a la fecha de la notificación de la resolución impugnada. En los demás casos, el plazo será de tres meses a contar desde el conocimiento de los documentos o desde que la sentencia judicial quedó firme.

3. Lo establecido en el presente artículo no perjudica el derecho de los interesados a formular la solicitud y la instancia a que se refieren los artículos 106 y 109.2 de la presente Ley ni su derecho a que las mismas se sustancien y resuelvan.

■ Art. 126. Resolución.

1. El órgano competente para la resolución del recurso podrá acordar motivadamente la inadmisión a trámite, sin necesidad de recabar dictamen del Consejo de Estado u órgano consultivo de la Comunidad Autónoma, cuando el mismo no se funde en alguna de las causas previstas en el apartado 1 del artículo anterior o en el supuesto de que se hubiesen desestimado en cuanto al fondo otros recursos sustancialmente iguales.

2. El órgano al que corresponde conocer del recurso extraordinario de revisión debe pronunciarse no sólo sobre la procedencia del recurso, sino también, en su caso, sobre el fondo de la cuestión resuelta por el acto recurrido.

3. Transcurrido el plazo de tres meses desde la interposición del recurso extraordinario de revisión sin haberse dictado y notificado la resolución, se entenderá desestimado, quedando expedita la vía jurisdiccional contencioso-administrativa.

TÍTULO VI

DE LA INICIATIVA LEGISLATIVA Y DE LA POTESTAD PARA DICTAR REGLAMENTOS Y OTRAS DISPOSICIONES

■ Art. 127. Iniciativa legislativa y potestad para dictar normas con rango de ley.

El Gobierno de la Nación ejercerá la iniciativa legislativa prevista en la Constitución mediante la elaboración y aprobación de los anteproyectos de Ley y la ulterior remisión de los proyectos de ley a las Cortes Generales.

La iniciativa legislativa se ejercerá por los órganos de gobierno de las Comunidades Autónomas en los términos establecidos por la Constitución y sus respectivos Estatutos de Autonomía.

Asimismo, el Gobierno de la Nación podrá aprobar reales decretos-leyes y reales decretos legislativos en los términos previstos en la Constitución. Los respectivos órganos de gobierno de las Comunidades Autónomas podrán aprobar normas equivalentes a aquéllas en su ámbito territorial, de conformidad con lo establecido en la Constitución y en sus respectivos Estatutos de Autonomía.

■ Art. 128. Potestad reglamentaria.

1. El ejercicio de la potestad reglamentaria corresponde al Gobierno de la Nación, a los órganos de Gobierno de las Comunidades Autónomas, de conformidad con lo establecido en sus respectivos Estatutos, y a los órganos de gobierno locales, de acuerdo con lo previsto en la Constitución, los Estatutos de Autonomía y la Ley 7/1985, de 2 de abril, reguladora de las Bases del Régimen Local.

2. Los reglamentos y disposiciones administrativas no podrán vulnerar la Constitución o las leyes ni regular aquellas materias que la Constitución o los Estatutos de Autonomía reconocen de la competencia de las Cortes Generales o de las Asambleas Legislativas de las Comunidades Autónomas. Sin perjuicio de su función de desarrollo o colaboración con respecto a la ley, no podrán tipificar delitos, faltas o infracciones administrativas, establecer penas o sanciones, así como tributos, exacciones parafiscales u otras cargas o prestaciones personales o patrimoniales de carácter público.

3. Las disposiciones administrativas se ajustarán al orden de jerarquía que establezcan las leyes. Ninguna disposición administrativa podrá vulnerar los preceptos de otra de rango superior.

■ Art. 129. Principios de buena regulación.

1. En el ejercicio de la iniciativa legislativa y la potestad reglamentaria, las Administraciones Públicas actuarán de acuerdo con los principios de necesidad, eficacia, proporcionalidad, seguridad jurídica, transparencia, y eficiencia. En la exposición de motivos o en el preámbulo, según se trate, respectivamente, de anteproyectos de ley o de

proyectos de reglamento, quedará suficientemente justificada su adecuación a dichos principios.

2. En virtud de los principios de necesidad y eficacia, la iniciativa normativa debe estar justificada por una razón de interés general, basarse en una identificación clara de los fines perseguidos y ser el instrumento más adecuado para garantizar su consecución.

3. En virtud del principio de proporcionalidad, la iniciativa que se proponga deberá contener la regulación imprescindible para atender la necesidad a cubrir con la norma, tras constatar que no existen otras medidas menos restrictivas de derechos, o que impongan menos obligaciones a los destinatarios.

4. A fin de garantizar el principio de seguridad jurídica, la iniciativa normativa se ejercerá de manera coherente con el resto del ordenamiento jurídico, nacional y de la Unión Europea, para generar un marco normativo estable, predecible, integrado, claro y de certidumbre, que facilite su conocimiento y comprensión y, en consecuencia, la actuación y toma de decisiones de las personas y empresas.

Cuando en materia de procedimiento administrativo la iniciativa normativa establezca trámites adicionales o distintos a los contemplados en esta Ley, éstos deberán ser justificados atendiendo a la singularidad de la materia o a los fines perseguidos por la propuesta.

Las habilitaciones para el desarrollo reglamentario de una ley serán conferidas, con carácter general, al Gobierno o Consejo de Gobierno respectivo. La atribución directa a los titulares de los departamentos ministeriales o de las consejerías del Gobierno, o a otros órganos dependientes o subordinados de ellos, tendrá carácter excepcional y deberá justificarse en la ley habilitante.

Las leyes podrán habilitar directamente a Autoridades Independientes u otros organismos que tengan atribuida esta potestad para aprobar normas en desarrollo o aplicación de las mismas, cuando la naturaleza de la materia así lo exija.

5. En aplicación del principio de transparencia, las Administraciones Públicas posibilitarán el acceso sencillo, universal y actualizado a la normativa en vigor y los documentos propios de su proceso de elaboración, en los términos establecidos en el artículo 7 de la Ley 19/2013, de 9 de diciembre, de transparencia, acceso a la información pública y buen gobierno; definirán claramente los objetivos de las iniciativas normativas y su justificación en el preámbulo o exposición de motivos; y posibilitarán que los potenciales destinatarios tengan una participación activa en la elaboración de las normas.

6. En aplicación del principio de eficiencia, la iniciativa normativa debe evitar cargas administrativas innecesarias o accesorias y racionalizar, en su aplicación, la gestión de los recursos públicos.

7. Cuando la iniciativa normativa afecte a los gastos o ingresos públicos presentes o futuros, se deberán cuantificar y valorar sus repercusiones y efectos, y supeditarse al cumplimiento de los principios de estabilidad presupuestaria y sostenibilidad financiera.

■ Art. 130. Evaluación normativa y adaptación de la normativa vigente a los principios de buena regulación.

1. Las Administraciones Públicas revisarán periódicamente su normativa vigente para adaptarla a los principios de buena regulación y para comprobar la medida en que las normas en vigor han conseguido los objetivos previstos y si estaba justificado y correctamente cuantificado el coste y las cargas impuestas en ellas.

El resultado de la evaluación se plasmará en un informe que se hará público, con el detalle, periodicidad y por el órgano que determine la normativa reguladora de la Administración correspondiente.

2. Las Administraciones Públicas promoverán la aplicación de los principios de buena regulación y cooperarán para promocionar el análisis económico en la elaboración de las normas y, en particular, para evitar la introducción de restricciones injustificadas o desproporcionadas a la actividad económica.

■ Art. 131. Publicidad de las normas.

Las normas con rango de ley, los reglamentos y disposiciones administrativas habrán de publicarse en el diario oficial correspondiente para que entren en vigor y produzcan efectos jurídicos. Adicionalmente, y de manera facultativa, las Administraciones Públicas podrán establecer otros medios de publicidad complementarios.

La publicación de los diarios o boletines oficiales en las sedes electrónicas de la Administración, Órgano, Organismo público o Entidad competente tendrá, en las condiciones y con las garantías que cada Administración Pública determine, los mismos efectos que los atribuidos a su edición impresa.

La publicación del «Boletín Oficial del Estado» en la sede electrónica del Organismo competente tendrá carácter oficial y auténtico en las condiciones y con las garantías que se determinen reglamentariamente, derivándose de dicha publicación los efectos previstos en el título preliminar del Código Civil y en las restantes normas aplicables.

■ Art. 132. Planificación normativa.

1. Anualmente, las Administraciones Públicas harán público un Plan Normativo que contendrá las iniciativas legales o reglamentarias que vayan a ser elevadas para su aprobación en el año siguiente.

2. Una vez aprobado, el Plan Anual Normativo se publicará en el Portal de la Transparencia de la Administración Pública correspondiente.

■ Art. 133. Participación de los ciudadanos en el procedimiento de elaboración de normas con rango de Ley y reglamentos.

1. Con carácter previo a la elaboración del proyecto o anteproyecto de ley o de reglamento, se sustanciará una consulta pública, a través del portal web de la Administración competente en la que se recabará la opinión de los sujetos y de las organizaciones más representativas potencialmente afectados por la futura norma acerca de:

a) Los problemas que se pretenden solucionar con la iniciativa.

b) La necesidad y oportunidad de su aprobación.

c) Los objetivos de la norma.

d) Las posibles soluciones alternativas regulatorias y no regulatorias.

2. Sin perjuicio de la consulta previa a la redacción del texto de la iniciativa, cuando la norma afecte a los derechos e intereses legítimos de las personas, el centro directivo competente publicará el texto en el portal web correspondiente, con el objeto de dar audiencia a los ciudadanos afectados y recabar cuantas aportaciones adicionales puedan hacerse por otras personas o entidades. Asimismo, podrá también recabarse directamente la opinión de las organizaciones o asociaciones reconocidas por ley que agrupen o representen a las personas cuyos derechos o intereses legítimos se vieren afectados por la norma y cuyos fines guarden relación directa con su objeto.

3. La consulta, audiencia e información públicas reguladas en este artículo deberán realizarse de forma tal que los potenciales destinatarios de la norma y quienes realicen aportaciones sobre ella tengan la posibilidad de emitir su opinión, para lo cual deberán ponerse a su disposición los documentos necesarios, que serán claros, concisos y reunir toda la información precisa para poder pronunciarse sobre la materia.

4. Podrá prescindirse de los trámites de consulta, audiencia e información públicas previstos en este artículo en el caso de normas presupuestarias u organizativas de la Administración General del Estado, la Administración autonómica, la Administración local o de las organizaciones dependientes o vinculadas a éstas, o cuando concurran razones graves de interés público que lo justifiquen.

Cuando la propuesta normativa no tenga un impacto significativo en la actividad económica, no imponga obligaciones relevantes a los destinatarios o regule aspectos parciales de una materia, podrá omitirse la consulta pública regulada en el apartado primero. Si la normativa reguladora del ejercicio de la iniciativa legislativa o de la potestad reglamentaria por una Administración prevé la tramitación urgente de estos procedimientos, la eventual excepción del trámite por esta circunstancia se ajustará a lo previsto en aquella.

DISPOSICIONES ADICIONALES

Disposición adicional primera. Especialidades por razón de materia.

1. Los procedimientos administrativos regulados en leyes especiales por razón de la materia que no exijan alguno de los trámites previstos en esta Ley o regulen trámites adicionales o distintos se regirán, respecto a éstos, por lo dispuesto en dichas leyes especiales.

2. Las siguientes actuaciones y procedimientos se regirán por su normativa específica y supletoriamente por lo dispuesto en esta Ley:

a) Las actuaciones y procedimientos de aplicación de los tributos en materia tributaria y aduanera, así como su revisión en vía administrativa.

b) Las actuaciones y procedimientos de gestión, inspección, liquidación, recaudación, impugnación y revisión en materia de Seguridad Social y Desempleo.

c) Las actuaciones y procedimientos sancionadores en materia tributaria y aduanera, en el orden social, en materia de tráfico y seguridad vial y en materia de extranjería.

d) Las actuaciones y procedimientos en materia de extranjería y asilo.

Disposición adicional segunda. Adhesión de las Comunidades Autónomas y Entidades Locales a las plataformas y registros de la Administración General del Estado.

Para cumplir con lo previsto en materia de registro electrónico de apoderamientos, registro electrónico, archivo electrónico único, plataforma de intermediación de datos y punto de acceso general electrónico de la Administración, las Comunidades Autónomas y las Entidades Locales podrán adherirse voluntariamente y a través de medios electrónicos a las plataformas y registros establecidos al efecto por la Administración General del Estado. Su no adhesión, deberá justificarse en términos de eficiencia conforme al artículo 7 de la Ley Orgánica 2/2012, de 27 de abril, de Estabilidad Presupuestaria y Sostenibilidad Financiera.

En el caso que una Comunidad Autónoma o una Entidad Local justifique ante el Ministerio de Hacienda y Administraciones Públicas que puede prestar el servicio de un modo más eficiente, de acuerdo con los criterios previstos en el párrafo anterior, y opte por mantener su propio registro o plataforma, las citadas Administraciones deberán garantizar que éste cumple con los requisitos del Esquema Nacional de Interoperabilidad, el Esquema Nacional de Seguridad, y sus normas técnicas de desarrollo, de modo que se garantice su compatibilidad informática e interconexión, así como la transmisión telemática de las solicitudes, escritos y comunicaciones que se realicen en sus correspondientes registros y plataformas.

Disposición adicional tercera. Notificación por medio de anuncio publicado en el «Boletín Oficial del Estado».

1. El «Boletín Oficial del Estado» pondrá a disposición de las diversas Administraciones Públicas, un sistema automatizado de remisión y gestión telemática para la publicación de los anuncios de notificación en el mismo previstos en el artículo 44 de esta Ley y en esta disposición adicional. Dicho sistema, que cumplirá con lo establecido en esta Ley, y su normativa de desarrollo, garantizará la celeridad de la publicación, su correcta y fiel inserción, así como la identificación del órgano remitente.

2. En aquellos procedimientos administrativos que cuenten con normativa específica, de concurrir los supuestos previstos en el artículo 44 de esta Ley, la práctica de la notificación se hará, en todo caso, mediante un anuncio publicado en el «Boletín Oficial del Estado», sin perjuicio de que previamente y con carácter facultativo pueda realizarse en la forma prevista por dicha normativa específica.

3. La publicación en el «Boletín Oficial del Estado» de los anuncios a que se refieren los dos párrafos anteriores se efectuará sin contraprestación económica alguna por parte de quienes la hayan solicitado.

Disposición adicional cuarta. Oficinas de asistencia en materia de registros.

Las Administraciones Públicas deberán mantener permanentemente actualizado en la correspondiente sede electrónica un directorio geográfico que permita al interesado identificar la oficina de asistencia en materia de registros más próxima a su domicilio.

Disposición adicional quinta. Actuación administrativa de los órganos constitucionales del Estado y de los órganos legislativos y de control autonómicos.

La actuación administrativa de los órganos competentes del Congreso de los Diputados, del Senado, del Consejo General del Poder Judicial, del Tribunal Constitucional, del Tribunal de Cuentas, del Defensor del Pueblo, de las Asambleas Legislativas de las Comunidades Autónomas y de las instituciones autonómicas análogas al Tribunal de Cuentas y al Defensor del Pueblo, se regirá por lo previsto en su normativa específica, en el marco de los principios que inspiran la actuación administrativa de acuerdo con esta Ley.

DISPOSICIONES TRANSITORIAS

Disposición transitoria primera. Archivo de documentos.

1. El archivo de los documentos correspondientes a procedimientos administrativos ya iniciados antes de la entrada en vigor de la presente Ley, se regirán por lo dispuesto en la normativa anterior.

2. Siempre que sea posible, los documentos en papel asociados a procedimientos administrativos finalizados antes de la entrada en vigor de esta Ley, deberán digitalizarse de acuerdo con los requisitos establecidos en la normativa reguladora aplicable.

Disposición transitoria segunda. Registro electrónico y archivo electrónico único.

Mientras no entren en vigor las previsiones relativas al registro electrónico y el archivo electrónico único, en el ámbito de la Administración General del Estado se aplicarán las siguientes reglas:

a) Durante el primer año, tras la entrada en vigor de la Ley, podrán mantenerse los registros y archivos existentes en el momento de la entrada en vigor de esta ley.

b) Durante el segundo año, tras la entrada en vigor de la Ley, se dispondrá como máximo, de un registro electrónico y un archivo electrónico por cada Ministerio, así como de un registro electrónico por cada Organismo público.

Disposición transitoria tercera. Régimen transitorio de los procedimientos.

a) A los procedimientos ya iniciados antes de la entrada en vigor de la Ley no les será de aplicación la misma, rigiéndose por la normativa anterior.

b) Los procedimientos de revisión de oficio iniciados después de la entrada en vigor de la presente Ley se sustanciarán por las normas establecidas en ésta.

c) Los actos y resoluciones dictados con posterioridad a la entrada en vigor de esta Ley se regirán, en cuanto al régimen de recursos, por las disposiciones de la misma.

d) Los actos y resoluciones pendientes de ejecución a la entrada en vigor de esta Ley se regirán para su ejecución por la normativa vigente cuando se dictaron.

e) A falta de previsiones expresas establecidas en las correspondientes disposiciones legales y reglamentarias, las cuestiones de Derecho transitorio que se susciten en materia de procedimiento administrativo se resolverán de acuerdo con los principios establecidos en los apartados anteriores.

Disposición transitoria cuarta. Régimen transitorio de los archivos, registros y punto de acceso general.

Mientras no entren en vigor las previsiones relativas al registro electrónico de apoderamientos, registro electrónico, punto de acceso general electrónico de la Administración y archivo único electrónico, las Administraciones Públicas mantendrán los mismos canales, medios o sistemas electrónicos vigentes relativos a dichas materias, que permitan garantizar el derecho de las personas a relacionarse electrónicamente con las Administraciones.

Disposición transitoria quinta. Procedimientos de responsabilidad patrimonial derivados de la declaración de inconstitucionalidad de una norma o su carácter contrario al Derecho de la Unión Europea.

Los procedimientos administrativos de responsabilidad patrimonial derivados de la declaración de inconstitucionalidad de una norma o su carácter contrario al Derecho de la Unión Europea iniciados con anterioridad a la entrada en vigor de esta Ley, se resolverán de acuerdo con la normativa vigente en el momento de su iniciación.

DISPOSICIONES DEROGATORIAS

Disposición derogatoria única. Derogación normativa.

1. Quedan derogadas todas las normas de igual o inferior rango en lo que contradigan o se opongan a lo dispuesto en la presente Ley.

2. Quedan derogadas expresamente las siguientes disposiciones:

a) Ley 30/1992, de 26 de noviembre, de Régimen Jurídico de las Administraciones Públicas y del Procedimiento Administrativo Común.

b) Ley 11/2007, de 22 de junio, de acceso electrónico de los ciudadanos a los Servicios Públicos.

c) Los artículos 4 a 7 de la Ley 2/2011, de 4 de marzo, de Economía Sostenible.

d) Real Decreto 429/1993, de 26 de marzo, por el que se aprueba el Reglamento de los procedimientos de las Administraciones Públicas en materia de responsabilidad patrimonial.

e) Real Decreto 1398/1993, de 4 de agosto, por el que se aprueba el Reglamento del Procedimiento para el Ejercicio de la Potestad Sancionadora.

f) Real Decreto 772/1999, de 7 de mayo, por el que se regula la presentación de solicitudes, escritos y comunicaciones ante la Administración General del Estado, la expedición de copias de documentos y devolución de originales y el régimen de las oficinas de registro.

g) Los artículos 2.3, 10, 13, 14, 15, 16, 26, 27, 28, 29.1.a), 29.1.d), 31, 32, 33, 35, 36, 39, 48, 50, los apartados 1, 2 y 4 de la disposición adicional primera, la disposición adicional tercera, la disposición transitoria primera, la disposición transitoria segunda, la disposición transitoria tercera y la disposición transitoria cuarta del Real Decreto 1671/2009, de 6 de noviembre, por el que se desarrolla parcialmente la Ley 11/2007, de 22 de junio, de acceso electrónico de los ciudadanos a los Servicios Públicos.

Hasta que, de acuerdo con lo dispuesto en la disposición final séptima, produzcan efectos las previsiones relativas al registro electrónico de apoderamientos, registro electrónico, punto de acceso general electrónico de la Administración y archivo único electrónico, se mantendrán en vigor los artículos de las normas previstas en las letras a), b) y g) relativos a las materias mencionadas.

3. Las referencias contenidas en normas vigentes a las disposiciones que se derogan expresamente deberán entenderse efectuadas a las disposiciones de esta Ley que regulan la misma materia que aquéllas.

DISPOSICIONES FINALES

Disposición final primera. Título competencial.

1. Esta Ley se aprueba al amparo de lo dispuesto en el artículo 149.1.18.ª de la Constitución Española, que atribuye al Estado la competencia para dictar las bases del régimen jurídico de las Administraciones Públicas y competencia en materia de procedimiento administrativo común y sistema de responsabilidad de todas las Administraciones Públicas.

2. El título VI de iniciativa legislativa y de la potestad para dictar reglamentos y otras disposiciones y la disposición adicional segunda de adhesión de las Comunidades Autónomas y Entidades Locales a las plataformas y registros de la Administración General del Estado, se aprueban también al amparo de lo dispuesto en el artículo 149.1.14.ª, relativo a la Hacienda general, así como el artículo 149.1.13.ª que atribuye al Estado la competencia en materia de bases y coordinación de la planificación general de la actividad económica.

3. Lo previsto en los artículos 92 primer párrafo, 111, 114.2 y disposición transitoria segunda, serán de aplicación únicamente a la Administración General del Estado, así como el resto de apartados de los distintos preceptos que prevén su aplicación exclusiva en el ámbito de la Administración General del Estado.

Disposición final segunda. Modificación de la Ley 59/2003, de 19 de diciembre, de firma electrónica.

En la Ley 59/2003, de 19 de diciembre, de firma electrónica, se incluye un nuevo apartado 11 en el artículo 3 con la siguiente redacción:

«11. Todos los sistemas de identificación y firma electrónica previstos en la Ley de Procedimiento Administrativo Común de las Administraciones Públicas y en la Ley de Régimen Jurídico del Sector Público tendrán plenos efectos jurídicos.»

Disposición final tercera. Modificación de la Ley 36/2011, de 10 de octubre, reguladora de la jurisdicción social.

La Ley 36/2011, de 10 de octubre, reguladora de la jurisdicción social, queda redactada en los siguientes términos:

Uno. El artículo 64 queda redactado como sigue:

«Artículo 64. Excepciones a la conciliación o mediación previas.

1. Se exceptúan del requisito del intento de conciliación o, en su caso, de mediación los procesos que exijan el agotamiento de la vía administrativa, en su caso, los que versen sobre Seguridad Social, los relativos a la impugnación

del despido colectivo por los representantes de los trabajadores, disfrute de vacaciones y a materia electoral, movilidad geográfica, modificación sustancial de las condiciones de trabajo, suspensión del contrato y reducción de jornada por causas económicas, técnicas, organizativas o de producción o derivadas de fuerza mayor, derechos de conciliación de la vida personal, familiar y laboral a los que se refiere el artículo 139, los iniciados de oficio, los de impugnación de convenios colectivos, los de impugnación de los estatutos de los sindicatos o de su modificación, los de tutela de los derechos fundamentales y libertades públicas, los procesos de anulación de laudos arbitrales, los de impugnación de acuerdos de conciliaciones, de mediaciones y de transacciones, así como aquellos en que se ejerciten acciones laborales de protección contra la violencia de género.

2. Igualmente, quedan exceptuados:

a) Aquellos procesos en los que siendo parte demandada el Estado u otro ente público también lo fueren personas privadas, siempre que la pretensión hubiera de someterse al agotamiento de la vía administrativa y en ésta pudiera decidirse el asunto litigioso.

b) Los supuestos en que, en cualquier momento del proceso, después de haber dirigido la papeleta o la demanda contra personas determinadas, fuera necesario dirigir o ampliar la misma frente a personas distintas de las inicialmente demandadas.

3. Cuando por la naturaleza de la pretensión ejercitada pudiera tener eficacia jurídica el acuerdo de conciliación o de mediación que pudiera alcanzarse, aun estando exceptuado el proceso del referido requisito del intento previo, si las partes acuden en tiempo oportuno voluntariamente y de común acuerdo a tales vías previas, se suspenderán los plazos de caducidad o se interrumpirán los de prescripción en la forma establecida en el artículo siguiente.»

Dos. El artículo 69 queda redactado como sigue:

«Artículo 69. Agotamiento de la vía administrativa previa a la vía judicial social.

1. Para poder demandar al Estado, Comunidades Autónomas, entidades locales o entidades de Derecho público con personalidad jurídica propia vinculadas o dependientes de los mismos será requisito necesario haber agotado la vía administrativa, cuando así proceda, de acuerdo con lo establecido en la normativa de procedimiento administrativo aplicable.

En todo caso, la Administración pública deberá notificar a los interesados las resoluciones y actos administrativos que afecten a sus derechos e intereses, conteniendo la notificación el texto íntegro de la resolución, con indicación de si es o no definitivo en la vía administrativa, la expresión de los recursos que procedan, órgano ante el que hubieran de presentarse y plazo para interponerlos, sin perjuicio de que los interesados puedan ejercitar, en su caso, cualquier otro que estimen procedente.

Las notificaciones que conteniendo el texto íntegro del acto omitiesen alguno de los demás requisitos previstos en el párrafo anterior mantendrán suspendidos los plazos de caducidad e interrumpidos los de prescripción y únicamente surtirán efecto a partir de la fecha en que el interesado realice actuaciones que supongan el conocimiento del contenido y alcance de la resolución o acto objeto de la notificación o resolución, o interponga cualquier recurso que proceda.

2. Desde que se deba entender agotada la vía administrativa el interesado podrá formalizar la demanda en el plazo de dos meses ante el juzgado o la Sala competente. A la demanda se acompañará copia de la resolución denegatoria o documento acreditativo de la interposición o resolución del recurso administrativo, según proceda, uniendo copia de todo ello para la entidad demandada.

3. En las acciones derivadas de despido y demás acciones sujetas a plazo de caducidad, el plazo de interposición de la demanda será de veinte días hábiles o el especial que sea aplicable, contados a partir del día siguiente a aquél en que se hubiera producido el acto o la notificación de la resolución impugnada, o desde que se deba entender agotada la vía administrativa en los demás casos.»

Tres. El artículo 70 queda redactado como sigue:

«Artículo 70. Excepciones al agotamiento de la vía administrativa.

No será necesario agotar la vía administrativa para interponer demanda de tutela de derechos fundamentales y libertades públicas frente a actos de las Administraciones públicas en el ejercicio de sus potestades en materia laboral y sindical, si bien el plazo para la interposición de la demanda será de veinte días desde el día siguiente a la notificación del acto o al transcurso del plazo fijado para la resolución, sin más trámites; cuando la lesión del derecho fundamental tuviera su origen en la inactividad administrativa o en actuación en vías de hecho, o se hubiera interpuesto potestativamente un recurso administrativo, el plazo de veinte días se iniciará transcurridos veinte días desde la reclamación contra la inactividad o vía de hecho, o desde la presentación del recurso, respectivamente.»

Cuatro. El artículo 72 queda redactado como sigue:

«Artículo 72. Vinculación respecto a la reclamación administrativa previa en materia de prestaciones de Seguridad Social o vía administrativa previa.

En el proceso no podrán introducir las partes variaciones sustanciales de tiempo, cantidades o conceptos respecto de los que fueran objeto del procedimiento administrativo y de las actuaciones de los interesados o de la Administración, bien en fase de reclamación previa en materia de prestaciones de Seguridad Social o de recurso que agote la vía administrativa, salvo en cuanto a los hechos nuevos o que no hubieran podido conocerse con anterioridad.»

Cinco. El artículo 73 queda redactado como sigue:

«Artículo 73. Efectos de la reclamación administrativa previa en materia de prestaciones de Seguridad Social.

La reclamación previa en materia de prestaciones de Seguridad Social interrumpirá los plazos de prescripción y suspenderá los de caducidad, reanudándose estos últimos al día siguiente al de la notificación de la resolución o del transcurso del plazo en que deba entenderse desestimada.»

Seis. El artículo 85 queda redactado como sigue:

«Artículo 85. Celebración del juicio.

1. Si no hubiera avenencia en conciliación, se pasará seguidamente a juicio y se dará cuenta de lo actuado.

Con carácter previo se resolverá, motivadamente, en forma oral y oídas las partes, sobre las cuestiones previas que se puedan formular en ese acto, así como sobre los recursos u otras incidencias pendientes de resolución, sin perjuicio de la ulterior sucinta fundamentación en la sentencia, cuando proceda. Igualmente serán oídas las partes y, en su caso, se resolverá, motivadamente y en forma oral, lo procedente sobre las cuestiones que el juez o tribunal pueda plantear en ese momento sobre su competencia, los presupuestos de la demanda o el alcance y límites de la pretensión formulada, respetando las garantías procesales de las partes y sin prejuzgar el fondo del asunto.

A continuación, el demandante ratificará o ampliará su demanda, aunque en ningún caso podrá hacer en ella variación sustancial.

2. El demandado contestará afirmando o negando concretamente los hechos de la demanda, y alegando cuantas excepciones estime procedentes.

3. Únicamente podrá formular reconvención cuando la hubiese anunciado en la conciliación previa al proceso o en la contestación a la reclamación previa en materia de prestaciones de Seguridad Social o resolución que agote la vía administrativa, y hubiese expresado en esencia los hechos en que se funda y la petición en que se concreta. No se admitirá la reconvención, si el órgano judicial no es competente, si la acción que se ejercita ha de ventilarse en modalidad procesal distinta y la acción no fuera acumulable, y cuando no exista conexión entre sus pretensiones y las que sean objeto de la demanda principal.

No será necesaria reconvención para alegar compensación de deudas, siempre que sean vencidas y exigibles y no se formule pretensión de condena reconvencional, y en general cuando el demandado esgrima una pretensión que tienda exclusivamente a ser absuelto de la pretensión o pretensiones objeto de la demanda principal, siendo suficiente que se alegue en la contestación a la demanda. Si la obligación precisa de determinación judicial por no ser líquida con antelación al juicio, será necesario expresar concretamente los hechos que fundamenten la excepción y la forma de liquidación de la deuda, así como haber anunciado la misma en la conciliación o mediación previas, o en la reclamación en materia de prestaciones de Seguridad Social o resolución que agoten la vía administrativa. Formulada la reconvención, se dará traslado a las demás partes para su contestación en los términos establecidos para la demanda. El mismo trámite de traslado se acordará para dar respuesta a las excepciones procesales, caso de ser alegadas.

4. Las partes harán uso de la palabra cuantas veces el juez o tribunal lo estime necesario.

5. Asimismo, en este acto, las partes podrán alegar cuanto estimen conveniente a efectos de lo dispuesto en la letra b) del apartado 3 del artículo 191, ofreciendo, para el momento procesal oportuno, los elementos de juicio necesarios para fundamentar sus alegaciones. No será preciso aportar prueba sobre esta concreta cuestión cuando el hecho de que el proceso afecta a muchos trabajadores o beneficiarios sea notorio por su propia naturaleza.

6. Si no se suscitasen cuestiones procesales o si, suscitadas, se hubieran contestado, las partes o sus defensores con el tribunal fijarán los hechos sobre los que exista conformidad o disconformidad de los litigantes, consignándose en caso necesario en el acta o, en su caso, por diligencia, sucinta referencia a aquellos extremos esenciales conformes, a efectos de ulterior recurso. Igualmente podrán facilitar las partes unas notas breves de cálculo o resumen de datos numéricos.

7. En caso de allanamiento total o parcial será aprobado por el órgano jurisdiccional, oídas las demás partes, de no incurrir en renuncia prohibida de derechos, fraude de ley o perjuicio a terceros, o ser contrario al interés público, mediante resolución que podrá dictarse en forma oral. Si el allanamiento fuese total se dictará sentencia condenatoria de acuerdo con las pretensiones del actor. Cuando el allanamiento sea parcial, podrá dictarse auto aprobatorio, que podrá llevarse a efecto por los trámites de la ejecución definitiva parcial, siempre que por la naturaleza de las pretensiones objeto de allanamiento, sea posible un pronunciamiento separado que no prejuzgue las restantes cuestiones no allanadas, respecto de las cuales continuará el acto de juicio.

8. El juez o tribunal, una vez practicada la prueba y antes de las conclusiones, salvo que exista oposición de alguna de las partes, podrá suscitar la posibilidad de llegar a un acuerdo y de no alcanzarse el mismo en ese momento proseguirá la celebración del juicio.»

Siete. El artículo 103 queda redactado como sigue:

«Artículo 103. Presentación de la demanda por despido.

1. El trabajador podrá reclamar contra el despido, dentro de los veinte días hábiles siguientes a aquél en que se hubiera producido. Dicho plazo será de caducidad a todos los efectos y no se computarán los sábados, domingos y los festivos en la sede del órgano jurisdiccional.

2. Si se promoviese papeleta de conciliación o solicitud de mediación o demanda por despido contra una persona a la que erróneamente se hubiere atribuido la cualidad de empresario, y se acreditase con posterioridad, sea en el juicio o en otro momento anterior del proceso, que lo era un tercero, el trabajador podrá promover nueva demanda contra éste, o ampliar la demanda si no se hubiera celebrado el juicio, sin que comience el cómputo del plazo de caducidad hasta el momento en que conste quién sea el empresario.

3. Las normas del presente capítulo serán de aplicación a la impugnación de las decisiones empresariales de extinción de contrato con las especialidades necesarias, sin perjuicio de lo previsto en el artículo 120 y de las consecuencias sustantivas de cada tipo de extinción contractual.»

Ocho. El artículo 117 queda redactado como sigue:

«Artículo 117. Requisito del agotamiento de la vía administrativa previa a la vía judicial.

1. Para demandar al Estado por los salarios de tramitación, será requisito previo haber reclamado en vía administrativa en la forma y plazos establecidos, contra cuya denegación el empresario o, en su caso, el trabajador, podrá promover la oportuna acción ante el juzgado que conoció en la instancia del proceso de despido.

2. A la demanda habrá de acompañarse copia de la resolución administrativa denegatoria o de la instancia de solicitud de pago.

3. El plazo de prescripción de esta acción es el previsto en el apartado 2 del artículo 59 del texto refundido de la Ley del Estatuto de los Trabajadores, iniciándose el cómputo del mismo, en caso de reclamación efectuada por el empresario, desde el momento en que éste sufre la disminución patrimonial ocasionada por el abono de los salarios de tramitación y, en caso de reclamación por el trabajador, desde la fecha de notificación al mismo del auto judicial que haya declarado la insolvencia del empresario.»

Disposición final cuarta. Referencias normativas.

Las referencias hechas a la Ley 30/1992, de 26 de noviembre, de Régimen Jurídico de las Administraciones Públicas y del Procedimiento Administrativo Común, se entenderán hechas a la Ley del Procedimiento Administrativo Común de las Administraciones Públicas o a la Ley de Régimen Jurídico del Sector Público, según corresponda.

Disposición final quinta. Adaptación normativa.

En el plazo de un año a partir de la entrada en vigor de la Ley, se deberán adecuar a la misma las normas reguladoras estatales, autonómicas y locales de los distintos procedimientos normativos que sean incompatibles con lo previsto en esta Ley.

Disposición final sexta. Desarrollo normativo de la Ley.

Se faculta al Consejo de Ministros y al Ministro de Hacienda y Administraciones Públicas, en el ámbito de sus competencias, para dictar cuantas disposiciones reglamentarias sean necesarias para el desarrollo de la presente Ley, así como para acordar las medidas necesarias para garantizar la efectiva ejecución e implantación de las previsiones de esta Ley.

Disposición final séptima. Entrada en vigor.

La presente Ley entrará en vigor al año de su publicación en el «Boletín Oficial del Estado».

No obstante, las previsiones relativas al registro electrónico de apoderamientos, registro electrónico, registro de empleados públicos habilitados, punto de acceso general electrónico de la Administración y archivo único electrónico producirán efectos a los dos años de la entrada en vigor de la Ley.

Por tanto,

Mando a todos los españoles, particulares y autoridades, que guarden y hagan guardar esta ley. Madrid, 1 de octubre de 2015.

FELIPE R.

El Presidente del Gobierno,
MARIANO RAJOY BREY

Ley 40/2015, de 1 de octubre, de Régimen Jurídico del Sector Público

Se estructura en 158 artículos repartidos en un Título Preliminar y tres Títulos

NOVEDADES MÁS DESTACABLES:

- Incorpora en los principios generales de actuación de las Administraciones Públicas los de transparencia y de planificación y dirección por objetivos.
- Se adapta a las normas hasta ahora contenidas en la Ley 11/2007 en lo relativo al funcionamiento electrónico del sector público.
- El régimen de los órganos administrativos: toma como base la normativa hasta ahora vigente contenida en la Ley 30/1992 con ciertas novedades. La creación de órganos solo podrá hacerse previa comprobación de que no exista ninguna duplicidad con los existentes. Se completan las previsiones sobre los órganos de la Administración consultiva y se mejora la regulación de los órganos colegiados, en particular, los de la Administración General del Estado, destacando la generalización del uso de medios electrónicos para que éstos puedan constituirse, celebrar sus sesiones, adoptar acuerdos, elaborar y remitir las actas de sus reuniones.
- Modifica la responsabilidad patrimonial del Estado Legislador por las lesiones que sufran los particulares en sus bienes y derechos derivadas de leyes declaradas inconstitucionales o contrarias al Derecho de la Unión Europea.
- En relación con la Administración del Estado, el Título primero parte de la regulación contenida en la Ley 6/1997 aplicando ciertas mejoras. Se regulan los Ministerios y su organización interna.
- En cuanto a la Administración periférica, se refuerza el papel político e institucional de los Delegados del Gobierno, y se sistematizan de modo mas coherente sus funciones y los casos de vacantes, enfermedades o suplencias.
- En el ámbito de la Administración General del Estado, se establece una nueva clasificación del sector público estatal para los organismos y entidades que se creen a partir de la entrada en vigor de la Ley, más clara, ordenada y simple, pues quedan reducidos a los siguientes tipos: organismos públicos, que incluyen los organismos autónomos y las entidades públicas empresariales; autoridades administrativas independientes, sociedades mercantiles estatales, consorcios, fundaciones del sector público y fondos sin personalidad jurídica

ANÁLISIS

RANGO: LEY
 Fecha de disposición: 01/10/2015
 Fecha de publicación: 02/10/2015
 Entrada en vigor: 2 de octubre de 2016, con las salvedades indicadas en la propia ley

MATERIAS
 Administración del Estado en el Exterior
 Administración electrónica
 Administración General del Estado
 Administración Local
 Administraciones Públicas
 Agencias estatales
 Altos cargos
 Baleares
 Boletín Oficial del Estado
 Canarias
 Ceuta
 Comunidades Autónomas
 Consejo de Ministros
 Consejos consultivos
 Contratación administrativa
 Delegación de atribuciones
 Delegaciones del Gobierno en las CC. Autónomas
 Empleados públicos
 Empresas públicas
 Encomienda de gestión
 Entidades aseguradoras
 Entidades Públicas Empresariales
 Firma electrónica
 Funcionarios públicos
 Fundaciones estatales
 Garantías
 Gobierno
 Iniciativa legislativa
 Instituto de Crédito Oficial
 Melilla
 Ministros
 Nombramientos
 Normas jurídicas
 Organismos autónomos
 Organización de la Administración del Estado
 Órganos colegiados
 Patrimonio de las Administraciones Públicas
 Patrimonio Nacional
 Presupuestos Generales del Estado
 Procedimiento administrativo
 Procedimiento concursal
 Procedimiento sancionador
 Publicidad institucional
 Responsabilidad Civil de la Administración
 Secretarías generales técnicas ministeriales
 Secretarios de Estado
 Subdelegaciones del Gobierno en las CC. Autónomas
 Subsecretarías ministeriales
 Subvenciones
 Transporte de viajeros
 Transportes marítimos

ESTA LEY DEROGA:
 Arts. 12 a 15 y disposición adicional 6 de la Ley 15/2014, de 16 de septiembre (Ref. BOE-A-2014-9467).
 Art. 6.1.f) y disposiciones adicional 3 y transitorias 2 y 4 del Real Decreto 1671/2009, de 6 de noviembre (Ref. BOE-A-2009-18358).
 en la forma indicada, la Ley 28/2006, de 18 de julio (Ref. BOE-A-2006-13011).
 Arts. 44 a 46 y MODIFICA el art. 34,2 de la Ley 50/2002, de 26 de diciembre (Ref. BOE-A-2002-25180).
 Ley 6/1997, de 14 de abril (Ref. BOE-A-1997-7878).
 Art. 110 de la Ley de Régimen local, texto refundido aprobado por Real Decreto Legislativo 781/1986, de 18 de abril (Ref. BOE-A-1986-9865).
 Art. 87 de la Ley 7/1985, de 2 de abril (Ref. BOE-A-1985-5392).
 Arts. 37 a 40 del Decreto de 17 de junio de 1955 (Gazeta) (Ref. BOE-A-1955-10057).

MODIFICA:
 Disposición final 21.2 de la Ley 20/2015, de 14 de julio (Ref. BOE-A-2015-7897).
 Disposición adicional 13 de la Ley 17/2012, de 27 de diciembre (Ref. BOE-A-2012-15651).
 Y añade determinados preceptos a Ley de Contratos del Sector Público, texto refundido aprobado por Real Decreto Legislativo 3/2011, de 14 de noviembre (Ref. BOE-A-2011-17887).
 Arts. 2 y 3 Ley 47/2003, de 26 de noviembre (Ref. BOE-A-2003-21614).
 Art. 10 y disposición adicional 16.1 y AÑADE las disposiciones transitoria 3 y adicional 25 a la Ley 38/2003, de 17 de noviembre (Ref. BOE-A-2003-20977).
 Arts. 166.1 y 167.2 de la Ley 33/2003, de 3 de noviembre (Ref. BOE-A-2003-20254).
 Arts. 3.1, 34 ter, 34 quáter y 90.1.6 de la Ley 22/2003, de 9 de julio (Ref. BOE-A-2003-13813).
 Arts. 4 a 13, 20 y el título V y AÑADE el título VI a la Ley 50/1997, de 27 de noviembre (Ref. BOE-A-1997-25336).
 Disposición adicional 6 y AÑADE la disposición transitoria 5 al Real Decreto-ley 12/1995, de 28 de diciembre (Ref. BOE-A-1995-27964).
 Art. 8.Uno Ley 23/1982, de 16 de junio (Ref. BOE-A-1982-15230).

CITA:
 Ley 50/2007, de 26 de diciembre (Ref. BOE-A-2007-22294).

RECURSOS CONTRA ELLA:
 3903/2016 promovido contra los arts. 48.8, 50.2 d) y disposiciones adicionales 7 y 8 (Ref. BOE-A-2016-7357).
 3774/2016 promovido contra los arts. 39, 49 h), lo indicado del 52.2, 120.2, 121, 122, 126, 129.2, 157.3, la disposición adicional 8, apartados 1 y 2 y la disposición final 14 (Ref. BOE-A-2016-7354).

INCLUYE UNA CORRECIÓN DE ERRORES: en BOE núm. 306 de 23 de dic. de 2015 (Ref. BOE-A-2015-14020).

CONTENIDOS

Preámbulo

TÍTULO PRELIMINAR
DISPOSICIONES GENERALES, PRINCIPIOS DE ACTUACIÓN Y FUNCIONAMIENTO DEL SECTOR PÚBLICO

CAPÍTULO I. Disposiciones generales

Art. 1. Objeto
Art. 2. Ámbito Subjetivo
Art. 3. Principios generales
Art. 4. Principios de intervención de las Administraciones Públicas para el desarrollo de una actividad

CAPÍTULO II. De los órganos de las Administraciones Públicas

Sección 1.ª De los órganos administrativos
Art. 5. Órganos administrativos
Art. 6. Instrucciones y órdenes de servicio
Art. 7. Órganos consultivos
Sección 2.ª Competencia
Art. 8. Competencia
Art. 9. Delegación de competencias
Art. 10. Avocación
Art. 11. Encomiendas de gestión
Art. 12. Delegación de firma
Art. 13. Suplencia
Art. 14. Decisiones sobre competencia
Sección 3.ª Órganos colegiados de las distintas administraciones públicas
Subsección 1.ª Funcionamiento
Art. 15. Régimen
Art. 16. Secretario
Art. 17. Convocatorias y sesiones
Art. 18. Actas
Subsección 2.ª De los órganos colegiados en la Administración General del Estado
Art. 19. Régimen de los órganos colegiados de la Administración General del Estado y de las Entidades de Derecho Público vinculadas o dependientes de ella
Art. 20. Requisitos para constituir órganos colegiados
Art. 21. Clasificación y composición de los órganos colegiados
Art. 22. Creación, modificación y supresión de órganos colegiados
Sección 4.ª Abstención y recusación
Art. 23. Abstención
Art. 24. Recusación

CAPÍTULO III. Principios de la potestad sancionadora

Art. 25. Principio de legalidad
Art. 26. Irretroactividad
Art. 27. Principio de tipicidad
Art. 28. Responsabilidad
Art. 29. Principio de proporcionalidad
Art. 30. Prescripción
Art. 31. Concurrencia de sanciones

CAPÍTULO IV. De la responsabilidad patrimonial de las Administraciones Públicas

Sección 1.ª Responsabilidad patrimonial de las Administraciones Públicas
Art. 32. Principios de la responsabilidad
Art. 33. Responsabilidad concurrente de las Administraciones Públicas
Art. 34. Indemnización
Art. 35. Responsabilidad de Derecho Privado
Sección 2.ª Responsabilidad de las autoridades y personal al servicio de las Administraciones Públicas
Art. 36. Exigencia de la responsabilidad patrimonial de las autoridades y personal al servicio de las Administraciones Públicas
Art. 37. Responsabilidad penal

CAPÍTULO V. Funcionamiento electrónico del sector público

Art. 38. La sede electrónica
Art. 39. Portal de internet
Art. 40. Sistemas de identificación de las Administraciones Públicas
Art. 41. Actuación administrativa automatizada
Art. 42. Sistemas de firma para la actuación administrativa automatizada
Art. 43. Firma electrónica del personal al servicio de las Administraciones Públicas
Art. 44. Intercambio electrónico de datos en entornos cerrados de comunicación
Art. 45. Aseguramiento e interoperabilidad de la firma electrónica
Art. 46. Archivo electrónico de documentos

CAPÍTULO VI. De los convenios

Art. 47. Definición y tipos de convenios
Art. 48. Requisitos de validez y eficacia de los convenios
Art. 49. Contenido de los convenios
Art. 50. Trámites preceptivos para la suscripción de convenios y sus efectos
Art. 51. Extinción de los convenios
Art. 52. Efectos de la resolución de los convenios
Art. 53. Remisión de convenios al Tribunal de Cuentas

TÍTULO I. ADMINISTRACIÓN GENERAL DEL ESTADO

CAPÍTULO I. Organización administrativa

Art. 54. Principios y competencias de organización y funcionamiento de la Administración General del Estado
Art. 55. Estructura de la Administración General del Estado
Art. 56. Elementos organizativos básicos

CAPÍTULO II. Los Ministerios y su estructura interna

Art. 57. Los Ministerios
Art. 58. Organización interna de los Ministerios
Art. 59. Creación, modificación y supresión de órganos y unidades administrativas
Art. 60. Ordenación jerárquica de los órganos ministeriales
Art. 61. Los Ministros
Art. 62. Los Secretarios de Estado
Art. 63. Los Subsecretarios
Art. 64. Los Secretarios generales
Art. 65. Los Secretarios generales técnicos
Art. 66. Los Directores generales
Art. 67. Los Subdirectores generales
Art. 68. Reglas generales sobre los servicios comunes de los Ministerios

CAPÍTULO III. Órganos territoriales

Sección 1.ª La organización territorial de la Administración General del Estado
Art. 69. Las Delegaciones y las Subdelegaciones del Gobierno
Art. 70. Los Directores Insulares de la Administración General del Estado
Art. 71. Los servicios territoriales

Sección 2.ª Los Delegados del Gobierno en las Comunidades Autónomas
Art. 72. Los Delegados del Gobierno en las Comunidades Autónomas
Art. 73. Competencias de los Delegados del Gobierno en las Comunidades Autónomas

Sección 3.ª Los Subdelegados del Gobierno en las provincias
Art. 74. Los Subdelegados del Gobierno en las provincias
Art. 75. Competencias de los Subdelegados del Gobierno en las provincias

Sección 4.ª La estructura de las delegaciones del gobierno
Art. 76. Estructura de las Delegaciones y Subdelegaciones del Gobierno
Art. 77. Asistencia jurídica y control económico financiero de las Delegaciones y Subdelegaciones del Gobierno

Sección 5.ª Órganos colegiados
Art. 78. La Comisión interministerial de coordinación de la Administración periférica del Estado
Art. 79. Los órganos colegiados de asistencia al Delegado y al Subdelegado del Gobierno

CAPÍTULO IV. De la Administración General del Estado en el exterior
Art. 80. El Servicio Exterior del Estado

TÍTULO II. ORGANIZACIÓN Y FUNCIONAMIENTO DEL SECTOR PÚBLICO INSTITUCIONAL

CAPÍTULO I. Del sector público institucional
Art. 81. Principios generales de actuación
Art. 82. El Inventario de Entidades del Sector Público Estatal, Autonómico y Local
Art. 83. Inscripción en el Inventario de Entidades del Sector Público Estatal, Autonómico y Local

CAPÍTULO II. Organización y funcionamiento del sector público institucional estatal
Art. 84. Composición y clasificación del sector público institucional estatal
Art. 85. Control de eficacia y supervisión continua
Art. 86. Medio propio y servicio técnico
Art. 87. Transformaciones de las entidades integrantes del sector público institucional estatal

CAPÍTULO III. De los organismos públicos estatales

Sección 1.ª Disposiciones generales
Art. 88. Definición y actividades propias
Art. 89. Personalidad jurídica y potestades
Art. 90. Estructura organizativa en el sector público estatal
Art. 91. Creación de organismos públicos estatales
Art. 92. Contenido y efectos del plan de actuación
Art. 93. Contenido de los estatutos
Art. 94. Fusión de organismos públicos estatales
Art. 95. Gestión compartida de servicios comunes
Art. 96. Disolución de organismos públicos estatales
Art. 97. Liquidación y extinción de organismos públicos estatales

Sección 2.ª Organismos autónomos estatales
Art. 98. Definición
Art. 99. Régimen jurídico
Art. 100. Régimen jurídico del personal y de contratación
Art. 101. Régimen económico-financiero y patrimonial
Art. 102. Régimen presupuestario, de contabilidad y control económico-financiero

Sección 3.ª Las entidades públicas empresariales de ámbito estatal
Art. 103. Definición
Art. 104. Régimen jurídico
Art. 105. Ejercicio de potestades administrativas
Art. 106. Régimen jurídico del personal y de contratación
Art. 107. Régimen económico-financiero y patrimonial
Art. 108. Régimen presupuestario, de contabilidad y control económico-financiero

CAPÍTULO IV. Las autoridades administrativas independientes de ámbito estatal
Art. 109. Definición
Art. 110. Régimen jurídico

CAPÍTULO V. De las sociedades mercantiles estatales
Art. 111. Definición
Art. 112. Principios rectores
Art. 113. Régimen jurídico
Art. 114. Creación y extinción
Art. 115. Régimen de responsabilidad aplicable a los miembros de los consejos de administración de las sociedades mercantiles estatales designados por la Administración General del Estado
Art. 116. Tutela
Art. 117. Régimen presupuestario, de contabilidad, control económico-financiero y de personal

CAPÍTULO VI. De los consorcios
Art. 118. Definición y actividades propias
Art. 119. Régimen jurídico
Art. 120. Régimen de adscripción
Art. 121. Régimen de personal
Art. 122. Régimen presupuestario, de contabilidad, control económico-financiero y patrimonial
Art. 123. Creación
Art. 124. Contenido de los estatutos
Art. 125. Causas y procedimiento para el ejercicio del derecho de separación de un consorcio
Art. 126. Efectos del ejercicio del derecho de separación de un consorcio
Art. 127. Disolución del consorcio

CAPÍTULO VII. De las fundaciones del sector público estatal
Art. 128. Definición y actividades propias
Art. 129. Régimen de adscripción de las fundaciones
Art. 130. Régimen jurídico
Art. 131. Régimen de contratación
Art. 132. Régimen presupuestario, de contabilidad, de control económico-financiero y de personal
Art. 133. Creación de fundaciones del sector público estatal
Art. 134. Protectorado
Art. 135. Estructura organizativa
Art. 136. Fusión, disolución, liquidación y extinción

CAPÍTULO VIII. De los fondos carentes de personalidad jurídica del sector público estatal
Art. 137. Creación y extinción
Art. 138. Régimen jurídico
Art. 139. Régimen presupuestario, de contabilidad y de control económico-financiero

TÍTULO III. RELACIONES INTERADMINISTRATIVAS

CAPÍTULO I. Principios generales de las relaciones interadministrativas
Art. 140. Principios de las relaciones interadministrativas

CAPÍTULO II. Deber de colaboración
Art. 141. Deber de colaboración entre las Administraciones Públicas
Art. 142. Técnicas de colaboración

CAPÍTULO III. Relaciones de cooperación

Sección 1.ª Técnicas de cooperación
Art. 143. Cooperación entre Administraciones Públicas
Art. 144. Técnicas de Cooperación

Sección 2.ª Técnicas orgánicas de cooperación
Art. 145. Órganos de cooperación

Art. 146. Conferencia de Presidentes
Art. 147. Conferencias Sectoriales
Art. 148. Funciones de las Conferencias Sectoriales
Art. 149. Convocatoria de las reuniones de las Conferencias Sectoriales
Art. 150. Secretaría de las Conferencias Sectoriales
Art. 151. Clases de decisiones de la Conferencia Sectorial
Art. 152. Comisiones Sectoriales y Grupos de trabajo
Art. 153. Comisiones Bilaterales de Cooperación
Art. 154. Comisiones Territoriales de Coordinación

CAPÍTULO IV. Relaciones electrónicas entre las Administraciones

Art. 155. Transmisiones de datos entre Administraciones Públicas
Art. 156. Esquema Nacional de Interoperabilidad y Esquema Nacional de Seguridad
Art. 157. Reutilización de sistemas y aplicaciones de propiedad de la Administración
Art. 158. Transferencia de tecnología entre Administraciones

Disposiciones adicionales

Disposición adicional primera. Administración de los Territorios Históricos del País Vasco
Disposición adicional segunda. Delegados del Gobierno en las Ciudades de Ceuta y Melilla
Disposición adicional tercera. Relaciones con las ciudades de Ceuta y Melilla
Disposición adicional cuarta. Adaptación de entidades y organismos públicos existentes en el ámbito estatal
Disposición adicional quinta. Gestión compartida de servicios comunes de los organismos públicos estatales existentes
Disposición adicional sexta. Transformación de los medios propios estatales existentes
Disposición adicional séptima. Registro Electrónico estatal de Órganos e Instrumentos de Cooperación
Disposición adicional octava. Adaptación de los convenios vigentes suscritos por cualquier Administración Pública e inscripción de organismos y entidades en el Inventario de Entidades del Sector Público Estatal, Autonómico y Local
Disposición adicional novena. Comisión Sectorial de administración electrónica
Disposición adicional décima. Aportaciones a los consorcios
Disposición adicional undécima. Conflictos de atribuciones intraministeriales
Disposición adicional duodécima. Régimen Jurídico de las Autoridades Portuarias y Puertos del Estado
Disposición adicional decimotercera. Régimen jurídico de las Entidades gestoras y servicios comunes de la Seguridad Social
Disposición adicional decimocuarta. La organización militar y las Delegaciones de Defensa
Disposición adicional decimoquinta. Personal militar de las Fuerzas Armadas y del Centro Nacional de Inteligencia
Disposición adicional decimosexta. Servicios territoriales integrados en las Delegaciones del Gobierno
Disposición adicional decimoséptima. Régimen jurídico de la Agencia Estatal de Administración Tributaria
Disposición adicional decimoctava. Régimen jurídico del Centro Nacional de Inteligencia
Disposición adicional decimonovena. Régimen jurídico del Banco de España
Disposición adicional vigésima. Régimen jurídico del Fondo de Reestructuración Ordenada Bancaria
Disposición adicional vigesimoprimera. Órganos Colegiados de Gobierno
Disposición adicional vigesimosegunda. Actuación administrativa de los órganos constitucionales del Estado y de los órganos legislativos y de control autonómicos.

Disposiciones transitorias

Disposición transitoria primera. Composición y clasificación del sector público institucional
Disposición transitoria segunda. Entidades y organismos públicos existentes
Disposición transitoria tercera. Procedimientos de elaboración de normas en la Administración General del Estado
Disposición transitoria cuarta. Régimen transitorio de las modificaciones introducidas en la disposición final novena

Disposiciones derogatorias

Disposición derogatoria única. Derogación normativa

Disposiciones finales

Disposición final primera. Modificación de la Ley 23/1982, de 16 de junio, reguladora del Patrimonio Nacional
Disposición final segunda. Modificación del Real Decreto-Ley 12/1995, de 28 de diciembre, sobre medidas urgentes en materia presupuestaria, tributaria y financiera
Disposición final tercera. Modificación de la Ley 50/1997, de 27 de noviembre, del Gobierno
Disposición final cuarta. Modificación de la Ley 50/2002, de 26 de diciembre, de Fundaciones
Disposición final quinta. Modificación de la Ley 22/2003, de 9 de julio, Concursal
Disposición final sexta. Modificación de la Ley 33/2003, de 3 de noviembre, del Patrimonio de las Administraciones Públicas
Disposición final séptima. Modificación de la Ley 38/2003, de 17 de noviembre, General de Subvenciones
Disposición final octava. Modificación de la Ley 47/2003, de 26 de noviembre, General Presupuestaria
Disposición final novena. Modificación del Texto Refundido de la Ley de Contratos del Sector Público, aprobado por Real Decreto Legislativo 3/2011, de 14 de noviembre
Disposición final décima. Modificación de la Ley 17/2012, de 27 de diciembre, de Presupuestos Generales del Estado para el año 2013
Disposición final undécima. Modificación de la Ley 20/2015, de 14 de julio, de ordenación, supervisión y solvencia de las entidades aseguradoras y reaseguradoras
Disposición final duodécima. Restitución o compensación a los partidos políticos de bienes y derechos incautados en aplicación de la normativa sobre responsabilidades políticas
Disposición final decimotercera. Referencias normativas
Disposición final decimocuarta. Título competencial
Disposición final decimoquinta. Desarrollo normativo de la Ley
Disposición final decimosexta. Precedencias en actos oficiales
Disposición final decimoséptima. Adaptación normativa
Disposición final decimoctava. Entrada en vigor.

Ley 40/2015, de 1 de octubre, de

Régimen Jurídico del Sector Público

FELIPE VI
REY DE ESPAÑA

A todos los que la presente vieren y entendieren.
Sabed: Que las Cortes Generales han aprobado y Yo vengo en sancionar la siguiente ley:

PREÁMBULO

I

El 26 de octubre de 2012 el Consejo de Ministros acordó la creación de la Comisión para la Reforma de las Administraciones Públicas con el mandato de realizar un estudio integral dirigido a modernizar el sector público español, dotarle de una mayor eficacia y eliminar las duplicidades que le afectaban y simplificar los procedimientos a través de los cuales los ciudadanos y las empresas se relacionan con la Administración.

El informe, que fue elevado al Consejo de Ministros el 21 de junio de 2013, formuló 218 propuestas basadas en el convencimiento de que una economía competitiva exige unas Administraciones Públicas eficientes, transparentes, ágiles y centradas en el servicio a los ciudadanos y las empresas. En la misma línea, el Programa nacional de reformas de España para 2014 establece la necesidad de impulsar medidas para racionalizar la actuación administrativa, mejorar la eficiencia en el uso de los recursos públicos y aumentar su productividad.

Este convencimiento está inspirado en lo que dispone el propio artículo 31.2 de la Constitución Española, cuando establece que el gasto público realizará una asignación equitativa de los recursos públicos, y su programación y ejecución responderán a los criterios de eficiencia y economía.

Como se señala en el Informe de la Comisión para la Reforma de las Administraciones Públicas (en adelante CORA), la normativa reguladora de las Administraciones Públicas ha pasado por diferentes etapas. Tradicionalmente, las reglas reguladoras de los aspectos orgánicos del poder ejecutivo estaban separadas de las que disciplinaban los procedimientos. Esta separación terminó con la Ley 30/1992, de 26 de noviembre, de Régimen Jurídico de las Administraciones Públicas y del Procedimiento Administrativo Común, que unificó en un solo instrumento estas materias.

La evolución normativa posterior se ha caracterizado por la profusión de leyes, reales decretos y demás disposiciones de inferior rango, que han completado la columna vertebral del derecho administrativo. De este modo, nos encontramos en el momento actual normas que regulan aspectos orgánicos, como la Ley 6/1997, de 14 de abril, de organización y funcionamiento de la Administración General del Estado; la Ley 50/1997, de 27 de noviembre, del Gobierno y la Ley 28/2006, de 18 de julio, de Agencias estatales para la mejora de los servicios públicos; y otras que tratan aspectos tanto orgánicos como procedimentales de la citada Ley 30/1992, de 26 de noviembre; o la Ley 11/2007, de 22 de junio, de acceso electrónico de los ciudadanos a los servicios públicos, por citar las más relevantes.

Resulta, por tanto evidente, la necesidad de dotar a nuestro sistema legal de un derecho administrativo sistemático, coherente y ordenado, de acuerdo con el proyecto general de mejora de la calidad normativa que inspira todo el informe aprobado por la CORA. En él se previó la elaboración de dos leyes: una, reguladora del procedimiento administrativo, que integraría las normas que rigen la relación de los ciudadanos con las Administraciones. Otra, comprensiva del régimen jurídico de las Administraciones Públicas, donde se incluirían las disposiciones que disciplinan el sector público institucional. Con ello, se aborda una reforma integral de la organización y funcionamiento de las Administraciones articulada en dos ejes fundamentales: la ordenación de las relaciones ad extra de las Administraciones con los ciudadanos y empresas, y la regulación ad intra del funcionamiento interno de cada Administración y de las relaciones entre ellas.

La presente Ley responde al segundo de los ejes citados, y abarca, por un lado, la legislación básica sobre régimen jurídico administrativo, aplicable a todas las Administraciones Públicas; y por otro, el régimen jurídico específico de la Administración General del Estado, donde se incluye tanto la llamada Administración institucional, como la Administración periférica del Estado. Esta Ley contiene también la regulación sistemática de las relaciones internas entre las Administraciones, estableciendo los principios generales de actuación y las técnicas de relación entre los distintos sujetos públicos. Queda así sistematizado el ordenamiento de las relaciones ad intra e inter Administraciones, que se complementa con su normativa presupuestaria, destacando especialmente la Ley Orgánica 2/2012, de 27 de abril, de Estabilidad Presupuestaria y Sostenibilidad Financiera, la Ley 47/2003, de 26 de noviembre, General Presupuestaria y las leyes anuales de Presupuestos Generales del Estado.

Se conserva como texto independiente la Ley del Gobierno, que por regular de forma específica la cabeza del poder ejecutivo de la nación, de naturaleza y funciones eminentemente políticas, debe mantenerse separada de la norma reguladora de la Administración Pública, dirigida por aquél. De acuerdo con este criterio, la presente Ley modifica aquella, con el objeto de extraer aquellas materias que, por ser más propias de la organización y funciones de los miembros del gobierno en cuanto que órganos administrativos, deben regularse en este texto legal.

El Informe CORA recomienda reformar el ordenamiento jurídico administrativo no solo por razones de coherencia normativa y política legislativa. Las Administraciones Públicas, lejos de constituir un obstáculo para la vida de los ciudadanos y las empresas, deben facilitar la libertad individual y el desenvolvimiento de la iniciativa personal y empresarial. Para ello es imprescindible establecer un marco normativo que impida la creación de órganos o entidades innecesarios o redundantes, y asegure la eficacia y eficiencia de los entes públicos, ejerciendo sobre ellos una supervisión continua que permita evaluar el cumplimiento de los objetivos que justificaron su creación, y cuestionar su mantenimiento cuando aquellos se hayan agotado o exista otra forma más eficiente de alcanzarlos.

La Organización para la Cooperación y Desarrollo Económico (en adelante OCDE), ha valorado la reforma administrativa emprendida por la CORA de forma muy positiva. En el informe emitido sobre ella, señala que el paquete de reforma es resultado de un riguroso proceso de recolección de datos, diálogo entre profesionales y diagnóstico de las debilidades de la Administraciones Públicas españolas. Considera la OCDE que el conjunto de asuntos políticos incluidos en la reforma (por ejemplo, gobierno electrónico, relaciones de gobernanza multinivel, buena regulación, reformas presupuestarias), junto con las iniciativas paralelas adoptadas en los dos últimos años en áreas como estabilidad presupuestaria, transparencia y regeneración democrática, explica uno de los más ambiciosos procesos de reforma realizados en un país de la OCDE. La presente Ley, por tanto, no representa el único instrumento normativo que materializa la reforma, Pero sí constituye, junto con la que disciplinará el procedimiento administrativo, de tramitación paralela, y las ya aprobadas sobre transparencia y buen gobierno y estabilidad presupuestaria, la piedra angular sobre la que se edificará la Administración Pública española del futuro, al servicio de los ciudadanos.

II

La Ley comienza estableciendo, en sus disposiciones generales, los principios de actuación y de funcionamiento del sector público español.

Entre los principios generales, que deberán respetar todas las Administraciones Públicas en su actuación y en sus relaciones recíprocas, además de encontrarse los ya mencionados en la Constitución Española de eficacia, jerarquía, descentralización, desconcentración, coordinación, y sometimiento pleno a la Ley y al Derecho, destaca la incorporación de los de trasparencia y de planificación y dirección por objetivos, como exponentes de los nuevos criterios que han de guiar la actuación de todas las unidades administrativas.

La Ley recoge, con las adaptaciones necesarias, las normas hasta ahora contenidas en la Ley 11/2007, de 22 de junio, en lo relativo al funcionamiento electrónico del sector público, y algunas de las previstas en el Real Decreto 1671/2009, de 6 de noviembre, por el que se desarrolla parcialmente la anterior. Se integran así materias que demandaban una regulación unitaria, como corresponde con un entorno en el que la utilización de los medios electrónicos ha de ser lo habitual, como la firma y sedes electrónicas, el intercambio electrónico de datos en entornos cerrados de comunicación y la actuación administrativa automatizada. Se establece asimismo la obligación de que las Administraciones Públicas se relacionen entre sí por medios electrónicos, previsión que se desarrolla posteriormente en el título referente a la cooperación interadministrativa mediante una regulación específica de las relaciones electrónicas entre las Administraciones. Para ello, también se contempla como nuevo principio de actuación la interoperabilidad de los medios electrónicos y sistemas y la prestación conjunta de servicios a los ciudadanos.

La enumeración de los principios de funcionamiento y actuación de las Administraciones Públicas se completa con los ya contemplados en la normativa vigente de responsabilidad, calidad, seguridad, accesibilidad, proporcionalidad, neutralidad y servicio a los ciudadanos.

El Título Preliminar regula pormenorizadamente el régimen de los órganos administrativos, tomando como base la normativa hasta ahora vigente contenida en la Ley 30/1992, de 26 de noviembre, en la que se incorporan ciertas novedades. La creación de órganos solo podrá hacerse previa comprobación de que no exista ninguna duplicidad con los existentes. Se completan las previsiones sobre los órganos de la Administración consultiva y se mejora la regulación de los órganos colegiados, en particular, los de la Administración General del Estado, destacando la generalización del uso de medios electrónicos para que éstos puedan constituirse, celebrar sus sesiones, adoptar acuerdos, elaborar y remitir las actas de sus reuniones.

También se incorporan en este Título los principios relativos al ejercicio de la potestad sancionadora y los que rigen la responsabilidad patrimonial de las Administraciones Públicas. Entre las novedades más destacables en este ámbito, merecen especial mención los cambios introducidos en la regulación de la denominada «responsabilidad patrimonial del Estado Legislador» por las lesiones que sufran los particulares en sus bienes y derechos derivadas de leyes declaradas inconstitucionales o contrarias al Derecho de la Unión Europea, concretándose las condiciones que deben darse para que se pueda proceder, en su caso, a la indemnización que corresponda.

Por último, se regulan en el Título Preliminar los convenios administrativos, en la línea prevista en el Dictamen 878 del Tribunal de Cuentas, de 30 de noviembre, de 2010, que recomendaba sistematizar su marco legal y tipología, establecer los requisitos para su validez, e imponer la obligación de remitirlos al propio Tribunal. De este modo, se desarrolla un régimen completo de los convenios, que fija su contenido mínimo, clases, duración, y extinción y asegura su control por el Tribunal de Cuentas.

III

En relación con la Administración del Estado, el Título primero parte de la regulación contenida en la Ley 6/1997, de 14 de abril, aplicando ciertas mejoras que el tiempo ha revelado necesarias. Se establecen los órganos superiores y directivos propios de la estructura ministerial y también en el ámbito de la Administración periférica y en el exterior. En el caso de los organismos públicos, serán sus estatutos los que establezcan sus órganos directivos.

La Ley regula los Ministerios y su organización interna, sobre la base de los siguientes órganos: Ministros, Secretarios de Estado, Subsecretarios, Secretarios Generales, Secretarios Generales Técnicos, Directores Generales y Subdirectores Generales.

Se integran en esta Ley funciones de los Ministros que, hasta ahora, estaban dispersas en otras normas o que eran inherentes al ejercicio de ciertas funciones, como celebrar en el ámbito de su competencia, contratos y convenios; autorizar las modificaciones presupuestarias; decidir la representación del Ministerio en los órganos colegiados o grupos de trabajo; rendir la cuenta del departamento ante el Tribunal de Cuentas; y resolver los recursos administrativos presentados ante los órganos superiores y directivos del Departamento. La Ley reordena parcialmente las competencias entre los órganos superiores, Ministros y Secretarios de Estado, y directivos, Subsecretarios, Secretarios Generales, Secretarios Generales Técnicos y Directores Generales de los Ministerios, atribuyendo a ciertos órganos como propias algunas funciones que hasta ahora habitualmente se delegaban en ellos. Y con el objeto de posibilitar las medidas de mejora de gestión propuestas en el Informe CORA, se atribuye a los Subsecretarios una nueva competencia: la de adoptar e impulsar las medidas tendentes a la gestión centralizada de recursos y medios materiales en el ámbito de su Departamento.

Se atribuyen también expresamente a la Subsecretaría del Ministerio de la Presidencia, en coordinación con la Secretaría General de la Presidencia del Gobierno, las competencias propias de los servicios comunes de los Departamentos en relación con el área de la Presidencia del Gobierno. Debe recordarse que, al tratarse de un ámbito ajeno a la estructura del propio departamento ministerial, esta atribución excede del real decreto en que se fije la estructura orgánica de aquél.

Con el objeto de evitar la proliferación de centros encargados de la prestación de servicios administrativos en cada ente o unidad, y facilitar que los mismos se provean por órganos especializados en el ámbito del Ministerio o de forma centralizada para toda la Administración, se prevé la posibilidad de que la organización y gestión de los servicios comunes de los Ministerios y entidades dependientes pueda ser coordinada por el Ministerio de Hacienda y Administraciones Públicas u otro organismo público; o bien por la Subsecretaría de cada departamento.

IV

Sobre la base de la regulación de la Administración Periférica contenida en la Ley 6/1997, la Ley regula los órganos de la Administración General del Estado de carácter territorial, los Delegados y Subdelegados del Gobierno. Como principales novedades respecto a la regulación hasta ahora vigente, destacan las siguientes cuestiones.

En cuanto a los Delegados del Gobierno, se refuerza su papel político e institucional, se les define como órganos directivos, y se dispone que su nombramiento atenderá a criterios de competencia profesional y experiencia, siendo de aplicación al desempeño de sus funciones lo establecido en el Título II de la Ley 19/2013, de 9 de diciembre, de transparencia, acceso a la información pública y buen gobierno.

Se mejora la regulación de su suplencia, vacante o enfermedad, correspondiendo al Subdelegado del Gobierno que el Delegado designe. En caso de no haber realizado formalmente la designación, y cuando se trate de una Comunidad uniprovincial que carezca de Subdelegado, la suplencia recaerá sobre el Secretario General.

Las competencias de los Delegados del Gobierno, que hasta ahora eran recogidas en diversos preceptos, pasan a estar reguladas en un único artículo, sistematizándolas en cinco categorías: competencias de dirección y coordinación; de información de la acción del Gobierno y a los ciudadanos; de coordinación y colaboración con otras Administraciones Públicas; competencias relativas al control de legalidad; y competencias relacionadas con el desarrollo de las políticas públicas.

Se recoge expresamente en la Ley la competencia atribuida a los Delegados del Gobierno en la Ley 33/2003, de 3 de noviembre, de Patrimonio de las Administraciones Públicas, referente a la coordinación de los usos de los edificios de la Administración General del Estado en su ámbito de actuación, de acuerdo con las directrices establecidas por el Ministerio de Hacienda y Administraciones Públicas y la Dirección General de Patrimonio del Estado.

Respecto de los Subdelegados del Gobierno, se concretan los requisitos de titulación para ser nombrado Subdelegado del Gobierno, de tal manera que ahora se indica el subgrupo funcionarial al que debe pertenecer. En cuanto a las competencias de los Subdelegados del Gobierno, y como novedad más relevante, se le atribuye la de coordinar la utilización de los medios materiales y, en particular, de los edificios administrativos en el ámbito de su provincia.

Se recoge legalmente la existencia de un órgano que se ha revelado como fundamental en la gestión de las Delegaciones y Subdelegaciones, la Secretaría General, encargada de la llevanza de los servicios comunes y de la que dependerán las áreas funcionales. También se establece a nivel legal que la asistencia jurídica y el control financiero de las Delegaciones y Subdelegaciones del Gobierno serán ejercidos por la Abogacía del Estado y por la Intervención General de la Administración del Estado, respectivamente, cuestión anteriormente regulada por normativa reglamentaria.

La Ley también prevé expresamente la existencia de la Comisión Interministerial de Coordinación de la Administración Periférica del Estado, cuyas atribuciones, composición y funcionamiento serán objeto de regulación reglamentaria.

Por lo que se refiere a la Administración General del Estado en el exterior, se efectúa una remisión a la Ley 2/2014, de 25 de marzo, de la Acción y del Servicio Exterior del Estado, y a su normativa de desarrollo, declarándose la aplicación supletoria de la presente Ley.

V

En el ámbito de la denominada Administración institucional, la Ley culmina y hace efectivas las conclusiones alcanzadas en este ámbito por la CORA y que son reflejo de la necesidad de dar cumplimiento a lo previsto en el mencionado artículo 31.2 de la Constitución, que ordena que el gasto público realice una asignación equitativa de los recursos públicos, y que su programación y ejecución respondan a los criterios de eficiencia y economía. De forma congruente con este mandato, el artículo 135 de la Constitución establece que todas las Administraciones Públicas adecuarán sus actuaciones al principio de estabilidad presupuestaria.

La permanente necesidad de adaptación de la Administración Institucional se aprecia con el mero análisis de la regulación jurídica de los entes que la componen. Un panorama en el que se han aprobado de forma sucesiva diferentes leyes que desde distintas perspectivas han diseñado el marco normativo de los entes auxiliares de que el Estado dispone.

En primer lugar, la regulación jurídica fundamental de los diferentes tipos de entes y organismos públicos dependientes del Estado está prevista en la Ley 6/1997, de 14 de abril, que diferencia tres tipos de entidades: Organismos Autónomos, Entidades Públicas Empresariales y Agencias Estatales, categoría que se añadió con posterioridad. Cada uno de estos organismos públicos cuenta con una normativa reguladora específica, que normalmente consta de una referencia en la ley de creación y de un desarrollo reglamentario posterior dictado al aprobar los correspondientes estatutos.

No obstante, el marco aparentemente general es cuestionado por la previsión establecida en la disposición adicional décima de la Ley, 6/1997, de 14 de abril, que excluye de su aplicación a determinados entes que cuentan con previsiones legales propias, por lo que la Ley se les aplica de forma sólo supletoria. Esta excepción pone de relieve el principal obstáculo en la clarificación normativa de estos entes, que no es otro que el desplazamiento del derecho común en beneficio de un derecho especial normalmente vinculado a una percepción propia de un sector de actividad, social o corporativo, que a través de la legislación específica logra dotarse de un marco jurídico más sensible a sus necesidades.

Con posterioridad a la Ley 6/1997, de 14 de abril, la descentralización funcional del Estado recuperó rápidamente su tendencia a la diversidad. En primer lugar, por la aprobación de la Ley 50/2002, de 26 de diciembre, de Fundaciones. En ella se diseña el régimen aplicable a las fundaciones constituidas mayoritariamente por entidades del sector público estatal, aplicando la técnica fundacional al ámbito de la gestión pública.

Desde otra perspectiva, basada en el análisis de la actividad que realizan los diferentes entes, el ordenamiento vigente ha regulado en la Ley 47/2003, de 26 de noviembre, General Presupuestaria, la totalidad del denominado «sector público estatal», que está formado por tres sectores: Primero, el Sector Público administrativo, que está constituido por la Administración General del Estado; los organismos autónomos dependientes de la Administración General del Estado; las entidades gestoras, servicios comunes y las mutuas colaboradoras con la Seguridad Social en su función pública de colaboración en la gestión de la Seguridad Social; los órganos con dotación diferenciada en los Presupuestos Generales del Estado que, careciendo de personalidad jurídica, no están integrados en la Administración General del Estado pero forman parte del sector público estatal; las entidades estatales de derecho público y los consorcios, cuando sus actos estén sujetos directa o indirectamente al poder de decisión de un órgano del Estado, su actividad principal no consiste en la producción en régimen de mercado de bienes y servicios y no se financien mayoritariamente con ingresos comerciales. Segundo, el Sector Público empresarial, que está constituido por las entidades públicas empresariales, dependientes de la Administración General del Estado, o de cualesquiera otros organismos públicos vinculados o dependientes de ella; las sociedades mercantiles estatales, definidas en la Ley 33/2003, de 3 de noviembre, de Patrimonio de las Administraciones Públicas; y las Entidades estatales de derecho público distintas de las comprendidas en el Sector Público administrativo y los consorcios no incluidos en él. Tercero, el Sector Público fundacional, constituido por las fundaciones del sector público estatal, definidas en la Ley 50/2002, de 26 de diciembre.

El siguiente hito normativo fue la Ley 33/2003, de 3 de noviembre, que regula el denominado «patrimonio empresarial de la Administración General del Estado», formado por las entidades públicas empresariales, a las que se refiere el Capítulo III del Título III de la Ley 6/1997, de 14 de abril, las entidades de Derecho público cuyos ingresos provengan, al menos en un 50 por 100, de operaciones realizadas en el mercado; y las sociedades mercantiles estatales.

La preocupación por la idoneidad de los entes públicos y la voluntad de abordar su reforma condujo a la aprobación de la Ley 28/2006, de 18 de julio, de Agencias Estatales para la Mejora de los Servicios Públicos, mediante la que se creó este nuevo tipo de ente. El objetivo prioritario de esta Ley fue establecer mecanismos de responsabilidad en la dirección y gestión de los nuevos organismos públicos, vinculando el sistema retributivo al logro de sus objetivos y reconociendo un mayor margen de discrecionalidad en la gestión presupuestaria.

La Ley autorizó la creación de 12 Agencias, si bien hasta el momento sólo se han constituido 7 de ellas, y la Agencia Española de Medicamentos y Productos Sanitarios, autorizada en otra Ley.

El objetivo de la reforma fue instaurar la Agencia como nuevo modelo de ente público, pero nació ya con una eficacia limitada. La disposición adicional quinta de la Ley autorizaba al Gobierno para transformar en Agencia los Organismos Públicos cuyos objetivos y actividades se ajustasen a su naturaleza, lo que implicaba el reconocimiento de la existencia de entidades que, por no cumplir este requisito, no precisarían transformación, y que permanecerían en su condición de Organismos Autónomos, Entidades Públicas Empresariales o entes con estatuto especial. Y, sin embargo, la disposición adicional séptima ordenaba atribuir el estatuto a todos los organismos públicos de futura creación «con carácter general».

Por todo ello, no puede decirse que los objetivos de la Ley se hayan alcanzado, incluso después de más de seis años de vigencia, porque su desarrollo posterior ha sido muy limitado, y porque las medidas de control de gasto público han neutralizado la pretensión de dotar a las agencias de mayor autonomía financiera.

Otras normas se han referido con mayor o menor amplitud, al ámbito y categoría del sector público. Es el caso de la Ley 30/2007, de 30 de octubre, de

Contratos del Sector Público, que diferencia entre el «Sector Público» y las «Administraciones Públicas», introduciendo el concepto de «poderes adjudicadores». Distinción igualmente recogida en el posterior Real Decreto Legislativo 3/2011, de 14 de noviembre, por el que se aprueba el texto refundido de la Ley de Contratos del Sector Público.

La Ley 2/2011, de 4 de marzo, de Economía Sostenible, llevó a cabo una regulación propia y especial para los seis organismos reguladores existentes en esos momentos, con especial atención a garantizar su independencia respecto de los agentes del mercado. Posteriormente la Ley 3/2013, de 4 de junio, de creación de la Comisión Nacional de los Mercados y la Competencia integró en esta supervisión hasta siete preexistentes. Incluso nos encontramos con que la Ley Orgánica 2/2012, de 27 de abril, de Estabilidad Presupuestaria y Sostenibilidad Financiera, para evitar dudas interpretativas, se remite a la definición del «sector público» «en el ámbito comunitario».

El proyecto de reforma administrativa puesto en marcha aborda la situación de los entes instrumentales en dos direcciones: medidas concretas de racionalización del sector público estatal, fundacional y empresarial, que se han materializado en sucesivos Acuerdos de Consejo de Ministros, y en otras disposiciones; y la reforma del ordenamiento aplicable a los mismos, que se materializa en la presente Ley, y de la que ya se habían dado pasos en la reciente Ley 15/2014, de 16 de septiembre, de racionalización del Sector Público y otras medidas de reforma administrativa, que modificó el régimen jurídico de los consorcios.

Teniendo en cuenta todos estos antecedentes, la Ley establece, en primer lugar, dos normas básicas para todas las Administraciones Públicas. Por un lado, la obligatoriedad de inscribir la creación, transformación o extinción de cualquier entidad integrante del sector público institucional en el nuevo Inventario de Entidades del Sector Público Estatal, Autonómico y Local. Esta inscripción será requisito necesario para obtener el número de identificación fiscal definitivo de la Agencia Estatal de Administración Tributaria. Este Registro permitirá contar con información completa, fiable y pública del número y los tipos de organismos públicos y entidades existentes en cada momento. Y por otro lado, se obliga a todas las Administraciones a disponer de un sistema de supervisión continua de sus entidades dependientes, que conlleve la formulación periódica de propuestas de transformación, mantenimiento o extinción.

Ya en el ámbito de la Administración General del Estado, se establece una nueva clasificación del sector público estatal para los organismos y entidades que se creen a partir de la entrada en vigor de la Ley, más clara, ordenada y simple, pues quedan reducidos a los siguientes tipos: organismos públicos, que incluyen los organismos autónomos y las entidades públicas empresariales; autoridades administrativas independientes, sociedades mercantiles estatales, consorcios, fundaciones del sector público y fondos sin personalidad jurídica. La meta es la de sistematizar el régimen hasta ahora vigente en el ámbito estatal y mejorarlo siguiendo las pautas que se explican a continuación.

En primer lugar, preservando los aspectos positivos de la regulación de los distintos tipos de entes, de modo que se favorezca la programación de objetivos, el control de eficacia de los entes públicos y el mantenimiento de los estrictamente necesarios para la realización de las funciones legalmente encomendadas al sector público.

En segundo lugar, suprimiendo las especialidades que, sin mucha justificación, propiciaban la excepción de la aplicación de controles administrativos que deben existir en toda actuación pública, en lo que ha venido en denominarse la "huida del derecho administrativo". La flexibilidad en la gestión ha de ser compatible con los mecanismos de control de la gestión de fondos públicos.

Y, en tercer lugar, dedicando suficiente atención a la supervisión de los entes públicos y a su transformación y extinción, materias éstas que, por poco frecuentes, no habían demandado un régimen detallado en el pasado. Con ello se resuelve una de las principales carencias de la Ley de Agencias: la ausencia de una verdadera evaluación externa a la entidad, que permita juzgar si sigue siendo la forma más eficiente y eficaz posible de cumplir los objetivos que persiguió su creación y que proponga alternativas en caso de que no sea así.

De este modo, se establecen dos tipos de controles de las entidades integrantes del sector público estatal.

Una supervisión continua, desde su creación hasta su extinción, a cargo del Ministerio de Hacienda y Administraciones Públicas que vigilará la concurrencia de los requisitos previstos en esta Ley.

Un control de eficacia, centrado en el cumplimiento de los objetivos propios de la actividad de la entidad, que será ejercido anualmente por el Departamento al que esté adscrita la entidad u organismo público, sin perjuicio del control de la gestión económico financiera que se ejerza por la Intervención General de la Administración del Estado.

Este sistema, que sigue las mejores prácticas del derecho comparado, permitirá evaluar de forma continua la pervivencia de las razones que justificaron la creación de cada entidad y su sostenibilidad futura. Así se evitará tener que reiterar en el futuro el exhaustivo análisis que tuvo que ejecutar la CORA para identificar las entidades innecesarias o redundantes y que están en proceso de extinción.

Se incorpora al contenido de la Ley la regulación de los medios propios y servicios técnicos de la Administración, de acuerdo con lo que en la actualidad se establece en la normativa de contratos del sector público. Como novedad, la creación de un medio propio o su declaración como tal deberá ir precedida de una justificación, por medio de una memoria de la intervención general, de que la entidad resulta sostenible y eficaz, de acuerdo con los criterios de rentabilidad económica, y que resulta una opción más eficiente que la contratación pública para disponer del servicio o suministro cuya provisión le corresponda, o que concurren otras razones excepcionales que justifican su existencia, como la seguridad pública o la urgencia en la necesidad del servicio. Asimismo, estas entidades deberán estar identificadas a través de un acrónimo «MP», para mayor seguridad jurídica. Estos requisitos se aplicarán tanto a los medios propios que se creen en el futuro como a los ya existentes, estableciéndose un plazo de seis meses para su adaptación.

Bajo la denominación de «organismos públicos», la Ley regula los organismos autónomos y las entidades públicas empresariales del sector público estatal.

Los organismos públicos se definen como aquéllos dependientes o vinculados a la Administración General del Estado, bien directamente, bien a través de otro organismo público, cuyas características justifican su organización en régimen de descentralización funcional o de independencia, y que son creados para la realización de actividades administrativas, sean de fomento, prestación, gestión de servicios públicos o producción de bienes de interés público susceptibles de contraprestación, así como actividades de contenido económico reservadas a las Administraciones Públicas. Tienen personalidad jurídica pública diferenciada, patrimonio y tesorería propios, así como autonomía de gestión y les corresponden las potestades administrativas precisas para el cumplimiento de sus fines salvo la potestad expropiatoria.

Se establece una estructura organizativa común en el ámbito del sector público estatal, articulada en órganos de gobierno, ejecutivos y de control de eficacia, correspondiendo al Ministro de Hacienda y Administraciones Públicas la clasificación de las entidades, conforme a su naturaleza y a los criterios previstos en el Real Decreto 451/2012, de 5 de marzo, por el que se regula el régimen retributivo de los máximos responsables y directivos en el sector público empresarial y otras entidades.

En general, se hace más exigente la creación de organismos públicos al someterse a los siguientes requisitos: por un lado, la elaboración de un plan de actuación con un contenido mínimo que incluye un análisis de eficiencia y las razones que fundamentan la creación; justificación de la forma jurídica propuesta; determinación de los objetivos a cumplir y los indicadores para medirlos; acreditación de la inexistencia de duplicidades, etc. Y, por otro lado, un informe preceptivo del Ministerio de Hacienda y Administraciones Públicas.

De acuerdo con el criterio de racionalización anteriormente expuesto para toda la Administración General del Estado, tanto los organismos existentes en el sector público estatal como los de nueva creación aplicarán una gestión compartida de los servicios comunes, salvo que la decisión de no hacerlo se justifique en la memoria que acompañe a la norma de creación por razones de eficiencia, conforme al artículo 7 de la Ley Orgánica 2/2012, de 27 de abril, de Estabilidad Presupuestaria y Sostenibilidad Financiera, seguridad nacional o cuando la organización y gestión compartida afecte a servicios que deban prestarse de forma autónoma en atención a la independencia del organismo.

Por primera vez, se incluye para el sector público estatal un régimen de transformaciones y fusiones de organismos públicos de la misma naturaleza jurídica, bien mediante su extinción e integración en un nuevo organismo público, o bien mediante su absorción por otro ya existente. La fusión se llevará a cabo por una norma reglamentaria, aunque suponga modificación de la ley de creación. Se establece un mayor control para la transformación de organismo autónomo en sociedad mercantil estatal o en fundación del sector público, con el fin de evitar el fenómeno de la huida de los controles del derecho administrativo, para lo que se exige la elaboración de una memoria que lo justifique y un informe preceptivo de la Intervención General de la Administración del Estado. En cambio, se facilita la transformación de sociedades mercantiles estatales en organismos autónomos, que están sometidos a controles más intensos.

Se regula, también en el ámbito estatal, la disolución, liquidación y extinción de organismos públicos. En este sentido, se detallan las causas de disolución, entre las que destaca la situación de desequilibrio financiero durante dos ejercicios presupuestarios consecutivos, circunstancia que no opera de modo automático, al poder corregirse mediante un plan elaborado al efecto.

El proceso de disolución es ágil, al bastar un acuerdo del Consejo de Ministros. Deberá designarse un órgano administrativo o entidad del sector público institucional como liquidador, cuya responsabilidad será directamente asumida por la Administración que le designe, sin perjuicio de la posibilidad de repetir contra aquél cuando hubiera causa legal para ello.

Publicado el acuerdo de disolución, la liquidación se inicia automáticamente, y tendrá lugar por cesión e integración global de todo el activo y pasivo del organismo en la Administración General del Estado, que sucederá a la entidad extinguida en todos sus derechos y obligaciones. Formalizada la liquidación se producirá la extinción automática.

En cuanto a la tipología propia del sector institucional del Estado, la Ley contempla las siguientes categorías de entidades: organismos públicos, que comprende los organismos autónomos y las entidades públicas empresariales; las autoridades administrativas independientes; las sociedades mercantiles estatales; las fundaciones del sector público estatal; los consorcios; y los fondos sin personalidad jurídica. En los capítulos correspondientes a cada tipo se define su régimen jurídico, económico-financiero, presupuestario, de contratación, y de personal. Los organismos autónomos desarrollan actividades derivadas de la propia Administración Pública, en calidad de organizaciones instrumentales diferenciadas y dependientes de ésta, mientras que las entidades públicas empresariales, se cualifican por simultanear el ejercicio de potestades administrativas y de actividades prestacionales, de gestión de servicios o de producción de bienes de interés público, susceptibles de contraprestación. Las autoridades administrativas independientes, tienen atribuidas funciones de regulación o supervisión de carácter externo sobre un determinado sector o actividad económica, para cuyo desempeño deben estar dotadas de independencia funcional o una especial autonomía respecto de la Administración General del Estado, lo que deberá determinarse en una norma con rango de Ley. En atención a esta peculiar idiosincrasia, se rigen en primer término por su normativa especial, y supletoriamente, en cuanto sea compatible con su naturaleza y funciones, por la presente Ley.

Se mantiene el concepto de sociedades mercantiles estatales actualmente vigente en la Ley 33/2003, de 3 de noviembre, respecto de las cuales se incluye como novedad que la responsabilidad aplicable a los miembros de sus consejos de administración designados por la Administración General del Estado será asumida directamente por la Administración designante. Todo ello, sin perjuicio de que pueda exigirse de oficio la responsabilidad del administrador por los daños y perjuicios causados cuando hubiera concurrido dolo, o culpa o negligencia graves.

La Ley establece con carácter básico el régimen jurídico de los consorcios, al tratarse de un régimen que, por definición, afectará a todas las Administraciones Públicas, siguiendo la línea de las modificaciones efectuadas por la Ley 15/2014, de 16 de septiembre, de racionalización del Sector Público y otras medidas de reforma administrativa. La creación de un consorcio en el que participe la Administración General del Estado ha de estar prevista en una ley e ir precedida de la autorización del Consejo de Ministros. El consorcio se constituye mediante el correspondiente convenio, al que habrán de acompañarse los estatutos, un plan de actuación de igual contenido que el de los organismos públicos y el informe preceptivo favorable del departamento competente en la Hacienda Pública o la intervención general que corresponda. Las entidades consorciadas podrán acordar, con la mayoría que se establezca en los estatutos, o a falta de previsión estatutaria, por unanimidad, la cesión global de activos y pasivos a otra entidad jurídicamente adecuada con la finalidad de mantener la continuidad de la actividad y alcanzar los objetivos del consorcio que se liquida. Su disolución es automática mediante acuerdo del máximo órgano de gobierno del consorcio, que nombrará a un órgano o entidad como liquidador. La responsabilidad del empleado público que sea nombrado liquidador será asumida por la entidad o la Administración que lo designó, sin perjuicio de las acciones que esta pueda ejercer para, en su caso, repetir la responsabilidad que corresponda. Finalmente, cabe destacar que se avanza en el rigor presupuestario de los consorcios que estarán sujetos al régimen de presupuestación, contabilidad y control de la Administración Pública a la que estén adscritos y por tanto se integrarán o, en su caso, acompañarán a los presupuestos de la Administración de adscripción en los términos previstos en su normativa.

Se establece el régimen jurídico de las fundaciones del sector público estatal, manteniendo las líneas fundamentales de la Ley 50/2002, de 26 de diciembre, de Fundaciones. La creación de las fundaciones, o la adquisición de forma sobrevenida de esta forma jurídica, se efectuará por ley. Se deberá prever la posibilidad de que en el patrimonio de las fundaciones del sector público estatal pueda existir aportación del sector privado de forma no mayoritaria. Como novedad, se establece con carácter básico el régimen de adscripción pública de las fundaciones y del protectorado.

Se regulan por último en este Título los fondos carentes de personalidad jurídica del sector público estatal, figura cuya frecuente utilización demandaba el establecimiento de un régimen jurídico, y que deberán crearse por ley.

VI

El Título III establece un régimen completo de las relaciones entre las distintas Administraciones Públicas, que deberán sujetarse a nuevos principios rectores cuya última ratio se halla en los artículos 2, 14 y 138 de la Constitución, como la adecuación al sistema de distribución de competencias, la solidaridad interterritorial, la programación y evaluación de resultados y el respeto a la igualdad de derechos de todos los ciudadanos.

Siguiendo la jurisprudencia constitucional, se definen y diferencian dos principios clave de las relaciones entre Administraciones: la cooperación, que es voluntaria y la coordinación, que es obligatoria. Sobre esta base se regulan los diferentes órganos y formas de cooperar y coordinar.

Se desarrollan ampliamente las técnicas de cooperación y en especial, las de naturaleza orgánica, entre las que destaca la Conferencia de Presidentes, que se regula por primera vez, las Conferencias Sectoriales y las Comisiones Bilaterales de Cooperación. Dentro de las funciones de las Conferencias Sectoriales destaca como novedad la de ser informadas sobre anteproyectos de leyes y los proyectos de reglamentos del Gobierno de la Nación o de los Consejos de Gobierno de las Comunidades Autónomas, cuando afecten de manera directa al ámbito competencial de las otras Administraciones Públicas o cuando así esté previsto en la normativa sectorial aplicable. Con ello se pretende potenciar la planificación conjunta y evitar la aparición de duplicidades.

Se aclara que las Conferencias Sectoriales podrán adoptar recomendaciones, que implican el compromiso de quienes hayan votado a favor a orientar sus actuaciones en esa materia en el sentido acordado, con la obligación de motivar su no seguimiento; y acuerdos, que podrán adoptar la forma de planes conjuntos, que serán de obligado cumplimiento para todos los miembros no discrepantes, y que serán exigibles ante el orden jurisdiccional contencioso-administrativo. Cuando la Administración General del Estado ejerza funciones de coordinación, de acuerdo con la jurisprudencia constitucional, el acuerdo será obligatorio para todas las Administraciones de la conferencia sectorial.

Se prevé el posible funcionamiento electrónico de estos órganos, lo que favorecerá las convocatorias de las Conferencias Sectoriales, que podrán ser más frecuentes, ahorrando costes de desplazamiento.

Dentro del deber de colaboración se acotan los supuestos en los que la asistencia y cooperación puede negarse por parte de la Administración requerida, y se concretan las técnicas de colaboración: la creación y mantenimiento de sistemas integrados de información; el deber de asistencia y auxilio para atender las solicitudes formuladas por otras Administraciones para el mejor ejercicio de sus competencias y cualquier otra prevista en la Ley. No obstante, el deber de colaboración al que están sometidas las Administraciones Públicas se ejercerá con sometimiento a lo establecido en la normativa específica aplicable.

Se crea un Registro Electrónico estatal de Órganos e Instrumentos de Cooperación, con efecto constitutivo, de forma que pueda ser de general conocimiento, de forma fiable, la información relativa a los órganos de cooperación y coordinación en los que participa la Administración General del Estado y sus organismos públicos y entidades vinculados o dependientes, y qué convenios hay en vigor en cada momento.

Se da también respuesta legal a las interrelaciones competenciales que se han venido desarrollando durante los últimos años, propiciando la creación voluntaria de servicios integrados o complementarios, en los que cada Administración tenga en cuenta las competencias de otras Administraciones Públicas y conozca sus proyectos de actuación para mejorar la eficacia de todo el sistema administrativo.

También se potencia la disponibilidad de sistemas electrónicos de información mutua, cada vez más integrados, tal como se ha puesto de relieve con la Ley 20/2013, de 9 de diciembre, de garantía de la unidad de mercado.

En las disposiciones adicionales de la Ley se recogen, entre otras materias, la mención a la Administración de los Territorios Históricos del País Vasco, los Delegados del Gobierno en las Ciudades de Ceuta y Melilla, la estructura administrativa en las islas menores, las relaciones con las ciudades de Ceuta y Melilla, la adaptación de organismos públicos y entidades existentes, la gestión compartida de servicios comunes de los organismos públicos existentes, la transformación de los medios propios existentes, el Registro estatal de órganos e instrumentos de cooperación, la adaptación de los convenios vigentes, la Comisión sectorial de administración electrónica, la adaptación a los consorcios en los que participa el Estado, los conflictos de atribuciones intraministeriales, así como el régimen jurídico del Banco de España, las Autoridades Portuarias y Puertos del Estado, las entidades gestoras y servicios comunes de la Seguridad Social, la Agencia Estatal de Administración Tributaria y la organización militar, únicos cuyas peculiaridades justifican un tratamiento separado.

En las disposiciones transitorias se establece el régimen aplicable al sector público institucional existente en la entrada en vigor de la Ley, así como las reglas aplicables a los procedimientos de elaboración de normas en curso.

En la disposición derogatoria única se recoge la normativa y las disposiciones de igual o inferior rango que quedan derogadas.

Entre las disposiciones finales se incluye la modificación de la regulación del Gobierno contenida en la Ley 50/1997, de 27 de noviembre; también se modifica la Ley 33/2003, de 3 de noviembre; se establecen los títulos competenciales en base a los cuales se dicta la Ley, la habilitación para su desarrollo normativo; y la entrada en vigor, prevista para un año después de la publicación de la Ley en el «Boletín Oficial del Estado».

Las modificaciones introducidas en la actual Ley del Gobierno suponen una serie de trascendentes novedades. Así, se adecúa el régimen de los miembros del Gobierno a las previsiones de la Ley 3/2015, de 30 de marzo, reguladora del ejercicio del alto cargo de la Administración General del Estado. En cuanto al Presidente del Gobierno, a los Vicepresidentes y a los Ministros, se introducen mejoras técnicas sobre el procedimiento y formalidades del cese. En el caso de que existan Ministros sin cartera, por Real Decreto se determinará el ámbito de sus competencias, la estructura administrativa, así como los medios materiales y personales que queden adscritos a dichos órganos.

Además de ello, se prevé excepcionalmente la asistencia de otros altos cargos al Consejo de Ministros, cuando sean convocados, posibilidad que hasta ahora solo se contemplaba respecto de los Secretarios de Estado.

Se flexibiliza el régimen de la suplencia de los miembros del Consejo de Ministros, ya que no se considerará ausencia la interrupción transitoria de la asistencia de los Ministros a las reuniones de un órgano colegiado. En tales casos, las funciones que pudieran corresponder al miembro del Gobierno durante esa situación serán ejercidas por la siguiente autoridad en rango presente.

El Real Decreto de creación de cada una de las Comisiones Delegadas del Gobierno deberá regular, además de otras cuestiones, el régimen interno de funcionamiento y, en particular, el de convocatorias y suplencias. De esta manera, se completa el régimen de tales órganos.

Se contempla asimismo una habilitación al Gobierno para que defina determinadas cuestiones, como son la regulación de las precedencias en los actos oficiales de los titulares de los poderes constitucionales y de las instituciones nacionales, autonómicas, los Departamentos ministeriales y los órganos internos de estos, así como el régimen de los expresidentes del Gobierno.

De acuerdo con el propósito de que la tramitación telemática alcance todos los niveles del Gobierno, se prevé que el Ministro de la Presidencia pueda dictar instrucciones para la tramitación de asuntos ante los órganos colegiados del Gobierno que regulen la posible documentación de propuestas y acuerdos por medios electrónicos.

Los órganos de colaboración y apoyo al Gobierno siguen siendo los mismos que en la normativa actual: Comisión General de Secretarios de Estado y Subsecretarios, Secretariado del Gobierno y Gabinetes del Presidente del Gobierno, de los Vicepresidentes, de los Ministros y de los Secretarios de Estado. La Ley introduce mejoras en el funcionamiento de estos órganos, en particular, atribuyendo a la Comisión General de Secretarios de Estado y Subsecretarios el análisis o discusión de aquellos asuntos que, sin ser competencia del Consejo de Ministros o sus Comisiones Delegadas, afecten a varios Ministerios y sean sometidos a la Comisión por su Presidente.

Se recogen también a nivel legal las funciones del Secretariado del Gobierno como órgano de apoyo del Ministro de la Presidencia, del Consejo de Ministros, de las Comisiones Delegadas del Gobierno y de la Comisión General de Secretarios de Estado y Subsecretarios, y se le encomiendan otras que están relacionadas con la tramitación administrativa de la sanción y promulgación real de las Leyes, la expedición de los Reales Decretos, la tramitación de los actos y disposiciones del Rey cuyo refrendo corresponde al Presidente del Gobierno o al Presidente del Congreso de los Diputados y la tramitación de los actos y disposiciones que el ordenamiento jurídico atribuye a la competencia del Presidente del Gobierno, entre otras.

En cuanto al régimen de funcionamiento del Consejo de Ministros, destaca como novedad la regulación de la posibilidad de avocar, a propuesta del Presidente del Gobierno, las competencias cuya decisión corresponda a las Comisiones Delegadas del Gobierno.

Por último, se modifica el Título V de la Ley del Gobierno, con dos finalidades.

En primer lugar, se reforma el procedimiento a través del cual se ejerce la iniciativa legislativa y la potestad reglamentaria, en línea con los principios establecidos con carácter general para todas las Administraciones en la Ley de Procedimiento Administrativo y que entrañan la elaboración de un Plan Anual Normativo; la realización de una consulta pública con anterioridad a la redacción de las propuestas; el reforzamiento del contenido de la Memoria del Análisis de Impacto Normativo; la atribución de funciones al Ministerio de la Presidencia para asegurar la calidad normativa; y la evaluación ex post de las normas aprobadas.

Estas importantes novedades, tributarias de las iniciativas llevadas a cabo sobre Better Regulation en la Unión Europea, siguen asimismo las recomendaciones que en esta materia ha formulado la Organización para la Cooperación y el Desarrollo Económicos (OCDE) en su informe emitido en 2014 «Spain: From Administrative Reform to Continous Improvement». Es la Comunicación de la Comisión Europea al Consejo de 25 de junio de 2008 (A «Small Bussiness Act» for Europe) la que entre sus recomendaciones incluye la de fijar fechas concretas de entrada en vigor de cualquier norma que afecte a las pequeñas y medianas empresas, propuesta que se incorpora a la normativa estatal y que contribuirá a incrementar la seguridad jurídica en nuestra actividad económica.

En segundo lugar, se extrae el artículo dedicado al control del Gobierno del Título V, en el que impropiamente se encontraba, de modo que pasa a constituir uno específico con este exclusivo contenido, con una redacción mas acorde con la normativa reguladora de la jurisdicción contencioso-administrativa.

TÍTULO PRELIMINAR

DISPOSICIONES GENERALES, PRINCIPIOS DE ACTUACIÓN Y FUNCIONAMIENTO DEL SECTOR PÚBLICO

CAPÍTULO I. Disposiciones generales

■ Art. 1. Objeto.

La presente Ley establece y regula las bases del régimen jurídico de las Administraciones Públicas, los principios del sistema de responsabilidad de las Administraciones Públicas y de la potestad sancionadora, así como la organización y funcionamiento de la Administración General del Estado y de su sector público institucional para el desarrollo de sus actividades.

■ Art. 2. Ámbito Subjetivo.

1. La presente Ley se aplica al sector público que comprende:

a) La Administración General del Estado.

b) Las Administraciones de las Comunidades Autónomas.

c) Las Entidades que integran la Administración Local.

d) El sector público institucional.

2. El sector público institucional se integra por:

a) Cualesquiera organismos públicos y entidades de derecho público vinculados o dependientes de las Administraciones Públicas.

b) Las entidades de derecho privado vinculadas o dependientes de las Administraciones Públicas que quedarán sujetas a lo dispuesto en las normas de esta Ley que específicamente se refieran a las mismas, en particular a los principios previstos en el artículo 3, y en todo caso, cuando ejerzan potestades administrativas.

c) Las Universidades públicas que se regirán por su normativa específica y supletoriamente por las previsiones de la presente Ley.

3. Tienen la consideración de Administraciones Públicas la Administración General del Estado, las Administraciones de las Comunidades Autónomas, las Entidades que integran la Administración Local, así como los organismos públicos y entidades de derecho público previstos en la letra a) del apartado 2.

■ Art. 3. Principios generales.

1. Las Administraciones Públicas sirven con objetividad los intereses generales y actúan de acuerdo con los principios de eficacia, jerarquía, descentralización, desconcentración y coordinación, con sometimiento pleno a la Constitución, a la Ley y al Derecho.

Deberán respetar en su actuación y relaciones los siguientes principios:

a) Servicio efectivo a los ciudadanos.

b) Simplicidad, claridad y proximidad a los ciudadanos.

c) Participación, objetividad y transparencia de la actuación administrativa.

d) Racionalización y agilidad de los procedimientos administrativos y de las actividades materiales de gestión.

e) Buena fe, confianza legítima y lealtad institucional.

f) Responsabilidad por la gestión pública.

g) Planificación y dirección por objetivos y control de la gestión y evaluación de los resultados de las políticas públicas.

h) Eficacia en el cumplimiento de los objetivos fijados.

i) Economía, suficiencia y adecuación estricta de los medios a los fines institucionales.

j) Eficiencia en la asignación y utilización de los recursos públicos.

k) Cooperación, colaboración y coordinación entre las Administraciones Públicas.

2. Las Administraciones Públicas se relacionarán entre sí y con sus órganos, organismos públicos y entidades vinculados o dependientes a través de medios electrónicos, que aseguren la interoperabilidad y seguridad de los sistemas y soluciones adoptadas por cada una de ellas, garantizarán la protección de los datos de carácter personal, y facilitarán preferentemente la prestación conjunta de servicios a los interesados.

3. Bajo la dirección del Gobierno de la Nación, de los órganos de gobierno de las Comunidades Autónomas y de los correspondientes de las Entidades Locales, la actuación de la Administración Pública respectiva se desarrolla para alcanzar los objetivos que establecen las leyes y el resto del ordenamiento jurídico.

4. Cada una de las Administraciones Públicas del artículo 2 actúa para el cumplimiento de sus fines con personalidad jurídica única.

■ Art. 4. Principios de intervención de las Administraciones Públicas para el desarrollo de una actividad.

1. Las Administraciones Públicas que, en el ejercicio de sus respectivas competencias, establezcan medidas que limiten el ejercicio de derechos individuales o colectivos o exijan el cumplimiento de requisitos para el desarrollo de una actividad, deberán aplicar el principio de proporcionalidad y elegir la medida menos restrictiva, motivar su necesidad para la protección del interés público así como justificar su adecuación para lograr los fines que se persiguen, sin que en ningún caso se produzcan diferencias de trato discriminatorias. Asimismo deberán evaluar periódicamente los efectos y resultados obtenidos.

2. Las Administraciones Públicas velarán por el cumplimiento de los requisitos previstos en la legislación que resulte aplicable, para lo cual podrán, en el ámbito de sus respectivas competencias y con los límites establecidos en la legislación de protección de datos de carácter personal, comprobar, verificar, investigar e inspeccionar los hechos, actos, elementos, actividades, estimaciones y demás circunstancias que fueran necesarias.

CAPÍTULO II. De los órganos de las Administraciones Públicas

Sección 1.ª De los órganos administrativos

■ Art. 5. Órganos administrativos.

1. Tendrán la consideración de órganos administrativos las unidades administrativas a las que se les atribuyan funciones que tengan efectos jurídicos frente a terceros, o cuya actuación tenga carácter preceptivo.

2. Corresponde a cada Administración Pública delimitar, en su respectivo ámbito competencial, las unidades administrativas que configuran los órganos administrativos propios de las especialidades derivadas de su organización.

3. La creación de cualquier órgano administrativo exigirá, al menos, el cumplimiento de los siguientes requisitos:

a) Determinación de su forma de integración en la Administración Pública de que se trate y su dependencia jerárquica.

b) Delimitación de sus funciones y competencias.

c) Dotación de los créditos necesarios para su puesta en marcha y funcionamiento.

4. No podrán crearse nuevos órganos que supongan duplicación de otros ya existentes si al mismo tiempo no se suprime o restringe debidamente la competencia de estos. A este objeto, la creación de un nuevo órgano sólo tendrá lugar previa comprobación de que no existe otro en la misma Administración Pública que desarrolle igual función sobre el mismo territorio y población.

■ Art. 6. Instrucciones y órdenes de servicio.

1. Los órganos administrativos podrán dirigir las actividades de sus órganos jerárquicamente dependientes mediante instrucciones y órdenes de servicio.

Cuando una disposición específica así lo establezca, o se estime conveniente por razón de los destinatarios o de los efectos que puedan producirse, las instrucciones y órdenes de servicio se publicarán en el boletín oficial que corresponda, sin perjuicio de su difusión de acuerdo con lo previsto en la Ley 19/2013, de 9 de diciembre, de transparencia, acceso a la información pública y buen gobierno.

2. El incumplimiento de las instrucciones u órdenes de servicio no afecta por sí solo a la validez de los actos dictados por los órganos administra-

tivos, sin perjuicio de la responsabilidad disciplinaria en que se pueda incurrir.

■ Art. 7. Órganos consultivos.

La Administración consultiva podrá articularse mediante órganos específicos dotados de autonomía orgánica y funcional con respecto a la Administración activa, o a través de los servicios de esta última que prestan asistencia jurídica.

En tal caso, dichos servicios no podrán estar sujetos a dependencia jerárquica, ya sea orgánica o funcional, ni recibir instrucciones, directrices o cualquier clase de indicación de los órganos que hayan elaborado las disposiciones o producido los actos objeto de consulta, actuando para cumplir con tales garantías de forma colegiada.

Sección 2.ª Competencia

■ Art. 8. Competencia.

1. La competencia es irrenunciable y se ejercerá por los órganos administrativos que la tengan atribuida como propia, salvo los casos de delegación o avocación, cuando se efectúen en los términos previstos en ésta u otras leyes.

La delegación de competencias, las encomiendas de gestión, la delegación de firma y la suplencia no suponen alteración de la titularidad de la competencia, aunque sí de los elementos determinantes de su ejercicio que en cada caso se prevén.

2. La titularidad y el ejercicio de las competencias atribuidas a los órganos administrativos podrán ser desconcentradas en otros jerárquicamente dependientes de aquéllos en los términos y con los requisitos que prevean las propias normas de atribución de competencias.

3. Si alguna disposición atribuye la competencia a una Administración, sin especificar el órgano que debe ejercerla, se entenderá que la facultad de instruir y resolver los expedientes corresponde a los órganos inferiores competentes por razón de la materia y del territorio. Si existiera más de un órgano inferior competente por razón de materia y territorio, la facultad para instruir y resolver los expedientes corresponderá al superior jerárquico común de estos.

■ Art. 9. Delegación de competencias.

1. Los órganos de las diferentes Administraciones Públicas podrán delegar el ejercicio de las competencias que tengan atribuidas en otros órganos de la misma Administración, aun cuando no sean jerárquicamente dependientes, o en los Organismos públicos o Entidades de Derecho Público vinculados o dependientes de aquéllas.

En el ámbito de la Administración General del Estado, la delegación de competencias deberá ser aprobada previamente por el órgano ministerial de quien dependa el órgano delegante y en el caso de los Organismos públicos o Entidades vinculados o dependientes, por el órgano máximo de dirección, de acuerdo con sus normas de crea-

ción. Cuando se trate de órganos no relacionados jerárquicamente será necesaria la aprobación previa del superior común si ambos pertenecen al mismo Ministerio, o del órgano superior de quien dependa el órgano delegado, si el delegante y el delegado pertenecen a diferentes Ministerios.

Asimismo, los órganos de la Administración General del Estado podrán delegar el ejercicio de sus competencias propias en sus Organismos públicos y Entidades vinculados o dependientes, cuando resulte conveniente para alcanzar los fines que tengan asignados y mejorar la eficacia de su gestión. La delegación deberá ser previamente aprobada por los órganos de los que dependan el órgano delegante y el órgano delegado, o aceptada por este último cuando sea el órgano máximo de dirección del Organismo público o Entidad vinculado o dependiente.

2. En ningún caso podrán ser objeto de delegación las competencias relativas a:

a) Los asuntos que se refieran a relaciones con la Jefatura del Estado, la Presidencia del Gobierno de la Nación, las Cortes Generales, las Presidencias de los Consejos de Gobierno de las Comunidades Autónomas y las Asambleas Legislativas de las Comunidades Autónomas.

b) La adopción de disposiciones de carácter general.

c) La resolución de recursos en los órganos administrativos que hayan dictado los actos objeto de recurso.

d) Las materias en que así se determine por norma con rango de Ley.

3. Las delegaciones de competencias y su revocación deberán publicarse en el «Boletín Oficial del Estado», en el de la Comunidad Autónoma o en el de la Provincia, según la Administración a que pertenezca el órgano delegante, y el ámbito territorial de competencia de éste.

4. Las resoluciones administrativas que se adopten por delegación indicarán expresamente esta circunstancia y se considerarán dictadas por el órgano delegante.

5. Salvo autorización expresa de una Ley, no podrán delegarse las competencias que se ejerzan por delegación.

No constituye impedimento para que pueda delegarse la competencia para resolver un procedimiento la circunstancia de que la norma reguladora del mismo prevea, como trámite preceptivo, la emisión de un dictamen o informe; no obstante, no podrá delegarse la competencia para resolver un procedimiento una vez que en el correspondiente procedimiento se haya emitido un dictamen o informe preceptivo acerca del mismo.

6. La delegación será revocable en cualquier momento por el órgano que la haya conferido.

7. El acuerdo de delegación de aquellas competencias atribuidas a órganos colegiados, para cuyo ejercicio se requiera un quórum o mayoría especial, deberá adoptarse observando, en todo caso, dicho quórum o mayoría.

■ Art. 10. Avocación.

1. Los órganos superiores podrán avocar para sí el conocimiento de uno o varios asuntos cuya resolución corresponda ordinariamente o por delegación a sus órganos administrativos dependientes, cuando circunstancias de índole técnica, económica, social, jurídica o territorial lo hagan conveniente.

En los supuestos de delegación de competencias en órganos no dependientes jerárquicamente, el conocimiento de un asunto podrá ser avocado únicamente por el órgano delegante.

2. En todo caso, la avocación se realizará mediante acuerdo motivado que deberá ser notificado a los interesados en el procedimiento, si los hubiere, con anterioridad o simultáneamente a la resolución final que se dicte.

Contra el acuerdo de avocación no cabrá recurso, aunque podrá impugnarse en el que, en su caso, se interponga contra la resolución del procedimiento.

■ Art. 11. Encomiendas de gestión.

1. La realización de actividades de carácter material o técnico de la competencia de los órganos administrativos o de las Entidades de Derecho Público podrá ser encomendada a otros órganos o Entidades de Derecho Público de la misma o de distinta Administración, siempre que entre sus competencias estén esas actividades, por razones de eficacia o cuando no se posean los medios técnicos idóneos para su desempeño.

Las encomiendas de gestión no podrán tener por objeto prestaciones propias de los contratos regulados en la legislación de contratos del sector público. En tal caso, su naturaleza y régimen jurídico se ajustará a lo previsto en ésta.

2. La encomienda de gestión no supone cesión de la titularidad de la competencia ni de los elementos sustantivos de su ejercicio, siendo responsabilidad del órgano o Entidad encomendante dictar cuantos actos o resoluciones de carácter jurídico den soporte o en los que se integre la concreta actividad material objeto de encomienda.

En todo caso, la Entidad u órgano encomendado tendrá la condición de encargado del tratamiento de los datos de carácter personal a los que pudiera tener acceso en ejecución de la encomienda de gestión, siéndole de aplicación lo dispuesto en la normativa de protección de datos de carácter personal.

3. La formalización de las encomiendas de gestión se ajustará a las siguientes reglas:

a) Cuando la encomienda de gestión se realice entre órganos administrativos o Entidades de Derecho Público pertenecientes a la misma Administración deberá formalizarse en los términos que establezca su normativa propia y, en su defecto, por acuerdo expreso de los órganos o Entidades de Derecho Público intervinientes. En todo caso, el instrumento de formalización de la encomienda de gestión y su resolución deberá ser publicada, para su eficacia, en el Boletín Oficial del Estado, en el Boletín oficial de la Comunidad Autónoma o en el de la Provincia, según la Administración a que pertenezca el órgano encomendante.

Cada Administración podrá regular los requisitos necesarios para la validez de tales acuerdos que incluirán, al menos, expresa mención de la actividad o actividades a las que afecten, el plazo de vigencia y la naturaleza y alcance de la gestión encomendada.

b) Cuando la encomienda de gestión se realice entre órganos y Entidades de Derecho Público de distintas Administraciones se formalizará mediante firma del correspondiente convenio entre ellas, que deberá ser publicado en el «Boletín Oficial del Estado», en el Boletín oficial de la Comunidad Autónoma o en el de la Provincia, según la Administración a que pertenezca el órgano encomendante, salvo en el supuesto de la gestión ordinaria de los servicios de las Comunidades Autónomas por las Diputaciones Provinciales o en su caso Cabildos o Consejos insulares, que se regirá por la legislación de Régimen Local.

■ Art. 12. Delegación de firma.

1. Los titulares de los órganos administrativos podrán, en materias de su competencia, que ostenten, bien por atribución, bien por delegación de competencias, delegar la firma de sus resoluciones y actos administrativos en los titulares de los órganos o unidades administrativas que de ellos dependan, dentro de los límites señalados en el artículo 9.

2. La delegación de firma no alterará la competencia del órgano delegante y para su validez no será necesaria su publicación.

3. En las resoluciones y actos que se firmen por delegación se hará constar esta circunstancia y la autoridad de procedencia.

■ Art. 13. Suplencia.

1. En la forma que disponga cada Administración Pública, los titulares de los órganos administrativos podrán ser suplidos temporalmente en los supuestos de vacante, ausencia o enfermedad, así como en los casos en que haya sido declarada su abstención o recusación.

Si no se designa suplente, la competencia del órgano administrativo se ejercerá por quien designe el órgano administrativo inmediato superior de quien dependa.

2. La suplencia no implicará alteración de la competencia y para su validez no será necesaria su publicación.

3. En el ámbito de la Administración General del Estado, la designación de suplente podrá efectuarse:

a) En los reales decretos de estructura orgánica básica de los Departamentos Ministeriales o en los estatutos de sus Organismos públicos y Entidades vinculados o dependientes según corresponda.

b) Por el órgano competente para el nombramiento del titular, bien en el propio acto de nombramiento bien en otro posterior cuando se produzca el supuesto que dé lugar a la suplencia.

4. En las resoluciones y actos que se dicten mediante suplencia, se hará constar esta circunstancia y se especificará el titular del órgano en cuya suplencia se adoptan y quien efectivamente está ejerciendo esta suplencia.

■ Art. 14. Decisiones sobre competencia.

1. El órgano administrativo que se estime incompetente para la resolución de un asunto remitirá directamente las actuaciones al órgano que considere competente, debiendo notificar esta circunstancia a los interesados.

2. Los interesados que sean parte en el procedimiento podrán dirigirse al órgano que se encuentre conociendo de un asunto para que decline su competencia y remita las actuaciones al órgano competente.

Asimismo, podrán dirigirse al órgano que estimen competente para que requiera de inhibición al que esté conociendo del asunto.

3. Los conflictos de atribuciones sólo podrán suscitarse entre órganos de una misma Administración no relacionados jerárquicamente, y respecto a asuntos sobre los que no haya finalizado el procedimiento administrativo.

Sección 3.ª Órganos colegiados de las distintas administraciones públicas

Subsección 1.ª Funcionamiento

■ Art. 15. Régimen.

1. El régimen jurídico de los órganos colegiados se ajustará a las normas contenidas en la presente sección, sin perjuicio de las peculiaridades organizativas de las Administraciones Públicas en que se integran.

2. Los órganos colegiados de las distintas Administraciones Públicas en que participen organizaciones representativas de intereses sociales, así como aquellos compuestos por representaciones de distintas Administraciones Públicas, cuenten o no con participación de organizaciones representativas de intereses sociales, podrán establecer o completar sus propias normas de funcionamiento.

Los órganos colegiados a que se refiere este apartado quedarán integrados en la Administración Pública que corresponda, aunque sin participar en la estructura jerárquica de ésta, salvo que así lo establezcan sus normas de creación, se desprenda de sus funciones o de la propia naturaleza del órgano colegiado.

3. El acuerdo de creación y las normas de funcionamiento de los órganos colegiados que dicten resoluciones que tengan efectos jurídicos frente a terceros deberán ser publicados en el Boletín o Diario Oficial de la Administración Pública en que se integran. Adicionalmente, las Administraciones podrán publicarlos en otros medios de difusión que garanticen su conocimiento.

Cuando se trate de un órgano colegiado a los que se refiere el apartado 2 de este artículo la citada publicidad se realizará por la Administración a quien corresponda la Presidencia.

■ Art. 16. Secretario.

1. Los órganos colegiados tendrán un Secretario que podrá ser un miembro del propio órgano o una persona al servicio de la Administración Pública correspondiente.

2. Corresponderá al Secretario velar por la legalidad formal y material de las actuaciones del órgano colegiado, certificar las actuaciones del mismo y garantizar que los procedimientos y reglas de constitución y adopción de acuerdos son respetadas.

3. En caso de que el Secretario no miembro sea suplido por un miembro del órgano colegiado, éste conservará todos sus derechos como tal.

■ Art. 17. Convocatorias y sesiones.

1. Todos los órganos colegiados se podrán constituir, convocar, celebrar sus sesiones, adoptar acuerdos y remitir actas tanto de forma presencial como a distancia, salvo que su reglamento interno recoja expresa y excepcionalmente lo contrario.

En las sesiones que celebren los órganos colegiados a distancia, sus miembros podrán encontrarse en distintos lugares siempre y cuando se asegure por medios electrónicos, considerándose también tales los telefónicos, y audiovisuales, la identidad de los miembros o personas que los suplan, el contenido de sus manifestaciones, el momento en que éstas se producen, así como la interactividad e intercomunicación entre ellos en tiempo real y la disponibilidad de los medios durante la sesión. Entre otros, se considerarán incluidos entre los medios electrónicos válidos, el correo electrónico, las audioconferencias y las videoconferencias.

2. Para la válida constitución del órgano, a efectos de la celebración de sesiones, deliberaciones y toma de acuerdos, se requerirá la asistencia, presencial o a distancia, del Presidente y Secretario o en su caso, de quienes les suplan, y la de la mitad, al menos, de sus miembros.

Cuando se trate de los órganos colegiados a que se refiere el artículo 15.2, el Presidente podrá considerar válidamente constituido el órgano, a efectos de celebración de sesión, si asisten los representantes de las Administraciones Públicas y de las organizaciones representativas de intereses sociales miembros del órgano a los que se haya atribuido la condición de portavoces.

Cuando estuvieran reunidos, de manera presencial o a distancia, el Secretario y todos los miembros del órgano colegiado, o en su caso las personas que les suplan, éstos podrán constituirse válidamente como órgano colegiado para la celebración de sesiones, deliberaciones y adopción de acuerdos sin necesidad de convocatoria previa cuando así lo decidan todos sus miembros.

3. Los órganos colegiados podrán establecer el régimen propio de convocatorias, si éste no está previsto por sus normas de funcionamiento. Tal régimen podrá prever una segunda convocatoria y especificar para ésta el número de miembros necesarios para constituir válidamente el órgano.

Salvo que no resulte posible, las convocatorias serán remitidas a los miembros del órgano colegiado a través de medios electrónicos, haciendo constar en la misma el orden del día junto con la documentación necesaria para su deliberación cuando sea posible, las condiciones en las que se va a celebrar la sesión, el sistema de conexión y, en su caso, los lugares en que estén disponibles los medios técnicos necesarios para asistir y participar en la reunión.

4. No podrá ser objeto de deliberación o acuerdo ningún asunto que no figure incluido en el orden del día, salvo que asistan todos los miembros del órgano colegiado y sea declarada la urgencia del asunto por el voto favorable de la mayoría.

5. Los acuerdos serán adoptados por mayoría de votos. Cuando se asista a distancia, los acuerdos se entenderán adoptados en el lugar donde tenga la sede el órgano colegiado y, en su defecto, donde esté ubicada la presidencia.

6. Cuando los miembros del órgano voten en contra o se abstengan, quedarán exentos de la responsabilidad que, en su caso, pueda derivarse de los acuerdos.

7. Quienes acrediten la titularidad de un interés legítimo podrán dirigirse al Secretario de un órgano colegiado para que les sea expedida certificación de sus acuerdos. La certificación será expedida por medios electrónicos, salvo que el interesado manifieste expresamente lo contrario y no tenga obligación de relacionarse con las Administraciones por esta vía.

■ Art. 18. Actas.

1. De cada sesión que celebre el órgano colegiado se levantará acta por el Secretario, que especificará necesariamente los asistentes, el orden del día de la reunión, las circunstancias del lugar y tiempo en que se ha celebrado, los puntos principales de las deliberaciones, así como el contenido de los acuerdos adoptados.

Podrán grabarse las sesiones que celebre el órgano colegiado. El fichero resultante de la grabación, junto con la certificación expedida por el Secretario de la autenticidad e integridad del mismo, y cuantos documentos en soporte electrónico se utilizasen como documentos de la sesión, podrán acompañar al acta de las sesiones, sin necesidad de hacer constar en ella los puntos principales de las deliberaciones.

2. El acta de cada sesión podrá aprobarse en la misma reunión o en la inmediata siguiente. El Secretario elaborará el acta con el visto bueno del Presidente y lo remitirá a través de medios electrónicos, a los miembros del órgano colegiado, quienes podrán manifestar por los mismos medios su conformidad o reparos al texto, a efectos de su aprobación, considerándose, en caso afirmativo, aprobada en la misma reunión.

Cuando se hubiese optado por la grabación de las sesiones celebradas o por la utilización de documentos en soporte electrónico, deberán conservarse de forma que se garantice la integridad y autenticidad de los ficheros electrónicos correspondientes y el acceso a los mismos por parte de los miembros del órgano colegiado.

Subsección 2.ª De los órganos colegiados en la Administración General del Estado

■ Art. 19. Régimen de los órganos colegiados de la Administración General del Estado y de las Entidades de Derecho Público vinculadas o dependientes de ella.

1. Los órganos colegiados de la Administración General del Estado y de las Entidades de Derecho Público vinculadas o dependientes de ella, se regirán por las normas establecidas en este artículo, y por las previsiones que sobre ellos se establecen en la Ley de Procedimiento Administrativo Común de las Administraciones Públicas.

2. Corresponderá a su Presidente:

a) Ostentar la representación del órgano.

b) Acordar la convocatoria de las sesiones ordinarias y extraordinarias y la fijación del orden del día, teniendo en cuenta, en su caso, las peticiones de los demás miembros, siempre que hayan sido formuladas con la suficiente antelación.

c) Presidir las sesiones, moderar el desarrollo de los debates y suspenderlos por causas justificadas.

d) Dirimir con su voto los empates, a efectos de adoptar acuerdos, excepto si se trata de los órganos colegiados a que se refiere el artículo 15.2, en los que el voto será dirimente si así lo establecen sus propias normas.

e) Asegurar el cumplimiento de las leyes.

f) Visar las actas y certificaciones de los acuerdos del órgano.

g) Ejercer cuantas otras funciones sean inherentes a su condición de Presidente del órgano.

En casos de vacante, ausencia, enfermedad, u otra causa legal, el Presidente será sustituido por el Vicepresidente que corresponda, y en su defecto, por el miembro del órgano colegiado de mayor jerarquía, antigüedad y edad, por este orden.

Esta norma no será de aplicación a los órganos colegiados previstos en el artículo 15.2 en los que el régimen de sustitución del Presidente debe estar específicamente regulado en cada caso, o establecido expresamente por acuerdo del Pleno del órgano colegiado.

3. Los miembros del órgano colegiado deberán:

a) Recibir, con una antelación mínima de dos días, la convocatoria conteniendo el orden del día de las reuniones. La información sobre los temas que figuren en el orden del día estará a disposición de los miembros en igual plazo.

b) Participar en los debates de las sesiones.

c) Ejercer su derecho al voto y formular su voto particular, así como expresar el sentido de su voto y los motivos que lo justifican. No podrán abstenerse en las votaciones quienes por su cualidad de autoridades o personal al servicio de las Administraciones Públicas, tengan la condición de miembros natos de órganos colegiados, en virtud del cargo que desempeñan.

d) Formular ruegos y preguntas.

e) Obtener la información precisa para cumplir las funciones asignadas.

f) Cuantas otras funciones sean inherentes a su condición.

Los miembros de un órgano colegiado no podrán atribuirse las funciones de representación reconocidas a éste, salvo que expresamente se les hayan otorgado por una norma o por acuerdo válidamente adoptado, para cada caso concreto, por el propio órgano.

En casos de ausencia o de enfermedad y, en general, cuando concurra alguna causa justificada, los miembros titulares del órgano colegiado serán sustituidos por sus suplentes, si los hubiera.

Cuando se trate de órganos colegiados a los que se refiere el artículo 15 las organizaciones representativas de intereses sociales podrán sustituir a sus miembros titulares por otros, acreditándolo ante la Secretaría del órgano colegiado, con respeto a las reservas y limitaciones que establezcan sus normas de organización.

Los miembros del órgano colegiado no podrán ejercer estas funciones cuando concurra conflicto de interés.

4. La designación y el cese, así como la sustitución temporal del Secretario en supuestos de vacante, ausencia o enfermedad se realizarán según lo dispuesto en las normas específicas de cada órgano y, en su defecto, por acuerdo del mismo.

Corresponde al Secretario del órgano colegiado:

a) Asistir a las reuniones con voz pero sin voto, y con voz y voto si la Secretaría del órgano la ostenta un miembro del mismo.

b) Efectuar la convocatoria de las sesiones del órgano por orden del Presidente, así como las citaciones a los miembros del mismo.

c) Recibir los actos de comunicación de los miembros con el órgano, sean notificaciones, peticiones de datos, rectificaciones o cualquiera otra clase de escritos de los que deba tener conocimiento.

d) Preparar el despacho de los asuntos, redactar y autorizar las actas de las sesiones.

e) Expedir certificaciones de las consultas, dictámenes y acuerdos aprobados.

f) Cuantas otras funciones sean inherentes a su condición de Secretario.

5. En el acta figurará, a solicitud de los respectivos miembros del órgano, el voto contrario al acuerdo adoptado, su abstención y los motivos que la justifiquen o el sentido de su voto favorable.

Asimismo, cualquier miembro tiene derecho a solicitar la transcripción íntegra de su intervención o propuesta, siempre que, en ausencia de grabación de la reunión aneja al acta, aporte en el acto, o en el plazo que señale el Presidente, el texto que se corresponda fielmente con su intervención, haciéndose así constar en el acta o uniéndose copia a la misma.

Los miembros que discrepen del acuerdo mayoritario podrán formular voto particular por escrito en el plazo de dos días, que se incorporará al texto aprobado.

Las actas se aprobarán en la misma o en la siguiente sesión, pudiendo no obstante emitir el Secretario certificación sobre los acuerdos que se hayan adoptado, sin perjuicio de la ulterior aprobación del acta. Se considerará aprobada en la misma sesión el acta que, con posterioridad a la reunión, sea distribuida entre los miembros y reciba la conformidad de éstos por cualquier medio del que el Secretario deje expresión y constancia.

En las certificaciones de acuerdos adoptados emitidas con anterioridad a la aprobación del acta se hará constar expresamente tal circunstancia.

■ Art. 20. Requisitos para constituir órganos colegiados.

1. Son órganos colegiados aquellos que se creen formalmente y estén integrados por tres o más personas, a los que se atribuyan funciones administrativas de decisión, propuesta, asesoramiento, seguimiento o control, y que actúen integrados en la Administración General del Estado o alguno de sus Organismos públicos.

2. La constitución de un órgano colegiado en la Administración General del Estado y en sus Organismos públicos tiene como presupuesto indispensable la determinación en su norma de creación o en el convenio con otras Administraciones Públicas por el que dicho órgano se cree, de los siguientes extremos:

a) Sus fines u objetivos.

b) Su integración administrativa o dependencia jerárquica.

c) La composición y los criterios para la designación de su Presidente y de los restantes miembros.

d) Las funciones de decisión, propuesta, informe, seguimiento o control, así como cualquier otra que se le atribuya.

e) La dotación de los créditos necesarios, en su caso, para su funcionamiento.

3. El régimen jurídico de los órganos colegiados a que se refiere el apartado 1 de este artículo se ajustará a las normas contenidas en el artículo 19, sin perjuicio de las peculiaridades organizativas contenidas en la presente Ley o en su norma o convenio de creación.

■ Art. 21. Clasificación y composición de los órganos colegiados.

1. Los órganos colegiados de la Administración General del Estado y de sus Organismos públicos, por su composición, se clasifican en:

a) Órganos colegiados interministeriales, si sus miembros proceden de diferentes Ministerios.

b) Órganos colegiados ministeriales, si sus componentes proceden de los órganos de un solo Ministerio.

2. En los órganos colegiados a los que se refiere el apartado anterior, podrá haber representantes de otras Administraciones Públicas, cuando éstas lo acepten voluntariamente, cuando un convenio así lo establezca o cuando una norma aplicable a las Administraciones afectadas lo determine.

3. En la composición de los órganos colegiados podrán participar, cuando así se determine, organizaciones representativas de intereses sociales, así como otros miembros que se designen por las especiales condiciones de experiencia o conocimientos que concurran en ellos, en atención a la naturaleza de las funciones asignadas a tales órganos.

■ Art. 22. Creación, modificación y supresión de órganos colegiados.

1. La creación de órganos colegiados de la Administración General del Estado y de sus Organismos públicos sólo requerirá de norma específica, con publicación en el «Boletín Oficial del Estado», en los casos en que se les atribuyan cualquiera de las siguientes competencias:

a) Competencias decisorias.

b) Competencias de propuesta o emisión de informes preceptivos que deban servir de base a decisiones de otros órganos administrativos.

c) Competencias de seguimiento o control de las actuaciones de otros órganos de la Administración General del Estado.

2. En los supuestos enunciados en el apartado anterior, la norma de creación deberá revestir la forma de Real Decreto en el caso de los órganos colegiados interministeriales cuyo Presidente tenga rango superior al de Director general; Orden ministerial conjunta para los restantes órganos colegiados interministeriales, y Orden ministerial para los de este carácter.

3. En todos los supuestos no comprendidos en el apartado 1 de este artículo, los órganos colegiados tendrán el carácter de grupos o comisiones de trabajo y podrán ser creados por Acuerdo del Consejo de Ministros o por los Ministerios interesados. Sus acuerdos no podrán tener efectos directos frente a terceros.

4. La modificación y supresión de los órganos colegiados y de los grupos o comisiones de trabajo de la Administración General del Estado y de los Organismos públicos se llevará a cabo en la misma forma dispuesta para su creación, salvo que ésta hubiera fijado plazo previsto para su extinción, en cuyo caso ésta se producirá automáticamente en la fecha señalada al efecto.

Sección 4.ª Abstención y recusación

■ Art. 23. Abstención.

1. Las autoridades y el personal al servicio de las Administraciones en quienes se den algunas de las circunstancias señaladas en el apartado siguiente se abstendrán de intervenir en el procedimiento y lo comunicarán a su superior inmediato, quien resolverá lo procedente.

2. Son motivos de abstención los siguientes:

a) Tener interés personal en el asunto de que se trate o en otro en cuya resolución pudiera influir la de aquél; ser administrador de sociedad o entidad interesada, o tener cuestión litigiosa pendiente con algún interesado.

b) Tener un vínculo matrimonial o situación de hecho asimilable y el parentesco de consanguinidad dentro del cuarto grado o de afinidad dentro del segundo, con cualquiera de los interesados, con los administradores de entidades o sociedades interesadas y también con los asesores, representantes legales o mandatarios que intervengan en el procedimiento, así como compartir despacho profesional o estar asociado con éstos para el asesoramiento, la representación o el mandato.

c) Tener amistad íntima o enemistad manifiesta con alguna de las personas mencionadas en el apartado anterior.

d) Haber intervenido como perito o como testigo en el procedimiento de que se trate.

e) Tener relación de servicio con persona natural o jurídica interesada directamente en el asunto, o haberle prestado en los dos últimos años servicios profesionales de cualquier tipo y en cualquier circunstancia o lugar.

3. Los órganos jerárquicamente superiores a quien se encuentre en alguna de las circunstancias señaladas en el punto anterior podrán ordenarle que se abstengan de toda intervención en el expediente.

4. La actuación de autoridades y personal al servicio de las Administraciones Públicas en los que concurran motivos de abstención no implicará, necesariamente, y en todo caso, la invalidez de los actos en que hayan intervenido.

5. La no abstención en los casos en que concurra alguna de esas circunstancias dará lugar a la responsabilidad que proceda.

■ Art. 24. Recusación.

1. En los casos previstos en el artículo anterior, podrá promoverse recusación por los interesados en cualquier momento de la tramitación del procedimiento.

2. La recusación se planteará por escrito en el que se expresará la causa o causas en que se funda.

3. En el día siguiente el recusado manifestará a su inmediato superior si se da o no en él la causa alegada. En el primer caso, si el superior aprecia la concurrencia de la causa de recusación, acordará su sustitución acto seguido.

4. Si el recusado niega la causa de recusación, el superior resolverá en el plazo de tres días, previos los informes y comprobaciones que considere oportunos.

5. Contra las resoluciones adoptadas en esta materia no cabrá recurso, sin perjuicio de la posibilidad de alegar la recusación al interponer el recurso que proceda contra el acto que ponga fin al procedimiento.

CAPÍTULO III. Principios de la potestad sancionadora

■ Art. 25. Principio de legalidad.

1. La potestad sancionadora de las Administraciones Públicas se ejercerá cuando haya sido expresamente reconocida por una norma con rango de Ley, con aplicación del procedimiento previsto para su ejercicio y de acuerdo con lo establecido en esta Ley y en la Ley de Procedimiento Administrativo Común de las Administraciones Públicas y, cuando se trate de Entidades Locales, de conformidad con lo dispuesto en el Título XI de la Ley 7/1985, de 2 de abril.

2. El ejercicio de la potestad sancionadora corresponde a los órganos administrativos que la tengan expresamente atribuida, por disposición de rango legal o reglamentario.

3. Las disposiciones de este Capítulo serán extensivas al ejercicio por las Administraciones Públicas de su potestad disciplinaria respecto del personal a su servicio, cualquiera que sea la naturaleza jurídica de la relación de empleo.

4. Las disposiciones de este capítulo no serán de aplicación al ejercicio por las Administraciones Públicas de la potestad sancionadora respecto de quienes estén vinculados a ellas por relaciones reguladas por la legislación de contratos del sector público o por la legislación patrimonial de las Administraciones Públicas.

■ Art. 26. Irretroactividad.

1. Serán de aplicación las disposiciones sancionadoras vigentes en el momento de producirse los hechos que constituyan infracción administrativa.

2. Las disposiciones sancionadoras producirán efecto retroactivo en cuanto favorezcan al presunto infractor o al infractor, tanto en lo referido a la tipificación de la infracción como a la sanción y a sus plazos de prescripción, incluso respecto de las sanciones pendientes de cumplimiento al entrar en vigor la nueva disposición.

■ Art. 27. Principio de tipicidad.

1. Sólo constituyen infracciones administrativas las vulneraciones del ordenamiento jurídico previstas como tales infracciones por una Ley, sin perjuicio de lo dispuesto para la Administración Local en el Título XI de la Ley 7/1985, de 2 de abril.

Las infracciones administrativas se clasificarán por la Ley en leves, graves y muy graves.

2. Únicamente por la comisión de infracciones administrativas podrán imponerse sanciones que, en todo caso, estarán delimitadas por la Ley.

3. Las disposiciones reglamentarias de desarrollo podrán introducir especificaciones o graduaciones al cuadro de las infracciones o sanciones establecidas legalmente que, sin constituir nuevas infracciones o sanciones, ni alterar la naturaleza o límites de las que la Ley contempla, contribuyan a la más correcta identificación de las conductas o a la más precisa determinación de las sanciones correspondientes.

4. Las normas definidoras de infracciones y sanciones no serán susceptibles de aplicación analógica.

■ Art. 28. Responsabilidad.

1. Sólo podrán ser sancionadas por hechos constitutivos de infracción administrativa las personas físicas y jurídicas, así como, cuando una Ley les reconozca capacidad de obrar, los grupos de afectados, las uniones y entidades sin personalidad jurídica y los patrimonios independientes o autónomos, que resulten responsables de los mismos a título de dolo o culpa.

2. Las responsabilidades administrativas que se deriven de la comisión de una infracción serán compatibles con la exigencia al infractor de la reposición de la situación alterada por el mismo a su estado originario, así como con la indemnización por los daños y perjuicios causados, que será determinada y exigida por el órgano al que corresponda el ejercicio de la potestad sancionadora. De no satisfacerse la indemnización en el plazo que al efecto se determine en función de su cuantía, se procederá en la forma prevista en el artículo 101 de la Ley del Procedimiento Administrativo Común de las Administraciones Públicas.

3. Cuando el cumplimiento de una obligación establecida por una norma con rango de Ley corresponda a varias personas conjuntamente, responderán de forma solidaria de las infracciones que, en su caso, se cometan y de las sanciones que se impongan. No obstante, cuando la sanción sea pecuniaria y sea posible se individualizará en la resolución en función del grado de participación de cada responsable.

4. Las leyes reguladoras de los distintos regímenes sancionadores podrán tipificar como infracción el incumplimiento de la obligación de prevenir la comisión de infracciones administrativas por quienes se hallen sujetos a una relación de dependencia o vinculación. Asimismo, podrán prever los supuestos en que determinadas personas responderán del pago de las sanciones pecuniarias impuestas a quienes de ellas dependan o estén vinculadas.

■ Art. 29. Principio de proporcionalidad.

1. Las sanciones administrativas, sean o no de naturaleza pecuniaria, en ningún caso podrán implicar, directa o subsidiariamente, privación de libertad.

2. El establecimiento de sanciones pecuniarias deberá prever que la comisión de las infracciones tipificadas no resulte más beneficioso para el infractor que el cumplimiento de las normas infringidas.

3. En la determinación normativa del régimen sancionador, así como en la imposición de sanciones por las Administraciones Públicas se deberá observar la debida idoneidad y necesidad de la sanción a imponer y su adecuación a la gravedad del hecho constitutivo de la infracción. La graduación de la sanción considerará especialmente los siguientes criterios:

a) El grado de culpabilidad o la existencia de intencionalidad.

b) La continuidad o persistencia en la conducta infractora.

c) La naturaleza de los perjuicios causados.

d) La reincidencia, por comisión en el término de un año de más de una infracción de la misma naturaleza cuando así haya sido declarado por resolución firme en vía administrativa.

4. Cuando lo justifique la debida adecuación entre la sanción que deba aplicarse con la gravedad del

hecho constitutivo de la infracción y las circunstancias concurrentes, el órgano competente para resolver podrá imponer la sanción en el grado inferior.

5. Cuando de la comisión de una infracción derive necesariamente la comisión de otra u otras, se deberá imponer únicamente la sanción correspondiente a la infracción más grave cometida.

6. Será sancionable, como infracción continuada, la realización de una pluralidad de acciones u omisiones que infrinjan el mismo o semejantes preceptos administrativos, en ejecución de un plan preconcebido o aprovechando idéntica ocasión.

■ Art. 30. Prescripción.

1. Las infracciones y sanciones prescribirán según lo dispuesto en las leyes que las establezcan. Si éstas no fijan plazos de prescripción, las infracciones muy graves prescribirán a los tres años, las graves a los dos años y las leves a los seis meses; las sanciones impuestas por faltas muy graves prescribirán a los tres años, las impuestas por faltas graves a los dos años y las impuestas por faltas leves al año.

2. El plazo de prescripción de las infracciones comenzará a contarse desde el día en que la infracción se hubiera cometido. En el caso de infracciones continuadas o permanentes, el plazo comenzará a correr desde que finalizó la conducta infractora.

Interrumpirá la prescripción la iniciación, con conocimiento del interesado, de un procedimiento administrativo de naturaleza sancionadora, reiniciándose el plazo de prescripción si el expediente sancionador estuviera paralizado durante más de un mes por causa no imputable al presunto responsable.

3. El plazo de prescripción de las sanciones comenzará a contarse desde el día siguiente a aquel en que sea ejecutable la resolución por la que se impone la sanción o haya transcurrido el plazo para recurrirla.

Interrumpirá la prescripción la iniciación, con conocimiento del interesado, del procedimiento de ejecución, volviendo a transcurrir el plazo si aquél está paralizado durante más de un mes por causa no imputable al infractor.

En el caso de desestimación presunta del recurso de alzada interpuesto contra la resolución por la que se impone la sanción, el plazo de prescripción de la sanción comenzará a contarse desde el día siguiente a aquel en que finalice el plazo legalmente previsto para la resolución de dicho recurso.

■ Art. 31. Concurrencia de sanciones.

1. No podrán sancionarse los hechos que lo hayan sido penal o administrativamente, en los casos en que se aprecie identidad del sujeto, hecho y fundamento.

2. Cuando un órgano de la Unión Europea hubiera impuesto una sanción por los mismos hechos, y siempre que no concurra la identidad de sujeto y fundamento, el órgano competente para resolver deberá tenerla en cuenta a efectos de graduar la que, en su caso, deba imponer, pudiendo minorarla, sin perjuicio de declarar la comisión de la infracción.

CAPÍTULO IV. De la responsabilidad patrimonial de las Administraciones Públicas

Sección 1.ª Responsabilidad patrimonial de las Administraciones Públicas

■ Art. 32. Principios de la responsabilidad.

1. Los particulares tendrán derecho a ser indemnizados por las Administraciones Públicas correspondientes, de toda lesión que sufran en cualquiera de sus bienes y derechos, siempre que la lesión sea consecuencia del funcionamiento normal o anormal de los servicios públicos salvo en los casos de fuerza mayor o de daños que el particular tenga el deber jurídico de soportar de acuerdo con la Ley.

La anulación en vía administrativa o por el orden jurisdiccional contencioso administrativo de los actos o disposiciones administrativas no presupone, por sí misma, derecho a la indemnización.

2. En todo caso, el daño alegado habrá de ser efectivo, evaluable económicamente e individualizado con relación a una persona o grupo de personas.

3. Asimismo, los particulares tendrán derecho a ser indemnizados por las Administraciones Públicas de toda lesión que sufran en sus bienes y derechos como consecuencia de la aplicación de actos legislativos de naturaleza no expropiatoria de derechos que no tengan el deber jurídico de soportar cuando así se establezca en los propios actos legislativos y en los términos que en ellos se especifiquen.

La responsabilidad del Estado legislador podrá surgir también en los siguientes supuestos, siempre que concurran los requisitos previstos en los apartados anteriores:

a) Cuando los daños deriven de la aplicación de una norma con rango de ley declarada inconstitucional, siempre que concurran los requisitos del apartado 4.

b) Cuando los daños deriven de la aplicación de una norma contraria al Derecho de la Unión Europea, de acuerdo con lo dispuesto en el apartado 5.

4. Si la lesión es consecuencia de la aplicación de una norma con rango de ley declarada inconstitucional, procederá su indemnización cuando el particular haya obtenido, en cualquier instancia, sentencia firme desestimatoria de un recurso contra la actuación administrativa que ocasionó el daño, siempre que se hubiera alegado la inconstitucionalidad posteriormente declarada.

5. Si la lesión es consecuencia de la aplicación de una norma declarada contraria al Derecho de la Unión Europea, procederá su indemnización cuando el particular haya obtenido, en cualquier instancia, sentencia firme desestimatoria de un recurso contra la actuación administrativa que ocasionó el daño, siempre que se hubiera alegado la infracción del Derecho de la Unión Europea posteriormente declarada. Asimismo, deberán cumplirse todos los requisitos siguientes:

a) La norma ha de tener por objeto conferir derechos a los particulares.

b) El incumplimiento ha de estar suficientemente caracterizado.

c) Ha de existir una relación de causalidad directa entre el incumplimiento de la obligación impuesta a la Administración responsable por el Derecho de la Unión Europea y el daño sufrido por los particulares.

6. La sentencia que declare la inconstitucionalidad de la norma con rango de ley o declare el carácter de norma contraria al Derecho de la Unión Europea producirá efectos desde la fecha de su publicación en el «Boletín Oficial del Estado» o en el «Diario Oficial de la Unión Europea», según el caso, salvo que en ella se establezca otra cosa.

7. La responsabilidad patrimonial del Estado por el funcionamiento de la Administración de Justicia se regirá por la Ley Orgánica 6/1985, de 1 de julio, del Poder Judicial.

8. El Consejo de Ministros fijará el importe de las indemnizaciones que proceda abonar cuando el Tribunal Constitucional haya declarado, a instancia de parte interesada, la existencia de un funcionamiento anormal en la tramitación de los recursos de amparo o de las cuestiones de inconstitucionalidad.

El procedimiento para fijar el importe de las indemnizaciones se tramitará por el Ministerio de Justicia, con audiencia al Consejo de Estado.

9. Se seguirá el procedimiento previsto en la Ley de Procedimiento Administrativo Común de las Administraciones Públicas para determinar la responsabilidad de las Administraciones Públicas por los daños y perjuicios causados a terceros durante la ejecución de contratos cuando sean consecuencia de una orden inmediata y directa de la Administración o de los vicios del proyecto elaborado por ella misma sin perjuicio de las especialidades que, en su caso establezca el Real Decreto Legislativo 3/2011, de 14 de noviembre, por el que se aprueba el texto refundido de la Ley de Contratos del Sector Público.

■ Art. 33. Responsabilidad concurrente de las Administraciones Públicas.

1. Cuando de la gestión dimanante de fórmulas conjuntas de actuación entre varias Administra-

ciones públicas se derive responsabilidad en los términos previstos en la presente Ley, las Administraciones intervinientes responderán frente al particular, en todo caso, de forma solidaria. El instrumento jurídico regulador de la actuación conjunta podrá determinar la distribución de la responsabilidad entre las diferentes Administraciones públicas.

2. En otros supuestos de concurrencia de varias Administraciones en la producción del daño, la responsabilidad se fijará para cada Administración atendiendo a los criterios de competencia, interés público tutelado e intensidad de la intervención. La responsabilidad será solidaria cuando no sea posible dicha determinación.

3. En los casos previstos en el apartado primero, la Administración competente para incoar, instruir y resolver los procedimientos en los que exista una responsabilidad concurrente de varias Administraciones Públicas, será la fijada en los Estatutos o reglas de la organización colegiada. En su defecto, la competencia vendrá atribuida a la Administración Pública con mayor participación en la financiación del servicio.

4. Cuando se trate de procedimientos en materia de responsabilidad patrimonial, la Administración Pública competente a la que se refiere el apartado anterior, deberá consultar a las restantes Administraciones implicadas para que, en el plazo de quince días, éstas puedan exponer cuanto consideren procedente.

■ Art. 34. Indemnización.

1. Sólo serán indemnizables las lesiones producidas al particular provenientes de daños que éste no tenga el deber jurídico de soportar de acuerdo con la Ley. No serán indemnizables los daños que se deriven de hechos o circunstancias que no se hubiesen podido prever o evitar según el estado de los conocimientos de la ciencia o de la técnica existentes en el momento de producción de aquéllos, todo ello sin perjuicio de las prestaciones asistenciales o económicas que las leyes puedan establecer para estos casos.

En los casos de responsabilidad patrimonial a los que se refiere los apartados 4 y 5 del artículo 32, serán indemnizables los daños producidos en el plazo de los cinco años anteriores a la fecha de la publicación de la sentencia que declare la inconstitucionalidad de la norma con rango de ley o el carácter de norma contraria al Derecho de la Unión Europea, salvo que la sentencia disponga otra cosa.

2. La indemnización se calculará con arreglo a los criterios de valoración establecidos en la legislación fiscal, de expropiación forzosa y demás normas aplicables, ponderándose, en su caso, las valoraciones predominantes en el mercado. En los casos de muerte o lesiones corporales se podrá tomar como referencia la valoración incluida en los baremos de la normativa vigente en materia de Seguros obligatorios y de la Seguridad Social.

3. La cuantía de la indemnización se calculará con referencia al día en que la lesión efectivamente se produjo, sin perjuicio de su actualización a la fecha en que se ponga fin al procedimiento de responsabilidad con arreglo al Índice de Garantía de la Competitividad, fijado por el Instituto Nacional de Estadística, y de los intereses que procedan por demora en el pago de la indemnización fijada, los cuales se exigirán con arreglo a lo establecido en la Ley 47/2003, de 26 de noviembre, General Presupuestaria, o, en su caso, a las normas presupuestarias de las Comunidades Autónomas.

4. La indemnización procedente podrá sustituirse por una compensación en especie o ser abonada mediante pagos periódicos, cuando resulte más adecuado para lograr la reparación debida y convenga al interés público, siempre que exista acuerdo con el interesado.

■ Art. 35. Responsabilidad de Derecho Privado.

Cuando las Administraciones Públicas actúen, directamente o a través de una entidad de derecho privado, en relaciones de esta naturaleza, su responsabilidad se exigirá de conformidad con lo previsto en los artículos 32 y siguientes, incluso cuando concurra con sujetos de derecho privado o la responsabilidad se exija directamente a la entidad de derecho privado a través de la cual actúe la Administración o a la entidad que cubra su responsabilidad.

Sección 2.ª Responsabilidad de las autoridades y personal al servicio de las Administraciones Públicas

■ Art. 36. Exigencia de la responsabilidad patrimonial de las autoridades y personal al servicio de las Administraciones Públicas.

1. Para hacer efectiva la responsabilidad patrimonial a que se refiere esta Ley, los particulares exigirán directamente a la Administración Pública correspondiente las indemnizaciones por los daños y perjuicios causados por las autoridades y personal a su servicio.

2. La Administración correspondiente, cuando hubiere indemnizado a los lesionados, exigirá de oficio en vía administrativa de sus autoridades y demás personal a su servicio la responsabilidad en que hubieran incurrido por dolo, o culpa o negligencia graves, previa instrucción del correspondiente procedimiento.

Para la exigencia de dicha responsabilidad y, en su caso, para su cuantificación, se ponderarán, entre otros, los siguientes criterios: el resultado dañoso producido, el grado de culpabilidad, la responsabilidad profesional del personal al servicio de las Administraciones públicas y su relación con la producción del resultado dañoso.

3. Asimismo, la Administración instruirá igual procedimiento a las autoridades y demás personal a su servicio por los daños y perjuicios causados en sus bienes o derechos cuando hubiera concurrido dolo, o culpa o negligencia graves.

4. El procedimiento para la exigencia de la responsabilidad al que se refieren los apartados 2 y 3, se sustanciará conforme a lo dispuesto en la Ley de Procedimiento Administrativo Común de las Administraciones Públicas y se iniciará por acuerdo del órgano competente que se notificará a los interesados y que constará, al menos, de los siguientes trámites:

a) Alegaciones durante un plazo de quince días.

b) Práctica de las pruebas admitidas y cualesquiera otras que el órgano competente estime oportunas durante un plazo de quince días.

c) Audiencia durante un plazo de diez días.

d) Formulación de la propuesta de resolución en un plazo de cinco días a contar desde la finalización del trámite de audiencia.

e) Resolución por el órgano competente en el plazo de cinco días.

5. La resolución declaratoria de responsabilidad pondrá fin a la vía administrativa.

6. Lo dispuesto en los apartados anteriores, se entenderá sin perjuicio de pasar, si procede, el tanto de culpa a los Tribunales competentes.

■ Art. 37. Responsabilidad penal.

1. La responsabilidad penal del personal al servicio de las Administraciones Públicas, así como la responsabilidad civil derivada del delito se exigirá de acuerdo con lo previsto en la legislación correspondiente.

2. La exigencia de responsabilidad penal del personal al servicio de las Administraciones Públicas no suspenderá los procedimientos de reconocimiento de responsabilidad patrimonial que se instruyan, salvo que la determinación de los hechos en el orden jurisdiccional penal sea necesaria para la fijación de la responsabilidad patrimonial.

CAPÍTULO V. Funcionamiento electrónico del sector público

■ Art. 38. La sede electrónica.

1. La sede electrónica es aquella dirección electrónica, disponible para los ciudadanos a través de redes de telecomunicaciones, cuya titularidad corresponde a una Administración Pública, o bien a una o varios organismos públicos o entidades de Derecho Público en el ejercicio de sus competencias.

2. El establecimiento de una sede electrónica conlleva la responsabilidad del titular respecto de la integridad, veracidad y actualización de la información y los servicios a los que pueda accederse a través de la misma.

3. Cada Administración Pública determinará las condiciones e instrumentos de creación de las sedes electrónicas, con sujeción a los principios

de transparencia, publicidad, responsabilidad, calidad, seguridad, disponibilidad, accesibilidad, neutralidad e interoperabilidad. En todo caso deberá garantizarse la identificación del órgano titular de la sede, así como los medios disponibles para la formulación de sugerencias y quejas.

4. Las sedes electrónicas dispondrán de sistemas que permitan el establecimiento de comunicaciones seguras siempre que sean necesarias.

5. La publicación en las sedes electrónicas de informaciones, servicios y transacciones respetará los principios de accesibilidad y uso de acuerdo con las normas establecidas al respecto, estándares abiertos y, en su caso, aquellos otros que sean de uso generalizado por los ciudadanos.

6. Las sedes electrónicas utilizarán, para identificarse y garantizar una comunicación segura con las mismas, certificados reconocidos o cualificados de autenticación de sitio web o medio equivalente.

■ Art. 39. Portal de internet.

Se entiende por portal de internet el punto de acceso electrónico cuya titularidad corresponda a una Administración Pública, organismo público o entidad de Derecho Público que permite el acceso a través de internet a la información publicada y, en su caso, a la sede electrónica correspondiente.

■ Art. 40. Sistemas de identificación de las Administraciones Públicas.

1. Las Administraciones Públicas podrán identificarse mediante el uso de un sello electrónico basado en un certificado electrónico reconocido o cualificado que reúna los requisitos exigidos por la legislación de firma electrónica. Estos certificados electrónicos incluirán el número de identificación fiscal y la denominación correspondiente, así como, en su caso, la identidad de la persona titular en el caso de los sellos electrónicos de órganos administrativos. La relación de sellos electrónicos utilizados por cada Administración Pública, incluyendo las características de los certificados electrónicos y los prestadores que los expiden, deberá ser pública y accesible por medios electrónicos. Además, cada Administración Pública adoptará las medidas adecuadas para facilitar la verificación de sus sellos electrónicos.

2. Se entenderá identificada la Administración Pública respecto de la información que se publique como propia en su portal de internet.

■ Art. 41. Actuación administrativa automatizada.

1. Se entiende por actuación administrativa automatizada, cualquier acto o actuación realizada íntegramente a través de medios electrónicos por una Administración Pública en el marco de un procedimiento administrativo y en la que no haya intervenido de forma directa un empleado público.

2. En caso de actuación administrativa automatizada deberá establecerse previamente el órgano u órganos competentes, según los casos, para la definición de las especificaciones, programación, mantenimiento, supervisión y control de calidad y, en su caso, auditoría del sistema de información y de su código fuente. Asimismo, se indicará el órgano que debe ser considerado responsable a efectos de impugnación.

■ Art. 42. Sistemas de firma para la actuación administrativa automatizada.

En el ejercicio de la competencia en la actuación administrativa automatizada, cada Administración Pública podrá determinar los supuestos de utilización de los siguientes sistemas de firma electrónica:

a) Sello electrónico de Administración Pública, órgano, organismo público o entidad de derecho público, basado en certificado electrónico reconocido o cualificado que reúna los requisitos exigidos por la legislación de firma electrónica.

b) Código seguro de verificación vinculado a la Administración Pública, órgano, organismo público o entidad de Derecho Público, en los términos y condiciones establecidos, permitiéndose en todo caso la comprobación de la integridad del documento mediante el acceso a la sede electrónica correspondiente.

■ Art. 43. Firma electrónica del personal al servicio de las Administraciones Públicas.

1. Sin perjuicio de lo previsto en los artículos 38, 41 y 42, la actuación de una Administración Pública, órgano, organismo público o entidad de derecho público, cuando utilice medios electrónicos, se realizará mediante firma electrónica del titular del órgano o empleado público.

2. Cada Administración Pública determinará los sistemas de firma electrónica que debe utilizar su personal, los cuales podrán identificar de forma conjunta al titular del puesto de trabajo o cargo y a la Administración u órgano en la que presta sus servicios. Por razones de seguridad pública los sistemas de firma electrónica podrán referirse sólo el número de identificación profesional del empleado público.

■ Art. 44. Intercambio electrónico de datos en entornos cerrados de comunicación.

1. Los documentos electrónicos transmitidos en entornos cerrados de comunicaciones establecidos entre Administraciones Públicas, órganos, organismos públicos y entidades de derecho público, serán considerados válidos a efectos de autenticación e identificación de los emisores y receptores en las condiciones establecidas en este artículo.

2. Cuando los participantes en las comunicaciones pertenezcan a una misma Administración Pública, ésta determinará las condiciones y garantías por las que se regirá que, al menos, comprenderá la relación de emisores y receptores autorizados y la naturaleza de los datos a intercambiar.

3. Cuando los participantes pertenezcan a distintas Administraciones, las condiciones y garantías citadas en el apartado anterior se establecerán mediante convenio suscrito entre aquellas.

4. En todo caso deberá garantizarse la seguridad del entorno cerrado de comunicaciones y la protección de los datos que se transmitan.

■ Art. 45. Aseguramiento e interoperabilidad de la firma electrónica.

1. Las Administraciones Públicas podrán determinar los trámites e informes que incluyan firma electrónica reconocida o cualificada y avanzada basada en certificados electrónicos reconocidos o cualificados de firma electrónica.

2. Con el fin de favorecer la interoperabilidad y posibilitar la verificación automática de la firma electrónica de los documentos electrónicos, cuando una Administración utilice sistemas de firma electrónica distintos de aquellos basados en certificado electrónico reconocido o cualificado, para remitir o poner a disposición de otros órganos, organismos públicos, entidades de Derecho Público o Administraciones la documentación firmada electrónicamente, podrá superponer un sello electrónico basado en un certificado electrónico reconocido o cualificado.

■ Art. 46. Archivo electrónico de documentos.

1. Todos los documentos utilizados en las actuaciones administrativas se almacenarán por medios electrónicos, salvo cuando no sea posible.

2. Los documentos electrónicos que contengan actos administrativos que afecten a derechos o intereses de los particulares deberán conservarse en soportes de esta naturaleza, ya sea en el mismo formato a partir del que se originó el documento o en otro cualquiera que asegure la identidad e integridad de la información necesaria para reproducirlo. Se asegurará en todo caso la posibilidad de trasladar los datos a otros formatos y soportes que garanticen el acceso desde diferentes aplicaciones.

3. Los medios o soportes en que se almacenen documentos, deberán contar con medidas de seguridad, de acuerdo con lo previsto en el Esquema Nacional de Seguridad, que garanticen la integridad, autenticidad, confidencialidad, calidad, protección y conservación de los documentos almacenados. En particular, asegurarán la identificación de los usuarios y el control de accesos, el cumplimiento de las garantías previstas en la legislación de protección de datos, así como la recuperación y conservación a largo plazo de los documentos electrónicos producidos por las Administraciones Públicas que así lo requieran, de acuerdo con las especificaciones sobre el ciclo de vida de los servicios y sistemas utilizados.

CAPÍTULO VI. De los convenios

■ Art. 47. Definición y tipos de convenios.

1. Son convenios los acuerdos con efectos jurídicos adoptados por las Administraciones Públicas, los organismos públicos y entidades de derecho público vinculados o dependientes o las Universidades públicas entre sí o con sujetos de derecho privado para un fin común.

No tienen la consideración de convenios, los Protocolos Generales de Actuación o instrumentos similares que comporten meras declaraciones de intención de contenido general o que expresen la voluntad de las Administraciones y partes suscriptoras para actuar con un objetivo común, siempre que no supongan la formalización de compromisos jurídicos concretos y exigibles.

Los convenios no podrán tener por objeto prestaciones propias de los contratos. En tal caso, su naturaleza y régimen jurídico se ajustará a lo previsto en la legislación de contratos del sector público.

2. Los convenios que suscriban las Administraciones Públicas, los organismos públicos y las entidades de derecho público vinculados o dependientes y las Universidades públicas, deberán corresponder a alguno de los siguientes tipos:

a) Convenios interadministrativos firmados entre dos o más Administraciones Públicas, o bien entre dos o más organismos públicos o entidades de derecho público vinculados o dependientes de distintas Administraciones públicas, y que podrán incluir la utilización de medios, servicios y recursos de otra Administración Pública, organismo público o entidad de derecho público vinculado o dependiente, para el ejercicio de competencias propias o delegadas.

Quedan excluidos los convenios interadministrativos suscritos entre dos o más Comunidades Autónomas para la gestión y prestación de servicios propios de las mismas, que se regirán en cuanto a sus supuestos, requisitos y términos por lo previsto en sus respectivos Estatutos de autonomía.

b) Convenios intradministrativos firmados entre organismos públicos y entidades de derecho público vinculados o dependientes de una misma Administración Pública.

c) Convenios firmados entre una Administración Pública u organismo o entidad de derecho público y un sujeto de Derecho privado.

d) Convenios no constitutivos ni de Tratado internacional, ni de Acuerdo internacional administrativo, ni de Acuerdo internacional no normativo, firmados entre las Administraciones Públicas y los órganos, organismos públicos o entes de un sujeto de Derecho internacional, que estarán sometidos al ordenamiento jurídico interno que determinen las partes.

■ Art. 48. Requisitos de validez y eficacia de los convenios.

1. Las Administraciones Públicas, sus organismos públicos y entidades de derecho público vinculados o dependientes y las Universidades públicas, en el ámbito de sus respectivas competencias, podrán suscribir convenios con sujetos de derecho público y privado, sin que ello pueda suponer cesión de la titularidad de la competencia.

2. En el ámbito de la Administración General del Estado y sus organismos públicos y entidades de derecho público vinculados o dependientes, podrán celebrar convenios los titulares de los Departamentos Ministeriales y los Presidentes o Directores de las dichas entidades y organismos públicos.

3. La suscripción de convenios deberá mejorar la eficiencia de la gestión pública, facilitar la utilización conjunta de medios y servicios públicos, contribuir a la realización de actividades de utilidad pública y cumplir con la legislación de estabilidad presupuestaria y sostenibilidad financiera.

4. La gestión, justificación y resto de actuaciones relacionadas con los gastos derivados de los convenios que incluyan compromisos financieros para la Administración Pública o cualquiera de sus organismos públicos o entidades de derecho público vinculados o dependientes que lo suscriban, así como con los fondos comprometidos en virtud de dichos convenios, se ajustarán a lo dispuesto en la legislación presupuestaria.

5. Los convenios que incluyan compromisos financieros deberán ser financieramente sostenibles, debiendo quienes los suscriban tener capacidad para financiar los asumidos durante la vigencia del convenio.

6. Las aportaciones financieras que se comprometan a realizar los firmantes no podrán ser superiores a los gastos derivados de la ejecución del convenio.

7. Cuando el convenio instrumente una subvención deberá cumplir con lo previsto en la Ley 38/2003, de 17 de noviembre, General de Subvenciones y en la normativa autonómica de desarrollo que, en su caso, resulte aplicable.

Asimismo, cuando el convenio tenga por objeto la delegación de competencias en una Entidad Local, deberá cumplir con lo dispuesto en Ley 7/1985, de 2 de abril, Reguladora de las Bases del Régimen Local.

8. Los convenios se perfeccionan por la prestación del consentimiento de las partes.

Los convenios suscritos por la Administración General del Estado o alguno de sus organismos públicos o entidades de derecho público vinculados o dependientes resultarán eficaces una vez inscritos en el Registro Electrónico estatal de Órganos e Instrumentos de Cooperación del sector público estatal, al que se refiere la disposición adicional séptima y publicados en el «Boletín Oficial del Estado». Previamente y con carácter facultativo, se podrán publicar en el Boletín Oficial de la Comunidad Autónoma o de la provincia, que corresponda a la otra Administración firmante.

9. Las normas del presente Capítulo no serán de aplicación a las encomiendas de gestión y los acuerdos de terminación convencional de los procedimientos administrativos.

■ Art. 49. Contenido de los convenios.

Los convenios a los que se refiere el apartado 1 del artículo anterior deberán incluir, al menos, las siguientes materias:

a) Sujetos que suscriben el convenio y la capacidad jurídica con que actúa cada una de las partes.

b) La competencia en la que se fundamenta la actuación de la Administración Pública, de los organismos públicos y las entidades de derecho público vinculados o dependientes de ella o de las Universidades públicas.

c) Objeto del convenio y actuaciones a realizar por cada sujeto para su cumplimiento, indicando, en su caso, la titularidad de los resultados obtenidos.

d) Obligaciones y compromisos económicos asumidos por cada una de las partes, si los hubiera, indicando su distribución temporal por anualidades y su imputación concreta al presupuesto correspondiente de acuerdo con lo previsto en la legislación presupuestaria.

e) Consecuencias aplicables en caso de incumplimiento de las obligaciones y compromisos asumidos por cada una de las partes y, en su caso, los criterios para determinar la posible indemnización por el incumplimiento.

f) Mecanismos de seguimiento, vigilancia y control de la ejecución del convenio y de los compromisos adquiridos por los firmantes. Este mecanismo resolverá los problemas de interpretación y cumplimiento que puedan plantearse respecto de los convenios.

g) El régimen de modificación del convenio. A falta de regulación expresa la modificación del contenido del convenio requerirá acuerdo unánime de los firmantes.

h) Plazo de vigencia del convenio teniendo en cuenta las siguientes reglas:

1.º Los convenios deberán tener una duración determinada, que no podrá ser superior a cuatro años, salvo que normativamente se prevea un plazo superior.

2.º En cualquier momento antes de la finalización del plazo previsto en el apartado anterior, los firmantes del convenio podrán acordar unánimemente su prórroga por un periodo de hasta cuatro años adicionales o su extinción.

En el caso de convenios suscritos por la Administración General del Estado o alguno de sus organismos públicos y entidades de derecho público vinculados o dependientes, esta prórroga deberá ser comunicada al Registro Electrónico estatal de Órganos e Instrumentos de Cooperación al que se refiere la disposición adicional séptima.

■ Art. 50. Trámites preceptivos para la suscripción de convenios y sus efectos.

1. Sin perjuicio de las especialidades que la legislación autonómica pueda prever, será necesario que el convenio se acompañe de una memoria justificativa donde se analice su necesidad y oportunidad, su impacto económico, el carácter no contractual de la actividad en cuestión, así como el cumplimiento de lo previsto en esta Ley.

2. Los convenios que suscriba la Administración General del Estado o sus organismos públicos y entidades de derecho público vinculados o dependientes se acompañarán además de:

a) El informe de su servicio jurídico. No será necesario solicitar este informe cuando el convenio se ajuste a un modelo normalizado informado previamente por el servicio jurídico que corresponda.

b) Cualquier otro informe preceptivo que establezca la normativa aplicable.

c) La autorización previa del Ministerio de Hacienda y Administraciones Públicas para su firma, modificación, prórroga y resolución por mutuo acuerdo entre las partes.

d) Cuando los convenios plurianuales suscritos entre Administraciones Públicas incluyan aportaciones de fondos por parte del Estado para financiar actuaciones a ejecutar exclusivamente por parte de otra Administración Pública y el Estado asuma, en el ámbito de sus competencias, los compromisos frente a terceros, la aportación del Estado de anualidades futuras estará condicionada a la existencia de crédito en los correspondientes presupuestos.

e) Los convenios interadministrativos suscritos con las Comunidades Autónomas, serán remitidos al Senado por el Ministerio de Hacienda y Administraciones Públicas.

■ Art. 51. Extinción de los convenios.

1. Los convenios se extinguen por el cumplimiento de las actuaciones que constituyen su objeto o por incurrir en causa de resolución.

2. Son causas de resolución:

a) El transcurso del plazo de vigencia del convenio sin haberse acordado la prórroga del mismo.

b) El acuerdo unánime de todos los firmantes.

c) El incumplimiento de las obligaciones y compromisos asumidos por parte de alguno de los firmantes.

En este caso, cualquiera de las partes podrá notificar a la parte incumplidora un requerimiento para que cumpla en un determinado plazo con las obligaciones o compromisos que se consideran incumplidos. Este requerimiento será comunicado al responsable del mecanismo de seguimiento, vigilancia y control de la ejecución del convenio y a las demás partes firmantes.

Si trascurrido el plazo indicado en el requerimiento persistiera el incumplimiento, la parte que lo dirigió notificará a las partes firmantes la concurrencia de la causa de resolución y se entenderá resuelto el convenio. La resolución del convenio por esta causa podrá conllevar la indemnización de los perjuicios causados si así se hubiera previsto.

d) Por decisión judicial declaratoria de la nulidad del convenio.

e) Por cualquier otra causa distinta de las anteriores prevista en el convenio o en otras leyes.

■ Art. 52. Efectos de la resolución de los convenios.

1. El cumplimiento y la resolución de los convenios dará lugar a la liquidación de los mismos con el objeto de determinar las obligaciones y compromisos de cada una de las partes.

2. En el supuesto de convenios de los que deriven compromisos financieros, se entenderán cumplidos cuando su objeto se haya realizado en los términos y a satisfacción de ambas partes, de acuerdo con sus respectivas competencias, teniendo en cuenta las siguientes reglas:

a) Si de la liquidación resultara que el importe de las actuaciones ejecutadas por alguna de las partes fuera inferior a los fondos que la misma hubiera recibido del resto de partes del convenio para financiar dicha ejecución, aquella deberá reintegrar a estas el exceso que corresponda a cada una, en el plazo máximo de un mes desde que se hubiera aprobado la liquidación.

Transcurrido el plazo máximo de un mes, mencionado en el párrafo anterior, sin que se haya producido el reintegro, se deberá abonar a dichas partes, también en el plazo de un mes a contar desde ese momento, el interés de demora aplicable al citado reintegro, que será en todo caso el que resulte de las disposiciones de carácter general reguladoras del gasto público y de la actividad económico-financiera del sector público.

b) Si fuera superior, el resto de partes del convenio, en el plazo de un mes desde la aprobación de la liquidación, deberá abonar a la parte de que se trate la diferencia que corresponda a cada una de ellas, con el límite máximo de las cantidades que cada una de ellas se hubiera comprometido a aportar en virtud del convenio. En ningún caso las partes del convenio tendrán derecho a exigir al resto cuantía alguna que supere los citados límites máximos.

3. No obstante lo anterior, si cuando concurra cualquiera de las causas de resolución del convenio existen actuaciones en curso de ejecución, las partes, a propuesta de la comisión de seguimiento, vigilancia y control del convenio o, en su defecto, del responsable del mecanismo a que hace referencia la letra f) del artículo 49, podrán acordar la continuación y finalización de las actuaciones en curso que consideren oportunas, estableciendo un plazo improrrogable para su finalización, transcurrido el cual deberá realizarse la liquidación de las mismas en los términos establecidos en el apartado anterior.

■ Art. 53. Remisión de convenios al Tribunal de Cuentas.

1. Dentro de los tres meses siguientes a la suscripción de cualquier convenio cuyos compromisos económicos asumidos superen los 600.000 euros, estos deberán remitirse electrónicamente al Tribunal de Cuentas u órgano externo de fiscalización de la Comunidad Autónoma, según corresponda.

2. Igualmente se comunicarán al Tribunal de Cuentas u órgano externo de fiscalización de la Comunidad Autónoma, según corresponda, las modificaciones, prórrogas o variaciones de plazos, alteración de los importes de los compromisos económicos asumidos y la extinción de los convenios indicados.

3. Lo dispuesto en los apartados anteriores se entenderá sin perjuicio de las facultades del Tribunal de Cuentas o, en su caso, de los correspondientes órganos de fiscalización externos de las Comunidades Autónomas, para reclamar cuantos datos, documentos y antecedentes estime pertinentes con relación a los contratos de cualquier naturaleza y cuantía.

TÍTULO I

ADMINISTRACIÓN GENERAL DEL ESTADO

CAPÍTULO I. Organización administrativa

■ Art. 54. Principios y competencias de organización y funcionamiento de la Administración General del Estado.

1. La Administración General del Estado actúa y se organiza de acuerdo con los principios establecidos en el artículo 3, así como los de descentralización funcional y desconcentración funcional y territorial.

2. Las competencias en materia de organización administrativa, régimen de personal, procedimientos e inspección de servicios, no atribuidas específicamente conforme a una Ley a ningún otro órgano de la Administración General del Estado, ni al Gobierno, corresponderán al Ministerio de Hacienda y Administraciones Públicas.

■ Art. 55. Estructura de la Administración General del Estado.

1. La organización de la Administración General del Estado responde a los principios de división funcional en Departamentos ministeriales y de gestión territorial integrada en Delegaciones del Gobierno en las Comunidades Autónomas, salvo

las excepciones previstas por esta Ley.

2. La Administración General del Estado comprende:

a) La Organización Central, que integra los Ministerios y los servicios comunes.

b) La Organización Territorial.

c) La Administración General del Estado en el exterior.

3. En la organización central son órganos superiores y órganos directivos:

a) Órganos superiores:

1.º Los Ministros.

2.º Los Secretarios de Estado.

b) Órganos directivos:

1.º Los Subsecretarios y Secretarios generales.

2.º Los Secretarios generales técnicos y Directores generales.

3.º Los Subdirectores generales.

4. En la organización territorial de la Administración General del Estado son órganos directivos tanto los Delegados del Gobierno en las Comunidades Autónomas, que tendrán rango de Subsecretario, como los Subdelegados del Gobierno en las provincias, los cuales tendrán nivel de Subdirector general.

5. En la Administración General del Estado en el exterior son órganos directivos los embajadores y representantes permanentes ante Organizaciones internacionales.

6. Los órganos superiores y directivos tienen además la condición de alto cargo, excepto los Subdirectores generales y asimilados, de acuerdo con lo previsto en la Ley 3/2015, de 30 de marzo, reguladora del ejercicio del alto cargo de la Administración General del Estado.

7. Todos los demás órganos de la Administración General del Estado se encuentran bajo la dependencia o dirección de un órgano superior o directivo.

8. Los estatutos de los Organismos públicos determinarán sus respectivos órganos directivos.

9. Corresponde a los órganos superiores establecer los planes de actuación de la organización situada bajo su responsabilidad y a los órganos directivos su desarrollo y ejecución.

10. Los Ministros y Secretarios de Estado son nombrados de acuerdo con lo establecido en la Ley 50/1997, de 27 de noviembre, del Gobierno y en la Ley 3/2015, de 30 de marzo, reguladora del ejercicio del alto cargo de la Administración General del Estado.

11. Sin perjuicio de lo previsto en la Ley 3/2015, de 30 de marzo, reguladora del ejercicio del alto cargo de la Administración General del Estado, los titulares de los órganos superiores y directivos son nombrados, atendiendo a criterios de competencia profesional y experiencia, en la forma establecida en esta Ley, siendo de aplicación al desempeño de sus funciones:

a) La responsabilidad profesional, personal y directa por la gestión desarrollada.

b) La sujeción al control y evaluación de la gestión por el órgano superior o directivo competente, sin perjuicio del control establecido por la Ley General Presupuestaria.

■ Art. 56. Elementos organizativos básicos.

1. Las unidades administrativas son los elementos organizativos básicos de las estructuras orgánicas. Las unidades comprenden puestos de trabajo o dotaciones de plantilla vinculados funcionalmente por razón de sus cometidos y orgánicamente por una jefatura común. Pueden existir unidades administrativas complejas, que agrupen dos o más unidades menores.

2. Los jefes de las unidades administrativas son responsables del correcto funcionamiento de la unidad y de la adecuada ejecución de las tareas asignadas a la misma.

3. Las unidades administrativas se establecen mediante las relaciones de puestos de trabajo, que se aprobarán de acuerdo con su regulación específica, y se integran en un determinado órgano.

CAPÍTULO II. Los Ministerios y su estructura interna

■ Art. 57. Los Ministerios.

1. La Administración General del Estado se organiza en Presidencia del Gobierno y en Ministerios, comprendiendo a cada uno de ellos uno o varios sectores funcionalmente homogéneos de actividad administrativa.

2. La organización en Departamentos ministeriales no obsta a la existencia de órganos superiores o directivos u Organismos públicos no integrados o dependientes, respectivamente, en la estructura general del Ministerio que con carácter excepcional se adscriban directamente al Ministro.

3. La determinación del número, la denominación y el ámbito de competencia respectivo de los Ministerios y las Secretarías de Estado se establecen mediante Real Decreto del Presidente del Gobierno.

■ Art. 58. Organización interna de los Ministerios.

1. En los Ministerios pueden existir Secretarías de Estado, y Secretarías Generales, para la gestión de un sector de actividad administrativa. De ellas dependerán jerárquicamente los órganos directivos que se les adscriban.

2. Los Ministerios contarán, en todo caso, con una Subsecretaría, y dependiendo de ella una Secretaría General Técnica, para la gestión de los servicios comunes previstos en este Título.

3. Las Direcciones Generales son los órganos de gestión de una o varias áreas funcionalmente homogéneas.

4. Las Direcciones Generales se organizan en Subdirecciones Generales para la distribución de las competencias encomendadas a aquéllas, la realización de las actividades que les son propias y la asignación de objetivos y responsabilidades. Sin perjuicio de lo anterior, podrán adscribirse directamente Subdirecciones Generales a otros órganos directivos de mayor nivel o a órganos superiores del Ministerio.

■ Art. 59. Creación, modificación y supresión de órganos y unidades administrativas.

1. Las Subsecretarías, las Secretarías Generales, las Secretarías Generales Técnicas, las Direcciones Generales, las Subdirecciones Generales, y órganos similares a los anteriores se crean, modifican y suprimen por Real Decreto del Consejo de Ministros, a iniciativa del Ministro interesado y a propuesta del Ministro de Hacienda y Administraciones Públicas.

2. Los órganos de nivel inferior a Subdirección General se crean, modifican y suprimen por orden del Ministro respectivo, previa autorización del Ministro de Hacienda y Administraciones Públicas.

3. Las unidades que no tengan la consideración de órganos se crean, modifican y suprimen a través de las relaciones de puestos de trabajo.

■ Art. 60. Ordenación jerárquica de los órganos ministeriales.

1. Los Ministros son los jefes superiores del Departamento y superiores jerárquicos directos de los Secretarios de Estado y Subsecretarios.

2. Los órganos directivos dependen de alguno de los anteriores y se ordenan jerárquicamente entre sí de la siguiente forma: Subsecretario, Director general y Subdirector general.

Los Secretarios generales tienen categoría de Subsecretario y los Secretarios Generales Técnicos tienen categoría de Director general.

■ Art. 61. Los Ministros.

Los Ministros, como titulares del departamento sobre el que ejercen su competencia, dirigen los sectores de actividad administrativa integrados en su Ministerio, y asumen la responsabilidad inherente a dicha dirección. A tal fin, les corresponden las siguientes funciones:

a) Ejercer la potestad reglamentaria en las materias propias de su Departamento.

b) Fijar los objetivos del Ministerio, aprobar los planes de actuación del mismo y asignar los recursos necesarios para su ejecución, dentro de los límites de las dotaciones presupuestarias correspondientes.

c) Aprobar las propuestas de los estados de gastos del Ministerio, y de los presupuestos de los Organismos públicos dependientes y remitirlas al Ministerio de Hacienda y Administraciones Públicas.

d) Determinar y, en su caso, proponer la organización interna de su Ministerio, de acuerdo con las competencias que le atribuye esta Ley.

e) Evaluar la realización de los planes de actuación del Ministerio por parte de los órganos superiores y órganos directivos y ejercer el control de eficacia respecto de la actuación de dichos órganos y de los Organismos públicos dependientes, sin perjuicio de lo dispuesto en la Ley 47/2003, de 26 de noviembre, General Presupuestaria.

f) Nombrar y separar a los titulares de los órganos directivos del Ministerio y de los Organismos públicos o entidades de derecho público dependientes del mismo, cuando la competencia no esté atribuida al Consejo de Ministros a otro órgano o al propio organismo, así como elevar a aquél las propuestas de nombramientos que le estén reservadas de órganos directivos del Ministerio y de los Organismos Públicos dependientes del mismo.

g) Autorizar las comisiones de servicio con derecho a indemnización por cuantía exacta para altos cargos dependientes del Ministro.

h) Mantener las relaciones con las Comunidades Autónomas y convocar las Conferencias sectoriales y los órganos de cooperación en el ámbito de las competencias atribuidas a su Departamento.

i) Dirigir la actuación de los titulares de los órganos superiores y directivos del Ministerio, impartirles instrucciones concretas y delegarles competencias propias.

j) Revisar de oficio los actos administrativos y resolver los conflictos de atribuciones cuando les corresponda, así como plantear los que procedan con otros Ministerios.

k) Celebrar en el ámbito de su competencia, contratos y convenios, sin perjuicio de la autorización del Consejo de Ministros cuando sea preceptiva.

l) Administrar los créditos para gastos de los presupuestos del Ministerio, aprobar y comprometer los gastos que no sean de la competencia del Consejo de Ministros, aprobar las modificaciones presupuestarias que sean de su competencia, reconocer las obligaciones económicas y proponer su pago en el marco del plan de disposición de fondos del Tesoro Público, así como fijar los límites por debajo de los cuales estas competencias corresponderán, en su ámbito respectivo, a los Secretarios de Estado y Subsecretario del departamento. Corresponderá al Ministro elevar al Consejo de Ministros, para su aprobación, las modificaciones presupuestarias que sean de la competencia de éste.

m) Decidir la representación del Ministerio en los órganos colegiados o grupos de trabajo en los que no esté previamente determinado el titular del órgano superior o directivo que deba representar al Departamento.

n) Remitir la documentación a su Departamento necesaria para la elaboración de la Cuenta General del Estado, en los términos previstos en la Ley 47/2003, 26 de noviembre.

ñ) Resolver de los recursos administrativos y declarar la lesividad de los actos administrativos cuando les corresponda.

o) Otorgar premios y recompensas propios del Departamento y proponer las que corresponda según sus normas reguladoras.

p) Conceder subvenciones y ayudas con cargo a los créditos de gasto propios del Departamento, así como fijar los límites por debajo de los cuales podrán ser otorgadas por los Secretarios de Estado o el Subsecretario del Departamento.

q) Proponer y ejecutar, en el ámbito de su competencia, los Planes de Empleo del Departamento y de los organismos públicos de él dependientes.

r) Modificar las Relaciones de Puestos de Trabajo en los casos en que esa competencia esté delegada en el propio departamento o proponer al Ministerio de Hacienda y Administraciones Públicas las que sean de competencia de este último.

s) Imponer la sanción de separación del servicio por faltas muy graves.

t) Ejercer cuantas otras competencias les atribuyan las leyes, las normas de organización y funcionamiento del Gobierno y cualesquiera otras disposiciones.

■ Art. 62. Los Secretarios de Estado.

1. Los Secretarios de Estado son directamente responsables de la ejecución de la acción del Gobierno en un sector de actividad específica.

Asimismo, podrán ostentar por delegación expresa de sus respectivos Ministros la representación de estos en materias propias de su competencia, incluidas aquellas con proyección internacional, sin perjuicio, en todo caso, de las normas que rigen las relaciones de España con otros Estados y con las Organizaciones internacionales.

2. Los Secretarios de Estado dirigen y coordinan las Secretarías y las Direcciones Generales situadas bajo su dependencia, y responden ante el Ministro de la ejecución de los objetivos fijados para la Secretaría de Estado. A tal fin les corresponde:

a) Ejercer las competencias sobre el sector de actividad administrativa asignado que les atribuya la norma de creación del órgano o que les delegue el Ministro y desempeñar las relaciones externas de la Secretaría de Estado, salvo en los casos legalmente reservados al Ministro.

b) Ejercer las competencias inherentes a su responsabilidad de dirección y, en particular, impulsar la consecución de los objetivos y la ejecución de los proyectos de su organización, controlando su cumplimiento, supervisando la actividad de los órganos directivos adscritos e impartiendo instrucciones a sus titulares.

c) Nombrar y separar a los Subdirectores Generales de la Secretaría de Estado.

d) Mantener las relaciones con los órganos de las Comunidades Autónomas competentes por razón de la materia.

e) La autorización previa para contratar a los Organismos Autónomos adscritos a la Secretaría de Estado, por encima de una cuantía determinada, según lo previsto en la disposición transitoria tercera del Real Decreto Legislativo 3/2011, de 14 de noviembre por el que se aprueba el Texto Refundido de la Ley de Contratos del Sector Público.

f) Autorizar las comisiones de servicio con derecho a indemnización por cuantía exacta para los altos cargos dependientes de la Secretaría de Estado.

g) Celebrar contratos relativos a asuntos de su Secretaría de Estado y los convenios no reservados al Ministro del que dependan, sin perjuicio de la correspondiente autorización cuando sea preceptiva.

h) Conceder subvenciones y ayudas con cargo a los créditos de gasto propios de la Secretaría de Estado, con los límites establecidos por el titular del Departamento.

i) Resolver los recursos que se interpongan contra las resoluciones de los órganos directivos que dependan directamente de él y cuyos actos no agoten la vía administrativa, así como los conflictos de atribuciones que se susciten entre dichos órganos.

j) Administrar los créditos para gastos de los presupuestos del Ministerio por su materia propios de la Secretaría de Estado, aprobar las modificaciones presupuestarias de los mismos, aprobar y comprometer los gastos con cargo a aquellos créditos y reconocer las obligaciones económicas y proponer su pago en el marco del plan de disposición de fondos del Tesoro Público. Todo ello dentro de la cuantía que, en su caso, establezca el Ministro al efecto y siempre que los referidos actos no sean competencia del Consejo de Ministros.

k) Cualesquiera otras competencias que les atribuya la legislación en vigor.

■ Art. 63. Los Subsecretarios.

1. Los Subsecretarios ostentan la representación ordinaria del Ministerio, dirigen los servicios comunes, ejercen las competencias correspondientes a dichos servicios comunes y, en todo caso, las siguientes:

a) Apoyar a los órganos superiores en la planificación de la actividad del Ministerio, a través del correspondiente asesoramiento técnico.

b) Asistir al Ministro en el control de eficacia del Ministerio y sus Organismos públicos.

c) Establecer los programas de inspección de los servicios del Ministerio, así como determinar las actuaciones precisas para la mejora de los sistemas de planificación, dirección y organización y para la racionalización y simplificación de los procedimientos y métodos de trabajo, en el marco definido por el Ministerio de Hacienda y Administraciones Públicas.

d) Proponer las medidas de organización del Ministerio y dirigir el funcionamiento de los servicios comunes a través de las correspondientes instrucciones u órdenes de servicio.

e) Asistir a los órganos superiores en materia de relaciones de puestos de trabajo, planes de empleo y política de directivos del Ministerio y sus Organismos públicos, así como en la elaboración, ejecución y seguimiento de los presupuestos y la planificación de los sistemas de información y comunicación.

f) Desempeñar la jefatura superior de todo el personal del Departamento.

g) Responsabilizarse del asesoramiento jurídico al Ministro en el desarrollo de las funciones que a éste le corresponden y, en particular, en el ejercicio de su potestad normativa y en la producción de los actos administrativos de la competencia de aquél, así como a los demás órganos del Ministerio.

En los mismos términos del párrafo anterior, informar las propuestas o proyectos de normas y actos de otros Ministerios, cuando reglamentariamente proceda.

A tales efectos, el Subsecretario será responsable de coordinar las actuaciones correspondientes dentro del Ministerio y en relación con los demás Ministerios que hayan de intervenir en el procedimiento.

h) Ejercer las facultades de dirección, impulso y supervisión de la Secretaría General Técnica y los restantes órganos directivos que dependan directamente de él.

i) Administrar los créditos para gastos de los presupuestos del Ministerio por su materia propios de la Subsecretaría, aprobar las modificaciones presupuestarias de los mismos, aprobar y comprometer los gastos con cargo a aquellos créditos y reconocer las obligaciones económicas y proponer su pago en el marco del plan de disposición de fondos del Tesoro Público. Todo ello dentro de la cuantía que, en su caso, establezca el Ministro al efecto y siempre que los referidos actos no sean competencia del Consejo de Ministros.

j) Conceder subvenciones y ayudas con cargo a los créditos de gasto propios del Ministerio con los límites establecidos por el titular del Departamento.

k) Solicitar del Ministerio de Hacienda y Administraciones Públicas la afectación o el arrendamiento de los inmuebles necesarios para el cumplimiento de los fines de los servicios a cargo del Departamento.

l) Nombrar y cesar a los Subdirectores y asimilados dependientes de la Subsecretaría, al resto de personal de libre designación y al personal eventual del Departamento.

m) Convocar y resolver pruebas selectivas de personal funcionario y laboral.

n) Convocar y resolver los concursos de personal funcionario.

ñ) Ejercer la potestad disciplinaria del personal del Departamento por faltas graves o muy graves, salvo la separación del servicio.

o) Adoptar e impulsar, bajo la dirección del Ministro, las medidas tendentes a la gestión centralizada de recursos humanos y medios materiales en el ámbito de su Departamento Ministerial.

p) Autorizar las comisiones de servicio con derecho a indemnización por cuantía exacta para altos cargos dependientes del Subsecretario.

q) Cualesquiera otras que sean inherentes a los servicios comunes del Ministerio y a la representación ordinaria del mismo y las que les atribuyan la legislación en vigor.

2. La Subsecretaría del Ministerio de la Presidencia, en coordinación con la Secretaría General de la Presidencia del Gobierno, ejercerá las competencias propias de los servicios comunes de los Departamentos en relación con el área de la Presidencia del Gobierno.

3. Los Subsecretarios serán nombrados y separados por Real Decreto del Consejo de Ministros a propuesta del titular del Ministerio.

Los nombramientos habrán de efectuarse entre funcionarios de carrera del Estado, de las Comunidades Autónomas o de las Entidades locales, pertenecientes al Subgrupo A1, a que se refiere el artículo 76 de la Ley 7/2007, de 12 de abril, por el que se aprueba el Estatuto Básico del Empleado Público. En todo caso, habrán de reunir los requisitos de idoneidad establecidos en la Ley 3/2015, de 30 de marzo, reguladora del ejercicio del alto cargo de la Administración General del Estado.

■ Art. 64. Los Secretarios generales.

1. Cuando las normas que regulan la estructura de un Ministerio prevean la existencia de un Secretario general, deberán determinar las competencias que le correspondan sobre un sector de actividad administrativa determinado.

2. Los Secretarios generales ejercen las competencias inherentes a su responsabilidad de dirección sobre los órganos dependientes, contempladas en el artículo 62.2.b), así como todas aquellas que les asigne expresamente el Real Decreto de estructura del Ministerio.

3. Los Secretarios generales, con categoría de Subsecretario, serán nombrados y separados por Real Decreto del Consejo de Ministros, a propuesta del titular del Ministerio o del Presidente del Gobierno.

Los nombramientos habrán de efectuarse entre personas con cualificación y experiencia en el desempeño de puestos de responsabilidad en la gestión pública o privada. En todo caso, habrán de reunir los requisitos de idoneidad establecidos en la Ley 3/2015, de 30 de marzo, reguladora del ejercicio del alto cargo de la Administración General del Estado.

■ Art. 65. Los Secretarios generales técnicos.

1. Los Secretarios generales técnicos, bajo la inmediata dependencia del Subsecretario, tendrán las competencias sobre servicios comunes que les atribuya el Real Decreto de estructura del Departamento y, en todo caso, las relativas a producción normativa, asistencia jurídica y publicaciones.

2. Los Secretarios generales técnicos tienen a todos los efectos la categoría de Director General y ejercen sobre sus órganos dependientes las facultades atribuidas a dicho órgano por el artículo siguiente.

3. Los Secretarios generales técnicos serán nombrados y separados por Real Decreto del Consejo de Ministros a propuesta del titular del Ministerio.

Los nombramientos habrán de efectuarse entre funcionarios de carrera del Estado, de las Comunidades Autónomas o de las Entidades locales, pertenecientes al Subgrupo A1, a que se refiere el artículo 76 de la Ley 7/2007, de 12 de abril. En todo caso, habrán de reunir los requisitos de idoneidad establecidos en la Ley 3/2015, de 30 de marzo, reguladora del ejercicio de alto cargo de la Administración General del Estado.

■ Art. 66. Los Directores generales.

1. Los Directores generales son los titulares de los órganos directivos encargados de la gestión de una o varias áreas funcionalmente homogéneas del Ministerio. A tal efecto, les corresponde:

a) Proponer los proyectos de su Dirección general para alcanzar los objetivos establecidos por el Ministro, dirigir su ejecución y controlar su adecuado cumplimiento.

b) Ejercer las competencias atribuidas a la Dirección general y las que le sean desconcentradas o delegadas.

c) Proponer, en los restantes casos, al Ministro o al titular del órgano del que dependa, la resolución que estime procedente sobre los asuntos que afectan al órgano directivo.

d) Impulsar y supervisar las actividades que forman parte de la gestión ordinaria del órgano directivo y velar por el buen funcionamiento de los órganos y unidades dependientes y del personal integrado en los mismos.

e) Las demás atribuciones que le confieran las leyes y reglamentos.

2. Los Directores generales serán nombrados y separados por Real Decreto del Consejo de Ministros, a propuesta del titular del Departamento o del Presidente del Gobierno.

Los nombramientos habrán de efectuarse entre funcionarios de carrera del Estado, de las Comunidades Autónomas o de las Entidades locales, pertenecientes al Subgrupo A1, a que se refiere el artículo 76 de la Ley 7/2007, de 12 de abril, salvo que el Real Decreto de estructura permita que, en atención a las características específicas de las funciones de la Dirección General, su titular no reúna dicha condición de funcionario, debiendo motivarse mediante memoria razonada la concurrencia de las especiales características que justifiquen esa circunstancia excepcional. En todo caso, habrán de reunir los requisitos de idoneidad establecidos en la Ley 3/2015, de 30 de marzo, reguladora del ejercicio del alto cargo de la Administración General del Estado.

■ Art. 67. Los Subdirectores generales.

1. Los Subdirectores generales son los responsables inmediatos, bajo la supervisión del Director general o del titular del órgano del que dependan, de la ejecución de aquellos proyectos, objetivos o actividades que les sean asignados, así como de la gestión ordinaria de los asuntos de la competencia de la Subdirección General.

2. Los Subdirectores generales serán nombrados, respetando los principios de igualdad, mérito y capacidad, y cesados por el Ministro, Secretario de Estado o Subsecretario del que dependan.

Los nombramientos habrán de efectuarse entre funcionarios de carrera del Estado, o de otras Administraciones, cuando así lo prevean las normas de aplicación, pertenecientes al Subgrupo A1, a que se refiere el artículo 76 de la Ley 7/2007, de 12 de abril.

■ Art. 68. Reglas generales sobre los servicios comunes de los Ministerios.

1. Los órganos directivos encargados de los servicios comunes, prestan a los órganos superiores y directivos del resto del Ministerio la asistencia precisa para el más eficaz cumplimiento de sus cometidos y, en particular, la eficiente utilización de los medios y recursos materiales, económicos y personales que tengan asignados.

Corresponde a los servicios comunes el asesoramiento, el apoyo técnico y, en su caso, la gestión directa en relación con las funciones de planificación, programación y presupuestación, cooperación internacional, acción en el exterior, organización y recursos humanos, sistemas de información y comunicación, producción normativa, asistencia jurídica, gestión financiera, gestión de medios materiales y servicios auxiliares, seguimiento, control e inspección de servicios, estadística para fines estatales y publicaciones.

2. Los servicios comunes funcionan en cada Departamento de acuerdo con las disposiciones y directrices adoptadas por los Ministerios con competencia sobre dichas funciones comunes en la Administración General del Estado. Todo ello, sin perjuicio de que determinados órganos con competencia sobre algunos servicios comunes sigan dependiendo funcional o jerárquicamente de alguno de los referidos Ministerios.

3. Mediante Real Decreto podrá preverse la gestión compartida de algunos de los servicios comunes que podrá realizarse de las formas siguientes:

a) Mediante su coordinación directa por el Ministerio de Hacienda y Administraciones Públicas o por un organismo autónomo vinculado o dependiente del mismo, que prestarán algunos de estos servicios comunes a otros Ministerios.

b) Mediante su coordinación directa por la Subsecretaría de cada Ministerio o por un organismo autónomo vinculado o dependiente de la misma que prestará algunos de estos servicios comunes a todo el Ministerio. El Real Decreto que determine la gestión compartida de algunos de los servicios comunes concretará el régimen de dependencia orgánica y funcional del personal que viniera prestando el servicio respectivo en cada unidad.

CAPÍTULO III. Órganos territoriales

Sección 1.ª La organización territorial de la Administración General del Estado

■ Art. 69. Las Delegaciones y las Subdelegaciones del Gobierno.

1. Existirá una Delegación del Gobierno en cada una de las Comunidades Autónomas.

2. Las Delegaciones del Gobierno tendrán su sede en la localidad donde radique el Consejo de Gobierno de la Comunidad Autónoma, salvo que el Consejo de Ministros acuerde ubicarla en otra distinta y sin perjuicio de lo que disponga expresamente el Estatuto de Autonomía.

3. Las Delegaciones del Gobierno están adscritas orgánicamente al Ministerio de Hacienda y Administraciones Públicas.

4. En cada una de las provincias de las Comunidades Autónomas pluriprovinciales, existirá un Subdelegado del Gobierno, que estará bajo la inmediata dependencia del Delegado del Gobierno.

Podrán crearse por Real Decreto Subdelegaciones del Gobierno en las Comunidades Autónomas uniprovinciales, cuando circunstancias tales como la población del territorio, el volumen de gestión o sus singularidades geográficas, sociales o económicas así lo justifiquen.

■ Art. 70. Los Directores Insulares de la Administración General del Estado.

Reglamentariamente se determinarán las islas en las que existirá un Director Insular de la Administración General del Estado, con el nivel que se determine en la relación de puestos de trabajo. Serán nombrados por el Delegado del Gobierno mediante el procedimiento de libre designación entre funcionarios de carrera del Estado, de las Comunidades Autónomas o de las Entidades Locales, pertenecientes a Cuerpos o Escalas clasificados como Subgrupo A1.

Los Directores Insulares dependen jerárquicamente del Delegado del Gobierno en la Comunidad Autónoma o del Subdelegado del Gobierno en la provincia, cuando este cargo exista, y ejercen, en su ámbito territorial, las competencias atribuidas por esta Ley a los Subdelegados del Gobierno en las provincias.

■ Art. 71. Los servicios territoriales.

1. Los servicios territoriales de la Administración General del Estado en la Comunidad Autónoma se organizarán atendiendo al mejor cumplimiento de sus fines, en servicios integrados y no integrados en las Delegaciones del Gobierno.

2. La organización de los servicios territoriales no integrados en las Delegaciones del Gobierno se establecerá mediante Real Decreto a propuesta conjunta del titular del Ministerio del que dependan y del titular del Ministerio que tenga atribuida la competencia para la racionalización, análisis y evaluación de las estructuras organizativas de la Administración General del Estado y sus organismos públicos, cuando contemple unidades con nivel de Subdirección General o equivalentes, o por Orden conjunta cuando afecte a órganos inferiores.

3. Los servicios territoriales no integrados dependerán del órgano central competente sobre el sector de actividad en el que aquéllos operen, el cual les fijará los objetivos concretos de actuación y controlará su ejecución, así como el funcionamiento de los servicios.

4. Los servicios territoriales integrados dependerán del Delegado del Gobierno, o en su caso Subdelegado del Gobierno, a través de la Secretaría General, y actuarán de acuerdo con las instrucciones técnicas y criterios operativos establecidos por el Ministerio competente por razón de la materia.

Sección 2.ª Los Delegados del Gobierno en las Comunidades Autónomas

■ Art. 72. Los Delegados del Gobierno en las Comunidades Autónomas.

1. Los Delegados del Gobierno representan al Gobierno de la Nación en el territorio de la respectiva Comunidad Autónoma, sin perjuicio de la representación ordinaria del Estado en las mismas a través de sus respectivos Presidentes.

2. Los Delegados del Gobierno dirigirán y supervisarán la Administración General del Estado en el territorio de las respectivas Comunidades Autónomas y la coordinarán, internamente y cuando proceda, con la administración propia de cada una de ellas y con la de las Entidades Locales radicadas en la Comunidad.

3. Los Delegados del Gobierno son órganos di-

rectivos con rango de Subsecretario que dependen orgánicamente del Presidente del Gobierno y funcionalmente del Ministerio competente por razón de la materia.

4. Los Delegados del Gobierno serán nombrados y separados por Real Decreto del Consejo de Ministros, a propuesta del Presidente del Gobierno. Su nombramiento atenderá a criterios de competencia profesional y experiencia. En todo caso, deberá reunir los requisitos de idoneidad establecidos en la Ley 3/2015, de 30 de marzo, reguladora del ejercicio del alto cargo de la Administración General del Estado.

5. En caso de ausencia, vacante o enfermedad del titular de la Delegación del Gobierno, será suplido por el Subdelegado del Gobierno que el Delegado designe y, en su defecto, al de la provincia en que tenga su sede. En las Comunidades Autónomas uniprovinciales en las que no exista Subdelegado la suplencia corresponderá al Secretario General.

■ Art. 73. Competencias de los Delegados del Gobierno en las Comunidades Autónomas.

1. Los Delegados del Gobierno en las Comunidades Autónomas son los titulares de las correspondientes Delegaciones del Gobierno y tienen, en los términos establecidos en este Capítulo, las siguientes competencias:

a) Dirección y coordinación de la Administración General del Estado y sus Organismos públicos:

1.º Impulsar, coordinar y supervisar con carácter general su actividad en el territorio de la Comunidad Autónoma, y, cuando se trate de servicios integrados, dirigirla, directamente o a través de los subdelegados del gobierno, de acuerdo con los objetivos y, en su caso, instrucciones de los órganos superiores de los respectivos ministerios.

2.º Nombrar a los Subdelegados del Gobierno en las provincias de su ámbito de actuación y, en su caso, a los Directores Insulares, y como superior jerárquico, dirigir y coordinar su actividad.

3.º Informar, con carácter preceptivo, las propuestas de nombramiento de los titulares de órganos territoriales de la Administración General del Estado y los Organismos públicos estatales de ámbito autonómico y provincial en la Delegación del Gobierno.

b) Información de la acción del Gobierno e información a los ciudadanos:

1.º Coordinar la información sobre los programas y actividades del Gobierno y la Administración General del Estado y sus Organismos públicos en la Comunidad Autónoma.

2.º Promover la colaboración con las restantes Administraciones Públicas en materia de información al ciudadano.

3.º Recibir información de los distintos Ministerios de los planes y programas que hayan de ejecutar sus respectivos servicios territoriales y Organismos públicos en su ámbito territorial.

4.º Elevar al Gobierno, con carácter anual, a través del titular del Ministerio de Hacienda y Administraciones Públicas, un informe sobre el funcionamiento de los servicios públicos estatales en el ámbito autonómico.

c) Coordinación y colaboración con otras Administraciones Públicas:

1.º Comunicar y recibir cuanta información precisen el Gobierno y el órgano de Gobierno de la Comunidad Autónoma. Realizará también estas funciones con las Entidades Locales en su ámbito territorial, a través de sus respectivos Presidentes.

2.º Mantener las necesarias relaciones de coordinación y cooperación de la Administración General del Estado y sus Organismos públicos con la de la Comunidad Autónoma y con las correspondientes Entidades Locales. A tal fin, promoverá la celebración de convenios con la Comunidad Autónoma y con las Entidades Locales, en particular, en relación a los programas de financiación estatal, participando en el seguimiento de la ejecución y cumplimiento de los mismos.

3.º Participar en las Comisiones mixtas de transferencias y en las Comisiones bilaterales de cooperación, así como en otros órganos de cooperación de naturaleza similar cuando se determine.

d) Control de legalidad:

1.º Resolver los recursos en vía administrativa interpuestos contra las resoluciones y actos dictados por los órganos de la Delegación, previo informe, en todo caso, del Ministerio competente por razón de la materia.

Las impugnaciones de resoluciones y actos del Delegado del Gobierno susceptibles de recurso administrativo y que no pongan fin a la vía administrativa, serán resueltas por los órganos correspondientes del Ministerio competente por razón de la materia.

Las reclamaciones por responsabilidad patrimonial de las Administraciones Públicas se tramitarán por el Ministerio competente por razón de la materia y se resolverán por el titular de dicho Departamento.

2.º Suspender la ejecución de los actos impugnados dictados por los órganos de la Delegación del Gobierno, cuando le corresponda resolver el recurso, de acuerdo con el artículo 117.2 de la Ley del Procedimiento Administrativo Común de las Administraciones Públicas, y proponer la suspensión en los restantes casos, así como respecto de los actos impugnados dictados por los servicios no integrados en la Delegación del Gobierno.

3.º Velar por el cumplimiento de las competencias atribuidas constitucionalmente al Estado y por la correcta aplicación de su normativa, promoviendo o interponiendo, según corresponda, conflictos de jurisdicción, conflictos de atribuciones, recursos y demás acciones legalmente procedentes.

e) Políticas públicas:

1.º Formular a los Ministerios competentes, en cada caso, las propuestas que estime convenientes sobre los objetivos contenidos en los planes y programas que hayan de ejecutar los servicios territoriales y los de los Organismos públicos, e informar, regular y periódicamente, a los Ministerios competentes sobre la gestión de sus servicios territoriales.

2.º Proponer ante el Ministro de Hacienda y Administraciones Públicas las medidas precisas para evitar la duplicidad de estructuras administrativas, tanto en la propia Administración General del Estado como con otras Administraciones Públicas, conforme a los principios de eficacia y eficiencia.

3.º Proponer al Ministerio de Hacienda y Administraciones Públicas medidas para incluir en los planes de recursos humanos de la Administración General del Estado.

4.º Informar las medidas de optimización de recursos humanos y materiales en su ámbito territorial, especialmente las que afecten a más de un Departamento. En particular, corresponde a los Delegados del Gobierno, en los términos establecidos en la Ley 33/2003, de 3 de noviembre, del Patrimonio de las Administraciones Públicas, la coordinación de la utilización de los edificios de uso administrativo por la organización territorial de la Administración General del Estado y de los organismos públicos de ella dependientes en su ámbito territorial, de acuerdo con las directrices establecidas por el Ministerio de Hacienda y Administraciones Públicas y la Dirección General del Patrimonio del Estado.

2. Asimismo, los Delegados del Gobierno ejercerán la potestad sancionadora, expropiatoria y cualesquiera otras que les confieran las normas o que les sean desconcentradas o delegadas.

3. Corresponde a los Delegados del Gobierno proteger el libre ejercicio de los derechos y libertades y garantizar la seguridad ciudadana, a través de los Subdelegados del Gobierno y de las Fuerzas y Cuerpos de seguridad del Estado, cuya jefatura corresponderá al Delegado del Gobierno, quien ejercerá las competencias del Estado en esta materia bajo la dependencia funcional del Ministerio del Interior.

4. En relación con los servicios territoriales, los Delegados del Gobierno, para el ejercicio de las competencias recogidas en este artículo, podrán recabar de los titulares de dichos servicios toda la información relativa a su actividad, estructuras organizativas, recursos humanos, inventarios de bienes muebles e inmuebles o a cualquier otra materia o asunto que consideren oportuno al objeto de garantizar una gestión coordinada y eficaz de los servicios estatales en el territorio.

Sección 3.ª Los Subdelegados del Gobierno en las provincias

■ Art. 74. Los Subdelegados del Gobierno en las provincias.

En cada provincia y bajo la inmediata dependencia del Delegado del Gobierno en la respectiva Comunidad Autónoma, existirá un Subdelegado del Gobierno, con nivel de Subdirector General, que será nombrado por aquél mediante el procedimiento de libre designación entre funcionarios de carrera del Estado, de las Comunidades Autónomas o de las Entidades Locales, pertenecientes a Cuerpos o Escalas clasificados como Subgrupo A1.

En las Comunidades Autónomas uniprovinciales en las que no exista Subdelegado, el Delegado del Gobierno asumirá las competencias que esta Ley atribuye a los Subdelegados del Gobierno en las provincias.

■ Art. 75. Competencias de los Subdelegados del Gobierno en las provincias.

A los Subdelegados del Gobierno les corresponde:

a) Desempeñar las funciones de comunicación, colaboración y cooperación con la respectiva Comunidad Autónoma y con las Entidades Locales y, en particular, informar sobre la incidencia en el territorio de los programas de financiación estatal. En concreto les corresponde:

1.º Mantener las necesarias relaciones de cooperación y coordinación de la Administración General del Estado y sus Organismos públicos con la de la Comunidad Autónoma y con las correspondientes Entidades locales en el ámbito de la provincia.

2.º Comunicar y recibir cuanta información precisen el Gobierno y el órgano de Gobierno de la Comunidad Autónoma. Realizará también estas funciones con las Entidades locales en su ámbito territorial, a través de sus respectivos Presidentes.

b) Proteger el libre ejercicio de los derechos y libertades, garantizando la seguridad ciudadana, todo ello dentro de las competencias estatales en la materia. A estos efectos, dirigirá las Fuerzas y Cuerpos de Seguridad del Estado en la provincia.

c) Dirigir y coordinar la protección civil en el ámbito de la provincia.

d) Dirigir, en su caso, los servicios integrados de la Administración General del Estado, de acuerdo con las instrucciones del Delegado del Gobierno y de los Ministerios correspondientes; e impulsar, supervisar e inspeccionar los servicios no integrados.

e) Coordinar la utilización de los medios materiales y, en particular, de los edificios administrativos en el ámbito territorial de su competencia.

f) Ejercer la potestad sancionadora y cualquier otra que les confiera las normas o que les sea desconcentrada o delegada.

Sección 4.ª La estructura de las delegaciones del gobierno

■ Art. 76. Estructura de las Delegaciones y Subdelegaciones del Gobierno.

1. La estructura de las Delegaciones y Subdelegaciones del Gobierno se fijará por Real Decreto del Consejo de Ministros a propuesta del Ministerio de Hacienda y Administraciones Públicas, en razón de la dependencia orgánica de las Delegaciones del Gobierno, y contarán, en todo caso, con una Secretaría General, dependiente de los Delegados o, en su caso, de los Subdelegados del Gobierno, como órgano de gestión de los servicios comunes, y de la que dependerán los distintos servicios integrados en la misma, así como aquellos otros servicios y unidades que se determine en la relación de puestos de trabajo.

2. La integración de nuevos servicios territoriales o la desintegración de servicios territoriales ya integrados en las Delegaciones del Gobierno, se llevará a cabo mediante Real Decreto de Consejo de Ministros, a propuesta del Ministerio de Hacienda y Administraciones Públicas, en razón de la dependencia orgánica de las Delegaciones del Gobierno, y del Ministerio competente del área de actividad.

■ Art. 77. Asistencia jurídica y control económico financiero de las Delegaciones y Subdelegaciones del Gobierno.

La asistencia jurídica y las funciones de intervención y control económico financiero en relación con las Delegaciones y Subdelegaciones del Gobierno se ejercerán por la Abogacía del Estado y la Intervención General de la Administración del Estado respectivamente, de acuerdo con su normativa específica.

Sección 5.ª Órganos colegiados

■ Art. 78. La Comisión interministerial de coordinación de la Administración periférica del Estado.

1. La Comisión interministerial de coordinación de la Administración periférica del Estado es un órgano colegiado, adscrito al Ministerio de Hacienda y Administraciones Públicas.

2. La Comisión interministerial de coordinación de la Administración periférica del Estado se encargará de coordinar la actuación de la Administración periférica del Estado con los distintos Departamentos ministeriales.

3. Mediante Real Decreto se regularán sus atribuciones, composición y funcionamiento.

■ Art. 79. Los órganos colegiados de asistencia al Delegado y al Subdelegado del Gobierno.

1. En cada una de las Comunidades Autónomas pluriprovinciales existirá una Comisión territorial de asistencia al Delegado del Gobierno, con las siguientes características:

a) Estará presidida por el Delegado del Gobierno en la Comunidad Autónoma e integrada por los Subdelegados del Gobierno en las provincias comprendidas en el territorio de ésta.

b) A sus sesiones deberán asistir los titulares de los órganos y servicios territoriales, tanto integrados como no integrados, que el Delegado del Gobierno considere oportuno.

c) Esta Comisión desarrollará, en todo caso, las siguientes funciones:

1.º Coordinar las actuaciones que hayan de ejecutarse de forma homogénea en el ámbito de la Comunidad Autónoma, para asegurar el cumplimiento de los objetivos generales fijados por el Gobierno a los servicios territoriales.

2.º Homogeneizar el desarrollo de las políticas públicas en su ámbito territorial, a través del establecimiento de criterios comunes de actuación que habrán de ser compatibles con las instrucciones y objetivos de los respectivos departamentos ministeriales.

3.º Asesorar al Delegado del Gobierno en la Comunidad Autónoma en la elaboración de las propuestas de simplificación administrativa y racionalización en la utilización de los recursos.

4.º Cualesquiera otras que a juicio del Delegado del Gobierno en la Comunidad Autónoma resulten adecuadas para que la Comisión territorial cumpla la finalidad de apoyo y asesoramiento en el ejercicio de las competencias que esta Ley le asigna.

2. En las Comunidades Autónomas uniprovinciales existirá una Comisión de asistencia al Delegado del Gobierno, presidida por él mismo e integrada por el Secretario General y los titulares de los órganos y servicios territoriales, tanto integrados como no integrados, que el Delegado del Gobierno considere oportuno, con las funciones señaladas en el apartado anterior.

3. En cada Subdelegación del Gobierno existirá una Comisión de asistencia al Subdelegado del Gobierno presidida por él mismo e integrada por el Secretario General y los titulares de los órganos y servicios territoriales, tanto integrados como no integrados, que el Subdelegado del Gobierno considere oportuno, con las funciones señaladas en el apartado primero, referidas al ámbito provincial.

CAPÍTULO IV. De la Administración General del Estado en el exterior

■ Art. 80. El Servicio Exterior del Estado.

El Servicio Exterior del Estado se rige en todo lo concerniente a su composición, organización, funciones, integración y personal por lo dispuesto en la Ley 2/2014, de 25 de marzo, de la Acción y del Servicio Exterior del Estado y en su normativa de desarrollo y, supletoriamente, por lo dispuesto en esta Ley.

TÍTULO II

ORGANIZACIÓN Y FUNCIONAMIENTO DEL SECTOR PÚBLICO INSTITUCIONAL

CAPÍTULO I. Del sector público institucional

■ Art. 81. Principios generales de actuación.

1. Las entidades que integran el sector público institucional están sometidas en su actuación a los principios de legalidad, eficiencia, estabilidad presupuestaria y sostenibilidad financiera así como al principio de transparencia en su gestión. En particular se sujetarán en materia de personal, incluido el laboral, a las limitaciones previstas en la normativa presupuestaria y en las previsiones anuales de los presupuestos generales.

2. Todas las Administraciones Públicas deberán establecer un sistema de supervisión continua de sus entidades dependientes, con el objeto de comprobar la subsistencia de los motivos que justificaron su creación y su sostenibilidad financiera, y que deberá incluir la formulación expresa de propuestas de mantenimiento, transformación o extinción.

3. Los organismos y entidades vinculados o dependientes de la Administración autonómica y local se regirán por las disposiciones básicas de esta ley que les resulten de aplicación, y en particular, por lo dispuesto en los Capítulos I y VI y en los artículos 129 y 134, así como por la normativa propia de la Administración a la que se adscriban.

■ Art. 82. El Inventario de Entidades del Sector Público Estatal, Autonómico y Local.

1. El Inventario de Entidades del Sector Público Estatal, Autonómico y Local, se configura como un registro público administrativo que garantiza la información pública y la ordenación de todas las entidades integrantes del sector público institucional cualquiera que sea su naturaleza jurídica.

La integración y gestión de dicho Inventario y su publicación dependerá de la Intervención General de la Administración del Estado y la captación y el tratamiento de la información enviada por las Comunidades Autónomas y las Entidades locales para la formación y mantenimiento del inventario dependerá de la Secretaría General de Coordinación Autonómica y Local.

2. El Inventario de Entidades del Sector Público contendrá, al menos, información actualizada sobre la naturaleza jurídica, finalidad, fuentes de financiación, estructura de dominio, en su caso, la condición de medio propio, regímenes de contabilidad, presupuestario y de control así como la clasificación en términos de contabilidad nacional, de cada una de las entidades integrantes del sector público institucional.

3. Al menos, la creación, transformación, fusión o extinción de cualquier entidad integrante del sector público institucional, cualquiera que sea su naturaleza jurídica, será inscrita en el Inventario de Entidades del Sector Público Estatal, Autonómico y Local.

■ Art. 83. Inscripción en el Inventario de Entidades del Sector Público Estatal, Autonómico y Local.

1. El titular del máximo órgano de dirección de la entidad notificará, a través de la intervención general de la Administración correspondiente, la información necesaria para la inscripción definitiva en el Inventario de Entidades del Sector Público Estatal, Autonómico y Local, en los términos previstos reglamentariamente, de los actos relativos a su creación, transformación, fusión o extinción, en el plazo de treinta días hábiles a contar desde que ocurra el acto inscribible. En la citada notificación se acompañará la documentación justificativa que determina tal circunstancia.

2. La inscripción definitiva de la creación de cualquier entidad integrante del sector público institucional en el Inventario de Entidades del Sector Público Estatal, Autonómico y Local se realizará de conformidad con las siguientes reglas:

a) El titular del máximo órgano de dirección de la entidad, a través de la intervención general de la Administración correspondiente, notificará, electrónicamente a efectos de su inscripción, al Inventario de Entidades del Sector Público Estatal, Autonómico y Local, la norma o el acto jurídico de creación en el plazo de 30 días hábiles desde la entrada en vigor de la norma o del acto, según corresponda. A la notificación se acompañará la copia o enlace a la publicación electrónica del Boletín Oficial en el que se publicó la norma, o copia del acto jurídico de creación, así como el resto de documentación justificativa que proceda, como los Estatutos o el plan de actuación.

b) La inscripción en el Inventario de Entidades del Sector Público Estatal, Autonómico y Local se practicará dentro del plazo de 15 días hábiles siguientes a la recepción de la solicitud de inscripción.

c) Para la asignación del Número de Identificación Fiscal definitivo y de la letra identificativa que corresponda a la entidad, de acuerdo con su naturaleza jurídica, por parte de la Administración Tributaria será necesaria la aportación de la certificación de la inscripción de la entidad en el Inventario de Entidades del Sector Público Estatal, Autonómico y Local.

CAPÍTULO II. Organización y funcionamiento del sector público institucional estatal

■ Art. 84. Composición y clasificación del sector público institucional estatal.

1. Integran el sector público institucional estatal las siguientes entidades:

a) Los organismos públicos vinculados o dependientes de la Administración General del Estado, los cuales se clasifican en:

1.º Organismos autónomos.

2.º Entidades Públicas Empresariales.

b) Las autoridades administrativas independientes.

c) Las sociedades mercantiles estatales.

d) Los consorcios.

e) Las fundaciones del sector público.

f) Los fondos sin personalidad jurídica.

g) Las universidades públicas no transferidas.

2. La Administración General del Estado o entidad integrante del sector público institucional estatal no podrá, por sí misma ni en colaboración con otras entidades públicas o privadas, crear, ni ejercer el control efectivo, directa ni indirectamente, sobre ningún otro tipo de entidad distinta de las enumeradas en este artículo, con independencia de su naturaleza y régimen jurídico.

Lo dispuesto en este apartado no será de aplicación a la participación del Estado en organismos internacionales o entidades de ámbito supranacional, ni a la participación en los organismos de normalización y acreditación nacionales.

3. Las universidades públicas no transferidas se regirán por lo dispuesto en la Ley 47/2003, de 26 de noviembre, que les sea de aplicación y por lo dispuesto en esta ley en lo que no esté previsto en su normativa específica.

■ Art. 85. Control de eficacia y supervisión continua.

1. Las entidades integrantes del sector público institucional estatal estarán sometidas al control de eficacia y supervisión continua, sin perjuicio de lo establecido en el artículo 110.

Para ello, todas las entidades integrantes del sector público institucional estatal contarán, en el momento de su creación, con un plan de actuación, que contendrá las líneas estratégicas en torno a las cuales se desenvolverá la actividad de la entidad, que se revisarán cada tres años, y que se completará con planes anuales que desarrollarán el de creación para el ejercicio siguiente.

2. El control de eficacia será ejercido por el Departamento al que estén adscritos, a través de las inspecciones de servicios, y tendrá por objeto evaluar el cumplimiento de los objetivos propios de la actividad específica de la entidad y la adecuada utilización de los recursos, de acuerdo con lo establecido en su plan de actuación y sus actualizaciones anuales, sin perjuicio del control que de acuerdo con la Ley 47/2003, de 26 de noviembre, se ejerza por la Intervención General de la Administración del Estado.

3. Todas las entidades integrantes del sector público institucional estatal están sujetas desde su creación hasta su extinción a la supervisión continua del Ministerio de Hacienda y Administracio-

nes Públicas, a través de la Intervención General de la Administración del Estado, que vigilará la concurrencia de los requisitos previstos en esta Ley. En particular verificará, al menos, lo siguiente:

a) La subsistencia de las circunstancias que justificaron su creación.

b) Su sostenibilidad financiera.

c) La concurrencia de la causa de disolución prevista en esta ley referida al incumplimiento de los fines que justificaron su creación o que su subsistencia no resulte el medio más idóneo para lograrlos.

Las actuaciones de planificación, ejecución y evaluación correspondientes a la supervisión continua se determinarán reglamentariamente.

4. Las actuaciones de control de eficacia y supervisión continua tomarán en consideración:

a) La información económico financiera disponible.

b) El suministro de información por parte de los organismos públicos y entidades sometidas al Sistema de control de eficacia y supervisión continúa.

c) Las propuestas de las inspecciones de los servicios de los departamentos ministeriales.

Los resultados de la evaluación efectuada tanto por el Ministerio de adscripción como por el Ministerio de Hacienda y Administraciones Públicas se plasmarán en un informe sujeto a procedimiento contradictorio que, según las conclusiones que se hayan obtenido, podrá contener recomendaciones de mejora o una propuesta de transformación o supresión del organismo público o entidad.

■ Art. 86. Medio propio y servicio técnico.

1. Las entidades integrantes del sector público institucional podrán ser consideradas medios propios y servicios técnicos de los poderes adjudicadores y del resto de entes y sociedades que no tengan la consideración de poder adjudicador cuando cumplan las condiciones y requisitos establecidos en el Texto Refundido de la Ley de Contratos del Sector Público, aprobado por el Real Decreto Legislativo 3/2011, de 14 de noviembre.

2. Tendrán la consideración de medio propio y servicio técnico cuando se acredite que, además de disponer de medios suficientes e idóneos para realizar prestaciones en el sector de actividad que se corresponda con su objeto social, de acuerdo con su norma o acuerdo de creación, se dé alguna de las circunstancias siguientes:

a) Sea una opción más eficiente que la contratación pública y resulta sostenible y eficaz, aplicando criterios de rentabilidad económica.

b) Resulte necesario por razones de seguridad pública o de urgencia en la necesidad de disponer de los bienes o servicios suministrados por el medio propio o servicio técnico.

Formará parte del control de eficacia de los medios propios y servicios técnicos la comprobación de la concurrencia de los mencionados requisitos.

En la denominación de las entidades integrantes del sector público institucional que tengan la condición de medio propio deberá figurar necesariamente la indicación «Medio Propio» o su abreviatura «M.P.».

3. A la propuesta de declaración de medio propio y servicio técnico deberá acompañarse una memoria justificativa que acredite lo dispuesto en el apartado anterior y deberá ser informada por la Intervención General de la Administración del Estado que vaya a declarar el medio propio y servicio técnico.

■ Art. 87. Transformaciones de las entidades integrantes del sector público institucional estatal.

1. Cualquier organismo autónomo, entidad pública empresarial, sociedad mercantil estatal o fundación del sector público institucional estatal podrá transformarse y adoptar la naturaleza jurídica de cualquiera de las entidades citadas.

2. La transformación tendrá lugar, conservando su personalidad jurídica, por cesión e integración global, en unidad de acto, de todo el activo y el pasivo de la entidad transformada con sucesión universal de derechos y obligaciones.

La transformación no alterará las condiciones financieras de las obligaciones asumidas ni podrá ser entendida como causa de resolución de las relaciones jurídicas.

3. La transformación se llevará a cabo mediante Real Decreto, aunque suponga modificación de la Ley de creación.

4. Cuando un organismo autónomo o entidad pública empresarial se transforme en una entidad pública empresarial, sociedad mercantil estatal o en una fundación del sector público, el Real Decreto mediante el que se lleve a cabo la transformación deberá ir acompañado de la siguiente documentación:

a) Una memoria que incluya:

1.º Una justificación de la transformación por no poder asumir sus funciones manteniendo su naturaleza jurídica originaria.

2.º Un análisis de eficiencia que incluirá una previsión del ahorro que generará la transformación y la acreditación de inexistencia de duplicidades con las funciones que ya desarrolle otro órgano, organismo público o entidad preexistente.

3.º Un análisis de la situación en la que quedará el personal, indicando si, en su caso, parte del mismo se integrará, bien en la Administración General del Estado o bien en la entidad pública empresarial, sociedad mercantil estatal o fundación que resulte de la transformación.

b) Un informe preceptivo de la Intervención General de la Administración del Estado en el que se valorará el cumplimiento de lo previsto en este artículo.

5. La aprobación del Real Decreto de transformación conllevará:

a) La adaptación de la organización de los medios personales, materiales y económicos que resulte necesaria por el cambio de naturaleza jurídica.

b) La posibilidad de integrar el personal en la entidad transformada o en la Administración General del Estado. En su caso, esta integración se llevará a cabo de acuerdo con los procedimientos de movilidad establecidos en la legislación de función pública o en la legislación laboral que resulte aplicable.

Los distintos tipos de personal de la entidad transformada tendrán los mismos derechos y obligaciones que les correspondan de acuerdo con la normativa que les sea de aplicación.

La adaptación, en su caso, de personal que conlleve la transformación no supondrá, por sí misma, la atribución de la condición de funcionario público al personal laboral que prestase servicios en la entidad transformada.

La integración de quienes hasta ese momento vinieran ejerciendo funciones reservadas a funcionarios públicos sin serlo podrá realizarse con la condición de «a extinguir», debiéndose valorar previamente las características de los puestos afectados y las necesidades de la entidad donde se integren.

De la ejecución de las medidas de transformación no podrá derivarse incremento alguno de la masa salarial preexistente en la entidad transformada.

CAPÍTULO III. De los organismos públicos estatales

Sección 1.ª Disposiciones generales

■ Art. 88. Definición y actividades propias.

Son organismos públicos dependientes o vinculados a la Administración General del Estado, bien directamente o bien a través de otro organismo público, los creados para la realización de actividades administrativas, sean de fomento, prestación o de gestión de servicios públicos o de producción de bienes de interés público susceptibles de contraprestación; actividades de contenido económico reservadas a las Administraciones Públicas; así como la supervisión o regulación de sectores económicos, y cuyas características justifiquen su organización en régimen de descentralización funcional o de independencia.

■ Art. 89. Personalidad jurídica y potestades.

1. Los organismos públicos tiene personalidad jurídica pública diferenciada, patrimonio y tesorería

propios, así como autonomía de gestión, en los términos previstos en esta Ley.

2. Dentro de su esfera de competencia, les corresponden las potestades administrativas precisas para el cumplimiento de sus fines, en los términos que prevean sus estatutos, salvo la potestad expropiatoria.

Los estatutos podrán atribuir a los organismos públicos la potestad de ordenar aspectos secundarios del funcionamiento para cumplir con los fines y el servicio encomendado, en el marco y con el alcance establecido por las disposiciones que fijen el régimen jurídico básico de dicho servicio.

Los actos y resoluciones dictados por los organismos públicos en el ejercicio de potestades administrativas son susceptibles de los recursos administrativos previstos en la Ley del Procedimiento Administrativo Común de las Administraciones Públicas.

■ Art. 90. Estructura organizativa en el sector público estatal.

1. Los organismos públicos se estructuran en los órganos de gobierno, y ejecutivos que se determinen en su respectivo Estatuto.

Los máximos órganos de gobierno son el Presidente y el Consejo Rector. El estatuto puede, no obstante, prever otros órganos de gobierno con atribuciones distintas.

La dirección del organismo público debe establecer un modelo de control orientado a conseguir una seguridad razonable en el cumplimiento de sus objetivos.

2. Corresponde al Ministro de Hacienda y Administraciones Públicas la clasificación de las entidades, conforme a su naturaleza y a los criterios previstos en Real Decreto 451/2012, de 5 de marzo, por el que se regula el régimen retributivo de los máximos responsables y directivos en el sector público empresarial y otras entidades. A estos efectos, las entidades serán clasificadas en tres grupos. Esta clasificación determinará el nivel en que la entidad se sitúa a efectos de:

a) Número máximo de miembros de los órganos de gobierno.

b) Estructura organizativa, con fijación del número mínimo y máximo de directivos, así como la cuantía máxima de la retribución total, con determinación del porcentaje máximo del complemento de puesto y variable.

■ Art. 91. Creación de organismos públicos estatales.

1. La creación de los organismos públicos se efectuará por Ley.

2. La Ley de creación establecerá:

a) El tipo de organismo público que crea, con indicación de sus fines generales, así como el Departamento de dependencia o vinculación.

b) En su caso, los recursos económicos, así como las peculiaridades de su régimen de personal, de contratación, patrimonial, fiscal y cualesquiera otras que, por su naturaleza, exijan norma con rango de Ley.

3. El anteproyecto de ley de creación del organismo público que se eleve al Consejo de Ministros deberá ser acompañado de una propuesta de estatutos y de un plan inicial de actuación, junto con el informe preceptivo favorable del Ministerio de Hacienda y Administraciones Públicas que valorará el cumplimiento de lo previsto en este artículo.

■ Art. 92. Contenido y efectos del plan de actuación.

1. El plan inicial de actuación contendrá, al menos:

a) Las razones que justifican la creación de un nuevo organismo público, por no poder asumir esas funciones otro ya existente, así como la constatación de que la creación no supone duplicidad con la actividad que desarrolle cualquier otro órgano o entidad preexistente.

b) La forma jurídica propuesta y un análisis que justifique que la elegida resulta más eficiente frente a otras alternativas de organización que se hayan descartado.

c) La fundamentación de la estructura organizativa elegida, determinando los órganos directivos y la previsión sobre los recursos humanos necesarios para su funcionamiento.

d) El anteproyecto del presupuesto correspondiente al primer ejercicio junto con un estudio económico-financiero que acredite la suficiencia de la dotación económica prevista inicialmente para el comienzo de su actividad y la sostenibilidad futura del organismo, atendiendo a las fuentes futuras de financiación de los gastos y las inversiones, así como a la incidencia que tendrá sobre los presupuestos generales del Estado.

e) Los objetivos del organismo, justificando su suficiencia o idoneidad, los indicadores para medirlos, y la programación plurianual de carácter estratégico para alcanzarlos, especificando los medios económicos y personales que dedicará, concretando en este último caso la forma de provisión de los puestos de trabajo, su procedencia, coste, retribuciones e indemnizaciones, así como el ámbito temporal en que se prevé desarrollar la actividad del organismo. Asimismo, se incluirán las consecuencias asociadas al grado de cumplimiento de los objetivos establecidos y, en particular, su vinculación con la evaluación de la gestión del personal directivo en el caso de incumplimiento. A tal efecto, el reparto del complemento de productividad o concepto equivalente se realizará teniendo en cuenta el grado de cumplimiento de los objetivos establecidos en el plan de creación y en los anuales.

2. Los organismos públicos deberán acomodar su actuación a lo previsto en su plan inicial de actuación. Éste se actualizará anualmente mediante la elaboración del correspondiente plan que permita desarrollar para el ejercicio siguiente las previsiones del plan de creación. El plan anual de actuación deberá ser aprobado en el último trimestre del año natural por el departamento del que dependa o al que esté vinculado el organismo y deberá guardar coherencia con el Programa de actuación plurianual previsto en la normativa presupuestaria. El Plan de actuación incorporará, cada tres años, una revisión de la programación estratégica del organismo.

La falta de aprobación del plan anual de actuación dentro del plazo fijado por causa imputable al organismo, y hasta tanto se subsane la omisión, llevará aparejada la paralización de las transferencias que deban realizarse a favor del organismo con cargo a los Presupuestos Generales del Estado, salvo que el Consejo de Ministros adopte otra decisión.

3. El plan de actuación y los anuales, así como sus modificaciones, se hará público en la página web del organismo público al que corresponda.

■ Art. 93. Contenido de los estatutos.

1. Los estatutos regularán, al menos, los siguientes extremos:

a) Las funciones y competencias del organismo, con indicación de las potestades administrativas que pueda ostentar.

b) La determinación de su estructura organizativa, con expresión de la composición, funciones, competencias y rango administrativo que corresponda a cada órgano. Asimismo se especificarán aquellos de sus actos y resoluciones que agoten la vía administrativa.

c) El patrimonio que se les asigne y los recursos económicos que hayan de financiarlos.

d) El régimen relativo a recursos humanos, patrimonio, presupuesto y contratación.

e) La facultad de participación en sociedades mercantiles cuando ello sea imprescindible para la consecución de los fines asignados.

2. Los estatutos de los organismos públicos se aprobarán por Real Decreto del Consejo de Ministros a propuesta conjunta del Ministerio de Hacienda y Administraciones Públicas y del Ministerio al que el organismo esté vinculado o sea dependiente.

3. Los estatutos deberán ser aprobados y publicados con carácter previo a la entrada en funcionamiento efectivo del organismo público.

■ Art. 94. Fusión de organismos públicos estatales.

1. Los organismos públicos estatales de la misma naturaleza jurídica podrán fusionarse bien mediante su extinción e integración en un nuevo organismo público, bien mediante su extinción por

ser absorbido por otro organismo público ya existente.

2. La fusión se llevará a cabo mediante norma reglamentaria, aunque suponga modificación de la Ley de creación. Cuando la norma reglamentaria cree un nuevo organismo público resultante de la fusión deberá cumplir con lo previsto en el artículo 91.2 sobre requisitos de creación de organismos públicos.

3. A la norma reglamentaria de fusión se acompañará un plan de redimensionamiento para la adecuación de las estructuras organizativas, inmobiliarias, de personal y de recursos resultantes de la nueva situación y en el que debe quedar acreditado el ahorro que generará la fusión.

Si alguno de los organismos públicos estuviese en situación de desequilibrio financiero se podrá prever, como parte del plan de redimensionamiento, que las obligaciones, bienes y derechos patrimoniales que se consideren liquidables y derivados de la actividad que ocasionó el desequilibrio, se integren en un fondo, sin personalidad jurídica y con contabilidad separada, adscrito al nuevo organismo público o al absorbente, según corresponda.

La actividad o actividades que ocasionaron el desequilibrio dejarán de prestarse tras la fusión, salvo que se prevea su realización futura de forma sostenible tras la fusión.

El plan de redimensionamiento, previo informe preceptivo de la Intervención General de la Administración del Estado deberá ser aprobado por cada uno de los organismos públicos fusionados si se integran en uno nuevo o por el organismo público absorbente, según corresponda al tipo de fusión.

4. La aprobación de la norma de fusión conllevará:

a) La integración de las organizaciones de los organismos públicos fusionados, incluyendo los medios personales, materiales y económicos, en los términos previstos en el plan de redimensionamiento.

b) El personal de los organismos públicos extinguidos se podrá integrar bien en la Administración General del Estado o bien en el nuevo organismo público que resulte de la fusión o en el organismo público absorbente, según proceda, de acuerdo con lo previsto en la norma reglamentaria de fusión y de conformidad con los procedimientos de movilidad establecidos en la legislación de función pública o en la legislación laboral que resulte aplicable.

Los distintos tipos de personal de los organismos públicos fusionados tendrán los derechos y obligaciones que les correspondan de acuerdo con la normativa que les sea de aplicación.

La integración de quienes hasta ese momento vinieran ejerciendo funciones reservadas a funcionarios públicos sin serlo podrá realizarse con la condición de «a extinguir», debiéndose valorar previamente las características de los puestos afectados y las necesidades del organismos donde se integren.

Esta integración de personal no supondrá, en ningún caso, la atribución de la condición de funcionario público al personal laboral que prestase servicios en los organismos públicos fusionados.

De la ejecución de las medidas de fusión no podrá derivarse incremento alguno de la masa salarial en los organismos públicos afectados.

c) La cesión e integración global, en unidad de acto, de todo el activo y el pasivo de los organismos públicos extinguidos en el nuevo organismo público resultante de la fusión o en el organismo público absorbente, según proceda, que le sucederá universalmente en todos sus derechos y obligaciones.

La fusión no alterará las condiciones financieras de las obligaciones asumidas ni podrá ser entendida como causa de resolución de las relaciones jurídicas.

d) Si se hubiera previsto en el plan de redimensionamiento, las obligaciones, bienes y derechos patrimoniales que se consideren liquidables se integrarán en un fondo, sin personalidad jurídica y con contabilidad separada, adscrito al nuevo organismo público resultante de la fusión o al organismo público absorbente, según proceda, que designará un liquidador al que le corresponderá la liquidación de este fondo. Esta liquidación se efectuará de conformidad con lo previsto en el artículo 97.

La liquidación deberá llevarse a cabo durante los dos años siguientes a la aprobación de la norma reglamentaria de fusión, salvo que el Consejo de Ministros acuerde su prórroga, sin perjuicio de los posibles derechos que puedan corresponder a los acreedores. La aprobación de las normas a las que tendrá que ajustarse la contabilidad del fondo corresponderá al Ministro de Hacienda y Administraciones Públicas a propuesta de la Intervención General de la Administración del Estado.

■ Art. 95. Gestión compartida de servicios comunes.

1. La norma de creación de los organismos públicos del sector público estatal incluirá la gestión compartida de algunos o todos los servicios comunes, salvo que la decisión de no compartirlos se justifique, en la memoria que acompañe a la norma de creación, en términos de eficiencia, conforme al artículo 7 de la Ley Orgánica 2/2012, de 27 de abril, de Estabilidad Presupuestaria y Sostenibilidad Financiera, en razones de seguridad nacional o cuando la organización y gestión compartida afecte a servicios que deban prestarse de forma autónoma en atención a la independencia del organismo.

La organización y gestión de algunos o todos los servicios comunes se coordinará por el Ministerio de adscripción, por el Ministerio de Hacienda y Administraciones Públicas o por un organismo público vinculado o dependiente del mismo.

2. Se consideran servicios comunes de los organismos públicos, al menos, los siguientes:

a) Gestión de bienes inmuebles.

b) Sistemas de información y comunicación.

c) Asistencia jurídica.

d) Contabilidad y gestión financiera.

e) Publicaciones.

f) Contratación pública.

■ Art. 96. Disolución de organismos públicos estatales.

1. Los Organismos públicos estatales deberán disolverse:

a) Por el transcurso del tiempo de existencia señalado en la ley de creación.

b) Porque la totalidad de sus fines y objetivos sean asumidos por los servicios de la Administración General del Estado.

c) Porque sus fines hayan sido totalmente cumplidos, de forma que no se justifique la pervivencia del organismo público, y así se haya puesto de manifiesto en el control de eficacia.

d) Cuando del seguimiento del plan de actuación resulte el incumplimiento de los fines que justificaron la creación del organismo o que su subsistencia no es el medio más idóneo para lograrlos y así se concluya en el control de eficacia o de supervisión continua.

e) Por encontrarse en situación de desequilibrio financiero durante dos ejercicios presupuestarios consecutivos.

Esta situación de desequilibrio financiero se referirá, para los entes que tengan la consideración de Administración Pública a efectos del Sistema Europeo de Cuentas, a su necesidad de financiación en términos del Sistema Europeo de Cuentas, mientras que para los demás entes se entenderá como la situación de desequilibrio financiero manifestada en la existencia de resultados brutos negativos de explotación en dos ejercicios contables consecutivos.

f) Por cualquier otra causa establecida en los estatutos.

g) Cuando así lo acuerde el Consejo de Ministros siguiendo el procedimiento determinado al efecto en el acto jurídico que acuerde la disolución.

2. Cuando un organismo público incurra en alguna de las causas de disolución previstas en las letras a), b), c), d) o f) del apartado anterior, el titular del máximo órgano de dirección del organismo lo comunicará al titular del departamento de adscripción en el plazo de dos meses desde que concurra la causa de disolución. Transcurrido dicho plazo sin que se haya producido la comuni-

cación y concurriendo la causa de disolución, el organismo público quedará automáticamente disuelto y no podrá realizar ningún acto jurídico, salvo los estrictamente necesarios para garantizar la eficacia de su liquidación y extinción.

En el plazo de dos meses desde la recepción de la comunicación a la que se refiere el párrafo anterior, el Consejo de Ministros adoptará el correspondiente acuerdo de disolución, en el que designará al órgano administrativo o entidad del sector público institucional estatal que asumirá las funciones de liquidador, y se comunicará al Inventario de Entidades del Sector Público Estatal, Autonómico y Local para su publicación. Transcurrido dicho plazo sin que el acuerdo de disolución haya sido publicado, el organismo público quedará automáticamente disuelto y no podrá realizar ningún acto jurídico, salvo los estrictamente necesarios para garantizar la eficacia de su liquidación y extinción.

3. Cuando un organismo público incurra en la causa de disolución prevista en la letra e) del apartado 1, el titular del máximo órgano de dirección del organismo dispondrá del plazo de dos meses, a contar desde la concurrencia de dicha causa, para comunicarlo a la Administración General del Estado.

En el plazo de dos meses a contar desde la comunicación a la que se refiere el párrafo anterior, el organismo público, previo informe de la Intervención General de la Administración del Estado deberá aprobar un plan de corrección del desequilibrio. Como parte del mencionado plan de corrección, la Administración General del Estado podrá realizar aportaciones patrimoniales en el ejercicio presupuestario inmediato anterior.

El plan de corrección se aplicará en el ejercicio presupuestario en el que se apruebe y en el siguiente. Transcurridos esos dos ejercicios sin que se haya corregido el desequilibrio, el titular del máximo órgano de dirección del organismo lo comunicará al titular del departamento de adscripción en los cinco días naturales siguientes a la finalización del plazo mencionado. Recibida la comunicación, se aplicará lo previsto en el apartado 2, salvo que el Consejo de Ministros, a propuesta del Ministro de Hacienda y Administraciones Públicas, decida prorrogar la duración del plan de corrección. Si transcurre el citado plazo de cinco días sin que se haya producido dicha comunicación, el organismo público quedará automáticamente disuelto y no podrá realizar ningún acto jurídico, salvo los estrictamente necesarios para garantizar la eficacia de su liquidación y extinción.

■ Art. 97. Liquidación y extinción de organismos públicos estatales.

1. Publicado el acuerdo de disolución al que se refiere el artículo anterior, o transcurridos los plazos en él establecidos sin que éste haya sido publicado, se entenderá automáticamente iniciada la liquidación.

2. La liquidación tendrá lugar por la cesión e integración global, en unidad de acto, de todo el activo y el pasivo del organismo público en la Administración General del Estado que le sucederá universalmente en todos sus derechos y obligaciones. El órgano o entidad designada como liquidador determinará, en cada caso, el órgano o entidad concreta, de la Administración General del Estado, donde se integrarán los elementos que forman parte del activo y del pasivo del organismo público liquidado.

La responsabilidad que le corresponda al empleado público como miembro de la entidad u órgano liquidador será directamente asumida por la entidad o la Administración General del Estado que lo designó. La Administración General del Estado podrá exigir de oficio al empleado público que designó a esos efectos la responsabilidad en que hubiera incurrido por los daños y perjuicios causados en sus bienes o derechos cuando hubiera concurrido dolo, culpa o negligencia graves, conforme a lo previsto en las Leyes administrativas en materia de responsabilidad patrimonial.

3. La Administración General del Estado quedará subrogada automáticamente en todas las relaciones jurídicas que tuviera el organismo público con sus acreedores, tanto de carácter principal como accesorias, a la fecha de adopción del acuerdo de disolución o, en su defecto, a la fecha en que concurriera la causa de disolución, incluyendo los activos y pasivos sobrevenidos. Esta subrogación no alterará las condiciones financieras de las obligaciones asumidas ni podrá ser entendida como causa de resolución de las relaciones jurídicas.

4. Formalizada la liquidación del organismo público se producirá su extinción automática.

Sección 2.ª Organismos autónomos estatales

■ Art. 98. Definición.

1. Los organismos autónomos son entidades de derecho público, con personalidad jurídica propia, tesorería y patrimonio propios y autonomía en su gestión, que desarrollan actividades propias de la Administración Pública, tanto actividades de fomento, prestacionales, de gestión de servicios públicos o de producción de bienes de interés público, susceptibles de contraprestación, en calidad de organizaciones instrumentales diferenciadas y dependientes de ésta.

2. Los organismos autónomos dependen de la Administración General del Estado a la que corresponde su dirección estratégica, la evaluación de los resultados de su actividad y el control de eficacia.

3. Con independencia de cuál sea su denominación, cuando un organismo público tenga la naturaleza jurídica de organismo autónomo deberá figurar en su denominación la indicación «organismo autónomo» o su abreviatura «O.A.».

■ Art. 99. Régimen jurídico.

Los organismos autónomos se regirán por lo dispuesto en esta Ley, en su ley de creación, sus estatutos, la Ley de Procedimiento Administrativo Común de las Administraciones Públicas, el Real Decreto Legislativo 3/2011, de 14 de noviembre, la Ley 33/2003, de 3 de noviembre, y el resto de las normas de derecho administrativo general y especial que le sea de aplicación. En defecto de norma administrativa, se aplicará el derecho común.

■ Art. 100. Régimen jurídico del personal y de contratación.

1. El personal al servicio de los organismos autónomos será funcionario o laboral, y se regirá por lo previsto en la Ley 7/2007, de 12 de abril, y demás normativa reguladora de los funcionarios públicos y por la normativa laboral.

El nombramiento de los titulares de los órganos de los organismos autónomos se regirá por las normas aplicables a la Administración General del Estado.

El titular del máximo órgano de dirección del organismo tendrá atribuidas, en materia de gestión de recursos humanos, las facultades que le asigne la legislación específica.

El organismo autónomo estará obligado a aplicar las instrucciones sobre recursos humanos dictadas por el Ministerio de Hacienda y Administraciones Públicas y a comunicarle a este departamento cuantos acuerdos o resoluciones adopte en aplicación del régimen específico de personal establecido en su Ley de creación o en sus estatutos.

2. La contratación de los organismos autónomos se ajustará a lo dispuesto en la legislación sobre contratación del sector público. El titular del máximo órgano de dirección del organismo autónomo será el órgano de contratación.

■ Art. 101. Régimen económico-financiero y patrimonial.

1. Los organismos autónomos tendrán, para el cumplimiento de sus fines, un patrimonio propio, distinto del de la Administración Pública, integrado por el conjunto de bienes y derechos de los que sean titulares.

La gestión y administración de sus bienes y derechos propios, así como de aquellos del Patrimonio de la Administración que se les adscriban para el cumplimiento de sus fines, será ejercida de acuerdo a lo establecido para los organismos autónomos en la Ley 33/2003, de 3 de noviembre.

2. Los recursos económicos de los organismos autónomos podrán provenir de las siguientes fuentes:

a) Los bienes y valores que constituyen su patrimonio.

b) Los productos y rentas de dicho patrimonio.

c) Las consignaciones específicas que tuvieren asignadas en los presupuestos generales del Estado.

d) Las transferencias corrientes o de capital que procedan de la Administración o entidades públicas.

e) Las donaciones, legados, patrocinios y otras aportaciones de entidades privadas y de particulares.

f) Cualquier otro recurso que estén autorizados a percibir, según las disposiciones por las que se rijan o que pudieran serles atribuidos.

■ Art. 102. Régimen presupuestario, de contabilidad y control económico-financiero.

Los organismo autónomos aplicarán el régimen presupuestario, económico-financiero, de contabilidad, y de control establecido por la Ley 47/2003, de 26 de noviembre.

Sección 3.ª Las entidades públicas empresariales de ámbito estatal

■ Art. 103. Definición.

1. Las entidades públicas empresariales son entidades de Derecho público, con personalidad jurídica propia, patrimonio propio y autonomía en su gestión, que se financian mayoritariamente con ingresos de mercado y que junto con el ejercicio de potestades administrativas desarrollan actividades prestacionales, de gestión de servicios o de producción de bienes de interés público, susceptibles de contraprestación.

2. Las entidades públicas empresariales dependen de la Administración General del Estado o de un Organismo autónomo vinculado o dependiente de ésta, al que le corresponde la dirección estratégica, la evaluación de los resultados de su actividad y el control de eficacia.

3. Con independencia de cuál sea su denominación, cuando un organismo público tenga naturaleza jurídica de entidad pública empresarial deberá figurar en su denominación la indicación de «entidad pública empresarial» o su abreviatura «E.P.E».

■ Art. 104. Régimen jurídico.

Las entidades públicas empresariales se rigen por el Derecho privado, excepto en la formación de la voluntad de sus órganos, en el ejercicio de las potestades administrativas que tengan atribuidas y en los aspectos específicamente regulados para las mismas en esta Ley, en su Ley de creación, sus estatutos, la Ley de Procedimiento Administrativo Común, el Real Decreto Legislativo 3/2011, de 14 de noviembre, la Ley 33/2003, de 3 de noviembre, y el resto de normas de derecho administrativo general y especial que le sean de aplicación.

■ Art. 105. Ejercicio de potestades administrativas.

1. Las potestades administrativas atribuidas a las entidades públicas empresariales sólo pueden ser ejercidas por aquellos órganos de éstas a los que los estatutos se les asigne expresamente esta facultad.

2. No obstante, a los efectos de esta Ley, los órganos de las entidades públicas empresariales no son asimilables en cuanto a su rango administrativo al de los órganos de la Administración General del Estado, salvo las excepciones que, a determinados efectos se fijen, en cada caso, en sus estatutos.

■ Art. 106. Régimen jurídico del personal y de contratación.

1. El personal de las entidades públicas empresariales se rige por el Derecho laboral, con las especificaciones dispuestas en este artículo y las excepciones relativas a los funcionarios públicos de la Administración General del Estado, quienes se regirán por lo previsto en la Ley 7/2007, de 12 de abril y demás normativa reguladora de los funcionarios públicos o por la normativa laboral.

2. La selección del personal laboral de estas entidades se realizará conforme a las siguientes reglas:

a) El personal directivo, que se determinará en los estatutos de la entidad, será nombrado con arreglo a los criterios establecidos en el apartado 11 del artículo 55, atendiendo a la experiencia en el desempeño de puestos de responsabilidad en la gestión pública o privada.

b) El resto del personal será seleccionado mediante convocatoria pública basada en los principios de igualdad, mérito y capacidad.

3. La determinación y modificación de las condiciones retributivas, tanto del personal directivo como del resto del personal, requerirán el informe conjunto, previo y favorable del Ministerio de Hacienda y Administraciones Públicas.

4. El Ministerio de Hacienda y Administraciones Públicas efectuará, con la periodicidad adecuada, controles específicos sobre la evolución de los gastos de personal y de la gestión de sus recursos humanos, conforme a los criterios previamente establecidos por los mismos.

5. La Ley de creación de cada entidad pública empresarial deberá determinar las condiciones conforme a las cuales, los funcionarios de la Administración General del Estado, podrán cubrir destinos en la referida entidad, y establecerá, asimismo, las competencias que a la misma correspondan sobre este personal que, en todo caso, serán las que tengan legalmente atribuidas los Organismos autónomos.

6. La contratación de las entidades públicas empresariales se rige por las previsiones contenidas al respecto en la legislación de contratos del sector público.

■ Art. 107. Régimen económico-financiero y patrimonial.

1. Las entidades públicas empresariales tendrán, para el cumplimiento de sus fines, un patrimonio propio, distinto del de la Administración Pública, integrado por el conjunto de bienes y derechos de los que sean titulares.

La gestión y administración de sus bienes y derechos propios, así como de aquellos del Patrimonio de la Administración que se les adscriban para el cumplimiento de sus fines, será ejercida de acuerdo con lo previsto en la Ley 33/2003, de 3 de noviembre.

2. Las entidades públicas empresariales podrán financiarse con los ingresos que se deriven de sus operaciones, obtenidos como contraprestación de sus actividades comerciales, y con los recursos económicos que provengan de las siguientes fuentes:

a) Los bienes y valores que constituyen su patrimonio.

b) Los productos y rentas de dicho patrimonio y cualquier otro recurso que pudiera serle atribuido.

Excepcionalmente, cuando así lo prevea la Ley de creación, podrá financiarse con los recursos económicos que provengan de las siguientes fuentes:

a) Las consignaciones específicas que tuvieran asignadas en los Presupuestos Generales del Estado.

b) Las transferencias corrientes o de capital que procedan de las Administraciones o entidades públicas.

c) Las donaciones, legados, patrocinios y otras aportaciones de entidades privadas y de particulares.

3. Las entidades público empresariales se financiarán mayoritariamente con ingresos de mercado. Se entiende que se financian mayoritariamente con ingresos de mercado cuando tengan la consideración de productor de mercado de conformidad con el Sistema Europeo de Cuentas.

A tales efectos se tomará en consideración la clasificación de las diferentes entidades públicas a los efectos de la contabilidad nacional que efectúe el Comité Técnico de Cuentas Nacionales y que se recogerá en el Inventario de Entidades del sector Público estatal, Autonómico y Local.

■ Art. 108. Régimen presupuestario, de contabilidad y control económico-financiero.

Las entidades públicas empresariales aplicarán el régimen presupuestario, económico-financiero, de contabilidad y de control establecido en la Ley 47/2003, de 26 de noviembre.

CAPÍTULO IV. Las autoridades administrativas independientes de ámbito estatal

■ Art. 109. Definición.

1. Son autoridades administrativas independientes de ámbito estatal las entidades de derecho público que, vinculadas a la Administración General del Estado y con personalidad jurídica propia, tienen atribuidas funciones de regulación o supervisión de carácter externo sobre sectores económicos o actividades determinadas, por requerir su desempeño de independencia funcional o una especial autonomía respecto de la Administración General del Estado, lo que deberá determinarse en una norma con rango de Ley.

2. Las autoridades administrativas independientes actuarán, en el desarrollo de su actividad y para el cumplimiento de sus fines, con independencia de cualquier interés empresarial o comercial.

3. Con independencia de cuál sea su denominación, cuando una entidad tenga la naturaleza jurídica de autoridad administrativa independiente deberá figurar en su denominación la indicación «autoridad administrativa independiente» o su abreviatura «A.A.I.».

■ Art. 110. Régimen jurídico.

1. Las autoridades administrativas independientes se regirán por su Ley de creación, sus estatutos y la legislación especial de los sectores económicos sometidos a su supervisión y, supletoriamente y en cuanto sea compatible con su naturaleza y autonomía, por lo dispuesto en esta Ley, en particular lo dispuesto para organismos autónomos, la Ley del Procedimiento Administrativo Común de las Administraciones Públicas, la Ley 47/2003, de 26 de noviembre, el Real Decreto Legislativo 3/2011, de 14 de noviembre, la Ley 33/2003, de 3 de noviembre, así como el resto de las normas de derecho administrativo general y especial que le sea de aplicación. En defecto de norma administrativa, se aplicará el derecho común.

2. Las autoridades administrativas independientes estarán sujetas al principio de sostenibilidad financiera de acuerdo con lo previsto en la Ley Orgánica 2/2012, de 27 de abril.

CAPÍTULO V. De las sociedades mercantiles estatales

■ Art. 111. Definición.

1. Se entiende por sociedad mercantil estatal aquella sociedad mercantil sobre la que se ejerce control estatal:

a) Bien porque la participación directa, en su capital social de la Administración General del Estado o alguna de las entidades que, conforme a lo dispuesto en el artículo 84, integran el sector público institucional estatal, incluidas las sociedades mercantiles estatales, sea superior al 50 por 100. Para la determinación de este porcentaje, se sumarán las participaciones correspondientes a la Administración General del Estado y a todas las entidades integradas en el sector público institucional estatal, en el caso de que en el capital social participen varias de ellas.

b) Bien porque la sociedad mercantil se encuentre en el supuesto previsto en el artículo 4 de la Ley 24/1988, de 28 de julio, del Mercado de Valores respecto de la Administración General del Estado o de sus organismos públicos vinculados o dependientes.

2. En la denominación de las sociedades mercantiles que tengan la condición de estatales deberá figurar necesariamente la indicación «sociedad mercantil estatal» o su abreviatura «S.M.E.».

■ Art. 112. Principios rectores.

La Administración General del Estado y las entidades integrantes del sector público institucional, en cuanto titulares del capital social de las sociedades mercantiles estatales, perseguirán la eficiencia, transparencia y buen gobierno en la gestión de dichas sociedades mercantiles, para lo cual promoverán las buenas prácticas y códigos de conducta adecuados a la naturaleza de cada entidad. Todo ello sin perjuicio de la supervisión general que ejercerá el accionista sobre el funcionamiento de la sociedad mercantil estatal, conforme prevé la Ley 33/2003, de 3 de noviembre, del Patrimonio de las Administraciones Públicas.

■ Art. 113. Régimen jurídico.

Las sociedades mercantiles estatales se regirán por lo previsto en esta Ley, por lo previsto en la Ley 33/2003, de 3 de noviembre, y por el ordenamiento jurídico privado, salvo en las materias en que le sea de aplicación la normativa presupuestaria, contable, de personal, de control económico-financiero y de contratación. En ningún caso podrán disponer de facultades que impliquen el ejercicio de autoridad pública, sin perjuicio de que excepcionalmente la ley pueda atribuirle el ejercicio de potestades administrativas.

■ Art. 114. Creación y extinción.

1. La creación de una sociedad mercantil estatal o la adquisición de este carácter de forma sobrevenida será autorizada mediante acuerdo del Consejo de Ministros que deberá ser acompañado de una propuesta de estatutos y de un plan de actuación que contendrá, al menos:

a) Las razones que justifican la creación de la sociedad por no poder asumir esas funciones otra entidad ya existente, así como la inexistencia de duplicidades. A estos efectos, deberá dejarse constancia del análisis realizado sobre la existencia de órganos o entidades que desarrollan actividades análogas sobre el mismo territorio y población y las razones por las que la creación de la nueva sociedad no entraña duplicidad con entidades existentes.

b) Un análisis que justifique que la forma jurídica propuesta resulta más eficiente frente a la creación de un organismo público u otras alternativas de organización que se hayan descartado.

c) Los objetivos anuales y los indicadores para medirlos.

Al acuerdo de creación de la sociedad mercantil estatal se acompañará un informe preceptivo favorable del Ministerio de Hacienda y Administraciones Públicas o la Intervención General de la Administración del Estado, según se determine reglamentariamente, que valorará el cumplimiento de lo previsto en este artículo.

El Programa de Actuación Plurianual que conforme a la Ley 47/2003, de 26 de noviembre, deben elaborar las sociedades cada año incluirá un plan de actuación anual que servirá de base para el control de eficacia de la sociedad. La falta de aprobación del plan de actuación dentro del plazo anual fijado, por causa imputable a la sociedad y hasta tanto se subsane la omisión, llevará aparejada la paralización de las aportaciones que deban realizarse a favor de la sociedad con cargo a los presupuestos generales del Estado.

2. La liquidación de una sociedad mercantil estatal recaerá en un órgano de la Administración General del Estado o en una entidad integrante del sector público institucional estatal.

La responsabilidad que le corresponda al empleado público como miembro de la entidad u órgano liquidador será directamente asumida por la entidad o la Administración General del Estado que lo designó, quien podrá exigir de oficio al empleado público la responsabilidad que, en su caso, corresponda cuando concurra dolo, culpa o negligencia grave conforme a lo previsto en las leyes administrativas en materia de responsabilidad patrimonial.

■ Art. 115. Régimen de responsabilidad aplicable a los miembros de los consejos de administración de las sociedades mercantiles estatales designados por la Administración General del Estado.

1. La responsabilidad que le corresponda al empleado público como miembro del consejo de administración será directamente asumida por la Administración General del Estado que lo designó.

2. La Administración General del Estado podrá exigir de oficio al empleado público que designó como miembro del consejo de administración la responsabilidad en que hubiera incurrido por los daños y perjuicios causados en sus bienes o derechos cuando hubiera concurrido dolo, o culpa o negligencia graves, conforme a lo previsto en las leyes administrativas en materia de responsabilidad patrimonial.

■ Art. 116. Tutela.

1. Al autorizar la constitución de una sociedad mercantil estatal con forma de sociedad anónima, de acuerdo con lo previsto en el artículo 166.2 de la Ley 33/2003, de 3 de noviembre, el Consejo de Ministros podrá atribuir a un Ministerio, cuyas competencias guarden una relación específica con el objeto social de la sociedad, la tutela funcional de la misma.

2. En ausencia de esta atribución expresa corresponderá íntegramente al Ministerio de Hacienda y Administraciones Públicas el ejercicio de las facultades que esta Ley y la Ley 33/2003, de 3 de noviembre, otorgan para la supervisión de la actividad de la sociedad.

3. El Ministerio de tutela ejercerá el control de eficacia e instruirá a la sociedad respecto a las líneas de actuación estratégica y establecerá las prioridades en la ejecución de las mismas, y propondrá su incorporación a los Presupuestos de Explotación y Capital y Programas de Actuación Plurianual, previa conformidad, en cuanto a sus aspectos financieros, de la Dirección General del Patrimonio del Estado si se trata de sociedades cuyo capital corresponda íntegramente a la Administración General del Estado, o del organismo público que sea titular de su capital.

4. En casos excepcionales, debidamente justificados, el titular del departamento al que corresponda su tutela podrá dar instrucciones a las sociedades, para que realicen determinadas actividades, cuando resulte de interés público su ejecución.

5. Cuando las instrucciones que imparta el Ministerio de tutela impliquen una variación de los Presupuestos de Explotación y Capital de acuerdo con lo dispuesto en la Ley 47/2003, de 26 de noviembre, el órgano de administración no podrá iniciar la cumplimentación de la instrucción sin contar con la autorización del órgano competente para efectuar la modificación correspondiente.

6. En este caso, los administradores de las sociedades a las que se hayan impartido estas instrucciones actuarán diligentemente para su ejecución, y quedarán exonerados de la responsabilidad prevista en el artículo 236 del Real Decreto Legislativo 1/2010, de 2 de julio, por el que se aprueba el texto refundido de la Ley de Sociedades de Capital, si del cumplimiento de dichas instrucciones se derivaren consecuencias lesivas.

■ Art. 117. Régimen presupuestario, de contabilidad, control económico-financiero y de personal.

1. Las sociedades mercantiles estatales elaborarán anualmente un presupuesto de explotación y capital y un plan de actuación que forma parte del Programa Plurianual, que se integrarán con el Presupuesto General del Estado. El Programa contendrá la revisión trienal del plan de creación a que se refiere el artículo 85.

2. Las sociedades mercantiles estatales formularán y rendirán sus cuentas de acuerdo con los principios y normas de contabilidad recogidos en el Código de Comercio y el Plan General de Contabilidad y disposiciones que lo desarrollan.

3. Sin perjuicio de las competencias atribuidas al Tribunal de Cuentas, la gestión económico financiera de las sociedades mercantiles estatales estará sometida al control de la Intervención General de la Administración del Estado.

4. El personal de las sociedades mercantiles estatales, incluido el que tenga condición de directivo, se regirá por el Derecho laboral, así como por las normas que le sean de aplicación en función de su adscripción al sector público estatal, incluyendo siempre entre las mismas la normativa presupuestaria, especialmente lo que se establezca en las Leyes de Presupuestos Generales del Estado.

CAPÍTULO VI. De los consorcios

■ Art. 118. Definición y actividades propias.

1. Los consorcios son entidades de derecho público, con personalidad jurídica propia y diferenciada, creadas por varias Administraciones Públicas o entidades integrantes del sector público institucional, entre sí o con participación de entidades privadas, para el desarrollo de actividades de interés común a todas ellas dentro del ámbito de sus competencias.

2. Los consorcios podrán realizar actividades de fomento, prestacionales o de gestión común de servicios públicos y cuantas otras estén previstas en las leyes.

3. Los consorcios podrán utilizarse para la gestión de los servicios públicos, en el marco de los convenios de cooperación transfronteriza en que participen las Administraciones españolas, y de acuerdo con las previsiones de los convenios internacionales ratificados por España en la materia.

4. En la denominación de los consorcios deberá figurar necesariamente la indicación «consorcio» o su abreviatura «C».

■ Art. 119. Régimen jurídico.

1. Los consorcios se regirán por lo establecido en esta Ley, en la normativa autonómica de desarrollo y sus estatutos.

2. En lo no previsto en esta Ley, en la normativa autonómica aplicable, ni en sus Estatutos sobre el régimen del derecho de separación, disolución, liquidación y extinción, se estará a lo previsto en el Código Civil sobre la sociedad civil, salvo el régimen de liquidación, que se someterá a lo dispuesto en el artículo 97, y en su defecto, el Real Decreto Legislativo 1/2010, de 2 de julio.

3. Las normas establecidas en la Ley 7/1985, de 2 de abril, y en la Ley 27/2013, de 21 de diciembre, de racionalización y sostenibilidad de la Administración Local sobre los Consorcios locales tendrán carácter supletorio respecto a lo dispuesto en esta Ley.

■ Art. 120. Régimen de adscripción.

1. Los estatutos de cada consorcio determinarán la Administración Pública a la que estará adscrito de conformidad con lo previsto en este artículo.

2. De acuerdo con los siguientes criterios, ordenados por prioridad en su aplicación y referidos a la situación en el primer día del ejercicio presupuestario, el consorcio quedará adscrito, en cada ejercicio presupuestario y por todo este periodo, a la Administración Pública que:

a) Disponga de la mayoría de votos en los órganos de gobierno.

b) Tenga facultades para nombrar o destituir a la mayoría de los miembros de los órganos ejecutivos.

c) Tenga facultades para nombrar o destituir a la mayoría de los miembros del personal directivo.

d) Disponga de un mayor control sobre la actividad del consorcio debido a una normativa especial.

e) Tenga facultades para nombrar o destituir a la mayoría de los miembros del órgano de gobierno.

f) Financie en más de un cincuenta por ciento, en su defecto, en mayor medida la actividad desarrollada por el consorcio, teniendo en cuenta tanto la aportación del fondo patrimonial como la financiación concedida cada año.

g) Ostente el mayor porcentaje de participación en el fondo patrimonial.

h) Tenga mayor número de habitantes o extensión territorial dependiendo de si los fines definidos en el estatuto están orientados a la prestación de servicios a las personas, o al desarrollo de actuaciones sobre el territorio.

3. En el supuesto de que participen en el consorcio entidades privadas, el consorcio no tendrá ánimo de lucro y estará adscrito a la Administración Pública que resulte de acuerdo con los criterios establecidos en el apartado anterior.

4. Cualquier cambio de adscripción a una Administración Pública, cualquiera que fuere su causa, conllevará la modificación de los estatutos del consorcio en un plazo no superior a seis meses, contados desde el inicio del ejercicio presupuestario siguiente a aquel en se produjo el cambio de adscripción.

■ Art. 121. Régimen de personal.

El personal al servicio de los consorcios podrá ser funcionario o laboral y habrá de proceder exclusivamente de las Administraciones participantes. Su régimen jurídico será el de la Administración Pública de adscripción y sus retribuciones en ningún caso podrán superar las establecidas para puestos de trabajo equivalentes en aquélla.

Excepcionalmente, cuando no resulte posible contar con personal procedente de las Administraciones participantes en el consorcio en atención a la singularidad de las funciones a desempeñar, el Ministerio de Hacienda y Administraciones Públicas, u órgano competente de la Administración a la que se adscriba el consorcio, podrá autorizar la contratación directa de personal por parte del consorcio para el ejercicio de dichas funciones.

■ Art. 122. Régimen presupuestario, de contabilidad, control económico-financiero y patrimonial.

1. Los consorcios estarán sujetos al régimen de presupuestación, contabilidad y control de la Administración Pública a la que estén adscritos, sin perjuicio de su sujeción a lo previsto en la Ley Orgánica 2/2012, de 27 de abril.

2. A efectos de determinar la financiación por parte de las Administraciones consorciadas, se tendrán en cuenta tanto los compromisos estatutarios o convencionales existentes como la financiación real, mediante el análisis de los desembolsos efectivos de todas las aportaciones realizadas.

3. En todo caso, se llevará a cabo una auditoría de las cuentas anuales que será responsabilidad del órgano de control de la Administración a la que se haya adscrito el consorcio.

4. Los consorcios deberán formar parte de los presupuestos e incluirse en la cuenta general de la Administración Pública de adscripción.

5. Los consorcios se regirán por las normas patrimoniales de la Administración Pública a la que estén adscritos.

■ Art. 123. Creación.

1. Los consorcios se crearán mediante convenio suscrito por las Administraciones, organismos públicos o entidades participantes.

2. En los consorcios en los que participe la Administración General del Estado o sus organismos públicos y entidades vinculados o dependientes se requerirá:

a) Que su creación se autorice por ley.

b) El convenio de creación precisará de autorización previa del Consejo de Ministros. La competencia para la suscripción del convenio no podrá ser objeto de delegación, y corresponderá al titular del departamento ministerial participante, y en el ámbito de los organismos autónomos, al titular del máximo órgano de dirección del organismo, previo informe del Ministerio del que dependa o al que esté vinculado.

c) Del convenio formarán parte los estatutos, un plan de actuaclón, de conformidad con lo previsto en el artículo 92, y una proyección presupuestaria trienal, además del informe preceptivo favorable del Ministerio de Hacienda y Administraciones Públicas. El convenio suscrito junto con los estatutos, así como sus modificaciones, serán objeto de publicación en el «Boletín Oficial del Estado».

■ Art. 124. Contenido de los estatutos.

Los estatutos de cada consorcio determinarán la Administración Pública a la que estará adscrito, así como su régimen orgánico, funcional y financiero de acuerdo con lo previsto en esta Ley, y, al menos, los siguientes aspectos:

a) Sede, objeto, fines y funciones.

b) Identificación de participantes en el consorcio así como las aportaciones de sus miembros. A estos efectos, en aplicación del principio de responsabilidad previsto en el artículo 8 de la Ley Orgánica 2/2012, de 27 de abril, los estatutos incluirán cláusulas que limiten las actividades del consorcio si las entidades consorciadas incumplieran los compromisos de financiación o de cualquier otro tipo, así como fórmulas tendentes al aseguramiento de las cantidades comprometidas por las entidades consorciadas con carácter previo a la realización de las actividades presupuestadas.

c) Órganos de gobiernos y administración, así como su composición y funcionamiento, con indicación expresa del régimen de adopción de acuerdos. Podrán incluirse cláusulas que contemplen la suspensión temporal del derecho de voto o a la participación en la formación de los acuerdos cuando las Administraciones o entidades consorciadas incumplan manifiestamente sus obligaciones para con el consorcio, especialmente en lo que se refiere a los compromisos de financiación de las actividades del mismo.

d) Causas de disolución.

■ Art. 125. Causas y procedimiento para el ejercicio del derecho de separación de un consorcio.

1. Los miembros de un consorcio, al que le resulte de aplicación lo previsto en esta Ley o en la Ley 7/1985, de 2 de abril, podrán separarse del mismo en cualquier momento siempre que no se haya señalado término para la duración del consorcio.

Cuando el consorcio tenga una duración determinada, cualquiera de sus miembros podrá separase antes de la finalización del plazo si alguno de los miembros del consorcio hubiera incumplido alguna de sus obligaciones estatutarias y, en particular, aquellas que impidan cumplir con el fin para el que fue creado el consorcio, como es la obligación de realizar aportaciones al fondo patrimonial.

Cuando un municipio deje de prestar un servicio, de acuerdo con lo previsto en la Ley 7/1985, de 2 de abril, y ese servicio sea uno de los prestados por el Consorcio al que pertenece, el municipio podrá separarse del mismo.

2. El derecho de separación habrá de ejercitarse mediante escrito notificado al máximo órgano de gobierno del consorcio. En el escrito deberá hacerse constar, en su caso, el incumplimiento que motiva la separación si el consorcio tuviera duración determinada, la formulación de requerimiento previo de su cumplimiento y el transcurso del plazo otorgado para cumplir tras el requerimiento.

■ Art. 126. Efectos del ejercicio del derecho de separación de un consorcio.

1. El ejercicio del derecho de separación produce la disolución del consorcio salvo que el resto de sus miembros, de conformidad con lo previsto en sus estatutos, acuerden su continuidad y sigan permaneciendo en el consorcio, al menos, dos Administraciones, o entidades u organismos públicos vinculados o dependientes de más de una Administración.

2. Cuando el ejercicio del derecho de separación no conlleve la disolución del consorcio se aplicarán las siguientes reglas:

a) Se calculará la cuota de separación que corresponda a quien ejercite su derecho de separación, de acuerdo con la participación que le hubiera correspondido en el saldo resultante del patrimonio neto, de haber tenido lugar la liquidación, teniendo en cuenta el criterio de reparto dispuesto en los estatutos.

A falta de previsión estatutaria, se considerará cuota de separación la que le hubiera correspondido en la liquidación. En defecto de determinación de la cuota de liquidación se tendrán en cuenta, tanto el porcentaje de las aportaciones al fondo patrimonial del consorcio que haya efectuado quien ejerce el derecho de separación, como la financiación concedida cada año. Si el miembro del consorcio que se separa no hubiere realizado aportaciones por no estar obligado a ello, el criterio de reparto será la participación en los ingresos que, en su caso, hubiera recibido durante el tiempo que ha pertenecido al consorcio.

Se acordará por el consorcio la forma y condiciones en que tendrá lugar el pago de la cuota de separación, en el supuesto en que esta resulte positiva, así como la forma y condiciones del pago de la deuda que corresponda a quien ejerce el derecho de separación si la cuota es negativa.

La efectiva separación del consorcio se producirá una vez determinada la cuota de separación, en el supuesto en que ésta resulte positiva, o una vez se haya pagado la deuda, si la cuota es negativa.

b) Si el consorcio estuviera adscrito, de acuerdo con lo previsto en la Ley, a la Administración que ha ejercido el derecho de separación, tendrá que acordarse por el consorcio a quien se adscribe, de las restantes Administraciones o entidades u organismos públicos vinculados o dependientes de una Administración que permanecen en el consorcio, en aplicación de los criterios establecidos en la Ley.

■ Art. 127. Disolución del consorcio.

1. La disolución del consorcio produce su liquidación y extinción. En todo caso será causa de disolución que los fines para los que fue creado el consorcio hayan sido cumplidos.

2. El máximo órgano de gobierno del consorcio al adoptar el acuerdo de disolución nombrará un liquidador que será un órgano o entidad, vinculada o dependiente, de la Administración Pública a la que el consorcio esté adscrito.

La responsabilidad que le corresponda al empleado público como miembro de la entidad u órgano liquidador será directamente asumida por la entidad o la Administración Pública que lo designó, quien podrá exigir de oficio al empleado público la responsabilidad que, en su caso, corresponda cuando haya concurrido dolo, culpa o negligencia graves conforme a lo previsto en las leyes administrativas en materia de responsabilidad patrimonial.

3. El liquidador calculará la cuota de liquidación que corresponda a cada miembro del consorcio de conformidad con lo previsto en los estatutos. Si no estuviera previsto en los estatutos, se calculará la mencionada cuota de acuerdo con la participación que le corresponda en el saldo resultante del patrimonio neto tras la liquidación, teniendo en cuenta que el criterio de reparto será el dispuesto en los estatutos.

A falta de previsión estatutaria, se tendrán en cuenta tanto el porcentaje de las aportaciones que haya efectuado cada miembro del consorcio al fondo patrimonial del mismo como la financiación concedida cada año. Si alguno de los miembros del consorcio no hubiere realizado aportaciones por no estar obligado a ello, el criterio de reparto será la participación en los ingresos que, en su caso, hubiera recibido durante el tiempo que ha pertenecido en el consorcio.

4. Se acordará por el consorcio la forma y condiciones en que tendrá lugar el pago de la cuota de liquidación en el supuesto en que ésta resulte positiva.

5. Las entidades consorciadas podrán acordar, con la mayoría que se establezca en los estatutos, o a falta de previsión estatutaria por unanimidad, la cesión global de activos y pasivos a otra entidad del sector público jurídicamente adecuada con la finalidad de mantener la continuidad de la actividad y alcanzar los objetivos del consorcio que se extingue. La cesión global de activos y pasivos implicará la extinción sin liquidación del consorcio cedente.

CAPÍTULO VII. De las fundaciones del sector público estatal

■ Art. 128. Definición y actividades propias.

1. Son fundaciones del sector público estatal aquellas que reúnan alguno de los requisitos siguientes:

a) Que se constituyan de forma inicial, con una aportación mayoritaria, directa o indirecta, de la Administración General del Estado o cualquiera de los sujetos integrantes del sector público institucional estatal, o bien reciban dicha aportación con posterioridad a su constitución.

b) Que el patrimonio de la fundación esté integrado en más de un 50 por ciento por bienes o derechos aportados o cedidos por sujetos integrantes del sector público institucional estatal con carácter permanente.

c) La mayoría de derechos de voto en su patronato corresponda a representantes del sector público institucional estatal.

2. Son actividades propias de las fundaciones del sector público estatal las realizadas, sin ánimo de lucro, para el cumplimiento de fines de interés general, con independencia de que el servicio se preste de forma gratuita o mediante contraprestación.

Únicamente podrán realizar actividades relacionadas con el ámbito competencial de las entidades del sector público fundadoras, debiendo coadyuvar a la consecución de los fines de las mismas, sin que ello suponga la asunción de sus competencias propias, salvo previsión legal expresa. Las fundaciones no podrán ejercer potestades públicas.

En la denominación de las fundaciones del sector público estatal deberá figurar necesariamente la indicación «fundación del sector público» o su abreviatura «F.S.P.».

3. Para la financiación de las actividades y el mantenimiento de la fundación, debe haberse previsto la posibilidad de que en el patrimonio de las fundaciones del sector público pueda existir aportación del sector privado de forma no mayoritaria.

■ Art. 129. Régimen de adscripción de las fundaciones.

1. Los estatutos de cada fundación determinarán la Administración Pública a la que estará adscrita de conformidad con lo previsto en este artículo.

2. De acuerdo con los siguientes criterios, ordenados por prioridad en su aplicación, referidos a la situación en el primer día del ejercicio presupuestario, la fundación del sector público quedará adscrita, en cada ejercicio presupuestario y por todo este periodo, a la Administración Pública que:

a) Disponga de mayoría de patronos.

b) Tenga facultades para nombrar o destituir a la mayoría de los miembros de los órganos ejecutivos.

c) Tenga facultades para nombrar o destituir a la mayoría de los miembros del personal directivo.

d) Tenga facultades para nombrar o destituir a la mayoría de los miembros del patronato.

e) Financie en más de un cincuenta por ciento, en su defecto, en mayor medida la actividad desarrollada por la fundación, teniendo en cuenta tanto la aportación del fondo patrimonial como la financiación concedida cada año.

f) Ostente el mayor porcentaje de participación en el fondo patrimonial.

3. En el supuesto de que participen en la fundación entidades privadas sin ánimo de lucro, la fundación del sector público estará adscrita a la Administración que resulte de acuerdo con los criterios establecidos en el apartado anterior.

4. El cambio de adscripción a una Administración Pública, cualquiera que fuere su causa, conllevará la modificación de los estatutos que deberá realizarse en un plazo no superior a tres meses, contados desde el inicio del ejercicio presupuestario siguiente a aquél en se produjo el cambio de adscripción.

■ Art. 130. Régimen jurídico.

Las fundaciones del sector público estatal se rigen por lo previsto en esta Ley, por la Ley 50/2002, de 26 de diciembre, de Fundaciones, la legislación autonómica que resulte aplicable en materia de fundaciones, y por el ordenamiento jurídico privado, salvo en las materias en que le sea de aplicación la normativa presupuestaria, contable, de control económico-financiero y de contratación del sector público.

■ Art. 131. Régimen de contratación.

La contratación de las fundaciones del sector público estatal se ajustará a lo dispuesto en la legislación sobre contratación del sector público.

■ Art. 132. Régimen presupuestario, de contabilidad, de control económico-financiero y de personal.

1. Las fundaciones del sector público estatal elaborarán anualmente un presupuesto de explotación y capital, que se integrarán con el Presupuesto General del Estado y formularán y presentarán sus cuentas de acuerdo con los principios y normas de contabilidad recogidos en la adaptación del Plan General de Contabilidad a las entidades sin fines lucrativos y disposiciones que lo desarrollan, así como la normativa vigente sobre fundaciones.

2. Las fundaciones del sector público estatal aplicarán el régimen presupuestario, económico financiero, de contabilidad, y de control establecido por la Ley 47/2003, de 26 de noviembre, y sin perjuicio de las competencias atribuidas al Tribunal de Cuentas, estarán sometidas al control de la Intervención General de la Administración del Estado.

3. El personal de las fundaciones del sector público estatal, incluido el que tenga condición de

directivo, se regirá por el Derecho laboral, así como por las normas que le sean de aplicación en función de su adscripción al sector público estatal, incluyendo entre las mismas la normativa presupuestaria así como lo que se establezca en las Leyes de Presupuestos Generales del Estado.

■ Art. 133. Creación de fundaciones del sector público estatal.

1. La creación de las fundaciones del sector público estatal o la adquisición de este carácter de forma sobrevenida se realizará por ley que establecerá los fines de la fundación y, en su caso, los recursos económicos con los que se le dota.

2. El anteproyecto de ley de creación de una fundación del sector público estatal que se eleve al Consejo de Ministros deberá ser acompañado de una propuesta de estatutos y del plan de actuación, de conformidad con lo previsto en el artículo 92, junto con el informe preceptivo favorable del Ministerio de Hacienda y Administraciones Públicas o la Intervención General de la Administración del Estado, según se determine reglamentariamente.

3. Los estatutos de las fundaciones del sector público estatal se aprobarán por Real Decreto de Consejo de Ministros, a propuesta conjunta del titular del Ministerio de Hacienda y Administraciones Públicas y del Ministerio que ejerza el protectorado, que estará determinado en sus Estatutos. No obstante, por Acuerdo del Consejo de Ministros podrá modificarse el Ministerio al que se adscriba inicialmente la fundación.

■ Art. 134. Protectorado.

El Protectorado de las fundaciones del sector público será ejercido por el órgano de la Administración de adscripción que tenga atribuida tal competencia, que velará por el cumplimiento de las obligaciones establecidas en la normativa sobre fundaciones, sin perjuicio del control de eficacia y la supervisión continua al que están sometidas de acuerdo con lo previsto en esta Ley.

■ Art. 135. Estructura organizativa.

En las fundaciones del sector público estatal la mayoría de miembros del patronato serán designados por los sujetos del sector público estatal.

La responsabilidad que le corresponda al empleado público como miembro del patronato será directamente asumida por la entidad o la Administración General del Estado que lo designó. La Administración General del Estado podrá exigir de oficio al empleado público que designó a esos efectos la responsabilidad en que hubiera incurrido por los daños y perjuicios causados en sus bienes o derechos cuando hubiera concurrido dolo, o culpa o negligencia graves, conforme a lo previsto en las leyes administrativas en materia de responsabilidad patrimonial.

■ Art. 136. Fusión, disolución, liquidación y extinción.

A las fundaciones del sector público estatal le resultará de aplicación el régimen de fusión, disolución, liquidación y extinción previsto en los artículos 94, 96 y 97.

CAPÍTULO VIII. De los fondos carentes de personalidad jurídica del sector público estatal

■ Art. 137. Creación y extinción.

1. La creación de fondos carentes de personalidad jurídica en el sector público estatal se efectuará por Ley. La norma de creación determinará expresamente su adscripción a la Administración General del Estado.

2. Con independencia de su creación por Ley se extinguirán por norma de rango reglamentario.

3. En la denominación de los fondos carentes de personalidad jurídica deberá figurar necesariamente la indicación «fondo carente de personalidad jurídica» o su abreviatura «F.C.P.J.».

■ Art. 138. Régimen jurídico.

Los fondos carentes de personalidad jurídica se regirán por lo dispuesto en esta Ley, en su norma de creación, y el resto de las normas de derecho administrativo general y especial que le sea de aplicación.

■ Art. 139. Régimen presupuestario, de contabilidad y de control económico-financiero.

Los fondos carentes de personalidad jurídica estarán sujetos al régimen de presupuestación, contabilidad y control previsto en la Ley 47/2003, de 26 de noviembre.

TÍTULO III

RELACIONES INTERADMINISTRATIVAS

CAPÍTULO I. Principios generales de las relaciones interadministrativas

■ Art. 140. Principios de las relaciones interadministrativas.

1. Las diferentes Administraciones Públicas actúan y se relacionan con otras Administraciones y entidades u organismos vinculados o dependientes de éstas de acuerdo con los siguientes principios:

a) Lealtad institucional.

b) Adecuación al orden de distribución de competencias establecido en la Constitución y en los Estatutos de Autonomía y en la normativa del régimen local.

c) Colaboración, entendido como el deber de actuar con el resto de Administraciones Públicas para el logro de fines comunes.

d) Cooperación, cuando dos o más Administraciones Publicas, de manera voluntaria y en ejercicio de sus competencias, asumen compromisos específicos en aras de una acción común.

e) Coordinación, en virtud del cual una Administración Pública y, singularmente, la Administración General del Estado, tiene la obligación de garantizar la coherencia de las actuaciones de las diferentes Administraciones Públicas afectadas por una misma materia para la consecución de un resultado común, cuando así lo prevé la Constitución y el resto del ordenamiento jurídico.

f) Eficiencia en la gestión de los recursos públicos, compartiendo el uso de recursos comunes, salvo que no resulte posible o se justifique en términos de su mejor aprovechamiento.

g) Responsabilidad de cada Administración Pública en el cumplimiento de sus obligaciones y compromisos.

h) Garantía e igualdad en el ejercicio de los derechos de todos los ciudadanos en sus relaciones con las diferentes Administraciones.

i) Solidaridad interterritorial de acuerdo con la Constitución.

2. En lo no previsto en el presente Título, las relaciones entre la Administración General del Estado o las Administraciones de las Comunidades Autónomas con las Entidades que integran la Administración Local se regirán por la legislación básica en materia de régimen local.

CAPÍTULO II. Deber de colaboración

■ Art. 141. Deber de colaboración entre las Administraciones Públicas.

1. Las Administraciones Públicas deberán:

a) Respetar el ejercicio legítimo por las otras Administraciones de sus competencias.

b) Ponderar, en el ejercicio de las competencias propias, la totalidad de los intereses públicos implicados y, en concreto, aquellos cuya gestión esté encomendada a las otras Administraciones.

c) Facilitar a las otras Administraciones la información que precisen sobre la actividad que desarrollen en el ejercicio de sus propias competencias o que sea necesaria para que los ciudadanos puedan acceder de forma integral a la información relativa a una materia.

d) Prestar, en el ámbito propio, la asistencia que las otras Administraciones pudieran solicitar para el eficaz ejercicio de sus competencias.

e) Cumplir con las obligaciones concretas derivadas del deber de colaboración y las restantes que se establezcan normativamente.

2. La asistencia y colaboración requerida sólo podrá negarse cuando el organismo público o la entidad del que se solicita no esté facultado para prestarla de acuerdo con lo previsto en su normativa específica, no disponga de medios suficientes para ello o cuando, de hacerlo, causara un perjuicio grave a los intereses cuya tutela tiene encomendada o al cumplimiento de sus propias funciones o cuando la información solicitada tenga carácter confidencial o reservado. La negativa a prestar la asistencia se comunicará motivadamente a la Administración solicitante.

3. La Administración General del Estado, las de las Comunidades Autónomas y las de las Entida-

des Locales deberán colaborar y auxiliarse para la ejecución de sus actos que hayan de realizarse o tengan efectos fuera de sus respectivos ámbitos territoriales. Los posibles costes que pueda generar el deber de colaboración podrán ser repercutidos cuando así se acuerde.

■ Art. 142. Técnicas de colaboración.

Las obligaciones que se derivan del deber de colaboración se harán efectivas a través de las siguientes técnicas:

a) El suministro de información, datos, documentos o medios probatorios que se hallen a disposición del organismo público o la entidad al que se dirige la solicitud y que la Administración solicitante precise disponer para el ejercicio de sus competencias.

b) La creación y mantenimiento de sistemas integrados de información administrativa con el fin de disponer de datos actualizados, completos y permanentes referentes a los diferentes ámbitos de actividad administrativa en todo el territorio nacional.

c) El deber de asistencia y auxilio, para atender las solicitudes formuladas por otras Administraciones para el mejor ejercicio de sus competencias, en especial cuando los efectos de su actividad administrativa se extiendan fuera de su ámbito territorial.

d) Cualquier otra prevista en una Ley.

CAPÍTULO III. Relaciones de cooperación

Sección 1.ª Técnicas de cooperación

■ Art. 143. Cooperación entre Administraciones Públicas.

1. Las Administraciones cooperarán al servicio del interés general y podrán acordar de manera voluntaria la forma de ejercer sus respectivas competencias que mejor sirva a este principio.

2. La formalización de relaciones de cooperación requerirá la aceptación expresa de las partes, formulada en acuerdos de órganos de cooperación o en convenios.

■ Art. 144. Técnicas de Cooperación.

1. Se podrá dar cumplimiento al principio de cooperación de acuerdo con las técnicas que las Administraciones interesadas estimen más adecuadas, como pueden ser:

a) La participación en órganos de cooperación, con el fin de deliberar y, en su caso, acordar medidas en materias sobre las que tengan competencias diferentes Administraciones Públicas.

b) La participación en órganos consultivos de otras Administraciones Públicas.

c) La participación de una Administración Pública en organismos públicos o entidades dependientes o vinculados a otra Administración diferente.

d) La prestación de medios materiales, económicos o personales a otras Administraciones Públicas.

e) La cooperación interadministrativa para la aplicación coordinada de la normativa reguladora de una determinada materia.

f) La emisión de informes no preceptivos con el fin de que las diferentes Administraciones expresen su criterio sobre propuestas o actuaciones que incidan en sus competencias.

g) Las actuaciones de cooperación en materia patrimonial, incluidos los cambios de titularidad y la cesión de bienes, previstas en la legislación patrimonial.

h) Cualquier otra prevista en la Ley.

2. En los convenios y acuerdos en los que se formalice la cooperación se preverán las condiciones y compromisos que asumen las partes que los suscriben.

3. Cada Administración Pública mantendrá actualizado un registro electrónico de los órganos de cooperación en los que participe y de convenios que haya suscrito.

Sección 2.ª Técnicas orgánicas de cooperación

■ Art. 145. Órganos de cooperación.

1. Los órganos de cooperación son órganos de composición multilateral o bilateral, de ámbito general o especial, constituidos por representantes de la Administración General del Estado, de las Administraciones de las Comunidades o Ciudades de Ceuta y Melilla o, en su caso, de las Entidades Locales, para acordar voluntariamente actuaciones que mejoren el ejercicio de las competencias que cada Administración Pública tiene.

2. Los órganos de cooperación se regirán por lo dispuesto en esta Ley y por las disposiciones específicas que les sean de aplicación.

3. Los órganos de cooperación entre distintas Administraciones Públicas en los que participe la Administración General del Estado, deberán inscribirse en el Registro estatal de Órganos e Instrumentos de Cooperación para que resulte válida su sesión constitutiva.

4. Los órganos de cooperación, salvo oposición por alguna de las partes, podrán adoptar acuerdos a través de un procedimiento simplificado y por suscripción sucesiva de las partes, por cualquiera de las formas admitidas en Derecho, en los términos que se establezcan de común acuerdo.

■ Art. 146. Conferencia de Presidentes.

1. La Conferencia de Presidentes es un órgano de cooperación multilateral entre el Gobierno de la Nación y los respectivos Gobiernos de las Comunidades Autónomas y está formada por el Presidente del Gobierno, que la preside, y por los Presidentes de las Comunidades Autónomas y de las Ciudades de Ceuta y Melilla.

2. La Conferencia de Presidentes tiene por objeto la deliberación de asuntos y la adopción de acuerdos de interés para el Estado y las Comunidades Autónomas, estando asistida para la preparación de sus reuniones por un Comité preparatorio del que forman parte un Ministro del Gobierno, que lo preside, y un Consejero de cada Comunidad Autónoma.

■ Art. 147. Conferencias Sectoriales.

1. La Conferencia Sectorial es un órgano de cooperación, de composición multilateral y ámbito sectorial determinado, que reúne, como Presidente, al miembro del Gobierno que, en representación de la Administración General del Estado, resulte competente por razón de la materia, y a los correspondientes miembros de los Consejos de Gobierno, en representación de las Comunidades Autónomas y de las Ciudades de Ceuta y Melilla.

2. Las Conferencias Sectoriales, u órganos sometidos a su régimen jurídico con otra denominación, habrán de inscribirse en el Registro Electrónico estatal de Órganos e Instrumentos de Cooperación para su válida constitución.

3. Cada Conferencia Sectorial dispondrá de un reglamento de organización y funcionamiento interno aprobado por sus miembros.

■ Art. 148. Funciones de las Conferencias Sectoriales.

1. Las Conferencias Sectoriales pueden ejercer funciones consultivas, decisorias o de coordinación orientadas a alcanzar acuerdos sobre materias comunes.

2. En particular, las Conferencias Sectoriales ejercerán, entre otras, las siguientes funciones:

a) Ser informadas sobre los anteproyectos de leyes y los proyectos de reglamentos del Gobierno de la Nación o de los Consejos de Gobierno de las Comunidades Autónomas cuando afecten de manera directa al ámbito competencial de las otras Administraciones Públicas o cuando así esté previsto en la normativa sectorial aplicable, bien a través de su pleno o bien a través de la comisión o el grupo de trabajo mandatado al efecto.

b) Establecer planes específicos de cooperación entre Comunidades Autónomas en la materia sectorial correspondiente, procurando la supresión de duplicidades, y la consecución de una mejor eficiencia de los servicios públicos.

c) Intercambiar información sobre las actuaciones programadas por las distintas Administraciones Públicas, en ejercicio de sus competencias, y que puedan afectar a las otras Administraciones.

d) Establecer mecanismos de intercambio de información, especialmente de contenido estadístico.

e) Acordar la organización interna de la Conferencia Sectorial y de su método de trabajo.

f) Fijar los criterios objetivos que sirvan de base

para la distribución territorial de los créditos presupuestarios, así como su distribución al comienzo del ejercicio económico, de acuerdo con lo previsto en la Ley 47/2003, de 26 de noviembre.

■ Art. 149. Convocatoria de las reuniones de las Conferencias Sectoriales.

1. Corresponde al Ministro que presida la Conferencia Sectorial acordar la convocatoria de las reuniones por iniciativa propia, al menos una vez al año, o cuando lo soliciten, al menos, la tercera parte de sus miembros. En este último caso, la solicitud deberá incluir la propuesta de orden del día.

2. La convocatoria, que deberá acompañarse de los documentos necesarios con la suficiente antelación, deberá contener el orden del día previsto para cada sesión, sin que puedan examinarse asuntos que no figuren en el mismo, salvo que todos los miembros de la Conferencia Sectorial manifiesten su conformidad. El orden del día de cada reunión será propuesto por el Presidente y deberá especificar el carácter consultivo, decisorio o de coordinación de cada uno de los asuntos a tratar.

3. Cuando la conferencia sectorial hubiera de reunirse con el objeto exclusivo de informar un proyecto normativo, la convocatoria, la constitución y adopción de acuerdos podrá efectuarse por medios electrónicos, telefónicos o audiovisuales, que garanticen la intercomunicación entre ellos y la unidad de acto, tales como la videoconferencia o el correo electrónico, entendiéndose los acuerdos adoptados en el lugar donde esté la presidencia, de acuerdo con el procedimiento que se establezca en el reglamento de funcionamiento interno de la conferencia sectorial.

De conformidad con lo previsto en este apartado la elaboración y remisión de actas podrá realizarse a través de medios electrónicos.

■ Art. 150. Secretaría de las Conferencias Sectoriales.

1. Cada Conferencia Sectorial tendrá un secretario que será designado por el Presidente de la Conferencia Sectorial.

2. Corresponde al secretario de la Conferencia Sectorial, al menos, las siguientes funciones:

a) Preparar las reuniones y asistir a ellas con voz pero sin voto.

b) Efectuar la convocatoria de las sesiones de la Conferencia Sectorial por orden del Presidente.

c) Recibir los actos de comunicación de los miembros de la Conferencia Sectorial y, por tanto, las notificaciones, peticiones de datos, rectificaciones o cualquiera otra clase de escritos de los que deba tener conocimiento.

d) Redactar y autorizar las actas de las sesiones.

e) Expedir certificaciones de las consultas, recomendaciones y acuerdos aprobados y custodiar la documentación generada con motivo de la celebración de sus reuniones.

f) Cuantas otras funciones sean inherentes a su condición de secretario.

■ Art. 151. Clases de decisiones de la Conferencia Sectorial.

1. La adopción de decisiones requerirá la previa votación de los miembros de la Conferencia Sectorial. Esta votación se producirá por la representación que cada Administración Pública tenga y no por los distintos miembros de cada una de ellas.

2. Las decisiones que adopte la Conferencia Sectorial podrán revestir la forma de:

a) Acuerdo: supone un compromiso de actuación en el ejercicio de las respectivas competencias. Son de obligado cumplimiento y directamente exigibles de acuerdo con lo previsto en la Ley 29/1998, de 13 de julio, reguladora de la Jurisdicción Contencioso-administrativa, salvo para quienes hayan votado en contra mientras no decidan suscribirlos con posterioridad. El acuerdo será certificado en acta.

Cuando la Administración General del Estado ejerza funciones de coordinación, de acuerdo con el orden constitucional de distribución de competencias del ámbito material respectivo, el Acuerdo que se adopte en la Conferencia Sectorial, y en el que se incluirán los votos particulares que se hayan formulado, será de obligado cumplimiento para todas las Administraciones Públicas integrantes de la Conferencia Sectorial, con independencia del sentido de su voto, siendo exigibles conforme a lo establecido en la Ley 29/1998, de 13 de julio. El acuerdo será certificado en acta.

Las Conferencias Sectoriales podrán adoptar planes conjuntos, de carácter multilateral, entre la Administración General del Estado y la de las Comunidades Autónomas, para comprometer actuaciones conjuntas para la consecución de los objetivos comunes, que tendrán la naturaleza de Acuerdo de la conferencia sectorial y se publicarán en el «Boletín Oficial del Estado».

El acuerdo aprobatorio de los planes deberá especificar, según su naturaleza, los siguientes elementos, de acuerdo con lo previsto en la legislación presupuestaria:

1.º Los objetivos de interés común a cumplir.

2.º Las actuaciones a desarrollar por cada Administración.

3.º Las aportaciones de medios personales y materiales de cada Administración.

4.º Los compromisos de aportación de recursos financieros.

5.º La duración, así como los mecanismos de seguimiento, evaluación y modificación.

b) Recomendación: tiene como finalidad expresar la opinión de la Conferencia Sectorial sobre un asunto que se somete a su consulta. Los miembros de la Conferencia Sectorial se comprometen a orientar su actuación en esa materia de conformidad con lo previsto en la Recomendación salvo quienes hayan votado en contra mientras no decidan suscribirla con posterioridad. Si algún miembro se aparta de la Recomendación, deberá motivarlo e incorporar dicha justificación en el correspondiente expediente.

■ Art. 152. Comisiones Sectoriales y Grupos de trabajo.

1. La Comisión Sectorial es el órgano de trabajo y apoyo de carácter general de la Conferencia Sectorial, estando constituida por el Secretario de Estado u órgano superior de la Administración General del Estado designado al efecto por el Ministro correspondiente, que la presidirá, y un representante de cada Comunidad Autónoma, así como un representante de la Ciudad de Ceuta y de la Ciudad Melilla. El ejercicio de las funciones propias de la secretaría de la Comisión Sectorial corresponderá a un funcionario del Ministerio correspondiente.

Si así se prevé en el reglamento interno de funcionamiento de la Conferencia Sectorial, las comisiones sectoriales y grupos de trabajo podrán funcionar de forma electrónica o por medios telefónicos o audiovisuales, que garanticen la intercomunicación entre ellos y la unidad de acto, tales como la videoconferencia o el correo electrónico, entendiendo los acuerdos adoptados en el lugar donde esté la presidencia, de acuerdo con el procedimiento que se establezca en el reglamento de funcionamiento interno de la Conferencia Sectorial.

2. La Comisión Sectorial ejercerá las siguientes funciones:

a) La preparación de las reuniones de la Conferencia Sectorial, para lo que tratará los asuntos incluidos en el orden del día de la convocatoria.

b) El seguimiento de los acuerdos adoptados por la Conferencia Sectorial.

c) El seguimiento y evaluación de los Grupos de trabajo constituidos.

d) Cualquier otra que le encomiende la Conferencia Sectorial.

3. Las Conferencias Sectoriales podrán crear Grupos de trabajo, de carácter permanente o temporal, formados por Directores Generales, Subdirectores Generales o equivalentes de las diferentes Administraciones Públicas que formen parte de dicha Conferencia, para llevar a cabo las tareas técnicas que les asigne la Conferencia Sectorial o la Comisión Sectorial. A estos grupos de trabajo podrán ser invitados expertos de reconocido prestigio en la materia a tratar.

El director del Grupo de trabajo, que será un representante de la Administración General del Estado, podrá solicitar con el voto favorable de la mayoría de sus miembros, la participación en el mismo de las organizaciones representativas de intereses afectados, con el fin de recabar propuestas o formular consultas.

■ Art. 153. Comisiones Bilaterales de Cooperación.

1. Las Comisiones Bilaterales de Cooperación son órganos de cooperación de composición bilateral que reúnen, por un número igual de representantes, a miembros del Gobierno, en representación de la Administración General del Estado, y miembros del Consejo de Gobierno de la Comunidad Autónoma o representantes de la Ciudad de Ceuta o de la Ciudad de Melilla.

2. Las Comisiones Bilaterales de Cooperación ejercen funciones de consulta y adopción de acuerdos que tengan por objeto la mejora de la coordinación entre las respectivas Administraciones en asuntos que afecten de forma singular a la Comunidad Autónoma, a la Ciudad de Ceuta o a la Ciudad de Melilla.

3. Para el desarrollo de su actividad, las Comisiones Bilaterales de Cooperación podrán crear Grupos de trabajo y podrán convocarse y adoptar acuerdos por videoconferencia o por medios electrónicos.

4. Las decisiones adoptadas por las Comisiones Bilaterales de Cooperación revestirán la forma de Acuerdos y serán de obligado cumplimiento, cuando así se prevea expresamente, para las dos Administraciones que lo suscriban y en ese caso serán exigibles conforme a lo establecido en la Ley 29/1998, de 13 de julio. El acuerdo será certificado en acta.

5. Lo previsto en este artículo será de aplicación sin perjuicio de las peculiaridades que, de acuerdo con las finalidades básicas previstas, se establezcan en los Estatutos de Autonomía en materia de organización y funciones de las comisiones bilaterales.

■ Art. 154. Comisiones Territoriales de Coordinación.

1. Cuando la proximidad territorial o la concurrencia de funciones administrativas así lo requiera, podrán crearse Comisiones Territoriales de Coordinación, de composición multilateral, entre Administraciones cuyos territorios sean coincidentes o limítrofes, para mejorar la coordinación de la prestación de servicios, prevenir duplicidades y mejorar la eficiencia y calidad de los servicios. En función de las Administraciones afectadas por razón de la materia, estas Comisiones podrán estar formadas por:

a) Representantes de la Administración General del Estado y representantes de las Entidades Locales.

b) Representantes de las Comunidades Autónomas y representantes de las Entidades locales.

c) Representantes de la Administración General del Estado, representantes de las Comunidades Autónomas y representantes de las Entidades Locales.

2. La decisiones adoptadas por las Comisiones Territoriales de Cooperación revestirán la forma de Acuerdos, que serán certificados en acta y serán de obligado cumplimiento para las Administraciones que lo suscriban y exigibles conforme a lo establecido en la Ley 29/1998, de 13 de julio.

3. El régimen de las convocatorias y la secretaría será el mismo que el establecido para las Conferencias Sectoriales en los artículos 149 y 150, salvo la regla prevista sobre quién debe ejercer las funciones de secretario, que se designará según su reglamento interno de funcionamiento.

CAPÍTULO IV. Relaciones electrónicas entre las Administraciones

■ Art. 155. Transmisiones de datos entre Administraciones Públicas.

1. De conformidad con lo dispuesto en la Ley Orgánica 15/1999, de 13 de diciembre, de Protección de Datos de Carácter Personal y su normativa de desarrollo, cada Administración deberá facilitar el acceso de las restantes Administraciones Públicas a los datos relativos a los interesados que obren en su poder, especificando las condiciones, protocolos y criterios funcionales o técnicos necesarios para acceder a dichos datos con las máximas garantías de seguridad, integridad y disponibilidad.

2. La disponibilidad de tales datos estará limitada estrictamente a aquellos que son requeridos a los interesados por las restantes Administraciones para la tramitación y resolución de los procedimientos y actuaciones de su competencia, de acuerdo con la normativa reguladora de los mismos.

3. La Administración General del Estado, las Administraciones Autonómicas y las Entidades Locales, adoptarán las medidas necesarias e incorporarán en sus respectivos ámbitos las tecnologías precisas para posibilitar la interconexión de sus redes con el fin de crear una red de comunicaciones que interconecte los sistemas de información de las Administraciones Públicas y permita el intercambio de información y servicios entre las mismas, así como la interconexión con las redes de las instituciones de la Unión Europea y de otros Estados Miembros.

■ Art. 156. Esquema Nacional de Interoperabilidad y Esquema Nacional de Seguridad.

1. El Esquema Nacional de Interoperabilidad comprende el conjunto de criterios y recomendaciones en materia de seguridad, conservación y normalización de la información, de los formatos y de las aplicaciones que deberán ser tenidos en cuenta por las Administraciones Públicas para la toma de decisiones tecnológicas que garanticen la interoperabilidad.

2. El Esquema Nacional de Seguridad tiene por objeto establecer la política de seguridad en la utilización de medios electrónicos en el ámbito de la presente Ley, y está constituido por los principios básicos y requisitos mínimos que garanticen adecuadamente la seguridad de la información tratada.

■ Art. 157. Reutilización de sistemas y aplicaciones de propiedad de la Administración.

1. Las Administraciones pondrán a disposición de cualquiera de ellas que lo solicite las aplicaciones, desarrolladas por sus servicios o que hayan sido objeto de contratación y de cuyos derechos de propiedad intelectual sean titulares, salvo que la información a la que estén asociadas sea objeto de especial protección por una norma. Las Administraciones cedentes y cesionarias podrán acordar la repercusión del coste de adquisición o fabricación de las aplicaciones cedidas.

2. Las aplicaciones a las que se refiere el apartado anterior podrán ser declaradas como de fuentes abiertas, cuando de ello se derive una mayor transparencia en el funcionamiento de la Administración Pública o se fomente con ello la incorporación de los ciudadanos a la Sociedad de la información.

3. Las Administraciones Públicas, con carácter previo a la adquisición, desarrollo o al mantenimiento a lo largo de todo el ciclo de vida de una aplicación, tanto si se realiza con medios propios o por la contratación de los servicios correspondientes, deberán consultar en el directorio general de aplicaciones, dependiente de la Administración General del Estado, si existen soluciones disponibles para su reutilización, que puedan satisfacer total o parcialmente las necesidades, mejoras o actualizaciones que se pretenden cubrir, y siempre que los requisitos tecnológicos de interoperabilidad y seguridad así lo permitan.

En este directorio constarán tanto las aplicaciones disponibles de la Administración General del Estado como las disponibles en los directorios integrados de aplicaciones del resto de Administraciones.

En el caso de existir una solución disponible para su reutilización total o parcial, las Administraciones Públicas estarán obligadas a su uso, salvo que la decisión de no reutilizarla se justifique en términos de eficiencia conforme al artículo 7 de la Ley Orgánica 2/2012, de 27 de abril, de Estabilidad Presupuestaria y Sostenibilidad Financiera.

■ Art. 158. Transferencia de tecnología entre Administraciones.

1. Las Administraciones Públicas mantendrán directorios actualizados de aplicaciones para su libre reutilización, de conformidad con lo dispuesto en el Esquema Nacional de Interoperabilidad. Estos directorios deberán ser plenamente interoperables con el directorio general de la Administración General del Estado, de modo que se garantice su compatibilidad informática e interconexión.

2. La Administración General del Estado, mantendrá un directorio general de aplicaciones para su reutilización, prestará apoyo para la libre reutilización de aplicaciones e impulsará el desarrollo de aplicaciones, formatos y estándares comunes en el marco de los esquemas nacionales de interoperabilidad y seguridad.

Disposiciones adicionales

Disposición adicional primera. Administración de los Territorios Históricos del País Vasco.

En la Comunidad Autónoma del País Vasco, a efectos de lo dispuesto en el artículo segundo, se entenderá por Administraciones Públicas las Diputaciones Forales y las Administraciones institucionales de ellas dependientes o vinculadas.

Disposición adicional segunda. Delegados del Gobierno en las Ciudades de Ceuta y Melilla.

1. En las Ciudades de Ceuta y Melilla existirá un Delegado del Gobierno que representará al Gobierno de la Nación en su territorio.

2. Las disposiciones contenidas en la presente Ley que hagan referencia a los Delegados del Gobierno en las Comunidades Autónomas se deberán entender también referidas a los Delegados del Gobierno en las Ciudades de Ceuta y Melilla.

3. En las Ciudades de Ceuta y Melilla existirá una Comisión de asistencia al Delegado del Gobierno, presidida por él mismo e integrada por el Secretario General y los responsables de los servicios territoriales. A sus sesiones deberán asistir los titulares de los órganos y servicios territoriales, tanto integrados como no integrados que el Delegado del Gobierno considere oportuno.

Disposición adicional tercera. Relaciones con las ciudades de Ceuta y Melilla.

Lo dispuesto en esta Ley sobre las relaciones entre la Administración General del Estado y las Administraciones de las Comunidades Autónomas será de aplicación a las relaciones con las Ciudades de Ceuta y Melilla en la medida en que afecte al ejercicio de las competencias estatutariamente asumidas.

Disposición adicional cuarta. Adaptación de entidades y organismos públicos existentes en el ámbito estatal.

Todas las entidades y organismos públicos que integran el sector público estatal existentes en el momento de la entrada en vigor de esta Ley deberán adaptarse al contenido de la misma en el plazo de tres años a contar desde su entrada en vigor, rigiéndose hasta que se realice la adaptación por su normativa específica.

La adaptación se realizará preservando las actuales especialidades de los organismos y entidades en materia de personal, patrimonio, régimen presupuestario, contabilidad, control económico-financiero y de operaciones como agente de financiación, incluyendo, respecto a estas últimas, el sometimiento, en su caso, al ordenamiento jurídico privado. Las especialidades se preservarán siempre que no hubieran generado deficiencias importantes en el control de ingresos y gastos causantes de una situación de desequilibrio financiero en el momento de su adaptación.

Las entidades que no tuvieran la consideración de poder adjudicador, preservarán esta especialidad en tanto no se oponga a la normativa comunitaria.

Las entidades que tengan como fines la promoción de la internacionalización de la economía y de la empresa española preservarán además y con las mismas limitaciones las especialidades en materia de ayudas en tanto no se opongan a la normativa comunitaria.

Disposición adicional quinta. Gestión compartida de servicios comunes de los organismos públicos estatales existentes.

1. Los organismos públicos integrantes del sector público estatal a la entrada en vigor de esta ley compartirán la organización y gestión de sus servicios comunes salvo que la decisión de no compartirlos se justifique, en una memoria elaborada al efecto y que se dirigirá al Ministerio de Hacienda y Administraciones Públicas, en términos de eficiencia, conforme al artículo 7 de la Ley Orgánica 2/2012, de 27 de abril, en razones de seguridad nacional, o cuando la organización y gestión compartida afecte a servicios que deban prestarse de forma autónoma en atención a la independencia del organismo público.

2. La organización y gestión compartida de los servicios comunes a los que se refiere el artículo 95 podrá realizarse de las formas siguientes:

a) Mediante su coordinación por el departamento con competencias en materia de Hacienda pública o por un organismo autónomo vinculado o dependiente del mismo.

b) Mediante su coordinación por el departamento al que esté vinculado o del que dependa el organismo público.

c) Mediante su coordinación por el organismo público al que esté vinculado o del que dependa a su vez el organismo público.

Disposición adicional sexta. Transformación de los medios propios estatales existentes.

Todas las entidades y organismos públicos que en el momento de la entrada en vigor de esta Ley tengan la condición de medio propio en el ámbito estatal deberán adaptarse a lo previsto en esta Ley en el plazo de seis meses a contar desde su entrada en vigor.

Disposición adicional séptima. Registro Electrónico estatal de Órganos e Instrumentos de Cooperación.

1. La Administración General del Estado mantendrá actualizado un registro electrónico de los órganos de cooperación en los que participa ella o alguno de sus organismos públicos o entidades vinculados o dependientes y de convenios celebrados con el resto de Administraciones Públicas. Este registro será dependiente de la Secretaría de Estado de Administraciones Públicas.

2. La creación, modificación o extinción de los órganos de cooperación, así como la suscripción, extinción, prórroga o modificación de cualquier convenio celebrado por la Administración General del Estado o alguno de sus organismos públicos o entidades vinculados o dependientes deberá ser comunicada por el órgano de ésta que lo haya suscrito, en el plazo de quince días desde que ocurra el hecho inscribible, al Registro Electrónico estatal de Órganos e Instrumentos de Cooperación.

3. Los Departamentos Ministeriales que ejerzan la Secretaría de los órganos de cooperación deberán comunicar al registro antes del 30 de enero de cada año los órganos de cooperación que hayan extinguido.

4. El Ministro de Hacienda y Administraciones Públicas elevará anualmente al Consejo de Ministros un informe sobre la actividad de los órganos de cooperación existentes, así como sobre los convenios vigentes a partir de los datos y análisis proporcionados por el Registro Electrónico estatal de Órganos e Instrumentos de Cooperación.

5. Los órganos de cooperación y los convenios vigentes disponen del plazo de seis meses, a contar desde la entrada en vigor de la Ley, para solicitar su inscripción en este Registro.

6. Los órganos de cooperación que no se hayan reunido en un plazo de cinco años desde su creación o en un plazo de cinco años desde la entrada en vigor de esta ley quedarán extinguidos.

Disposición adicional octava. Adaptación de los convenios vigentes suscritos por cualquier Administración Pública e inscripción de organismos y entidades en el Inventario de Entidades del Sector Público Estatal, Autonómico y Local.

1. Todos los convenios vigentes suscritos por cualquier Administración Pública o cualquiera de sus organismos o entidades vinculados o dependientes deberán adaptarse a lo aquí previsto en el plazo de tres años a contar desde la entrada en vigor de esta Ley.

No obstante, esta adaptación será automática, en lo que se refiere al plazo de vigencia del convenio, por aplicación directa de las reglas previstas en el artículo 49.h).1.º para los convenios que no tuvieran determinado un plazo de vigencia o, existiendo, tuvieran establecida una prórroga tácita por tiempo indefinido en el momento de la entrada en vigor de esta Ley. En estos casos el plazo de vigencia del convenio será de cuatro años a contar desde la entrada en vigor de la presente Ley.

2. Todos los organismos y entidades, vinculados o dependientes de cualquier Administración Pública y cualquiera que sea su naturaleza jurídica, existentes en el momento de la entrada en vigor de esta Ley deberán estar inscritos en el Inventario de Entidades del Sector Público Estatal, Autonómico y Local en el plazo de tres meses a contar desde dicha entrada en vigor.

Disposición adicional novena. Comisión Sectorial de administración electrónica.

1. La Comisión Sectorial de administración electrónica, dependiente de la Conferencia Sectorial

de Administración Pública, es el órgano técnico de cooperación de la Administración General del Estado, de las Administraciones de las Comunidades Autónomas y de las Entidades Locales en materia de administración electrónica.

2. El Comisión Sectorial de la administración electrónica desarrollará, al menos, las siguientes funciones:

a) Asegurar la compatibilidad e interoperabilidad de los sistemas y aplicaciones empleados por las Administraciones Públicas.

b) Impulsar el desarrollo de la administración electrónica en España.

c) Asegurar la cooperación entre las Administraciones Públicas para proporcionar información administrativa clara, actualizada e inequívoca.

3. Cuando por razón de las materias tratadas resulte de interés, podrá invitarse a las organizaciones, corporaciones o agentes sociales que se estime conveniente en cada caso a participar en las deliberaciones de la Comisión Sectorial.

Disposición adicional décima. Aportaciones a los consorcios.

Cuando las Administraciones Públicas o cualquiera de sus organismos públicos o entidades vinculados o dependientes sean miembros de un consorcio, no estarán obligados a efectuar la aportación al fondo patrimonial o la financiación a la que se hayan comprometido para el ejercicio corriente si alguno de los demás miembros del consorcio no hubiera realizado la totalidad de sus aportaciones dinerarias correspondientes a ejercicios anteriores a las que estén obligados.

Disposición adicional undécima. Conflictos de atribuciones intraministeriales.

1. Los conflictos positivos o negativos de atribuciones entre órganos de un mismo Ministerio serán resueltos por el superior jerárquico común en el plazo de diez días, sin que quepa recurso alguno.

2. En los conflictos positivos, el órgano que se considere competente requerirá de inhibición al que conozca del asunto, quien suspenderá el procedimiento por un plazo de diez días. Si dentro de dicho plazo acepta el requerimiento, remitirá el expediente al órgano requirente. En caso de considerarse competente, remitirá acto seguido las actuaciones al superior jerárquico común.

3. En los conflictos negativos, el órgano que se estime incompetente remitirá directamente las actuaciones al órgano que considere competente, quien decidirá en el plazo de diez días y, en su caso, de considerarse, asimismo, incompetente, remitirá acto seguido el expediente con su informe al superior jerárquico común.

4. Los interesados en el procedimiento plantearán estos conflictos de acuerdo a lo establecido en el artículo 14.

Disposición adicional duodécima. Régimen Jurídico de las Autoridades Portuarias y Puertos del Estado.

Las Autoridades Portuarias y Puertos del Estado se regirán por su legislación específica, por las disposiciones de la Ley 47/2003, de 26 de noviembre, que les sean de aplicación y, supletoriamente, por lo establecido en esta Ley.

Disposición adicional decimotercera. Régimen jurídico de las Entidades gestoras y servicios comunes de la Seguridad Social.

1. A las Entidades gestoras, servicios comunes y otros organismos o entidades que conforme a la Ley integran la Administración de la Seguridad Social, les será de aplicación las previsiones de esta Ley relativas a los organismos autónomos, salvo lo dispuesto en el párrafo siguiente.

2. El régimen de personal, económico-financiero, patrimonial, presupuestario y contable, de participación en la gestión, así como la asistencia jurídica, será el establecido por su legislación específica, por la Ley 47/2003, de 26 de noviembre, General Presupuestaria, en las materias que sea de aplicación, y supletoriamente por esta Ley.

Disposición adicional decimocuarta. La organización militar y las Delegaciones de Defensa.

1. La organización militar se rige por su legislación específica y por las bases establecidas en la ley Orgánica 5/2005, de 17 de noviembre, de la Defensa Nacional.

2. Las Delegaciones de Defensa permanecerán integradas en el Ministerio de Defensa y se regirán por su normativa específica.

Disposición adicional decimoquinta. Personal militar de las Fuerzas Armadas y del Centro Nacional de Inteligencia.

Las referencias que en los artículos 63, 65, 66 y 67 de esta ley se realizan a los funcionarios de carrera pertenecientes al Subgrupo A1 comprenderán al personal militar de las Fuerzas Armadas perteneciente a cuerpos y escalas con una categoría equivalente a aquélla.

Dichas previsiones normativas serán igualmente aplicables al personal del Centro Nacional de Inteligencia perteneciente al Subgrupo A1, según su normativa estatutaria.

Disposición adicional decimosexta. Servicios territoriales integrados en las Delegaciones del Gobierno.

Los servicios territoriales que, a la entrada en vigor de esta Ley, estuviesen integrados en las Delegaciones del Gobierno continuarán en esta situación, siendo aplicable a los mismos lo previsto en la presente Ley.

Disposición adicional decimoséptima. Régimen jurídico de la Agencia Estatal de Administración Tributaria.

La Agencia Estatal de Administración Tributaria se regirá por su legislación específica y únicamente de forma supletoria y en tanto resulte compatible con su legislación específica por lo previsto en esta Ley.

El acceso, la cesión o la comunicación de información de naturaleza tributaria se regirán en todo caso por su legislación específica.

Disposición adicional decimoctava. Régimen jurídico del Centro Nacional de Inteligencia.

La actuación administrativa de los órganos competentes del Centro Nacional de Inteligencia se regirá por lo previsto en su normativa específica y en lo no previsto en ella, en cuanto sea compatible con su naturaleza y funciones propias, por lo dispuesto en la presente Ley.

Disposición adicional decimonovena. Régimen jurídico del Banco de España.

El Banco de España en su condición de banco central nacional se regirá, en primer término, por lo dispuesto en el Tratado de Funcionamiento de la Unión Europea, los Estatutos del Sistema Europeo de Bancos Centrales y del Banco Central Europeo, el Reglamento (UE) n.º 1024/2013 del Consejo, de 15 de octubre de 2013 y la Ley 13/1994, de 1 de junio, de Autonomía del Banco de España.

En lo no previsto en las referidas normas y en cuanto sea compatible con su naturaleza y funciones será de aplicación lo previsto en la presente Ley.

Disposición adicional vigésima. Régimen jurídico del Fondo de Reestructuración Ordenada Bancaria.

El Fondo de Reestructuración Ordenada Bancaria tendrá la consideración de autoridad administrativa independiente de conformidad con lo previsto en esta Ley.

Disposición adicional vigesimoprimera. Órganos Colegiados de Gobierno.

Las disposiciones previstas en esta Ley relativas a los órganos colegiados no serán de aplicación a los órganos Colegiados del Gobierno de la Nación, los órganos colegiados de Gobierno de las Comunidades Autónomas y los órganos colegiados de gobierno de las Entidades Locales.

Disposición adicional vigesimosegunda. Actuación administrativa de los órganos constitucionales del Estado y de los órganos legislativos y de control autonómicos.

La actuación administrativa de los órganos competentes del Congreso de los Diputados, del Senado, del Consejo General del Poder Judicial, del Tribunal Constitucional, del Tribunal de Cuentas, del Defensor del Pueblo, de las Asambleas Legislativas de las Comunidades Autónomas y de las instituciones autonómicas análogas al Tribunal de Cuentas y al Defensor del Pueblo, se regirá por lo previsto en su normativa específica, en el marco de los principios que inspiran la actuación administrativa de acuerdo con esta Ley.

Disposiciones transitorias

Disposición transitoria primera. Composición y clasificación del sector público institucional.

La composición y clasificación del sector público institucional estatal prevista en el artículo 84 se aplicará únicamente a los organismos públicos y las entidades integrantes del sector público institucional estatal que se creen tras la entrada en vigor de la Ley y a los que se hayan adaptado de acuerdo con lo previsto en la disposición adicional cuarta.

Disposición transitoria segunda. Entidades y organismos públicos existentes.

1. Todos los organismos y entidades integrantes del sector público estatal en el momento de la entrada en vigor de esta Ley continuarán rigiéndose por su normativa específica, incluida la normativa presupuestaria que les resultaba de aplicación, hasta su adaptación a lo dispuesto en la Ley de acuerdo con lo previsto en la disposición adicional cuarta.

2. No obstante, en tanto no resulte contrario a su normativa específica:

a) Los organismos públicos existentes en el momento de la entrada en vigor de esta Ley y desde ese momento aplicarán los principios establecidos en el Capítulo I del Título II, el régimen de control previsto en el artículo 85 y 92.2, y lo dispuesto en los artículos 87, 94, 96, 97 si se transformaran fusionaran, disolvieran o liquidaran tras la entrada en vigor de esta Ley.

b) Las sociedades mercantiles estatales, los consorcios, fundaciones y fondos sin personalidad jurídica existentes en el momento de la entrada en vigor de esta Ley aplicarán desde ese momento, respectivamente, lo previsto en el Capítulo V, Capítulo VI, Capítulo VII y Capítulo VIII del Título II.

Disposición transitoria tercera. Procedimientos de elaboración de normas en la Administración General del Estado.

Los procedimientos de elaboración de normas que se hallaren en tramitación en la Administración General del Estado a la entrada en vigor de esta Ley se sustanciarán de acuerdo con lo establecido en la normativa vigente en el momento en que se iniciaron.

Disposición transitoria cuarta. Régimen transitorio de las modificaciones introducidas en la disposición final novena.

Lo dispuesto en la disposición final novena será de aplicación a los expedientes de contratación iniciados con posterioridad a la entrada en vigor de dicha disposición. A estos efectos se entenderá que los expedientes de contratación han sido iniciados si se hubiera publicado la correspondiente convocatoria del procedimiento de adjudicación del contrato. En el caso de procedimientos negociados, para determinar el momento de iniciación se tomará en cuenta la fecha de aprobación de los pliegos.

Disposición derogatoria única. Derogación normativa.

Quedan derogadas cuantas disposiciones de igual o inferior rango se opongan, contradigan o resulten incompatibles con lo dispuesto en la presente Ley y, en especial:

a) El artículo 87 de la Ley 7/1985, de 2 de abril, Reguladora de las Bases del Régimen Local.

b) El artículo 110 del texto refundido de las disposiciones legales vigentes en materia de Régimen Local aprobado por el Real Decreto Legislativo 781/1986, de 18 de abril.

c) Ley 6/1997, de 14 de abril, de Organización y Funcionamiento de la Administración General del Estado.

d) Los artículos 44, 45 y 46 de la Ley 50/2002, de 26 de diciembre, de Fundaciones.

e) Ley 28/2006, de 18 de julio, de Agencias estatales para la mejora de los servicios públicos.

f) Los artículos 12, 13, 14 y 15 y disposición adicional sexta de la Ley 15/2014, de 16 de septiembre, de racionalización del Sector Público y otras medidas de reforma administrativa.

g) El artículo 6.1.f), la disposición adicional tercera, la disposición transitoria segunda y la disposición transitoria cuarta del Real Decreto 1671/2009, de 6 de noviembre, por el que se desarrolla parcialmente la Ley 11/2007, de 22 de junio, de acceso electrónico de los ciudadanos a los servicios públicos.

h) Los artículos 37, 38, 39 y 40 del Decreto de 17 de junio de 1955 por el que se aprueba el Reglamento de Servicios de las Corporaciones locales.

Hasta que, de acuerdo con lo previsto en la disposición adicional cuarta, concluya el plazo de adaptación de las agencias existentes en el sector público estatal, se mantendrá en vigor la Ley 28/2006, de 18 de julio.

Disposiciones finales

Disposición final primera. Modificación de la Ley 23/1982, de 16 de junio, reguladora del Patrimonio Nacional.

El apartado uno del artículo octavo de la Ley 23/1982, de 16 de junio, reguladora del Patrimonio Nacional, quedará redactado en la forma siguiente:

«Uno. El Consejo de Administración del Patrimonio Nacional estará constituido por su Presidente, el Gerente y por un número de Vocales no superior a trece, todos los cuales deberán ser profesionales de reconocido prestigio. Al Presidente y al Gerente les será de aplicación lo establecido en el artículo 2 de la Ley 3/2015, de 30 de marzo, reguladora del ejercicio del Alto Cargo de la Administración General del Estado, debiendo realizarse su nombramiento entre funcionarios de carrera del Estado, de las Comunidades Autónomas o de las Entidades Locales, pertenecientes a cuerpos clasificados en el Subgrupo A1.

Dos de los Vocales, al menos, deberán de provenir de instituciones museísticas y culturales de reconocido prestigio y proyección internacional. Igualmente, en dos de los Vocales, al menos, habrá de concurrir la condición de Alcaldes de Ayuntamientos en cuyo término municipal radiquen bienes inmuebles históricos del Patrimonio Nacional.

El Presidente, el Gerente y los demás miembros del Consejo de Administración serán nombrados mediante Real Decreto, previa deliberación del Consejo de Ministros a propuesta del Presidente del Gobierno.»

Disposición final segunda. Modificación del Real Decreto-Ley 12/1995, de 28 de diciembre, sobre medidas urgentes en materia presupuestaria, tributaria y financiera.

Uno. Se añade un nuevo apartado tres a la disposición adicional sexta, renumerándose los apartados tres a seis como cuatro a siete. El apartado tres tendrá la siguiente redacción:

«Tres. Consejo General.

1. El Instituto de Crédito Oficial estará regido por un Consejo General, que tendrá a su cargo la superior dirección de su administración y gestión.

2. El Consejo General estará formado por el Presidente de la entidad, que lo será también del Consejo, y diez Vocales, y estará asistido por el Secretario y, en su caso, el Vicesecretario del mismo.

Todos los integrantes del Consejo General actuarán siempre en interés del Instituto de Crédito Oficial en el ejercicio de sus funciones como miembros del Consejo General.

3. El nombramiento y cese de los Vocales del

Consejo General corresponde al Consejo de Ministros, a propuesta del Ministro de Economía y Competitividad, que los designará entre personas de reconocido prestigio y competencia profesional en el ámbito de actividad del Instituto de Crédito Oficial.

4. Cuatro de los diez Vocales del Consejo serán independientes. A tal efecto, se entenderá independiente aquél que no sea personal al servicio del Sector Público.

5. El mandato de los vocales independientes será de tres años, tras el cual cabrá una sola reelección.

Reglamentariamente se establecerán las causas de cese de dichos Vocales, así como el régimen jurídico al que quedan sometidos los integrantes del Consejo General.

6. Cada uno de los Vocales independientes dispondrá de dos votos exclusivamente para la adopción de acuerdos relativos a operaciones financieras de activo y pasivo propias del negocio del Instituto.»

Dos. Se añade una nueva disposición transitoria, que tendrá la siguiente redacción:

«Disposición transitoria quinta. Operaciones y atribuciones vigentes.

La modificación de la disposición adicional sexta del Real Decreto-Ley 12/1995, de 28 de diciembre, introducida por la disposición final segunda de la Ley 40/2015, de 1 de octubre, de Régimen Jurídico del Sector Público, no afectará al régimen de las operaciones del Instituto de Crédito Oficial actualmente en vigor, sin que por ello se modifiquen los términos y condiciones de los contratos y convenios suscritos.

Adicionalmente, se mantendrán las atribuciones, poderes y delegaciones conferidas por el Consejo General en otras autoridades y órganos del Instituto de Crédito Oficial hasta que el Consejo General decida, en su caso, su revisión.

Los Consejeros que, a la entrada en vigor de la disposición final segunda de la Ley 40/2015, de 1 de octubre, de Régimen Jurídico del Sector Público, formasen parte del Consejo General del Instituto de Crédito Oficial continuarán en el ejercicio de sus funciones hasta que se nombre a quienes hubieran de sucederles.»

Disposición final tercera. Modificación de la Ley 50/1997, de 27 de noviembre, del Gobierno.

La Ley 50/1997, de 27 de noviembre, del Gobierno, queda modificada en los siguientes términos:

Uno. El apartado segundo del artículo 4 queda redactado en los siguientes términos:

«2. Además de los Ministros titulares de un Departamento, podrán existir Ministros sin cartera, a los que se les atribuirá la responsabilidad de determinadas funciones gubernamentales. En caso de que existan Ministros sin cartera, por Real Decreto se determinará el ámbito de sus competencias, la estructura administrativa, así como los medios materiales y personales que queden adscritos al mismo.»

Dos. Se modifica el artículo 5 que queda redactado en los siguientes términos:

«Artículo 5. Del Consejo de Ministros.

1. Al Consejo de Ministros, como órgano colegiado del Gobierno, le corresponde el ejercicio de las siguientes funciones:

a) Aprobar los proyectos de ley y su remisión al Congreso de los Diputados o, en su caso, al Senado.

b) Aprobar el Proyecto de Ley de Presupuestos Generales del Estado.

c) Aprobar los Reales Decretos-leyes y los Reales Decretos Legislativos.

d) Acordar la negociación y firma de Tratados internacionales, así como su aplicación provisional.

e) Remitir los Tratados internacionales a las Cortes Generales en los términos previstos en los artículos 94 y 96.2 de la Constitución.

f) Declarar los estados de alarma y de excepción y proponer al Congreso de los Diputados la declaración del estado de sitio.

g) Disponer la emisión de Deuda Pública o contraer crédito, cuando haya sido autorizado por una Ley.

h) Aprobar los reglamentos para el desarrollo y la ejecución de las leyes, previo dictamen del Consejo de Estado, así como las demás disposiciones reglamentarias que procedan.

i) Crear, modificar y suprimir los órganos directivos de los Departamentos Ministeriales.

j) Adoptar programas, planes y directrices vinculantes para todos los órganos de la Administración General del Estado.

k) Ejercer cuantas otras atribuciones le confieran la Constitución, las leyes y cualquier otra disposición.

2. A las reuniones del Consejo de Ministros podrán asistir los Secretarios de Estado y excepcionalmente otros altos cargos, cuando sean convocados para ello.

3. Las deliberaciones del Consejo de Ministros serán secretas.»

Tres. El apartado segundo del artículo 6 queda redactado en los siguientes términos:

«2. El Real Decreto de creación de una Comisión Delegada deberá especificar, en todo caso:

a) El miembro del Gobierno que asume la presidencia de la Comisión.

b) Los miembros del Gobierno y, en su caso, Secretarios de Estado que la integran.

c) Las funciones que se atribuyen a la Comisión.

d) El miembro de la Comisión al que corresponde la Secretaría de la misma.

e) El régimen interno de funcionamiento y en particular el de convocatorias y suplencias.»

Cuatro. El apartado segundo del artículo 7 queda redactado en los siguientes términos:

«2. Actúan bajo la dirección del titular del Departamento al que pertenezcan. Cuando estén adscritos a la Presidencia del Gobierno, actúan bajo la dirección del Presidente.»

Cinco. El artículo 8 queda redactado en los siguientes términos:

«Artículo 8. De la Comisión General de Secretarios de Estado y Subsecretarios.

1. La Comisión General de Secretarios de Estado y Subsecretarios estará integrada por los titulares de las Secretarías de Estado y por los Subsecretarios de los distintos Departamentos Ministeriales.

Asistirá igualmente el Abogado General del Estado y aquellos altos cargos con rango de Secretario de Estado o Subsecretario que sean convocados por el Presidente por razón de la materia de que se trate.

2. La Presidencia de la Comisión General de Secretarios de Estado y Subsecretarios corresponde a un Vicepresidente del Gobierno o, en su defecto, al Ministro de la Presidencia. En caso de ausencia del Presidente de la Comisión, la presidencia recaerá en el Ministro que corresponda según el orden de precedencia de los Departamentos ministeriales. No se entenderá por ausencia la interrupción transitoria en la asistencia a la reunión de la Comisión. En ese caso, las funciones que pudieran corresponder al Presidente serán ejercidas por la siguiente autoridad en rango presente, de conformidad con el orden de precedencia de los distintos Departamentos ministeriales.

3. La Secretaría de la Comisión General de Secretarios de Estado y Subsecretarios será ejercida por el Subsecretario de la Presidencia. En caso de ausencia, vacante o enfermedad, actuará como Secretario el Director del Secretariado del Gobierno.

4. Las deliberaciones de la Comisión General de Secretarios de Estado y Subsecretarios serán reservadas. En ningún caso la Comisión podrá adoptar decisiones o acuerdos por delegación del Gobierno.

5. Corresponde a la Comisión General de Secretarios de Estado y Subsecretarios:

a) El examen de todos los asuntos que vayan a someterse a aprobación del Consejo de Ministros, excepto los nombramientos, ceses, ascensos a cualquiera de los empleos de la categoría de oficiales generales y aquéllos que, excepcionalmente y por razones de urgencia, deban ser sometidos directamente al Consejo de Ministros.

b) El análisis o discusión de aquellos asuntos que, sin ser competencia del Consejo de Ministros o sus Comisiones Delegadas, afecten a varios Ministerios y sean sometidos a la Comisión por su presidente.»

Seis. Se modifica el artículo 9 que queda redactado en los siguientes términos:

«Artículo 9. Del Secretariado del Gobierno.

1. El Secretariado del Gobierno, como órgano de apoyo del Consejo de Ministros, de las Comisiones Delegadas del Gobierno y de la Comisión General de Secretarios de Estado y Subsecretarios, ejercerá las siguientes funciones:

a) La asistencia al Ministro-Secretario del Consejo de Ministros.

b) La remisión de las convocatorias a los diferentes miembros de los órganos colegiados anteriormente enumerados.

c) La colaboración con las Secretarías Técnicas de las Comisiones Delegadas del Gobierno.

d) El archivo y custodia de las convocatorias, órdenes del día y actas de las reuniones.

e) Velar por el cumplimiento de los principios de buena regulación aplicables a las iniciativas normativas y contribuir a la mejora de la calidad técnica de las disposiciones aprobadas por el Gobierno.

f) Velar por la correcta y fiel publicación de las disposiciones y normas emanadas del Gobierno que deban insertarse en el "Boletín Oficial del Estado".

2. Asimismo, el Secretariado del Gobierno, como órgano de asistencia al Ministro de la Presidencia, ejercerá las siguientes funciones:

a) Los trámites relativos a la sanción y promulgación real de las leyes aprobadas por las Cortes Generales y la expedición de los Reales Decretos.

b) La tramitación de los actos y disposiciones del Rey cuyo refrendo corresponde al Presidente del Gobierno.

c) La tramitación de los actos y disposiciones que el ordenamiento jurídico atribuye a la competencia del Presidente del Gobierno.

3. El Secretariado del Gobierno se integra en la estructura orgánica del Ministerio de la Presidencia, tal como se prevea en el Real Decreto de estructura de ese Ministerio. El Director del Secretariado del Gobierno ejercerá la secretaría adjunta de la Comisión General de Secretarios de Estado y Subsecretarios.

4. De conformidad con las funciones que tiene atribuidas y de acuerdo con las normas que rigen la elaboración de las disposiciones de carácter general, el Secretariado del Gobierno propondrá al Ministro de la Presidencia la aprobación de las instrucciones que han de seguirse para la tramitación de asuntos ante los órganos colegiados del Gobierno y los demás previstos en el apartado segundo de este artículo. Las instrucciones preverán expresamente la forma de documentar las propuestas y acuerdos adoptados por medios electrónicos, que deberán asegurar la identidad de los órganos intervinientes y la fehaciencia del contenido.»

Siete. El artículo 10 queda redactado en los siguientes términos:

«10. De los Gabinetes.

1. Los Gabinetes son órganos de apoyo político y técnico del Presidente del Gobierno, de los Vicepresidentes, de los Ministros y de los Secretarios de Estado. Los miembros de los Gabinetes realizan tareas de confianza y asesoramiento especial sin que en ningún caso puedan adoptar actos o resoluciones que correspondan legalmente a los órganos de la Administración General del Estado o de las organizaciones adscritas a ella, sin perjuicio de su asistencia o pertenencia a órganos colegiados que adopten decisiones administrativas. Asimismo, los directores de los gabinetes podrán dictar los actos administrativos propios de la jefatura de la unidad que dirigen.

Particularmente, los Gabinetes prestan su apoyo a los miembros del Gobierno y Secretarios de Estado en el desarrollo de su labor política, en el cumplimiento de las tareas de carácter parlamentario y en sus relaciones con las instituciones y la organización administrativa.

El Gabinete de la Presidencia del Gobierno se regulará por Real Decreto del Presidente en el que se determinará, entre otros aspectos, su estructura y funciones. El resto de Gabinetes se regulará por lo dispuesto en esta Ley.

2. Los Directores de Gabinete tendrán el nivel orgánico que se determine reglamentariamente. El resto de miembros del Gabinete tendrán la situación y grado administrativo que les corresponda en virtud de la legislación correspondiente.

3. Las retribuciones de los miembros de los Gabinetes se determinan por el Consejo de Ministros dentro de las consignaciones presupuestarias establecidas al efecto adecuándose, en todo caso, a las retribuciones de la Administración General del Estado.»

Ocho. Se modifica el artículo 11 con la siguiente redacción:

«Artículo 11. De los requisitos de acceso al cargo.

Para ser miembro del Gobierno se requiere ser español, mayor de edad, disfrutar de los derechos de sufragio activo y pasivo, así como no estar inhabilitado para ejercer empleo o cargo público por sentencia judicial firme y reunir el resto de requisitos de idoneidad previstos en la Ley 3/2015, de 30 de marzo, reguladora del ejercicio del alto cargo de la Administración General del Estado.»

Nueve. El artículo 12 queda redactado en los siguientes términos:

«Artículo 12. Del nombramiento y cese.

1. El nombramiento y cese del Presidente del Gobierno se producirá en los términos previstos en la Constitución.

2. Los Vicepresidentes y Ministros serán nombrados y separados por el Rey, a propuesta del Presidente del Gobierno. El nombramiento conllevará el cese en el puesto que, en su caso, se estuviera desempeñando, salvo cuando en el caso de los Vicepresidentes, se designe como tal a un Ministro que conserve la titularidad del Departamento. Cuando el cese en el anterior cargo correspondiera al Consejo de Ministros, se dejará constancia de esta circunstancia en el nombramiento del nuevo titular. La separación de los Ministros sin cartera llevará aparejada la extinción de dichos órganos.

3. La separación de los Vicepresidentes del Gobierno llevará aparejada la extinción de dichos órganos, salvo el caso en que simultáneamente se designe otro vicepresidente en sustitución del separado.

4. Por Real Decreto se regulará el estatuto que fuera aplicable a los Presidentes del Gobierno tras su cese.»

Diez. El artículo 13 queda redactado en los siguientes términos:

«Artículo 13. De la suplencia.

1. En los casos de vacante, ausencia o enfermedad, las funciones del Presidente del Gobierno serán asumidas por los Vicepresidentes, de acuerdo con el correspondiente orden de prelación, y, en defecto de ellos, por los Ministros, según el orden de precedencia de los Departamentos.

2. La suplencia de los Ministros, para el despacho ordinario de los asuntos de su competencia, será determinada por Real Decreto del Presidente del Gobierno, debiendo recaer, en todo caso, en otro miembro del Gobierno. El Real Decreto expresará entre otras cuestiones la causa y el carácter de la suplencia.

3. No se entenderá por ausencia la interrupción transitoria de la asistencia a la reunión de un órgano colegiado. En tales casos, las funciones que pudieran corresponder al miembro del gobierno durante esa situación serán ejercidas por la siguiente autoridad en rango presente.»

Once. El artículo 20 queda redactado en los siguientes términos:

«Artículo 20. Delegación y avocación de competencias.

1. Pueden delegar el ejercicio de competencias propias:

a) El Presidente del Gobierno en favor del Vicepresidente o Vicepresidentes y de los Ministros.

b) Los Ministros en favor de los Secretarios de Estado y de los Subsecretarios dependientes de ellos, de los Delegados del Gobierno en las Comunidades Autónomas y de los demás órganos directivos del Ministerio.

2. Asimismo, son delegables a propuesta del Presidente del Gobierno las funciones administrativas del Consejo de Ministros en las Comisiones Delegadas del Gobierno.

3. No son en ningún caso delegables las siguientes competencias:

a) Las atribuidas directamente por la Constitución.

b) Las relativas al nombramiento y separación de los altos cargos atribuidas al Consejo de Ministros.

c) Las atribuidas a los órganos colegiados del Gobierno, con la excepción prevista en el apartado 2 de este artículo.

d) Las atribuidas por una ley que prohíba expresamente la delegación.

4. El Consejo de Ministros podrá avocar para sí, a propuesta del Presidente del Gobierno, el conocimiento de un asunto cuya decisión corresponda a las Comisiones Delegadas del Gobierno.

La avocación se realizará mediante acuerdo motivado al efecto, del que se hará mención expresa en la decisión que se adopte en el ejercicio de la avocación. Contra el acuerdo de avocación no cabrá recurso, aunque podrá impugnarse en el que, en su caso, se interponga contra la decisión adoptada.»

Doce. El Título V queda redactado del siguiente modo:

«TÍTULO V

De la iniciativa legislativa y la potestad reglamentaria del Gobierno

■ Art. 22. Del ejercicio de la iniciativa legislativa y la potestad reglamentaria del Gobierno.

El Gobierno ejercerá la iniciativa y la potestad reglamentaria de conformidad con los principios y reglas establecidos en el Título VI de la Ley 39/2015, de 1 de octubre, del Procedimiento Administrativo Común de las Administraciones Públicas y en el presente Título.

■ Art. 23. Disposiciones de entrada en vigor.

Sin perjuicio de lo establecido en el artículo 2.1 del Código Civil, las disposiciones de entrada en vigor de las leyes o reglamentos, cuya aprobación o propuesta corresponda al Gobierno o a sus miembros, y que impongan nuevas obligaciones a las personas físicas o jurídicas que desempeñen una actividad económica o profesional como consecuencia del ejercicio de ésta, preverán el comienzo de su vigencia el 2 de enero o el 1 de julio siguientes a su aprobación.

Lo previsto en este artículo no será de aplicación a los reales decretos-leyes, ni cuando el cumplimiento del plazo de transposición de directivas europeas u otras razones justificadas así lo aconsejen, debiendo quedar este hecho debidamente acreditado en la respectiva Memoria.

■ Art. 24. De la forma y jerarquía de las disposiciones y resoluciones del Gobierno de la Nación y de sus miembros.

1. Las decisiones del Gobierno de la Nación y de sus miembros revisten las formas siguientes:

a) Reales Decretos Legislativos y Reales Decretos-leyes, las decisiones que aprueban, respectivamente, las normas previstas en los artículos 82 y 86 de la Constitución.

b) Reales Decretos del Presidente del Gobierno, las disposiciones y actos cuya adopción venga atribuida al Presidente.

c) Reales Decretos acordados en Consejo de Ministros, las decisiones que aprueben normas reglamentarias de la competencia de éste y las resoluciones que deban adoptar dicha forma jurídica.

d) Acuerdos del Consejo de Ministros, las decisiones de dicho órgano colegiado que no deban adoptar la forma de Real Decreto.

e) Acuerdos adoptados en Comisiones Delegadas del Gobierno, las disposiciones y resoluciones de tales órganos colegiados. Tales acuerdos revestirán la forma de Orden del Ministro competente o del Ministro de la Presidencia, cuando la competencia corresponda a distintos Ministros.

f) Órdenes Ministeriales, las disposiciones y resoluciones de los Ministros. Cuando la disposición o resolución afecte a varios Departamentos revestirá la forma de Orden del Ministro de la Presidencia, dictada a propuesta de los Ministros interesados.

2. Los reglamentos se ordenarán según la siguiente jerarquía:

1.º Disposiciones aprobadas por Real Decreto del Presidente del Gobierno o acordado en el Consejo de Ministros.

2.º Disposiciones aprobadas por Orden Ministerial.

■ Art. 25. Plan Anual Normativo.

1. El Gobierno aprobará anualmente un Plan Normativo que contendrá las iniciativas legislativas o reglamentarias que vayan a ser elevadas para su aprobación en el año siguiente.

2. El Plan Anual Normativo identificará, con arreglo a los criterios que se establezcan reglamentariamente, las normas que habrán de someterse a un análisis sobre los resultados de su aplicación, atendiendo fundamentalmente al coste que suponen para la Administración o los destinatarios y las cargas administrativas impuestas a estos últimos.

3. Cuando se eleve para su aprobación por el órgano competente una propuesta normativa que no figurara en el Plan Anual Normativo al que se refiere el presente artículo será necesario justificar este hecho en la correspondiente Memoria del Análisis de Impacto Normativo.

4. El Plan Anual Normativo estará coordinado por el Ministerio de la Presidencia, con el objeto de asegurar la congruencia de todas las iniciativas que se tramiten y de evitar sucesivas modificaciones del régimen legal aplicable a un determinado sector o área de actividad en un corto espacio de tiempo. El Ministro de la Presidencia elevará el Plan al Consejo de Ministros para su aprobación antes del 30 de abril.

Por orden del Ministerio de la Presidencia se aprobarán los modelos que contengan la información a remitir sobre cada iniciativa normativa para su inclusión en el Plan.

■ Art. 26. Procedimiento de elaboración de normas con rango de Ley y reglamentos.

La elaboración de los anteproyectos de ley, de los proyectos de real decreto legislativo y de normas reglamentarias se ajustará al siguiente procedimiento:

1. Su redacción estará precedida de cuantos estudios y consultas se estimen convenientes para garantizar el acierto y la legalidad de la norma.

2. Se sustanciará una consulta pública, a través del portal web del departamento competente, con carácter previo a la elaboración del texto, en la que se recabará opinión de los sujetos potencialmente afectados por la futura norma y de las organizaciones más representativas acerca de:

a) Los problemas que se pretenden solucionar con la nueva norma.

b) La necesidad y oportunidad de su aprobación.

c) Los objetivos de la norma.

d) Las posibles soluciones alternativas regulatorias y no regulatorias.

Podrá prescindirse del trámite de consulta pública previsto en este apartado en el caso de la elaboración de normas presupuestarias u organizativas de la Administración General del Estado o de las organizaciones dependientes o vinculadas a éstas, cuando concurran razones graves de interés público que lo justifiquen, o cuando la propuesta normativa no tenga un impacto significativo en la actividad económica, no imponga obligaciones relevantes a los destinatarios o regule aspectos parciales de una materia. También podrá prescindirse de este trámite de consulta en el caso de tramitación urgente de iniciativas normativas, tal y como se establece en el artículo 27.2. La concurrencia de alguna o varias de estas razones, debidamente motivadas, se justificarán en la Memoria del Análisis de Impacto Normativo.

La consulta pública deberá realizarse de tal forma que todos los potenciales destinatarios de la norma tengan la posibilidad de emitir su opinión, para lo cual deberá proporcionarse un tiempo suficiente, que en ningún caso será inferior a quince días naturales.

3. El centro directivo competente elaborará con carácter preceptivo una Memoria del Análisis de Impacto Normativo, que deberá contener los siguientes apartados:

a) Oportunidad de la propuesta y alternativas de regulación estudiadas, lo que deberá incluir una justificación de la necesidad de la nueva norma frente a la alternativa de no aprobar ninguna regulación.

b) Contenido y análisis jurídico, con referencia al Derecho nacional y de la Unión Europea, que incluirá el listado pormenorizado de las normas que quedarán derogadas como consecuencia de la entrada en vigor de la norma.

c) Análisis sobre la adecuación de la norma propuesta al orden de distribución de competencias.

d) Impacto económico y presupuestario, que evaluará las consecuencias de su aplicación sobre los sectores, colectivos o agentes afectados por la norma, incluido el efecto sobre la competencia, la unidad de mercado y la competitividad y su encaje con la legislación vigente en cada momento sobre estas materias. Este análisis incluirá la realización del test Pyme de acuerdo con la práctica de la Comisión Europea.

e) Asimismo, se identificarán las cargas administrativas que conlleva la propuesta, se cuantificará el coste de su cumplimiento para la Administración y para los obligados a soportarlas con especial referencia al impacto sobre las pequeñas y medianas empresas.

f) Impacto por razón de género, que analizará y valorará los resultados que se puedan seguir de la aprobación de la norma desde la perspectiva de la eliminación de desigualdades y de su contribución a la consecución de los objetivos de igualdad de oportunidades y de trato entre mujeres y hombres, a partir de los indicadores de situación de partida, de previsión de resultados y de previsión de impacto.

g) Un resumen de las principales aportaciones recibidas en el trámite de consulta pública regulado en el apartado 2.

La Memoria del Análisis de Impacto Normativo incluirá cualquier otro extremo que pudiera ser relevante a criterio del órgano proponente.

4. Cuando la disposición normativa sea un anteproyecto de ley o un proyecto de real decreto legislativo, cumplidos los trámites anteriores, el titular o titulares de los Departamentos proponentes lo elevarán, previo sometimiento a la Comisión General de Secretarios de Estado y Subsecretarios, al Consejo de Ministros, a fin de que éste decida sobre los ulteriores trámites y, en particular, sobre las consultas, dictámenes e informes que resulten convenientes, así como sobre los términos de su realización, sin perjuicio de los legalmente preceptivos.

Cuando razones de urgencia así lo aconsejen, y siempre que se hayan cumplimentado los trámites de carácter preceptivo, el Consejo de Ministros podrá prescindir de este y acordar la aprobación del anteproyecto de ley o proyecto de real decreto legislativo y su remisión, en su caso, al Congreso de los Diputados o al Senado, según corresponda.

5. A lo largo del procedimiento de elaboración de la norma, el centro directivo competente recabará, además de los informes y dictámenes que resulten preceptivos, cuantos estudios y consultas se estimen convenientes para garantizar el acierto y la legalidad del texto.

Salvo que normativamente se establezca otra cosa, los informes preceptivos se emitirán en un plazo de diez días, o de un mes cuando el informe se solicite a otra Administración o a un órgano u Organismo dotado de espacial independencia o autonomía.

El centro directivo competente podrá solicitar motivadamente la emisión urgente de los informes, estudios y consultas solicitados, debiendo éstos ser emitidos en un plazo no superior a la mitad de la duración de los indicados en el párrafo anterior.

En todo caso, los anteproyectos de ley, los proyectos de real decreto legislativo y los proyectos de disposiciones reglamentarias, deberán ser informados por la Secretaría General Técnica del Ministerio o Ministerios proponentes.

Asimismo, cuando la propuesta normativa afectara a la organización administrativa de la Administración General del Estado, a su régimen de personal, a los procedimientos y a la inspección de los servicios, será necesario recabar la aprobación previa del Ministerio de Hacienda y Administraciones Públicas antes de ser sometidas al órgano competente para promulgarlos. Si transcurridos 15 días desde la recepción de la solicitud de aprobación por parte del citado Ministerio no se hubiera formulado ninguna objeción, se entenderá concedida la aprobación.

Será además necesario informe previo del Ministerio de Hacienda y Administraciones Públicas cuando la norma pudiera afectar a la distribución de las competencias entre el Estado y las Comunidades Autónomas.

6. Sin perjuicio de la consulta previa a la redacción del texto de la iniciativa, cuando la norma afecte a los derechos e intereses legítimos de las personas, el centro directivo competente publicará el texto en el portal web correspondiente, con el objeto de dar audiencia a los ciudadanos afectados y obtener cuantas aportaciones adicionales puedan hacerse por otras personas o entidades. Asimismo, podrá recabarse directamente la opinión de las organizaciones o asociaciones reconocidas por ley que agrupen o representen a las personas cuyos derechos o intereses legítimos se vieren afectados por la norma y cuyos fines guarden relación directa con su objeto.

El plazo mínimo de esta audiencia e información públicas será de 15 días hábiles, y podrá ser reducido hasta un mínimo de siete días hábiles cuando razones debidamente motivadas así lo justifiquen; así como cuando se aplique la tramitación urgente de iniciativas normativas, tal y como se establece en el artículo 27.2. De ello deberá dejarse constancia en la Memoria del Análisis de Impacto Normativo.

El trámite de audiencia e información pública sólo podrá omitirse cuando existan graves razones de interés público, que deberán justificarse en la Memoria del Análisis de Impacto Normativo. Asimismo, no será de aplicación a las disposiciones presupuestarias o que regulen los órganos, cargos y autoridades del Gobierno o de las organizaciones dependientes o vinculadas a éstas.

7. Se recabará el dictamen del Consejo de Estado u órgano consultivo equivalente cuando fuera preceptivo o se considere conveniente.

8. Cumplidos los trámites anteriores, la propuesta se someterá a la Comisión General de Secretarios de Estado y Subsecretarios y se elevará al Consejo de Ministros para su aprobación y, en caso de proyectos de ley, su remisión al Congreso de los Diputados o, en su caso, al Senado, acompañándolo de una Exposición de Motivos y de la documentación propia del procedimiento de elaboración a que se refieren las letras b) y d) del artículo 7 de la Ley 19/2013, de 9 de diciembre, de transparencia, acceso a la información pública y buen gobierno y su normativa de desarrollo.

9. El Ministerio de la Presidencia, con el objeto de asegurar la coordinación y la calidad de la actividad normativa del Gobierno analizará los siguientes aspectos:

a) La calidad técnica y el rango de la propuesta normativa.

b) La congruencia de la iniciativa con el resto del ordenamiento jurídico, nacional y de la Unión Europea, con otras que se estén elaborando en los distintos Ministerios o que vayan a hacerlo de acuerdo con el Plan Anual Normativo, así como con las que se estén tramitando en las Cortes Generales.

c) La necesidad de incluir la derogación expresa de otras normas, así como de refundir en la nueva otras existentes en el mismo ámbito.

d) El contenido preceptivo de la Memoria del Análisis de Impacto Normativo y, en particular, la inclusión de una sistemática de evaluación posterior de la aplicación de la norma cuando fuere preceptivo.

e) El cumplimiento de los principios y reglas establecidos en este Título.

f) El cumplimiento o congruencia de la iniciativa con los proyectos de reducción de cargas administrativas o buena regulación que se hayan aprobado en disposiciones o acuerdos de carácter general para la Administración General del Estado.

g) La posible extralimitación de la iniciativa normativa respecto del contenido de la norma comunitaria que se trasponga al derecho interno.

Reglamentariamente se determinará la composición del órgano encargado de la realización de esta función así como su modo de intervención en el procedimiento.

10. Se conservarán en el correspondiente expediente administrativo, en formato electrónico, la Memoria del Análisis de Impacto Normativo, los informes y dictámenes recabados para su tramitación, así como todos los estudios y consultas emitidas y demás actuaciones practicadas.

11. Lo dispuesto en este artículo y en el siguiente no será de aplicación para la tramitación y aprobación de decretos-leyes, a excepción de la elaboración de la memoria prevista en el apartado 3, con carácter abreviado, y lo establecido en los números 1, 8, 9 y 10.

■ Art. 27. Tramitación urgente de iniciativas normativas en el ámbito de la Administración General del Estado.

1. El Consejo de Ministros, a propuesta del titular del departamento al que corresponda la iniciativa normativa, podrá acordar la tramitación urgente del procedimiento de elaboración y aprobación de anteproyectos de ley, reales decretos legislativos y de reales decretos, en alguno de los siguientes casos:

a) Cuando fuere necesario para que la norma entre en vigor en el plazo exigido para la transposición de directivas comunitarias o el establecido en otras leyes o normas de Derecho de la Unión Europea.

b) Cuando concurran otras circunstancias extraordinarias que, no habiendo podido preverse con anterioridad, exijan la aprobación urgente de la norma.

La Memoria del Análisis de Impacto Normativo que acompañe al proyecto mencionará la existencia del acuerdo de tramitación urgente, así como las circunstancias que le sirven de fundamento.

2. La tramitación por vía de urgencia implicará que:

a) Los plazos previstos para la realización de los trámites del procedimiento de elaboración, establecidos en ésta o en otra norma, se reducirán a la mitad de su duración. Si, en aplicación de la normativa reguladora de los órganos consultivos que hubieran de emitir dictamen, fuera necesario un acuerdo para requerirlo en dicho plazo, se adoptará por el órgano competente; y si fuera el Consejo de Ministros, se recogerá en el acuerdo previsto en el apartado 1 de este artículo.

b) No será preciso el trámite de consulta pública previsto en el artículo 26.2, sin perjuicio de la realización de los trámites de audiencia pública o de información pública sobre el texto a los que se refiere el artículo 26.6, cuyo plazo de realización será de siete días.

c) La falta de emisión de un dictamen o informe preceptivo en plazo no impedirá la continuación del procedimiento, sin perjuicio de su eventual incorporación y consideración cuando se reciba.

■ Art. 28. Informe anual de evaluación.

1. El Consejo de Ministros, a propuesta del Ministerio de la Presidencia, aprobará, antes del 30 de abril de cada año, un informe anual en el que se refleje el grado de cumplimiento del Plan Anual Normativo del año anterior, las iniciativas adoptadas que no estaban inicialmente incluidas en el citado Plan, así como las incluidas en anteriores informes de evaluación con objetivos plurianuales que hayan producido al menos parte de sus efectos en el año que se evalúa.

2. En el informe se incluirán las conclusiones del análisis de la aplicación de las normas a que se refiere el artículo 25.2, que, de acuerdo con lo previsto en su respectiva Memoria, hayan tenido que ser evaluadas en el ejercicio anterior. La evaluación se realizará en los términos y plazos previstos en la Memoria del Análisis de Impacto Normativo y deberá comprender, en todo caso:

a) La eficacia de la norma, entendiendo por tal la medida en que ha conseguido los fines pretendidos con su aprobación.

b) La eficiencia de la norma, identificando las cargas administrativas que podrían no haber sido necesarias.

c) La sostenibilidad de la disposición.

El informe podrá contener recomendaciones específicas de modificación y, en su caso, derogación de las normas evaluadas, cuando así lo aconsejase el resultado del análisis.»

Trece. Se añade un Título VI en el que se incluye el artículo 26 actual, que se renumera como artículo 29, y que queda redactado del siguiente modo:

"... TÍTULO VI

Del control del Gobierno

■ Art. 29. Del control de los actos del Gobierno.

1. El Gobierno está sujeto a la Constitución y al resto del ordenamiento jurídico en toda su actuación.

2. Todos los actos y omisiones del Gobierno están sometidos al control político de las Cortes Generales.

3. Los actos, la inactividad y las actuaciones materiales que constituyan una vía de hecho del Gobierno y de los órganos y autoridades regulados en la presente Ley son impugnables ante la jurisdicción contencioso-administrativa, de conformidad con lo dispuesto en su Ley reguladora.

4. La actuación del Gobierno es impugnable ante el Tribunal Constitucional en los términos de la Ley Orgánica reguladora del mismo.»

Disposición final cuarta. Modificación de la Ley 50/2002, de 26 de diciembre, de Fundaciones.

El apartado 2 del artículo 34 de la Ley 50/2002, de 26 de diciembre, de Fundaciones, queda redactado en los siguientes términos:

«2. Las funciones de Protectorado respecto de las fundaciones de competencia estatal serán ejercidas por la Administración General del Estado a través de un único órgano administrativo, en la forma que reglamentariamente se determine.»

Disposición final quinta. Modificación de la Ley 22/2003, de 9 de julio, Concursal.

La Ley 22/2003, de 9 de julio, Concursal, queda modificada en los siguientes términos:

Uno. El apartado 1 del artículo 3 queda redactado como sigue:

«1. Para solicitar la declaración de concurso están legitimados el deudor, cualquiera de sus acreedores y el mediador concursal cuando se trate del procedimiento regulado en el Título X de esta Ley.

Si el deudor fuera persona jurídica, será competente para decidir sobre la solicitud el órgano de administración o de liquidación.»

Dos. El artículo 34 ter queda redactado como sigue:

«Artículo 34 ter. Régimen de la cuenta de garantía arancelaria.

1. El Ministerio de Justicia gestionará la cuenta de garantía arancelaria en la forma que se determine reglamentariamente, ya sea directamente o a través de terceros.

2. La gestión de la cuenta y el control de los ingresos y los cargos se realizará a través de la aplicación informática que determine el Ministerio de Justicia. La aplicación dispondrá de los mecanismos adecuados de control, seguridad y supervisión, y deberá garantizar la autenticidad, confidencialidad, integridad y disponibilidad de los datos, permitir la disposición de fondos mediante la expedición de órdenes telemáticas de transferencia y mandamientos de pago, así como proporcionar información sobre los movimientos y saldos de las cuentas.

3. En los casos de falta de medios informáticos adecuados o imposibilidad técnica sobrevenida, se podrán emitir mandamientos de pago u órdenes de transferencia de forma manual utilizando los impresos normalizados.

4. La cuenta de garantía arancelaria permitirá el control de las aportaciones que corresponden a los administradores concursales. Si en el momento de la rendición de cuentas el administrador concursal no hubiera realizado los ingresos en la cuenta a los que estuviera obligado, el secretario judicial le instará a que lo haga en el plazo de 10 días. Si transcurrido dicho plazo no hubiera cumplido con su obligación, será dado de baja en la sección cuarta del Registro Público Concursal

hasta que proceda a su abono.»

Tres. El apartado 2 del artículo 34 quáter de la Ley Concursal quedará con la siguiente redacción:

«2. Antes de la presentación del informe de rendición de cuentas, la administración concursal deberá ingresar en la cuenta de garantía arancelaria las aportaciones obligatorias establecidas en el apartado anterior, calculadas sobre las cantidades efectivamente percibidas. Simultáneamente, la administración concursal o cada uno de los administradores concursales deberán dar cuenta al secretario judicial del juzgado donde se tramita el concurso del importe ingresado.»

Cuatro. El punto 6.º del apartado 1, del artículo 90 queda redactado como sigue:

«6.º Los créditos garantizados con prenda constituida en documento público, sobre los bienes o derechos pignorados que estén en posesión del acreedor o de un tercero. Si se tratare de prenda de créditos, bastará con que conste en documento con fecha fehaciente para gozar de privilegio sobre los créditos pignorados.

Los créditos garantizados con prenda constituida sobre créditos futuros sólo gozarán de privilegio especial cuando concurran los siguientes requisitos antes de la declaración de concurso:

a) Que los créditos futuros nazcan de contratos perfeccionados o relaciones jurídicas constituidas con anterioridad a dicha declaración.

b) Que la prenda esté constituida en documento público o, en el caso de prenda sin desplazamiento de la posesión, se haya inscrito en el registro público competente.

c) Que, en el caso de créditos derivados de la resolución de contratos de concesión de obras o de gestión de servicios públicos, cumplan, además, con lo exigido en el artículo 261.3 del texto Refundido de la Ley de Contratos del Sector Público, aprobado por Real Decreto Legislativo 3/2011, de 14 de noviembre.»

Disposición final sexta. Modificación de la Ley 33/2003, de 3 de noviembre, del Patrimonio de las Administraciones Públicas.

La Ley 33/2003, de 3 de noviembre, del Patrimonio de las Administraciones Públicas queda modificada en los siguientes términos:

Uno. El apartado 1 del artículo 166, queda redactado como sigue:

«1. Las disposiciones de este título serán de aplicación a las siguientes entidades:

a) Las entidades públicas empresariales, a las que se refiere la Sección 3.ª del capítulo III del Título II de la Ley de Régimen Jurídico del Sector Público.

b) Las entidades de Derecho público vinculadas a la Administración General del Estado o a sus organismos públicos cuyos ingresos provengan, al menos en un 50 por ciento, de operaciones realizadas en el mercado.

c) Las sociedades mercantiles estatales, entendiendo por tales aquellas sobre la que se ejerce control estatal:

1.º Bien porque la participación directa en su capital social de la Administración General del Estado o algunas de las entidades que, conforme a lo dispuesto en el artículo 84 de la Ley de Régimen Jurídico del Sector Público integran el sector público institucional estatal, incluidas las sociedades mercantiles estatales, sea superior al 50 por 100. Para la determinación de este porcentaje, se sumarán las participaciones correspondientes a la Administración General del Estado y a todas las entidades integradas en el sector público institucional estatal, en el caso de que en el capital social participen varias de ellas.

2.º Bien porque la sociedad mercantil se encuentre en el supuesto previsto en el artículo 4 de la Ley 24/1988, de 28 de julio, del Mercado de Valores respecto de la Administración General del Estado o de sus organismos públicos vinculados o dependientes.»

Dos. El apartado segundo del artículo 167 queda redactado en los siguientes términos:

«2. Las entidades a que se refiere el párrafo c) del apartado 1 del artículo anterior ajustarán la gestión de su patrimonio al Derecho privado, sin perjuicio de las disposiciones de esta ley que les resulten expresamente de aplicación.»

Disposición final séptima. Modificación de la Ley 38/2003, de 17 de noviembre, General de Subvenciones.

Se introducen las siguientes modificaciones en la Ley 38/2003, de 17 de noviembre, General de Subvenciones:

Uno. Se modifica el artículo 10, que queda redactado como sigue:

«Artículo 10. Órganos competentes para la concesión de subvenciones.

1. Los Ministros y los Secretarios de Estado en la Administración General del Estado y los presidentes o directores de los organismos y las entidades públicas vinculados o dependientes de la Administración General del Estado, cualquiera que sea el régimen jurídico a que hayan de sujetar su actuación, son los órganos competentes para conceder subvenciones, en sus respectivos ámbitos, previa consignación presupuestaria para este fin.

2. No obstante lo dispuesto en el apartado anterior, para autorizar la concesión de subvenciones de cuantía superior a 12 millones de euros será necesario acuerdo del Consejo de Ministros o, en el caso de que así lo establezca la normativa reguladora de la subvención, de la Comisión Delegada del Gobierno para Asuntos Económicos.

En el caso de subvenciones concedidas en régimen de concurrencia competitiva, la autorización del Consejo de Ministros a que se refiere el párrafo anterior deberá obtenerse antes de la aprobación de la convocatoria cuya cuantía supere el citado límite.

La autorización a que se refiere el párrafo anterior no implicará la aprobación del gasto, que, en todo caso, corresponderá al órgano competente.

3. Las facultades para conceder subvenciones, a que se refiere este artículo, podrán ser objeto de desconcentración mediante real decreto acordado en Consejo de Ministros.

4. La competencia para conceder subvenciones en las corporaciones locales corresponde a los órganos que tengan atribuidas tales funciones en la legislación de régimen local.»

Dos. Se modifica el apartado 1 de la disposición adicional decimosexta con el siguiente contenido:

«1. Las fundaciones del sector público únicamente podrán conceder subvenciones cuando así se autorice a la correspondiente fundación de forma expresa mediante acuerdo del Ministerio de adscripción u órgano equivalente de la Administración a la que la fundación esté adscrita y sin perjuicio de lo dispuesto en el artículo 10.2.

La aprobación de las bases reguladoras, la autorización previa de la concesión, las funciones derivadas de la exigencia del reintegro y de la imposición de sanciones, así como las funciones de control y demás que comporten el ejercicio de potestades administrativas, serán ejercidas por los órganos de la Administración que financien en mayor proporción la subvención correspondiente; en caso de que no sea posible identificar tal Administración, las funciones serán ejercidas por los órganos de la Administración que ejerza el Protectorado de la fundación.»

Tres. Se introduce una nueva disposición transitoria tercera con el siguiente contenido:

«Disposición transitoria tercera. Convocatorias iniciadas y subvenciones concedidas con anterioridad a la entrada en vigor de la modificación de la Ley 38/2003, de 17 de noviembre, General de Subvenciones incluida en la disposición final séptima de la Ley 40/2015, de 1 de octubre, de Régimen Jurídico del Sector Público.

Las subvenciones públicas que se concedan en régimen de concurrencia competitiva cuya convocatoria se hubiera aprobado con anterioridad a la entrada en vigor de la modificación del artículo 10 de la Ley General de Subvenciones, se regirán por la normativa anterior.»

Cuatro. Se introduce una nueva disposición adicional vigésima quinta con el siguiente contenido:

«Disposición adicional vigésima quinta. Servicio Nacional de Coordinación Antifraude para la protección de los intereses financieros de la Unión Europea.

1. El Servicio Nacional de Coordinación Antifraude, integrado en la Intervención General de la

Administración del Estado, coordinará las acciones encaminadas a proteger los intereses financieros de la Unión Europea contra el fraude y dar cumplimiento al artículo 325 del Tratado de Funcionamiento de la Unión Europea y al artículo 3.4 del Reglamento (UE, Euratom) n.° 883/2013, del Parlamento Europeo y del Consejo relativo a las investigaciones efectuadas por la Oficina Europea de Lucha contra el Fraude (OLAF).

2. Corresponde al Servicio Nacional de Coordinación Antifraude:

a) Dirigir la creación y puesta en marcha de las estrategias nacionales y promover los cambios legislativos y administrativos necesarios para proteger los intereses financieros de la Unión Europea.

b) Identificar las posibles deficiencias de los sistemas nacionales para la gestión de fondos de la Unión Europea.

c) Establecer los cauces de coordinación e información sobre irregularidades y sospechas de fraude entre las diferentes instituciones nacionales y la OLAF.

d) Promover la formación para la prevención y lucha contra el fraude.

3. El Servicio Nacional de Coordinación Antifraude ejercerá sus competencias con plena independencia y deberá ser dotado con los medios adecuados para atender los contenidos y requerimientos establecidos por la OLAF.

4. El Servicio Nacional de Coordinación Antifraude estará asistido por un Consejo Asesor presidido por el Interventor General de la Administración del Estado e integrado por representantes de los ministerios, organismos y demás instituciones nacionales que tengan competencias en la gestión, control, prevención y lucha contra el fraude en relación con los intereses financieros de la Unión Europea. Su composición y funcionamiento se determinarán por Real Decreto.

5. Las autoridades, los titulares de los órganos del Estado, de las Comunidades Autónomas y de las Entidades Locales, así como los jefes o directores de oficinas públicas, organismos y otros entes públicos y quienes, en general, ejerzan funciones públicas o desarrollen su trabajo en dichas entidades deberán prestar la debida colaboración y apoyo al Servicio. El Servicio tendrá las mismas facultades que la OLAF para acceder a la información pertinente en relación con los hechos que se estén investigando.

6. El Servicio podrá concertar convenios con la OLAF para la transmisión de la información y para la realización de investigaciones.»

Disposición final octava. Modificación de la Ley 47/2003, de 26 de noviembre, General Presupuestaria.

Se modifica la Ley 47/2003, de 26 de noviembre, General Presupuestaria, que queda redactada como sigue:

Uno. Se modifica el artículo 2 que queda redactado en los siguientes términos:

«Artículo 2. Sector público estatal.

1. A los efectos de esta Ley forman parte del sector público estatal:

a) La Administración General del Estado.

b) El sector público institucional estatal.

2. Integran el sector público institucional estatal las siguientes entidades:

a) Los organismos públicos vinculados o dependientes de la Administración General del Estado, los cuales se clasifican en:

1.° Organismos autónomos.

2.° Entidades Públicas Empresariales.

b) Las autoridades administrativas independientes.

c) Las sociedades mercantiles estatales.

d) Los consorcios adscritos a la Administración General del Estado.

e) Las fundaciones del sector público adscritas a la Administración General del Estado.

f) Los fondos sin personalidad jurídica.

g) Las universidades públicas no transferidas.

h) Las entidades gestoras, servicios comunes y las mutuas colaboradoras con la Seguridad Social en su función pública de colaboración en la gestión de la Seguridad Social, así como sus centros mancomunados.

i) Cualesquiera organismos y entidades de derecho público vinculados o dependientes de la Administración General del Estado.

3. Los órganos con dotación diferenciada en los Presupuestos Generales del Estado que, careciendo de personalidad jurídica, no están integrados en la Administración General del Estado, forman parte del sector público estatal, regulándose su régimen económico-financiero por esta Ley, sin perjuicio de las especialidades que se establezcan en sus normas de creación, organización y funcionamiento. No obstante, su régimen de contabilidad y de control quedará sometido en todo caso a lo establecido en dichas normas, sin que les sea aplicable en dichas materias lo establecido en esta Ley.

Sin perjuicio de lo anterior, esta Ley no será de aplicación a las Cortes Generales, que gozan de autonomía presupuestaria de acuerdo con lo establecido en el artículo 72 de la Constitución; no obstante, se mantendrá la coordinación necesaria para la elaboración del Proyecto de Ley de Presupuestos Generales del Estado.»

Dos. Se modifica el artículo 3 que queda redactado como sigue:

«Artículo 3. Sector público administrativo, empresarial y fundacional.

A los efectos de esta Ley, el sector público estatal se divide en los siguientes:

1. El sector público administrativo, integrado por:

a) La Administración General del Estado, los organismos autónomos, las autoridades administrativas independientes, las universidades públicas no transferidas y las entidades gestoras, servicios comunes y las mutuas colaboradoras con la Seguridad Social, así como sus centros mancomunados, así como las entidades del apartado 3 del artículo anterior.

b) Cualesquiera organismos y entidades de derecho público vinculados o dependientes de la Administración General del Estado, los consorcios y los fondos sin personalidad jurídica, que cumplan alguna de las dos características siguientes:

1.ª Que su actividad principal no consista en la producción en régimen de mercado de bienes y servicios destinados al consumo individual o colectivo, o que efectúen operaciones de redistribución de la renta y de la riqueza nacional, en todo caso sin ánimo de lucro.

2.ª Que no se financien mayoritariamente con ingresos comerciales, entendiéndose como tales a los efectos de esta Ley, los ingresos, cualesquiera que sea su naturaleza, obtenidos como contrapartida de las entregas de bienes o prestaciones de servicios.

2. El sector público empresarial, integrado por:

a) Las entidades públicas empresariales.

b) Las sociedades mercantiles estatales.

c) Cualesquiera organismos y entidades de derecho público vinculados o dependientes de la Administración General del Estado, los consorcios y los fondos sin personalidad jurídica no incluidos en el sector público administrativo.

3. El sector público fundacional, integrado por las fundaciones del sector público estatal.»

Disposición final novena. Modificación del Texto Refundido de la Ley de Contratos del Sector Público, aprobado por Real Decreto Legislativo 3/2011, de 14 de noviembre.

El Texto Refundido de la Ley de Contratos del Sector Público, aprobado por Real Decreto Legislativo 3/2011, de 14 de noviembre, queda modificado como sigue:

Uno. El artículo 60 queda redactado del siguiente modo:

«Artículo 60. Prohibiciones de contratar.

1. No podrán contratar con las entidades previstas en el artículo 3 de la presente Ley con los efectos establecidos en el artículo 61 bis, las personas en quienes concurra alguna de las siguientes circunstancias:

a) Haber sido condenadas mediante sentencia firme por delitos de terrorismo, constitución o integración de una organización o grupo criminal, asociación ilícita, financiación ilegal de los partidos políticos, trata de seres humanos, corrupción en los negocios, tráfico de influencias, cohecho, prevaricación, fraudes, negociaciones y actividades prohibidas a los funcionarios, delitos contra la Hacienda Pública y la Seguridad Social, delitos contra los derechos de los trabajadores, malversación, blanqueo de capitales, delitos relativos a la ordenación del territorio y el urbanismo, la protección del patrimonio histórico y el medio ambiente, o a la pena de inhabilitación especial para el ejercicio de profesión, oficio, industria o comercio.

La prohibición de contratar alcanzará a las personas jurídicas que sean declaradas penalmente responsables, y a aquéllas cuyos administradores o representantes, lo sean de hecho o de derecho, vigente su cargo o representación y hasta su cese, se encontraran en la situación mencionada en este apartado.

b) Haber sido sancionadas con carácter firme por infracción grave en materia profesional, de falseamiento de la competencia, de integración laboral y de igualdad de oportunidades y no discriminación de las personas con discapacidad, o de extranjería, de conformidad con lo establecido en la normativa vigente; por infracción muy grave en materia medioambiental, de acuerdo con lo establecido en la Ley 21/2013, de 9 de diciembre, de evaluación ambiental; en la Ley 22/1988, de 28 de julio, de Costas; en la Ley 4/1989, de 27 de marzo, de Conservación de los Espacios Naturales y de la Flora y Fauna Silvestres; en la Ley 11/1997, de 24 de abril, de Envases y Residuos de Envases; en la Ley 10/1998, de 21 de abril, de Residuos; en el Texto Refundido de la Ley de Aguas, aprobado por Real Decreto Legislativo 1/2001, de 20 de julio, y en la Ley 16/2002, de 1 de julio, de Prevención y Control Integrados de la Contaminación; o por infracción muy grave en materia laboral o social, de acuerdo con lo dispuesto en el Texto Refundido de la Ley sobre Infracciones y Sanciones en el Orden Social, aprobado por el Real Decreto Legislativo 5/2000, de 4 de agosto, así como por la infracción grave prevista en el artículo 22.2 del citado texto.

c) Haber solicitado la declaración de concurso voluntario, haber sido declaradas insolventes en cualquier procedimiento, hallarse declaradas en concurso, salvo que en éste haya adquirido la eficacia un convenio, estar sujetos a intervención judicial o haber sido inhabilitados conforme a la Ley 22/2003, de 9 de julio, Concursal, sin que haya concluido el período de inhabilitación fijado en la sentencia de calificación del concurso.

d) No hallarse al corriente en el cumplimiento de las obligaciones tributarias o de Seguridad Social impuestas por las disposiciones vigentes, en los términos que reglamentariamente se determinen; o en el caso de empresas de 50 o más trabajadores, no cumplir el requisito de que al menos el 2 por ciento de sus empleados sean trabajadores con discapacidad, de conformidad con el artículo 42 del Real Decreto Legislativo 1/2013, de 29 de noviembre, por el que se aprueba el Texto Refundido de la Ley General de derechos de las personas con discapacidad y de su inclusión social, en las condiciones que reglamentariamente se determinen.

En relación con el cumplimiento de sus obligaciones tributarias o con la Seguridad Social, se considerará que las empresas se encuentran al corriente en el mismo cuando las deudas estén aplazadas, fraccionadas o se hubiera acordado su suspensión con ocasión de la impugnación de tales deudas.

e) Haber incurrido en falsedad al efectuar la declaración responsable a que se refiere el artículo 146 o al facilitar cualesquiera otros datos relativos a su capacidad y solvencia, o haber incumplido, por causa que le sea imputable, la obligación de comunicar la información que corresponda en materia de clasificación y la relativa a los registros de licitadores y empresas clasificadas.

f) Estar afectado por una prohibición de contratar impuesta en virtud de sanción administrativa firme, con arreglo a lo previsto en la Ley 38/2003, de 17 de noviembre, General de Subvenciones, o en la Ley 58/2003, de 17 de diciembre, General Tributaria.

g) Estar incursa la persona física o los administradores de la persona jurídica en alguno de los supuestos de la Ley 5/2006, de 10 de abril, de Regulación de los Conflictos de Intereses de los Miembros del Gobierno y de los Altos Cargos de la Administración General del Estado o las respectivas normas de las Comunidades Autónomas, de la Ley 53/1984, de 26 de diciembre, de Incompatibilidades del Personal al Servicio de las Administraciones Públicas o tratarse de cualquiera de los cargos electivos regulados en la Ley Orgánica 5/1985, de 19 de junio, del Régimen Electoral General, en los términos establecidos en la misma.

La prohibición alcanzará a las personas jurídicas en cuyo capital participen, en los términos y cuantías establecidas en la legislación citada, el personal y los altos cargos a que se refiere el párrafo anterior, así como los cargos electos al servicio de las mismas.

La prohibición se extiende igualmente, en ambos casos, a los cónyuges, personas vinculadas con análoga relación de convivencia afectiva, ascendientes y descendientes, así como a parientes en segundo grado por consanguineidad o afinidad de las personas a que se refieren los párrafos anteriores, cuando se produzca conflicto de intereses con el titular del órgano de contratación o los titulares de los órganos en que se hubiere delegado la facultad para contratar o los que ejerzan la sustitución del primero.

h) Haber contratado a personas respecto de las que se haya publicado en el "Boletín Oficial del Estado" el incumplimiento a que se refiere el artículo 18.6 de la Ley 5/2006, de 10 de abril, de Regulación de los Conflictos de Intereses de los Miembros del Gobierno y de los Altos Cargos de la Administración General del Estado o en las respectivas normas de las Comunidades Autónomas, por haber pasado a prestar servicios en empresas o sociedades privadas directamente relacionadas con las competencias del cargo desempeñado durante los dos años siguientes a la fecha de cese en el mismo. La prohibición de contratar se mantendrá durante el tiempo que permanezca dentro de la organización de la empresa la persona contratada con el límite máximo de dos años a contar desde el cese como alto cargo.

2. Además de las previstas en el apartado anterior, son circunstancias que impedirán a los empresarios contratar con las entidades comprendidas en el artículo 3 de la presente Ley, en las condiciones establecidas en el artículo 61 bis las siguientes:

a) Haber retirado indebidamente su proposición o candidatura en un procedimiento de adjudicación, o haber imposibilitado la adjudicación del contrato a su favor por no cumplimentar lo establecido en el apartado 2 del artículo 151 dentro del plazo señalado mediando dolo, culpa o negligencia.

b) Haber dejado de formalizar el contrato, que ha sido adjudicado a su favor, en los plazos previstos en el artículo 156.3 por causa imputable al adjudicatario.

c) Haber incumplido las cláusulas que son esenciales en el contrato, incluyendo las condiciones especiales de ejecución establecidas de acuerdo con lo señalado en el artículo 118, cuando dicho incumplimiento hubiese sido definido en los pliegos o en el contrato como infracción grave, concurriendo dolo, culpa o negligencia en el empresario, y siempre que haya dado lugar a la imposición de penalidades o a la indemnización de daños y perjuicios.

d) Haber dado lugar, por causa de la que hubiesen sido declarados culpables, a la resolución firme de cualquier contrato celebrado con una entidad de las comprendidas en el artículo 3 de la presente Ley.

3. Las prohibiciones de contratar afectarán también a aquellas empresas de las que, por razón de las personas que las rigen o de otras circunstancias, pueda presumirse que son continuación o que derivan, por transformación, fusión o sucesión, de otras empresas en las que hubiesen concurrido aquéllas.»

Dos. El artículo 61 queda redactado del siguiente modo:

«Artículo 61. Apreciación de la prohibición de contratar. Competencia y procedimiento.

1. Las prohibiciones de contratar relativas a las circunstancias contenidas en las letras c), d), f), g) y h) del apartado 1 del artículo anterior, se apreciarán directamente por los órganos de contratación, subsistiendo mientras concurran las circunstancias que en cada caso las determinan.

2. La prohibición de contratar por las causas previstas en las letras a) y b) del apartado 1 del artículo anterior se apreciará directamente por los órganos de contratación, cuando la sentencia o la resolución administrativa se hubiera pronunciado expresamente sobre su alcance y duración, subsistiendo durante el plazo señalado en las mismas.

En el caso de que la sentencia o la resolución administrativa no contengan pronunciamiento sobre el alcance o duración de la prohibición de contratar; en los casos de la letra e) del apartado primero del artículo anterior; y en los supuestos contemplados en el apartado segundo, también del artículo anterior, el alcance y duración de la prohibición deberá determinarse mediante procedimiento instruido al efecto, de conformidad con lo dispuesto en este artículo.

3. La competencia para fijar la duración y alcance de la prohibición de contratar en el caso de las letras a) y b) del apartado 1 del artículo anterior, en los casos en que no figure en la correspondiente sentencia o resolución, y la competencia para la declaración de la prohibición de contratar en el caso de la letra e) del apartado primero del artículo anterior respecto de la obligación de comunicar la información prevista en materia de clasificación y respecto del registro de licitadores y empresas clasificadas, corresponderá al Ministro de Hacienda y Administraciones Públicas previa propuesta de la Junta Consultiva de Contratación Administrativa del Estado, o a los órganos que resulten competentes en el ámbito de las Comunidades Autónomas en el caso de la letra e) citada.

A efectos de poder dar cumplimiento a lo establecido en el párrafo anterior, el órgano judicial o administrativo del que emane la sentencia o resolución administrativa deberá remitir de oficio testimonio de aquélla o copia de ésta a la Junta Consultiva de Contratación Administrativa del Estado, sin perjuicio de que por parte de éste órgano, de tener conocimiento de su existencia y no habiendo recibido el citado testimonio de la sentencia o copia de la resolución administrativa, pueda solicitarlos al órgano del que emanaron.

En los supuestos previstos en la letra e) del apartado 1 del artículo anterior referido a casos en que se hubiera incurrido en falsedad al efectuar la declaración responsable a que se refiere el artículo 146, y en los supuestos previstos en el apartado segundo del artículo 60, la declaración de la prohibición de contratar corresponderá al órgano de contratación.

4. La competencia para la declaración de la prohibición de contratar en los casos en que la entidad contratante no tenga el carácter de Administración Pública corresponderá al titular del departamento, presidente o director del organismo al que esté adscrita o del que dependa la entidad contratante o al que corresponda su tutela o control. Si la entidad contratante estuviera vinculada a más de una Administración, será competente el órgano correspondiente de la que ostente el control o participación mayoritaria.

5. Cuando conforme a lo señalado en este artículo, sea necesaria una declaración previa sobre la concurrencia de la prohibición, el alcance y duración de ésta se determinarán siguiendo el procedimiento que en las normas de desarrollo de esta Ley se establezca.

6. En los casos en que por sentencia penal firme así se prevea, la duración de la prohibición de contratar será la prevista en la misma. En los casos en los que ésta no haya establecido plazo, esa duración no podrá exceder de cinco años desde la fecha de la condena por sentencia firme.

En el resto de los supuestos, el plazo de duración no podrá exceder de tres años, para cuyo cómputo se estará a lo establecido en el apartado tercero del artículo 61 bis.

7. En el caso de la letra a) del apartado 1 del artículo anterior, el procedimiento, de ser necesario, no podrá iniciarse una vez transcurrido el plazo previsto para la prescripción de la correspondiente pena, y en el caso de la letra b) del apartado 2 del mismo artículo, si hubiesen transcurrido más de tres meses desde que se produjo la adjudicación.

En los restantes supuestos previstos en dicho artículo, el procedimiento para la declaración de la prohibición de contratar no podrá iniciarse si hubiesen transcurrido más de tres años contados a partir de las siguientes fechas:

a) Desde la firmeza de la resolución sancionadora, en el caso de la causa prevista en la letra b) del apartado 1 del artículo anterior;

b) Desde la fecha en que se hubieran facilitado los datos falsos o desde aquella en que hubiera debido comunicarse la correspondiente información, en los casos previstos en la letra e) del apartado 1 del artículo anterior;

c) Desde la fecha en que fuese firme la resolución del contrato, en el caso previsto en la letra d) del apartado 2 del artículo anterior;

d) En los casos previstos en la letra a) del apartado 2 del artículo anterior, desde la fecha en que se hubiese procedido a la adjudicación del contrato, si la causa es la retirada indebida de proposiciones o candidaturas; o desde la fecha en que hubiese debido procederse a la adjudicación, si la prohibición se fundamenta en el incumplimiento de lo establecido en el apartado segundo del artículo 151.

e) Desde que la entidad contratante tuvo conocimiento del incumplimiento de las condiciones especiales de ejecución del contrato en los casos previstos en la letra c) del apartado segundo del artículo 61 bis.»

Tres. Se introduce un artículo 61 bis, con la siguiente redacción:

«Artículo 61 bis. Efectos de la declaración de la prohibición de contratar.

1. En los supuestos en que se den las circunstancias establecidas en el apartado segundo del artículo 60 y en la letra e) del apartado primero del mismo artículo en lo referente a haber incurrido en falsedad al efectuar la declaración responsable del artículo 146 o al facilitar otros datos relativos a su capacidad y solvencia, la prohibición de contratar afectará al ámbito del órgano de contratación competente para su declaración.

Dicha prohibición se podrá extender al correspondiente sector público en el que se integre el órgano de contratación. En el caso del sector público estatal, la extensión de efectos corresponderá al Ministro de Hacienda y Administraciones Públicas, previa propuesta de la Junta Consultiva de Contratación Administrativa del Estado.

En los supuestos en que, de conformidad con lo establecido en el primer párrafo del apartado tercero del artículo anterior respecto a la letra e) del apartado primero del artículo 60, la competencia para la declaración de la prohibición de contratar corresponda a los órganos que resulten competentes en el ámbito de las Comunidades Autónomas, la citada prohibición de contratar afectará a todos los órganos de contratación del correspondiente sector público.

Excepcionalmente, y siempre que previamente se hayan extendido al correspondiente sector público territorial, los efectos de las prohibiciones de contratar a las que se refieren los párrafos anteriores se podrán extender al conjunto del sector público. Dicha extensión de efectos a todo el sector público se realizará por el Ministro de Hacienda y Administraciones Públicas, previa propuesta de la Junta Consultiva de Contratación Administrativa del Estado, y a solicitud de la Comunidad Autónoma o Entidad Local correspondiente en los casos en que la prohibición de contratar provenga de tales ámbitos.

En los casos en que la competencia para declarar la prohibición de contratar corresponda al Ministro de Hacienda y Administraciones Públicas, la misma producirá efectos en todo el sector público.

2. Todas las prohibiciones de contratar, salvo aquellas en que se den alguna de las circunstancias previstas en las letras c), d), g) y h) del apartado primero del artículo 60, se inscribirán en el Registro Oficial de Licitadores y Empresas Clasificadas del Sector Público o el equivalente en el ámbito de las Comunidades Autónomas, en función del ámbito de la prohibición de contratar y del órgano que la haya declarado.

Los órganos de contratación del ámbito de las Comunidades Autónomas o de las entidades locales situadas en su territorio notificarán la prohibición de contratar a los Registros de Licitadores de las Comunidades Autónomas correspondientes, o si no existieran, al Registro Oficial de Licitadores y Empresas Clasificadas del Sector Público.

La inscripción de la prohibición de contratar en el Registro de Licitadores correspondiente caducará pasados 3 meses desde que termine su duración, debiendo procederse de oficio a su cancelación en dicho Registro tras el citado plazo.

3. Las prohibiciones de contratar contempladas en las letras a) y b) del apartado primero del artículo 60 producirán efectos desde la fecha en que devinieron firmes la sentencia o la resolución administrativa en los casos en que aquélla o ésta se hubieran pronunciado sobre el alcance y la duración de la prohibición.

En el resto de supuestos, los efectos se producirán desde la fecha de inscripción en el registro correspondiente.

No obstante lo anterior, en los supuestos previstos en las letras a) y b) del apartado primero del artículo 60 en los casos en que los efectos de la prohibición de contratar se produzcan desde la inscripción en el correspondiente registro, podrán adoptarse, en su caso, por parte del órgano competente para resolver el procedimiento de determinación del alcance y duración de la prohibición, de oficio, o a instancia de parte, las medidas provisionales que estime oportunas para asegurar la eficacia de la resolución que pudiera adoptarse.

4. Las prohibiciones de contratar cuya causa fuera la prevista en la letra f) del apartado primero del artículo 60, producirán efectos respecto de las Administraciones Públicas que se establezcan en la resolución sancionadora que las impuso, desde la fecha en que ésta devino firme.»

Cuatro. El apartado 2 del artículo 150 queda redactado de la siguiente manera:

«2. Los criterios que han de servir de base para la adjudicación del contrato se determinarán por el órgano de contratación y se detallarán en el anuncio, en los pliegos de cláusulas administrativas particulares o en el documento descriptivo.

En la determinación de los criterios de adjudicación se dará preponderancia a aquellos que hagan referencia a características del objeto del contrato que puedan valorarse mediante cifras o porcentajes obtenidos a través de la mera aplicación de las fórmulas establecidas en los pliegos. Cuando en una licitación que se siga por un procedimiento abierto o restringido se atribuya a los criterios evaluables de forma automática por aplicación de fórmulas una ponderación inferior a la correspondiente a los criterios cuya cuantificación dependa de un juicio de valor, deberá constituirse un comité que cuente con un mínimo de tres miembros, formado por expertos no integrados en el órgano proponente del contrato y con cualificación apropiada, al que corresponderá realizar la evaluación de las ofertas conforme a estos últimos criterios, o encomendar esta evaluación a un organismo técnico especializado, debidamente identificado en los pliegos.

La evaluación de las ofertas conforme a los criterios cuantificables mediante la mera aplicación de fórmulas se realizará tras efectuar previamente la de aquellos otros criterios en que no concurra esta circunstancia, dejándose constancia documental de ello. Las normas de desarrollo de esta Ley determinarán los supuestos y condiciones en que deba hacerse pública tal evaluación previa, así como la forma en que deberán presentarse las proposiciones para hacer posible esta valoración separada.

Cuando en los contratos de concesión de obra pública o gestión de servicios públicos se prevea la posibilidad de que se efectúen aportaciones públicas a la construcción o explotación así como cualquier tipo de garantías, avales u otro tipo de ayudas a la empresa, en todo caso figurará como un criterio de adjudicación evaluable de forma automática la cuantía de la reducción que oferten los licitadores sobre las aportaciones previstas en el expediente de contratación.»

Cinco. El artículo 254 queda redactado de la siguiente manera:

«Artículo 254. Aportaciones públicas a la construcción y garantías a la financiación.

1. Las Administraciones Públicas podrán contribuir a la financiación de la obra mediante aportaciones que serán realizadas durante la fase de ejecución de las obras, tal como dispone el artículo 240 de esta Ley, o una vez concluidas éstas, y cuyo importe será fijado por los licitadores en sus ofertas dentro de la cuantía máxima que establezcan los pliegos de condiciones.

2. Las aportaciones públicas a que se refiere el apartado anterior podrán consistir en aportaciones no dinerarias del órgano de contratación o de cualquier otra Administración con la que exista convenio al efecto, de acuerdo con la valoración de las mismas que se contenga en el pliego de cláusulas administrativas particulares.

Los bienes inmuebles que se entreguen al concesionario se integrarán en el patrimonio afecto a la concesión, destinándose al uso previsto en el proyecto de la obra, y revertirán a la Administración en el momento de su extinción, debiendo respetarse, en todo caso, lo dispuesto en los planes de ordenación urbanística o sectorial que les afecten.

3. Todas las aportaciones públicas han de estar previstas en el pliego de condiciones determinándose su cuantía en el procedimiento de adjudicación y no podrán incrementarse con posterioridad a la adjudicación del contrato.

4. El mismo régimen establecido para las aportaciones será aplicable a cualquier tipo de garantía, avales y otras medidas de apoyo a la financiación del concesionario que, en todo caso, tendrán que estar previstas en los pliegos.»

Seis. El artículo 256 queda redactado de la siguiente manera:

«Artículo 256. Aportaciones públicas a la explotación.

Las Administraciones Públicas podrán otorgar al concesionario las siguientes aportaciones a fin de garantizar la viabilidad económica de la explotación de la obra, que, en todo caso, tendrán que estar previstas en el pliego de condiciones y no podrán incrementarse con posterioridad a la adjudicación del contrato, sin perjuicio del reequilibrio previsto en el artículo 258:

a) Subvenciones, anticipos reintegrables, préstamos participativos, subordinados o de otra naturaleza, para ser aportados desde el inicio de la explotación de la obra o en el transcurso de la misma. La devolución de los préstamos y el pago de los intereses devengados en su caso por los mismos se ajustarán a los términos previstos en la concesión.

b) Ayudas, incluyendo todo tipo de garantías, en los casos excepcionales en que, por razones de interés público, resulte aconsejable la promoción de la utilización de la obra pública antes de que su explotación alcance el umbral mínimo de rentabilidad.»

Siete. El artículo 261 queda redactado de la siguiente manera:

«Artículo 261. Objeto de la hipoteca de la concesión y pignoración de derechos.

1. Las concesiones de obras públicas con los bienes y derechos que lleven incorporados serán hipotecables conforme a lo dispuesto en la legislación hipotecaria, previa autorización del órgano de contratación.

No se admitirá la hipoteca de concesiones de obras públicas en garantía de deudas que no guarden relación con la concesión correspondiente.

2. Las solicitudes referentes a las autorizaciones administrativas previstas en este artículo y en el siguiente se resolverán por el órgano competente en el plazo de un mes, debiendo entenderse desestimadas si no resuelve y notifica en ese plazo.

3. Los derechos derivados de la resolución de un

contrato de concesión de obra o de gestión de servicio público, a que se refieren los primeros apartados de los artículos 271 y 288, así como los derivados de las aportaciones públicas y de la ejecución de garantías establecidos en los artículos 254 y 256, sólo podrán pignorarse en garantía de deudas que guarden relación con la concesión o el contrato, previa autorización del órgano de contratación, que deberá publicarse en el "Boletín Oficial del Estado" o en los diarios oficiales autonómicos o provinciales.»

Ocho. Los apartados 1 y 3 del artículo 271 quedan redactados de la siguiente manera:

«1. En los supuestos de resolución por causa imputable a la Administración, esta abonará en todo caso al concesionario el importe de las inversiones realizadas por razón de la expropiación de terrenos, ejecución de obras de construcción y adquisición de bienes que sean necesarios para la explotación de la obra objeto de la concesión, atendiendo a su grado de amortización. Al efecto, se aplicará un criterio de amortización lineal. La cantidad resultante se fijará dentro del plazo de seis meses, salvo que se estableciera otro en el pliego de cláusulas administrativas particulares.

En los casos en que la resolución se produzca por causas no imputables a la Administración, el importe a abonar a éste por razón de la expropiación de terrenos, ejecución de obras y adquisición de bienes que deban revertir a la Administración será el que resulte de la valoración de la concesión, determinado conforme a lo dispuesto en el artículo 271 bis.

En todo caso, se entenderá que la resolución de la concesión no es imputable a la Administración cuando obedezca a alguna de las causas previstas en las letras a), b), c), e) y j) del artículo 269 de esta Ley.»

«3. En los supuestos de los párrafos g), h) e i) del artículo 269, y sin perjuicio de lo dispuesto en el apartado 1 de este artículo, la Administración concedente indemnizará al concesionario por los daños y perjuicios que se le irroguen. Para determinar la cuantía de la indemnización se tendrán en cuenta:

a) los beneficios futuros que el concesionario dejará de percibir, cuantificándolos en la media aritmética de los beneficios antes de impuestos obtenidos durante un período de tiempo equivalente a los años que restan hasta la terminación de la concesión. En caso de que el tiempo restante fuese superior al transcurrido, se tomará como referencia este último.

La tasa de descuento aplicable será la que resulte del coste de capital medio ponderado correspondiente a las últimas cuentas anuales del concesionario.

b) la pérdida del valor de las obras e instalaciones que no hayan de ser entregadas a aquélla, considerando su grado de amortización.»

Nueve. Se añade un nuevo artículo 271 bis con la siguiente redacción:

«Artículo 271 bis. Nuevo proceso de adjudicación en concesión de obras en los casos en los que la resolución obedezca a causas no imputables a la Administración.

1. En el supuesto de resolución por causas no imputables a la Administración, el órgano de contratación deberá licitar nuevamente la concesión, siendo el tipo de licitación el que resulte del artículo siguiente. La licitación se realizará mediante subasta al alza siendo el único criterio de adjudicación el precio.

En el caso que quedara desierta la primera licitación, se convocará una nueva licitación en el plazo máximo de un mes, siendo el tipo de licitación el 50 % de la primera.

El adjudicatario de la licitación deberá abonar el importe de ésta en el plazo de dos meses desde que se haya adjudicado la concesión. En el supuesto de que no se abone el citado importe en el indicado plazo, la adjudicación quedará sin efecto, adjudicándose al siguiente licitador por orden o, en el caso de no haber más licitadores, declarando la licitación desierta.

La convocatoria de la licitación podrá realizarse siempre que se haya incoado el expediente de resolución, si bien no podrá adjudicarse hasta que éste no haya concluido. En todo caso, desde la resolución de la concesión a la apertura de las ofertas de la primera licitación no podrá transcurrir un plazo superior a tres meses.

Podrá participar en la licitación todo empresario que haya obtenido la oportuna autorización administrativa en los términos previstos en el apartado 2 del artículo 263.

2. El valor de la concesión, en el supuesto de que la resolución obedezca a causas no imputables a la Administración, será el que resulte de la adjudicación de las licitaciones a las que se refiere el apartado anterior.

En el caso de que la segunda licitación quedara desierta, el valor de la concesión será el tipo de ésta, sin perjuicio de la posibilidad de presentar por el concesionario originario o acreedores titulares al menos de un 5 % del pasivo exigible de la concesionaria, en el plazo máximo de tres meses a contar desde que quedó desierta, un nuevo comprador que abone al menos el citado tipo de licitación, en cuyo caso el valor de la concesión será el importe abonado por el nuevo comprador.

La Administración abonará al primitivo concesionario el valor de la concesión en un plazo de tres meses desde que se haya realizado la adjudicación de la licitación a la que se refiere el apartado anterior o desde que la segunda licitación haya quedado desierta.

En todo caso, el nuevo concesionario se subrogará en la posición del primitivo concesionario quedando obligado a la realización de las actuaciones vinculadas a las subvenciones de capital percibidas cuando no se haya cumplido la finalidad para la que se concedió la subvención.

3. El contrato resultante de la licitación referida en el apartado 1 tendrá en todo caso la naturaleza de contrato de concesión de obra pública, siendo las condiciones del mismo las establecidas en el contrato primitivo que se ha resuelto, incluyendo el plazo de duración.»

Diez. Se añade un nuevo artículo 271 ter con la siguiente redacción:

«Artículo 271 ter. Determinación del tipo de licitación de la concesión de obras en los casos en los que la resolución obedezca a causas no imputables a la Administración.

Para la fijación del tipo de la primera licitación, al que se refiere el artículo 271 bis se seguirán las siguientes reglas:

a) El tipo se determinará en función de los flujos futuros de caja que se prevea obtener por la sociedad concesionaria, por la explotación de la concesión, en el periodo que resta desde la resolución del contrato hasta su reversión, actualizados al tipo de descuento del interés de las obligaciones del Tesoro a diez años incrementado en 300 puntos básicos.

Se tomará como referencia para el cálculo de dicho rendimiento medio los últimos datos disponibles publicados por el Banco de España en el Boletín del Mercado de Deuda Pública.

b) El instrumento de deuda que sirve de base al cálculo de la rentabilidad razonable y el diferencial citados podrán ser modificados por la Comisión Delegada del Gobierno para Asuntos Económicos, previo informe de la Oficina Nacional de Evaluación, para adaptarlo a las condiciones de riesgo y rentabilidad observadas en los contratos del sector público.

c) Los flujos netos de caja futuros se cuantificarán en la media aritmética de los flujos de caja obtenidos por la entidad durante un período de tiempo equivalente a los años que restan hasta la terminación. En caso de que el tiempo restante fuese superior al transcurrido, se tomará como referencia este último. No se incorporará ninguna actualización de precios en función de la inflación futura estimada.

d) El valor de los flujos de caja será el que el Plan General de Contabilidad establece en el Estado de Flujos de Efectivo como Flujos de Efectivo de las Actividades de Explotación sin computar en ningún caso los pagos y cobros de intereses, los cobros de dividendos y los cobros o pagos por impuesto sobre beneficios.

e) Si la resolución del contrato se produjera antes de la terminación de la construcción de la infraestructura, el tipo de la licitación será el 70 % del importe equivalente a la inversión ejecutada. A estos efectos se entenderá por inversión ejecutada el importe que figure en las últimas cuentas anuales aprobadas incrementadas en la cantidad resultante de las certificaciones cursadas desde el cierre del ejercicio de las últimas cuentas aprobadas hasta el momento de la resolución. De dicho importe se deducirá el correspondiente a las subvenciones de capital percibidas por el beneficiario, cuya finalidad no se haya cumplido.»

Once. El apartado 1 del artículo 288 queda redactado de la siguiente manera:

«1. En los supuestos de resolución por causa imputable a la Administración, esta abonará al concesionario en todo caso el importe de las inversiones realizadas por razón de la expropiación de terrenos, ejecución de obras de construcción y adquisición de bienes que sean necesarios para la explotación de la obra objeto de la concesión, atendiendo a su grado de amortización. Al efecto, se aplicará un criterio de amortización lineal de la inversión.

Cuando la resolución obedezca a causas no imputables a la Administración, el importe a abonar a éste por razón de la expropiación de terrenos, ejecución de obras y adquisición de bienes que deban revertir a la Administración será el que resulte de la valoración de la concesión, determinado conforme a lo dispuesto en el artículo 271 bis.

En todo caso, se entenderá que no es imputable a la Administración la resolución del contrato cuando ésta obedezca a alguna de las causas establecidas en las letras a) y b) del artículo 223 de esta Ley.»

Doce. Se incorpora una nueva disposición adicional con el siguiente contenido:

«Disposición adicional trigésimo sexta. La Oficina Nacional de Evaluación.

1. Se crea la Oficina Nacional de Evaluación que tiene como finalidad analizar la sostenibilidad financiera de los contratos de concesiones de obras y contratos de concesión de servicios públicos.

2. Mediante Orden del Ministro de Hacienda y Administraciones Públicas, previo informe de la Comisión Delegada del Gobierno para Asuntos Económicos, se determinará la composición, organización y funcionamiento de la misma.

3. La Oficina Nacional de Evaluación, con carácter previo a la licitación de los contratos de concesión de obras y de gestión de servicios públicos a celebrar por los poderes adjudicadores dependientes de la Administración General del Estado y de las Corporaciones Locales, evacuará informe preceptivo en los siguientes casos:

a) Cuando se realicen aportaciones públicas a la construcción o a la explotación de la concesión, así como cualquier medida de apoyo a la financiación del concesionario.

b) Las concesiones de obra pública y los contratos de gestión de servicios en las que la tarifa sea asumida total o parcialmente por el poder adjudicador concedente, cuando el importe de las obras o los gastos de primer establecimiento superen un millón de euros.

Asimismo informará de los acuerdos de restablecimiento del equilibrio del contrato, en los casos previstos en los artículos 258.2 y 282.4 del Texto Refundido de la Ley de Contratos del Sector Público, respecto de las concesiones de obras y servicios públicos que hayan sido informadas previamente de conformidad con las letras a) y b) anteriores o que, sin haber sido informadas, supongan la incorporación en el contrato de alguno de los elementos previstos en éstas. Cada Comunidad Autónoma podrá adherirse a la Oficina Nacional de Evaluación para que realice dichos informes o si hubiera creado un órgano u organismo equivalente solicitará estos informes preceptivos al mismo cuando afecte a sus contratos de concesión.

Reglamentariamente se fijarán las directrices apropiadas para asegurar que la elaboración de los informes se realiza con criterios suficientemente homogéneos.

4. Los informes previstos en el apartado anterior evaluarán si la rentabilidad del proyecto obtenida en función del valor de la inversión, las ayudas otorgadas, los flujos de caja esperados y la tasa de descuento establecida es razonable en atención al riesgo de demanda que asuma el concesionario. En dicha evaluación se tendrá en cuenta la mitigación que las ayudas otorgadas puedan suponer sobre otros riesgos distintos del de demanda, que habitualmente deban ser soportados por los operadores económicos.

En los contratos de concesión de obra en los que el abono de la tarifa concesional se realice por el poder adjudicador la oficina evaluará previamente la transferencia del riesgo de demanda al concesionario. Si éste no asume completamente dicho riesgo, el informe evaluará la razonabilidad de la rentabilidad en los términos previstos en el párrafo anterior.

En los acuerdos de restablecimiento del equilibrio del contrato, el informe evaluará si las compensaciones financieras establecidas mantienen una rentabilidad razonable según lo dispuesto en el primer párrafo de este apartado.

5. Los informes serán evacuados, a solicitud del poder adjudicador contratante, en el plazo de treinta días desde la petición o nueva aportación de información al que se refiere el párrafo siguiente. Este plazo podrá reducirse a la mitad siempre que se justifique en la solicitud las razones de urgencia. Estos informes serán publicados a través de la central de información económico-financiera de las Administraciones Públicas dependiente del Ministerio de Hacienda y Administraciones Públicas y estarán disponibles para su consulta por el público a través de medios electrónicos.

El poder adjudicador que formule la petición remitirá la información necesaria a la Oficina, quien evacuará su informe sobre la base de la información recibida. Si dicha Oficina considera que la información remitida no es suficiente, no es completa o requiriere alguna aclaración se dirigirá al poder adjudicador peticionario para que le facilite la información requerida dentro del plazo que ésta señale al efecto. La información que reciba la Oficina deberá ser tratada respetando los límites que rigen el acceso a la información confidencial.

6. Si la Administración o la entidad destinataria del informe se apartara de las recomendaciones contenidas en un informe preceptivo de la Oficina, deberá motivarlo en un informe que se incorporará al expediente del correspondiente contrato y que será objeto de publicación. En el caso de la Administración General del Estado esta publicación se hará a través de la central de información económico-financiera de las Administraciones Públicas.

7. La Oficina publicará anualmente una memoria de actividad.»

Trece. Se incorpora una nueva disposición transitoria con el siguiente contenido:

«Disposición transitoria décima. Prohibición de contratar por incumplimiento de la cuota de reserva de puestos de trabajo para personas con discapacidad.

1. La prohibición de contratar establecida en el artículo 60.1.d) relativa al incumplimiento de la cuota de reserva de puestos de trabajo del 2 por ciento para personas con discapacidad no será efectiva en tanto no se desarrolle reglamentariamente y se establezca qué ha de entenderse por el cumplimiento de dicho requisito a efectos de la prohibición de contratar y cómo se acreditará el mismo, que, en todo caso, será bien mediante certificación del órgano administrativo correspondiente, con vigencia mínima de seis meses, o bien mediante certificación del correspondiente Registro de Licitadores, en los casos en que dicha circunstancia figure inscrita en el mismo.

2. Hasta el momento en que se produzca la aprobación del desarrollo reglamentario a que se refiere el apartado anterior, los órganos de contratación ponderarán en los supuestos que ello sea obligatorio, que los licitadores cumplen lo dispuesto en el Real Decreto Legislativo 1/2013, de 29 de noviembre, por el que se aprueba el Texto Refundido de la Ley General de derechos de las personas con discapacidad y de su inclusión social, en relación con la obligación de contar con un dos por ciento de trabajadores con discapacidad o adoptar las medidas alternativas correspondientes, de conformidad con lo dispuesto en la disposición adicional cuarta.»

Disposición final décima. Modificación de la Ley 17/2012, de 27 de diciembre, de Presupuestos Generales del Estado para el año 2013.

Se modifica la disposición adicional décima tercera de la Ley 17/2012, de 27 de diciembre, de Presupuestos Generales del Estado para el año 2013, que queda redactada en los siguientes términos:

«Décima tercera. Subvenciones al transporte marítimo y aéreo para residentes en Canarias, Baleares, Ceuta y Melilla.

Uno. Con vigencia indefinida tendrán derecho a obtener bonificaciones en las tarifas de los servicios regulares de transporte marítimo y aéreo de pasajeros, los ciudadanos españoles, así como los de los demás Estados miembros de la Unión Europea o de otros Estados firmantes del Acuerdo sobre el Espacio Económico Europeo o de Suiza, sus familiares nacionales de terceros países beneficiarios del derecho de residencia o del derecho de residencia permanente y los ciudadanos nacionales de terceros países residentes de larga duración, que acrediten su condición de residente en las Comunidades Autónomas de Canarias e Illes Balears y en las Ciudades de Ceuta y Melilla.

El derecho de residencia de los familiares de ciudadanos de Estados miembros de la Unión Europea o de otro Estado parte en el Acuerdo del Espacio Económico Europeo se acreditará conforme al Real Decreto 240/2007, de 16 de febrero, sobre entrada, libre circulación y residencia en España de ciudadanos de los Estados miembros de la Unión Europea o de otro Estado parte en el Acuerdo del Espacio Económico Europeo. El derecho de residencia de larga duración de los nacionales de terceros países a que se refiere el párrafo anterior se acreditará conforme a lo previsto en la Ley Orgánica 4/2000, de 11 de enero, de derechos y libertades de los extranjeros en España y su integración social y su normativa de desarrollo.

Para ciudadanos españoles, de los Estados miembros de la Unión Europea o de los demás Estados firmantes del Acuerdo sobre el Espacio Económico Europeo o Suiza, el documento acreditativo de su identidad será el documento nacional de identidad o pasaporte en vigor. En el caso de los familiares de ciudadanos de Estados miembros de la Unión Europea o de otro Estado parte en el Acuerdo del Espacio Económico Europeo y los ciudadanos nacionales de terceros países residentes de larga duración, su identidad se acreditará mediante la tarjeta española de residencia de familiar de ciudadano de la Unión o de identidad de extranjero en la que debe constar su condición de residente de larga duración, respectivamente. Dichos documentos deben encontrarse en vigor.

En el caso de que telemáticamente se haya constatado que el pasajero cumple las condiciones para ser beneficiario de la subvención, éste podrá acreditar su identidad en el modo aéreo a través de los mismos medios que los pasajeros sin derecho a bonificación. En este caso, el pasajero no tendrá que acreditar su condición de residente ni en facturación ni en embarque.

Dos. El porcentaje de bonificación aplicable en los billetes de transporte marítimo, con vigencia indefinida, para los trayectos directos, ya sean de ida o de ida y vuelta, entre las Comunidades Autónomas de Canarias y las Illes Balears y las Ciudades de Ceuta y Melilla, respectivamente, y el resto del territorio nacional será del 50 por ciento de la tarifa bonificable y en los viajes interinsulares será del 25 por ciento de dicha cuantía.

Tres. El porcentaje de bonificación en las tarifas de los servicios regulares de transporte aéreo de pasajeros, entre las Comunidades Autónomas de Canarias e Illes Balears y las Ciudades de Ceuta y Melilla, respectivamente, y el resto del territorio nacional, así como en los viajes interinsulares será, con vigencia indefinida, del 50 por ciento de la tarifa bonificable por cada trayecto directo de ida o de ida y vuelta.

A estos efectos, se considera trayecto directo de ida aquél que se realiza desde el aeropuerto o helipuerto del punto de origen en los archipiélagos, Ceuta o Melilla, al de destino final, distinto del anterior, en el territorio nacional y viceversa, sin escalas intermedias o con escalas, siempre que estas no superen las 12 horas de duración, salvo aquéllas que vinieran impuestas por las necesidades técnicas del servicio o por razones de fuerza mayor.

A los efectos de esta bonificación, del importe de la tarifa bonificable se deducirá el importe correspondiente a las prestaciones patrimoniales públicas a que se refieren las letras d), e) y f) del artículo 68.2 de la Ley 21/2003, de 7 de julio, de Seguridad Aérea, con independencia de que hayan sido repercutidas o no al pasajero. A tal efecto, dichas prestaciones patrimoniales aparecerán desglosadas en la documentación justificativa de los cupones de vuelo.

Cuatro. La condición de residente en las Comunidades Autónomas de Canarias y las Illes Balears y en las Ciudades de Ceuta y Melilla a los efectos de las bonificaciones reguladas en esta disposición se acreditará mediante el certificado de empadronamiento en vigor.

Reglamentariamente podrán establecerse otros medios para la acreditación de la condición de residente, en sustitución del previsto en este apartado o como adicionales de éste.

Cinco. En relación con la verificación del cumplimiento de los requisitos exigidos en esta disposición:

a) Los órganos gestores de las bonificaciones del Ministerio de Fomento podrán acceder a los servicios de verificación y consulta de datos de identidad, domicilio, residencia, nacionalidad y régimen de extranjería de la Plataforma de Intermediación del Ministerio de Hacienda y Administraciones Públicas con el fin de comprobar el cumplimiento de los requisitos para ser beneficiarios de la subvención y realizar las funciones de control encomendadas a dichos órganos, con las garantías previstas en la Ley Orgánica 15/1999, de 13 de diciembre, de Protección de Datos de Carácter Personal y en la Ley 58/2003, de 17 de diciembre, General Tributaria.

b) Los órganos gestores podrán facilitar por vía telemática a las agencias, las compañías aéreas o marítimas o sus delegaciones, que comercialicen los títulos de transporte bonificados y lo soliciten, la confirmación del cumplimiento de los requisitos para ser beneficiario de la subvención.

La cesión de datos prevista en los párrafos precedentes y su tratamiento, no requerirá el consentimiento de los interesados ni requerirá informarles sobre dicho tratamiento, de conformidad con lo previsto, respectivamente, en los artículos 11.2, letra a), y 5.5 de la Ley Orgánica 15/1999, de Protección de Datos de Carácter Personal.

La integración en el sistema telemático de acreditación de la residencia de los sistemas de emisión de billetes y su utilización al emitir billetes subvencionados será obligatoria para todas las compañías, aéreas o marítimas, que emitan billetes aéreos o marítimos subvencionados por razones de residencia en territorios no peninsulares, en todos sus canales de venta.

En el caso de la incorporación a un mercado subvencionado de una nueva compañía de transporte regular aéreo o marítimo, ésta podrá emitir billetes aéreos o marítimos con derecho a subvención, sin necesidad de hacer uso del sistema telemático, durante un máximo de tres meses hasta la implantación efectiva de dicho sistema en todos sus canales de venta.

Seis. Cuando el cumplimiento de los requisitos exigidos para ser beneficiario de estas subvenciones no pueda acreditarse a través de la Plataforma de Intermediación conforme a lo previsto en el apartado Cinco, dichos requisitos se acreditarán por cualquiera de los medios previstos en la normativa de aplicación. A estos efectos, el certificado de empadronamiento se ajustará a lo previsto reglamentariamente en la normativa de desarrollo de estas bonificaciones.

Siete. Sin perjuicio de lo dispuesto en el apartado Uno de esta disposición, las bonificaciones previstas en él para familiares nacionales de terceros países beneficiarios del derecho de residencia o del derecho de residencia permanente y los ciudadanos nacionales de terceros países residentes de larga duración, que acrediten su condición de residente en las Comunidades Autónomas de Canarias e Illes Balears y en las Ciudades de Ceuta y Melilla, surten efectos a partir del 1 de abril de 2013.

Ocho. Además de las obligaciones impuestas por la normativa reguladora de las subvenciones al transporte marítimo y aéreo para residentes en Canarias, Illes Balears, Ceuta y Melilla y para familias numerosas y por la Ley 38/2003, de 17 de noviembre, las compañías aéreas y marítimas, como entidades colaboradoras, deben cumplir lo siguiente:

a) En el caso de las compañías aéreas, presentarán las liquidaciones mensuales de los cupones bonificados volados durante un mes en el transcurso de los dos meses siguientes, salvo autorización expresa de la Dirección General de Aviación Civil por razones excepcionales. Estas liquidaciones podrán contener aquellos cupones volados en los seis meses anteriores que no hayan podido ser incluidos, por causas justificadas, en los ficheros de meses pasados.

En el caso de las compañías marítimas, presentarán las liquidaciones trimestrales en el transcurso de los dos meses siguientes, salvo autorización expresa de la Dirección General de la Marina Mercante por razones excepcionales. Estas liquidaciones podrán contener aquellos embarques bonificados en los seis meses anteriores que no hayan podido ser incluidos, por causas justificadas, en los ficheros de trimestres pasados.

b) En la documentación justificativa de la subvención desglosarán el precio y la identificación de todos los conceptos incluidos en el billete aéreo y marítimo, así como cualquier servicio adicional contratado por el pasajero incluido en el billete.

c) Levantarán un parte de incidente cuando un pasajero que posea un billete subvencionado no acredite su identidad y residencia de conformidad con la normativa aplicable. Los partes correspondientes a cada periodo de liquidación o, en otro caso, un certificado de inexistencia de incidentes en dicho período serán enviados al órgano gestor durante el periodo siguiente.

d) Cumplir con las obligaciones de registro establecidas reglamentariamente, así como registrar ante el órgano gestor, con anterioridad a su comercialización, las tarifas aéreas que incluyan servicios ajenos al transporte aéreo especificándolo en sus condiciones, así como los convenios, contratos o acuerdos de cualquier tipo, con sus anexos, adendas o modificaciones, susceptibles de generar la emisión de billetes subvencionados, con al menos un mes de antelación a la emisión del primer billete bonificado.

Nueve. Asimismo, las compañías marítimas y aéreas y sus agentes, incluidos los sistemas de reserva, habrán de conservar toda la información y documentación relativa a billetes bonificados tanto por razón de residencia no peninsular como por familias numerosas, cualquiera que sea su forma de almacenamiento, que acredite el importe de la subvención y el cumplimiento de los procedimientos recogidos reglamentariamente para la concesión de la subvención, a disposición del Ministerio de Fomento, durante el plazo de prescripción previsto en el artículo 39 de la Ley 38/2003, de 17 de noviembre.

A efectos de la liquidación de las bonificaciones aplicadas, las compañías marítimas, aéreas, y sus agentes, lo que incluye a los sistemas de reserva y a cualquier tercero que haya intervenido en la determinación de la tarifa bonificada, en el pago realizado por el pasajero o en la gestión o aplicación de la bonificación, estarán obligadas a prestar colaboración y facilitar cuanta documentación les sea requerida en relación con las tarifas comercializadas objeto de bonificación, las bonificaciones aplicadas, los pagos realizados por el pasajero y las liquidaciones efectuadas.

La negativa al cumplimiento de esta obligación se considerará resistencia, excusa, obstrucción o negativa a los efectos previstos en el artículo 37 de la Ley 38/2003, de 17 de noviembre, sin perjuicio de las sanciones que, en su caso, pudieran corresponder.

Diez. Se autoriza al órgano gestor a modificar mediante resolución, tras dar trámite de audiencia a las compañías aéreas que exploten los mercados sujetos a subvención y a las principales asociaciones de aerolíneas, el contenido de los modelos de los anexos, en lo que afecta a las bonificaciones al transporte aéreo, del Real Decreto 1316/2001, de 30 de noviembre, por el que se regula la bonificación en las tarifas de los servicios regulares de transporte aéreo y marítimo para los residentes en las Comunidades Autónomas de Canarias y las Illes Balears y en las Ciudades de Ceuta y Melilla.

Once. No serán objeto de liquidación por las compañías marítimas y aéreas, ni de reembolso a éstas:

a) Los billetes subvencionados con tarifas marítimas y aéreas que incluyan respectivamente servicios ajenos al transporte marítimo y aéreo, sean o no repercutidos al pasajero.

b) Los billetes aéreos subvencionados emitidos bajo contratos, convenios o acuerdos de cualquier tipo que no hayan sido registrados y expresamente aprobados por la Dirección General de Aviación Civil.

c) Los conceptos excluidos de bonificación por la normativa de aplicación, entre otros, las ofertas, descuentos, promociones o prácticas comerciales equivalentes, que deben ser aplicados de forma previa al cálculo de la subvención, así como los servicios opcionales del transporte comercializados por la compañía marítima y aérea.

Doce. Verificación de fichero informático de las liquidaciones solicitadas por las compañías marítimas con la relación de los embarques realmente producidos en puertos.

El procedimiento de inspección y control de las bonificaciones al transporte marítimo ha de incluir la comprobación de si los datos de los embarques contenidos en el fichero informático se corresponden con embarques reales producidos en los puertos. Para ello, las autoridades portuarias remitirán mensualmente a la Dirección General de la Marina Mercante la relación de todos los embarques reales producidos en los puertos correspondientes a los trayectos bonificables.

La relación mensual de todos los embarques reales producidos en cada puerto incluirá las relaciones de embarques de todas y cada una de las escalas que hayan tenido lugar durante ese período. Estas relaciones de embarques de cada trayecto serán recabadas directamente por las autoridades portuarias u organismos competentes en cada caso o, en su defecto, remitidas electrónicamente a éstas por las compañías marítimas. La remisión se realizará en el tiempo y forma que determine la Dirección General de la Marina Mercante, pero en todo caso, deberán haber sido recibidas por el órgano competente antes de que la nave llegue a su destino.

No podrá bonificarse ningún embarque contenido en el fichero informático que no esté incluido en la relación de embarques reales, salvo que se demuestre error u omisión.

Trece. El Gobierno dictará las normas de aplicación y desarrollo de las bonificaciones al transporte, marítimo y aéreo, regular de pasajeros.»

Disposición final undécima. Modificación de la Ley 20/2015, de 14 de julio, de ordenación, supervisión y solvencia de las entidades aseguradoras y reaseguradoras.

Se modifica el apartado 2 de la disposición final vigésima primera de la ley 20/2015, de 14 de julio, de ordenación, supervisión y solvencia de las entidades aseguradoras y reaseguradoras, que queda redactado en los siguientes términos:

«2. No obstante, la disposición transitoria decimotercera y la disposición adicional decimosexta entrarán en vigor el día siguiente al de su publicación. Las disposiciones transitorias cuarta y décima entrarán en vigor el 1 de septiembre de 2015. La disposición final novena entrará en vigor el 1 de julio de 2016. La disposición final duodécima entrará en vigor al día siguiente de la publicación de la Ley 40/2015, de 1 de octubre, de Régimen Jurídico del Sector Público.»

Disposición final duodécima. Restitución o compensación a los partidos políticos de bienes y derechos incautados en aplicación de la normativa sobre responsabilidades políticas.

El reconocimiento de los derechos previstos en la Ley 50/2007, de 26 de diciembre, de modificación de la Ley 43/1998, de 15 de diciembre, de restitución o compensación a los partidos políticos de bienes y derechos incautados en aplicación de la normativa sobre responsabilidades políticas del periodo 1936-1939, así como la tramitación y resolución de los procedimientos iniciados al amparo de dicha Ley, seguirán suspendidos hasta que se verifiquen las condiciones que permitan atender las prestaciones que la Ley reconoce sin menoscabo de la financiación de otras actuaciones públicas prioritarias.

Una vez se constate la concurrencia de las expresadas condiciones, el Gobierno aprobará el Reglamento de desarrollo de la Ley, el cual fijará un nuevo plazo para la presentación de las solicitudes de restitución o compensación.

Disposición final decimotercera. Referencias normativas.

Las referencias hechas a Ley 30/1992, de 26 de noviembre, de Régimen Jurídico de las Administraciones Públicas y del Procedimiento Administrativo Común se entenderán hechas a la Ley del Procedimiento Administrativo Común de las Administraciones Públicas o a la Ley de Régimen Jurídico del Sector Público, según corresponda.

Disposición final decimocuarta. Título competencial.

1. Esta Ley se dicta al amparo de lo dispuesto en el artículo 149.1.18.ª de la Constitución Española que atribuye al Estado competencia exclusiva sobre las bases régimen jurídico de las Administraciones Públicas, así como al amparo de lo previsto en el artículo 149.1.13.ª, relativo a las bases y coordinación de la planificación general de la actividad económica, y del artículo 149.1.14.ª, relativo a la Hacienda Pública general.

2. No tiene carácter básico y se aplica exclusivamente a la Administración General del Estado y al sector público estatal lo previsto en:

a) La subsección 2.ª referida a los órganos colegiados de la Administración General del Estado de la sección 3.ª del capítulo II del Título preliminar.

b) El Título I relativo a la Administración General del Estado.

c) Lo dispuesto en el Capítulo II relativo a la organización y funcionamiento del sector público institucional estatal, el Capítulo III de los organismos públicos estatales, el Capítulo IV de las Autoridades administrativas independientes, el Capítulo V de las sociedades mercantiles estatales, en el artículo 123.2 del Capítulo VI relativo a los Consorcios, los artículos 128, 130, 131, 132, 133, 135 y 136 del Capítulo VII de las fundaciones del sector público estatal y el Capítulo VIII de los fondos carentes de personalidad jurídica, todos ellos del Título II relativo a la organización y funcionamiento del sector público institucional.

d) Lo previsto en las disposiciones adicionales: cuarta, sobre adaptación de entidades y organismos estatales, quinta, sobre gestión compartida de servicios comunes en organismos públicos estatales, sexta, sobre medios propios, séptima, sobre el registro electrónico estatal de órganos e instrumentos de cooperación, undécima, sobre conflictos de atribuciones intraministeriales, duodécima, sobre Autoridades Portuarias y Puertos del Estado, decimotercera, relativa a las entidades de la Seguridad Social, decimocuarta, sobre la organización militar, decimoquinta, relativa al personal militar, la decimosexta, sobre Servicios territoriales integrados en las Delegaciones del Gobierno, decimoséptima, relativa a la Agencia Estatal de la Administración Tributaria, la decimoctava relativa al Centro Nacional de Inteligencia, la decimonovena relativa al Banco de España y la vigésima relativa al Fondo de Reestructuración Ordenada Bancaria.

Disposición final decimoquinta. Desarrollo normativo de la Ley.

Se faculta al Consejo de Ministros y a los Ministros de Presidencia y de Hacienda y Administraciones Públicas, en el ámbito de sus competencias, para dictar cuantas disposiciones reglamentarias sean necesarias para el desarrollo de la presente Ley, así como para acordar las medidas necesarias para garantizar la efectiva ejecución e implantación de las previsiones de esta Ley.

En el plazo de tres meses desde la entrada en vigor de esta Ley, mediante Orden del Ministro de Hacienda y Administraciones Públicas, se desarrollará lo previsto en el artículo 85 sobre la supervisión continua.

Disposición final decimosexta. Precedencias en actos oficiales.

Por Real Decreto del Consejo de Ministros, a propuesta del Presidente del Gobierno, se determinarán las precedencias de los titulares de los poderes constitucionales y de las instituciones nacionales, así como las de los titulares de los departamentos ministeriales y de los órganos internos de estos en relación con los actos oficiales.

Disposición final decimoséptima. Adaptación normativa.

1. En el plazo de un año a partir de la entrada en vigor de la Ley, se deberán adecuar a la misma las normas estatales o autonómicas que sean incompatibles con lo previsto en esta Ley.

2. Los consorcios creados por una ley singular aprobada por las Cortes Generales con anterioridad a la aprobación de esta Ley seguirán rigiéndose por su legislación especial hasta que se produzca la citada adaptación normativa.

Disposición final decimoctava. Entrada en vigor.

1. La presente Ley entrará en vigor al año de su publicación en el «Boletín Oficial del Estado», a excepción del punto cuatro de la disposición final quinta, de modificación de la Ley 22/2003, de 9 de julio, Concursal, de los puntos uno a once de la disposición final novena, de modificación del Texto Refundido de la Ley de Contratos del Sector Público, aprobado por Real Decreto Legislativo 3/2011, de 14 de noviembre y la disposición final decimosegunda, de restitución o compensación a los partidos políticos de bienes y derechos incautados en aplicación de la normativa sobre responsabilidades políticas que entrarán en vigor a los veinte días de su publicación en el «Boletín Oficial del Estado», y el punto doce de la misma disposición final novena, que lo hará a los seis meses de la citada publicación en el «Boletín Oficial del Estado».

2. No obstante, entrarán en vigor el día siguiente al de su publicación en el «Boletín Oficial del Estado» la disposición final primera, de modificación de la Ley 23/1982, de 16 de junio, reguladora del Patrimonio Nacional, la disposición final segunda, de modificación del Real Decreto-Ley 12/1995, de 28 de diciembre, sobre medidas urgentes en materia presupuestaria, tributaria y financiera, los puntos uno a tres de la disposición final quinta, de modificación de la Ley 22/2003, de 9 de julio, Concursal, la disposición final séptima, de modificación de la Ley 38/2003, de 17 de noviembre, General de Subvenciones y la disposición final undécima, de modificación de la Ley 20/2015, de 14 de julio, de ordenación, supervisión y solvencia de las entidades aseguradoras y reaseguradoras.

3. La disposición final décima de modificación de la disposición adicional décima tercera de la Ley 17/2012, de 27 de diciembre, de Presupuestos Generales del Estado para el año 2013, entrará en vigor el día siguiente al de su publicación en el «Boletín Oficial del Estado», sin perjuicio de que los apartados Uno, primer y segundo párrafo; Dos; Tres, párrafos primero y segundo; Cuatro; Cinco, párrafos primero a cuarto y, Seis, surtirán efectos a partir del 1 de enero de 2013, y de lo dispuesto en el apartado Siete.

Por tanto,

Mando a todos los españoles, particulares y autoridades, que guarden y hagan guardar esta ley.

Madrid, 1 de octubre de 2015.

FELIPE R.

El Presidente del Gobierno,

MARIANO RAJOY BREY

Real Decreto Legislativo 5/2015, de 30 de octubre, por el que se aprueba el texto refundido de la Ley del Estatuto Básico del Empleado Público

Se estructura en 100 artículos divididos en 8 Títulos, 16 disposiciones adicionales, ocho transitorias, una derogatoria y cuatro finales.

NOVEDADES MÁS DESTACABLES:

- Introduce novedades en materia de mejora de permiso, vacaciones y maternidad referentes a:
- Recuperación de los días de asuntos particulares y vacaciones de los empleados públicos.
- Se introduce que las vacaciones no disfrutadas por enfermedad se puedan disfrutar tras el alta al igual que se hizo en el Estatuto de los Trabajadores tras las distintas sentencias en este sentido.
- Las mejoras efectuadas en materia de movilidad, jornadas, permisos y situaciones administrativas en los casos de violencia terrorista.
- Los permisos por cuidado de hijo menor afectado por enfermedad grave y para los casos de acogimiento pre adoptivo y adopción.
- Se incorporan el permiso retribuido para las funcionarias en estado de gestación, establecido en la Ley de Presupuestos Generales del Estado para 2016.
- El nuevo texto refundido mantiene el mismo número de artículos que el de 2007, pero con una nueva numeración de los preceptos

Rango: Real Decreto Legislativo

Fecha de disposición: 30/10/2015
Fecha de publicación: 31/10/2015
Entrada en vigor: 1 de noviembre de 2015, con las salvedades indicadas

Materias

- Administración General del Estado
- Administración Local
- Administraciones Públicas
- Cuerpos y Escalas de la Administración
- Elecciones sindicales
- Empleados públicos
- Funcionarios públicos
- Incompatibilidades
- Jornada laboral
- Negociación colectiva
- Oposiciones y concursos
- Promoción profesional
- Retribuciones
- Vacaciones

Modifica:

El art. 16.1 de la Ley 53/1984, de 26 de diciembre (Ref. BOE-A-1985-151).

Se dicta de conformidad:

Estableciendo un régimen específico de provisión para las unidades adscritas a la Secretaría de Estado de Seguridad: Real Decreto 1068/2015, de 27 de noviembre (Ref. BOE-A-2015-12891).

DE CONFORMIDAD con el art. uno.g) de la Ley 20/2014, de 29 de octubre (Ref. BOE-A-2014-11064).

Corrección de errores:

Con variación de preceptos modificadores, en BOE núm. 278, de 20 de noviembre de 2015 (Ref. BOE-A-2015-12525).

Esta norma deroga:

Disposición final 9 de la Ley 48/2015, de 29 de octubre (Ref. BOE-A-2015-11644).

Art. 2 del Real Decreto-ley 10/2015, de 11 de septiembre (Ref. BOE-A-2015-9801).

Disposición final 4 de la Ley 26/2015, de 28 de julio (Ref. BOE-A-2015-8470).

Art. 5 de la Ley 25/2015, de 28 de julio (Ref. BOE-A-2015-8469).

Disposición final 6 de la Ley Orgánica 9/2015, de 28 de julio (Ref. BOE-A-2015-8468).

Art. 28 y la disposición transitoria 9 de la Ley 15/2014, de 16 de septiembre (Ref. BOE-A-2014-9467).

Disposición adicional 4 de la Ley Orgánica 9/2013, de 20 de diciembre (Ref. BOE-A-2013-13425).

Arts. 7, 8.1 y 2, 11 y 13.1 del Real Decreto-ley 20/2012, de 13 de julio (Ref. BOE-A-2012-9364).

Disposición final 2 de la Ley 27/2011, de 1 de agosto (Ref. BOE-A-2011-13242).

Art. 11 de la Ley 26/2011, de 1 de agosto (Ref. BOE-A-2011-13241).

Disposición final 23 de la Ley 39/2010, de 22 de diciembre (Ref. BOE-A-2010-19703).

Disposición final 5 de la Ley 40/2007, de 4 de diciembre (Ref. BOE-A-2007-20910).

Ley 7/2007, de 12 de abril (Ref. BOE-A-2007-7788).

De forma reiterada y en la forma indicada, salvo el art. 7, la Ley 9/1987, de 12 de junio (Ref. BOE-A-1987-14115).

De forma reiterada y con el alcance señalado, el Capítulo III del título VII del Real Decreto Legislativo 781/1986, de 18 de abril (Ref. BOE-A-1986-9865).

De forma reiterada y con el alcance señalado, el capítulo III del título VII, de la Ley 7/1985, de 2 de abril (Ref. BOE-A-1985-5392).

De forma reiterada, determinados preceptos de la Ley 30/1984, de 2 de agosto (Ref. BOE-A-1984-17387).

De forma reiterada, determinados preceptos de la Ley de Funcionarios Civiles del Estado, texto articulado aprobado por Decreto 315/1964, de 7 de febrero (Ref. BOE-A-1964-2140).

CONTENIDOS

Preámbulo

Artículo único. Aprobación del texto refundido de la Ley del Estatuto Básico del Empleado Público

Disposiciones adicionales

Disposición adicional única. Remisiones normativas

Disposiciones derogatorias

Disposición derogatoria única. Derogación normativa

Disposiciones finales

Disposición final única. Entrada en vigor

Firma

TEXTO REFUNDIDO DE LA LEY DEL ESTATUTO BÁSICO DEL EMPLEADO PÚBLICO

TÍTULO I. Objeto y ámbito de aplicación

Artículo 1. Objeto
Artículo 2. Ámbito de aplicación
Artículo 3. Personal funcionario de las Entidades Locales
Artículo 4. Personal con legislación específica propia
Artículo 5. Personal de la Sociedad Estatal Correos y Telégrafos
Artículo 6. Leyes de Función Pública
Artículo 7. Normativa aplicable al personal laboral

TÍTULO II. Personal al servicio de las Administraciones Públicas

CAPÍTULO I. Clases de personal

Artículo 8. Concepto y clases de empleados públicos
Artículo 9. Funcionarios de carrera
Artículo 10. Funcionarios interinos
Artículo 11. Personal laboral
Artículo 12. Personal eventual

CAPÍTULO II. Personal directivo

Artículo 13. Personal directivo profesional

TÍTULO III. Derechos y deberes. Código de conducta de los empleados públicos

CAPÍTULO I. Derechos de los empleados públicos

Artículo 14. Derechos individuales
Artículo 15. Derechos individuales ejercidos colectivamente

CAPÍTULO II. Derecho a la carrera profesional y a la promoción interna. La evaluación del desempeño

Artículo 16. Concepto, principios y modalidades de la carrera profesional de los funcionarios de carrera
Artículo 17. Carrera horizontal de los funcionarios de carrera
Artículo 18. Promoción interna de los funcionarios de carrera
Artículo 19. Carrera profesional y promoción del personal laboral
Artículo 20. La evaluación del desempeño

CAPÍTULO III. Derechos retributivos

Artículo 21. Determinación de las cuantías y de los incrementos retributivos
Artículo 22. Retribuciones de los funcionarios
Artículo 23. Retribuciones básicas
Artículo 24. Retribuciones complementarias
Artículo 25. Retribuciones de los funcionarios interinos
Artículo 26. Retribuciones de los funcionarios en prácticas
Artículo 27. Retribuciones del personal laboral
Artículo 28. Indemnizaciones
Artículo 29. Retribuciones diferidas
Artículo 30. Deducción de retribuciones

CAPÍTULO IV. Derecho a la negociación colectiva, representación y participación institucional. Derecho de reunión

Artículo 31. Principios generales
Artículo 32. Negociación colectiva, representación y participación del personal laboral
Artículo 33. Negociación colectiva
Artículo 34. Mesas de Negociación
Artículo 35. Constitución y composición de las Mesas de Negociación
Artículo 36. Mesas Generales de Negociación
Artículo 37. Materias objeto de negociación
Artículo 38. Pactos y Acuerdos
Artículo 39. Órganos de representación
Artículo 40. Funciones y legitimación de los órganos de representación
Artículo 41. Garantías de la función representativa del personal
Artículo 42. Duración de la representación
Artículo 43. Promoción de elecciones a Delegados y Juntas de Personal
Artículo 44. Procedimiento electoral
Artículo 45. Solución extrajudicial de conflictos colectivos
Artículo 46. Derecho de reunión

CAPÍTULO V. Derecho a la jornada de trabajo, permisos y vacaciones

Artículo 47. Jornada de trabajo de los funcionarios públicos
Artículo 48. Permisos de los funcionarios públicos
Artículo 49. Permisos por motivos de conciliación de la vida personal, familiar y laboral, por razón de violencia de género y para las víctimas de terrorismo y sus familiares directos
Artículo 50. Vacaciones de los funcionarios públicos
Artículo 51. Jornada de trabajo, permisos y vacaciones del personal laboral

CAPÍTULO VI. Deberes de los empleados públicos. Código de Conducta

Artículo 52. Deberes de los empleados públicos. Código de Conducta
Artículo 53. Principios éticos
Artículo 54. Principios de conducta

TÍTULO IV. Adquisición y pérdida de la relación de servicio

CAPÍTULO I. Acceso al empleo público y adquisición de la relación de servicio

Artículo 55. Principios rectores
Artículo 56. Requisitos generales
Artículo 57. Acceso al empleo público de nacionales de otros Estados
Artículo 58. Acceso al empleo público de funcionarios españoles de Organismos Internacionales
Artículo 59. Personas con discapacidad
Artículo 60. Órganos de selección
Artículo 61. Sistemas selectivos
Artículo 62. Adquisición de la condición de funcionario de carrera

CAPÍTULO II. Pérdida de la relación de servicio

Artículo 63. Causas de pérdida de la condición de funcionario de carrera
Artículo 64. Renuncia
Artículo 65. Pérdida de la nacionalidad
Artículo 66. Pena principal o accesoria de inhabilitación absoluta o especial para cargo público
Artículo 67. Jubilación
Artículo 68. Rehabilitación de la condición de funcionario.

TÍTULO V. ORDENACIÓN DE LA ACTIVIDAD PROFESIONAL

CAPÍTULO I. Planificación de recursos humanos

Artículo 69. Objetivos e instrumentos de la planificación
Artículo 70. Oferta de empleo público
Artículo 71. Registros de personal y Gestión integrada de recursos humanos
CAPÍTULO II. Estructuración del empleo público
Artículo 72. Estructuración de los recursos humanos
Artículo 73. Desempeño y agrupación de puestos de trabajo
Artículo 74. Ordenación de los puestos de trabajo
Artículo 75. Cuerpos y escalas
Artículo 76. Grupos de clasificación profesional del personal funcionario de carrera
Artículo 77. Clasificación del personal laboral

CAPÍTULO III. Provisión de puestos de trabajo y movilidad

Artículo 78. Principios y procedimientos de provisión de puestos de trabajo del personal funcionario de carrera
Artículo 79. Concurso de provisión de los puestos de trabajo del personal funcionario de carrera
Artículo 80. Libre designación con convocatoria pública del personal funcionario de carrera
Artículo 81. Movilidad del personal funcionario de carrera
Artículo 82. Movilidad por razón de violencia de género y por razón de violencia terrorista
Artículo 83. Provisión de puestos y movilidad del personal laboral
Artículo 84. La movilidad voluntaria entre Administraciones Públicas

TÍTULO VI. SITUACIONES ADMINISTRATIVAS

Artículo 85. Situaciones administrativas de los funcionarios de carrera
Artículo 86. Servicio activo
Artículo 87. Servicios especiales
Artículo 88. Servicio en otras Administraciones Públicas
Artículo 89. Excedencia
Artículo 90. Suspensión de funciones
Artículo 91. Reingreso al servicio activo
Artículo 92. Situaciones del personal laboral

TÍTULO VII. RÉGIMEN DISCIPLINARIO

Artículo 93. Responsabilidad disciplinaria
Artículo 94. Ejercicio de la potestad disciplinaria
Artículo 95. Faltas disciplinarias
Artículo 96. Sanciones
Artículo 97. Prescripción de las faltas y sanciones
Artículo 98. Procedimiento disciplinario y medidas provisionales

TÍTULO VIII. COOPERACIÓN ENTRE LAS ADMINISTRACIONES PÚBLICAS

Artículo 99. Relaciones de cooperación entre las Administraciones Públicas
Artículo 100. Órganos de cooperación.

Disposiciones adicionales

Disposición adicional primera. Ámbito específico de aplicación

Disposición adicional segunda. Aplicación de las disposiciones de este Estatuto a las Instituciones Forales

Disposición adicional tercera. Funcionarios públicos propios de las ciudades de Ceuta y Melilla

Disposición adicional cuarta. Aplicación de este Estatuto a las autoridades administrativas independientes de ámbito estatal

Disposición adicional quinta. Jubilación de los funcionarios

Disposición adicional sexta. Otras agrupaciones profesionales sin requisito de titulación

Disposición adicional séptima. Planes de igualdad
Disposición adicional octava
Disposición adicional novena
Disposición adicional décima. Ámbito de aplicación del artículo 87.3
Disposición adicional undécima. Personal militar que preste servicios en la Administración civil
Disposición adicional duodécima. Mesas de negociación en ámbitos específicos
Disposición adicional decimotercera. Permiso por asuntos particulares por antigüedad
Disposición adicional decimocuarta. Días adicionales de vacaciones por antigüedad
Disposición adicional decimoquinta. Registro de Órganos de Representación del Personal
Disposición adicional decimosexta. Permiso retribuido para las funcionarias en estado de gestación

Disposiciones transitorias

Disposición transitoria primera. Garantía de derechos retributivos
Disposición transitoria segunda. Personal laboral fijo que desempeña funciones o puestos clasificados como propios de personal funcionario
Disposición transitoria tercera. Entrada en vigor de la nueva clasificación profesional
Disposición transitoria cuarta. Consolidación de empleo temporal
Disposición transitoria quinta. Procedimiento Electoral General
Disposición transitoria sexta. Duración del permiso de paternidad por el nacimiento, acogimiento o adopción de un hijo para el personal funcionario hasta la entrada en vigor de la Ley 9/2009, de 6 de octubre
Disposición transitoria séptima. Referencia a los Organismos Reguladores
Disposición transitoria octava. Aplicación del artículo 84.3

Disposiciones derogatorias

Disposición derogatoria única

Disposiciones finales

Disposición final primera. Habilitación competencial
Disposición final segunda
Disposición final tercera. Modificación de la Ley 53/1984, de 26 de diciembre, de incompatibilidades del personal al servicio de las Administraciones Públicas
Disposición final cuarta. Entrada en vigor

Ley del Estatuto Básico del Empleado Público

Real Decreto Legislativo 5/2015, de 30 de octubre, por el que se aprueba el texto refundido de la

Ministerio de Hacienda y Administraciones Públicas. «BOE» núm. 261, de 31 de octubre de 2015. Referencia: BOE-A-2015-11719

PREÁMBULO

El artículo uno.g) de la Ley 20/2014, de 29 de octubre, por la que se delega en el Gobierno la potestad de dictar diversos textos refundidos, en virtud de lo establecido en el artículo 82 y siguientes de la Constitución Española, autoriza al Gobierno para aprobar, en el plazo de doce meses a partir de la entrada en vigor de esta ley, un texto refundido en el que se integren, debidamente regularizadas, aclaradas y armonizadas, la Ley 7/2007, de 12 de abril, del Estatuto Básico del Empleado Público, y las disposiciones en materia de régimen jurídico del empleo público contenidas en normas con rango de ley que la hayan modificado, y las que, afectando a su ámbito material, puedan, en su caso, promulgarse antes de la aprobación por Consejo de Ministros de los textos refundidos que procedan y así se haya previsto en las mismas.

Asimismo, el artículo dos de la citada ley, prevé que los reales decretos legislativos que se dicten de acuerdo con la presente ley incluirán la derogación expresa de las normas que hayan sido objeto de refundición así como de aquellas disposiciones reglamentarias dictadas en aplicación y desarrollo de las mismas que resulten incompatibles con la refundición efectuada.

De acuerdo con la citada habilitación se ha procedido a elaborar el texto refundido, siguiendo los criterios que a continuación se exponen.

En primer lugar, se ha procedido a integrar en un texto único todas las modificaciones introducidas en la Ley 7/2007, de 12 de abril, a través de diversas leyes que bien han dado una nueva redacción a determinados preceptos, bien, han introducido nuevas disposiciones.

En segundo lugar, y de acuerdo con la delegación conferida, se han incluido en el texto las disposiciones en materia de régimen jurídico del empleo público contenidas en normas con rango de ley que la hayan modificado, entendiendo por tales únicamente aquellas normas con rango de ley, y carácter de legislación básica, que de manera indiscutible afectan al ámbito material de la Ley 7/2007, de 12 de abril, y que no tengan un mero carácter coyuntural o temporal, sino que han sido aprobadas con vocación de permanencia.

Por otra parte, el principio de seguridad jurídica ha guiado toda la elaboración de este texto refundido.

En este sentido, en todo momento se ha perseguido el objetivo unificador que encarna esta clase de textos refundidos, lo que se ha realizado a través de la actualización, aclaración y armonización de las distintas leyes que lo conforman, dando lugar a un nuevo texto, completo y sistemático.

Asimismo, se entiende que esta tendencia unificadora no puede ser óbice para que se incluyan en el texto refundido, debidamente integradas, todas aquellas normas que son necesarias para evitar que se produzca un vacío legal, como ocurre con la regulación relativa a los títulos universitarios oficiales correspondientes a la anterior ordenación exigibles para el ingreso en las Administraciones Públicas; o aquellas que, si bien podrían tener un carácter temporal, aun no se han consumado al no haberse cumplido la condición prevista para ello, condición que en la mayoría de los supuestos supone la aprobación de las correspondientes leyes de desarrollo, como es el caso de alguna de las normas incluidas en la disposición derogatoria única de la Ley 7/2007, de 12 de abril, cuya derogación se preveía que se produciría, como se señalaba, cuando entrasen en vigor las leyes de desarrollo, leyes que en la mayoría de los casos aún no se han aprobado.

Por último, y como fruto de la integración operada, se ha procedido a ajustar la numeración de las disposiciones como consecuencia de las distintas derogaciones que ya se habían producido con anterioridad.

En su virtud, a propuesta del Ministro de Hacienda y Administraciones Públicas, de acuerdo con el Consejo de Estado y previa deliberación del Consejo de Ministros en su reunión del día 30 de octubre de 2015,

DISPONGO:

■ Artículo único. Aprobación del texto refundido de la Ley del Estatuto Básico del Empleado Público.

Se aprueba el texto refundido de la Ley del Estatuto Básico del Empleado Público que se inserta a continuación.

Disposición adicional única. Remisiones normativas.

Las referencias efectuadas en otras disposiciones a las normas que se integran en el texto refundido que se aprueba, se entenderán efectuadas a los preceptos correspondientes de este último.

Disposición derogatoria única. Derogación normativa.

Quedan derogadas todas las disposiciones de igual o inferior rango que se opongan a lo dispuesto en el presente real decreto legislativo y al texto refundido que por él se aprueba, y en particular, las siguientes:

1. La Ley 7/2007, de 12 de abril, del Estatuto Básico del Empleado Público.

2. La disposición final quinta de la Ley 40/2007, de 4 de diciembre, de medidas en materia de Seguridad Social.

3. La disposición final vigésima tercera de la Ley 39/2010, de 22 de diciembre, de Presupuestos Generales del Estado para el año 2011.

4. El artículo 11 de la Ley 26/2011, de 1 de agosto, de adaptación normativa a la Convención Internacional sobre los Derechos de las Personas con Discapacidad.

5. La disposición final segunda de la Ley 27/2011, de 1 de agosto, sobre actualización, adecuación y modernización del sistema de Seguridad Social.

6. El artículo 7, el artículo 8, apartados uno y dos, el artículo 11 y el artículo 13, apartado 1, del Real Decreto-ley 20/2012, de 13 de julio, de medidas para garantizar la estabilidad presupuestaria y de fomento de la competitividad.

7. La disposición adicional cuarta de la Ley Orgánica 9/2013, de 20 de diciembre, de control de la deuda comercial en el sector publico.

8. El artículo 28 de la Ley 15/2014, de 16 de septiembre, de racionalización del Sector Publico y otras medidas de reforma administrativa.

9. La disposición final sexta de la Ley Orgánica 9/2015, de 28 de julio, de Régimen de Personal de la Policía Nacional.

10. El artículo 5 de la Ley 25/2015, de 28 de julio, de mecanismo de segunda oportunidad, reducción de la carga financiera y otras medidas de orden social.

11. La disposición final cuarta de la Ley 26/2015, de 28 de julio, de modificación del sistema de protección a la infancia y a la adolescencia.

12. El artículo 2 del Real Decreto-ley 10/2015, de 11 de septiembre, por el que se conceden créditos extraordinarios y suplementos de crédito en el presupuesto del Estado y se adoptan otras medidas en materia de empleo público y de estímulo a la economía.

13. La disposición final novena de la Ley 48/2015, de 29 de octubre, de Presupuestos Generales del Estado para el año 2016.

Disposición final única. Entrada en vigor.

El presente real decreto legislativo y el texto refundido que aprueba entrarán en vigor el día siguiente al de su publicación en el «Boletín Oficial del Estado».

No obstante, la entrada en vigor de la duración prevista para el permiso de paternidad en el artículo 49.c) del texto refundido, se producirá en los términos previstos en la disposición transitoria sexta de dicho texto refundido.

Por último, la entrada en vigor, tanto del apartado 2 del artículo 50 como de la disposición adicional decimosexta del texto refundido, se producirá el 1 de enero de 2016.

Dado en Madrid, el 30 de octubre de 2015.

FELIPE R.

El Ministro de Hacienda y Administraciones Públicas,
CRISTÓBAL MONTORO ROMERO

Texto Refundido de la Ley del Estatuto Básico del Empleado Público

TÍTULO I

Objeto y ámbito de aplicación

★ **Art.** 1. Objeto.

1. El presente Estatuto tiene por objeto establecer las bases del régimen estatutario de los funcionarios públicos incluidos en su ámbito de aplicación.

2. Asimismo tiene por objeto determinar las normas aplicables al personal laboral al servicio de las Administraciones Públicas.

3. Este Estatuto refleja, del mismo modo, los siguientes fundamentos de actuación:

a) Servicio a los ciudadanos y a los intereses generales.

b) Igualdad, mérito y capacidad en el acceso y en la promoción profesional.

c) Sometimiento pleno a la ley y al Derecho.

d) Igualdad de trato entre mujeres y hombres.

e) Objetividad, profesionalidad e imparcialidad en el servicio garantizadas con la inamovilidad en la condición de funcionario de carrera.

f) Eficacia en la planificación y gestión de los recursos humanos.

g) Desarrollo y cualificación profesional permanente de los empleados públicos.

h) Transparencia.

i) Evaluación y responsabilidad en la gestión.

j) Jerarquía en la atribución, ordenación y desempeño de las funciones y tareas.

k) Negociación colectiva y participación, a través de los representantes, en la determinación de las condiciones de empleo.

l) Cooperación entre las Administraciones Públicas en la regulación y gestión del empleo público.

■ Art. 2. Ámbito de aplicación.

1. Este Estatuto se aplica al personal funcionario y en lo que proceda al personal laboral al servicio de las siguientes Administraciones Públicas:

a) La Administración General del Estado.

b) Las Administraciones de las comunidades autónomas y de las ciudades de Ceuta y Melilla.

c) Las Administraciones de las entidades locales.

d) Los organismos públicos, agencias y demás entidades de derecho público con personalidad jurídica propia, vinculadas o dependientes de cualquiera de las Administraciones Públicas.

e) Las Universidades Públicas.

2. En la aplicación de este Estatuto al personal investigador se podrán dictar normas singulares para adecuarlo a sus peculiaridades.

3. El personal docente y el personal estatutario de los Servicios de Salud se regirán por la legislación específica dictada por el Estado y por las comunidades autónomas en el ámbito de sus respectivas competencias y por lo previsto en el presente Estatuto, excepto el capítulo II del título III, salvo el artículo 20, y los artículos 22.3, 24 y 84.

4. Cada vez que este Estatuto haga mención al personal funcionario de carrera se entenderá comprendido el personal estatutario de los Servicios de Salud.

5. El presente Estatuto tiene carácter supletorio para todo el personal de las Administraciones Públicas no incluido en su ámbito de aplicación.

■ Art. 3. Personal funcionario de las Entidades Locales.

1. El personal funcionario de las entidades locales se rige por la legislación estatal que resulte de aplicación, de la que forma parte este Estatuto y por la legislación de las comunidades autónomas, con respeto a la autonomía local.

2. Los Cuerpos de Policía Local se rigen también por este Estatuto y por la legislación de las comunidades autónomas, excepto en lo establecido para ellos en la Ley Orgánica 2/1986, de 13 de marzo, de Fuerzas y Cuerpos de Seguridad.

■ Art. 4. Personal con legislación específica propia.

Las disposiciones de este Estatuto sólo se aplicarán directamente cuando así lo disponga su legislación específica al siguiente personal:

a) Personal funcionario de las Cortes Generales y de las asambleas legislativas de las comunidades autónomas.

b) Personal funcionario de los demás Órganos Constitucionales del Estado y de los órganos estatutarios de las comunidades autónomas.

c) Jueces, Magistrados, Fiscales y demás personal funcionario al servicio de la Administración de Justicia.

d) Personal militar de las Fuerzas Armadas.

e) Personal de las Fuerzas y Cuerpos de Seguridad.

f) Personal retribuido por arancel.

g) Personal del Centro Nacional de Inteligencia.

h) Personal del Banco de España y del Fondo de Garantía de Depósitos de Entidades de Crédito.

■ Art. 5. Personal de la Sociedad Estatal Correos y Telégrafos.

El personal funcionario de la Sociedad Estatal Correos y Telégrafos se regirá por sus normas específicas y supletoriamente por lo dispuesto en este Estatuto.

Su personal laboral se regirá por la legislación laboral y demás normas convencionalmente aplicables.

■ Art. 6. Leyes de Función Pública.

En desarrollo de este Estatuto, las Cortes Generales y las asambleas legislativas de las comunidades autónomas aprobarán, en el ámbito de sus competencias, las leyes reguladoras de la Función Pública de la Administración General del Estado y de las comunidades autónomas.

■ Art. 7. Normativa aplicable al personal laboral.

El personal laboral al servicio de las Administraciones Públicas se rige, además de por la legislación laboral y por las demás normas convencionalmente aplicables, por los preceptos de este Estatuto que así lo dispongan.

TÍTULO II

Personal al servicio de las Administraciones Públicas

CAPÍTULO I. Clases de personal

■ Art. 8. Concepto y clases de empleados públicos.

1. Son empleados públicos quienes desempeñan funciones retribuidas en las Administraciones Públicas al servicio de los intereses generales.

2. Los empleados públicos se clasifican en:

a) Funcionarios de carrera.

b) Funcionarios interinos.

c) Personal laboral, ya sea fijo, por tiempo indefinido o temporal.

d) Personal eventual.

■ Art. 9. Funcionarios de carrera.

1. Son funcionarios de carrera quienes, en virtud de nombramiento legal, están vinculados a una Administración Pública por una relación estatutaria regulada por el Derecho Administrativo para el desempeño de servicios profesionales retribuidos de carácter permanente.

2. En todo caso, el ejercicio de las funciones que impliquen la participación directa o indirecta en el ejercicio de las potestades públicas o en la salvaguardia de los intereses generales del Estado y de las Administraciones Públicas corresponden exclusivamente a los funcionarios públicos, en los términos que en la ley de desarrollo de cada Administración Pública se establezca.

■ Art. 10. Funcionarios interinos.

1. Son funcionarios interinos los que, por razones expresamente justificadas de necesidad y urgencia, son nombrados como tales para el desempeño de funciones propias de funcionarios de carrera, cuando se dé alguna de las siguientes circunstancias:

a) La existencia de plazas vacantes cuando no sea posible su cobertura por funcionarios de carrera.

b) La sustitución transitoria de los titulares.

c) La ejecución de programas de carácter temporal, que no podrán tener una duración superior a tres años, ampliable hasta doce meses más por las leyes de Función Pública que se dicten en desarrollo de este Estatuto.

d) El exceso o acumulación de tareas por plazo máximo de seis meses, dentro de un periodo de doce meses.

2. La selección de funcionarios interinos habrá de realizarse mediante procedimientos ágiles que respetarán en todo caso los principios de igualdad, mérito, capacidad y publicidad.

3. El cese de los funcionarios interinos se producirá, además de por las causas previstas en el artículo 63, cuando finalice la causa que dio lugar a su nombramiento.

4. En el supuesto previsto en la letra a) del apartado 1 de este artículo, las plazas vacantes desempeñadas por funcionarios interinos deberán incluirse en la oferta de empleo correspondiente al ejercicio en que se produce su nombramiento y, si no fuera posible, en la siguiente, salvo que se decida su amortización.

5. A los funcionarios interinos les será aplicable, en cuanto sea adecuado a la naturaleza de su condición, el régimen general de los funcionarios de carrera.

6. El personal interino cuya designación sea consecuencia de la ejecución de programas de carácter temporal o del exceso o acumulación de tareas por plazo máximo de seis meses, dentro de un período de doce meses, podrá prestar los servicios que se le encomienden en la unidad administrativa en la que se produzca su nombramiento o en otras unidades administrativas en las que desempeñe funciones análogas, siempre que, respectivamente, dichas unidades participen en el ámbito de aplicación del citado programa de carácter temporal, con el límite de duración señalado en este artículo, o estén afectadas por la mencionada acumulación de tareas.

■ Art. 11. Personal laboral.

1. Es personal laboral el que en virtud de contrato de trabajo formalizado por escrito, en cualquiera de las modalidades de contratación de personal previstas en la legislación laboral, presta servicios retribuidos por las Administraciones Públicas. En función de la duración del contrato éste podrá ser fijo, por tiempo indefinido o temporal.

2. Las leyes de Función Pública que se dicten en desarrollo de este Estatuto establecerán los criterios para la determinación de los puestos de trabajo que pueden ser desempeñados por personal laboral, respetando en todo caso lo establecido en el artículo 9.2.

■ Art. 12. Personal eventual.

1. Es personal eventual el que, en virtud de nombramiento y con carácter no permanente, sólo realiza funciones expresamente calificadas como de confianza o asesoramiento especial, siendo retribuido con cargo a los créditos presupuestarios consignados para este fin.

2. Las leyes de Función Pública que se dicten en desarrollo de este Estatuto determinarán los órganos de gobierno de las Administraciones Públicas que podrán disponer de este tipo de personal. El número máximo se establecerá por los respectivos órganos de gobierno. Este número y las condiciones retributivas serán públicas.

3. El nombramiento y cese serán libres. El cese tendrá lugar, en todo caso, cuando se produzca el de la autoridad a la que se preste la función de confianza o asesoramiento.

4. La condición de personal eventual no podrá constituir mérito para el acceso a la Función Pública o para la promoción interna.

5. Al personal eventual le será aplicable, en lo que sea adecuado a la naturaleza de su condición, el régimen general de los funcionarios de carrera.

CAPÍTULO II. Personal directivo

■ Art. 13. Personal directivo profesional.

El Gobierno y los órganos de gobierno de las comunidades autónomas podrán establecer, en desarrollo de este Estatuto, el régimen jurídico específico del personal directivo así como los criterios para determinar su condición, de acuerdo, entre otros, con los siguientes principios:

1. Es personal directivo el que desarrolla funciones directivas profesionales en las Administraciones Públicas, definidas como tales en las normas específicas de cada Administración.

2. Su designación atenderá a principios de mérito y capacidad y a criterios de idoneidad, y se llevará a cabo mediante procedimientos que garanticen la publicidad y concurrencia.

3. El personal directivo estará sujeto a evaluación con arreglo a los criterios de eficacia y eficiencia, responsabilidad por su gestión y control de resultados en relación con los objetivos que les hayan sido fijados.

4. La determinación de las condiciones de empleo del personal directivo no tendrá la consideración de materia objeto de negociación colectiva a los efectos de esta ley. Cuando el personal directivo reúna la condición de personal laboral estará sometido a la relación laboral de carácter especial de alta dirección.

TÍTULO III

Derechos y deberes. Código de conducta de los empleados públicos

CAPÍTULO I. Derechos de los empleados públicos

■ Art. 14. Derechos individuales.

Los empleados públicos tienen los siguientes derechos de carácter individual en correspondencia con la naturaleza jurídica de su relación de servicio:

a) A la inamovilidad en la condición de funcionario de carrera.

b) Al desempeño efectivo de las funciones o tareas propias de su condición profesional y de acuerdo con la progresión alcanzada en su carrera profesional.

c) A la progresión en la carrera profesional y promoción interna según principios constitucionales de igualdad, mérito y capacidad mediante la implantación de sistemas objetivos y transparentes de evaluación.

d) A percibir las retribuciones y las indemnizaciones por razón del servicio.

e) A participar en la consecución de los objetivos atribuidos a la unidad donde preste sus servicios y a ser informado por sus superiores de las tareas a desarrollar.

f) A la defensa jurídica y protección de la Administración Pública en los procedimientos que se sigan ante cualquier orden jurisdiccional como consecuencia del ejercicio legítimo de sus funciones o cargos públicos.

g) A la formación continua y a la actualización permanente de sus conocimientos y capacidades profesionales, preferentemente en horario laboral.

h) Al respeto de su intimidad, orientación sexual, propia imagen y dignidad en el trabajo, especialmente frente al acoso sexual y por razón de sexo, moral y laboral.

i) A la no discriminación por razón de nacimiento, origen racial o étnico, género, sexo u orientación sexual, religión o convicciones, opinión, discapacidad, edad o cualquier otra condición o circunstancia personal o social.

j) A la adopción de medidas que favorezcan la conciliación de la vida personal, familiar y laboral.

k) A la libertad de expresión dentro de los límites del ordenamiento jurídico.

l) A recibir protección eficaz en materia de seguridad y salud en el trabajo.

m) A las vacaciones, descansos, permisos y licencias.

n) A la jubilación según los términos y condiciones establecidas en las normas aplicables.

o) A las prestaciones de la Seguridad Social correspondientes al régimen que les sea de aplicación.

p) A la libre asociación profesional.

q) A los demás derechos reconocidos por el ordenamiento jurídico.

■ Art. 15. Derechos individuales ejercidos colectivamente.

Los empleados públicos tienen los siguientes derechos individuales que se ejercen de forma colectiva:

a) A la libertad sindical.

b) A la negociación colectiva y a la participación en la determinación de las condiciones de trabajo.

c) Al ejercicio de la huelga, con la garantía del mantenimiento de los servicios esenciales de la comunidad.

d) Al planteamiento de conflictos colectivos de trabajo, de acuerdo con la legislación aplicable en cada caso.

e) Al de reunión, en los términos establecidos en el artículo 46 de este Estatuto.

CAPÍTULO II. Derecho a la carrera profesional y a la promoción interna. La evaluación del desempeño

■ Art. 16. Concepto, principios y modalidades de la carrera profesional de los funcionarios de carrera.

1. Los funcionarios de carrera tendrán derecho a la promoción profesional.

2. La carrera profesional es el conjunto ordenado de oportunidades de ascenso y expectativas de progreso profesional conforme a los principios de igualdad, mérito y capacidad.

A tal objeto las Administraciones Públicas promoverán la actualización y perfeccionamiento de la cualificación profesional de sus funcionarios de carrera.

3. Las leyes de Función Pública que se dicten en desarrollo de este Estatuto regularán la carrera profesional aplicable en cada ámbito que podrán consistir, entre otras, en la aplicación aislada o simultánea de alguna o algunas de las siguientes modalidades:

a) Carrera horizontal, que consiste en la progresión de grado, categoría, escalón u otros conceptos análogos, sin necesidad de cambiar de puesto de trabajo y de conformidad con lo establecido en la letra b) del artículo 17 y en el apartado 3 del artículo 20 de este Estatuto.

b) Carrera vertical, que consiste en el ascenso en la estructura de puestos de trabajo por los procedimientos de provisión establecidos en el capítulo III del título V de este Estatuto.

c) Promoción interna vertical, que consiste en el ascenso desde un cuerpo o escala de un Subgrupo, o Grupo de clasificación profesional en el supuesto de que éste no tenga Subgrupo, a otro superior, de acuerdo con lo establecido en el artículo 18.

d) Promoción interna horizontal, que consiste en el acceso a cuerpos o escalas del mismo Subgrupo profesional, de acuerdo con lo dispuesto en el artículo 18.

4. Los funcionarios de carrera podrán progresar simultáneamente en las modalidades de carrera horizontal y vertical cuando la Administración correspondiente las haya implantado en un mismo ámbito.

■ Art. 17. Carrera horizontal de los funcionarios de carrera.

Las leyes de Función Pública que se dicten en desarrollo del presente Estatuto podrán regular la carrera horizontal de los funcionarios de carrera, pudiendo aplicar, entre otras, las siguientes reglas:

a) Se articulará un sistema de grados, categorías o escalones de ascenso fijándose la remuneración a cada uno de ellos. Los ascensos serán consecutivos con carácter general, salvo en aquellos supuestos excepcionales en los que se prevea otra posibilidad.

b) Se deberá valorar la trayectoria y actuación profesional, la calidad de los trabajos realizados, los conocimientos adquiridos y el resultado de la evaluación del desempeño. Podrán incluirse asimismo otros méritos y aptitudes por razón de la especificidad de la función desarrollada y la experiencia adquirida.

■ Art. 18. Promoción interna de los funcionarios de carrera.

1. La promoción interna se realizará mediante procesos selectivos que garanticen el cumplimiento de los principios constitucionales de igualdad, mérito y capacidad así como los contemplados en el artículo 55.2 de este Estatuto.

2. Los funcionarios deberán poseer los requisitos exigidos para el ingreso, tener una antigüedad de, al menos, dos años de servicio activo en el inferior Subgrupo, o Grupo de clasificación profesional, en el supuesto de que éste no tenga Subgrupo y superar las correspondientes pruebas selectivas.

3. Las leyes de Función Pública que se dicten en desarrollo de este Estatuto articularán los sistemas para realizar la promoción interna, así como también podrán determinar los cuerpos y escalas a los que podrán acceder los funcionarios de carrera pertenecientes a otros de su mismo Subgrupo.

Asimismo las leyes de Función Pública que se dicten en desarrollo del presente Estatuto podrán determinar los cuerpos y escalas a los que podrán acceder los funcionarios de carrera pertenecientes a otros de su mismo Subgrupo.

4. Las Administraciones Públicas adoptarán medidas que incentiven la participación de su personal en los procesos selectivos de promoción interna y para la progresión en la carrera profesional.

■ Art. 19. Carrera profesional y promoción del personal laboral.

1. El personal laboral tendrá derecho a la promoción profesional.

2. La carrera profesional y la promoción del personal laboral se hará efectiva a través de los procedimientos previstos en el Estatuto de los Trabajadores o en los convenios colectivos.

■ Art. 20. La evaluación del desempeño.

1. Las Administraciones Públicas establecerán sistemas que permitan la evaluación del desempeño de sus empleados.

La evaluación del desempeño es el procedimiento mediante el cual se mide y valora la conducta profesional y el rendimiento o el logro de resultados.

2. Los sistemas de evaluación del desempeño se adecuarán, en todo caso, a criterios de transparencia, objetividad, imparcialidad y no discriminación y se aplicarán sin menoscabo de los derechos de los empleados públicos.

3. Las Administraciones Públicas determinarán los efectos de la evaluación en la carrera profesional horizontal, la formación, la provisión de puestos de trabajo y en la percepción de las retribuciones complementarias previstas en el artículo 24 del presente Estatuto.

4. La continuidad en un puesto de trabajo obtenido por concurso quedará vinculada a la evaluación del desempeño de acuerdo con los sistemas de evaluación que cada Administración Pública determine, dándose audiencia al interesado, y por la correspondiente resolución motivada.

5. La aplicación de la carrera profesional horizontal, de las retribuciones complementarias derivadas del apartado c) del artículo 24 del presente Estatuto y el cese del puesto de trabajo obtenido por el procedimiento de concurso requerirán la aprobación previa, en cada caso, de sistemas objetivos que permitan evaluar el desempeño de acuerdo con lo establecido en los apartados 1 y 2 de este artículo.

CAPÍTULO III. Derechos retributivos

■ Art. 21. Determinación de las cuantías y de los incrementos retributivos.

1. Las cuantías de las retribuciones básicas y el incremento de las cuantías globales de las retribuciones complementarias de los funcionarios, así como el incremento de la masa salarial del

personal laboral, deberán reflejarse para cada ejercicio presupuestario en la correspondiente ley de presupuestos.

2. No podrán acordarse incrementos retributivos que globalmente supongan un incremento de la masa salarial superior a los límites fijados anualmente en la Ley de Presupuestos Generales del Estado para el personal.

■ Art. 22. Retribuciones de los funcionarios.

1. Las retribuciones de los funcionarios de carrera se clasifican en básicas y complementarias.

2. Las retribuciones básicas son las que retribuyen al funcionario según la adscripción de su cuerpo o escala a un determinado Subgrupo o Grupo de clasificación profesional, en el supuesto de que éste no tenga Subgrupo, y por su antigüedad en el mismo. Dentro de ellas están comprendidas los componentes de sueldo y trienios de las pagas extraordinarias.

3. Las retribuciones complementarias son las que retribuyen las características de los puestos de trabajo, la carrera profesional o el desempeño, rendimiento o resultados alcanzados por el funcionario.

4. Las pagas extraordinarias serán dos al año, cada una por el importe de una mensualidad de retribuciones básicas y de la totalidad de las retribuciones complementarias, salvo aquéllas a las que se refieren los apartados c) y d) del artículo 24.

5. No podrá percibirse participación en tributos o en cualquier otro ingreso de las Administraciones Públicas como contraprestación de cualquier servicio, participación o premio en multas impuestas, aun cuando estuviesen normativamente atribuidas a los servicios.

■ Art. 23. Retribuciones básicas.

Las retribuciones básicas, que se fijan en la Ley de Presupuestos Generales del Estado, estarán integradas única y exclusivamente por:

a) El sueldo asignado a cada Subgrupo o Grupo de clasificación profesional, en el supuesto de que éste no tenga Subgrupo.

b) Los trienios, que consisten en una cantidad, que será igual para cada Subgrupo o Grupo de clasificación profesional, en el supuesto de que éste no tenga Subgrupo, por cada tres años de servicio.

■ Art. 24. Retribuciones complementarias.

La cuantía y estructura de las retribuciones complementarias de los funcionarios se establecerán por las correspondientes leyes de cada Administración Pública atendiendo, entre otros, a los siguientes factores:

a) La progresión alcanzada por el funcionario dentro del sistema de carrera administrativa.

b) La especial dificultad técnica, responsabilidad, dedicación, incompatibilidad exigible para el desempeño de determinados puestos de trabajo o las condiciones en que se desarrolla el trabajo.

c) El grado de interés, iniciativa o esfuerzo con que el funcionario desempeña su trabajo y el rendimiento o resultados obtenidos.

d) Los servicios extraordinarios prestados fuera de la jornada normal de trabajo.

■ Art. 25. Retribuciones de los funcionarios interinos.

1. Los funcionarios interinos percibirán las retribuciones básicas y las pagas extraordinarias correspondientes al Subgrupo o Grupo de adscripción, en el supuesto de que éste no tenga Subgrupo. Percibirán asimismo las retribuciones complementarias a que se refieren los apartados b), c) y d) del artículo 24 y las correspondientes a la categoría de entrada en el cuerpo o escala en el que se le nombre.

2. Se reconocerán los trienios correspondientes a los servicios prestados antes de la entrada en vigor del presente Estatuto que tendrán efectos retributivos únicamente a partir de la entrada en vigor del mismo.

■ Art. 26. Retribuciones de los funcionarios en prácticas.

Las Administraciones Públicas determinarán las retribuciones de los funcionarios en prácticas que, como mínimo, se corresponderán a las del sueldo del Subgrupo o Grupo, en el supuesto de que éste no tenga Subgrupo, en que aspiren a ingresar.

■ Art. 27. Retribuciones del personal laboral.

Las retribuciones del personal laboral se determinarán de acuerdo con la legislación laboral, el convenio colectivo que sea aplicable y el contrato de trabajo, respetando en todo caso lo establecido en el artículo 21 del presente Estatuto.

■ Art. 28. Indemnizaciones.

Los funcionarios percibirán las indemnizaciones correspondientes por razón del servicio.

■ Art. 29. Retribuciones diferidas.

Las Administraciones Públicas podrán destinar cantidades hasta el porcentaje de la masa salarial que se fije en las correspondientes Leyes de Presupuestos Generales del Estado a financiar aportaciones a planes de pensiones de empleo o contratos de seguro colectivos que incluyan la cobertura de la contingencia de jubilación, para el personal incluido en sus ámbitos, de acuerdo con lo establecido en la normativa reguladora de los Planes de Pensiones.

Las cantidades destinadas a financiar aportaciones a planes de pensiones o contratos de seguros tendrán a todos los efectos la consideración de retribución diferida.

■ Art. 30. Deducción de retribuciones.

1. Sin perjuicio de la sanción disciplinaria que pueda corresponder, la parte de jornada no realizada dará lugar a la deducción proporcional de haberes, que no tendrá carácter sancionador.

2. Quienes ejerciten el derecho de huelga no devengarán ni percibirán las retribuciones correspondientes al tiempo en que hayan permanecido en esa situación sin que la deducción de haberes que se efectúe tenga carácter de sanción, ni afecte al régimen respectivo de sus prestaciones sociales.

CAPÍTULO IV. Derecho a la negociación colectiva, representación y participación institucional. Derecho de reunión

■ Art. 31. Principios generales.

1. Los empleados públicos tienen derecho a la negociación colectiva, representación y participación institucional para la determinación de sus condiciones de trabajo.

2. Por negociación colectiva, a los efectos de esta ley, se entiende el derecho a negociar la determinación de condiciones de trabajo de los empleados de la Administración Pública.

3. Por representación, a los efectos de esta ley, se entiende la facultad de elegir representantes y constituir órganos unitarios a través de los cuales se instrumente la interlocución entre las Administraciones Públicas y sus empleados.

4. Por participación institucional, a los efectos de esta ley, se entiende el derecho a participar, a través de las organizaciones sindicales, en los órganos de control y seguimiento de las entidades u organismos que legalmente se determine.

5. El ejercicio de los derechos establecidos en este artículo se garantiza y se lleva a cabo a través de los órganos y sistemas específicos regulados en el presente capítulo, sin perjuicio de otras formas de colaboración entre las Administraciones Públicas y sus empleados públicos o los representantes de éstos.

6. Las organizaciones sindicales más representativas en el ámbito de la Función Pública están legitimadas para la interposición de recursos en vía administrativa y jurisdiccional contra las resoluciones de los órganos de selección.

7. El ejercicio de los derechos establecidos en este capítulo deberá respetar en todo caso el contenido del presente Estatuto y las leyes de desarrollo previstas en el mismo.

8. Los procedimientos para determinar condiciones de trabajo en las Administraciones Públicas tendrán en cuenta las previsiones establecidas en los convenios y acuerdos de carácter internacional ratificados por España.

■ Art. 32. Negociación colectiva, representación y participación del personal laboral.

1. La negociación colectiva, representación y participación de los empleados públicos con contrato

laboral se regirá por la legislación laboral, sin perjuicio de los preceptos de este capítulo que expresamente les son de aplicación.

2. Se garantiza el cumplimiento de los convenios colectivos y acuerdos que afecten al personal laboral, salvo cuando excepcionalmente y por causa grave de interés público derivada de una alteración sustancial de las circunstancias económicas, los órganos de gobierno de las Administraciones Públicas suspendan o modifiquen el cumplimiento de convenios colectivos o acuerdos ya firmados en la medida estrictamente necesaria para salvaguardar el interés público.

En este supuesto, las Administraciones Públicas deberán informar a las organizaciones sindicales de las causas de la suspensión o modificación.

A los efectos de los previsto en este apartado, se entenderá, entre otras, que concurre causa grave de interés público derivada de la alteración sustancial de las circunstancias económicas cuando las Administraciones Públicas deban adoptar medidas o planes de ajuste, de reequilibrio de las cuentas públicas o de carácter económico financiero para asegurar la estabilidad presupuestaria o la corrección del déficit público.

■ Art. 33. Negociación colectiva.

1. La negociación colectiva de condiciones de trabajo de los funcionarios públicos que estará sujeta a los principios de legalidad, cobertura presupuestaria, obligatoriedad, buena fe negocial, publicidad y transparencia, se efectuará mediante el ejercicio de la capacidad representativa reconocida a las organizaciones sindicales en los artículos 6.3.c); 7.1 y 7.2 de la Ley Orgánica 11/1985, de 2 de agosto, de Libertad Sindical, y lo previsto en este capítulo.

A este efecto, se constituirán Mesas de Negociación en las que estarán legitimados para estar presentes, por una parte, los representantes de la Administración Pública correspondiente, y por otra, las organizaciones sindicales más representativas a nivel estatal, las organizaciones sindicales más representativas de comunidad autónoma, así como los sindicatos que hayan obtenido el 10 por 100 o más de los representantes en las elecciones para Delegados y Juntas de Personal, en las unidades electorales comprendidas en el ámbito específico de su constitución.

2. Las Administraciones Públicas podrán encargar el desarrollo de las actividades de negociación colectiva a órganos creados por ellas, de naturaleza estrictamente técnica, que ostentarán su representación en la negociación colectiva previas las instrucciones políticas correspondientes y sin perjuicio de la ratificación de los acuerdos alcanzados por los órganos de gobierno o administrativos con competencia para ello.

■ Art. 34. Mesas de Negociación.

1. A los efectos de la negociación colectiva de los funcionarios públicos, se constituirá una Mesa General de Negociación en el ámbito de la Administración General del Estado, así como en cada una de las Comunidades Autónomas, ciudades de Ceuta y Melilla y Entidades Locales.

2. Se reconoce la legitimación negocial de las asociaciones de municipios, así como la de las Entidades Locales de ámbito supramunicipal. A tales efectos, los municipios podrán adherirse con carácter previo o de manera sucesiva a la negociación colectiva que se lleve a cabo en el ámbito correspondiente.

Asimismo, una Administración o Entidad Pública podrá adherirse a los acuerdos alcanzados dentro del territorio de cada comunidad autónoma, o a los acuerdos alcanzados en un ámbito supramunicipal.

3. Son competencias propias de las Mesas Generales la negociación de las materias relacionadas con condiciones de trabajo comunes a los funcionarios de su ámbito.

4. Dependiendo de las Mesas Generales de Negociación y por acuerdo de las mismas podrán constituirse Mesas Sectoriales, en atención a las condiciones específicas de trabajo de las organizaciones administrativas afectadas o a las peculiaridades de sectores concretos de funcionarios públicos y a su número.

5. La competencia de las Mesas Sectoriales se extenderá a los temas comunes a los funcionarios del sector que no hayan sido objeto de decisión por parte de la Mesa General respectiva o a los que ésta explícitamente les reenvíe o delegue.

6. El proceso de negociación se abrirá, en cada Mesa, en la fecha que, de común acuerdo, fijen la Administración correspondiente y la mayoría de la representación sindical. A falta de acuerdo, el proceso se iniciará en el plazo máximo de un mes desde que la mayoría de una de las partes legitimadas lo promueva, salvo que existan causas legales o pactadas que lo impidan.

7. Ambas partes estarán obligadas a negociar bajo el principio de la buena fe y proporcionarse mutuamente la información que precisen relativa a la negociación.

■ Art. 35. Constitución y composición de las Mesas de Negociación.

1. Las Mesas a que se refieren los artículos 34, 36.3 y disposición adicional duodécima de este Estatuto quedarán válidamente constituidas cuando, además de la representación de la Administración correspondiente, y sin perjuicio del derecho de todas las organizaciones sindicales legitimadas a participar en ellas en proporción a su representatividad, tales organizaciones sindicales representen, como mínimo, la mayoría absoluta de los miembros de los órganos unitarios de representación en el ámbito de que se trate.

2. Las variaciones en la representatividad sindical, a efectos de modificación en la composición de las Mesas de Negociación, serán acreditadas por las organizaciones sindicales interesadas, mediante el correspondiente certificado de la Oficina Pública de Registro competente, cada dos años a partir de la fecha inicial de constitución de las citadas Mesas.

3. La designación de los componentes de las Mesas corresponderá a las partes negociadoras que podrán contar con la asistencia en las deliberaciones de asesores, que intervendrán con voz, pero sin voto.

4. En las normas de desarrollo del presente Estatuto se establecerá la composición numérica de las Mesas correspondientes a sus ámbitos, sin que ninguna de las partes pueda superar el número de quince miembros.

■ Art. 36. Mesas Generales de Negociación.

1. Se constituye una Mesa General de Negociación de las Administraciones Públicas. La representación de éstas será unitaria, estará presidida por la Administración General del Estado y contará con representantes de las Comunidades Autónomas, de las ciudades de Ceuta y Melilla y de la Federación Española de Municipios y Provincias, en función de las materias a negociar.

La representación de las organizaciones sindicales legitimadas para estar presentes de acuerdo con lo dispuesto en los artículos 6 y 7 de la Ley Orgánica 11/1985, de 2 de agosto, de Libertad Sindical, se distribuirá en función de los resultados obtenidos en las elecciones a los órganos de representación del personal, Delegados de Personal, Juntas de Personal y Comités de Empresa, en el conjunto de las Administraciones Públicas.

2. Serán materias objeto de negociación en esta Mesa las relacionadas en el artículo 37 de este Estatuto que resulten susceptibles de regulación estatal con carácter de norma básica, sin perjuicio de los acuerdos a que puedan llegar las comunidades autónomas en su correspondiente ámbito territorial en virtud de sus competencias exclusivas y compartidas en materia de Función Pública.

Será específicamente objeto de negociación en el ámbito de la Mesa General de Negociación de las Administraciones Públicas el incremento global de las retribuciones del personal al servicio de las Administraciones Públicas que corresponda incluir en el Proyecto de Ley de Presupuestos Generales del Estado de cada año.

3. Para la negociación de todas aquellas materias y condiciones de trabajo comunes al personal funcionario, estatutario y laboral de cada Administración Pública, se constituirá en la Administración General del Estado, en cada una de las comunidades autónomas, ciudades de Ceuta y Melilla y entidades locales una Mesa General de Negociación.

Son de aplicación a estas Mesas Generales los criterios establecidos en el apartado anterior sobre representación de las organizaciones sindicales en la Mesa General de Negociación de las

Administraciones Públicas, tomando en consideración en cada caso los resultados obtenidos en las elecciones a los órganos de representación del personal funcionario y laboral del correspondiente ámbito de representación.

Además, también estarán presentes en estas Mesas Generales, las organizaciones sindicales que formen parte de la Mesa General de Negociación de las Administraciones Públicas siempre que hubieran obtenido el 10 por 100 de los representantes a personal funcionario o personal laboral en el ámbito correspondiente a la Mesa de que se trate.

■ Art. 37. Materias objeto de negociación.

1. Serán objeto de negociación, en su ámbito respectivo y en relación con las competencias de cada Administración Pública y con el alcance que legalmente proceda en cada caso, las materias siguientes:

a) La aplicación del incremento de las retribuciones del personal al servicio de las Administraciones Públicas que se establezca en la Ley de Presupuestos Generales del Estado y de las comunidades autónomas.

b) La determinación y aplicación de las retribuciones complementarias de los funcionarios.

c) Las normas que fijen los criterios generales en materia de acceso, carrera, provisión, sistemas de clasificación de puestos de trabajo, y planes e instrumentos de planificación de recursos humanos.

d) Las normas que fijen los criterios y mecanismos generales en materia de evaluación del desempeño.

e) Los planes de Previsión Social Complementaria.

f) Los criterios generales de los planes y fondos para la formación y la promoción interna.

g) Los criterios generales para la determinación de prestaciones sociales y pensiones de clases pasivas.

h) Las propuestas sobre derechos sindicales y de participación.

i) Los criterios generales de acción social.

j) Las que así se establezcan en la normativa de prevención de riesgos laborales.

k) Las que afecten a las condiciones de trabajo y a las retribuciones de los funcionarios, cuya regulación exija norma con rango de ley.

l) Los criterios generales sobre ofertas de empleo público.

m) Las referidas a calendario laboral, horarios, jornadas, vacaciones, permisos, movilidad funcional y geográfica, así como los criterios generales sobre la planificación estratégica de los recursos humanos, en aquellos aspectos que afecten a condiciones de trabajo de los empleados públicos.

2. Quedan excluidas de la obligatoriedad de la negociación, las materias siguientes:

a) Las decisiones de las Administraciones Públicas que afecten a sus potestades de organización.

Cuando las consecuencias de las decisiones de las Administraciones Públicas que afecten a sus potestades de organización tengan repercusión sobre condiciones de trabajo de los funcionarios públicos contempladas en el apartado anterior, procederá la negociación de dichas condiciones con las organizaciones sindicales a que se refiere este Estatuto.

b) La regulación del ejercicio de los derechos de los ciudadanos y de los usuarios de los servicios públicos, así como el procedimiento de formación de los actos y disposiciones administrativas.

c) La determinación de condiciones de trabajo del personal directivo.

d) Los poderes de dirección y control propios de la relación jerárquica.

e) La regulación y determinación concreta, en cada caso, de los sistemas, criterios, órganos y procedimientos de acceso al empleo público y la promoción profesional.

■ Art. 38. Pactos y Acuerdos.

1. En el seno de las Mesas de Negociación correspondientes, los representantes de las Administraciones Públicas podrán concertar Pactos y Acuerdos con la representación de las organizaciones sindicales legitimadas a tales efectos, para la determinación de condiciones de trabajo de los funcionarios de dichas Administraciones.

2. Los Pactos se celebrarán sobre materias que se correspondan estrictamente con el ámbito competencial del órgano administrativo que lo suscriba y se aplicarán directamente al personal del ámbito correspondiente.

3. Los Acuerdos versarán sobre materias competencia de los órganos de gobierno de las Administraciones Públicas. Para su validez y eficacia será necesaria su aprobación expresa y formal por estos órganos. Cuando tales Acuerdos hayan sido ratificados y afecten a temas que pueden ser decididos de forma definitiva por los órganos de gobierno, el contenido de los mismos será directamente aplicable al personal incluido en su ámbito de aplicación, sin perjuicio de que a efectos formales se requiera la modificación o derogación, en su caso, de la normativa reglamentaria correspondiente.

Si los Acuerdos ratificados tratan sobre materias sometidas a reserva de ley que, en consecuencia, sólo pueden ser determinadas definitivamente por las Cortes Generales o las asambleas legislativas de las comunidades autónomas, su contenido carecerá de eficacia directa. No obstante, en este supuesto, el órgano de gobierno respectivo que tenga iniciativa legislativa procederá a la elaboración, aprobación y remisión a las Cortes Generales o asambleas legislativas de las comunidades autónomas del correspondiente proyecto de ley conforme al contenido del Acuerdo y en el plazo que se hubiera acordado.

Cuando exista falta de ratificación de un Acuerdo o, en su caso, una negativa expresa a incorporar lo acordado en el proyecto de ley correspondiente, se deberá iniciar la renegociación de las materias tratadas en el plazo de un mes, si así lo solicitara al menos la mayoría de una de las partes.

4. Los Pactos y Acuerdos deberán determinar las partes que los conciertan, el ámbito personal, funcional, territorial y temporal, así como la forma, plazo de preaviso y condiciones de denuncia de los mismos.

5. Se establecerán Comisiones Paritarias de seguimiento de los Pactos y Acuerdos con la composición y funciones que las partes determinen.

6. Los Pactos celebrados y los Acuerdos, una vez ratificados, deberán ser remitidos a la Oficina Pública que cada Administración competente determine y la Autoridad respectiva ordenará su publicación en el Boletín Oficial que corresponda en función del ámbito territorial.

7. En el supuesto de que no se produzca acuerdo en la negociación o en la renegociación prevista en el último párrafo del apartado 3 del presente artículo y una vez agotados, en su caso, los procedimientos de solución extrajudicial de conflictos, corresponderá a los órganos de gobierno de las Administraciones Públicas establecer las condiciones de trabajo de los funcionarios con las excepciones contempladas en los apartados 11, 12 y 13 del presente artículo.

8. Los Pactos y Acuerdos que, de conformidad con lo establecido en el artículo 37, contengan materias y condiciones generales de trabajo comunes al personal funcionario y laboral, tendrán la consideración y efectos previstos en este artículo para los funcionarios y en el artículo 83 del Estatuto de los Trabajadores para el personal laboral.

9. Los Pactos y Acuerdos en sus respectivos ámbitos y en relación con las competencias de cada Administración Pública, podrán establecer la estructura de la negociación colectiva así como fijar las reglas que han de resolver los conflictos de concurrencia entre las negociaciones de distinto ámbito y los criterios de primacía y complementariedad entre las diferentes unidades negociadoras.

10. Se garantiza el cumplimiento de los Pactos y Acuerdos, salvo cuando excepcionalmente y por causa grave de interés público derivada de una alteración sustancial de las circunstancias económicas, los órganos de gobierno de las Administraciones Públicas suspendan o modifiquen el cumplimiento de Pactos y Acuerdos ya firmados, en la medida estrictamente necesaria para salvaguardar el interés público.

En este supuesto, las Administraciones Públicas deberán informar a las organizaciones sindicales de las causas de la suspensión o modificación.

A los efectos de los previsto en este apartado, se entenderá, entre otras, que concurre causa grave de interés público derivada de la alteración sustancial de las circunstancias económicas cuando las Administraciones Públicas deban adoptar medidas o planes de ajuste, de reequilibrio de las cuentas públicas o de carácter económico financiero para asegurar la estabilidad presupuestaria o la corrección del déficit público.

11. Salvo acuerdo en contrario, los Pactos y Acuerdos se prorrogarán de año en año si no mediara denuncia expresa de una de las partes.

12. La vigencia del contenido de los Pactos y Acuerdos una vez concluida su duración, se producirá en los términos que los mismos hubieren establecido.

13. Los Pactos y Acuerdos que sucedan a otros anteriores los derogan en su integridad, salvo los aspectos que expresamente se acuerde mantener.

■ Art. 39. Órganos de representación.

1. Los órganos específicos de representación de los funcionarios son los Delegados de Personal y las Juntas de Personal.

2. En las unidades electorales donde el número de funcionarios sea igual o superior a 6 e inferior a 50, su representación corresponderá a los Delegados de Personal. Hasta 30 funcionarios se elegirá un Delegado, y de 31 a 49 se elegirán tres, que ejercerán su representación conjunta y mancomunadamente.

3. Las Juntas de Personal se constituirán en unidades electorales que cuenten con un censo mínimo de 50 funcionarios.

4. El establecimiento de las unidades electorales se regulará por el Estado y por cada Comunidad Autónoma dentro del ámbito de sus competencias legislativas. Previo acuerdo con las Organizaciones Sindicales legitimadas en los artículos 6 y 7 de la Ley Orgánica 11/1985, de 2 de agosto, de Libertad Sindical, los órganos de gobierno de las Administraciones Públicas podrán modificar o establecer unidades electorales en razón del número y peculiaridades de sus colectivos, adecuando la configuración de las mismas a las estructuras administrativas o a los ámbitos de negociación constituidos o que se constituyan.

5. Cada Junta de Personal se compone de un número de representantes, en función del número de funcionarios de la Unidad electoral correspondiente, de acuerdo con la siguiente escala, en coherencia con lo establecido en el Estatuto de los Trabajadores:

De 50 a 100 funcionarios: 5.

De 101 a 250 funcionarios: 9.

De 251 a 500 funcionarios: 13.

De 501 a 750 funcionarios: 17.

De 751 a 1.000 funcionarios: 21.

De 1.001 en adelante, dos por cada 1.000 o fracción, con el máximo de 75.

6. Las Juntas de Personal elegirán de entre sus miembros un Presidente y un Secretario y elaborarán su propio reglamento de procedimiento, que no podrá contravenir lo dispuesto en el presente Estatuto y legislación de desarrollo, remitiendo copia del mismo y de sus modificaciones al órgano u órganos competentes en materia de personal que cada Administración determine. El reglamento y sus modificaciones deberán ser aprobados por los votos favorables de, al menos, dos tercios de sus miembros.

■ Art. 40. Funciones y legitimación de los órganos de representación.

1. Las Juntas de Personal y los Delegados de Personal, en su caso, tendrán las siguientes funciones, en sus respectivos ámbitos:

a) Recibir información, sobre la política de personal, así como sobre los datos referentes a la evolución de las retribuciones, evolución probable del empleo en el ámbito correspondiente y programas de mejora del rendimiento.

b) Emitir informe, a solicitud de la Administración Pública correspondiente, sobre el traslado total o parcial de las instalaciones e implantación o revisión de sus sistemas de organización y métodos de trabajo.

c) Ser informados de todas las sanciones impuestas por faltas muy graves.

d) Tener conocimiento y ser oídos en el establecimiento de la jornada laboral y horario de trabajo, así como en el régimen de vacaciones y permisos.

e) Vigilar el cumplimiento de las normas vigentes en materia de condiciones de trabajo, prevención de riesgos laborales, Seguridad Social y empleo y ejercer, en su caso, las acciones legales oportunas ante los organismos competentes.

f) Colaborar con la Administración correspondiente para conseguir el establecimiento de cuantas medidas procuren el mantenimiento e incremento de la productividad.

2. Las Juntas de Personal, colegiadamente, por decisión mayoritaria de sus miembros y, en su caso, los Delegados de Personal, mancomunadamente, estarán legitimados para iniciar, como interesados, los correspondientes procedimientos administrativos y ejercitar las acciones en vía administrativa o judicial en todo lo relativo al ámbito de sus funciones.

■ Art. 41. Garantías de la función representativa del personal.

1. Los miembros de las Juntas de Personal y los Delegados de Personal, en su caso, como representantes legales de los funcionarios, dispondrán en el ejercicio de su función representativa de las siguientes garantías y derechos:

a) El acceso y libre circulación por las dependencias de su unidad electoral, sin que se entorpezca el normal funcionamiento de las correspondientes unidades administrativas, dentro de los horarios habituales de trabajo y con excepción de las zonas que se reserven de conformidad con lo dispuesto en la legislación vigente.

b) La distribución libre de las publicaciones que se refieran a cuestiones profesionales y sindicales.

c) La audiencia en los expedientes disciplinarios a que pudieran ser sometidos sus miembros durante el tiempo de su mandato y durante el año inmediatamente posterior, sin perjuicio de la audiencia al interesado regulada en el procedimiento sancionador.

d) Un crédito de horas mensuales dentro de la jornada de trabajo y retribuidas como de trabajo efectivo, de acuerdo con la siguiente escala:

Hasta 100 funcionarios: 15.

De 101 a 250 funcionarios: 20.

De 251 a 500 funcionarios: 30.

De 501 a 750 funcionarios: 35.

De 751 en adelante: 40.

Los miembros de la Junta de Personal y Delegados de Personal de la misma candidatura que así lo manifiesten podrán proceder, previa comunicación al órgano que ostente la Jefatura de Personal ante la que aquélla ejerza su representación, a la acumulación de los créditos horarios.

e) No ser trasladados ni sancionados por causas relacionadas con el ejercicio de su mandato representativo, ni durante la vigencia del mismo, ni en el año siguiente a su extinción, exceptuando la extinción que tenga lugar por revocación o dimisión.

2. Los miembros de las Juntas de Personal y los Delegados de Personal no podrán ser discriminados en su formación ni en su promoción económica o profesional por razón del desempeño de su representación.

3. Cada uno de los miembros de la Junta de Personal y ésta como órgano colegiado, así como los Delegados de Personal, en su caso, observarán sigilo profesional en todo lo referente a los asuntos en que la Administración señale expresamente el carácter reservado, aún después de expirar su mandato. En todo caso, ningún documento reservado entregado por la Administración podrá ser utilizado fuera del estricto ámbito de la Administración para fines distintos de los que motivaron su entrega.

■ Art. 42. Duración de la representación.

El mandato de los miembros de las Juntas de Personal y de los Delegados de Personal, en su caso, será de cuatro años, pudiendo ser reelegidos. El mandato se entenderá prorrogado si, a su término, no se hubiesen promovido nuevas elecciones, sin que los representantes con mandato prorrogado se contabilicen a efectos de determinar la capacidad representativa de los Sindicatos.

■ Art. 43. Promoción de elecciones a Delegados y Juntas de Personal.

1. Podrán promover la celebración de elecciones a Delegados y Juntas de Personal, conforme a lo previsto en el presente Estatuto y en los artículos 6 y 7 de la Ley Orgánica 11/1985, de 2 de agosto, de Libertad Sindical:

a) Los Sindicatos más representativos a nivel estatal.

b) Los sindicatos más representativos a nivel de comunidad autónoma, cuando la unidad electoral afectada esté ubicada en su ámbito geográfico.

c) Los sindicatos que, sin ser más representativos, hayan conseguido al menos el 10 por 100 de los representantes a los que se refiere este Estatuto en el conjunto de las Administraciones Públicas.

d) Los sindicatos que hayan obtenido al menos un porcentaje del 10 por 100 en la unidad electoral en la que se pretende promover las elecciones.

e) Los funcionarios de la unidad electoral, por acuerdo mayoritario.

2. Los legitimados para promover elecciones tendrán, a este efecto, derecho a que la Administración Pública correspondiente les suministre el censo de personal de las unidades electorales afectadas, distribuido por organismos o centros de trabajo.

■ Art. 44. Procedimiento electoral.

El procedimiento para la elección de las Juntas de Personal y para la elección de Delegados de Personal se determinará reglamentariamente teniendo en cuenta los siguientes criterios generales:

a) La elección se realizará mediante sufragio personal, directo, libre y secreto que podrá emitirse por correo o por otros medios telemáticos.

b) Serán electores y elegibles los funcionarios que se encuentren en la situación de servicio activo. No tendrán la consideración de electores ni elegibles los funcionarios que ocupen puestos cuyo nombramiento se efectúe a través de real decreto o por decreto de los consejos de gobierno de las comunidades autónomas y de las ciudades de Ceuta y Melilla.

c) Podrán presentar candidaturas las organizaciones sindicales legalmente constituidas o las coaliciones de éstas, y los grupos de electores de una misma unidad electoral, siempre que el número de ellos sea equivalente, al menos, al triple de los miembros a elegir.

d) Las Juntas de Personal se elegirán mediante listas cerradas a través de un sistema proporcional corregido, y los Delegados de Personal mediante listas abiertas y sistema mayoritario.

e) Los órganos electorales serán las Mesas Electorales que se constituyan para la dirección y desarrollo del procedimiento electoral y las oficinas públicas permanentes para el cómputo y certificación de resultados reguladas en la normativa laboral.

f) Las impugnaciones se tramitarán conforme a un procedimiento arbitral, excepto las reclamaciones contra las denegaciones de inscripción de actas electorales que podrán plantearse directamente ante la jurisdicción social.

■ Art. 45. Solución extrajudicial de conflictos colectivos.

1. Con independencia de las atribuciones fijadas por las partes a las comisiones paritarias previstas en el artículo 38.5 para el conocimiento y resolución de los conflictos derivados de la aplicación e interpretación de los Pactos y Acuerdos, las Administraciones Públicas y las organizaciones sindicales a que se refiere el presente capítulo podrán acordar la creación, configuración y desarrollo de sistemas de solución extrajudicial de conflictos colectivos.

2. Los conflictos a que se refiere el apartado anterior podrán ser los derivados de la negociación, aplicación e interpretación de los Pactos y Acuerdos sobre las materias señaladas en el artículo 37, excepto para aquellas en que exista reserva de ley.

3. Los sistemas podrán estar integrados por procedimientos de mediación y arbitraje. La mediación será obligatoria cuando lo solicite una de las partes y las propuestas de solución que ofrezcan el mediador o mediadores podrán ser libremente aceptadas o rechazadas por las mismas.

Mediante el procedimiento de arbitraje las partes podrán acordar voluntariamente encomendar a un tercero la resolución del conflicto planteado, comprometiéndose de antemano a aceptar el contenido de la misma.

4. El acuerdo logrado a través de la mediación o de la resolución de arbitraje tendrá la misma eficacia jurídica y tramitación de los Pactos y Acuerdos regulados en el presente Estatuto, siempre que quienes hubieran adoptado el acuerdo o suscrito el compromiso arbitral tuviesen la legitimación que les permita acordar, en el ámbito del conflicto, un Pacto o Acuerdo conforme a lo previsto en este Estatuto.

Estos acuerdos serán susceptibles de impugnación. Específicamente cabrá recurso contra la resolución arbitral en el caso de que no se hubiesen observado en el desarrollo de la actuación arbitral los requisitos y formalidades establecidos al efecto o cuando la resolución hubiese versado sobre puntos no sometidos a su decisión, o que

ésta contradiga la legalidad vigente.

5. La utilización de estos sistemas se efectuará conforme a los procedimientos que reglamentariamente se determinen previo acuerdo con las organizaciones sindicales representativas.

■ Art. 46. Derecho de reunión.

1. Están legitimados para convocar una reunión, además de las organizaciones sindicales, directamente o a través de los Delegados Sindicales:

a) Los Delegados de Personal.

b) Las Juntas de Personal.

c) Los Comités de Empresa.

d) Los empleados públicos de las Administraciones respectivas en número no inferior al 40 por 100 del colectivo convocado.

2. Las reuniones en el centro de trabajo se autorizarán fuera de las horas de trabajo, salvo acuerdo entre el órgano competente en materia de personal y quienes estén legitimados para convocarlas.

La celebración de la reunión no perjudicará la prestación de los servicios y los convocantes de la misma serán responsables de su normal desarrollo.

CAPÍTULO V. Derecho a la jornada de trabajo, permisos y vacaciones

■ Art. 47. Jornada de trabajo de los funcionarios públicos.

Las Administraciones Públicas establecerán la jornada general y las especiales de trabajo de sus funcionarios públicos. La jornada de trabajo podrá ser a tiempo completo o a tiempo parcial.

■ Art. 48. Permisos de los funcionarios públicos.

Los funcionarios públicos tendrán los siguientes permisos:

a) Por fallecimiento, accidente o enfermedad grave de un familiar dentro del primer grado de consanguinidad o afinidad, tres días hábiles cuando el suceso se produzca en la misma localidad, y cinco días hábiles cuando sea en distinta localidad.

Cuando se trate del fallecimiento, accidente o enfermedad grave de un familiar dentro del segundo grado de consanguinidad o afinidad, el permiso será de dos días hábiles cuando se produzca en la misma localidad y de cuatro días hábiles cuando sea en distinta localidad.

b) Por traslado de domicilio sin cambio de residencia, un día.

c) Para realizar funciones sindicales o de representación del personal, en los términos que se determine.

d) Para concurrir a exámenes finales y demás pruebas definitivas de aptitud, durante los días de su celebración.

e) Por el tiempo indispensable para la realización de exámenes prenatales y técnicas de preparación al parto por las funcionarias embarazadas y, en los casos de adopción o acogimiento, o guarda con fines de adopción, para la asistencia a las preceptivas sesiones de información y preparación y para la realización de los preceptivos informes psicológicos y sociales previos a la declaración de idoneidad, que deban realizarse dentro de la jornada de trabajo.

f) Por lactancia de un hijo menor de doce meses tendrá derecho a una hora de ausencia del trabajo que podrá dividir en dos fracciones. Este derecho podrá sustituirse por una reducción de la jornada normal en media hora al inicio y al final de la jornada o, en una hora al inicio o al final de la jornada, con la misma finalidad. Este derecho podrá ser ejercido indistintamente por uno u otro de los progenitores, en el caso de que ambos trabajen.

Igualmente la funcionaria podrá solicitar la sustitución del tiempo de lactancia por un permiso retribuido que acumule en jornadas completas el tiempo correspondiente.

Este permiso se incrementará proporcionalmente en los casos de parto múltiple.

g) Por nacimiento de hijos prematuros o que por cualquier otra causa deban permanecer hospitalizados a continuación del parto, la funcionaria o el funcionario tendrá derecho a ausentarse del trabajo durante un máximo de dos horas diarias percibiendo las retribuciones íntegras.

Asimismo, tendrán derecho a reducir su jornada de trabajo hasta un máximo de dos horas, con la disminución proporcional de sus retribuciones.

h) Por razones de guarda legal, cuando el funcionario tenga el cuidado directo de algún menor de doce años, de persona mayor que requiera especial dedicación, o de una persona con discapacidad que no desempeñe actividad retribuida, tendrá derecho a la reducción de su jornada de trabajo, con la disminución de sus retribuciones que corresponda.

Tendrá el mismo derecho el funcionario que precise encargarse del cuidado directo de un familiar, hasta el segundo grado de consanguinidad o afinidad, que por razones de edad, accidente o enfermedad no pueda valerse por sí mismo y que no desempeñe actividad retribuida.

i) Por ser preciso atender el cuidado de un familiar de primer grado, el funcionario tendrá derecho a solicitar una reducción de hasta el cincuenta por ciento de la jornada laboral, con carácter retribuido, por razones de enfermedad muy grave y por el plazo máximo de un mes.

Si hubiera más de un titular de este derecho por el mismo hecho causante, el tiempo de disfrute de esta reducción se podrá prorratear entre los mismos, respetando en todo caso, el plazo máximo de un mes.

j) Por tiempo indispensable para el cumplimiento de un deber inexcusable de carácter público o personal y por deberes relacionados con la conciliación de la vida familiar y laboral.

k) Por asuntos particulares, seis días al año.

l) Por matrimonio, quince días.

■ Art. 49. Permisos por motivos de conciliación de la vida personal, familiar y laboral, por razón de violencia de género y para las víctimas de terrorismo y sus familiares directos.

En todo caso se concederán los siguientes permisos con las correspondientes condiciones mínimas:

a) Permiso por parto: tendrá una duración de dieciséis semanas ininterrumpidas. Este permiso se ampliará en dos semanas más en el supuesto de discapacidad del hijo y, por cada hijo a partir del segundo, en los supuestos de parto múltiple. El permiso se distribuirá a opción de la funcionaria siempre que seis semanas sean inmediatamente posteriores al parto. En caso de fallecimiento de la madre, el otro progenitor podrá hacer uso de la totalidad o, en su caso, de la parte que reste de permiso.

No obstante lo anterior, y sin perjuicio de las seis semanas inmediatas posteriores al parto de descanso obligatorio para la madre, en el caso de que ambos progenitores trabajen, la madre, al iniciarse el periodo de descanso por maternidad, podrá optar por que el otro progenitor disfrute de una parte determinada e ininterrumpida del periodo de descanso posterior al parto, bien de forma simultánea o sucesiva con el de la madre. El otro progenitor podrá seguir disfrutando del permiso de maternidad inicialmente cedido, aunque en el momento previsto para la reincorporación de la madre al trabajo ésta se encuentre en situación de incapacidad temporal.

En los casos de disfrute simultáneo de periodos de descanso, la suma de los mismos no podrá exceder de las dieciséis semanas o de las que correspondan en caso de discapacidad del hijo o de parto múltiple.

Este permiso podrá disfrutarse a jornada completa o a tiempo parcial, cuando las necesidades del servicio lo permitan, y en los términos que reglamentariamente se determinen.

En los casos de parto prematuro y en aquéllos en que, por cualquier otra causa, el neonato deba permanecer hospitalizado a continuación del parto, este permiso se ampliará en tantos días como el neonato se encuentre hospitalizado, con un máximo de trece semanas adicionales.

Durante el disfrute de este permiso se podrá participar en los cursos de formación que convoque la Administración.

b) Permiso por adopción, por guarda con fines de adopción, o acogimiento, tanto temporal como permanente: tendrá una duración de dieciséis semanas ininterrumpidas. Este permiso se ampliará en dos semanas más en el supuesto de discapacidad del menor adoptado o acogido y por cada hijo, a partir del segundo, en los supuestos de adopción o acogimiento múltiple.

El cómputo del plazo se contará a elección del funcionario, a partir de la decisión administrativa de guarda con fines de adopción o acogimiento, o a partir de la resolución judicial por la que se constituya la adopción sin que en ningún caso un mismo menor pueda dar derecho a varios periodos de disfrute de este permiso.

En el caso de que ambos progenitores trabajen, el permiso se distribuirá a opción de los interesados, que podrán disfrutarlo de forma simultánea o sucesiva, siempre en periodos ininterrumpidos.

En los casos de disfrute simultáneo de periodos de descanso, la suma de los mismos no podrá exceder de las dieciséis semanas o de las que correspondan en caso de adopción o acogimiento múltiple y de discapacidad del menor adoptado o acogido.

Este permiso podrá disfrutarse a jornada completa o a tiempo parcial, cuando las necesidades de servicio lo permitan, y en los términos que reglamentariamente se determine.

Si fuera necesario el desplazamiento previo de los progenitores al país de origen del adoptado, en los casos de adopción o acogimiento internacional, se tendrá derecho, además, a un permiso de hasta dos meses de duración, percibiendo durante este periodo exclusivamente las retribuciones básicas.

Con independencia del permiso de hasta dos meses previsto en el párrafo anterior y para el supuesto contemplado en dicho párrafo, el permiso por adopción, guarda con fines de adopción o acogimiento, tanto temporal como permanente, podrá iniciarse hasta cuatro semanas antes de la resolución judicial por la que se constituya la adopción o la decisión administrativa o judicial de acogimiento.

Durante el disfrute de este permiso se podrá participar en los cursos de formación que convoque la Administración.

Los supuestos de adopción, guarda con fines de adopción o acogimiento, tanto temporal como permanente, previstos en este artículo serán los que así se establezcan en el Código Civil o en las leyes civiles de las comunidades autónomas que los regulen, debiendo tener el acogimiento temporal una duración no inferior a un año.

c) Permiso de paternidad por el nacimiento, guarda con fines de adopción, acogimiento o adopción de un hijo: tendrá una duración de cuatro semanas, a disfrutar por el padre o el otro progenitor a partir de la fecha del nacimiento, de la decisión administrativa de guarda con fines de adopción o acogimiento, o de la resolución judicial por la que se constituya la adopción.

Este permiso es independiente del disfrute compartido de los permisos contemplados en los apartados a) y b).

En los casos previstos en los apartados a), b), y c) el tiempo transcurrido durante el disfrute de estos permisos se computará como de servicio efectivo a todos los efectos, garantizándose la plenitud de derechos económicos de la funcionaria y, en su caso, del otro progenitor funcionario, durante todo el periodo de duración del permiso, y, en su caso, durante los periodos posteriores al disfrute de este, si de acuerdo con la normativa aplicable, el derecho a percibir algún concepto retributivo se determina en función del periodo de disfrute del permiso.

Los funcionarios que hayan hecho uso del permiso por parto o maternidad, paternidad, adopción guarda con fines de adopción o acogimiento tanto temporal como permanente, tendrán derecho, una vez finalizado el periodo de permiso, a reintegrarse a su puesto de trabajo en términos y condiciones que no les resulten menos favorables al disfrute del permiso, así como a beneficiarse de cualquier mejora en las condiciones de trabajo a las que hubieran podido tener derecho durante su ausencia.

d) Permiso por razón de violencia de género sobre la mujer funcionaria: las faltas de asistencia de las funcionarias víctimas de violencia de género, totales o parciales, tendrán la consideración de justificadas por el tiempo y en las condiciones en que así lo determinen los servicios sociales de atención o de salud según proceda.

Asimismo, las funcionarias víctimas de violencia sobre la mujer, para hacer efectiva su protección o su derecho de asistencia social integral, tendrán derecho a la reducción de la jornada con disminución proporcional de la retribución, o la reordenación del tiempo de trabajo, a través de la adaptación del horario, de la aplicación del horario flexible o de otras formas de ordenación del tiempo de trabajo que sean aplicables, en los términos que para estos supuestos establezca la Administración Pública competente en casa caso.

e) Permiso por cuidado de hijo menor afectado por cáncer u otra enfermedad grave: el funcionario tendrá derecho, siempre que ambos progenitores, adoptantes, guardadores con fines de adopción o acogedores de carácter permanente trabajen, a una reducción de la jornada de trabajo de al menos la mitad de la duración de aquélla, percibiendo las retribuciones íntegras con cargo a los presupuestos del órgano o entidad donde venga prestando sus servicios, para el cuidado, durante la hospitalización y tratamiento continuado, del hijo menor de edad afectado por cáncer (tumores malignos, melanomas o carcinomas) o por cualquier otra enfermedad grave que implique un ingreso hospitalario de larga duración y requiera la necesidad de su cuidado directo, continuo y permanente acreditado por el informe del servicio público de salud u órgano administrativo sanitario de la comunidad autónoma o, en su caso, de la entidad sanitaria concertada correspondiente y, como máximo, hasta que el menor cumpla los 18 años.

Cuando concurran en ambos progenitores, adoptantes, guardadores con fines de adopción o acogedores de carácter permanente, por el mismo sujeto y hecho causante, las circunstancias necesarias para tener derecho a este permiso o, en su caso, puedan tener la condición de beneficiarios de la prestación establecida para este fin en el Régimen de la Seguridad Social que les sea de aplicación, el funcionario tendrá derecho a la percepción de las retribuciones íntegras durante el tiempo que dure la reducción de su jornada de trabajo, siempre que el otro progenitor, adoptante o guardador con fines de adopción o acogedor de carácter permanente, sin perjuicio del derecho a la reducción de jornada que le corresponda, no cobre sus retribuciones íntegras en virtud de este permiso o como beneficiario de la prestación establecida para este fin en el Régimen de la Seguridad Social que le sea de aplicación. En caso contrario, sólo se tendrá derecho a la reducción de jornada, con la consiguiente reducción de retribuciones.

Asimismo, en el supuesto de que ambos presten servicios en el mismo órgano o entidad, ésta podrá limitar su ejercicio simultáneo por razones fundadas en el correcto funcionamiento del servicio.

Reglamentariamente se establecerán las condiciones y supuestos en los que esta reducción de jornada se podrá acumular en jornadas completas

f) Para hacer efectivo su derecho a la protección y a la asistencia social integral, los funcionarios que hayan sufrido daños físicos o psíquicos como consecuencia de la actividad terrorista, su cónyuge o persona con análoga relación de afectividad, y los hijos de los heridos y fallecidos, siempre que ostenten la condición de funcionarios y de víctimas del terrorismo de acuerdo con la legislación vigente, así como los funcionarios amenazados en los términos del artículo 5 de la Ley 29/2011, de 22 de septiembre, de Reconocimiento y Protección Integral a las Víctimas del Terrorismo, previo reconocimiento del Ministerio del Interior o de sentencia judicial firme, tendrán derecho a la reducción de la jornada con disminución proporcional de la retribución, o a la reordenación del tiempo de trabajo, a través de la adaptación del horario, de la aplicación del horario flexible o de otras formas de ordenación del tiempo de trabajo que sean aplicables, en los términos que establezca la Administración competente en cada caso.

Dichas medidas serán adoptadas y mantenidas en el tiempo en tanto que resulten necesarias para la protección y asistencia social integral de la persona a la que se concede, ya sea por razón de las secuelas provocadas por la acción terrorista, ya sea por la amenaza a la que se encuentra sometida, en los términos previstos reglamentariamente.

■ Art. 50. Vacaciones de los funcionarios públicos.

1. Los funcionarios públicos tendrán derecho a disfrutar, durante cada año natural, de unas vacaciones retribuidas de veintidós días hábiles, o de los días que correspondan proporcionalmente si el tiempo de servicio durante el año fue menor.

A los efectos de lo previsto en el presente artículo, no se considerarán como días hábiles los sábados, sin perjuicio de las adaptaciones que se establezcan para los horarios especiales.

2. Cuando las situaciones de permiso de maternidad, incapacidad temporal, riesgo durante la lactancia o riesgo durante el embarazo impidan iniciar el disfrute de las vacaciones dentro del año natural al que correspondan, o una vez iniciado el periodo vacacional sobreviniera una de dichas situaciones, el periodo vacacional se podrá disfrutar aunque haya terminado el año natural a que correspondan y siempre que no hayan transcurrido más de dieciocho meses a partir del final del año en que se hayan originado.

■ Art. 51. Jornada de trabajo, permisos y vacaciones del personal laboral.

Para el régimen de jornada de trabajo, permisos y vacaciones del personal laboral se estará a lo establecido en este capítulo y en la legislación laboral correspondiente.

CAPÍTULO VI. Deberes de los empleados públicos. Código de Conducta

■ Art. 52. Deberes de los empleados públicos. Código de Conducta.

Los empleados públicos deberán desempeñar con diligencia las tareas que tengan asignadas y velar por los intereses generales con sujeción y observancia de la Constitución y del resto del ordenamiento jurídico, y deberán actuar con arreglo a los siguientes principios: objetividad, integridad, neutralidad, responsabilidad, imparcialidad, confidencialidad, dedicación al servicio público, transparencia, ejemplaridad, austeridad, accesibilidad, eficacia, honradez, promoción del entorno cultural y medioambiental, y respeto a la igualdad entre mujeres y hombres, que inspiran el Código de Conducta de los empleados públicos configurado por los principios éticos y de conducta regulados en los artículos siguientes.

Los principios y reglas establecidos en este capítulo informarán la interpretación y aplicación del régimen disciplinario de los empleados públicos.

■ Art. 53. Principios éticos.

1. Los empleados públicos respetarán la Constitución y el resto de normas que integran el ordenamiento jurídico.

2. Su actuación perseguirá la satisfacción de los intereses generales de los ciudadanos y se fundamentará en consideraciones objetivas orienta-

das hacia la imparcialidad y el interés común, al margen de cualquier otro factor que exprese posiciones personales, familiares, corporativas, clientelares o cualesquiera otras que puedan colisionar con este principio.

3. Ajustarán su actuación a los principios de lealtad y buena fe con la Administración en la que presten sus servicios, y con sus superiores, compañeros, subordinados y con los ciudadanos.

4. Su conducta se basará en el respeto de los derechos fundamentales y libertades públicas, evitando toda actuación que pueda producir discriminación alguna por razón de nacimiento, origen racial o étnico, género, sexo, orientación sexual, religión o convicciones, opinión, discapacidad, edad o cualquier otra condición o circunstancia personal o social.

5. Se abstendrán en aquellos asuntos en los que tengan un interés personal, así como de toda actividad privada o interés que pueda suponer un riesgo de plantear conflictos de intereses con su puesto público.

6. No contraerán obligaciones económicas ni intervendrán en operaciones financieras, obligaciones patrimoniales o negocios jurídicos con personas o entidades cuando pueda suponer un conflicto de intereses con las obligaciones de su puesto público.

7. No aceptarán ningún trato de favor o situación que implique privilegio o ventaja injustificada, por parte de personas físicas o entidades privadas.

8. Actuarán de acuerdo con los principios de eficacia, economía y eficiencia, y vigilarán la consecución del interés general y el cumplimiento de los objetivos de la organización.

9. No influirán en la agilización o resolución de trámite o procedimiento administrativo sin justa causa y, en ningún caso, cuando ello comporte un privilegio en beneficio de los titulares de los cargos públicos o su entorno familiar y social inmediato o cuando suponga un menoscabo de los intereses de terceros.

10. Cumplirán con diligencia las tareas que les correspondan o se les encomienden y, en su caso, resolverán dentro de plazo los procedimientos o expedientes de su competencia.

11. Ejercerán sus atribuciones según el principio de dedicación al servicio público absteniéndose no solo de conductas contrarias al mismo, sino también de cualesquiera otras que comprometan la neutralidad en el ejercicio de los servicios públicos.

12. Guardarán secreto de las materias clasificadas u otras cuya difusión esté prohibida legalmente, y mantendrán la debida discreción sobre aquellos asuntos que conozcan por razón de su cargo, sin que puedan hacer uso de la información obtenida para beneficio propio o de terceros, o en perjuicio del interés público.

■ Art. 54. Principios de conducta.

1. Tratarán con atención y respeto a los ciudadanos, a sus superiores y a los restantes empleados públicos.

2. El desempeño de las tareas correspondientes a su puesto de trabajo se realizará de forma diligente y cumpliendo la jornada y el horario establecidos.

3. Obedecerán las instrucciones y órdenes profesionales de los superiores, salvo que constituyan una infracción manifiesta del ordenamiento jurídico, en cuyo caso las pondrán inmediatamente en conocimiento de los órganos de inspección procedentes.

4. Informarán a los ciudadanos sobre aquellas materias o asuntos que tengan derecho a conocer, y facilitarán el ejercicio de sus derechos y el cumplimiento de sus obligaciones.

5. Administrarán los recursos y bienes públicos con austeridad, y no utilizarán los mismos en provecho propio o de personas allegadas. Tendrán, asimismo, el deber de velar por su conservación.

6. Se rechazará cualquier regalo, favor o servicio en condiciones ventajosas que vaya más allá de los usos habituales, sociales y de cortesía, sin perjuicio de lo establecido en el Código Penal.

7. Garantizarán la constancia y permanencia de los documentos para su transmisión y entrega a sus posteriores responsables.

8. Mantendrán actualizada su formación y cualificación.

9. Observarán las normas sobre seguridad y salud laboral.

10. Pondrán en conocimiento de sus superiores o de los órganos competentes las propuestas que consideren adecuadas para mejorar el desarrollo de las funciones de la unidad en la que estén destinados. A estos efectos se podrá prever la creación de la instancia adecuada competente para centralizar la recepción de las propuestas de los empleados públicos o administrados que sirvan para mejorar la eficacia en el servicio.

11. Garantizarán la atención al ciudadano en la lengua que lo solicite siempre que sea oficial en el territorio.

TÍTULO IV

Adquisición y pérdida de la relación de servicio

CAPÍTULO I. Acceso al empleo público y adquisición de la relación de servicio

■ Art. 55. Principios rectores.

1. Todos los ciudadanos tienen derecho al acceso al empleo público de acuerdo con los principios constitucionales de igualdad, mérito y capacidad, y de acuerdo con lo previsto en el presente Estatuto y en el resto del ordenamiento jurídico.

2. Las Administraciones Públicas, entidades y organismos a que se refiere el artículo 2 del presente Estatuto seleccionarán a su personal funcionario y laboral mediante procedimientos en los que se garanticen los principios constitucionales antes expresados, así como los establecidos a continuación:

a) Publicidad de las convocatorias y de sus bases.

b) Transparencia.

c) Imparcialidad y profesionalidad de los miembros de los órganos de selección.

d) Independencia y discrecionalidad técnica en la actuación de los órganos de selección.

e) Adecuación entre el contenido de los procesos selectivos y las funciones o tareas a desarrollar.

f) Agilidad, sin perjuicio de la objetividad, en los procesos de selección.

■ Art. 56. Requisitos generales.

1. Para poder participar en los procesos selectivos será necesario reunir los siguientes requisitos:

a) Tener la nacionalidad española, sin perjuicio de lo dispuesto en el artículo siguiente.

b) Poseer la capacidad funcional para el desempeño de las tareas.

c) Tener cumplidos dieciséis años y no exceder, en su caso, de la edad máxima de jubilación forzosa. Sólo por ley podrá establecerse otra edad máxima, distinta de la edad de jubilación forzosa, para el acceso al empleo público.

d) No haber sido separado mediante expediente disciplinario del servicio de cualquiera de las Administraciones Públicas o de los órganos constitucionales o estatutarios de las Comunidades Autónomas, ni hallarse en inhabilitación absoluta o especial para empleos o cargos públicos por resolución judicial, para el acceso al cuerpo o escala de funcionario, o para ejercer funciones similares a las que desempeñaban en el caso del personal laboral, en el que hubiese sido separado o inhabilitado. En el caso de ser nacional de otro Estado, no hallarse inhabilitado o en situación equivalente ni haber sido sometido a sanción disciplinaria o equivalente que impida, en su Estado, en los mismos términos el acceso al empleo público.

e) Poseer la titulación exigida.

2. Las Administraciones Públicas, en el ámbito de sus competencias, deberán prever la selección de empleados públicos debidamente capacitados para cubrir los puestos de trabajo en las Comunidades Autónomas que gocen de dos lenguas oficiales.

3. Podrá exigirse el cumplimiento de otros requisitos específicos que guarden relación objetiva y proporcionada con las funciones asumidas y las tareas a desempeñar. En todo caso, habrán de establecerse de manera abstracta y general.

■ Art. 57. Acceso al empleo público de nacionales de otros Estados.

1. Los nacionales de los Estados miembros de la Unión Europea podrán acceder, como personal funcionario, en igualdad de condiciones que los españoles a los empleos públicos, con excepción de aquellos que directa o indirectamente impliquen una participación en el ejercicio del poder público o en las funciones que tienen por objeto la salvaguardia de los intereses del Estado o de las Administraciones Públicas.

A tal efecto, los órganos de gobierno de las Administraciones Públicas determinarán las agrupaciones de funcionarios contempladas en el artículo 76 a las que no puedan acceder los nacionales de otros Estados.

2. Las previsiones del apartado anterior serán de aplicación, cualquiera que sea su nacionalidad, al cónyuge de los españoles y de los nacionales de otros Estados miembros de la Unión Europea, siempre que no estén separados de derecho y a sus descendientes y a los de su cónyuge siempre que no estén separados de derecho, sean menores de veintiún años o mayores de dicha edad dependientes.

3. El acceso al empleo público como personal funcionario, se extenderá igualmente a las personas incluidas en el ámbito de aplicación de los Tratados Internacionales celebrados por la Unión Europea y ratificados por España en los que sea de aplicación la libre circulación de trabajadores, en los términos establecidos en el apartado 1 de este artículo.

4. Los extranjeros a los que se refieren los apartados anteriores, así como los extranjeros con residencia legal en España podrán acceder a las Administraciones Públicas, como personal laboral, en igualdad de condiciones que los españoles.

5. Sólo por ley de las Cortes Generales o de las asambleas legislativas de las comunidades autónomas podrá eximirse del requisito de la nacionalidad por razones de interés general para el acceso a la condición de personal funcionario.

■ Art. 58. Acceso al empleo público de funcionarios españoles de Organismos Internacionales.

Las Administraciones Públicas establecerán los requisitos y condiciones para el acceso a las mismas de funcionarios de nacionalidad española de Organismos Internacionales, siempre que posean la titulación requerida y superen los correspondientes procesos selectivos. Podrán quedar exentos de la realización de aquellas pruebas que tengan por objeto acreditar conocimientos ya exigidos para el desempeño de su puesto en el organismo internacional correspondiente.

■ Art. 59. Personas con discapacidad.

1. En las ofertas de empleo público se reservará un cupo no inferior al siete por ciento de las vacantes para ser cubiertas entre personas con discapacidad, considerando como tales las definidas en el apartado 2 del artículo 4 del texto refundido de la Ley General de derechos de las personas con discapacidad y de su inclusión social, aprobado por el Real Decreto Legislativo 1/2013, de 29 de noviembre, siempre que superen los procesos selectivos y acrediten su discapacidad y la compatibilidad con el desempeño de las tareas, de modo que progresivamente se alcance el dos por ciento de los efectivos totales en cada Administración Pública.

La reserva del mínimo del siete por ciento se realizará de manera que, al menos, el dos por ciento de las plazas ofertadas lo sea para ser cubiertas por personas que acrediten discapacidad intelectual y el resto de las plazas ofertadas lo sea para personas que acrediten cualquier otro tipo de discapacidad.

2. Cada Administración Pública adoptará las medidas precisas para establecer las adaptaciones y ajustes razonables de tiempos y medios en el proceso selectivo y, una vez superado dicho proceso, las adaptaciones en el puesto de trabajo a las necesidades de las personas con discapacidad.

■ Art. 60. Órganos de selección.

1. Los órganos de selección serán colegiados y su composición deberá ajustarse a los principios de imparcialidad y profesionalidad de sus miembros, y se tenderá, asimismo, a la paridad entre mujer y hombre.

2. El personal de elección o de designación política, los funcionarios interinos y el personal eventual no podrán formar parte de los órganos de selección.

3. La pertenencia a los órganos de selección será siempre a título individual, no pudiendo ostentarse ésta en representación o por cuenta de nadie.

■ Art. 61. Sistemas selectivos.

1. Los procesos selectivos tendrán carácter abierto y garantizarán la libre concurrencia, sin perjuicio de lo establecido para la promoción interna y de las medidas de discriminación positiva previstas en este Estatuto.

Los órganos de selección velarán por el cumplimiento del principio de igualdad de oportunidades entre sexos.

2. Los procedimientos de selección cuidarán especialmente la conexión entre el tipo de pruebas a superar y la adecuación al desempeño de las tareas de los puestos de trabajo convocados, incluyendo, en su caso, las pruebas prácticas que sean precisas.

Las pruebas podrán consistir en la comprobación de los conocimientos y la capacidad analítica de los aspirantes, expresados de forma oral o escrita, en la realización de ejercicios que demuestren la posesión de habilidades y destrezas, en la comprobación del dominio de lenguas extranjeras y, en su caso, en la superación de pruebas físicas.

3. Los procesos selectivos que incluyan, además de las preceptivas pruebas de capacidad, la valoración de méritos de los aspirantes sólo podrán otorgar a dicha valoración una puntuación proporcionada que no determinará, en ningún caso, por sí misma el resultado del proceso selectivo.

4. Las Administraciones Públicas podrán crear órganos especializados y permanentes para la organización de procesos selectivos, pudiéndose encomendar estas funciones a los Institutos o Escuelas de Administración Pública.

5. Para asegurar la objetividad y la racionalidad de los procesos selectivos, las pruebas podrán completarse con la superación de cursos, de periodos de prácticas, con la exposición curricular por los candidatos, con pruebas psicotécnicas o con la realización de entrevistas. Igualmente podrán exigirse reconocimientos médicos.

6. Los sistemas selectivos de funcionarios de carrera serán los de oposición y concurso-oposición que deberán incluir, en todo caso, una o varias pruebas para determinar la capacidad de los aspirantes y establecer el orden de prelación.

Sólo en virtud de ley podrá aplicarse, con carácter excepcional, el sistema de concurso que consistirá únicamente en la valoración de méritos.

7. Los sistemas selectivos de personal laboral fijo serán los de oposición, concurso-oposición, con las características establecidas en el apartado anterior, o concurso de valoración de méritos.

Las Administraciones Públicas podrán negociar las formas de colaboración que en el marco de los convenios colectivos fijen la actuación de las organizaciones sindicales en el desarrollo de los procesos selectivos.

8. Los órganos de selección no podrán proponer el acceso a la condición de funcionario de un número superior de aprobados al de plazas convocadas, excepto cuando así lo prevea la propia convocatoria.

No obstante lo anterior, siempre que los órganos de selección hayan propuesto el nombramiento de igual número de aspirantes que el de plazas convocadas, y con el fin de asegurar la cobertura de las mismas, cuando se produzcan renuncias de los aspirantes seleccionados, antes de su nombramiento o toma de posesión, el órgano convocante podrá requerir del órgano de selección relación complementaria de los aspirantes que sigan a los propuestos, para su posible nombramiento como funcionarios de carrera.

■ Art. 62. Adquisición de la condición de funcionario de carrera.

1. La condición de funcionario de carrera se adquiere por el cumplimiento sucesivo de los siguientes requisitos:

a) Superación del proceso selectivo.

b) Nombramiento por el órgano o autoridad competente, que será publicado en el Diario Oficial correspondiente.

c) Acto de acatamiento de la Constitución y, en su caso, del Estatuto de Autonomía correspondiente y del resto del Ordenamiento Jurídico.

d) Toma de posesión dentro del plazo que se establezca.

2. A efectos de lo dispuesto en el apartado 1.b) anterior, no podrán ser funcionarios y quedarán sin efecto las actuaciones relativas a quienes no acrediten, una vez superado el proceso selectivo, que reúnen los requisitos y condiciones exigidos en la convocatoria.

CAPÍTULO II. Pérdida de la relación de servicio

■ Art. 63. Causas de pérdida de la condición de funcionario de carrera.

Son causas de pérdida de la condición de funcionario de carrera:

a) La renuncia a la condición de funcionario.

b) La pérdida de la nacionalidad.

c) La jubilación total del funcionario.

d) La sanción disciplinaria de separación del servicio que tuviere carácter firme.

e) La pena principal o accesoria de inhabilitación absoluta o especial para cargo público que tuviere carácter firme.

■ Art. 64. Renuncia.

1. La renuncia voluntaria a la condición de funcionario habrá de ser manifestada por escrito y será aceptada expresamente por la Administración, salvo lo dispuesto en el apartado siguiente.

2. No podrá ser aceptada la renuncia cuando el funcionario esté sujeto a expediente disciplinario o haya sido dictado en su contra auto de procesamiento o de apertura de juicio oral por la comisión de algún delito.

3. La renuncia a la condición de funcionario no inhabilita para ingresar de nuevo en la Administración Pública a través del procedimiento de selección establecido.

■ Art. 65. Pérdida de la nacionalidad.

La pérdida de la nacionalidad española o la de cualquier otro Estado miembro de la Unión Europea o la de aquellos Estados a los que, en virtud de tratados internacionales celebrados por la Unión Europea y ratificados por España, les sea de aplicación la libre circulación de trabajadores, que haya sido tenida en cuenta para el nombramiento, determinará la pérdida de la condición de funcionario salvo que simultáneamente se adquiera la nacionalidad de alguno de dichos Estados.

■ Art. 66. Pena principal o accesoria de inhabilitación absoluta o especial para cargo público.

La pena principal o accesoria de inhabilitación absoluta cuando hubiere adquirido firmeza la sentencia que la imponga produce la pérdida de la condición de funcionario respecto a todos los empleos o cargos que tuviere.

La pena principal o accesoria de inhabilitación especial cuando hubiere adquirido firmeza la sentencia que la imponga produce la pérdida de la condición de funcionario respecto de aquellos empleos o cargos especificados en la sentencia.

■ Art. 67. Jubilación.

1. La jubilación de los funcionarios podrá ser:

a) Voluntaria, a solicitud del funcionario.

b) Forzosa, al cumplir la edad legalmente establecida.

c) Por la declaración de incapacidad permanente para el ejercicio de las funciones propias de su cuerpo o escala, o por el reconocimiento de una pensión de incapacidad permanente absoluta o, incapacidad permanente total en relación con el ejercicio de las funciones de su cuerpo o escala.

2. Procederá la jubilación voluntaria, a solicitud del interesado, siempre que el funcionario reúna los requisitos y condiciones establecidos en el Régimen de Seguridad Social que le sea aplicable.

3. La jubilación forzosa se declarará de oficio al cumplir el funcionario los sesenta y cinco años de edad.

No obstante, en los términos de las leyes de Función Pública que se dicten en desarrollo de este Estatuto, se podrá solicitar la prolongación de la permanencia en el servicio activo como máximo hasta que se cumpla setenta años de edad. La Administración Pública competente deberá de resolver de forma motivada la aceptación o denegación de la prolongación.

De lo dispuesto en los dos párrafos anteriores quedarán excluidos los funcionarios que tengan normas estatales específicas de jubilación.

4. Con independencia de la edad legal de jubilación forzosa establecida en el apartado 3, la edad de la jubilación forzosa del personal funcionario incluido en el Régimen General de la Seguridad Social será, en todo caso, la que prevean las normas reguladoras de dicho régimen para el acceso a la pensión de jubilación en su modalidad contributiva sin coeficiente reductor por razón de la edad.

■ Art. 68. Rehabilitación de la condición de funcionario.

1. En caso de extinción de la relación de servicios como consecuencia de pérdida de la nacionalidad o jubilación por incapacidad permanente para el servicio, el interesado, una vez desaparecida la causa objetiva que lo motivó, podrá solicitar la rehabilitación de su condición de funcionario, que le será concedida.

2. Los órganos de gobierno de las Administraciones Públicas podrán conceder, con carácter excepcional, la rehabilitación, a petición del interesado, de quien hubiera perdido la condición de funcionario por haber sido condenado a la pena principal o accesoria de inhabilitación, atendiendo a las circunstancias y entidad del delito cometido. Si transcurrido el plazo para dictar la resolución, no se hubiera producido de forma expresa, se entenderá desestimada la solicitud.

TÍTULO V

ORDENACIÓN DE LA ACTIVIDAD PROFESIONAL

CAPÍTULO I. Planificación de recursos humanos

■ Art. 69. Objetivos e instrumentos de la planificación.

1. La planificación de los recursos humanos en las Administraciones Públicas tendrá como objetivo contribuir a la consecución de la eficacia en la prestación de los servicios y de la eficiencia en la utilización de los recursos económicos disponibles mediante la dimensión adecuada de sus efectivos, su mejor distribución, formación, promoción profesional y movilidad.

2. Las Administraciones Públicas podrán aprobar Planes para la ordenación de sus recursos humanos, que incluyan, entre otras, algunas de las siguientes medidas:

a) Análisis de las disponibilidades y necesidades de personal, tanto desde el punto de vista del número de efectivos, como del de los perfiles profesionales o niveles de cualificación de los mismos.

b) Previsiones sobre los sistemas de organización del trabajo y modificaciones de estructuras de puestos de trabajo.

c) Medidas de movilidad, entre las cuales podrá figurar la suspensión de incorporaciones de personal externo a un determinado ámbito o la convocatoria de concursos de provisión de puestos limitados a personal de ámbitos que se determinen.

d) Medidas de promoción interna y de formación del personal y de movilidad forzosa de conformidad con lo dispuesto en el capítulo III del presente título de este Estatuto.

e) La previsión de la incorporación de recursos humanos a través de la Oferta de empleo público, de acuerdo con lo establecido en el artículo siguiente.

3. Cada Administración Pública planificará sus recursos humanos de acuerdo con los sistemas que establezcan las normas que les sean de aplicación.

■ Art. 70. Oferta de empleo público.

1. Las necesidades de recursos humanos, con asignación presupuestaria, que deban proveerse mediante la incorporación de personal de nuevo ingreso serán objeto de la Oferta de empleo público, o a través de otro instrumento similar de gestión de la provisión de las necesidades de personal, lo que comportará la obligación de convocar los correspondientes procesos selectivos para las plazas comprometidas y hasta un diez por cien adicional, fijando el plazo máximo para la convocatoria de los mismos. En todo caso, la ejecución de la oferta de empleo público o instrumento similar deberá desarrollarse dentro del plazo improrrogable de tres años.

2. La Oferta de empleo público o instrumento similar, que se aprobará anualmente por los órganos de Gobierno de las Administraciones Públicas, deberá ser publicada en el Diario oficial correspondiente.

3. La Oferta de empleo público o instrumento similar podrá contener medidas derivadas de la planificación de recursos humanos.

■ Art. 71. Registros de personal y Gestión integrada de recursos humanos.

1. Cada Administración Pública constituirá un Registro en el que se inscribirán los datos relativos al personal contemplado en los artículos 2 y 5 del presente Estatuto y que tendrá en cuenta las peculiaridades de determinados colectivos.

2. Los Registros podrán disponer también de la información agregada sobre los restantes recursos humanos de su respectivo sector público.

3. Mediante convenio de Conferencia Sectorial se establecerán los contenidos mínimos comunes de los Registros de personal y los criterios que permitan el intercambio homogéneo de la información entre Administraciones, con respeto a lo establecido en la legislación de protección de datos de carácter personal.

4. Las Administraciones Públicas impulsarán la gestión integrada de recursos humanos.

5. Cuando las Entidades Locales no cuenten con la suficiente capacidad financiera o técnica, la Administración General del Estado y las Comunidades Autónomas cooperarán con aquéllas a los efectos contemplados en este artículo.

CAPÍTULO II. Estructuración del empleo público

■ Art. 72. Estructuración de los recursos humanos.

En el marco de sus competencias de autoorganización, las Administraciones Públicas estructuran sus recursos humanos de acuerdo con las normas que regulan la selección, la promoción profesional, la movilidad y la distribución de funciones y conforme a lo previsto en este capítulo.

■ Art. 73. Desempeño y agrupación de puestos de trabajo.

1. Los empleados públicos tienen derecho al desempeño de un puesto de trabajo de acuerdo con el sistema de estructuración del empleo público que establezcan las leyes de desarrollo del presente Estatuto.

2. Las Administraciones Públicas podrán asignar a su personal funciones, tareas o responsabilidades distintas a las correspondientes al puesto de trabajo que desempeñen siempre que resulten adecuadas a su clasificación, grado o categoría, cuando las necesidades del servicio lo justifiquen sin merma en las retribuciones.

3. Los puestos de trabajo podrán agruparse en función de sus características para ordenar la selección, la formación y la movilidad.

■ Art. 74. Ordenación de los puestos de trabajo.

Las Administraciones Públicas estructurarán su organización a través de relaciones de puestos de trabajo u otros instrumentos organizativos similares que comprenderán, al menos, la denominación de los puestos, los grupos de clasificación profesional, los cuerpos o escalas, en su caso, a que estén adscritos, los sistemas de provisión y las retribuciones complementarias. Dichos instrumentos serán públicos.

■ Art. 75. Cuerpos y escalas.

1. Los funcionarios se agrupan en cuerpos, escalas, especialidades u otros sistemas que incorporen competencias, capacidades y conocimientos comunes acreditados a través de un proceso selectivo.

2. Los cuerpos y escalas de funcionarios se crean, modifican y suprimen por ley de las Cortes Generales o de las asambleas legislativas de las comunidades autónomas.

3. Cuando en esta ley se hace referencia a cuerpos y escalas se entenderá comprendida igualmente cualquier otra agrupación de funcionarios.

■ Art. 76. Grupos de clasificación profesional del personal funcionario de carrera.

Los cuerpos y escalas se clasifican, de acuerdo con la titulación exigida para el acceso a los mismos, en los siguientes grupos:

Grupo A: Dividido en dos Subgrupos, A1 y A2.

Para el acceso a los cuerpos o escalas de este Grupo se exigirá estar en posesión del título universitario de Grado. En aquellos supuestos en los que la ley exija otro título universitario será éste el que se tenga en cuenta.

La clasificación de los cuerpos y escalas en cada Subgrupo estará en función del nivel de responsabilidad de las funciones a desempeñar y de las características de las pruebas de acceso.

Grupo B. Para el acceso a los cuerpos o escalas del Grupo B se exigirá estar en posesión del título de Técnico Superior.

Grupo C. Dividido en dos Subgrupos, C1 y C2, según la titulación exigida para el ingreso.

C1: Título de Bachiller o Técnico.

C2: Título de Graduado en Educación Secundaria Obligatoria.

■ Art. 77. Clasificación del personal laboral.

El personal laboral se clasificará de conformidad con la legislación laboral.

CAPÍTULO III. Provisión de puestos de trabajo y movilidad

■ Art. 78. Principios y procedimientos de provisión de puestos de trabajo del personal funcionario de carrera.

1. Las Administraciones Públicas proveerán los puestos de trabajo mediante procedimientos basados en los principios de igualdad, mérito, capacidad y publicidad.

2. La provisión de puestos de trabajo en cada Administración Pública se llevará a cabo por los procedimientos de concurso y de libre designación con convocatoria pública.

3. Las leyes de Función Pública que se dicten en desarrollo del presente Estatuto podrán establecer otros procedimientos de provisión en los supuestos de movilidad a que se refiere el artículo 81.2, permutas entre puestos de trabajo, movilidad por motivos de salud o rehabilitación del funcionario, reingreso al servicio activo, cese o remoción en los puestos de trabajo y supresión de los mismos.

■ Art. 79. Concurso de provisión de los puestos de trabajo del personal funcionario de carrera.

1. El concurso, como procedimiento normal de provisión de puestos de trabajo, consistirá en la valoración de los méritos y capacidades y, en su caso, aptitudes de los candidatos por órganos colegiados de carácter técnico. La composición de estos órganos responderá al principio de profesionalidad y especialización de sus miembros y se adecuará al criterio de paridad entre mujer y hombre. Su funcionamiento se ajustará a las reglas de imparcialidad y objetividad.

2. Las leyes de Función Pública que se dicten en desarrollo del presente Estatuto establecerán el

plazo mínimo de ocupación de los puestos obtenidos por concurso para poder participar en otros concursos de provisión de puestos de trabajo.

3. En las convocatorias de concursos podrá establecerse una puntuación que, como máximo, podrá alcanzar la que se determine en las mismas para la antigüedad, para quienes tengan la condición de víctima del terrorismo o de amenazados, en los términos fijados en el artículo 35 de la Ley 29/2011, de 22 de septiembre, de Reconocimiento y Protección Integral a las Víctimas del Terrorismo, siempre que se acredite que la obtención del puesto sea preciso para la consecución de los fines de protección y asistencia social integral de estas personas.

Para la acreditación de estos extremos, reglamentariamente se determinarán los órganos competentes para la emisión de los correspondientes informes. En todo caso, cuando se trate de garantizar la protección de las víctimas será preciso el informe del Ministerio del Interior.

4. En el caso de supresión o remoción de los puestos obtenidos por concurso se deberá asignar un puesto de trabajo conforme al sistema de carrera profesional propio de cada Administración Pública y con las garantías inherentes de dicho sistema.

■ Art. 80. Libre designación con convocatoria pública del personal funcionario de carrera.

1. La libre designación con convocatoria pública consiste en la apreciación discrecional por el órgano competente de la idoneidad de los candidatos en relación con los requisitos exigidos para el desempeño del puesto.

2. Las leyes de Función Pública que se dicten en desarrollo del presente Estatuto establecerán los criterios para determinar los puestos que por su especial responsabilidad y confianza puedan cubrirse por el procedimiento de libre designación con convocatoria pública.

3. El órgano competente para el nombramiento podrá recabar la intervención de especialistas que permitan apreciar la idoneidad de los candidatos.

4. Los titulares de los puestos de trabajo provistos por el procedimiento de libre designación con convocatoria pública podrán ser cesados discrecionalmente. En caso de cese, se les deberá asignar un puesto de trabajo conforme al sistema de carrera profesional propio de cada Administración Pública y con las garantías inherentes de dicho sistema.

■ Art. 81. Movilidad del personal funcionario de carrera.

1. Cada Administración Pública, en el marco de la planificación general de sus recursos humanos, y sin perjuicio del derecho de los funcionarios a la movilidad podrá establecer reglas para la ordenación de la movilidad voluntaria de los funcionarios públicos cuando considere que existen sectores prioritarios de la actividad pública con necesidades específicas de efectivos.

2. Las Administraciones Públicas, de manera motivada, podrán trasladar a sus funcionarios, por necesidades de servicio o funcionales, a unidades, departamentos u organismos públicos o entidades distintos a los de su destino, respetando sus retribuciones, condiciones esenciales de trabajo, modificando, en su caso, la adscripción de los puestos de trabajo de los que sean titulares. Cuando por motivos excepcionales los planes de ordenación de recursos impliquen cambio de lugar de residencia se dará prioridad a la voluntariedad de los traslados. Los funcionarios tendrán derecho a las indemnizaciones establecidas reglamentariamente para los traslados forzosos.

3. En caso de urgente e inaplazable necesidad, los puestos de trabajo podrán proveerse con carácter provisional debiendo procederse a su convocatoria pública dentro del plazo que señalen las normas que sean de aplicación.

■ Art. 82. Movilidad por razón de violencia de género y por razón de violencia terrorista.

1. Las mujeres víctimas de violencia de género que se vean obligadas a abandonar el puesto de trabajo en la localidad donde venían prestando sus servicios, para hacer efectiva su protección o el derecho a la asistencia social integral, tendrán derecho al traslado a otro puesto de trabajo propio de su cuerpo, escala o categoría profesional, de análogas características, sin necesidad de que sea vacante de necesaria cobertura. Aun así, en tales supuestos la Administración Pública competente, estará obligada a comunicarle las vacantes ubicadas en la misma localidad o en las localidades que la interesada expresamente solicite.

Este traslado tendrá la consideración de traslado forzoso.

En las actuaciones y procedimientos relacionados con la violencia de género, se protegerá la intimidad de las víctimas, en especial, sus datos personales, los de sus descendientes y las de cualquier persona que esté bajo su guarda o custodia.

2. Para hacer efectivo su derecho a la protección y a la asistencia social integral, los funcionarios que hayan sufrido daños físicos o psíquicos como consecuencia de la actividad terrorista, su cónyuge o persona que haya convivido con análoga relación de afectividad, y los hijos de los heridos y fallecidos, siempre que ostenten la condición de funcionarios y de víctimas del terrorismo de acuerdo con la legislación vigente, así como los funcionarios amenazados en los términos del artículo 5 de la Ley 29/2011, de 22 de septiembre, de Reconocimiento y Protección Integral a las Víctimas del Terrorismo, previo reconocimiento del Ministerio del Interior o de sentencia judicial firme, tendrán derecho al traslado a otro puesto de trabajo propio de su cuerpo, escala o categoría profesional, de análogas características, cuando la vacante sea de necesaria cobertura o, en caso contrario, dentro de la comunidad autónoma. Aun así, en tales supuestos la Administración Pública competente estará obligada a comunicarle las vacantes ubicadas en la misma localidad o en las localidades que el interesado expresamente solicite.

Este traslado tendrá la consideración de traslado forzoso.

En todo caso este derecho podrá ser ejercitado en tanto resulte necesario para la protección y asistencia social integral de la persona a la que se concede, ya sea por razón de las secuelas provocadas por la acción terrorista, ya sea por la amenaza a la que se encuentra sometida, en los términos previstos reglamentariamente.

En las actuaciones y procedimientos relacionados con la violencia terrorista se protegerá la intimidad de las víctimas, en especial, sus datos personales, los de sus descendientes y los de cualquier persona que esté bajo su guarda o custodia.

■ Art. 83. Provisión de puestos y movilidad del personal laboral.

La provisión de puestos y movilidad del personal laboral se realizará de conformidad con lo que establezcan los convenios colectivos que sean de aplicación y, en su defecto por el sistema de provisión de puestos y movilidad del personal funcionario de carrera.

■ Art. 84. La movilidad voluntaria entre Administraciones Públicas.

1. Con el fin de lograr un mejor aprovechamiento de los recursos humanos, que garantice la eficacia del servicio que se preste a los ciudadanos, la Administración General del Estado y las comunidades autónomas y las entidades locales establecerán medidas de movilidad interadministrativa, preferentemente mediante convenio de Conferencia Sectorial u otros instrumentos de colaboración.

2. La Conferencia Sectorial de Administración Pública podrá aprobar los criterios generales a tener en cuenta para llevar a cabo las homologaciones necesarias para hacer posible la movilidad

3. Los funcionarios de carrera que obtengan destino en otra Administración Pública a través de los procedimientos de movilidad quedarán respecto de su Administración de origen en la situación administrativa de servicio en otras Administraciones Públicas. En los supuestos de remoción o supresión del puesto de trabajo obtenido por concurso, permanecerán en la Administración de destino, que deberá asignarles un puesto de trabajo conforme a los sistemas de carrera y provisión de puestos vigentes en dicha Administración.

En el supuesto de cese del puesto obtenido por libre designación, la Administración de destino, en el plazo máximo de un mes a contar desde el día siguiente al del cese, podrá acordar la adscripción del funcionario a otro puesto de la misma o le comunicará que no va a hacer efectiva dicha adscripción. En todo caso, durante este periodo se entenderá que continúa a todos los efectos en servicio activo en dicha Administración.

Transcurrido el plazo citado sin que se hubiera acordado su adscripción a otro puesto, o recibida la comunicación de que la misma no va a hacerse efectiva, el funcionario deberá solicitar en el plazo máximo de un mes el reingreso al servicio activo en su Administración de origen, la cual deberá asignarle un puesto de trabajo conforme a los sistemas de carrera y provisión de puestos vigentes en dicha Administración, con efectos económicos y administrativos desde la fecha en que se hubiera solicitado el reingreso.

De no solicitarse el reingreso al servicio activo en el plazo indicado será declarado de oficio en situación de excedencia voluntaria por interés particular, con efectos desde el día siguiente a que hubiesen cesado en el servicio activo en la Administración de destino.

Téngase en cuenta, en relación con el apartado 3, lo establecido en la disposición transitoria 9 de la Ley 15/2014, de 16 de septiembre Ref. BOE-A-2014-9467., que establece:

"Disposición transitoria novena. Régimen aplicable al cese de los funcionarios de carrera que hayan obtenido un puesto de trabajo por el procedimiento de libre designación en otra Administración Pública con anterioridad a la entrada en vigor de esta Ley.

Lo previsto en el artículo 28, apartado cuatro de esta Ley, por el que se modifica el artículo 84.3 de la Ley 7/2007, de 12 de abril, del Estatuto Básico del Empleado Público, en lo relativo a la obligación de la Administración de origen de asignar un puesto de trabajo a aquellos funcionarios de carrera pertenecientes a la misma que hayan sido cesados en un puesto de trabajo en otra Administración Pública obtenido por el procedimiento de libre designación, será de aplicación a los funcionarios de carrera que obtengan un puesto de trabajo por dicho procedimiento en otra Administración Pública a partir de la entrada en vigor de esta Ley.

En este sentido, los funcionarios de carrera que habiendo obtenido un puesto de trabajo por el procedimiento de libre designación en otra Administración Pública antes de la entrada en vigor de esta reforma fueran cesados en dicho puesto o el mismo fuera objeto de supresión, permanecerán en la Administración de destino, que deberá asignarles un puesto de trabajo conforme a los sistemas de carrera y provisión de puestos vigentes en dicha Administración."

TÍTULO VI

SITUACIONES ADMINISTRATIVAS

■ Art. 85. Situaciones administrativas de los funcionarios de carrera.

1. Los funcionarios de carrera se hallarán en alguna de las siguientes situaciones:

a) Servicio activo.

b) Servicios especiales.

c) Servicio en otras Administraciones Públicas.

d) Excedencia.

e) Suspensión de funciones.

2. Las leyes de Función Pública que se dicten en desarrollo de este Estatuto podrán regular otras situaciones administrativas de los funcionarios de carrera, en los supuestos, en las condiciones y con los efectos que en las mismas se determinen, cuando concurra, entre otras, alguna de las circunstancias siguientes:

a) Cuando por razones organizativas, de reestructuración interna o exceso de personal, resulte una imposibilidad transitoria de asignar un puesto de trabajo o la conveniencia de incentivar la cesación en el servicio activo.

b) Cuando los funcionarios accedan, bien por promoción interna o por otros sistemas de acceso, a otros cuerpos o escalas y no les corresponda quedar en alguna de las situaciones previstas en este Estatuto, y cuando pasen a prestar servicios en organismos o entidades del sector público en régimen distinto al de funcionario de carrera.

Dicha regulación, según la situación administrativa de que se trate, podrá conllevar garantías de índole retributiva o imponer derechos u obligaciones en relación con el reingreso al servicio activo.

■ Art. 86. Servicio activo.

1. Se hallarán en situación de servicio activo quienes, conforme a la normativa de función pública dictada en desarrollo del presente Estatuto, presten servicios en su condición de funcionarios públicos cualquiera que sea la Administración u organismo público o entidad en el que se encuentren destinados y no les corresponda quedar en otra situación.

2. Los funcionarios de carrera en situación de servicio activo gozan de todos los derechos inherentes a su condición de funcionarios y quedan sujetos a los deberes y responsabilidades derivados de la misma. Se regirán por las normas de este Estatuto y por la normativa de función pública de la Administración Pública en que presten servicios.

■ Art. 87. Servicios especiales.

1. Los funcionarios de carrera serán declarados en situación de servicios especiales:

a) Cuando sean designados miembros del Gobierno o de los órganos de gobierno de las comunidades autónomas y ciudades de Ceuta y Melilla, miembros de las Instituciones de la Unión Europea o de las organizaciones internacionales, o sean nombrados altos cargos de las citadas Administraciones Públicas o Instituciones.

b) Cuando sean autorizados para realizar una misión por periodo determinado superior a seis meses en organismos internacionales, gobiernos o entidades públicas extranjeras o en programas de cooperación internacional.

c) Cuando sean nombrados para desempeñar puestos o cargos en organismos públicos o entidades, dependientes o vinculados a las Administraciones Públicas que, de conformidad con lo que establezca la respectiva Administración Pública, estén asimilados en su rango administrativo a altos cargos.

d) Cuando sean adscritos a los servicios del Tribunal Constitucional o del Defensor del Pueblo o destinados al Tribunal de Cuentas en los términos previstos en el artículo 93.3 de la Ley 7/1988, de 5 de abril, de Funcionamiento del Tribunal de Cuentas.

e) Cuando accedan a la condición de Diputado o Senador de las Cortes Generales o miembros de las asambleas legislativas de las comunidades autónomas si perciben retribuciones periódicas por la realización de la función. Aquellos que pierdan dicha condición por disolución de las correspondientes cámaras o terminación del mandato de las mismas podrán permanecer en la situación de servicios especiales hasta su nueva constitución.

f) Cuando se desempeñen cargos electivos retribuidos y de dedicación exclusiva en las Asambleas de las ciudades de Ceuta y Melilla y en las entidades locales, cuando se desempeñen responsabilidades de órganos superiores y directivos municipales y cuando se desempeñen responsabilidades de miembros de los órganos locales para el conocimiento y la resolución de las reclamaciones económico-administrativas.

g) Cuando sean designados para formar parte del Consejo General del Poder Judicial o de los consejos de justicia de las comunidades autónomas.

h) Cuando sean elegidos o designados para formar parte de los Órganos Constitucionales o de los órganos estatutarios de las comunidades autónomas u otros cuya elección corresponda al Congreso de los Diputados, al Senado o a las asambleas legislativas de las comunidades autónomas.

i) Cuando sean designados como personal eventual por ocupar puestos de trabajo con funciones expresamente calificadas como de confianza o asesoramiento político y no opten por permanecer en la situación de servicio activo.

j) Cuando adquieran la condición de funcionarios al servicio de organizaciones internacionales.

k) Cuando sean designados asesores de los grupos parlamentarios de las Cortes Generales o de las asambleas legislativas de las comunidades autónomas.

l) Cuando sean activados como reservistas voluntarios para prestar servicios en las Fuerzas Armadas.

2. Quienes se encuentren en situación de servicios especiales percibirán las retribuciones del puesto o cargo que desempeñen y no las que les correspondan como funcionarios de carrera, sin perjuicio del derecho a percibir los trienios que tengan reconocidos en cada momento. El tiempo que permanezcan en tal situación se les computará a efectos de ascensos, reconocimiento de trienios, promoción interna y derechos en el régimen de Seguridad Social que les sea de aplicación. No será de aplicación a los funcionarios públicos que, habiendo ingresado al servicio de las instituciones comunitarias europeas, o al de entidades y organismos asimilados, ejerciten el derecho de transferencia establecido en el estatuto de los funcionarios de las Comunidades Europeas.

3. Quienes se encuentren en situación de servicios especiales tendrán derecho, al menos, a reingresar al servicio activo en la misma localidad, en las condiciones y con las retribuciones correspondientes a la categoría, nivel o escalón de la carrera consolidados, de acuerdo con el sistema de carrera administrativa vigente en la Administración Pública a la que pertenezcan. Tendrán, asimismo, los derechos que cada Administración Pública pueda establecer en función del cargo que haya originado el pase a la mencionada situación. En este sentido, las Administraciones Públicas velarán para que no haya menoscabo en el derecho a la carrera profesional de los funcionarios públicos que hayan sido nombrados altos cargos, miembros del Poder Judicial o de otros órganos constitucionales o estatutarios o que hayan sido elegidos alcaldes, retribuidos y con dedicación exclusiva, presidentes de diputaciones o de cabildos o consejos insulares, Diputados o Senadores de las Cortes Generales y miembros de las asambleas legislativas de las comunidades autónomas. Como mínimo, estos funcionarios recibirán el mismo tratamiento en la consolidación del grado y conjunto de complementos que el que se establezca para quienes hayan sido directores generales y otros cargos superiores de la correspondiente Administración Pública.

4. La declaración de esta situación procederá en todo caso, en los supuestos que se determinen en el presente Estatuto y en las leyes de Función Pública que se dicten en desarrollo del mismo.

■ Art. 88. Servicio en otras Administraciones Públicas.

1. Los funcionarios de carrera que, en virtud de los procesos de transferencias o por los procedimientos de provisión de puestos de trabajo, obtengan destino en una Administración Pública distinta, serán declarados en la situación de servicio en otras Administraciones Públicas. Se mantendrán en esa situación en el caso de que por disposición legal de la Administración a la que accedan se integren como personal propio de ésta.

2. Los funcionarios transferidos a las comunidades autónomas se integran plenamente en la organización de la Función Pública de las mismas, hallándose en la situación de servicio activo en la Función Pública de la comunidad autónoma en la que se integran.

Las comunidades autónomas al proceder a esta integración de los funcionarios transferidos como funcionarios propios, respetarán el Grupo o Subgrupo del cuerpo o escala de procedencia, así como los derechos económicos inherentes a la posición en la carrera que tuviesen reconocido.

Los funcionarios transferidos mantienen todos sus derechos en la Administración Pública de origen como si se hallaran en servicio activo de acuerdo con lo establecido en los respectivos Estatutos de Autonomía.

Se reconoce la igualdad entre todos los funcionarios propios de las comunidades autónomas con independencia de su Administración de procedencia.

3. Los funcionarios de carrera en la situación de servicio en otras Administraciones Públicas que se encuentren en dicha situación por haber obtenido un puesto de trabajo mediante los sistemas de provisión previstos en este Estatuto, se rigen por la legislación de la Administración en la que estén destinados de forma efectiva y conservan su condición de funcionario de la Administración de origen y el derecho a participar en las convocatorias para la provisión de puestos de trabajo que se efectúen por esta última. El tiempo de servicio en la Administración Pública en la que estén destinados se les computará como de servicio activo en su cuerpo o escala de origen.

4. Los funcionarios que reingresen al servicio activo en la Administración de origen, procedentes de la situación de servicio en otras Administraciones Públicas, obtendrán el reconocimiento profesional de los progresos alcanzados en el sistema de carrera profesional y sus efectos sobre la posición retributiva conforme al procedimiento previsto en los convenios de Conferencia Sectorial y demás instrumentos de colaboración que establecen medidas de movilidad interadministrativa, previstos en el artículo 84 del presente Estatuto. En defecto de tales convenios o instrumentos de colaboración, el reconocimiento se realizará por la Administración Pública en la que se produzca el reingreso.

■ Art. 89. Excedencia.

1. La excedencia de los funcionarios de carrera podrá adoptar las siguientes modalidades:

a) Excedencia voluntaria por interés particular.

b) Excedencia voluntaria por agrupación familiar.

c) Excedencia por cuidado de familiares.

d) Excedencia por razón de violencia de género.

e) Excedencia por razón de violencia terrorista.

2. Los funcionarios de carrera podrán obtener la excedencia voluntaria por interés particular cuando hayan prestado servicios efectivos en cualquiera de las Administraciones Públicas durante un periodo mínimo de cinco años inmediatamente anteriores.

No obstante, las leyes de Función Pública que se dicten en desarrollo del presente Estatuto podrán establecer una duración menor del periodo de prestación de servicios exigido para que el funcionario de carrera pueda solicitar la excedencia y se determinarán los periodos mínimos de permanencia en la misma.

La concesión de excedencia voluntaria por interés particular quedará subordinada a las necesidades del servicio debidamente motivadas. No podrá declararse cuando al funcionario público se le instruya expediente disciplinario.

Procederá declarar de oficio la excedencia voluntaria por interés particular cuando finalizada la causa que determinó el pase a una situación distinta a la de servicio activo, se incumpla la obligación de solicitar el reingreso al servicio activo en el plazo en que se determine reglamentariamente.

Quienes se encuentren en situación de excedencia por interés particular no devengarán retribuciones, ni les será computable el tiempo que permanezcan en tal situación a efectos de ascensos, trienios y derechos en el régimen de Seguridad Social que les sea de aplicación.

3. Podrá concederse la excedencia voluntaria por agrupación familiar sin el requisito de haber prestado servicios efectivos en cualquiera de las Administraciones Públicas durante el periodo establecido a los funcionarios cuyo cónyuge resida en otra localidad por haber obtenido y estar desempeñando un puesto de trabajo de carácter definitivo como funcionario de carrera o como laboral fijo en cualquiera de las Administraciones Públicas, organismos públicos y entidades de derecho público dependientes o vinculados a ellas, en los Órganos Constitucionales o del Poder Judicial y órganos similares de las comunidades autónomas, así como en la Unión Europea o en organizaciones internacionales.

Quienes se encuentren en situación de excedencia voluntaria por agrupación familiar no devengarán retribuciones, ni les será computable el tiempo que permanezcan en tal situación a efectos de ascensos, trienios y derechos en el régimen de Seguridad Social que les sea de aplicación.

4. Los funcionarios de carrera tendrán derecho a un período de excedencia de duración no superior a tres años para atender al cuidado de cada hijo, tanto cuando lo sea por naturaleza como por

adopción, o de cada menor sujeto a guarda con fines de adopción o acogimiento permanente, a contar desde la fecha de nacimiento o, en su caso, de la resolución judicial o administrativa.

También tendrán derecho a un período de excedencia de duración no superior a tres años, para atender al cuidado de un familiar que se encuentre a su cargo, hasta el segundo grado inclusive de consanguinidad o afinidad que por razones de edad, accidente, enfermedad o discapacidad no pueda valerse por sí mismo y no desempeñe actividad retribuida.

El período de excedencia será único por cada sujeto causante. Cuando un nuevo sujeto causante diera origen a una nueva excedencia, el inicio del período de la misma pondrá fin al que se viniera disfrutando.

En el caso de que dos funcionarios generasen el derecho a disfrutarla por el mismo sujeto causante, la Administración podrá limitar su ejercicio simultáneo por razones justificadas relacionadas con el funcionamiento de los servicios.

El tiempo de permanencia en esta situación será computable a efectos de trienios, carrera y derechos en el régimen de Seguridad Social que sea de aplicación. El puesto de trabajo desempeñado se reservará, al menos, durante dos años. Transcurrido este periodo, dicha reserva lo será a un puesto en la misma localidad y de igual retribución.

Los funcionarios en esta situación podrán participar en los cursos de formación que convoque la Administración.

5. Las funcionarias víctimas de violencia de género, para hacer efectiva su protección o su derecho a la asistencia social integral, tendrán derecho a solicitar la situación de excedencia sin tener que haber prestado un tiempo mínimo de servicios previos y sin que sea exigible plazo de permanencia en la misma.

Durante los seis primeros meses tendrán derecho a la reserva del puesto de trabajo que desempeñaran, siendo computable dicho período a efectos de antigüedad, carrera y derechos del régimen de Seguridad Social que sea de aplicación.

Cuando las actuaciones judiciales lo exigieran se podrá prorrogar este periodo por tres meses, con un máximo de dieciocho, con idénticos efectos a los señalados anteriormente, a fin de garantizar la efectividad del derecho de protección de la víctima.

Durante los dos primeros meses de esta excedencia la funcionaria tendrá derecho a percibir las retribuciones íntegras y, en su caso, las prestaciones familiares por hijo a cargo.

6. Los funcionarios que hayan sufrido daños físicos o psíquicos como consecuencia de la actividad terrorista, así como los amenazados en los términos del artículo 5 de la Ley 29/2011, de 22 de septiembre, de Reconocimiento y Protección Integral a las Víctimas del Terrorismo, previo reconocimiento del Ministerio del Interior o de sentencia judicial firme, tendrán derecho a disfrutar de un periodo de excedencia en las mismas condiciones que las víctimas de violencia de género.

Dicha excedencia será autorizada y mantenida en el tiempo en tanto que resulte necesaria para la protección y asistencia social integral de la persona a la que se concede, ya sea por razón de las secuelas provocadas por la acción terrorista, ya sea por la amenaza a la que se encuentra sometida, en los términos previstos reglamentariamente.

■ Art. 90. Suspensión de funciones.

1. El funcionario declarado en la situación de suspensión quedará privado durante el tiempo de permanencia en la misma del ejercicio de sus funciones y de todos los derechos inherentes a la condición. La suspensión determinará la pérdida del puesto de trabajo cuando exceda de seis meses.

2. La suspensión firme se impondrá en virtud de sentencia dictada en causa criminal o en virtud de sanción disciplinaria. La suspensión firme por sanción disciplinaria no podrá exceder de seis años.

3. El funcionario declarado en la situación de suspensión de funciones no podrá prestar servicios en ninguna Administración Pública ni en los organismos públicos, agencias, o entidades de derecho público dependientes o vinculadas a ellas durante el tiempo de cumplimiento de la pena o sanción.

4. Podrá acordarse la suspensión de funciones con carácter provisional con ocasión de la tramitación de un procedimiento judicial o expediente disciplinario, en los términos establecidos en este Estatuto.

■ Art. 91. Reingreso al servicio activo.

Reglamentariamente se regularán los plazos, procedimientos y condiciones, según las situaciones administrativas de procedencia, para solicitar el reingreso al servicio activo de los funcionarios de carrera, con respeto al derecho a la reserva del puesto de trabajo en los casos en que proceda conforme al presente Estatuto.

■ Art. 92. Situaciones del personal laboral.

El personal laboral se regirá por el Estatuto de los Trabajadores y por los Convenios Colectivos que les sean de aplicación.

Los convenios colectivos podrán determinar la aplicación de este capítulo al personal incluido en su ámbito de aplicación en lo que resulte compatible con el Estatuto de los Trabajadores.

TÍTULO VII

RÉGIMEN DISCIPLINARIO

■ Art. 93. Responsabilidad disciplinaria.

1. Los funcionarios públicos y el personal laboral quedan sujetos al régimen disciplinario establecido en el presente título y en las normas que las leyes de Función Pública dicten en desarrollo de este Estatuto.

2. Los funcionarios públicos o el personal laboral que indujeren a otros a la realización de actos o conductas constitutivos de falta disciplinaria incurrirán en la misma responsabilidad que éstos.

3. Igualmente, incurrirán en responsabilidad los funcionarios públicos o personal laboral que encubrieren las faltas consumadas muy graves o graves, cuando de dichos actos se derive daño grave para la Administración o los ciudadanos.

4. El régimen disciplinario del personal laboral se regirá, en lo no previsto en el presente título, por la legislación laboral.

■ Art. 94. Ejercicio de la potestad disciplinaria.

1. Las Administraciones Públicas corregirán disciplinariamente las infracciones del personal a su servicio señalado en el artículo anterior cometidas en el ejercicio de sus funciones y cargos, sin perjuicio de la responsabilidad patrimonial o penal que pudiera derivarse de tales infracciones.

2. La potestad disciplinaria se ejercerá de acuerdo con los siguientes principios:

a) Principio de legalidad y tipicidad de las faltas y sanciones, a través de la predeterminación normativa o, en el caso del personal laboral, de los convenios colectivos.

b) Principio de irretroactividad de las disposiciones sancionadoras no favorables y de retroactividad de las favorables al presunto infractor.

c) Principio de proporcionalidad, aplicable tanto a la clasificación de las infracciones y sanciones como a su aplicación.

d) Principio de culpabilidad.

e) Principio de presunción de inocencia.

3. Cuando de la instrucción de un procedimiento disciplinario resulte la existencia de indicios fundados de criminalidad, se suspenderá su tramitación poniéndolo en conocimiento del Ministerio Fiscal.

Los hechos declarados probados por resoluciones judiciales firmes vinculan a la Administración.

■ Art. 95. Faltas disciplinarias.

1. Las faltas disciplinarias pueden ser muy graves, graves y leves.

2. Son faltas muy graves:

a) El incumplimiento del deber de respeto a la Constitución y a los respectivos Estatutos de Autonomía de las comunidades autónomas y ciudades de

Ceuta y Melilla, en el ejercicio de la función pública.

b) Toda actuación que suponga discriminación por razón de origen racial o étnico, religión o convicciones, discapacidad, edad u orientación sexual, lengua, opinión, lugar de nacimiento o vecindad, sexo o cualquier otra condición o circunstancia personal o social, así como el acoso por razón de origen racial o étnico, religión o convicciones, discapacidad, edad u orientación sexual y el acoso moral, sexual y por razón de sexo.

c) El abandono del servicio, así como no hacerse cargo voluntariamente de las tareas o funciones que tienen encomendadas.

d) La adopción de acuerdos manifiestamente ilegales que causen perjuicio grave a la Administración o a los ciudadanos.

e) La publicación o utilización indebida de la documentación o información a que tengan o hayan tenido acceso por razón de su cargo o función.

f) La negligencia en la custodia de secretos oficiales, declarados así por Ley o clasificados como tales, que sea causa de su publicación o que provoque su difusión o conocimiento indebido.

g) El notorio incumplimiento de las funciones esenciales inherentes al puesto de trabajo o funciones encomendadas.

h) La violación de la imparcialidad, utilizando las facultades atribuidas para influir en procesos electorales de cualquier naturaleza y ámbito.

i) La desobediencia abierta a las órdenes o instrucciones de un superior, salvo que constituyan infracción manifiesta del Ordenamiento jurídico.

j) La prevalencia de la condición de empleado público para obtener un beneficio indebido para sí o para otro.

k) La obstaculización al ejercicio de las libertades públicas y derechos sindicales.

l) La realización de actos encaminados a coartar el libre ejercicio del derecho de huelga.

m) El incumplimiento de la obligación de atender los servicios esenciales en caso de huelga.

n) El incumplimiento de las normas sobre incompatibilidades cuando ello dé lugar a una situación de incompatibilidad.

ñ) La incomparecencia injustificada en las Comisiones de Investigación de las Cortes Generales y de las asambleas legislativas de las comunidades autónomas.

o) El acoso laboral.

p) También serán faltas muy graves las que queden tipificadas como tales en ley de las Cortes Generales o de la asamblea legislativa de la correspondiente comunidad autónoma o por los convenios colectivos en el caso de personal laboral.

3. Las faltas graves serán establecidas por ley de las Cortes Generales o de la asamblea legislativa de la correspondiente comunidad autónoma o por los convenios colectivos en el caso de personal laboral, atendiendo a las siguientes circunstancias:

a) El grado en que se haya vulnerado la legalidad.

b) La gravedad de los daños causados al interés público, patrimonio o bienes de la Administración o de los ciudadanos.

c) El descrédito para la imagen pública de la Administración.

4. Las leyes de Función Pública que se dicten en desarrollo del presente Estatuto determinarán el régimen aplicable a las faltas leves, atendiendo a las anteriores circunstancias.

■ Art. 96. Sanciones.

1. Por razón de las faltas cometidas podrán imponerse las siguientes sanciones:

a) Separación del servicio de los funcionarios, que en el caso de los funcionarios interinos comportará la revocación de su nombramiento, y que sólo podrá sancionar la comisión de faltas muy graves.

b) Despido disciplinario del personal laboral, que sólo podrá sancionar la comisión de faltas muy graves y comportará la inhabilitación para ser titular de un nuevo contrato de trabajo con funciones similares a las que desempeñaban.

c) Suspensión firme de funciones, o de empleo y sueldo en el caso del personal laboral, con una duración máxima de 6 años.

d) Traslado forzoso, con o sin cambio de localidad de residencia, por el período que en cada caso se establezca.

e) Demérito, que consistirá en la penalización a efectos de carrera, promoción o movilidad voluntaria.

f) Apercibimiento.

g) Cualquier otra que se establezca por ley.

2. Procederá la readmisión del personal laboral fijo cuando sea declarado improcedente el despido acordado como consecuencia de la incoación de un expediente disciplinario por la comisión de una falta muy grave.

3. El alcance de cada sanción se establecerá teniendo en cuenta el grado de intencionalidad, descuido o negligencia que se revele en la conducta, el daño al interés público, la reiteración o reincidencia, así como el grado de participación.

■ Art. 97. Prescripción de las faltas y sanciones.

1. Las infracciones muy graves prescribirán a los tres años, las graves a los dos años y las leves a los seis meses; las sanciones impuestas por faltas muy graves prescribirán a los tres años, las impuestas por faltas graves a los dos años y las impuestas por faltas leves al año.

2. El plazo de prescripción de las faltas comenzará a contarse desde que se hubieran cometido, y desde el cese de su comisión cuando se trate de faltas continuadas.

El de las sanciones, desde la firmeza de la resolución sancionadora.

■ Art. 98. Procedimiento disciplinario y medidas provisionales.

1. No podrá imponerse sanción por la comisión de faltas muy graves o graves sino mediante el procedimiento previamente establecido.

La imposición de sanciones por faltas leves se llevará a cabo por procedimiento sumario con audiencia al interesado.

2. El procedimiento disciplinario que se establezca en el desarrollo de este Estatuto se estructurará atendiendo a los principios de eficacia, celeridad y economía procesal, con pleno respeto a los derechos y garantías de defensa del presunto responsable.

En el procedimiento quedará establecida la debida separación entre la fase instructora y la sancionadora, encomendándose a órganos distintos.

3. Cuando así esté previsto en las normas que regulen los procedimientos sancionadores, se podrá adoptar mediante resolución motivada medidas de carácter provisional que aseguren la eficacia de la resolución final que pudiera recaer.

La suspensión provisional como medida cautelar en la tramitación de un expediente disciplinario no podrá exceder de 6 meses, salvo en caso de paralización del procedimiento imputable al interesado. La suspensión provisional podrá acordarse también durante la tramitación de un procedimiento judicial, y se mantendrá por el tiempo a que se extienda la prisión provisional u otras medidas decretadas por el juez que determinen la imposibilidad de desempeñar el puesto de trabajo. En este caso, si la suspensión provisional excediera de seis meses no supondrá pérdida del puesto de trabajo.

El funcionario suspenso provisional tendrá derecho a percibir durante la suspensión las retribuciones básicas y, en su caso, las prestaciones familiares por hijo a cargo.

4. Cuando la suspensión provisional se eleve a definitiva, el funcionario deberá devolver lo percibido durante el tiempo de duración de aquélla. Si la suspensión provisional no llegara a convertirse en sanción definitiva, la Administración deberá restituir al funcionario la diferencia entre los haberes realmente percibidos y los que hubiera debido percibir si se hubiera encontrado con plenitud de derechos.

El tiempo de permanencia en suspensión provisional será de abono para el cumplimiento de la suspensión firme.

Cuando la suspensión no sea declarada firme, el tiempo de duración de la misma se computará como de servicio activo, debiendo acordarse la inmediata reincorporación del funcionario a su puesto de trabajo, con reconocimiento de todos los derechos económicos y demás que procedan desde la fecha de suspensión.

TÍTULO VIII

COOPERACIÓN ENTRE LAS ADMINISTRACIONES PÚBLICAS

■ Art. 99. Relaciones de cooperación entre las Administraciones Públicas.

Las Administraciones Públicas actuarán y se relacionarán entre sí en las materias objeto de este Estatuto de acuerdo con los principios de cooperación y colaboración, respetando, en todo caso, el ejercicio legítimo por las otras Administraciones de sus competencias.

■ Art. 100. Órganos de cooperación.

1. La Conferencia Sectorial de Administración Pública, como órgano de cooperación en materia de administración pública de la Administración General del Estado, de las Administraciones de las comunidades autónomas, de las ciudades de Ceuta y Melilla, y de la Administración Local, cuyos representantes serán designados por la Federación Española de Municipios y Provincias, como asociación de entidades locales de ámbito estatal con mayor implantación, sin perjuicio de la competencia de otras Conferencias Sectoriales u órganos equivalentes, atenderá en su funcionamiento y organización a lo establecido en la vigente legislación sobre régimen jurídico de las Administraciones Públicas.

2. Se crea la Comisión de Coordinación del Empleo Público como órgano técnico y de trabajo dependiente de la Conferencia Sectorial de Administración Pública. En esta Comisión se hará efectiva la coordinación de la política de personal entre la Administración General del Estado, las Administraciones de las comunidades autónomas y de las ciudades de Ceuta y Melilla, y las entidades locales y en concreto le corresponde:

a) Impulsar las actuaciones necesarias para garantizar la efectividad de los principios constitucionales en el acceso al empleo público.

b) Estudiar y analizar los proyectos de legislación básica en materia de empleo público, así como emitir informe sobre cualquier otro proyecto normativo que las Administraciones Públicas le presenten.

c) Elaborar estudios e informes sobre el empleo público. Dichos estudios e informes se remitirán a las organizaciones sindicales presentes en la Mesa General de Negociación de las Administraciones Públicas.

3. Componen la Comisión de Coordinación del Empleo Público los titulares de aquellos órganos directivos de la política de recursos humanos de la Administración General del Estado, de las Administraciones de las comunidades autónomas y de las ciudades de Ceuta y Melilla, y los representantes de la Administración Local designados por la Federación Española de Municipios y Provincias, como asociación de entidades locales de ámbito estatal con mayor implantación, en los términos que se determinen reglamentariamente, previa consulta con las comunidades autónomas.

4. La Comisión de Coordinación del Empleo Público elaborará sus propias normas de organización y funcionamiento.

Disposiciones adicionales

Disposición adicional primera. Ámbito específico de aplicación.

Los principios contenidos en los artículos 52, 53, 54, 55 y 59 serán de aplicación en las entidades del sector público estatal, autonómico y local, que no estén incluidas en el artículo 2 del presente Estatuto y que estén definidas así en su normativa específica.

Disposición adicional segunda. Aplicación de las disposiciones de este Estatuto a las Instituciones Forales.

1. El presente Estatuto se aplicará a la Comunidad Foral de Navarra en los términos establecidos en el artículo 149.1.18.ª y disposición adicional primera de la Constitución, y en la Ley Orgánica 13/1982, de 10 de agosto, de Reintegración y Amejoramiento del Régimen Foral de Navarra.

2. En el ámbito de la Comunidad Autónoma del País Vasco el presente Estatuto se aplicará de conformidad con la disposición adicional primera de la Constitución, con el artículo 149.1.18.ª de la Constitución y con la Ley Orgánica 3/1979, de 18 de diciembre, por la que se aprueba el Estatuto de Autonomía para el País Vasco. Las facultades previstas en el artículo 92 bis de la Ley 7/1985, de 7 de abril, respecto a los funcionarios con habilitación de carácter nacional serán ostentadas por las Instituciones Forales de sus territorios históricos o por las Instituciones Comunes de la Comunidad Autónoma, en los términos que establezca la normativa autonómica.

Disposición adicional tercera. Funcionarios públicos propios de las ciudades de Ceuta y Melilla.

1. Los funcionarios públicos propios de las administraciones de las ciudades de Ceuta y Melilla se rigen por lo dispuesto en este Estatuto, por las normas de carácter reglamentario que en su desarrollo puedan aprobar sus Asambleas en el marco de sus estatutos respectivos, por las normas que en su desarrollo pueda dictar el Estado y por la Ley de Función Pública de la Administración General del Estado.

2. En el marco de lo previsto en el número anterior, las Asambleas de Ceuta y Melilla tendrán, además, las siguientes funciones:

a) El establecimiento, modificación y supresión de Escalas, Subescalas y clases de funcionarios, y la clasificación de los mismos.

b) La aprobación de las plantillas y relaciones de puestos de trabajo.

c) La regulación del procedimiento de provisión de puestos directivos así como su régimen de permanencia y cese.

d) La determinación de las faltas y sanciones disciplinarias leves.

3. Los funcionarios transferidos se regirán por la Ley de Función Pública de la Administración General del Estado y sus normas de desarrollo. No obstante, podrán integrarse como funcionarios propios de la ciudad a la que hayan sido transferidos quedando en la situación administrativa de servicio en otras administraciones públicas.

Disposición adicional cuarta. Aplicación de este Estatuto a las autoridades administrativas independientes de ámbito estatal.

Lo establecido en el presente Estatuto se aplicará a las autoridades administrativas independientes del ámbito estatal, Entidades de Derecho Público reguladas en los artículos 109 y 110 de la Ley 40/2015, de 1 de octubre, de Régimen Jurídico del Sector Público, en la forma prevista en sus leyes de creación.

Disposición adicional quinta. Jubilación de los funcionarios.

El Gobierno presentará en el Congreso de los Diputados un estudio sobre los distintos regímenes de acceso a la jubilación de los funcionarios que contenga, entre otros aspectos, recomendaciones para asegurar la no discriminación entre colectivos con características similares y la conveniencia de ampliar la posibilidad de acceder a la jubilación anticipada de determinados colectivos.

Disposición adicional sexta. Otras agrupaciones profesionales sin requisito de titulación.

1. Además de los Grupos clasificatorios establecidos en el artículo 76 del presente Estatuto, las Administraciones Públicas podrán establecer otras agrupaciones diferentes de las enunciadas anteriormente, para cuyo acceso no se exija estar en posesión de ninguna de las titulaciones previstas en el sistema educativo.

2. Los funcionarios que pertenezcan a estas agrupaciones cuando reúnan la titulación exigida podrán promocionar de acuerdo con lo establecido en el artículo 18 de este Estatuto.

Disposición adicional séptima. Planes de igualdad.

1. Las Administraciones Públicas están obligadas a respetar la igualdad de trato y de oportunidades en el ámbito laboral y, con esta finalidad, deberán adoptar medidas dirigidas a evitar cualquier tipo de discriminación laboral entre mujeres y hombres.

2. Sin perjuicio de lo dispuesto en el apartado anterior, las Administraciones Públicas deberán elaborar y aplicar un plan de igualdad a desarrollar en el convenio colectivo o acuerdo de condiciones de trabajo del personal funcionario que sea aplicable, en los términos previstos en el mismo.

Disposición adicional octava.

Los funcionarios de carrera tendrán garantizados los derechos económicos alcanzados o reconocidos en el marco de los sistemas de carrera profesional establecidos por las leyes de cada Administración Pública.

Disposición adicional novena.

La carrera profesional de los funcionarios de carrera se iniciará en el grado, nivel, categoría, escalón y otros conceptos análogos correspondientes a la plaza inicialmente asignada al funcionario tras la superación del correspondiente proceso selectivo, que tendrán la consideración de mínimos. A partir de aquellos, se producirán los ascensos que procedan según la modalidad de carrera aplicable en cada ámbito.

Disposición adicional décima. Ámbito de aplicación del artículo 87.3.

Al personal contemplado en el artículo 4 de este Estatuto que sea declarado en servicios especiales o en situación administrativa análoga, se le aplicarán los derechos establecidos en el artículo 87.3 del presente Estatuto en la medida en que dicha aplicación resulte compatible con lo establecido en su legislación específica.

Disposición adicional undécima. Personal militar que preste servicios en la Administración civil.

1. El personal militar de carrera podrá prestar servicios en la Administración civil en los términos que establezca cada Administración Pública en aquellos puestos de trabajo en los que se especifique esta posibilidad, y de los que resulten adjudicatarios, de acuerdo con los principios de mérito y capacidad, previa participación en la correspondiente convocatoria pública para la provisión de dichos puestos, y previo cumplimiento de los requisitos que, en su caso, se puedan establecer para este fin por el Ministerio de Defensa.

2. Al personal militar que preste servicios en la Administración civil le será de aplicación la normativa propia de la misma en materia de jornada y horario de trabajo; vacaciones, permisos y licencias; y régimen disciplinario, si bien la sanción de separación del servicio sólo podrá imponerse por el Ministro de Defensa.

No les será de aplicación lo previsto para promoción interna, carrera administrativa, situaciones administrativas y movilidad, sin perjuicio de que puedan participar en los procedimientos de provisión de otros puestos abiertos a este personal en la Administración civil.

Las retribuciones a percibir serán las retribuciones básicas que les correspondan en su condición de militares de carrera, y las complementarias correspondientes al puesto de trabajo desempeñado. Los posibles ascensos que puedan producirse en su carrera militar no conllevarán variación alguna en las condiciones retributivas del puesto desempeñado.

Su régimen de Seguridad Social será el que les corresponda como militares de carrera.

Cuando se produzca el cese, remoción o supresión del puesto de trabajo de la Administración civil que vinieran desempeñando, deberán reincorporarse a la Administración militar en la situación que les corresponda, sin que les sean de aplicación los criterios existentes en estos supuestos para el personal funcionario civil.

Disposición adicional duodécima. Mesas de negociación en ámbitos específicos.

1. Para la negociación de las condiciones de trabajo del personal funcionario o estatutario de sus respectivos ámbitos, se constituirán las siguientes Mesas de Negociación:

a) Del personal docente no universitario, para las cuestiones que deban ser objeto de negociación comprendidas en el ámbito competencial del Ministerio de Educación, Cultura y Deporte.

b) Del personal de la Administración de Justicia, para las cuestiones que deban ser objeto de negociación comprendidas en el ámbito competencial del Ministerio de Justicia.

c) Del personal estatutario de los servicios de Salud, para las cuestiones que deban ser objeto de negociación comprendidas en el ámbito competencial del Ministerio de Sanidad, Servicios Sociales e Igualdad y que asumirá las competencias y funciones previstas en el artículo 11.4 del Estatuto Marco del personal estatutario de los servicios de salud. Mesa que se denominará «Ámbito de Negociación».

2. Además de la representación de la Administración General del Estado, constituirán estas Mesas de Negociación, las organizaciones sindicales a las que se refiere el párrafo segundo del artículo 33.1 de este Estatuto, cuya representación se distribuirá en función de los resultados obtenidos en las elecciones a los órganos de representación propios del personal en el ámbito específico de la negociación que en cada caso corresponda, considerados a nivel estatal.

Disposición adicional decimotercera. Permiso por asuntos particulares por antigüedad.

Las Administraciones Públicas podrán establecer hasta dos días adicionales de permiso por asuntos particulares al cumplir el sexto trienio, incrementándose, como máximo, en un día adicional por cada trienio cumplido a partir del octavo.

Disposición adicional decimocuarta. Días adicionales de vacaciones por antigüedad.

Cada Administración Pública podrá establecer hasta un máximo de cuatro días adicionales de vacaciones en función del tiempo de servicios prestados por los funcionarios públicos.

Disposición adicional decimoquinta. Registro de Órganos de Representación del Personal.

Las Administraciones Públicas dispondrán de un Registro de Órganos de Representación del Personal al servicio de las mismas y de sus organismos, agencias, universidades y entidades dependientes en el que serán objeto de inscripción o anotación, al menos, los actos adoptados en su ámbito que afecten a la creación, modificación o supresión de órganos de representación del personal funcionario, estatutario o laboral, la creación modificación o supresión de secciones sindicales, los miembros de dichos órganos y delegados sindicales. Así mismo, serán objeto de anotación los créditos horarios, sus cesiones y liberaciones sindicales que deriven de la aplicación de normas o pactos que afecten a la obligación o al régimen de asistencia al trabajo. La creación de dichos registros se ajustará la normativa vigente en materia de protección de datos de carácter personal.

Disposición adicional decimosexta. Permiso retribuido para las funcionarias en estado de gestación.

Cada Administración Pública, en su ámbito, podrá establecer a las funcionarias en estado de gestación, un permiso retribuido, a partir del día primero de la semana 37 de embarazo, hasta la fecha del parto.

En el supuesto de gestación múltiple, este permiso podrá iniciarse el primer día de la semana 35 de embarazo, hasta la fecha de parto.

Disposiciones transitorias

Disposición transitoria primera. Garantía de derechos retributivos.

1. El desarrollo del presente Estatuto no podrá comportar para el personal incluido en su ámbito de aplicación, la disminución de la cuantía de los derechos económicos y otros complementos retributivos inherentes al sistema de carrera vigente para los mismos en el momento de su entrada en vigor, cualquiera que sea la situación administrativa en que se encuentren.

2. Si el personal incluido en el ámbito de aplicación del presente Estatuto no se encontrase en la situación de servicio activo, se le reconocerán los derechos económicos y complementos retributivos a los que se refiere el apartado anterior a partir del momento en el que se produzca su reingreso al servicio activo.

Disposición transitoria segunda. Personal laboral fijo que desempeña funciones o puestos clasificados como propios de personal funcionario.

El personal laboral fijo que a la entrada en vigor de la Ley 7/2007, de 12 de abril, estuviere desempeñando funciones de personal funcionario, o pasare a desempeñarlos en virtud de pruebas de selección o promoción convocadas antes de dicha fecha, podrá seguir desempeñándolos.

Asimismo, podrá participar en los procesos selectivos de promoción interna convocados por el sistema de concurso-oposición, de forma independiente o conjunta con los procesos selectivos de libre concurrencia, en aquellos Cuerpos y Escalas a los que figuren adscritos las funciones o los puestos que desempeñe, siempre que posea la titulación necesaria y reúna los restantes requisitos exigidos, valorándose a estos efectos como mérito los servicios efectivos prestados como personal laboral fijo y las pruebas selectivas superadas para acceder a esta condición.

Disposición transitoria tercera. Entrada en vigor de la nueva clasificación profesional.

1. Hasta tanto no se generalice la implantación de los nuevos títulos universitarios a que se refiere el artículo 76, para el acceso a la función pública seguirán siendo válidos los títulos universitarios oficiales vigentes a la entrada en vigor de este Estatuto.

2. Transitoriamente, los Grupos de clasificación existentes a la entrada en vigor de la Ley 7/2007, de 12 de abril, se integrarán en los Grupos de clasificación profesional de funcionarios previstos en el artículo 76, de acuerdo con las siguientes equivalencias:

Grupo A: Subgrupo A1.

Grupo B: Subgrupo A2.

Grupo C: Subgrupo C1.

Grupo D: Subgrupo C2.

Grupo E: Agrupaciones Profesionales a que hace referencia la disposición adicional sexta.

3. Los funcionarios del Subgrupo C1 que reúnan la titulación exigida podrán promocionar al Grupo A sin necesidad de pasar por el nuevo Grupo B, de acuerdo con lo establecido en el artículo 18 de este Estatuto.

Disposición transitoria cuarta. Consolidación de empleo temporal.

1. Las Administraciones Públicas podrán efectuar convocatorias de consolidación de empleo a puestos o plazas de carácter estructural correspondientes a sus distintos cuerpos, escalas o categorías, que estén dotados presupuestariamente y se encuentren desempeñados interina o temporalmente con anterioridad a 1 de enero de 2005.

2. Los procesos selectivos garantizarán el cumplimiento de los principios de igualdad, mérito, capacidad y publicidad.

3. El contenido de las pruebas guardará relación con los procedimientos, tareas y funciones habituales de los puestos objeto de cada convocatoria. En la fase de concurso podrá valorarse, entre otros méritos, el tiempo de servicios prestados en las Administraciones Públicas y la experiencia en los puestos de trabajo objeto de la convocatoria.

Los procesos selectivos se desarrollarán conforme a lo dispuesto en los apartados 1 y 3 del artículo 61 del presente Estatuto.

Disposición transitoria quinta. Procedimiento Electoral General.

En tanto se determine el procedimiento electoral general previsto en el artículo 39 del presente Estatuto, se mantendrán con carácter de normativa básica los siguientes artículos de la Ley 9/1987, de 12 de junio, de órganos de representación, determinación de las condiciones de trabajo y participación del personal al servicio de las Administraciones Públicas: 13.2, 13.3, 13.4, 13.5, 13.6, 15, 16, 17, 18, 19, 20, 21, 25, 26, 27, 28 y 29.

Disposición transitoria sexta. Duración del permiso de paternidad por el nacimiento, acogimiento o adopción de un hijo para el personal funcionario hasta la entrada en vigor de la Ley 9/2009, de 6 de octubre.

Sin perjuicio de lo indicado en el artículo 49, letra c), la duración del permiso de paternidad para el personal funcionario seguirá siendo de quince días hasta que no se produzca la entrada en vigor del artículo 2 de la Ley 9/2009, de 6 de octubre.

Disposición transitoria séptima. Referencia a los Organismos Reguladores.

Hasta que se produzca la entrada en vigor de la Ley 40/2015, de 1 de octubre, de Régimen Jurídico del Sector Público, las previsiones contenidas en la disposición adicional cuarta de esta ley se entenderán referidas a los organismos reguladores de la disposición adicional décima, 1 de la Ley 6/1997, de 14 de abril, de Organización y Funcionamiento de la Administración General del Estado.

Disposición transitoria octava. Aplicación del artículo 84.3.

De acuerdo con lo previsto en la disposición final cuarta, las previsiones contenidas en el artículo 84.3 en relación con la forma de proceder en los supuestos de cese en puesto de libre designación, resultarán de aplicación en las Administraciones Públicas en las que se hayan aprobado la correspondiente ley de desarrollo.

Disposición derogatoria única.

Quedan derogadas con el alcance establecido en el apartado 2 de la disposición final cuarta, las siguientes disposiciones:

a) De la Ley de Funcionarios Civiles del Estado aprobada por Decreto 315/1964, de 7 de febrero, los artículos 1, 2, 3, 4, 5.2, 7, 29, 30, 36, 37, 38, 39.2, 40, 41, 42, 44, 47, 48, 49, 50, 59, 60, 61, 63, 64, 65, 68, 71, 76, 77, 78, 79, 80, 87, 89, 90, 91, 92, 93, 102, 104 y 105.

b) De la Ley 30/1984, de 2 de agosto, de Medidas para la Reforma de la Función Pública, los artículos 3.2.e) y f); 6; 7; 8; 11; 12; 13.2, 3 y 4; 14.4 y 5; 16; 17; 18.1 a 5; 19.1 y 3; 20.1.a), b) párrafo primero, c), e) y g) en sus párrafos primero a cuarto, e i), 2 y 3; 21; 22.1 a excepción de los dos últimos párrafos; 23; 24; 25; 26; 29, a excepción del último párrafo de sus apartados 5, 6 y 7; 30.3 y 5; 31; 32; 33; disposiciones adicionales tercera.2 y 3, cuarta, duodécima y decimoquinta, disposiciones transitorias segunda, octava y novena.

c) La Ley 9/1987, de 12 de junio, de órganos de representación, determinación de las condiciones de trabajo y participación del personal al servicio de las Administraciones Públicas, excepto su artículo 7 y con la excepción contemplada en la disposición transitoria quinta de este Estatuto.

d) De la Ley 7/1985, de 2 de abril, reguladora de las bases del Régimen Local, el capítulo III del título VII.

e) Del Real Decreto Legislativo 781/1986, de 18 de abril, texto refundido de las disposiciones legales vigentes en materia de Régimen Local, el capítulo III del título VII.

f) Todas las normas de igual o inferior rango que contradigan o se opongan a lo dispuesto en este Estatuto.

Disposiciones finales

Disposición final primera. Habilitación competencial.

Las disposiciones de este Estatuto se dictan al amparo del artículo 149.1.18.ª de la Constitución, constituyendo aquellas bases del régimen estatutario de los funcionarios; al amparo del artículo 149.1.7.ª de la Constitución, por lo que se refiere a la legislación laboral, y al amparo del artículo 149.1.13.ª de la Constitución, bases y coordinación de la planificación general de la actividad económica.

Disposición final segunda.

Las previsiones de esta ley son de aplicación a todas las comunidades autónomas respetando en todo caso las posiciones singulares en materia de sistema institucional y las competencias exclusivas y compartidas en materia de función pública y de autoorganización que les atribuyen los respectivos Estatutos de Autonomía, en el marco de la Constitución.

Disposición final tercera. Modificación de la Ley 53/1984, de 26 de diciembre, de incompatibilidades del personal al servicio de las Administraciones Públicas.

Se modifica el apartado 1 del artículo 16, que queda redactado de la siguiente forma:

«No podrá autorizarse o reconocerse compatibilidad al personal funcionario, al personal eventual y al personal laboral cuando las retribuciones complementarias que tengan derecho a percibir del apartado b) del artículo 24 del presente Estatuto incluyan el factor de incompatibilidad al retribuido por arancel y al personal directivo, incluido el sujeto a la relación laboral de carácter especial de alta dirección.»

Disposición final cuarta. Entrada en vigor.

1. Lo establecido en los capítulos II y III del título III, excepto el artículo 25.2, y en el capítulo III del título V producirá efectos a partir de la entrada en vigor de las leyes de Función Pública que se dicten en desarrollo de este Estatuto.

La disposición final tercera del presente Estatuto producirá efectos en cada Administración Pública a partir de la entrada en vigor del capítulo III del título III con la aprobación de las leyes de Función Pública de las Administraciones Públicas que se dicten en desarrollo de este Estatuto. Hasta que se hagan efectivos esos supuestos la autorización o denegación de compatibilidades continuará rigiéndose por la actual normativa.

2. Hasta que se dicten las leyes de Función Pública y las normas reglamentarias de desarrollo se mantendrán en vigor en cada Administración Pública las normas vigentes sobre ordenación, planificación y gestión de recursos humanos en tanto no se opongan a lo establecido en este Estatuto.

Parte 2:
Tests de apoyo al estudio

Ley 39/2015. Test 1

1. Una de las novedades de la Ley 39/2015 con relación a la norma que la precede es que amplía su ámbito subjetivo a ...

a. La Administración de Justicia
b. El sector público institucional
c. Las Entidades que integran la Administración Local
d. La Administración General del Estado

2. La actual Ley 39/2015 requiere que la Ley declare expresamente la capacidad de obrar cuando se trate de

a. Grupos de afectados
b. Menores de edad
c. Menores de edad incapacitados, cuando la extensión de la incapacitación afecte al ejercicio y defensa de los derechos o intereses de que se trate.
d. Personas jurídicas

3. No se consideraría interesado en el procedimiento administrativo...

a. Quienes lo promueven como titulares de derechos legítimos colectivos
b. Quien no habiendo iniciado el procedimiento tenga intereses que puedan resultar afectados por la resolución que en el mismo se adopte
c. Un sindicato en los términos que la ley le reconozca
d. El derecho-habiente del interesado cuando la condición de interesado derivase de una relación jurídica transmisible

4. No necesariamente deberá acreditarse la representación conforme el art. 5 de la Ley 39/2015

a. Cuando se presente una declaración responsable
b. Cuando se interponga un recurso
c. Cuando se solicite información sobre un trámite ineludible en el procedimiento de que se trate
d. Cuando se formule cualquier solicitud iniciadora de un procedimiento

5. La falta o insuficiente acreditación de la representación no impedirá que se tenga por realizado el acto de que se trate, siempre que se aporte aquélla o se subsane el defecto dentro del plazo de ...

a. 5 días b. 15 días c. 72 horas d. 10 días

6. El art. 5 de la Ley 39/2015 al tratar de la representación dispone que...

a. Para que un interesado pueda actuar por medio de representante se requiere que tenga capacidad de obrar
b. Sólo pueden actuar en representación de otras personas las personas físicas
c. Las personas jurídicas siempre actuarán ante la Administración por medio de un representante que será persona física
d. Todas las afirmaciones anteriores son correctas

7. Dispondrán de un registro electrónico general de apoderamientos...

a. La Administración General del Estado
b. Las Comunidades Autónomas
c. Las Entidades Locales
d. Todas son correctas

8. Cuando en una solicitud, escrito o comunicación figuren varios interesados, las actuaciones a que den lugar se efectuarán primeramente con ...

a. El interesado que expresamente hayan señalado
b. El que figure en último lugar
c. El que acredite mayor solvencia o conocimiento administrativo
d. Ninguna es correcta

9. No es en particular un sistema admitido para identificarse electrónicamente ante las Administraciones Públicas

a. Grupo Whatsapp
b. Certificado electrónico
c. Certificado de firma electrónica
d. Todos lo son

10. No es un sistema de identificación de los interesados en el procedimiento admitido por la Administración el de:

a. firma electrónica
b. clave concertada
c. sello electrónico
d. Los tres sí lo son

Respuestas Test 1

1B 2A 3B 4C 5D 6A 7D 8A 9A 10D

Ley 39/2015. Test 2

1. Conforme el artículo 13 de la actual Ley 39/2015 las personas tienen derecho a comunicarse con las Administraciones Públicas a través de los denominados ...

a. Nodos de Acceso General electrónico de la Administración
b. Puntos de Acceso General electrónico de la Administración
c. Nodos de Acceso General electrónico de las Administraciones Públicas
d. Nodos de Acceso General de Nuevas Tecnologías e Innovación de las Administraciones Públicas

2. No es un derecho conferido a un vasco en el ámbito territorial de la Comunidad Autónoma Valenciana el de ...

a. Dirigirse a los órganos de la Generalitat Valenciana en euskera
b. Dirigirse a los órganos de la Generalitat Valenciana en valenciano
c. Dirigirse a los órganos de la Generalitat Valenciana en castellano
d. Todos lo son conforme se dispone en el art. 13 de la Ley 39/2015

3. Lo previsto en la Ley 19/2013, de 9 de diciembre, de transparencia, acceso a la información pública y buen gobierno y el resto del Ordenamiento Jurídico tiene que ver con el derecho a...

a. Comunicarse con las Administraciones Públicas
b. Ser tratados con deferencia y respeto
c. El acceso a la información pública, archivos y registros
d. La obtención y utilización de los medios de identificación y firma electrónica contemplados en la Ley 39/2015

4. Conforme el art. 14 de la Ley 39/2015 no estaría obligado en todo caso a relacionarse electrónicamente con las Administraciones Públicas

a. El Colegio de Abogados de Alicante
b. Vicente Martínez Pérez
c. Porcelano S.A
d. No estaría obligado ninguno pues no ha de confundirse el ejercicio de un derecho con el cumplimiento de una obligación

5. Conforme el art. 16 de la Ley 39/2015 en cada Administración se dispondrá de...
a. Registro Electrónico de Entrada
b. Registro Electrónico de Salida
c. Registro Electrónico General
d. A y B son correctas

6. En los casos en que proceda la comparecencia, la correspondiente citación hará constar expresamente:
a. El lugar
b. La fecha
c. Los efectos de no atenderla
d. Las tres cosas

7. Los titulares de las unidades administrativas y el personal al servicio de las Administraciones Públicas son responsables de...
a. Nada
b. Las resoluciones administrativas
c. La tramitación de los asuntos
d. Exclusivamente de los temas de su incumbencia

8. La Administración está obligada a dictar resolución expresa y a notificarla en todos los procedimientos...
a. Si
b. Si, siempre que el procedimiento se inicie a solicitud de persona interesada
c. Si, siempre que el procedimiento se inicie a solicitud de persona interesada y a notificarla a dicha persona y en su caso a sus causahabientes
d. Pues no y precisamente por eso existe el llamado silencio administrativo

9. ¿Cuál de las siguientes circunstancias no trae consigo una alteración de la obligación de resolver?
a. El pacto
b. La prescripción
c. La caducidad
d. La prescripción

10. Salvo que una norma con rango de Ley establezca uno mayor o así venga previsto en el Derecho de la Unión Europea el plazo para resolver no excederá de ¿cuántos meses?
a. 1   b. 2   c. 3   d. 6

Respuestas Test 2
1B 2A 3C 4B 5C 6D 7C 8A 9A 10D

LEY 39/2015. TEST 3

1. Conforme el art. 22 de la Ley 39/2015 el transcurso del plazo máximo legal para resolver un procedimiento se suspenderá (NO se podrá suspender, se suspenderá)
a. Cuando un interesado promueva la recusación del órgano competente para resolver
b. Cuando deba requerirse a cualquier interesado para la subsanación de deficiencias o la aportación de documentos y otros elementos de juicio necesarios
c. Cuando deban realizarse pruebas técnicas o análisis contradictorios o dirimentes propuestos por los interesados
d. Cuando deba obtenerse un pronunciamiento previo y preceptivo de un órgano de la Unión Europea

2. La ampliación del plazo máximo para resolver y notificar según previene el art. 23 de la Ley 39/2015...
a. Deberá ser notificada al interesado quien podrá presentar el correspondiente recurso
b. Tendrá carácter excepcional
c. Deberá ser adoptada por el órgano instructor a propuesta del órgano competente para resolver o bien de su superior jerárquico
d. Todas son correctas

3. El vencimiento del plazo máximo sin haberse notificado resolución expresa legitima al interesado para entender estimada su pretensión...
a. En todo caso
b. Siempre que el procedimiento se haya iniciado de oficio
c. Siempre que el procedimiento se haya iniciado a solicitud del interesado
d. Nunca

4. Tiene a todos los efectos la consideración de acto administrativo finalizador del procedimiento...
a. Ningún silencio
b. El silencio estimatorio
c. El silencio desestimatorio
d. Ambos tienen la consideración de acto administrativo finalizador del procedimiento

5. El sentido del silencio es estimatorio en...
a. Los procedimientos de impugnación de actos y disposiciones
b. En los procedimientos relativos al derecho de petición del art. 29 de la Constitución siempre que la estimación tuviera como consecuencia que se transfirieran al solicitante o a terceros facultades relativas al dominio público o al servicio público
c. El recurso de alzada interpuesto contra la desestimación por silencio administrativo de una solicitud por el transcurso del plazo
d. En los procedimientos relativos al derecho de petición del art. 29 de la Constitución siempre que la estimación implique el ejercicio de actividades potencialmente dañosas para el medio ambiente

6. En el silencio administrativo la resolución expresa posterior al vencimiento del plazo se adoptará por la Administración sin vinculación alguna al sentido del silencio...
a. En todo caso
b. Siempre que hubiera sido interpuesto el correspondiente recurso y no estemos ante un acto meramente consentido
c. Nunca
d. En los casos de desestimación

7. El plazo de un procedimiento concluye al cabo de tres meses y tiene efectos estimatorios ¿De cuantos días dispone el interesado para solicitar el certificado acreditativo del silencio producido?
a. De quince
b. De diez
c. De un mes y medio (la mitad de duración del plazo del procedimiento)
d. Ninguna es correcta

8. Conforme el art. 26 de la Ley 39/2015 las Administraciones Públicas emitirán los documentos administrativos...
a. Verbalmente o por escrito
b. Por escrito, a través de medios mecánicos
c. Por escrito, a través de medios electrónicos
d. Por escrito e independientemente de que su naturaleza exija otra forma mas adecuada de expresión y constancia

9. **Requisitos de la validez de los documentos administrativos según el art. 26 de la Ley 39/2015**

a. Incorporar una referencia temporal del momento en que han sido emitidos
b. Incorporar los metadatos mínimos exigidos
c. Disponer de los datos de identificación que permitan su individualización, sin perjuicio de su posible incorporación a un expediente electrónico
d. Todas son correctas

10. **Los documentos electrónicos emitidos por las Administraciones Públicas que se publiquen con carácter meramente informativo ...**

a. No requerirán firma electrónica
b. Ni requerirán firma electrónica ni será necesario identificar el origen de estos documentos
c. Requerirán firma electrónica y será necesario identificar el origen de estos documentos aun cuando no formen parte de un expediente administrativo
d. Ninguna es correcta

Respuestas Test 3
1A 2B 3C 4B 5C 6D 7D 8C 9D 10A

LEY 39/2015. TEST 4

1. **¿Cuál de los siguientes actos no necesitaría ser motivado conforme el art. 35 de la Ley 39/2015?**

a. Un acto que limitase derechos subjetivos sin apartarse del criterio seguido en ocasiones precedentes
b. El acuerdo de ampliación de plazos sin ser limitativo de intereses legítimos
c. El acto que mantuviera el criterio seguido en actuaciones anteriores
d. El acuerdo por el que se adoptan medidas provisionales de las previstas en el art. 56 de la Ley 39/2015

2. **En la motivación del acto, cuando así proceda ¿como debe ser la referencia de los hechos de que trae causa la resolución?**

a. Fehaciente b. Resolutoria
c. Urgente d. Sucinta

3. **En los casos en que los órganos administrativos ejerzan su competencia de forma verbal, la constancia escrita del acto se efectuará y firmará siempre por ...**

a. El titular del órgano inferior
b. El funcionario responsable de la tramitación
c. La autoridad de la que procede
d. Ninguna es correcta porque no siempre procede que quede constancia escrita del acto

4. *"Las resoluciones administrativas de carácter particular no podrán vulnerar lo establecido en una disposición de carácter general, aunque aquéllas procedan de un órgano de igual o superior jerarquía al que dictó la disposición general"*

a. Principio de Jerarquía normativa
b. Principio de Inderogabilidad singular
c. Principio de Legalidad
d. Ninguno de los tres

5. **Las resoluciones administrativas que vulneren lo establecido en una disposición reglamentaria son...**

a. Válidas y eficaces si la autoridad de la que proceden es de rango superior a la autoridad de la que procede la disposición reglamentaria
b. Nulas en todo caso
c. Nulas salvo que dispongan otra cosa
d. Nulas salvo si incurren en alguna de las causas recogidas en el art. 47 de la Ley 39/2015

6. **Los actos de las Administraciones Públicas sujetos al Derecho Administrativo serán ejecutivos con arreglo a lo dispuesto en esta Ley. Es el principio de...**

a. Ejecutividad b. Efectividad
c. Eficiencia d. Inderogabilidad singular

7. **Los actos de las Administraciones Públicas sujetos al Derecho Administrativo se presumirán válidos y producirán efectos desde ...**

a. La fecha en que adquieran firmeza
b. La fecha en que se dicten
c. La fecha en que transcurra el plazo para recurrir sin haberse interpuesto el correspondiente recurso
d. Todas son correctas

8. **Las notificaciones deberán ser cursadas en el plazo de...**

a. Diez días desde que el acto haya sido dictado
b. Diez días desde que el acto haya sido dictado o conforme el plazo previsto en el procedimiento de que se trate
c. Diez días desde que el acto haya sido dictado salvo que en el procedimiento de que se trate esté previsto un plazo igual o superior
d. Diez días desde que el acto haya sido dictado salvo que en el procedimiento de que se trate esté previsto un plazo igual o inferior

9. **Las notificaciones se practicarán preferentemente por...**

a. Correo certificado
b. Correo ordinario
c. Medios electrónicos
d. Correo certificado con acuse de recibo

10. **Si una notificación contiene medio de pago a favor del obligado...**

a. Se deberá practicar por medios electrónicos
b. Podrá practicarse por medios electrónicos
c. No se practicará por medios electrónicos
d. Podrá practicarse por medios electrónicos siempre que resulte salto favorable a la Administración acreedora

Respuestas Test 4
1C 2D 3D 4B 5B 6A 7B 8A 9C 10C

Ley 39/2015. Test 5

1. Para que la nulidad de pleno derecho, actualmente recogida en el art. 47 de la Ley 39/2015, recaiga sobre un acto que lesione derechos y libertades se requiere que tales derechos y libertades sean....

a. Derechos subjetivos y libertades públicas
b. Susceptibles de amparo constitucional
c. Derechos subjetivos, intereses legítimos y libertades democráticas
d. Derechos y libertades reconocidos y protegidos por las leyes

2. No es causa de nulidad la incompetencia...

a. Por razón de materia   b. Territorial
c. Jerárquica   d. Ninguna de las tres

3. Para que por razón de su contenido un acto sea considerado nulo se requiere que dicho contenido...

a. Sea imposible
b. Sea ilícito, indeterminado e imposible
c. Sea total y absolutamente contrario al ordenamiento legalmente establecido
d. El contenido de un acto nunca será determinante de su nulidad salvo que así se establezca expresamente por norma con rango de ley

4. El principio de inderogabilidad singular tiene que ver con...

a. La nulidad de pleno derecho de los actos de las Administraciones Públicas
b. La anulabilidad de los actos de la Administración
c. Nada en absoluto
d. La nulidad de las disposiciones administrativas

5. El defecto de forma en su caso determina...

a. Nada en absoluto
b. La nulidad de pleno derecho
c. La nulidad de pleno derecho de las disposiciones administrativas
d. La anulabilidad del acto de la Administración

6. Para que un acto sea nulo por inaplicación del procedimiento legalmente establecido se requiere...

a. Que estemos ante la ejecución material del acto sin que se haya dictado previa resolución
b. Que el órgano sea manifiestamente incompetente en todo caso
c. Que se haya prescindido total y absolutamente del procedimiento legalmente establecido
d. La inaplicación del procedimiento legalmente establecido sólo es causa de irregularidad en la tramitación por si misma no invalidante

7. El nombramiento de un funcionario que carece de la titulación requerida para ocupar el puesto sería...

a. Acto irregular   b. Acto nulo
c. Acto anulable   d. Acto inexistente

8. La disposiciones que establecen la retroactividad de las disposiciones restrictivas de derechos generales...

a. No son ni nulas ni anulables
b. Son en todo caso nulas
c. Son en todo caso anulables
d. Según su alcance pueden constituir un supuesto de nulidad o un supuesto de anulabilidad

9. ¿Pueden existir supuestos de nulidad o de anulabilidad distintos a los previstos en los arts. 47 y 48 de la Ley 39/2015?

a. No
b. Si
c. Pueden existir supuestos de nulidad
d. Pueden existir supuestos de anulabilidad pero no de nulidad pues sólo son nulos los supuestos enunciados en las letras a. a g) del citado artículo 47

10. Un acto inexistente...

a. Sería aquel cuyo contenido es imposible
b. Sería el constitutivo de vía de hecho
c. Sería el acto nulo de hecho en contraposición a la nulidad de derecho
d. La ley 39/2015 no se refiere al acto inexistente

Respuestas Test 5

1B 2C 3A 4D 5D 6C 7B 8A 9B 10D

Ley 39/2015. Test 6

1. Un acto administrativo es anulable si...

a. Incurre en cualquier desviación del ordenamiento jurídico
b. Incurre en cualquier infracción del ordenamiento jurídico
c. Incurre en cualquier infracción del ordenamiento jurídico que no esté prevista en el art. 47 de la Ley 39/2015
d. No incurre en los supuestos de nulidad absoluta del art. 47 de la Ley 39/2015

2. ¿Cuál de las siguientes afirmaciones sería incorrecta respecto de la desviación de poder?

a. La desviación de poder forma parte de los móviles
b. Un acto afectado de desviación de poder aparece como un acto ajustado a derecho
c. Los procedimientos iniciados a instancia de persona interesada están exentos de incurrir en desviación de poder
d. Todas las afirmaciones que se hacen son correctas

3. Los defectos de forma en el acto administrativo...

a. Determinan la anulabilidad del acto si causan indefensión al interesado incluso aunque no se trate de requisitos de forma indispensables
b. Determinan la anulabilidad del acto si causan indefensión al interesado siempre que se trate de requisitos de forma indispensables
c. Nunca determinan la anulabilidad del acto salvo si causan indefensión al interesado
d. Gozan de idéntico tratamiento que los defectos de fondo

4. Si el titular del órgano se llama Vicente Pérez pero en la firma de la resolución aparece el nombre de Vicente Gómez el acto presenta un vicio...

a. Determinante de nulidad
b. Determinante de anulabilidad
c. Determinante de una irregularidad
d. No presenta vicio alguno, simplemente se trata de un error del funcionario que en su caso dará lugar a la amonestación por el órgano competente

5. El acto fuera de plazo
a. Es nulo
b. Puede ser anulable
c. Es anulable
d. Puede ser nulo o puede ser anulable

6. La convalidación, la conservación y la conversión...
a. Afecta a los actos nulos
b. Afecta a los actos anulables
c. Afecta a los actos nulos, salvo la conversión
d. Afecta a los actos nulos, salvo la conservación

7. Si el vicio consiste en que falta una autorización pero la misma se otorga por el órgano competente...
a. El acto se anula
b. El acto se convierte
c. El acto se conserva
d. El acto se convalida

8. Conforme el art. 51 de la Ley 39/2015 se conservan los...
a. Actos
b. Trámites
c. Ninguno
d. Tanto los trámites como los actos

9. Excepcionalmente se otorgará eficacia retroactiva a los actos...
a. Nulos
b. Anulados
c. Anulables
d. Válidos

10. Es falso que...
a. La nulidad de un acto implicará la de los sucesivos que sean independientes del primero
b. La anulabilidad de un acto no implicará la de los sucesivos que sean independientes del primero
c. Los actos administrativos pueden ser nulos y pueden ser anulables
d. La nulidad de pleno derecho sólo procede en los supuestos contemplados en el art. 47 de la Ley 39/2015

Respuestas Test 6
1C 2C 3A 4C 5B 6B 7D 8D 9B 10A

LEY 39/2015. TEST 7

1. ¿Quién sería competente para revisar de oficio un acto dictado por el consejero del órgano de gobierno de una Comunidad Autónoma?
a. El propio consejero
b. El Gobierno de dicha Comunidad Autónoma
c. Los interesados en el procedimiento siempre que se personen en el mismo antes de que recaiga resolución definitiva
d. La jurisdicción contencioso administrativa

2. A tenor de lo que dispone el art. 106 de la Ley 39/2015 ¿quién emitiría informe en el supuesto de revisión de oficio del acto dictado anteriormente?
a. El Consejo de Estado
b. El Gobierno de dicha Comunidad Autónoma
c. El Consejo Consultivo u órgano equivalente al Consejo de Estado de dicha autonomía
d. El o los interesados en el procedimiento

3. No se puede revisar de oficio un acto nulo que...
a. no haya sido recurrido en plazo
b. haya puesto fin a la vía administrativa
c. haya sido recurrido y haya sido desestimado el recurso
d. Se puede plantear la revisión de oficio en todos los casos que se indica siempre que sea por nulidad

4. ¿Se puede plantear la revisión de oficio de las disposiciones administrativas?
a. Por supuesto
b. No, en ningún caso
c. No, salvo que se trate de supuestos de inderogabilidad singular
d. Si, siempre que lo solicite la persona interesada

5. ¿Qué pasa si una solicitud de revisión de oficio de un acto nulo carece de fundamento a juicio del órgano que debe estimarla?
a. Que la estima en todo caso
b. Que no hay ninguna razón legal para desestimarla
c. Que no la estima
d. Que la sobresee provisionalmente

6. ¿Que pasa si una solicitud de revisión de oficio de un acto nulo plantea un supuesto que se hubiera desestimado en cuanto al fondo en situaciones similares?
a. Que la estima en todo caso
b. Que no hay ninguna razón legal para desestimarla
c. Que no la estima
d. Que la sobresee provisionalmente

7. Al hablar del sobreseimiento de las solicitudes de revisión de oficio la Ley 39/2015 ...
a. Sólo la admite para actos nulos
b. La admite para actos nulos y anulables
c. Sólo la admite con carácter provisional para actos nulos
d. La Ley 39/2015 no contempla el sobreseimiento al tratar de la revisión de oficio

8. Al declarar la nulidad de un acto ¿se pueden establecer las indemnizaciones que procedan?
a. Si siempre que dicho daño sea efectivo, evaluable económicamente e individualizado con relación a una persona o grupo de personas
b. La anterior es cierta siempre que se tenga el deber jurídico de soportar dicho daño
c. Las dos anteriores son correctas y además se requiere que el acto sea aplicativo de una disposición asimismo nula
d. Todas son correctas

9. Si el procedimiento de revisión de oficio se inicia de oficio puede suceder que no se dicte resolución sobre si se revisa o no se revisa ¿en que plazo se entendería caducado dicho procedimiento revisor?
a. Un mes   b. Tres meses
c. Seis meses   d. Cuatro años

10. ¿Se puede recurrir contra una resolución por la que se revisa de oficio?
a. No porque no hay interesados
b. No porque dicha resolución es firme
c. No salvo en el supuesto excepcional en que dicha resolución cierre la vía administrativa
d. Por supuesto que si

Respuestas Test 7
1B 2C 3D 4A 5B 6C 7D 8A 9B 10D

Ley 39/2015. Test 8

1. La tramitación simplificada del procedimiento administrativo común se contempla en el art. 96 de la Ley 39/2015, ubicado en el:
a. TITULO II. De la actividad de las Administraciones Públicas
b. TÍTULO IV. De las disposiciones sobre el procedimiento administrativo común
c. TÍTULO V. De las disposiciones sobre la tramitación simplificada del procedimiento administrativo común
d. TÍTULO III. De los actos administrativos

2. ¿Cuál de las siguientos no es una causa que justifique la tramitación simplificada del procedimiento administrativo común?
a. Razones de interés público
b. Falta de complejidad del procedimiento
c. Escasa cuantía del asunto
d. Todas son causas justificativas del acuerdo de iniciación

3. Es cierto que...
a. La tramitación simplificada del procedimiento la acuerdan las distintas Administraciones Públicas
b. El acuerdo sólo se puede adoptar de oficio
c. El acuerdo de tramitación sólo se puede acordar a solicitud del interesado
d. El acuerdo de tramitación sólo se puede acordar a solicitud del interesado, nunca de oficio, previo examen de la concurrencia de los requisitos legalmente establecidos para el asunto de que se trate

4. En un procedimiento simplificado iniciado por varios interesados...
a. Siempre se tramitará de oficio
b. Siempre se tramitará a solicitud de los interesados
c. No se puede iniciar un procedimiento simplificado si lo solicitan varios interesados
d. Sólo se tramitará si ninguno de los interesados que lo promueven solicita que deba seguirse la tramitación ordinaria

5. Si el órgano competente para la tramitación aprecia que no concurre alguna de las razones previstas, podrá desestimar dicha solicitud de tramitación de procedimiento simplificado, en el plazo de (días)...
a. 5   b. 10   c. 15   d. 2

6. Contra la decisión anterior cabe...
a. Recurso de alzada
b. Recurso de reposición
c. El nuevo recurso de tramitación
d. No cabe recurso alguno

7. Salvo que reste menos para su tramitación ordinaria, los procedimientos administrativos tramitados de manera simplificada deberán ser resueltos en ...
a. Quince días   b. Veinte días
c. Treinta días   d. Tres meses

8. No aparecerá entre los trámites del procedimiento administrativo simplificado...
a. Inicio del procedimiento
b. Informe del servicio jurídico, cuando sea preceptivo
c. Dictamen del Consejo de Estado u órgano consultivo equivalente de la Comunidad Autónoma en los casos en que sea preceptivo
d. Todos aparecerían

9. En el procedimiento administrativo simplificado ...
a. Se pueden formular alegaciones al inicio del procedimiento durante el plazo de cinco días
b. Se pueden formular alegaciones al inicio del procedimiento durante el plazo de diez días
c. No se pueden formular alegaciones
d. Hay un plazo de entre cinco y diez días para formular alegaciones instruído el procedimiento y antes de emitir propuesta de resolución

10. En el procedimiento administrativo simplificado...
a. No hay trámite de audiencia
b. El trámite de audiencia tiene una duración más breve que en el procedimiento ordinario
c. Sólo se contempla el trámite de audiencia si la resolución va a ser desfavorable para el interesado
d. Ninguna es correcta

Respuestas Test 8
1B 2C 3A 4D 5A 6D 7C 8D 9A 10C

Ley 39/2015. Test 9

1. Una de las novedades más significativas de la Ley 39/2015 es la inclusión de un título dedicado a la iniciativa legislativa y de la potestad para dictar reglamentos y otras disposiciones ¿De qué título se trata?
a. Del Cuarto
b. Del Quinto
c. Del Sexto
d. Del Séptimo

2. Dentro del citado título y conforme el art. 127 de la Ley 39/2015 no es cierto que...
a. El Gobierno de la Nación ejercerá la iniciativa legislativa prevista en la Constitución
b. El Gobierno de la Nación ejercerá la iniciativa legislativa prevista en la Constitución mediante la elaboración y aprobación de los proyectos de ley
c. El Gobierno remitirá los proyectos de ley a las Cortes Generales
d. Todas las afirmaciones anteriores son correctas

3. La iniciativa legislativa en el ámbito de las Comunidades Autónomas...
a. Se ejercerá por sus órganos de gobierno
b. No queda contemplada en la Ley 39/2015 por tratarse de una norma estatal
c. Queda circunscrita a lo que dispongan los respectivos Estatutos de Autonomía
d. Todas las afirmaciones anteriores son correctas

4. El Gobierno de la Nación no podrá aprobar...
a. Reales decretos legislativos
b. Leyes de bases
c. Reales decretos-leyes
d. Podrá aprobar todos los anteriores

5. El ejercicio de la potestad reglamentaria no corresponde ...
a. Al Gobierno de la Nación
b. A los órganos de gobierno de las Comunidades Autónomas
c. A los órganos de gobierno locales
d. Corresponde a todos los que se cita

6. Los reglamentos y disposiciones administrativas no podrán regular aquellas materias que la Constitución o los Estatutos de Autonomía reconocen de la competencia de las Cortes Generales o de las Asambleas Legislativas de las Comunidades Autónomas Es el llamado principio de...

a. Jerarquía normativa
b. Inderogabilidad singular
c. Eficacia vinculante de los actos propios
d. Reserva de ley

7. Límites del desarrollo legislativo del Gobierno En su virtud no se podrán...

a. Reconocer derechos
b. Establecer la cuantía de prestaciones públicas
c. Tipificar delitos
d. Desarrollar tributos

8.-La iniciativa normativa debe estar justificada por una razón de interés general, basarse en una identificación clara de los fines perseguidos y ser el instrumento más adecuado para garantizar su consecución en virtud del principio de...

a. Necesidad y eficacia
b. Proporcionalidad
c. Seguridad jurídica
d. Transparencia

9. Las Administraciones Públicas posibilitarán el acceso sencillo, universal y actualizado a la normativa en vigor y los documentos propios de su proceso de elaboración en virtud del principio de...

a. Necesidad y eficacia
b. Proporcionalidad
c. Seguridad jurídica
d. Transparencia

10. La iniciativa normativa se ejercerá de manera coherente con el resto del ordenamiento jurídico, nacional y de la UE en virtud del principio de...

a. Necesidad y eficacia
b. Proporcionalidad
c. Seguridad jurídica
d. Transparencia

Respuestas Test 9

1C 2B 3A 4B 5D 6D 7C 8A 9D 10C

LEY 39/2015. TEST 10

EXAMEN AUXILIAR ADMINISTRATIVO CORPORACIONES LOCALES

1. En el caso de que en un procedimiento se establezca un modelo normalizado de solicitud:

a. Los interesados podrán acompañar al modelo normalizado los elementos que estimen convenientes para precisar o completar los datos del modelo
b. No es posible añadir ni completar ningún dato adicional a los contemplados en el modelo normalizado, en ningún caso
c. Unicamente se podrán añadir elementos adicionales al modelo normalizado de solicitud si así lo autoriza expresamente la Administración Pública correspondiente t
d. Ninguna es correcta

2. ¿A quién corresponde la competencia de expedición de copias auténticas de documentos administrativos?

a. Organos administrativos superiores de aquellos que hubieran emitido el original
b. Organos directivos superiores de aquellos que hubieran emitido el original
c. Organos administrativos que hubieran emitido el original
d. Organos directivos de aquellos que hubieran emitido el original

3. Según la Ley 39/2015 de Procedimiento Administrativo Administrativo Común, en cuanto a las notificaciones no es preciso que quede constancia de:

a. La recepción por el interesado o su representante
b. La fecha de la notificación
c. El contenido del acto notificado
d. La hora de la notificación

4. Cuando un escrito presentado en el Registro del Ayuntamiento vaya acompañado de una copia, sobre esta se estampara:

a. Sello y fecha de recepción
b. Sello y fecha del documento,
c. Sello y fecha de la recepción, y la hora en cualquier caso
d. Sello y fecha de la recepción y en caso de requerimiento expreso también la hora

5. según la Ley 39/2015 de Procedimiento Administrativo Administrativo Común, los actos administrativos serán objeto de publicación:

a. Cuando así lo establezcan las normas reguladoras de cada procedimiento
b. Cuando lo aconsejen razones de interés público, apreciadas por el interesado
c. Las opciones A y B son correctas
d. Ninguna es correcta

6. Según la Ley 39/2015 de Procedimiento Administrativo Administrativo Común, cuando el interesado o su representante rechace la notificación de una actuación administrativa :

a. Se hará constar en el expediente
b. Se tendrá por efectuado el trámite
c. Se seguirá el procedimiento
d. Todas son correcta

7. Según la Ley 39/2015 de Procedimiento Administrativo Administrativo Común, la publicación adicional a la notificación se efectuará:

a. Cuando el acto tenga por destinatario una pluralidad indeterminada de personas
b. En los actos integrantes de un procedimiento selectivo o de concurrencia competitiva
c. Cuando la Administración estime que la notificación efectuada a un solo interesado es insuficiente para garantizar la notificación a todos
d. Ninguna es correcta

8. Según la Ley 39/2015 de Procedimiento Administrativo Administrativo Común, el intento de notificación se repetirá:

a. En ningún caso
b. Por una sola vez, en una hora distinta dentro de los dos días siguientes
c. Por una sola vez, en una hora distinta, dentro de los cuatro días siguientes
d. Por una sola vez, en una hora distinta, dentro de los tres días siguientes

9. La ausencia de resolución en plazo produce efectos estimatorios en los siguientes supuestos:

a. Procedimiento de concesión de subvenciones
b. Procedimientos iniciados de oficio por la administración de los que puedan derivarse derechos para el interesado
c. Falta de resolución expresa de recurso de alzada interpuesto contra la desestimación por silencio administrativo
d. Procedimiento para ejercer el Derecho de Petición

10. Señale la afirmación correcta en relación con el recurso potestativo de reposición:

a. Tiene un plazo máximo para dictar y notificar la resolución de tres meses
b. Cabe interponerlo contra la resolución de un recurso de alzada
c. Se interpone ante el órgano superior jerárquico del que los dictó
d. Interpuesto éste, no cabe interponer recurso contencioso administrativo hasta que se resuelva expresamente o transcurra el plazo máximo para resolver o notificar

Respuestas Test 10

1A 2C 3D 4D 5A 6D 7C 8D 9C 10D

LEY 39/2015. TEST 11

EXAMEN AUXILIAR ADMINISTRATIVO CORPORACIONES LOCALES

1. Los plazos se reducirán cuando se declare de oficio o a petición del interesado la tramitación de urgencia pero, ¿Conoce algún supuesto que excepcione esta previsión?

a. No existe excepción alguna
b. Sí, los casos de presentación de solicitudes y recursos
c. Sólo en el ejercicio del derecho de petición
d. Sí, los casos de reclamaciones y recursos

2. La desviación de poder supone una infracción del ordenamiento jurídico que puede ser declarada:

a. Anulable
b. Irregular
c. Nula de pleno derecho
d. Ninguna respuesta es correcta

3. Los plazos del procedimiento se contarán a partir:

a. Del mismo día en que se notifique o publique
b. Del día siguiente en que se notifique o publique
c. Del mismo día en que se resuelva
d. Del día siguiente en que se resuelva

4. La notificación defectuosa que contenga el texto íntegro del acto:

a. Será recurrida en alzada y reposición
b. Carece de efectos mientras no se subsane
c. Causa plenos efectos si el interesado interpone el recurso pertinente
d. Es nula de pleno derecho

5. El recurso de alzada se presenta ante:

a. Presidencia del Gobierno
b. El mismo órgano que dictó el acto recurrido
c. El superior jerárquico
d. El superior jerárquico o el mismo órgano que dictó el acto recurrido.

6. ¿En qué casos debe establecer la Administración modelos y sistemas normalizados de solicitudes?

a. En cualquier caso
b. Cuando se presuma la acudida masiva de ciudadanos
c. Cuando se trate de procedimientos que impliquen la resolución numerosa de una serie de procedimientos
d. Cuando la Administración lo estime oportuno

7. En ningún caso podrá terminar el procedimiento por:

a. Renuncia
b. Desistimiento
c. Allanamiento
d. Imposibilidad material de continuarlo por causas sobrevenidas

8. El plazo de interposición del recurso de alzada es:

a. 1 mes
b. 3 meses, en todo caso
c. 15 días hábiles
d. 15 días naturales

9. ¿Qué es un acto constitutivo?

a. El que no decide sobre el fondo del asunto ni da lugar a la terminación del expediente, sino que prepara la decisión final
b. El que agota la vía administrativa en vía de recurso
c. El que causa estado
d. El que crea una relación jurídica

10. Cuando puede solicitarse la revisión de errores materiales de un acto administrativo

a. En cualquier momento
b. En el plazo de diez días desde que fuera dictado
c. En el plazo de un mes desde que fuera dictado
d. En el plazo de un año desde que fuera dictado.

Respuestas Test 11

1B 2A 3B 4C 5D 6C 7C 8A 9D 10A

Ley 39/2015. Test 12

EXAMEN AUXILIAR ADMINISTRATIVO
CORPORACIONES LOCALES

1. De conformidad con lo dispuesto la ley de Procedimiento Administrativo Común, la Administración, salvo precepto en contrario, podrá conceder de oficio o a petición de los interesados, una ampliación de los plazos establecidos, que no exceda de:

a. Un mes
b. Del doble del plazo que haya sido concedido
c. Tres meses
d. La mitad de los mismos

2. El plazo para interponer un recurso extraordinario de revisión cuando se fundamente en la aparición de documentos de valor esencial para la resolución del asunto que, aunque sean posteriores, evidencien el error de la resolución recurrida, será de:

a. 3 meses
b. 4 años
c. 1 mes
d. 2 años

3. De conformidad con lo dispuesto la ley de Procedimiento Administrativo Común, la Administración, cabrá la convalidación de los actos administrativos subsanándose los vicios de que estos adolezcan cuando sean:

a. Nulos
b. Anulables
c. Tanto para los nulos como para los anulables
d. Ninguna respuesta es correcta

4. De conformidad con lo dispuesto la ley de Procedimiento Administrativo Común, la Administración, señala que cuando la Administración convalide un acto anulable subsanando el vicio de que este adolezca, el acto de convalidación producirá efecto:

a. Desde que se publique en el BOP
b. Desde su fecha
c. Desde que se dé cuenta al Pleno
d. Desde que se publique en el BOE

5. De conformidad con lo dispuesto la ley de Procedimiento Administrativo Común, la Administración y salvo disposición expresa en contrario los informes serán:

a. Preceptivos y no vinculantes
b. Facultativos y vinculantes
c. Preceptivos y vinculantes
d. Facultativos y no vinculantes

6. Señale la respuesta Incorrecta. Contra los actos firmes en vía administrativa podrá interponerse el recurso extraordinario de revisión ante el órgano administrativo que los dictó, que también será el competente para su resolución, cuando concurra alguna de las circunstancias siguientes:

a. Que al dictarlos se hubiera incurrido en error de hecho, que resulte de los propios documentos incorporados al expediente
b. Que en la resolución hayan influido hechos constitutivos de infracción penal o que se haya dictado como consecuencia de ésta
c. Que aparezcan documentos de valor esencial para la resolución del asunto que, aunque sean posteriores, evidencien el error de la resolución recurrida
d. Que en la resolución hayan influido esencialmente documentos o testimonios declarados falsos por sentencia judicial firme, anterior o posterior a aquella resolución

7. Señale la respuesta Correcta en relación con la práctica de la prueba en la legislación sobre procedimiento administrativo

a. En los casos en que, a petición del interesado, deban efectuarse pruebas cuya realización implique gastos que no deba soportar el Ayuntamiento, éste podrá exigir el anticipo de los mismos
b. En los casos en que, a petición del interesado, deban efectuarse pruebas cuya realización implique gastos que no deba soportar el Ayuntamiento, éste no podrá exigir el anticipo de los mismos
c. La apertura de un período de prueba deberá tener un plazo no superior a veinte días ni inferior a diez
d. La apertura de un período de prueba deberá tener un plazo no superior a treinta días ni inferior a veinte

8. El Pleno del Ayuntamiento de Cunit en sesión de fecha 5 de septiembre de 2008 ha aprobado definitivamente una Ordenanza para regular la circulación de bicicletas en el municipio, ¿cuál es el plazo para la interposición del recurso de reposición, si el citado reglamento ha sido publicado en el Boletín Oficial de la Provincia el día 15 de septiembre de 2008 y en el Diario Oficial de la Generalitat el día 23 de septiembre?

a. Un mes desde la última publicación
b. Tres meses desde la última publicación
c. Seis meses desde la última publicación
d. Ninguna de las anteriores es correcta

9. ¿Cuál es el término para poder declarar la lesividad de un acto administrativo?

a. 6 meses
b. 4 años
c. tres meses
d. Ninguna de las anteriores es correcta

10. Los medios de ejecución forzosa de las administraciones públicas son:

a. Apremio sobre el patrimonio y multa coercitiva
b. Apremio sobre el patrimonio, ejecución subsidiaria y compulsión sobre las personas
c. Apremio sobre el patrimonio, ejecución subsidiaria y multa coercitiva
d. Ninguna de las anteriores.

Respuestas Test 12

1D 2A 3B 4B 5D 6B 7A 8D 9B 10D

LEYES 39 Y 40 /2015. TEST 13

AUXILIAR ADMINISTRATIVO DEL ESTADO (2007, ADAPTADAS A LAS LEYES DE 2015)

1. El Presidente del Gobierno:
a. Aprueba el Proyecto de Ley de Presupuestos Generales del Estado
b. Aprueba los reglamentos para el desarrollo y ejecución de las leyes
c. Nombra los órganos directivos de la Administración
d. Interpone recurso de inconstitucionalidad

2. De acuerdo con la Ley 40/2015, los Secretarios Generales.:
a. Tienen categoría de Subsecretario
b. Son órganos superiores del Departamento
c. Están bajo la inmediata dependencia del Subsecretario
d. Desempeñan la jefatura de todo el personal del Departamento

3. De acuerdo con la Ley 40/2015, os Ministerios contarán, en todo caso, con:
a. Una Subsecretaría y una Secretaría General Técnica
b. Una Secretaría de Estado, al menos, y una Subsecretaría
c. Una Secretaría General
d. Una Dirección General de Servicios

4. En relación con los Delegados del Gobierno:
a. Dependen orgánicamente del Ministerio del Interior
b. Ejercen la representación ordinaria del Estado en el territorio
c. Hay uno en cada Comunidad Autónoma, salvo en las islas que tienen uno cada una
d. Son nombrados por Real Decreto de Consejo de Ministros, a propuesta del Presidente del Gobierno

5. De acuerdo con la Constitución, el Estado tiene competencia exclusiva sobre:
a. Ordenación del territorio, urbanismo y vivienda
b. Montes y aprovechamientos forestales
c. Régimen aduanero y arancelario
d. Gestión en materia de protección del medio ambiente

6. Según la Ley de Bases de Régimen Local corresponde al Alcalde:
a. Control y fiscalización de órganos de gobierno
b. Dictar bandos
c. La aprobación del reglamento orgánico y de las ordenanzas
d. El planteamiento de conflictos de competencias a otras entidades locales

7. El Presidente de la Comisión Europea se nombrará por:
a. El Consejo, por mayoría cualificada, una vez obtenida la aprobación del Parlamento Europeo
b. El Parlamento Europeo, por mayoría cualificada, a propuesta del Consejo
c. Por y entre sus miembros, por mayoría cualificada
d. El Parlamento Europeo, a iniciativa del Estado Miembro que ostente la Presidencia de la Unión

8. ¿Cuál es la institución compuesta por un representante de cada Estado miembro de rango ministerial, facultado para comprometer al Gobierno de dicho Estado miembro?
a. Consejo de la UE   b. Consejo de Europa
c. COREPER   d. Comisión

9. De conformidad con la Ley del Procedimiento Administrativo Común de las Administraciones Públicas, la falta de resolución expresa en los procedimientos iniciados de oficio en los que la administración ejercite potestades sancionadoras:
a. Legitima a los interesados para entender estimada la solicitud
b. Legitima a los interesados para entender desestimada su solicitud
c. Produce la caducidad del procedimiento
d. Necesita de motivación.

10. De acuerdo con la Ley 39/2015, serán anulables los actos que:
a. Tengan contenido imposible
b. Sean dictados careciendo total y absolutamente del procedimiento legalmente establecido
c. Los que incurran en desviación de poder
d. Otorguen derechos cuando se carezca de los requisitos esenciales para su adquisición.

Respuestas Test 13
1D 2A 3A 4D 5C 6B 7B 8A 9C 10C

LEY 39/2015. TEST 14

GENERALITAT VALENCIANA. EXAMEN LETRADOS

1. Las previsiones de la Ley 39/2015 de 1 de octubre relativas al punto de acceso general electrónico producirán efectos
a. Desde la entrada en vigor de la Ley
b. A partir del 2 de octubre de 2018
c. Al año de la entrada en vigor de la Ley
d. Cuando lo disponga la legislación electrónica

2. La inactividad del interesado en la cumplimentación de trámites de un procedimiento administrativo
a. Dará siempre lugar a la caducidad del mismo
b. En ningún caso dará lugar a la caducidad del mismo
c. Podrá dar lugar a la caducidad del mismo aunque aquéllos no sean indispensables para dictar resolución
d. No podrá dar lugar a la caducidad del mismo siempre que no sean indispensables para dictar resolución

3. Una de las siguientes afirmaciones es correcta respecto a la caducidad en el procedimiento administrativo
a. No producirá por sí sola la prescripción de acciones del particular o de la Administración, pero los procedimientos caducados no interrumpirán el plazo de prescripción
b. Producirá por sí sola la prescripción de acciones del particular o de la Administración, pero los procedimientos caducados no interrumpirán el plazo de prescripción
c. Producirá por sí sola la prescripción de acciones del particular o de la Administración, así como los procedimientos caducados interrumpirán el plazo de prescripción
d. No producirá por sí sola la prescripción de acciones del particular o de la Administración, pero los procedimientos caducados interrumpirán el plazo de prescripción

4. Señala cuál de los siguientes actos administrativos no es nulo de pleno derecho

a. El acto administrativo que incurra en la vulneración del derecho de huelga
b. El acto administrativo que incurra en la vulneración del derecho de reunión
c. El acto administrativo que incurra en la vulneración del derecho a la protección de la salud
d. El acto administrativo que incurra en la vulneración del derecho de petición individual y colectiva

5. Señala, conforme el art. 69 de la Ley 39/2015, de 1 de octubre, cuál de las siguientes afirmaciones referidas a la declaración responsable y comunicación es incorrecta

a. Se entenderá por comunicación aquel documento mediante el que los interesados ponen en conocimiento de la Administración Pública competente sus datos identificativos o cualquier dato relevante para el inicio de una actividad o el ejercicio de un derecho
b. Unicamente será exigible, bien una declaración responsable, bien una comunicación para iniciar una misma actividad u obtener el reconocimiento de un mismo derecho o facultad para su ejercicio sin que sea posible la exigencia de ambas acumulativamente
c. Las Administraciones Públicas tendrán permanentemente publicados y actualizados modelos de declaración responsable y de comunicación, fácilmente accesible a los interesados
d. La comunicación podrá presentarse dentro de un plazo posterior al inicio de la actividad cuando la legislación lo prevea expresamente

6. En los procedimientos administrativos tramitados por la Administración General del Estado, en el territorio de una comunidad autónoma con lengua cooficial, si concurren varios interesados y existiera discrepancia en cuanto a la lengua de tramitación

a. El procedimiento se tramitará en castellano, si bien los documentos o testimonios que requieran los interesados se expedirán en la lengua elegida por los mismos
b. El procedimiento se tramitará en castellano y en la otra lengua oficial de la comunidad autónoma, si bien los documentos o testimonios que requieran los interesados se expedirán en castellano
c. El procedimiento se tramitará en la lengua que elijan la mayoría de los interesados si bien los documentos o testimonios que requieran los interesados se expedirán en la lengua elegida por los mismos
d. El procedimiento se tramitará en la lengua cooficial propia de la comunidad autónoma, si bien los documentos o testimonios que requieran los interesados se expedirán en castellano

7. Conforme el artículo 6 de la Ley 39/2015, de 1 de octubre, los poderes inscritos en el registro electrónico de apoderamientos tendrán una validez determinada máxima

a. De 4 años a contar desde la fecha de inscripción
b. De 5 años a contar desde la fecha de inscripción
c. De 5 años a contar desde la fecha de la primera consulta de la inscripción
d. De 4 años a contar desde la fecha de su otorgamiento

8. De conformidad con el artículo 31 de la Ley 39/2015, de 1 de octubre, señala cuál de las siguientes afirmaciones, referidas a los registros electrónicos de las administraciones públicas, es correcta

a. Los registros electrónicos permitirán la presentación de documentos todos los días del año durante el horario de funcionamiento de las oficinas públicas
b. Los registros electrónicos permitirán la presentación de documentos todos los días laborales del año durante las 24 horas del día
c. Los registros electrónicos permitirán la presentación de documentos todos los días del año durante las 24 horas del día
d. Los registros electrónicos permitirán la presentación de documentos en los días y el horario que autorice la Administración titular del registro electrónico

9. Conforme el artículo 30 de la Ley 39/2015, de 1 de octubre, señala, respecto del cómputo de plazos administrativos, cuál de los siguientes enunciados es correcto

a. Siempre que por ley o en el derecho de la Unión Europea no se exprese otro cómputo cuando los plazos se señalen por días, se entiende que estos son hábiles excluyendo del cómputo los domingos y los declarados festivos
b. Cuando los plazos se hayan señalado por días naturales por así declararlo una ley o reglamento no se hará constar esta circunstancia en las correspondientes notificaciones
c. Los plazos contados por horas se contarán de hora en hora desde la hora en que tenga lugar la notificación o publicación del acto de que se trate y podrá tener una duración superior a 24 horas
d. Salvo que por ley o en el Derecho de la Unión Europea se disponga otro cómputo, cuando los plazos se señalen por horas se entiende que estas son hábiles Son hábiles todas las horas del día que formen un día hábil

10. De conformidad con lo dispuesto en la ley 39/2015, de 1 de octubre, una de las siguientes afirmaciones es correcta sobre las circunstancias que deben concurrir para interponer el recurso extraordinario de revisión

a. Que al dictarse el acto se hubiera incurrido en error de hecho o de derecho, que resulte de los propios documentos incorporados al expediente
b. Que al dictarse el acto se hubiera incurrido en error de hecho que resulte de cualquier tipo de documento relacionado con el expediente
c. Que al dictarse el acto se hubiera incurrido en error de hecho que resulte de los propios documentos incorporados al expediente
d. Que al dictarse el acto se hubiera incurrido en error de hecho, que resulte de los documentos de valor esencial para la resolución del expediente

Respuestas Test 14

1B 2D 3A 4C 5B 6A 7B 8C 9D 10C

LEYES 39 Y 40/2015. TEST 15

EXAMEN OFICIAL AUXILIAR ADMINISTRATIVO DEL ESTADO, 2009. ADAPTADAS A LAS LEYES 39 Y 40 DE 2015 Y OTROS CAMBIOS LEGISLATIVOS

1. Señale a partir de cuándo se computan los plazos fijados en meses o en años:

a. El mismo día de notificación o publicación del acto del que se trate
b. El día siguiente a aquél en que tiene lugar la notificación o publicación del acto del que se trate
c. El día que el interesado realice una acción que denote que tenía conocimiento del acto de que se trate
d. Tres meses después a aquél en que se produzca la estimación o desestimación por silencio administrativo

2. De acuerdo con la Ley 29/1998, de 13 de julio, señale sobre qué tipo de cuestiones puede conocer el orden jurisdiccional contencioso-administrativo:

a. La protección jurisdiccional de los derechos fundamentales
b. Los conflictos de jurisdicción entre Tribunales y la Administración Pública
c. Los conflictos de atribuciones entre órganos de una misma Administración
d. Resoluciones administrativas relativas a la regulación de empleo

3. Señale cómo se clasifican los empleados públicos de acuerdo con el Estatuto Básico del Empleado Público:

a. Funcionarios de carrera, personal laboral y personal estatutario
b. Funcionarios de carrera, funcionarios interinos y personal estatutario
c. Funcionarios de carrera, funcionarios interinos, personal laboral y personal eventual
d. Funcionarios de carrera, funcionarios interinos, personal laboral, personal eventual y personal estatutario

4. Señale la afirmación correcta. Serán objeto de anotación en el Registro Central de Personal los siguientes actos y resoluciones administrativas del personal funcionario:

a. Las bajas temporales
b. Los cambios de categoría profesional
c. Las reducciones de jornada
d. Las prórrogas de los contratos

5. Señale en qué situación es declarado en la Administración General del Estado, de acuerdo con el Estatuto Básico del Empleado Público, un funcionario de carrera de la Administración General del Estado que es nombrado alto cargo de la Administración de una Comunidad Autónoma:

a. Servicio activo
b. Servicios especiales
c. Servicios en otras Administraciones Públicas
d. Excedencia voluntaria por prestación de servicios en el sector público

6. De conformidad con el Régimen Especial de la Seguridad Social de los Funcionarios Civiles del Estado, señale qué funcionarios quedan obligatoriamente incluidos en el campo de aplicación del mutualismo administrativo:

a. Los funcionarios en prácticas
b. Los funcionarios de Organismos autónomos
c. Los funcionarios de la Administración de la Seguridad Social
d. Los funcionarios de la Administración de la Justicia

7. Señale la respuesta FALSA. De acuerdo con la Constitución, los Presupuestos Generales del Estado:

a. Son elaborados por el Gobierno
b. Son examinados y aprobados por las Cortes Generales
c. Tienen carácter bianual
d. Incluyen la totalidad de gastos e ingresos del sector público estatal

8. De acuerdo con la Ley General Presupuestaria, señale qué principio rige en la programación presupuestaria:

a. Estabilidad presupuestaria
b. Anualidad
c. Racionalidad
d. Unidad de caja

9. De acuerdo con el artículo 12 de la Ley de Medidas de Protección Integral contra la Violencia de Género, señale cómo se denomina la publicidad que utiliza la imagen de la mujer con carácter vejatorio o discriminatorio:

a. ilícita
b. engañosa
c. subliminal
d. desleal

10. Señale quién aprueba el Plan de Igualdad en la Administración General del Estado, previsto en la Ley para la Igualdad efectiva de mujeres y hombres:

a. El Gobierno, anualmente
b. El Gobierno, anualmente, a propuesta del Ministerio de Administraciones Públicas
c. El Gobierno al inicio de cada legislatura
d. El Presidente de Gobierno, al inicio de cada legislatura

Respuestas Test 15
1B 2A 3C 4C 5B 6A 7C 8A 9A 10C

Ley 39/2015. Test 16

Examen Abogados Generalitat Valenciana

1. Según lo establecido en la Ley 39/2015, de 1 de octubre, del procedimiento administrativo común de las administraciones públicas, si una conducta infractora hubiere causado daños y perjuicios a una administración

a. La cuantía destinada a indemnizar esos daños deberá fijarse en el procedimiento sancionador que se tramite y la aceptación por el infractor de la resolución del procedimiento sancionador que pudiera recaer implicará el reconocimiento voluntario de su responsabilidad y pondrá fin a la vía administrativa

b. La cuantía destinada a indemnizar esos daños deberá fijarse mediante un procedimiento complementario, cuya resolución será inmediatamente ejecutiva y pondrá fin a la vía administrativa

c. Si la cuantía destinada a indemnizar estos daños no hubiera quedado determinada en el procedimiento sancionador, se fijará mediante un procedimiento complementario, cuya resolución será inmediatamente ejecutiva. Este procedimiento será susceptible de terminación convencional, pero ni ésta ni la aceptación por el infractor de la resolución que pudiera recaer implicarán el reconocimiento voluntario de su responsabilidad

d. La cuantía destinada a indemnizar esos daños se añadirá a la cuantía por la sanción impuesta por la conducta infractora y pondrá fin a la vía administrativa

2. De conformidad con el artículo 37 de la Ley 39/2015, las resoluciones administrativas de carácter particular no podrán vulnerar lo establecido en una disposición general

a. Salvo que procedan de un órgano de igual o superior jerarquía al que dictó la disposición general

b. Salvo que así lo prevea expresamente una disposición con rango de ley

c. Aunque aquellas procedan de un órgano de igual o superior jerarquía al que dictó la disposición general

d. Salvo que así lo prevea expresamente la propia disposición general

3. Según el art. 43.2 de la Ley del procedimiento administrativo común de las administraciones públicas, cuando la notificación por medios electrónicos sea de carácter obligatorio o haya sido expresamente elegida por el interesado se entenderá rechazada cuando

a. Hayan transcurrido diez días naturales desde la puesta a disposición de la notificación sin que se acceda a su contenido

b. Hayan transcurrido veinte días naturales desde la puesta a disposición de la notificación sin que se acceda a su contenido

c. Hayan transcurrido dos días naturales desde la puesta a disposición de la notificación sin que se acceda a su contenido

d. Hayan transcurrido quince días naturales desde la puesta a disposición de la notificación sin que se acceda a su contenido

4. ¿Cuál de estas afirmaciones es válida según el art. 39.2 de la Ley 39/2015?

a. La eficacia del acto quedará demorada cuando así lo exija el contenido del acto o esté supeditada a su notificación, publicación o aprobación superior

b. La eficacia del acto quedará demorada cuando así lo exija una disposición con rango de ley

c. La eficacia del acto quedará demorada cuando lo solicite el interesado y de la misma no resultaren perjuicios para terceros

d. La eficacia del acto quedará demorada cuando lo solicite el interesado y de la misma no resultaren perjuicios para terceros, previa autorización juidical

5. ¿Cuál de los siguientes no es un medio de ejecución forzosa según el art. 100 de la Ley 39/2015?

a. Apremio sobre el patrimonio
b. Ejecución hipotecaria
c. Multa coercitiva
d. Compulsión sobre las personas

6. Las relaciones electrónicas con la Administración es un derecho

a. De las personas jurídicas
b. De los empleados públicos en su relación con la Administración por razones de su condición de empleados
c. De las personas físicas
d. De quienes ejerzan una actividad profesional para la que se requiera colegiación obligatoria

7. La Ley 39/2015, de 1 de octubre establece y regula:

a. Las bases del régimen jurídico de las administraciones públicas
b. El procedimiento administrativo común de las administraciones públicas
c. El sistema de responsabilidad de las administraciones públicas
d. Son correctas las respuestas B y C

8. La entrada en vigor de la la Ley 39/2015, de 1 de octubre del procedimiento administrativo común de las administraciones públicas, se produjo

a. Al día siguiente de publicarse en el BOE
b. A los dos años de su publicación
c. El día 2 de octubre de 2016
d. En el plazo de veinte días desde su promulgación

9. ¿Cuál es el plazo máximo en el que debe notificarse la resolución expresa de un procedimiento administrativo?

a. El fijado por la norma reguladora del mismo
b. No podrá exceder de seis meses, salvo que una norma con rango de ley establezca lo contrario
c. No podrá exceder de seis meses, salvo que venga prevista en la normativa europea una duración mayor
d. Todas las anteriores son correctas

10. ¿En cuál de los siguientes casos puede suspenderse el transcurso del plazo máximo legal para resolver un procedimiento administrativo?

a. Cuando una Administración pública requiera a otra que anule o revise un acto que entiende es ilegal
b. Cuando deba requerirse a cualquier interesado para la subsanación de deficiencias y la aportación de documentos y otros elementos de juicio necesarios
c. Cuando el órgano instructor competente para resolver decida la realización de alguna de las actuaciones complementarias de las previstas en el art. 87 de la Ley 39/2015
d. Todas las respuestas son correctas

Respuestas Test 16
1C 2C 3A 4A 5B 6C 7B 8C 9D 10D

Ley 39/2015. Test 17

Examen

1. Cuando se utilicen sistemas de firma tales como, firma electrónica o sello electrónico, ¿cuándo se entenderá acreditada su identidad?

a. En el momento en que se acceda al Registro
b. En el momento que se acceda al portal habilitado a tal efecto y quede constancia fidedigna
c. La única forma de acreditar la identidad es presencialmente a través de las oficinas de asistencia en materia de registros
d. Mediante el propio acto de la firma

2. Para presentar declaraciones responsables o comunicaciones, ¿es necesario el uso obligatorio de firma? Según la Ley 39/15:

a. No es necesario, salvo excepciones
b. Sí es necesario, salvo excepciones
c. No es necesario en ningún caso
d. Sí, es necesario, en todo caso

3. La Administración Pública instructora deberá traducir al castellano los documentos, según la Ley 39/15:

a. En todo caso
b. En todo caso cuando existieran varios interesados y existiera discrepancia en cuanto a la lengua elegida
c. Cuando deban surtir efecto fuera del territorio de la Comunidad Autónoma
d. Cuando deban surtir efecto dentro del territorio de CC AA con lengua cooficial

4. Tanto el Registro Electrónico General de cada Administración, como los registros electrónicos de cada Organismo...:

a. Cumplirán con las garantías y medidas de seguridad previstas en la legislación en materia de protección de datos de carácter personal
b. Cumplirán con las garantías y medidas de seguridad previstas en el Esquema Nacional de Seguridad
c. Cumplirán con las garantías y medidas de seguridad previstas en el Esquema Nacional de Interoperabilidad
d. Cumplirán con las garantías y medidas de seguridad previstas en el Esquema Nacional de Seguridad y en lo previsto en legislación en materia de protección de datos de carácter personal

5. El plazo máximo en el que debe notificarse la resolución expresa fijado por la norma reguladora del procedimiento:

a. No podrá exceder de 6 meses
b. a. es correcta salvo que una norma con rango de Ley establezca uno menor o así venga previsto en el Derecho de la UE
c. No podrá exceder de 3 meses
d. c. es correcta salvo que una norma con rango de Ley establezca uno menor o así venga previsto en el Derecho de la UE

6. Cuando el número de las solicitudes formuladas o las personas afectadas pudieran suponer un incumplimiento del plazo máximo de resolución, ¿quién podrá habilitar los medios personales y materiales para cumplir con el despacho adecuado y en plazo?

a. El órgano competente para resolver, a propuesta razonada del órgano instructor
b. O el superior jerárquico del órgano competente para resolver
c. Las dos son correctas
d. Ninguna lo es

7. Según la Ley 39/15, el transcurso del plazo máximo legal para resolver un procedimiento y notificar la resolución podrá suspenderse en caso de que se soliciten informes preceptivos a un órgano de la misma o distinta Administración:

a. Por el tiempo que medie entre la petición, que deberá comunicarse a los interesados, y la recepción del informe, que igualmente deberá ser comunicada a los mismos
b. Por el tiempo que medie entre la petición y la recepción del informe. Se le comunicará a los interesados sólo en el momento en el que se reciba el informe
c. La suspensión no podrá exceder en ningún caso los 3 meses
d. a. y c) son correctas

8. En el caso de que se soliciten informes preceptivos a un órgano de la misma o distinta Administración, el transcurso del plazo máximo legal para resolver el procedimiento y notificar la resolución podrá suspenderse y según se indica en la Ley 39/15:

a. Este plazo de suspensión no podrá exceder en ningún caso de tres meses. En caso de no recibirse el informe en el plazo indicado, proseguirá el procedimiento
b. Este plazo de suspensión no podrá exceder en ningún caso de seis meses. En caso de no recibirse el informe en el plazo indicado, proseguirá el procedimiento
c. Este plazo de suspensión no podrá exceder en ningún caso de tres meses. En caso de no recibirse el informe en el plazo indicado, se tendrá por decaído el procedimiento
d. Este plazo de suspensión no podrá exceder en ningún caso de seis meses. En caso de no recibirse el informe en el plazo indicado, se tendrá por decaído el procedimiento

9. En relación al cómputo de plazos, establecido en la Ley 39/15:

a. Los plazos expresados en días se contarán a partir del siguiente a aquel en que tenga lugar la notificación o acto que se trate
b. En los plazos expresados en meses o años, éstos se computarán a partir de día en que tenga lugar la notificación o acto que se trate
c. En los plazos expresados en meses o años, éstos se computarán a partir de día en que se produzca la estimación o desestimación por silencio administrativo
d. Ninguna respuesta es correcta

10. Señala la respuesta INCORRECTA, según la Ley 39/15, ¿podría un acto tener eficacia retroactiva?

a. No, en ningún caso
b. No si lesiona derechos o intereses legítimos de otras personas
c. Sí, cuando produzcan efectos favorables al interesado
d. Sí, cuando se dicten en sustitución de un acto anulado

11. ¿Puede establecer la Administración, la obligación de practicar electrónicamente las notificaciones?

a. Sí, reglamentariamente, para determinados procedimientos y para ciertos colectivos de personas físicas
b. Sí, por Ley, para determinados procedimientos y para ciertos colectivos de personas físicas
c. Sí, reglamentariamente, para determinados procedimientos y para ciertos colectivos de personas físicas o jurídicas
d. Sí, por Ley, para determinados procedimientos y para ciertos colectivos de personas jurídicas

12. Bajo qué supuesto puede la Administración establecer reglamentariamente, la obligación de practicar electrónicamente las notificaciones:

a. La Administración no tiene esa prerrogativa
b. La Administración tiene esa prerrogativa, pero sólo podrá obligar por Ley y para determinados procedimientos y colectivos de personas físicas siempre que quede acreditado que tienen acceso y disponibilidad de los medios electrónicos necesarios
c. La Administración podrá obligar a determinados colectivos de personas físicas y para determinados procedimientos siempre que quede acreditado que tienen acceso y disponibilidad de los medios electrónicos necesarios
d. La Administración podrá obligar a determinados colectivos de personas jurídicas y para determinados procedimientos siempre que quede acreditado que tienen acceso y disponibilidad de los medios electrónicos necesarios

13. ¿Qué debe individualizar una petición, para iniciar un procedimiento de responsabilidad patrimonial cuando es a petición razonada de otros órganos?

a. La lesión producida
b. La evaluación económica exactamente determinada
c. La Administración presuntamente responsable
d. Hay más de una respuesta correcta

14. Señala la respuesta INCORRECTA: Los pactos, acuerdos, convenios y contratos, deberán establecer como contenido mínimo:

a. Las partes intervinientes
b. Las personas a las que estuvieran destinados
c. El ámbito personal, funcional y territorial
d. La justificación de la idoneidad del acuerdo, pacto, convenio o contrato

15. Plazo en actuaciones complementarias:

a. 15 días para alegaciones, que se deberán practicar en no más de 30 días
b. 7 días para alegaciones y éstas se deberán practicar enen no más de 20 días
c. 7 días para alegaciones y éstas se deberán practicar en en no más de 15 días
d. 15 días para alegaciones y éstas se deberán practicar en en no más de 7 días

16. Según la Ley 39/15, NO es CORRECTO afirmar respecto a la resolución de un recurso que:

a. La resolución del recurso estimará en todo o en parte o desestimará las pretensiones formuladas en el mismo o declarará su inadmisión
b. Cuando existiendo vicio de forma no se estime procedente resolver sobre el fondo se se declarará la inadmisión
c. El órgano que resuelva el recurso decidirá cuantas cuestiones, tanto de forma como de fondo, plantee el procedimiento, hayan sido o no alegadas por los interesados
d. La resolución será congruente con las peticiones formuladas por el recurrente, sin que en ningún caso pueda agravarse su situación inicial

17. Podrán ser recurridos potestativamente en reposición:

a. Los actos administrativos que pongan fin a la vía administrativa ante el mismo órgano que los hubiera dictado
b. Las resoluciones y actos cuando pongan fin a la vía administrativa ante el mismo órgano que dictó la resolución
c. Actos firmes en vía administrativa ante el órgano administrativo que los dictó
d. Las resoluciones y actos, cuando no pongan fin a la vía administrativa

18. Cuando en la resolución hayan influido esencialmente documentos o testimonios declarados falsos por sentencia judicial firme, anterior o posterior a aquella resolución, se podrá interponer, según la Ley 39/15:

a. El recurso potestativo de reposición, si el acto es firme en vía administrativa
b. El recurso extraordinario de revisión, si el acto es firme en vía administrativa
c. El recurso potestativo de reposición, si el acto no es firme en vía administrativa
d. El recurso extraordinario de revisión, si el acto no es firme en vía administrativa

19. Los informes según la Ley 39/15:

a. Serán emitidos en el plazo de diez días, en todo caso
b. Serán emitidos en el plazo de diez días, salvo excepciones
c. Serán emitidos en el plazo de veinte días, en todo caso
d. Serán emitidos en el plazo de veinte días, salvo excepciones

20. Salvo que una disposición legal o el cumplimiento del resto de plazos permita o exija otro plazo mayor o menor ¿de cuántos días se dispone para emitir los informes?

a. 10 días   b. 20 días   c. 15 días   d. Un mes

21. Plazo para la interposición del recurso de reposición:

a. En cualquier momento si el acto no fuera expreso
b. En cualquier momento
c. Un mes
d. Un mes si el acto no fuera expreso

22. Según la Ley 39/15, indica que el plazo máximo, en días, del trámite de audiencia:

a. 10   b. 15   c. 5   d. 20

23. Las medidas provisionales, ¿cuándo quedan sin efecto?

a. En todo caso, cuando surta efectos la resolución administrativa que ponga fin al procedimiento, salvo que contenga un pronunciamiento expreso acerca de las mismas
b. Por la desaparición de las causas que motivaron la adopción de dichas medidas
c. En todo caso, cuando surta efectos la resolución administrativa que ponga fin al procedimiento correspondiente
d. Si no se inicia el procedimiento en el plazo de quince días

24. En relación a los informes, ¿se puede suspender el plazo máximo para resolver un procedimiento?:

a. No, si no se emite el informe en plazo, se proseguirá con el procedimiento
b. Sí por un periodo máximo de 6 meses
c. Sólo en el caso de informes preceptivos
d. Sí, en todo caso

25. El plazo para subsanar defectos de una solicitud administrativa se podrá ampliar hasta (días):

a. 20   b. 4   c. 15   d. 5

Respuestas Test 17

1	D	6	C	11	A	16	B	21	A
2	D	7	D	12	C	17	A	22	B
3	C	8	A	13	A	18	B	23	D
4	A	9	A	14	D	19	B	24	C
5	A	10	A	15	C	20	A	25	D

Ley 39/2015. Test 18

Examen

1. Según lo dispuesto en la Ley 39/15, cuando se utilicen sistemas de firma tales como, firma electrónica o sello electrónico, ¿cuándo se entenderá acreditada su identidad?

a. En el momento en que se acceda al Registro
b. En el momento que se acceda al portal habilitado a tal efecto y quede constancia fidedigna
c. La única forma de acreditar la identidad es presencialmente a través de las oficinas de asistencia en materia de registros
d. Mediante el propio acto de la firma

2. Señala cuál de los siguientes, está establecido como plazo máximo en el que debe notificarse la resolución expresa, según se dispone en la Ley 39/15:

a. No podrá exceder de 6 meses
b. Será fijado por la norma reguladora del correspondiente procedimiento
c. Lo que venga previsto en el Derecho de la Unión Europea
d. Ninguna respuesta es correcta

3. Cuando el número de las solicitudes formuladas o las personas afectadas pudieran suponer un incumplimiento del plazo máximo de resolución, señala, según lo dispuesto en la Ley 39/15, cuál será el órgano competente que podrá habilitar los medios personales y materiales para cumplir con el despacho adecuado y en plazo:

a. El órgano competente para resolver, a propuesta razonada del órgano instructor, o el superior jerárquico del órgano competente para resolver, a propuesta de éste
b. El órgano competente para iniciar, a propuesta razonada del órgano instructor, o el superior jerárquico del órgano competente para resolver, a propuesta de éste
c. El órgano competente para iniciar, a propuesta razonada del órgano instructor, o el superior jerárquico del órgano competente para iniciar, a propuesta de éste
d. El órgano competente para resolver, a propuesta razonada del el inferior jerárquico del órgano competente para resolver

4. El transcurso del plazo máximo legal para resolver un procedimiento y notificar la resolución podrá suspenderse, en caso de que se soliciten informes preceptivos a un órgano de la misma o distinta Administración:

a. Si no se recibe el informe en el plazo de 3 meses, caduca el procedimiento
b. Si no se recibe el informe en el plazo de 3 meses, prescribe el procedimiento
c. Si no se recibe el informe en el plazo de 3 meses, decae el procedimiento
d. Si no se recibe el informe en el plazo de 3 meses, proseguirá el procedimiento

5. En relación al cómputo de plazos, que se establece en la Ley 39/15, es correcto afirmar que:

a. Cuando el último día del plazo sea hábil, se entenderá prorrogado al último día hábil del mes
b. Cuando el último día del plazo sea inhábil, se entenderá prorrogado al primer día inhábil siguiente
c. Cuando el último día del plazo sea hábil, se entenderá prorrogado al último día del mes
d. Cuando el último día del plazo sea inhábil, se entenderá prorrogado al primer día hábil siguiente

6. Señala la respuesta INCORRECTA, según la Ley 39/15. ¿Pueden los actos, tener eficacia retroactiva?

a. Sí, cuando se dicten en sustitución de un acto anulado
b. No si lesiona derechos o intereses legítimos de otras personas
c. Sí, cuando produzcan efectos favorables al interesado
d. No, ya que se presumen válidos y producen efectos desde la fecha que se dicten

7. Las medidas provisionales quedan sin efecto...

a. Si no se inicia el procedimiento en el plazo de diez días
b. En todo caso, cuando surta efectos la resolución administrativa que ponga fin al procedimiento, salvo que contenga un pronunciamiento expreso acerca de las mismas
c. Por la desaparición de las causas que motivaron la adopción de dichas medidas
d. Cuando el acuerdo de iniciación no contenga un pronunciamiento expreso acerca de las mismas

8. Según la Ley 39/15 indica lo correcto, si un denunciante ha participado en la comisión de una infracción y existen otros infractores:

a. Deberá eximir al denunciante del pago de la multa
b. a. es correcta, pero cuando éste sea el primero en aportar elementos de prueba que permitan iniciar el procedimiento
c. b. es correcta, pero además el denunciante tiene que reparar el perjuicio causado
d. Ninguna de las anteriores es correcta, no se exime nunca del pago de la multa, sino que el órgano competente puede resolver reducir el importe del pago de la multa que correspondiese

9. Formará parte del expediente administrativo, según la Ley 39/15:

a. Informes preceptivos y facultativos solicitados después de la resolución administrativa que ponga fin al procedimiento
b. Informes internos
c. Opiniones y resúmenes
d. Índice numerado de los documentos que contenga cuando se remita

10. El procedimiento por el cual se impulsará de oficio en todos sus trámites y a través de medios electrónicos, respetando los principios de transparencia y publicidad, se denomina principio de:

a. impulso
b. celeridad
c. ordenación
d. transparencia

11. Indica lo INCORRECTO según la Ley 39/15. Podrán tener la consideración de actos finalizadores del procedimiento:

a. Acuerdos
b. Convenios
c. Contratos
d. Desistimiento

12. Indica lo INCORRECTO según la Ley 39/15. Pondrán fin al procedimiento:

a. Celebración de acuerdos, pactos o convenios o contratos
b. El pago voluntario de la sanción en procedimientos de carácter sancionador
c. Renuncia al derecho cuando no esté permitido por el ordenamiento jurídico
d. Declaración de caducidad

13. NO es un contenido mínimo de los pactos, acuerdos, convenios y contratos:

a. El ámbito personal, funcional y territorial
b. El plazo de vigencia
c. Las personas a las que estuvieran destinados
d. La cuantía económica

14. La ejecución forzosa por las Administraciones Públicas se efectuará, respetando siempre el principio de proporcionalidad, por los siguientes medios. Señala la respuesta INCORRECTA:

a. Multa coercitiva
b. Ejecución subsidiaria
c. Compulsión sobre el patrimonio
d. Todas las respuestas son correctas

15. Cuando se trate de actos que por no ser personalísimos puedan ser realizados por un sujeto distinto del obligado, la Ley 39/15 indica que:

a. Se podrán imponer multas coercitivas
b. Se podrá ejecutar por compulsión directa sobre las personas
c. Habrá lugar a la ejecución subsidiaria
d. Se seguirá el procedimiento de apremio sobre el patrimonio

16. Las Administraciones Públicas, por iniciativa propia o a solicitud de interesado, y previo dictamen favorable del Consejo de Estado u órgano consultivo equivalente de la Comunidad Autónoma:

a. En cualquier momento, declararán de oficio la nulidad de los actos administrativos
b. En cualquier momento anterior al trámite de audiencia, declararán de oficio la nulidad de los actos administrativos
c. En cualquier momento, declararán de oficio o a solicitud del interesado, la nulidad de los actos administrativos
d. En cualquier momento, antes de dictar resolución definitiva, declararán de oficio la nulidad de los actos administrativos

17. Indica la respuesta INCORRECTA según la Ley 39/15. Las leyes podrán sustituir el recurso de alzada, en supuestos o ámbitos sectoriales determinados, y cuando la especificidad de la materia así lo justifique, por otros procedimientos:

a. Impugnación
b. Pacto
c. Conciliación
d. Arbitraje

18. La resolución del recurso, según la Ley 39/15:

a. Estimará en todo o en parte o desestimará las pretensiones formuladas en el mismo o declarará su inadmisión
b. Desestimará en todo o en parte o desestimará las pretensiones formuladas en el mismo o declarará su improcedencia
c. Estimará en todo o en parte o desestimará las pretensiones formuladas en el mismo o declarará su nulidad
d. Desestimará en todo o en parte o desestimará las pretensiones formuladas en el mismo o declarará su inadmisión

19. Indica, según la Ley 39/15, en qué plazo serán emitidos los informes de acuerdo con los requisitos que señala el artículo 26:

a. Serán emitidos en el plazo de quince días, salvo que una disposición o el cumplimiento del resto de plazos, permita o exija otro plazo mayor o menor
b. Serán emitidos en el plazo de diez días, salvo que una disposición o el cumplimiento del resto de plazos, permita o exija otro plazo mayor o menor
c. Serán emitidos en el plazo de quince días, salvo que una norma con rango de Ley establezca uno mayor o así venga previsto en el Derecho de la Unión Europea
d. Serán emitidos en el plazo de diez días, salvo que una norma con rango de Ley establezca uno mayor o así venga previsto en el Derecho de la Unión Europea

20. Según la Ley 39/15 cuando el acto fuera expreso el plazo para la interposición del recurso de reposición es:

a. En cualquier momento
b. Dos meses
c. Un mes
d. Noventa días

21. Según la Ley 39/15, indica que el plazo máximo del trámite de audiencia es de (días):

a. 10   b. 15   c. 5   d. 20

22. En procedimientos de naturaleza sancionadora, cuando el órgano competente para iniciar el procedimiento, adopte la tramitación simplificada del mismo, en su caso:

a. No cabrá oposición expresa por parte del interesado
b. Podrá hacerlo cuando existen elementos de juicio suficientes para calificar la infracción como grave
c. Las dos son correctas
d. Ninguna lo es

23. Contra un acto administrativo que se funden únicamente en la nulidad de alguna disposición administrativa de carácter general, según la Ley 39/15:

a. No cabe recurso en vía administrativa
b. Se podrá interponer el recurso directamente ante el órgano que dictó dicha disposición
c. Se podrán impugnar ante el orden jurisdiccional contencioso-administrativo
d. Se podrá interponer directamente el recurso extraordinario de reposición

24. Las medidas provisionales, ¿cuándo quedan sin efecto?, según la Ley 39/15:

a. En todo caso, cuando surta efectos la resolución administrativa que ponga fin al procedimiento, salvo que contenga un pronunciamiento expreso acerca de las mismas
b. Por la desaparición de las causas que motivaron la adopción de dichas medidas
c. En todo caso, cuando surta efectos la resolución administrativa que ponga fin al procedimiento correspondiente
d. Si no se inicia el procedimiento en el plazo de quince días

25. Según la Ley 39/15, el plazo para subsanar defectos de una solicitud administrativa se podrá ampliar hasta:

a. 20 días
b. 4 días
c. 15 días
d. 5 días

Respuestas Test 18

1	D	6	D	11	D	16	A	21	B
2	B	7	D	12	A	17	B	22	A
3	A	8	C	13	D	18	A	23	B
4	D	9	D	14	C	19	B	24	A
5	D	10	B	15	C	20	C	25	D

PROCEDIMIENTO Y RÉGIMEN JURÍDICO DEL SECTOR PÚBLICO. TEST 1

CERTIFICADOS, COPIAS COMPULSADAS, COPIAS SELLADAS Y COPIAS AUTÉNTICAS DE DOCUMENTOS EN LA ADMINISTRACIÓN PÚBLICA

1. Definición: "*Acto administrativo de declaración formal por el que un órgano administrativo o personal funcionario constata los extremos, datos y contenidos de los documentos obrantes en un expediente administrativo o, en su caso, de los correspondientes datos inscritos en un registro público*"

a. Certificación b. Compulsa
c. Copia sellada d. Copia certificada

2. Indica qué opción corresponde a la siguiente definición: "*Reproducción de un documento público o privado sobre el que el empleado público ante el que se presenta hace constar, previo cotejo, su coincidencia exacta con el original del que es copia*"

a. Copia
b. Copia simple
c. Copia compulsada
d. Copia certificada

3. Pueden ser objeto de certificación

a. Las personas titulares de los servicios
b. Los extremos, datos y contenidos obrantes en un expediente administrativo
c. La expedición de certificados
d. La competencia para emitir documentos de certificación

4. Qué opción corresponde a la siguiente definición: "*Acción de comparar una copia de un documento con otro, con el objeto de comprobar que son idénticos*"

a. Compulsa b. Copia compulsada
c. Copia certificada d. Cotejo

5. Definición: "*Actuación administrativa consistente en la expedición, previo cotejo y a petición de los ciudadanos, de copia sellada de los documentos que presenten*"

a. Compulsa sellada
b. Sellado simple
c. Compulsa de sellado
d. Sellado compulsado

6. Indica cual de las alternativas que se proponen corresponde a la siguiente definición.: Actuación administrativa, consistente en el cotejo o la comprobación de que una copia se corresponde con su original, que lleva a poder afirmar que la misma es exacta, sin que en ningún caso acredite la autenticidad del documento original

a. Certificado b. Cotejo
c. Compulsa d. Copia compulsada

7. Indica cual de las alternativas que se proponen corresponde a la siguiente definición.: Reproducción de un documento, ya sea original o copia que, previo cotejo, acredita su presentación en los registros de los órganos y entidades

a. Copia sellada b. Copia compulsada
c. Copia auténtica d. Copia certificada

8. No pueden solicitar la emisión de certificados

a. El órgano competente para la emisión de tales certificados
b. El interesado o persona que lo represente
c. Cualquier persona en los términos y con las condiciones vigentes en materia de transparencia
d. Todos pueden solicitarlo

9. Indica cual de las alternativas que se proponen corresponde a la siguiente definición.: "*Reproducción exacta de un documento que acredita su autenticidad no solo desde la perspectiva de la identidad de la copia con el original sino que, además, tiene efectos certificantes en cuanto garantiza la autenticidad de los datos contenidos en este último, y tiene su misma validez y eficacia*"

a. Copia compulsada b. Copia auténtica
c. Copia certificada d. Copia sellada

10. Indica cual de las alternativas que se proponen corresponde a la siguiente definición.: Documento de constatación externa en el que se materializa el acto administrativo de certificación

a. Certificación b. Certificado
c. Cotejo d. Compulsa

Respuestas Test 1

1A 2C 3B 4D 5B 6C 7A 8A 9A 10B

PROCEDIMIENTO Y RÉGIMEN JURÍDICO DEL SECTOR PÚBLICO. TEST 2

DOCUMENTO ADMINISTRATIVO. FÓRMULAS HONORÍFICAS EN LOS TRATAMIENTOS

1. ¿Cuál de los siguientes es Magnífico?

a. Su Majestad el Rey
b. El Presidente de la Generalitat Valenciana
c. El Rector de la Universidad de Valencia
d. El Presidente del Gobierno

2. ¿Qué tratamiento se debe dispensar al Presidente del Gobierno de la Nación?

a. Señoría
b. Magnífico
c. Excelencia
d. Excelentísimo

3. ¿Cuál de los siguientes no es excelentísimo señor?

a. Rector de la Universidad de Valencia
b. Presidente del Tribunal Supremo
c. Consejero del Consejo de Estado
d. Presidente del Gobierno

4. ¿Qué miembro de la carrera judicial no recibe el tratamiento de excelentísimo?

a. Presidente de Sala del Tribunal Supremo
b. Juez de la Audiencia Nacional
c. Magistrado del Tribunal Supremo
d. Vocal del Tribunal Constitucional

5. No es tratamiento que corresponda a ningún miembro de la organización política del Estado...

a. Señor Don
b. Eminencia
c. Señoría
d. Excelencia

6. No recibe el tratamiento de excelencia...

a. Rey de España
b. Príncipe Heredero
c. Presidente del Gobierno
d. Todos los reciben

7. ¿Cuál de los siguientes no recibe el mismo tratamiento que los demás?

a. Director General
b. Senador
c. Delegado de Hacienda
d. Fiscal General del Estado

8. El tratamiento de Señoría corresponde a...

a. Obispos y príncipes de la Iglesia Católica
b. Jueces
c. Miembros del Tribunal de Cuentas
d. Las alternativas b) y c) son correctas

9. ¿Cómo te dirigirías al Presidente del Senado?

a. Excelencia
b. Excelentísimo
c. Ilustrísimo
d. Señoría

10. ¿Y al Presidente de una Diputación Provincial?

a. Excelentísimo
b. Ilustrísimo
c. Señoría
d. Señor Don

Respuestas Test 2

1C 2D 3A 4B 5B 6A 7D 8B 9B 10B

PROCEDIMIENTO Y RÉGIMEN JURÍDICO DEL SECTOR PÚBLICO. TEST 3

PRINCIPIOS GENERALES DEL PROCEDIMIENTO ADMINISTRATIVO

1. ¿Cuál de los siguientes no sería un rasgo del procedimiento administrativo conforme nuestro Derecho?

a. En cuanto a sus fines estos son los intereses generales
b. Concibe el procedimiento como el cauce formal de una serie de actos para la realización de tales fines
c. El sujeto activo al que la ley encomienda la realización de tales actos es el ciudadano, llamado también interesado
d. Todos son rasgos

2. El ámbito de aplicación y los principios generales de la Ley 39/2015 aparecen en...

a. El Preámbulo de la norma
b. El Título Preliminar de la norma
c. No aparecen expresamente enunciados dando título a ningún apartado de la norma
d. El Título I de la norma

3. No queda incluida en el ámbito de aplicación de la Ley 39/2015...

a. La Administración de Justicia
b. La Administración General del Estado
c. Las Administraciones de las distintas Comunidades Autónomas
d. Las Entidades que integran la Administración Local

4. Las Entidades de Derecho Público ...

a. No tendrán la consideración de Administraciones Públicas
b. Tendrán la consideración de Administraciones Públicas
c. Tendrán la consideración de Administraciones Públicas si ello es consecuencia de su personalidad jurídica propia
d. Tendrán la consideración de Administraciones Públicas salvo si están vinculadas o dependen de cualesquiera otra Administración Pública

5. No sería una Administración Pública...

a. El Servicio de Salud de una Comunidad Autónoma
b. Un Ayuntamiento
c. Una Diputación Provincial
d. Una entidad privada sin ánimo de lucro

6. Las Administraciones públicas sirven con objetividad los intereses generales y actúan de acuerdo con diversos principios. Conforme la Ley 39/2015 no sería uno de esos principios...

a. Eficacia   b. Objetividad
c. Descentralización d. Jerarquía

7. Igualmente en sus actuaciones las Administraciones Públicas deberán respetar los principios de...

a. Buena fe y simonía
b. Confianza legítima y simonía
c. Buena fe y confianza legítima
d. Todas son correctas

8.-Las Administraciones públicas, en sus relaciones, se rigen por el principio de

a. Cooperación y Colaboración
b. Cooperación y Coordinación
c. Coordinación y Colaboración
d. Cooperación, Colaboración y Coordinación

9. En sus relaciones con los ciudadanos las Administraciones públicas actúan de conformidad con los principios de .... (señala la respuesta incorrecta).

a. Transparencia
b. Participación
c. Animo de lucro
d. Todas son correctas

10.-Cada una de las Administraciones públicas actúa para el cumplimiento de sus fines con personalidad jurídica...

a. Compartida   b. Diferenciada
c. Derivativa   d. Única

Respuestas Test 3

1C 2B 3A 4B 5D 6B 7C 8A 9C 10 D

Procedimiento y Régimen Jurídico del Sector Público. Test 4

Los interesados en el procedimiento administrativo

1. Concepto de interesado. Indicar la afirmación INCORRECTA:
a. Es uno de los sujetos de la relación jurídico administrativa
b. Constituye el elemento subjetivo integrado por una Administración Pública
c. Es el destinatario de la actividad administrativa o aquel sobre quien recae el ejercicio de sus potestades
d. Todas son incorrectas

2. ¿Cuál de los siguientes sería un interesado cualificado?
a. El propietario de un vado
b. Cualquiera que deambule por la vía pública
c. Quien aparca en una zona de estacionamiento no restringido
d. Quien acude a una oficina de un Ayuntamiento a recoger un folleto informativo sobre las fiestas patronales

3. NO ostentaría la condición de interesado...
a. El que solicita el derribo de una finca ruinosa que amenaza caerse
b. El que denuncia a unos jóvenes que hacen botellón en un parque público
c. El padre de familia que promueve la concesión de ayudas al estudio para los hijos
d. Todos ostentarían esa condición

4. Convocatoria de unas oposiciones a auxiliar administrativo. Ostentarían la condición de interesados...
a. Los que quieren presentarse
b. Los que se presentan
c. Los que reúnen los requisitos para presentarse
d. Todos ellos

5. Finalizado el plazo de presentación de instancias a unas oposiciones a auxiliar administrativo ostentan la condición de interesados...
a. Los que reunían los requisitos para presentarse
b. La Administración convocante
c. Los que han presentado su solicitud reuniendo los requisitos legalmente establecidos
d. Los tres anteriores

6. Un grupo de vecinos solicitan el derribo de una finca ruinosa Las actuaciones a las que su solicitud de efecto se entenderán con...
a. El que aparezca al principio de la relación
b. El que aparezca justo en la mitad de la relación
c. El que aparezca al final de la relación
d. El interesado o representante que expresamente dicho grupo haya señalado

7. El propietario de la finca ruinosa al que nos referimos en la pregunta anterior...
a. Ostentaría la condición de interesado
b. No ostentaría la condición de interesado
c. Ostentaría la condición de interesado si se persona en el procedimiento
d. Ostentaría la condición de interesado si se persona en el procedimiento en tanto no recaiga resolución definitiva

8. El papel del representante en las relaciones con la Administración...
a. Sólo se admite con respecto a menores e incapaces
b. Tiene carácter imperativo aunque menor al que se requiere en los procesos judiciales
c. Se ejerce mediante procurador o gestor administrativo
d. Se admite como posibilidad para los interesados que tienen capacidad de obrar

9. Requisitos del representante
a. Gestor administrativo
b. Procurador ante los tribunales
c. Graduado social, gestor administrativo o procurador ante los tribunales
d. Capacidad de obrar ante las Administraciones Públicas

10. La falta o insuficiente acreditación de la representación no impedirá que se tenga por realizado el acto de que se trate siempre que se aporte aquella o se subsane el defecto en el plazo de...
a. 3 días b. 5 días c. 10 días d. 48 horas

Respuestas Test 4
1B 2A 3B 4C 5C 6D 7A 8D 9D 10C

Procedimiento y Régimen Jurídico del Sector Público. Test 5

Derechos de los ciudadanos en sus relaciones con las Administraciones Públicas

1. Conforme la Ley 39/2015 si un ciudadano presenta una solicitud tiene derecho...
a. A conocer el estado de la tramitación del procedimiento a que dicha solicitud pudiera dar origen
b. A conocer el estado de la tramitación del procedimiento en todo caso
c. A conocer el estado de la tramitación del procedimiento salvo si se desestima su solicitud por falta de legitimación como interesado
d. Simplemente a obtener copia de la solicitud y de la documentación aneja

2. Conforme la Ley 39/2015 el interesado tiene derecho la identidad...
a. Del personal que trabaja en la Administración
b. De las autoridades y del personal que prestan servicio en las Administraciones Públicas
c. De todos los que actúen ante él como interlocutores de la Administración
d. De las autoridades y personal al servicio de las Administraciones Públicas bajo cuya responsabilidad se tramiten los procedimientos

3. La obligación de fechar y sellar las solicitudes a efectos del cómputo de plazos constituye...
a. Un derecho cuyo ejercicio es potestativo por los interesados
b. No hay tal. Simplemente se trata del derecho y de la respectiva obligación de las Administraciones Públicas a la copia sellada de la documentación presentada
c. Una exigencia legalmente establecida por la Ley 39/2015 distinta del derecho a la copia sellada
d. La obligación a la que se refiere el enunciado de la pregunta sólo existe en los procedimientos iniciados de oficio

4. ¿Puede ser atendido por un auxiliar administrativo del Servicio Extremeño de Salud una persona que se dirige a éste hablándole en catalán?

a. Por supuesto
b. Si, siempre que sea catalán catalanoparlante y no castellanoparlante
c. Si constituyendo un caso de eficacia extraterritorial de la normativa reguladora del uso de la lengua fuera del ámbito de dicha Comunidad Autónoma
d. En modo alguno

5. Conforme la Ley 39/2015 el ciudadano tiene derecho a formular alegaciones...

a. Una vez dictada la resolución que ponga fin al procedimiento
b. En cualquier fase del procedimiento anterior al trámite de audiencia
c. A través de la solicitud decayendo después de este derecho
d. A través de la solicitud decayendo después de este derecho salvo que se trate de un procedimiento iniciado de oficio en cuyo caso tendrá derecho a formular alegaciones en cualquier momento anterior al trámite de audiencia

6. De acuerdo con la Ley 39/2015 ¿cuántas veces se debe aportar copia del DNI?

a. Una única vez puesto que a partir de ésta el mismo ya está en posesión de la Administración actuante
b. Tantas veces como procedimientos aún cuando se trate de una misma Administración actuante
c. Tantas veces como dicha copia fuera requerida por la Administración actuante
d. Tantas veces como dicha copia fuera requerida reglamentariamente por la Administración actuante aun cuando se trate de un mismo procedimiento

7. Conforme la Ley 39/2015 las autoridades y funcionarios deberán tratar a los ciudadanos con...

a. Respeto y consideración
b. Respeto y deferencia
c. Respeto y equidad
d. Respecto, mérito y capacidad

8. La exigencia de responsabilidad a la que se refiere la Ley 39/2015 lo es de...

a. Autoridades
b. Funcionarios
c. Autoridades y Funcionarios
d. Las Administraciones Públicas

9.- Los ciudadanos tienen derecho a acceder a la información pública, archivos y registros en los términos y con las condiciones establecidas en la Constitución, demás leyes que resulten de aplicación y singularmente en la llamada...

a. Ley de transparencia, acceso a la información pública y buen gobierno
b. Ley de transparencia, registros y archivos
c. Ley de acceso a archivos y registros administrativos
d. Ley de Colaboración Ciudadana en la Defensa Nacional y la Seguridad del Estado

10. Es cierto que...

a. La comparecencia de los ciudadanos en las oficinas públicas sólo será obligatoria cuando así lo disponga la autoridad con competencia legalmente establecida
b. Las Administraciones Públicas se abstendrán de entregar certificación de la comparecencia del ciudadano para garantizar la eficacia en la instrucción del procedimiento
c. También para garantizar la eficacia en la instrucción del procedimiento la citación evitará indicar el objeto de la comparecencia
d. Ninguna es correcta

Respuestas Test 5
1C 2D 3C 4A 5B 6A 7B 8D 9A 10D

PROCEDIMIENTO Y RÉGIMEN JURÍDICO DEL SECTOR PÚBLICO. TEST 6

TÉRMINOS Y PLAZOS EN EL PROCEDIMIENTO ADMINISTRATIVO

1. Un plazo de un día que se cuenta a partir del viernes 31 de octubre de 2017 termina...

a. El 3 de noviembre si no se indica otra cosa
b. Ese mismo día 31 de octubre
c. Ese mismo día 31 de octubre salvo que se indique otra cosa
d. El 1 de noviembre

2. Es un día hábil conforme la Ley 39/2015 ...

a. Un domingo
b. Un festivo
c. Un viernes
d. Una de las novedades de la Ley 39/2015 es precisamente la de que desaparece la diferencia entre días naturales y días hábiles

3. A efectos del término se hace constar si los días son...

a. Hábiles   b. Naturales
c. Laborables d. Cualquiera de las tres

4. La Ley 39/2015 no contempla en forma específica los plazos señalados por...

a. Días   b. Semanas
c. Meses   d. Años

5. Es cierto que...

a. Si en la fecha de comienzo no hubiera día equivalente a aquel en que termina el cómputo, se entenderá que el plazo expira el primer día del mes
b. Si en la fecha de comienzo no hubiera día equivalente a aquel en que termina el cómputo, se entenderá que el plazo expira el último día del mes
c. Si en el mes de vencimiento no hubiera día equivalente a aquel en que termina el cómputo, se entenderá que el plazo expira el último día del mes
d. Si en el mes de vencimiento no hubiera día equivalente a aquel en que comienza el cómputo, se entenderá que el plazo expira el último día del mes

6. Se considera inhábil...

a. Un día inhábil en el municipio en que reside el interesado pero hábil en la sede del órgano administrativo
b. Un día inhábil en el municipio en que reside el interesado e inhábil en la sede del órgano administrativo
c. Un día hábil en el municipio en que reside el interesado pero inhábil en la sede del órgano administrativo
d. Todos se consideran inhábiles

7. La Administración, salvo precepto en contrario, podrá conceder de oficio o a petición de los interesados, una ampliación de los plazos establecidos, que no exceda de ...

a. La duración de los mismos
b. La mitad de dichos plazos
c. El doble de dichos plazos
d. Ninguna es correcta

8. Cuando razones de interés público lo aconsejen se podrá acordar, de oficio o a petición del interesado, la aplicación al procedimiento de la tramitación de urgencia, por la cual:

a. Se duplican los plazos establecidos
b. Se reducen a la mitad todos los plazos establecidos en el procedimiento ordinario
c. Se anulan los plazos establecidos
d. Ninguna es correcta

9. Sería un término...

a. 1 de abril
b. Quince días
c. Cinco días
d. Un año

10. Sería un plazo...

a. Un año
b. Quince días
c. Un mes
d. Todos ellos

Respuestas Test 6

1A 2C 3B 4B 5D 6D 7B 8D 9A 10D

PROCEDIMIENTO Y RÉGIMEN JURÍDICO DEL SECTOR PÚBLICO. TEST 7

PRINCIPIOS BÁSICOS DE LA POTESTAD SANCIONADORA

1. No son de aplicación las disposiciones generales de la Ley 39/2015 en materia de potestad sancionadora a...

a. Contratos del sector público
b. Infracciones de tráfico
c. Ejercicio de la potestad disciplinaria respecto de los funcionarios
d. No son de aplicación en ninguno de los casos anteriores

2. Las disposiciones sancionadoras:

a. En determinado supuesto si pueden producir efecto retroactivo
b. Producirán en todo caso efecto retroactivo
c. Sólo producirán efecto retroactivo cuando la ley lo disponga expresamente
d. Nunca producirán efecto retroactivo incluso aún cuando la ley así lo disponga expresamente

3. Las normas definidoras de infracciones y sanciones ...

a. Serán susceptibles de aplicación analógica
b. Sólo serán susceptibles de aplicación analógica en beneficio del presunto infractor
c. Serán susceptibles de aplicación analógica cuando así lo acuerde el órgano que tramite el procedimiento
d. Nunca serán susceptibles de aplicación analógica

4. Cuando en materia sancionadora el cumplimiento de las obligaciones previstas en una disposición legal corresponda a varias personas conjuntamente, responderán de forma...

a. Proporcional   b. Solidaria
c. Subsidiaria   d. Mancomunada

5. Las sanciones administrativas, sean o no de naturaleza pecuniaria, en ningún caso podrán implicar, directa o subsidiariamente, ...

a. Pago de multa
b. Privación de derechos
c. Privación de libertad
d. Todas son correctas

6. Si la ley no fija plazo la infracción muy grave prescribe a los...

a. Tres años   b. Seis años
c. Dos años   d. Seis meses

7. El distinto el plazo de prescripción de las sanciones del plazo de prescripción de las infracción en el supuesto de ...

a. Faltas muy graves
b. Faltas graves
c. Faltas leves
d. Es idéntico en todos los casos

8. No podrán sancionarse los hechos que hayan sido sancionados penal o administrativamente, en los casos en que se aprecie identidad del sujeto, hecho y fundamento. Esto responde al principio ...

a. De legalidad
b. Non bis in idem
c. Auditer et altera pars
d. Habeas Corpus

9. Atañe el principio de presunción de inocencia...

a. El que los hechos declarados probados por resoluciones judiciales penales firmes vincularán a las Administraciones Públicas respecto de los procedimientos sancionadores que substancien
b. El que cuando así esté previsto en las normas que regulen los procedimientos sancionadores, se podrá proceder mediante acuerdo motivado a la adopción de medidas de carácter provisional que aseguren la eficacia de la resolución final que pudiera recaer
c. El derecho del presunto responsable a formular alegaciones y utilizar los medios de defensa admitidos por el Ordenamiento Jurídico que resulten procedentes
d. Todos ellos

10. En cuanto a la resolución que pone fin a procedimiento sancionador:

a. Habrá de ser motivada
b. Resolverá sobre todas las cuestiones planteadas en el expediente
c. Sólo será ejecutiva cuando ponga fin a la vía administrativa
d. Todas son correctas

Respuestas Test 7

1C 2A 3D 4B 5C 6A 7C 8B 9A 10D

Procedimiento y Régimen Jurídico del Sector Público. Test 8

Especialidades del Procedimiento Sancionador

1. El título IV de la Ley 39/2015, de disposiciones sobre el procedimiento administrativo común, se estructura en siete capítulos y entre sus principales novedades destaca que los anteriores procedimientos especiales se regulan ahora como especialidades del procedimiento administrativo común. Un es la potestad sancionadora. El otro ...

a. Disposiciones generales
b. Responsabilidad patrimonial
c. Potestad expropiatoria
d. Procedimiento abreviado

2. El acto por el que cualquier persona, en cumplimiento o no de una obligación legal, pone en conocimiento de un órgano administrativo la existencia de un determinado hecho que pudiera justificar la iniciación de un procedimiento sancionador se entiende por ...

a. Demanda   b. Querella
c. Denuncia   d. Pliego de cargos

3. Si un infracción comete 10 infracciones consecutivas ...

a. No se podrá iniciar procedimiento sancionador contra la segunda hasta que haya caído resolución sancionadora sobre la primera
b. No se podrá sancionar la primera y posteriores hasta que haya caído resolución sancionadora sobre la décima y última
c. Sólo se podrán sancionar esas diez infracciones consecutivas en forma conjunta y cumulativa
d. No se podrá iniciar procedimiento sancionador contra ninguna excepto si en el momento de cometerse cualquiera de ellas ya se había cometido otra

4. ¿Cuál de los siguientes derechos del ciudadano en el procedimiento administrativo sólo aparece cuando estamos en un procedimiento sancionador?

a. Presunción de no existencia de responsabilidad administrativa mientras no se demuestre lo contrario
b. Actuar asistidos de asesor cuando lo consideren conveniente en defensa de sus intereses
c. Identificar a las autoridades y al personal al servicio de las Administraciones Públicas bajo cuya responsabilidad se tramiten los procedimientos
d. Todos los derechos anteriores sólo aparecen cuando estamos dentro de un procedimiento sancionador

5. Serán motivados, con sucinta referencia de hechos y fundamentos de derecho:

a. Sólo las propuestas de resolución en los procedimientos de carácter sancionador
b. Exclusivamente los actos que acuerden la terminación del procedimiento sancionador por la imposibilidad material de continuarlo por causas sobrevenidas
c. Los actos que limiten derechos subjetivos o intereses legítimos en un procedimiento tenga o no tenga carácter sancionador
d. Los actos que se dicen en el ejercicio de potestades discrecionales siempre que dichas potestades discrecionales no tengan naturaleza sancionadora

6. No es una fase del procedimiento sancionador conforme el art. 63 de la Ley 39/2015 ...

a. Fase instructora
b. Fase ejecutora
c. Fase sancionadora
d. Todas son fases del procedimiento sancionador según dispone el mencionado artículo

7. La persona sobre la que recae la instrucción del procedimiento sancionador se denomina, según el art. 64 de la Ley 39/2015,...

a. Imputado   b. Aforado
c. Instruído   d. Inculpado

8. ¿Cuál de los siguientes contenidos de acuerdo de inoación del procedimiento sancionador estaría indebidamente formulada conforme el art. 64 de la Ley 39/2015?

a. Sanción que debe ser impuesta a la persona o personas responsables de la acción infractora
b. Los hechos que motivan la incoación del procedimiento
c. Órgano competente para la resolución del procedimiento y norma que le atribuya tal competencia,
d. Medidas de carácter provisional que se hayan acordado por el órgano competente para iniciar el procedimiento sancionador

9. En los procedimientos de naturaleza sancionadora iniciados a instancia de persona interesada ésta deberá especificar...

a. La persona o personas presuntamente responsables
b. las conductas o hechos que pudieran constituir infracción administrativa y su tipificación exclusivamente
c. Sólo el lugar y fecha en que los presuntos hechos tuvieron lugar dejando a la administración el esclarecimiento de los responsables y la tipificación de las conductas
d. Ninguna es correcta pues dicha modalidad de iniciación no se admite en estos procedimientos

10. En un procedimiento sancionador el vencimiento del plazo máximo sin que se haya notificado resolución expresa determina...

a. Desesistimiento b. Caducidad
c. Silencio positivo d. Silencio negativo

Respuestas Test 8

1C 2C 3A 4A 5C 6B 7D 8A 9D 10B

LEY 40/2015. TEST 1

TÍTULO PRELIMINAR

1. El concepto de sector público es la primera de las novedades que incorpora la Ley 40/2015 ¿Cuál de los siguientes no integraría el sector público?

a. Las Universidades públicas
b. La Sociedad Estatal Correos y Telégrafos
c. La Diputación Provincial de Alicante
d. Todos los integrarían según se sigue de la delimitación del ámbito subjetivo de la mencionada norma

2. No aparece entre los principios que deberán respetar en su actuación y relaciones las Administraciones Públicas...

a. Servicio retribuido a los ciudadanos
b. Racionalización y agilidad de los procedimientos administrativos
c. Eficiencia en la asignación y utilización de los recursos públicos
d. Todos forman parte

3. También dentro de las novedades aparece el que por primera vez se define el concepto de órgano administrativo Conforme el art. 5 de la Ley 40/2015 un órgano administrativo es siempre y por lo pronto...

a. Una autoridad o funcionario
b. Una unidad administrativa
c. Un ente de derecho con o sin personalidad jurídica
d. Un sujeto de la relación jurídico administrativa

4. Lo característico de un órgano administrativo es que lo que hace...

a. Se ajusta en todo caso al ordenamiento jurídico
b. Constituye siempre el ejercicio de una potestad administrativa
c. Tiene efectos jurídicos frente a terceros o tiene carácter preceptivo
d. Es consecuencia directa de la voluntad del órgano

5. ¿Cuál de los siguientes no es un requisito que deba cumplirse para crear un órgano administrativo?

a. Determinación de su forma de integración en la Administración Pública de que se trate y su dependencia jerárquica
b. Delimitación de sus funciones y competencias
c. Duplicación del órgano existente cuya competencia se declara al tiempo íntegra y subsistente
d. Dotación de los créditos necesarios para su puesta en marcha y funcionamiento

6. Los órganos administrativos podrán dirigir las actividades de sus órganos jerárquicamente dependientes mediante instrucciones y órdenes de servicio. ¿Cuál de las afirmaciones siguientes es adecuada con relación a las mismas?

a. El incumplimiento de las instrucciones u órdenes de servicio determina por si solo la invalidez del acto dictado
b. El incumplimiento de las instrucciones u órdenes de servicio no es origen por si mismo de la responsabilidad disciplinaria
c. Para que surtan eficacia las instrucciones y órdenes de servicio se publicarán siempre en el boletín oficial que corresponda
d. Ninguna de las afirmaciones anteriores es correcta

7. Los órganos consultivos...

a. Gozarán de autonomía orgánica y funcional respecto de la Administración activa
b. Desaparecen identificándose con la nueva norma como los servicios de la Administración activa que prestan asistencia jurídica
c. No estarán sujetos a dependencia jerárquica respecto de la Administración activa pero si estarán sujetos a las instrucciones, directrices u otras indicaciones que reciban de ésta
d. Necesariamente formarán parte de toda Administración como complemento ineludible del ejercicio de su potestad por la ahora llamada Administración activa

8. No es cierto que la competencia...

a. Sea irrenunciable, es decir el órgano administrativo titular de la misma no puede desprenderse libremente de ella
b. Por defecto se ejerce por el órgano administrativo que la tiene atribuída como propia
c. Sea por lo anteriormente expuesto indelegable
d. Todas las afirmaciones anteriores son correctas

9. Supone alteración de la competencia ...

a. La encomienda de gestión
b. La avocación
c. La delegación de firma
d. La suplencia

10. La titularidad y el ejercicio de las competencias atribuidas a los órganos administrativos podrán ser ...

a. Desconcentradas en otros que no sean jerárquicamente dependientes de los primeros
b. Desconcentradas en otros que sean jerárquicamente dependientes de los primeros
c. Desconcentradas en otros que sean superiores jerárquicamente a los primeros
d. Todas son correctas

Respuestas Test 1

1D 2A 3B 4C 5C 6D 7A 8C 9B 10B

Ley 40/2015. Test 2

Título Preliminar

1. Delegación de competencias. Art. 9 de la Ley 40/2015 ¿cuál de estas afirmaciones es incorrecta?

a. La adopción de disposiciones de carácter general es en todo caso indelegable
b. También son siempre indelegables las competencias que procedan de una delegación
c. la delegación de competencias debe publicarse en el boletín oficial que corresponda al ámbito de competencia territorial de que se trate
d. Ninguna de las afirmaciones anteriores es incorrecta

2.-La delegación de competencias...

a. Es revocable en cualquier momento
b. Es revocable en cualquier momento anterior a su primer ejercicio por el órgano en quien se hubiere delegado
c. No es nunca revocable
d. Sólo podrá ser revocada en el supuesto en que el órgano en quien se hubiere delegado la competencia no pudiera ejercerla por imposibilidad material sobrevenida

3. La delegación de competencias del Jefe del Estado se publicarán en su caso en...

a. El Diario Oficial de todas las CC AA
b. Todos los boletines provinciales y en su caso el diario oficial de las CC AA uniprovinciales
c. Exclusivamente en el BOE
d. Ninguna es correcta

4. Para que un órgano pueda avocar para si el conocimiento de uno o varios asuntos no hace falta que...

a. La índole del asunto lo haga conveniente
b. El órgano que avoca sea superior al órgano del que se avoca
c. La competencia corresponda al órgano del que se avoca siempre por delegación del avocante
d. Todas son correctas

5. La realización de actividades de carácter material o técnico de la competencia de los órganos administrativos o de las Entidades de Derecho Público podrá ser encomendada a otros órganos o Entidades de Derecho Público de la misma o de distinta Administración Es la denominada...

a. Delegación de competencias
b. Delegación de firma
c. Avocación
d. Encomienda de gestión

6. La delegación de firma

a. Requiere que el delegante sea en ese momento el titular de la competencia
b. Asimismo requiere que la competencia ostentada no lo sea por delegación
c. La firma se puede delegar en órganos administrativos pero no se puede delegar en unidades administrativas
d. Todas las afirmaciones anteriores son correctas

7. ¿Cuál es el efecto de la delegación de firma sobre la competencia?

a. Altera la competencia del órgano delegante
b. Altera la competencia del órgano en quien se delega
c. Altera la competencia de uno y de otro
d. No altera la competencia del órgano delegante

8. No es un supuesto de suplencia

a. Vacante   b. Ausencia
c. Delegación d. Enfermedad

9. Si no se designa suplente, la competencia del órgano administrativo se ejercerá por quien...

a. designe el propio órgano
b. designe el órgano administrativo superior
c. designe el órgano administrativo inmediato superior
d. Quien sea el órgano administrativo inferior o la unidad administrativa dependiente del órgano suplido

10. El órgano administrativo que se estime incompetente para la resolución de un asunto remitirá directamente las actuaciones al órgano que

a. Sea competente
b. Considere competente
c. Sea superior jerárquico
d. Resulte superior jerárquico común a ambos

Respuestas Test 2

1B 2A 3D 4C 5D 6A 7D 8C 9C 10B

Ley 40/2015. Test 3

Título Preliminar

1. ¿A quién corresponde de manera específica velar por la legalidad formal y material de las actuaciones de un órgano colegiado?

a. Al vocal concretamente designado para ello
b. Al Secretario
c. Al régimen jurídico del órgano
d. A aquel a quien corresponda la Presidencia

2. Para la válida constitución del órgano, a efectos de la celebración de sesiones, deliberaciones y toma de acuerdos, se requerirá la asistencia, presencial o a distancia, del Presidente y Secretario o en su caso, de quienes les suplan, y ...

a. la de la mayoría, al menos, de sus miembros
b. la de la mitad más uno, al menos, de sus miembros
c. la mitad, al menos, de sus miembros
d. la cantidad necesaria de sus miembros que no podrá ser inferior a la tercera parte de los mismos

3. Salvo que no resulte posible, las convocatorias serán remitidas a los miembros del órgano colegiado a través de medios electrónicos, haciendo constar en la misma junto con la documentación necesaria para su deliberación cuando sea posible ...

a. El orden del día
b. El acta de la reunión anterior
c. Los acuerdos hasta entonces alcanzados
d. El número de miembros necesario para constituir válidamente el órgano en segunda convocatoria

4. Para que se trate un asunto no previsto se requiere...

a. Que asistan todos los miembros del órgano colegiado a la reunión
b. Que sea declarada la urgencia del asunto con el voto favorable de la mayoría
c. A y B son correctas
d. No podrá tratarse del asunto urgente en esa reunión sin perjuicio de que pueda acordarse que se trate con carácter urgente en una posterior reunión extraordinaria

5. No quedan exentos de la responsabilidad que en su caso pueda derivarse de los acuerdos quienes:

a. Emitan un voto no válido
b. Se abstengan
c. Voten en contra
d. Ninguno queda exento

6. De cada sesión que celebre el órgano colegiado se levantará acta que especificará necesariamente ...

a. Los asistentes
b. Las circunstancias de tiempo y lugar en que se ha celebrado
c. Los puntos principales de las deliberaciones
d. Todas son correctas

7. Firma el acta de la reunión...

a. ...el Presidente
b. ...el Secretario con el visto bueno del Presidente
c. ...el Presidente con el visto bueno del Secretario
d. ...el Presidente y en su defecto el Secretario con el visto bueno de los asistentes a la reunión del órgano colegiado

8. No corresponde al Presidente del órgano colegiado...

a. Designar a todos los componentes del órgano colegiado
b. Visar las certificaciones del órgano colegiado
c. Presidir las sesiones, moderar el desarrollo de los debates y suspenderlos por causas justificadas
d. Entre otras corresponden al Presidente del órgano colegiado todas esas funciones

9. En casos de vacante, ausencia, enfermedad, u otra causa legal, el Presidente será sustituido por el Vicepresidente que corresponda, y en su defecto, por el miembro del órgano colegiado de mayor ...

a. Antigüedad
b. Jerarquía
c. Edad
d. Indistintamente por cualquiera de ellos

10. Los miembros del órgano colegiado deberán recibir la convocatoria de las reuniones con una antelación mínima de...

a. 1 día   b. 3 días   c. 2 días   d. 5 días

Respuestas Test 3

1B 2C 3A 4C 5A 6D 7B 8A 9B 10C

LEY 40/2015. TEST 4

ABSTENCIÓN Y RECUSACIÓN

1. ¿Cuál de los siguientes no sería un motivo de abstención conforme el art. 23 de la Ley 40/2015, de 1 de octubre, de Régimen Jurídico del Sector Público?

a. Ser el personal respecto del que la abstención se plantea sobrino del interesado en el procedimiento
b. Ser el personal respecto del que la abstención se plantea vecino del interesado en el procedimiento
c. Ser el personal respecto del que la abstención se plantea cuñado del interesado en el procedimiento
d. Ser el personal respecto del que la abstención se plantea nieto del interesado en el procedimiento

2. Juan (funcionario) está casado con María que tiene una hermana que se llama Rosa que está casada con Fernando ¿En cuál de los siguientes supuestos no existe motivo legal que justifique la abstención de Juan?

a. Si el interesado es María
b. Si el interesado es Rosa
c. Si el interesado es Fernando
d. En todos los supuestos anteriores debería abstenerse pues se encuentran dentro del cuarto grado de afinidad

3. Debe abstenerse el funcionario que tiene relación de servicio con interesado en el asunto o le ha prestado servicios profesionales en los ...

a. Tres últimos años
b. Cinco últimos años
c. Cuatro últimos años
d. Dos últimos años

4. Podrán ordenarle que se abstengan de toda intervención en el expediente al funcionario que se encuentre en causa de abstención...

a. Los órganos jerárquicamente superiores
b. Sólo los órganos inmediatamente superiores jerárquicos
c. Los interesados en el procedimiento
d. Las alternativas b) y c) son correctas

5. La actuación de autoridades y personal al servicio de las Administraciones Públicas en los que concurran motivos de abstención ...

a. No implicará, necesariamente, y en todo caso, la invalidez de los actos en que hayan intervenido pero dará lugar a la responsabilidad que proceda
b. Dará lugar a la responsabilidad que proceda pero no implicará en ningún caso la invalidez de los actos en que hayan intervenido
c. implicará, necesariamente, y en todo caso, la invalidez de los actos en que hayan intervenido
d. implicará, necesariamente, y en todo caso, la invalidez de los actos en que hayan intervenido dando lugar a la responsabilidad que proceda

6. La recusación pueden promoverla...

a. Cualquier órgano
b. El interesado
c. El interesado y el superior jerárquico del órgano de que se trate
d. El interesado, el superior jerárquico del órgano de que se trate y el propio órgano

7. La recusación se plantea...

a. Antes de iniciado el procedimiento
b. Una vez iniciado el procedimiento
c. Cuando el instructor dicta propuesta de resolución
d. En cualquier momento del procedimiento

8. La recusación se planteará...

a. Sólo verbalmente
b. Sólo por escrito
c. Verbalmente o por escrito
d. Verbalmente o por escrito siempre que es exprese la causa o causas en que se funda

9. Si el recusado niega la causa de recusación, el superior resolverá en:

a. 1 día   b. 2 días   c. 3 días   d. 4 días

10. Contra las resoluciones en materia de abstención y recusación...

a. Cabra recurso de alzada
b. Cabra el nuevo protesto
c. Cabra recurso de reposición
d. No cabrá recurso alguno

Respuestas Test 4

1B 2C 3D 4A 5A 6B 7D 8B 9C 10D

Ley 40/2015. Test 5

FUNCIONAMIENTO ELECTRÓNICO DEL SECTOR PÚBLICO

1. ¿Cuál de las siguientes alternativas no corresponde a una de las características esenciales de la llamada sede electrónica conforme el art. 38 de la Ley 40/2015?

a. Toda sede electrónica es siempre y en todo caso una dirección electrónica
b. Su titularidad siempre corresponde a una única Administración Pública o a un único organismo público o entidad de Derecho Público
c. Toda sede electrónica es disponible para los ciudadanos
d. Las tres afirmaciones anteriores corresponden a características esenciales de las sedes electrónicas

2. El punto de acceso electrónico cuya titularidad corresponda a una Administración Pública, organismo público o entidad de Derecho Público que permite el acceso a través de internet a la información publicada y, en su caso, a la sede electrónica correspondiente se entiende como...

a. Sistema internet
b. Sitio web
c. Actuación administrativa electrónica
d. Portal de internet

3. Los documentos utilizados en las actuaciones administrativas ¿se almacenarán por medios electrónicos?

a. Siempre que sea posible
b. En todo caso
c. Cuando así se disponga expresamente en una disposición legal
d. Sólo cuando así se disponga expresamente en una disposición legal o reglamentaria

4. Los medios o soportes en que se almacenen documentos, deberán contar con medidas de seguridad, de acuerdo con lo previsto en el ...

a. Esquema Nacional de Inteligencia
b. Centro Nacional de Inteligencia
c. Esquema Nacional de Seguridad
d. Centro Nacional de Seguridad

5. La Administración de que se trate podrá superponer un sello electrónico basado en un certificado electrónico reconocido o cualificado ...

a. Si no utiliza sistemas de firma electrónica distintos de aquellos basados en certificado electrónico reconocido o cualificado
b. Si utiliza sistemas de firma electrónica distintos de aquellos basados en certificado electrónico reconocido o cualificado
c. No podrá Imperativamente deberá utilizar sistemas de firma electrónica basados en certificado electrónico reconocido o cualificado
d. Los selles electrónicos no se superponen, incluso si se trata de sellos basados en certificados electrónicos reconocidos o cualificados

6. Requisito incorrecto de la actuación administrativa automatizada

a. Acto realizado íntegramente a través de medios electrónicos
b. No necesariamente acto sino basta que sea una mera actuación administrativa realizada íntegramente a través de medios electrónicos
c. Intervención directa de un empleado público para que la actuación administrativa automatizada adquiera ese carácter
d. Todos los requisitos anteriores vienen impuestos por el art. 41 de la Ley 40/2015

7. No es sistema de firma válido a efectos de la actuación administrativa automatizada...

a. Sello electrónico de Administración Pública
b. Código seguro de verificación
c. Intercambio electrónico de datos
d. Todos los sistema de firma anteriores deben considerarse válidos por estar contemplados en la Ley 40/2015

8. Para que la notificación se practique utilizando algún medio electrónico se requerirá que ...

a. Lo disponga la Administración actuante
b. El interesado haya señalado dicho medio como preferente
c. Lo requiere la efectividad del acto
d. Todas son correctas

9. Se entenderá que la notificación ha sido rechazada cuando existiendo constancia de su puesta a disposición del interesado éste no acceda a su contenido en el plazo de...

a. Diez días hábiles
b. Diez días naturales
c. Cinco días hábiles
d. Cinco días naturales

10. Las copias realizadas por medios electrónicos de documentos electrónicos emitidos por el propio interesado o por las Administraciones Públicas...

a. Tendrán la consideración de copias auténticas si mantienen el formato original
b. Tendrán la consideración legalmente prevista que no será la de copias auténticas
c. Tendrán la consideración de copias auténticas aun cuando no mantengan el formato original
d. Sólo excepcionalmente tendrán la consideración de copia auténticas cuando una disposición legal o reglamentaria expresamente lo prevea

Respuestas Test 5

1B 2D 3A 4C 5B 6C 7C 8B 9B 10C

LEY 40/2015. TEST 6

**ADMINISTRACIÓN GENERAL DEL ESTADO
ORGANIZACIÓN CENTRAL**

1. Los Ministerios contarán en todo caso con...
a. Secretarías de Estado
b. Secretarías Generales
c. Subsecretarías
d. Todas son correctas

2.-Las llamadas Secretarías Generales Técnicas dependen de...
a. Secretarías de Estado
b. Secretarías Generales
c. Subsecretarías
d. Cada uno de ellos

3. Los jefes superiores del Departamento y superiores jerárquicos directos de los Secretarios de Estado y Subsecretarios son los ...
a. Directores Generales
b. Ministros
c. Niveles superiores
d. Niveles inferiores

4. Los Ministros ejercen la potestad reglamentaria en las materias propias de su Departamento mediante...
a. Decreto
b. Real Decreto
c. Decretos Legislativos y Decretos Leyes
d. Ordenes

5. No se nombran por Real Decreto del Consejo de Ministros...
a. Ministros
b. Secretarios de Estado
c. Subsecretarios
d. Secretarios Generales Técnicos

6. ¿Cuál de las siguientes no es una de las funciones atribuídas al Ministro en el art. 61 de la Ley 40/2015?
a. Evaluar la realización de los planes de actuación del Ministerio por parte de los órganos superiores y órganos directivos y ejercer el control de eficacia respecto de la actuación de dichos órganos y de los Organismos públicos dependientes, sin perjuicio de lo dispuesto en la Ley 47/2003, de 26 de noviembre, General Presupuestaria
b. Colocar al gato patas arriba para poder observarle los órganos sexuales de forma que la zona del ano mire directamente hacia el titular del Departamento para que este pueda así examinar con detalle dichos órganos
c. Nombrar y separar a los titulares de los órganos directivos del Ministerio y de los Organismos públicos o entidades de derecho público dependientes del mismo, cuando la competencia no esté atribuida al Consejo de Ministros a otro órgano o al propio organismo, así como elevar a aquél las propuestas de nombramientos que le estén reservadas de órganos directivos del Ministerio y de los Organismos Públicos dependientes del mismo
d. Fijar los objetivos del Ministerio, aprobar los planes de actuación del mismo y asignar los recursos necesarios para su ejecución, dentro de los límites de las dotaciones presupuestarias correspondientes

7. No es función del Secretario de Estado...
a. Nombrar y separar a los Subdirectores Generales de la Secretaría de Estado
b. Conceder subvenciones y ayudas con cargo a los créditos de gasto propios de la Secretaría de Estado, con los límites establecidos por el titular del Departamento
c. Autorizar las comisiones de servicio con derecho a indemnización por cuantía exacta para altos cargos dependientes del Ministro
d. Autorizar las comisiones de servicio con derecho a indemnización por cuantía exacta para los altos cargos dependientes de la Secretaría de Estado

8. La jefatura superior del personal de un departamento corresponde a ...
a. Subsecretario
b. Secretario de Estado
c. Ministro
d. Secretario General Técnico

9. No nombra un Subdirector General ...
a. Un Ministro
b. Un Secretario de Estado
c. Un Director General
d. La ley admite que todos los anteriores nombren y cesen a los Subdirectores generales dependientes de los mismos respetando los principios de igualdad, mérito y capacidad

10. No aparece en la organización central de la Administración General del Estado ...
a. Delegado del Gobierno
b. Director Insular
c. Subdelegado del Gobierno
d. No aparece ninguno de los anteriores

Respuestas Test 6
1C 2C 3B 4D 5A 6B 7C 8A 9C 10D

Ley 40/2015. Test 7

Modificaciones de la Ley 50/1997, de 27 de noviembre, del Gobierno

1. Un miembro del Gobierno que no es titular de un Departamento pero al que se le atribuyen determinadas funciones gubernamentales es ...

a. Un Subsecretario
b. Un Delegado del Gobierno
c. Un Ministro sin cartera
d. Un Secretario de Estado

2. ¿Cuál de las siguientes no es una competencia del Consejo de Ministros?

a. Aprobar los Reales Decretos-leyes y los Reales Decretos Legislativos
b. Aprobar la Ley de Presupuestos Generales del Estado
c. Acordar la negociación y firma de Tratados internacionales, así como su aplicación provisional
d. Todas son funciones según la disposición final 3ª de la Ley

3. A las reuniones del Consejo de Ministros pueden asistir...

a. Exclusivamente Secretarios de Estado
b. Subsecretarios y Secretarios de Estado
c. Excepcional y exclusivamente Ministros, Secretarios de Estado y Subsecretarios
d. Secretarios de Estado y excepcionalmente otros altos cargos, cuando sean convocados para ello

4. Son secretas...

a. Las deliberaciones del Consejo de Ministros
b. Las reuniones del Consejo de Ministros
c. Las reuniones y las deliberaciones del Consejo de Ministros
d. Todas son correctas

5. Las Comisiones Delegadas se crean por...

a. Ley
b. Ley Orgánica
c. Real Decreto - ley
d. Real Decreto

6. La integran los titulares de las Secretarías de Estado y por los Subsecretarios de los distintos Departamentos Ministeriales

a. Comisión general de Secretarios de Estado y Subsecretarios
b. Comisión Delegada de la Administración General del Estado
c. Comisión general de Subsecretarios y de Secretarios de Estado
d. Comisión general de Secretarios de Estado y de Altos Cargos del Gobierno de la Nación y de la Administración General del Estado

7. Preside la anterior...

a. Vicepresidente del Gobierno en todo caso
b. Ministro de Presidencia siempre
c. Ministro de Presidencia si no hay Vicepresidente del Gobierno
d. Vicepresidente del Gobierno si no existe Ministro de Presidencia

8. La Secretaría de la Comisión General de Secretarios de Estado y Subsecretarios será ejercida por ...

a. El Subsecretario de Presidencia
b. El Secretario de Estado de Presidencia
c. El Ministro de Presidencia
d. El Vicepresidente del Gobierno

9. órgano de apoyo del Consejo de Ministros, de las Comisiones Delegadas del Gobierno y de la Comisión General de Secretarios de Estado y Subsecretarios

a. Subsecretariado del Gobierno
b. Comisión Delegada del Gobierno
c. Secretariado del Gobierno
d. Dirección General del Gobierno

10. órganos de apoyo político y técnico del Presidente del Gobierno, de los Vicepresidentes, de los Ministros y de los Secretarios de Estado

a. Secretarías   b. Gabinetes
c. Departamentos   d. Unidades

Respuestas Test 7

1C 2B 3D 4A 5D 6A 7C 8A 9C 10B

Ley 40/2015. Test 8

Organización Territorial Administración General Estado

1. Dentro de la organización territorial de la Administración General del Estado se cita a las Delegaciones del Gobierno ¿Cuál de las siguientes afirmaciones es verdadera en relación a estas Delegaciones?

a. En el caso de las Islas Canarias sustituyen a los anteriormente denominados Cabildos Insulares
b. Las Delegaciones del Gobierno no estaban previstas constitucionalmente y aparecen como un límite al ejercicio exorbitante de sus potestades por las Comunidades Autónomas creado por el legislador tras el intento de golpe de estado del 23 de febrero de 1981
c. En cada una de las Comunidades Autónomas hay una Delegación del Gobierno
d. Todas las afirmaciones anteriores son correctas

2. En las Comunidades Autónomas pluriprovinciales existen las subdelegaciones del Gobierno Dichas subdelegaciones vienen a sustituir a ...

a. Las Diputaciones Provinciales
b. Las Diputaciones Provinciales y los Cabildos Insulares
c. Las Audiencias Territoriales
d. Los Gobiernos Civiles

3. Las Delegaciones del Gobierno están adscritas orgánicamente al Ministerio de ...

a. Hacienda y Administraciones Públicas
b. Presidencia
c. Interior
d. Justicia

4. En ciertas islas se determinará reglamentariamente la existencia de un...

a. Delegado Insular
b. Director Insular
c. Subdelegado Insular
d. Cabildo Insular

5. Los servicios territoriales de la Administración General del Estado en la Comunidad Autónoma se organizarán atendiendo al mejor cumplimiento de sus fines, en servicios ...
a. Financieros y no financieros
b. Prestados y no prestados
c. Integrados y no integrados
d. Transferidos y no transferidos

6. En el territorio de la respectiva Comunidad Autónoma los Delegados del Gobierno representan...
a. Al Estado
b. Al Rey
c. A la Comunidad Autónoma
d. Al Gobierno

7. ¿Quién es el representante ordinario del Estado en el ámbito de una Comunidad Autónoma?
a. En todo caso, el Rey como Jefe del Estado
b. El Presidente del Gobierno
c. El Presidente de esa Comunidad Autónoma
d. El Delegado del Gobierno en esa Comunidad Autónoma

8. No es competencia del Delegado del Gobierno en una Comunidad Autónoma...
a. Nombrar al Delegado del Gobierno en esa Comunidad Autónoma
b. Impulsar, coordinar y supervisar con carácter general su actividad en el territorio de la Comunidad Autónoma, y, cuando se trate de servicios integrados, dirigirla, directamente o a través de los subdelegados del gobierno, de acuerdo con los objetivos y, en su caso, instrucciones de los órganos superiores de los respectivos ministerios
c. Informar, con carácter preceptivo, las propuestas de nombramiento de los titulares de órganos territoriales de la Administración General del Estado y los Organismos públicos estatales de ámbito autonómico y provincial en la Delegación del Gobierno
d. Todas lo son

9. ¿Cuál de las siguientes afirmaciones no es correcta con relación a los Subdelegados del Gobierno?
a. Tendrá nivel de Subdirector General
b. Será nombrado por el Gobierno mediante Real Decreto a propuesta del Delegado del Gobierno
c. Deberá ser funcionario perteneciente a Cuerpo o Escala clasificado como Subgrupo A1
d. Todas las afirmaciones anteriores son correctas

10. ¿Cuál de las siguientes no es función del Subdelegado del Gobierno?
a. Desempeñar las funciones de comunicación, colaboración y cooperación con la respectiva Comunidad Autónoma y con las Entidades Locales y, en particular, informar sobre la incidencia en el territorio de los programas de financiación estatal
b. Proteger el libre ejercicio de los derechos y libertades, garantizando la seguridad ciudadana, todo ello dentro de las competencias estatales en la materia. A estos efectos, ejercerá el mando supremo de las Fuerzas Armadas en la provincia
c. Coordinar la utilización de los medios materiales y, en particular, de los edificios administrativos en el ámbito territorial de su competencia
d. Todas son correctas

Respuestas Test 8
1C 2D 3A 4B 5C 6D 7C 8A 9B 10B

LEY 40/2015. TEST 9

DISPOSICIONES GENERALES SOBRE LOS ORGANISMOS PÚBLICOS ESTATALES

1. ¿Cuál de las siguientes notas características no integraría la definición de organismo público tal como se desprende del art. 88 y siguientes de la Ley 40/2015?
a. Tales organismos siempre dependen o están vinculados o a la Administración General del Estado o a otro organismo público
b. Pueden crearse organismos públicos para la producción de bienes públicos susceptibles de contraprestación
c. Los organismos públicos carecen de personalidad jurídica diferenciada correspondiéndoles la del departamento de la Administración General del Estado al que están vinculados o del que dependen
d. Todas las afirmaciones anteriores son correctas

2. No todo organismo público tiene ...
a. Autonomía de gestión
b. Personalidad jurídica pública diferenciada
c. Patrimonio y tesorería propios
d. Tiene todo lo que se cita

3. Los organismos públicos no pueden...
a. Expropiar
b. Producir bienes públicos susceptibles de contraprestación
c. Sancionar
d. Regirse por sus respectivos Estatutos en lo que la ley prevea

4. No forma parte siempre de los máximos órganos de gobierno de los organismos públicos...
a. Presidente
b. Director
c. Consejo Rector
d. Todos forman parte siempre

5. La creación de organismos públicos estatales se efectuará por...

a. Orden del Ministerio de Hacienda y Administraciones Públicas
b. Ley
c. Real Decreto del Ministerio de Hacienda y Administraciones Públicas
d. Real Decreto del Gobierno a propuesta del Ministerio de Hacienda y Administraciones Públicas

6. No forma parte del contenido mínimo de los estatutos de los organismos públicos conforme el art. 93 de la Ley 40/2015...

a. La determinación de su estructura organizativa, con expresión de la composición, funciones y nombre de las personas físicas individualizadas que corresponda a cada los órganos de gobierno de cada órgano salvo el Director
b. El patrimonio que se les asigne y los recursos económicos que hayan de financiarlos
c. Las funciones y competencias del organismo, con indicación de las potestades administrativas que pueda ostentar
d. El régimen relativo a recursos humanos, patrimonio, presupuesto y contratación

7. ¿Pueden fusionarse los organismos públicos estatales?

a. Si, en todo caso
b. Si, siempre que tengan la misma naturaleza jurídica
c. Si, salvo que la fusión se intente llevar a cabo mediante una disposición reglamentaria que suponga la modificación de organismos públicos creados por ley o por real decreto
d. No, nunca Primero se acuerda la extinción de los organismos a los que el proyecto de fusión se refiera y luego se crea un organismo nuevo a partir de los entes resultantes

8. No se consideran servicios comunes de los organismos públicos ...

a. Gestión de bienes inmuebles
b. Asistencia jurídica
c. Recursos humanos asignados
d. Contratación pública

9. No esta prevista como causa de disolución de los organismos públicos...

a. El transcurso del tiempo de existencia señalado en la ley de creación
b. Todos sus fines y objetivos son asumidos como propios por los servicios de la Administración General del Estado
c. Como consecuencia de la contabilidad y de la gestión financiera
d. Todas las anteriores son causas previstas en el art. 96 de la Ley 40/2015

10. Un organismo público se disuelve si se encuentra en desequilibrio financiero durante...

a. Cuatro ejercicios consecutivos
b. Cinco ejercicios consecutivos
c. Tres ejercicios consecutivos
d. Dos ejercicios consecutivos

Respuestas Test 9
1C 2D 3A 4B 5B 6A 7B 8C 9C 10D

LEY 40/2015. TEST 10

ORGANISMOS AUTÓNOMOS Y ENTIDADES PÚBLICAS EMPRESARIALES

1. ¿Cuál de las siguientes entidades NO sería una entidad empresarial pública?

a. Consorcios
b. Fondos sin personalidad jurídica
c. Organismos autónomos estatales
d. Autoridades administrativas independientes

2. Las entidades público empresariales se financiarán mayoritariamente con ...

a. Transferencias corrientes o de capital que procedan de las Administraciones o entidades públicas
b. Ingresos de mercado
c. Consignaciones específicas que tuvieran asignadas en los Presupuestos Generales del Estado
d. Aportaciones del personal que tuvieren adscrito

3. Entidades de derecho público, con personalidad jurídica propia, tesorería y patrimonio propios y autonomía en su gestión, que desarrollan actividades propias de la Administración Pública, tanto actividades de fomento, prestacionales, de gestión de servicios públicos o de producción de bienes de interés público, susceptibles de contraprestación, en calidad de organizaciones instrumentales diferenciadas y dependientes de ésta

a. Consorcios
b. Fondos sin personalidad jurídica
c. Organismos autónomos estatales
d. Autoridades administrativas independientes

4. La creación de una sociedad mercantil estatal o la adquisición de este carácter de forma sobrevenida será autorizada mediante ...

a. Real Decreto
b. Ley
c. Orden del Ministerio de Hacienda
d. Acuerdo del Consejo de Ministros

5. Los recursos económicos de los organismos autónomos podrán provenir de diversas fuentes. No sería una de tales fuentes...

a. Bien integrante de su patrimonio
b. Rentas de un bien integrante de su patrimonio
c. Herencia o legado procedente de la Administración o entidades públicas
d. Consignaciones específicas que tuvieren asignadas en los presupuestos generales del Estado

6. Sin perjuicio de las competencias atribuidas al Tribunal de Cuentas, la gestión económico financiera de las sociedades mercantiles estatales estará sometida al control de

a. la Intervención General de la Administración del Estado
b. los Presupuestos Generales del Estado
c. las Comisiones Parlamentarias de Economía y Hacienda
d. la Sindicatura de Cuentas y el Consejo del Reino

7. Entidades de derecho público que, vinculadas a la Administración General del Estado y con personalidad jurídica propia, tienen atribuidas funciones de regulación o supervisión de carácter externo sobre sectores económicos o actividades determinadas, por requerir su desempeño de independencia funcional o una especial autonomía respecto de la Administración General del Estado, lo que deberá determinarse en una norma con rango de Ley

a. Consorcios
b. Fondos sin personalidad jurídica
c. Organismos autónomos estatales
d. Autoridades administrativas independientes

8. ¿Cuál de las siguientes afirmaciones es incorrecta con relación a las entidades empresariales públicas?

a. Su personal se rige por el Derecho laboral
b. Tales entidades se rigen siempre por el Derecho privado
c. Una de las modalidades de entidades públicas empresariales son los denominados fondos sin personalidad jurídica
d. Todas las afirmaciones anteriores son correctas

9. Carecen de órganos propios ...

a. Consorcios
b. Fondos sin personalidad jurídica
c. Organismos autónomos estatales
d. Autoridades administrativas independientes

10. Entidades de derecho público, con personalidad jurídica propia y diferenciada, creadas por varias Administraciones Públicas o entidades integrantes del sector público institucional, entre sí o con participación de entidades privadas, para el desarrollo de actividades de interés común a todas ellas dentro del ámbito de sus competencias

a. Consorcios
b. Fondos sin personalidad jurídica
c. Organismos autónomos estatales
d. Autoridades administrativas independientes

Respuestas Test 10

1C 2B 3C 4D 5C 6A 7D 8B 9B 10A

Ley 40/2015. Test 11

Relaciones interadministrativas

1. Conforme a los principios de las relaciones interadministrativas el deber de actuar con el resto de Administraciones Públicas para el logro de fines comunes se entiende como...

a. Colaboración   b. Cooperación
c. Coordinación   d. Solidaridad

2. En el ejercicio de las competencias propias las Administraciones públicas deberán ponderar...

a. Los fines e intereses propios
b. La totalidad de los intereses públicos implicados
c. Los objetivos inherentes a la Administración misma
d. El régimen jurídico competencial en el marco de desarrollo

3. No prevé el art. 143 de la Ley 40/2015 la formalización de las relaciones de cooperación mediante ...

a. Políticas transversales
b. Organos de cooperación
c. Convenios
d. Si prevé el citado artículo todas las formalizaciones anteriores

4. Los órganos de cooperación, salvo oposición por alguna de las partes, podrán adoptar acuerdos a través de un procedimiento ...

a. Ejecutivo   b. Simplificado
c. Contencioso   d. Transversal

5. Conforme a los principios de las relaciones interadministrativas el que una Administración Pública tenga la obligación de garantizar la coherencia de las actuaciones de las diferentes Administraciones Públicas afectadas por una misma materia para la consecución de un resultado común se entiende como...

a. Colaboración   b. Transparencia
c. Coordinación   d. Cooperación

6. ¿Cuál de los siguientes no es un principio de las relaciones administrativas contemplado en la Ley 40/2015?
a. Tutela Institucional
b. Solidaridad interterritorial
c. Eficiencia en la gestión de los recursos públicos
d. Junto a otros principios están considerados todos los anteriores

7. No es deber de las Administraciones Públicas ...
a. Respetar el ejercicio legítimo por las otras Administraciones de sus competencias
b. Cumplir con las obligaciones concretas derivadas del deber de colaboración
c. Prestar, en el ámbito propio, la asistencia que las otras Administraciones pudieran solicitar para el eficaz ejercicio de sus competencias
d. Todos son deberes conforme al art. 141 de la Ley 40/2015

8.-El suministro de información, datos, documentos o medios probatorios que se hallen a disposición del organismo público o la entidad al que se dirige la solicitud y que la Administración solicitante precise disponer para el ejercicio de sus competencias forma parte de las '-Técnicas...
a. obligacionales   b. de colaboración
c. transversales   d. apofánticas

9. El órgano de cooperación multilateral entre el Gobierno de la Nación y los respectivos Gobiernos autonómicos es la Conferencia...
a. ...Autonómica   b. ...de Estado
c. ...nterritorial   d. ...de Presidentes

10.-Conforme a los principios de las relaciones interadministrativas cuando dos o más Administraciones Publicas, de manera voluntaria y en ejercicio de sus competencias, asumen compromisos específicos en aras de una acción común se entiende como...
a. Colaboración   b. Coordinación
c. Cooperación   d. Eficiencia

Respuestas Test 11
1A 2B 3A 4B 5C 6A 7D 8B 9D 10C

LEY 40/2015. TEST 12

RESPONSABILIDAD PATRIMONIAL

1. ¿Cuál es la razón por la que de una lesión puede provenir el derecho a ser indemnizado por las Administraciones Públicas?
a. Que la lesión traiga causa de fuerza mayor
b. Que dicha lesión traiga causa de un funcionamiento normal de los servicios públicos
c. Que dicha lesión traiga causa de un deber jurídico que el particular deba soportar con arreglo a la Ley
d. Todas son correctas

2. Requisitos del daño...
a. Efectivo o potencial siempre que sea jurídicamente relevante
b. Económicamente evaluable
c. Siempre individualizado con relación a una persona concreta
d. Todas son correctas

3. ¿La aplicación de actos legislativos da lugar a indemnización?
a. Si, en todo caso
b. No, salvo que los daños deriven de la aplicación de una norma con rango de ley
c. Si, siempre que tengan naturaleza expropiatoria
d. No, salvo que se trate de actos de naturaleza no expropiatoria que no se tenga el deber jurídico de soportar

4. No será exigible conforme el art. 37 de la Ley 40/2015 la responsabilidad del personal al servicio de las Administraciones Públicas ...
a. Penal
b. Civil que no sea derivada del delito
c. Civil derivada del delito
d. Todas serán exigibles

5. Respecto al procedimiento para hacer efectiva la exigencia de responsabilidad patrimonial previsto en el art. 36 de la Ley 40/2015 ¿cuál de las siguientes afirmaciones es incorrecta?
a. Hay un plazo de alegaciones de 15 días
b. Hay un plazo de audiencia de diez días
c. Hay un plazo para dictar sentencia por el órgano competente que es de cinco días
d. Todas las afirmaciones anteriores son correctas

6. En los casos de responsabilidad patrimonial por leyes serán indemnizables los daños producidos dentro de los 5 años posteriores a la...
a. ...declaración de inconstitucionalidad
b. ...publicación de la ley
c. ...producción del daño
d. ...entrada en vigor de la ley

7. Cuando de la gestión dimanante de fórmulas conjuntas de actuación entre varias Administraciones públicas se derive responsabilidad en los términos previstos en la presente Ley, las Administraciones intervinientes responderán frente al particular, en todo caso, de forma ...
a. Subsidiaria   b. Mancomunada
c. Parciaria   d. Solidaria

8. Cuando el TC haya declarado, a instancia de parte interesada, la existencia de un funcionamiento anormal en la tramitación de los recursos de amparo o de las cuestiones de inconstitucionalidad el importe de la indemnización lo fijará:
a. El propio Tribunal Constitucional
b. El Consejo de Estado
c. El Consejo de Ministros
d. El Ministro de Justicia

9. Si la lesión es consecuencia de la aplicación de una norma declarada contraria al Derecho de la UE deberá cumplirse ...
a. La norma ha de tener por objeto conferir derechos a los particulares
b. Basta con que el incumplimiento haya sido denunciado
c. Exista o pueda existir una relación de causalidad entre el incumplimiento de la obligación impuesta a la Administración responsable por el Derecho de la UE y el daño sufrido
d. Todas son correctas

10. La responsabilidad del Estado legislador requiere que...
a. La ley haya sido previamente impugnada en el orden administrativo
b. La ley haya sido previamente impugnada en el orden contencioso administrativo
c. La ley haya sido declarada anticonstitucional
d. No existe. Sólo cabe responsabilidad por los actos aplicativos de la ley, no por la ley misma

Respuestas Test 12
1B 2B 3D 4B 5C 6A 7D 8C 9A 10C

Ley 40/2015. Test 13

EXAMEN AUXILIAR ADMINISTRATIVO
CORPORACIONES LOCALES

1. De acuerdo con lo previsto en la Ley 40/2015, ¿cuál de las siguientes proposiciones es correcta?

a. Los titulares de los distintos órganos directivos de la Administración General del Estado deben ostentar, en todo caso, la condición de funcionario de carrera de grupo A
b. Las Secretarías Generales tienen el mismo rango que las Direcciones Generales
c. Los Subsecretarios deben reunir la condición de funcionarios de carrera del grupo A
d. Los Secretarios de Estado tienen la condición de órganos directivos

2. Señale la respuesta correcta en relación con los servicios periféricos no integrados:

a. Dependen orgánicamente del Delegado del Gobierno y funcionalmente del órgano central ministerial
b. La organización de estos servicios se establecerá por Real Decreto u Orden Ministerial, según los casos
c. Únicamente los Organismos Públicos pueden disponer de servicios periféricos no integrados
d. Solamente pueden existir cuando, por razón de eficacia su ámbito de actuación haya de ser uniprovincial

3. Las Fundaciones del Sector Público Estatal:

a. Se consideran como tales aquellas cuyo patrimonio fundacional, con carácter de permanencia, esté formado por más de un 50% de bienes o derechos aportados o cedidos por la Administración General del Estado, sus Organismos Públicos o demás entidades del sector público estatal
b. Su constitución requiere autorización previa mediante una norma con rango de ley
c. Sólo podrán ejercer las potestades públicas que les sean expresamente atribuidas en su norma de creación
d. La mencionada ley se aplica a las preexistentes fundaciones del Patrimonio Nacional

4. La Ley de Contratos del Sector Público excluye de su ámbito de aplicación un contrato que tenga por objeto:

a. El arrendamiento sobre un bien inmueble
b. Un contrato laboral de carácter temporal
c. La realización de una encuesta
d. La compraventa de una propiedad incorporal

5. Señale la afirmación falsa. La Ley de Contratos del Sector Público determina que:

a. La adjudicación de los contratos se llevará por procedimiento abierto, restringido o negociado
b. Las formas de adjudicación serán la subasta y el concurso
c. El procedimiento negociado versará sobre un tipo expresado en dinero, con adjudicación al licitador que, sin exceder de aquel, oferte el precio más bajo
d. Existirán garantías provisionales, definitivas, especiales y complementarias

6. La Ley de Contratos de las Administraciones Públicas prevé que:

a. En el cómputo de plazos establecidos, se entenderá que los días son hábiles
b. Los contratos de emergencia podrán ser verbales
c. La inderogabilidad singular de reglamentos impide que los pliegos particulares sean contrarios a los pliegos generales
d. Los contratos se formalizan mediante la adjudicación realizada por el órgano de contratación

7. La Ley de Contratos del Sector Público, al referirse a la tramitación de los expedientes de contratación, prevé que estos podrán ser:

a. Comunes
b. Urgentes
c. Abreviados
d. Simplificados

8. La Ley de Contratos del Sector Público prevé que la contratación de gestión de servicios públicos puede llevarse a cabo mediante las modalidades de:

a. Gestión interesada, por la que el empresario gestionará el servicio a su propio riesgo y ventura
b. Concierto, en cuya virtud la Administración y el empresario participan de los resultados de la explotación del servicio
c. Concesión
d. Consorcio

9. Señale la afirmación correcta. De acuerdo con la Ley de Expropiación Forzosa:

a. La declaración de utilidad pública no puede entenderse implícita para los bienes inmuebles
b. Las personas físicas no pueden beneficiarse de la expropiación forzosa
c. La expropiación de bienes de dominio público requiere de dictamen favorable del Consejo de Estado
d. El acuerdo de necesidad de ocupación concreta los bienes o derechos que sean indispensables para el fin de la expropiación

10. La Ley del Patrimonio de las Administraciones Públicas establece que:

a. Pertenecen a la Administración General del Estado los inmuebles que carecieren de dueño
b. Los bienes patrimoniales de la Administración son inalienables, imprescriptibles e inembargables
c. Los bienes demaniales se rigen por el principio de eficacia y rentabilidad en la explotación de estos bienes y servicios
d. Se entiende que forman parte del Patrimonio de las Administraciones Públicas el dinero y demás recursos financieros de su Hacienda

Respuestas Test 13

1C 2B 3A 4B 5C 6B 7B 8C 9D 10A

Ley 40/2015. Test 14

LA ADMINISTRACIÓN PÚBLICA: PRINCIPIOS DE ACTUACIÓN Y ORGANIZACIÓN; LAS RELACIONES INTERADMINISTRATIVAS

1. El concepto de sector público es la primera de las novedades que incorpora la Ley 40/2015 ¿Cuál de los siguientes no integraría el sector público?

a. Las Universidades públicas
b. La Sociedad Estatal Correos y Telégrafos
c. La Diputación Provincial de Alicante
d. Todos los integrarían según se sigue de la delimitación del ámbito subjetivo de la mencionada norma

2. No aparece entre los principios que deberán respetar en su actuación y relaciones las Administraciones Públicas...

a. Servicio retribuido a los ciudadanos
b. Racionalización y agilidad de los procedimientos administrativos
c. Eficiencia en la asignación y utilización de los recursos públicos
d. Todos forman parte

3. También dentro de las novedades aparece el que por primera vez se define el concepto de órgano administrativo Conforme el art. 5 de la Ley 40/2015 un órgano administrativo es siempre y por lo pronto...

a. Una autoridad o funcionario
b. Una unidad administrativa
c. Un ente de derecho con o sin personalidad jurídica
d. Un sujeto de la relación jurídico administrativa

4. Lo característico de un órgano administrativo es que lo que hace...

a. Se ajusta en todo caso al ordenamiento jurídico
b. Constituye siempre el ejercicio de una potestad administrativa
c. Tiene efectos jurídicos frente a terceros o tiene carácter preceptivo
d. Es consecuencia directa de la voluntad del órgano

5. ¿Cuál de los siguientes no es un requisito que deba cumplirse para crear un órgano administrativo?

a. Determinación de su forma de integración en la Administración Pública de que se trate y su dependencia jerárquica
b. Delimitación de sus funciones y competencias
c. Duplicación del órgano existente cuya competencia se declara al tiempo íntegra y subsistente
d. Dotación de los créditos necesarios para su puesta en marcha y funcionamiento

6. Los órganos administrativos podrán dirigir las actividades de sus órganos jerárquicamente dependientes mediante instrucciones y órdenes de servicio. ¿Cuál de las afirmaciones siguientes es adecuada con relación a las mismas?

a. El incumplimiento de las instrucciones u órdenes de servicio determina por si solo la invalidez del acto dictado
b. El incumplimiento de las instrucciones u órdenes de servicio no es origen por si mismo de la responsabilidad disciplinaria
c. Para que surtan eficacia las instrucciones y órdenes de servicio se publicarán siempre en el boletín oficial que corresponda
d. Ninguna de las afirmaciones anteriores es correcta

7. Los órganos consultivos...

a. Gozarán de autonomía orgánica y funcional respecto de la Administración activa
b. Desaparecen identificándose con la nueva norma como los servicios de la Administración activa que prestan asistencia jurídica
c. No estarán sujetos a dependencia jerárquica respecto de la Administración activa pero si estarán sujetos a las instrucciones, directrices u otras indicaciones que reciban de ésta
d. Necesariamente formarán parte de toda Administración como complemento ineludible del ejercicio de su potestad por la ahora llamada Administración activa

8. No es cierto que la competencia...

a. Sea irrenunciable, es decir el órgano administrativo titular de la misma no puede desprenderse libremente de ella
b. Por defecto se ejerce por el órgano administrativo que la tiene atribuída como propia
c. Sea por lo anteriormente expuesto indelegable
d. Todas las afirmaciones anteriores son correctas

9. Supone alteración de la competencia...

a. La encomienda de gestión
b. La avocación
c. La delegación de firma
d. La suplencia

10. La titularidad y el ejercicio de las competencias atribuidas a los órganos administrativos podrán ser...

a. Desconcentradas en otros que no sean jerárquicamente dependientes de los primeros
b. Desconcentradas en otros que sean jerárquicamente dependientes de los primeros
c. Desconcentradas en otros que sean superiores jerárquicamente a los primeros
d. Todas son correctas

Respuestas Test 14

1d 2a 3b 4c 5c 6d 7a 8c 9b 10b

RDL 5/2015. EBEP. Test 1

1. Dentro de los derechos individuales de las empleados públicos en relación a la condición de funcionario de carrera el Estatuto dispone que se tiene derecho a la ...

a. Intangibilidad
b. Inamovilidad
c. Intimidad
d. Inmediatividad

2. En cuanto al derecho de reunión están legitimados para ejercerlo entre otros los empleados de las Administraciones respectivas siempre que representen al menos...

a. El 25 por 100 del colectivo convocado
b. El 10 por 100 del colectivo convocado
c. El 15 por 100 del colectivo convocado
d. El 40 por 100 del colectivo convocado

3. Por fallecimiento, accidente o enfermedad grave de un familiar dentro del primer grado de consanguinidad o afinidad cuando el suceso se produzca en la misma localidad los empleados públicos tienen derecho a...

a. 2 días hábiles   b. 4 días hábiles
c. 3 días hábiles   d. 5 días hábiles

4. Los empleados públicos tienen derecho a un permiso de un día...

a. Por traslado de domicilio sin cambio de residencia
b. Por traslado de domicilio con cambio de residencia
c. Para la realización de exámenes prenatales y técnicas de preparación al parto
d. Por enfermedad grave de un familiar siempre que sea en la misma localidad y siempre que dicho familiar esté dentro del segundo grado de consanguinidad o de afinidad

5. Por nacimiento de hijos prematuros o que por cualquier otra causa deban permanecer hospitalizados a continuación del parto, la funcionaria o el funcionario tendrá derecho a ausentarse del trabajo durante un máximo de ...

a. Tres horas diarias
b. Dos horas diarias
c. El tiempo indispensable
d. Un día

6. Por ser preciso atender el cuidado de un familiar de primer grado, el funcionario tendrá derecho a solicitar una reducción de hasta el cincuenta por ciento de la jornada laboral, con carácter retribuido, por razones de enfermedad muy grave por el plazo máximo de ...

a. El tiempo indispensable
b. Mientras dure la hospitalización
c. Un mes
d. Un año

7. Salvo si el tiempo de servicio fue menor, los funcionarios públicos tendrán derecho a disfrutar, durante cada año natural, de unas vacaciones retribuidas de

a. Treinta días
b. Treinta días hábiles
c. Veintidós días naturales
d. Veintidós días hábiles

8. No es un derecho individual de los empleados públicos ejercido individualmente ...

a. Desempeño efectivo de las funciones o tareas propias de su condición profesional
b. Al respeto de su intimidad, orientación sexual, propia imagen y dignidad en el trabajo, especialmente frente al acoso sexual y por razón de sexo, moral y laboral
c. Ejercicio de la huelga, con la garantía del mantenimiento de los servicios esenciales de la comunidad
d. Todos lo son

9. No es un derecho individual de los empleados públicos ejercido colectivamente...

a. Libre asociación profesional
b. Adopción de medidas que favorezcan la conciliación de la vida personal, familiar y laboral
c. Libertad de expresión dentro de los límites del ordenamiento jurídico
d. Ninguno lo es

10. El conjunto ordenado de oportunidades de ascenso y expectativas de progreso profesional conforme a los principios de igualdad, mérito y capacidad constituye...

Respuestas Test 1

1b 2d 3c 4a 5b 6c 7d 8c 9d 10a

RDL 5/2015. EBEP. Test 2

1. Conforme al EBEP el cupo de discapacitados en el acceso al empleo público asciende al ...

a. 7%   b. 3%   c. 2%   d. 10%

2. Es causa de pérdida de la condición de funcionario ...

a. La pérdida de la nacionalidad de un Estado miembro de la Unión Europea por adquisición de la nacionalidad española si se accedió a la condición de funcionario vigente aquella nacionalidad
b. La sanción disciplinaria de separación del servicio impuesta por la comisión de falta grave
c. La jubilación total
d. La pena principal o accesoria de suspensión de empleo o cargo público que tuviere carácter firme

3. Las necesidades de recursos humanos, con asignación presupuestaria, que deban proveerse mediante la incorporación de personal de nuevo ingreso ...

a. Serán objeto de la Oferta de empleo público
b. Constituyen la Oferta de empleo público la cual será objeto de las correspondientes convocatorias para la incorporación de personal de nuevo ingreso
c. Pueden ser objeto de convocatoria de Empleo público si se trata de personal de nuevo ingreso o de reasignación de efectivos
d. Ninguna es correcta pues no existen previsiones al respecto ya que se trata de materia a regular específicamente por cada Comunidad Autónoma

4. Para ingresar en el Grupo C2...

a. Título de Graduado Escolar
b. Título de Bachiller o Técnico
c. Certificado de Escolaridad siempre que se trate de puestos de trabajo clasificados en el antiguo Grupo E
d. Graduado en E.S.O

5. Si a un funcionario lo activan como reservista voluntario de las Fuerzas Armadas queda en situación de ...

a. Servicio Activo
b. Servicio Activo en las Fuerzas Armadas
c. Servicios Especiales
d. Servicio en otras Administraciones Públicas

6. No es una modalidad de excedencia

a. Voluntaria por interés particular
b. Voluntaria por agrupación familiar
c. Excedencia por cuidado de familiares
d. Todas son correctas

7. La duración máxima de la suspensión de empleo y sueldo del personal laboral será de ...

a. 3 años
b. 4 años
c. 6 años
d. Dicha sanción no se contempla en el EBEP pues sólo se regula el régimen disciplinario del empleado público funcionario

8. Respecto del anterior Régimen Disciplinario es cierto que el EBEP ...

a. Incluye la sanción de demérito, que consistirá en la penalización a efectos de carrera
b. Excluye el apercibimiento antes vigente que viene a sustituir por la deducción proporcional de retribuciones
c. Limita los efectos de la separación del servicio al plazo de 8 años
d. Todas son correctas

9. El plazo de prescripción de las sanciones por faltas leves es de .

a. Seis años
b. Seis meses
c. No están sujetas a plazo alguno de prescripción tras la entrada en vigor del EBEP
d. 1 año

10. Finalmente, y siguiendo con el régimen disciplinario, es cierto que ...

a. El acoso laboral se tipifica como falta muy grave
b. El EBEP autoriza al Gobierno para que reglamentariamente establezca los tipos constitutivos de faltas graves
c. En el ejercicio de la potestad reglamentaria rige la irretroactividad absoluta incluso de las disposiciones sancionadoras presuntamente favorables al infractor
d. Todo cuanto acaba de decirse es rigurosamente exacto

Respuestas Test 2

1A 2C 3A 4D 5C 6D 7C 8A 9D 10A

RDL 5/2015. EBEP. TEST 3

1. ¿Quien dictó el Real Decreto Legislativo 5/2015, de 30 de octubre, por el que se aprueba el texto refundido de la Ley del Estatuto Básico del Empleado Público?

a. El Congreso de los Diputados
b. Las Cortes Generales
c. El Gobierno de la Nación
d. El Ministerio de Hacienda y Administraciones Públicas

2. Conforme a su art. 2 su ámbito de aplicación no incluye a...

a. Personal de las Universidades Públicas
b. Personal estatutario de los Servicios de Salud
c. Personal de las Administraciones de las entidades locales
d. Personal de organismos públicos, agencias y demás entidades de derecho público con personalidad jurídica propia, vinculadas o dependientes de cualquiera de las Administraciones Públicas

3. No es una clase de empleado público prevista en el art. 8 del RDL 5/2015 los funcionarios...

a. de carrera   b. eventuales
c. interinos   d. Los tres lo son

4. Conforme el art. 14 del RDL 5/2015 no es un derecho individual de los empleados públicos ...

a. A la negociación colectiva y a la participación en la determinación de las condiciones de trabajo
b. A la jubilación según los términos y condiciones establecidas en las normas aplicables
c. A la no discriminación por razón de nacimiento, origen racial o étnico, género, sexo u orientación sexual, religión o convicciones, opinión, discapacidad, edad o cualquier otra condición o circunstancia personal o social
d. A la progresión en la carrera profesional y promoción interna según principios constitucionales de igualdad, mérito y capacidad mediante la implantación de sistemas objetivos y transparentes de evaluación

5. Las retribuciones que retribuyen al funcionario según la adscripción de su cuerpo o escala a un determinado Subgrupo o Grupo de clasificación profesional, en el supuesto de que éste no tenga Subgrupo, y por su antigüedad en el mismo se denominan ...

a. Trienios   b. Complementarias
c. Específicas   d. Básicas

6. La representación corresponderá a los Delegados de personal en las unidades electorales de empleados públicos cuyo número sea inferior a:

a. 6   b. 50   c. 31   d. 40

7. Por fallecimiento, accidente o enfermedad grave de un familiar dentro del primer grado de consanguinidad o afinidad, cuando el suceso se produzca en la misma localidad, los funcionarios tienen derecho a un permiso de ...

a. 1 día hábil   b. 2 días hábiles
c. 3 días hábiles   d. 5 días hábiles

8. Las necesidades de recursos humanos, con asignación presupuestaria, que deban proveerse mediante la incorporación de personal de nuevo ingreso serán objeto de:

a. Libre Designación
b. Movilidad Interadministrativa
c. Planificación de Recursos Humanos
d. Oferta de Empleo Público

9. Quienes presten servicios en su condición de funcionarios públicos cualquiera que sea la Administración u organismo público o entidad en el que se encuentren destinados y no les corresponda quedar en otra situación se encuentran en...

a. Servicio activo
b. Servicios especiales
c. Excedencia forzosa
d. Situación especial en activo

10. ¿Cuál de los principios no se contempla en el ejercicio de la potestad disciplinaria conforme el art. 94 del RDL 5/2015

a. el de proporcionalidad
b. el de individualización científica
c. el de tipicidad de las faltas y sanciones
d. el de presunción de inocencia

Respuestas Test 3

1C 2B 3C 4A 5D 6B 7C 8D 9A 10B

RDL 5/2015. EBEP. Test 4

1. El derecho a negociar la determinación de condiciones de trabajo de los empleados de la Administración Pública se entiende por el Estatuto Básico del Empleado Público como:

a. Negociación colectiva
b. Representación institucional
c. Participación institucional
d. Derecho de reunión

2. ¿Cuál de las siguientes afirmaciones es incorrecta en relación a las Mesas Generales de Negociación?

a. La Mesa General de Negociación de las Administraciones Públicas estará presidida por la Administración General del Estado
b. La Mesa General de Negociación contará con representantes de las Comunidades Autónomas y contará también con representantes de las Ciudades de Ceuta y de Melilla
c. Las entidades locales no estarán presentes en la Mesa General de Negociación sino en la Mesa de Negociación de la Federación Española de Municipios y Provincias
d. Todas las afirmaciones anteriores son correctas

3.- Las Juntas de Personal se constituirán en unidades electorales que cuenten con un censo mínimo de ...

a. 30 funcionarios
b. 50 funcionarios
c. 25 funcionarios
d. 100 funcionarios

4. Versarán sobre materias competencia de los órganos de gobierno de las Administraciones Públicas

a. Los Pactos
b. Los Acuerdos
c. Los Convenios
d. Las Mesas de Negociación

5. Se celebrarán sobre materias que se correspondan estrictamente con el ámbito competencial del órgano administrativo que lo suscriba y se aplicarán directamente al personal del ámbito correspondiente

a. Los Pactos
b. Los Acuerdos
c. Los Convenios
d. Las Mesas de Negociación

6. No es materia objeto de negociación conforme al art. 37 del EBEP ...

a. La determinación y aplicación de las retribuciones complementarias de los funcionarios
b. Los planes de Previsión Social Complementaria
c. La determinación de condiciones de trabajo del personal directivo
d. Los criterios generales sobre ofertas de empleo público

7. El número máximo de miembros de la Junta de Personal es conforme al art. 39 del EBEP de...

a. 75
b. 100
c. 90
d. No hay máximo

8.- El mandato de los miembros de las Juntas de Personal y de los Delegados de Personal, en su caso, será de ...

a. Cinco años no pudiendo ser reelegidos
b. Cuatro años pudiendo ser reelegidos
c. Cinco años pudiendo ser reelegidos
d. Indefinido y prorrogado en todo caso siempre que se promuevan nuevas elecciones

9. En atención a las condiciones de trabajo específicas por acuerdo de las Mesas de Negociación podrán constituirse...

a. Mesas negociales
b. Mesas secundarias
c. Mesas particulares
d. Mesas sectoriales

10. La negociación colectiva de condiciones de trabajo de los funcionarios públicos que estará sujeta a los principios de ...

a. Discrecionalidad, cobertura presupuestaria, voluntariedad, buena fe negocial, publicidad y transparencia
b. Arbitrariedad, cobertura presupuestaria, voluntariedad, buena fe negocial, publicidad y transparencia
c. Legalidad, cobertura presupuestaria, obligatoriedad, buena fe negocial, publicidad y transparencia
d. Legalidad, cobertura presupuestaria, voluntariedad, buena fe negocial, publicidad y transparencia

Respuestas Test 4

1A 2C 3B 4B 5A 6C 7A 8B 9D 10C

Título I

1. ¿Cuál es el objeto del Estatuto Básico del Empleado Público establecido en su artículo 1?
a. Tiene por objeto establecer las bases del régimen estatutario de los funcionarios públicos incluidos en su ámbito de aplicación
b. Tiene por objeto determinar las normas aplicables al personal laboral al servicio de las Administraciones Públicas
c. Ambas son correctas
d. Ninguna lo es

2. El objeto del TREBEP con respecto a los funcionarios públicos incluidos en su ámbito:
a. Establecer las bases de su régimen estatutario
b. Determinar las normas que le son de aplicación
c. Establecer el régimen jurídico de aplicación a los empleados públicos
d. a) y b) son correctas

3. Las disposiciones de este Estatuto sólo se aplicarán directamente cuando así lo disponga su legislación específica al siguiente personal:
a. Personal funcionario de los demás Órganos Constitucionales del Estado y de los órganos estatutarios de las CC AA
b. Jueces, Magistrados, Fiscales y demás personal funcionario al servicio de la Administración de Justicia
c. Personal del Banco de España y del Fondo de Garantía de Depósitos de Entidades de Crédito
d. Todas las respuestas son correctas

4. Según el TREBEP, el personal funcionario de las Cortes Generales y de las Asambleas Legislativas de las CC AA:
a. Se regirá exclusivamente por su normativa específica
b. Sólo se aplicará directamente el TREBEP cuando así lo disponga su legislación específica
c. Se aplicará lo dispuesto en el TREBEP en todo caso
d. Se regirán por sus normas específicas y supletoriamente por lo dispuesto en este Estatuto

5. En desarrollo del TREBEP, aprobarán en el ámbito de sus competencias, las leyes reguladoras de la Función Pública:
a. Las Cortes Generales
b. Las Asambleas Legislativas de las CC AA
c. Ninguna es correcta
d. Las dos lo son

6. El personal laboral al servicio de las Administraciones Públicas se rige:
a. Además de por este Estatuto, supletoriamente por la legislación laboral que le sea de aplicación
b. Por el Estatuto de trabajadores, además de por la legislación laboral que le sea de aplicación
c. Por este Estatuto y su normativa de desarrollo
d. Además de por la legislación laboral y por las demás normas convencionalmente aplicables, por los preceptos de este Estatuto que así lo dispongan

7. El Real Decreto Legislativo 5/2015, por el que se aprueba el texto refundido de la Ley del Estatuto Básico del Empleado Público:
a. Ha sido aprobada en las Cortes Generales
b. Contiene un texto refundido por el que se integran, entre otras, la Ley 7/2007, del Estatuto Básico del Empleado Público
c. Ha sido aprobada por el Congreso
d. Todas las respuestas son correctas

8. Según el TREBEP, en la aplicación de este Estatuto, se podrán dictar normas singulares para adecuarlo a sus peculiaridades:
a. Al personal al servicio de las Universidades Públicas
b. Al personal docente
c. Al personal investigador
d. Al personal de las Fuerzas y Cuerpos de Seguridad

9. En desarrollo de este Estatuto, las Cortes Generales y las asambleas legislativas de las CC AA:
a. Podrán aprobar, en el ámbito de sus competencias, los reglamentos reguladores de la Función Pública de la Administración General del Estado y de las CC AA
b. Aprobarán, en el ámbito de sus competencias, los reglamentos reguladores de la Función Pública de la Administración General del Estado y de las CC AA
c. Podrán aprobar, en el ámbito de sus competencias, las leyes reguladoras de la Función Pública de la Administración General del Estado y de las CC AA
d. Aprobarán, en el ámbito de sus competencias, las leyes reguladoras de la Función Pública de la Administración General del Estado y de las CC AA

10. ¿Quién aprobará en desarrollo de este Estatuto y en el ámbito de sus competencias, las leyes reguladoras de la Función Pública?
a. Las Asambleas Legislativas de las CC AA
b. Las Cortes Generales y las Entidades Locales
c. Las Cortes Generales y las Asambleas Legislativas de las CC AA
d. Ninguna respuesta es correcta

11. Según el TREBEP, el sometimiento a la Ley y al Derecho es:
a. Un deber de los empleados públicos
b. Un principio ético de los empleados públicos
c. Un fundamento de actuación
d. Un principio de conducta de los empleados públicos

12. Según el artículo 2.5 del TREBEP, para quién tendrá este Estatuto carácter supletorio:
a. Las Administraciones de las CC AA y de las ciudades de Ceuta y Melilla
b. Personal retribuido por arancel
c. Ambas son correctas
d. Ninguna lo es

13. El personal de las Fuerzas y Cuerpos de Seguridad:
a. Se rigen por este Estatuto y por la legislación de las CC AA, excepto en lo establecido para ellos en la Ley Orgánica 2/1986, de 13 de marzo, de Fuerzas y Cuerpos de Seguridad
b. Sólo se aplicará directamente el TREBEP cuando así lo disponga su legislación específica
c. Se regirán por sus normas específicas y supletoriamente por lo dispuesto en este Estatuto
d. Se regirá exclusivamente por su normativa específica

14. El TREBEP se aplica al siguiente personal de la Administración:
a. Jueces, Magistrados y Fiscales y demás personal funcionario al servicio de la Administración de Justicia
b. Universidades Públicas
c. Personal directivo
d. Ninguna respuesta es correcta

15. Según el artículo 2.5 del TREBEP, para quién tendrá este Estatuto carácter supletorio:
a. Para el personal al servicio de las Universidades Públicas
b. Para el personal investigador al servicio de las Administraciones Públicas
c. Para los Jueces, Magistrados, Fiscales y demás personal funcionario al servicio de la Administración de Justicia
d. Para el personal al servicio de las Administraciones de las Entidades Locales

16. El Estatuto Básico del Empleado Público, tendrá carácter supletorio según lo indicado en su artículo 2.5:
a. Personal del Banco de España y del Fondo de Garantía de Depósitos de Entidades de Crédito
b. Para el personal retribuido por arancel
c. Ambas son correctas
d. Ninguna lo es

17. Según el TREBEP. El presente Estatuto tiene carácter supletorio:
a. Para el personal de los Organismos Públicos, Agencias y demás Entidades de derecho público, vinculadas o dependientes de las Administraciones Públicas
b. Para el personal investigador al servicio de las Administraciones Públicas
c. Para el personal al servicio de las Universidades Públicas
d. Para todo el personal de las Administraciones Públicas no incluido en su ámbito de aplicación

18. Señala la INCORRECTA. El TREBEP se aplica al personal funcionario y en lo que proceda al personal laboral al servicio de las siguientes Administraciones Públicas:
a. La Administración General del Estado
b. Personal de las Fuerzas y Cuerpos de Seguridad
c. Las Universidades Públicas
d. Los organismos públicos, agencias y demás entidades de derecho público con personalidad jurídica propia, vinculadas o dependientes de cualquiera de las Administraciones Públicas

19. El personal de las Entidades Locales se rige por (redacción 1):
a. La legislación estatal que resulte de aplicación, de la que forma parte este Estatuto, por la legislación de las CC AA y por la normativa propia de las Entidades Locales con respeto a la autonomía local
b. La legislación estatal que resulte de aplicación, de la que forma parte este Estatuto con respeto a la autonomía local
c. Se rige exclusivamente por lo dispuesto en el TREBEP
d. La legislación estatal que resulte de aplicación, de la que forma parte este Estatuto y por la legislación de las CC AA, con respeto a la autonomía local

20. El personal de las Entidades Locales se rige por (redacción 2):
a. La legislación autonómica que resulte de aplicación, de la que forma parte este Estatuto y por la legislación de las Entidades Locales, con respeto a la autonomía local
b. Por lo dispuesto en el presente Estatuto y su normativa de desarrollo
c. La legislación estatal que resulte de aplicación, de la que forma parte este Estatuto y por la legislación de las CC AA, con respeto a la autonomía local
d. Por lo dispuesto en la normativa propia que regula el régimen estatutario de las Entidades Locales

21. Quiénes se regirán por la legislación específica dictada por el Estado y por las CC AA en el ámbito de sus respectivas competencias y por lo previsto en el presente Estatuto, excepto el capítulo II del título III, salvo el artículo 20, y los artículos 22.3, 24 y 84:
a. El personal investigador
b. El personal de las Fuerzas y Cuerpos de seguridad
c. El personal docente y el personal estatutario de los Servicios de Salud
d. El personal estatutario de los servicios de Salud

22. ¿Quién aprobará en desarrollo del TREBEP y en el ámbito de sus competencias, las leyes reguladoras de la Función Pública?
a. Las Cortes Generales y las Asambleas Legislativas de las CC AA
b. Las Entidades Locales
c. a) y b) son incorrectas
d. a) y b) son correctas

23. ¿Cuál es el objeto del EBEP establecido en su artículo 1?
a. Establecer las bases del régimen disciplinario de los funcionarios públicos incluidos en su ámbito de aplicación y determinar los sistemas de ascenso, promoción interna y retribución de los empleados públicos
b. Regular las clases de personal al servicio de la administración, el código de conducta de los empleados públicos, sus derechos retributivos, así como el derecho a la carrera profesional y la promoción interna
c. Establecer las bases del régimen estatutario de los funcionarios públicos incluidos en su ámbito de aplicación y determinar las normas aplicables al personal laboral al servicio de las Administraciones Públicas.
d. Armonizar el régimen estatutario de los funcionarios públicos de las diferentes CC AA, determinando el código de conducta de los mismos así como los sistemas de ascenso y evaluación del desempeño

24. Según el artículo 1.3 del TREBEP. La negociación colectiva y la participación a través de representantes es:
a. Un principio ético de los empleados públicos
b. Un fundamento de actuación
c. Un principio de conducta de los empleados públicos
d. Un deber de los empleados públicos

25. Según el artículo 2.5 del TREBEP, para quién tendrá este Estatuto carácter supletorio:
a. Personal militar de las Fuerzas Armadas
b. Personal de las Fuerzas y Cuerpos de Seguridad
c. Tendrá carácter supletorio tanto para el personal de las Fuerzas y Cuerpos de Seguridad como para el personal militar de las Fuerzas Armadas
d. No tendrá carácter supletorio ni para el personal de las Fuerzas y Cuerpos de Seguridad ni para el personal militar de las Fuerzas Armadas

26. Al personal retribuido por arancel, se aplicará el TREBEP:
a. En ningún caso
b. Sólo se aplicará directamente cuando así lo disponga su legislación específica
c. Se aplicará en todo caso
d. Se regirán por sus normas específicas y supletoriamente por lo dispuesto en este Estatuto

27. La igualdad, mérito y capacidad en el acceso y en la promoción profesional, es según el TREBEP:

a. Un fundamento de actuación
b. Un principio de conducta de los empleados públicos
c. Un principio ético de los empleados públicos
d. Un deber de los empleados públicos

28. Al personal docente y al personal estatutario de los Servicios de Salud, se regirán según el TREBEP por:

a. La legislación estatal que resulte de aplicación, de la que forma parte este Estatuto y por la legislación de las CC AA, con respeto a la autonomía local
b. Sólo se aplicará directamente el presente Estatuto cuando así lo disponga su legislación específica
c. La legislación específica dictada por el Estado y por las CC AA en el ámbito de sus respectivas competencias y por lo previsto en el presente Estatuto
d. La Ley 55/2003, de 16 de diciembre, del Estatuto Marco del personal estatutario de los servicios de salud, exclusivamente

29. Señala la INCORRECTA. El TREBEP se aplica al personal funcionario y en lo que proceda al personal laboral al servicio de las siguientes Administraciones Públicas:

a. Las Universidades Públicas
b. Las Administraciones de las CC AA y de las ciudades de Ceuta y Melilla
c. Administración de justicia
d. Los organismos públicos, agencias y demás entidades de derecho público con personalidad jurídica propia, vinculadas o dependientes de cualquiera de las Administraciones Públicas

30. según lo indicado en el TREBEP. ¿Quién se regirán por la legislación específica dictada por el Estado y por las CC AA en el ámbito de sus respectivas competencias y por lo previsto en el presente Estatuto, excepto el capítulo II del título III, salvo el artículo 20, y los artículos 22.3, 24 y 84?

a. El personal docente
b. El personal estatutario de los servicios de Salud
c. Ambas son correctas
d. Ninguna lo es

31. según lo dispuesto en el TREBEP. Los Jueces, Magistrados, Fiscales y demás personal funcionario al servicio de la Administración de Justicia:

a. Sólo se aplicará el TREBEP, directamente cuando así lo disponga su legislación específica
b. Se aplicará lo dispuesto en el TREBEP, en todo caso
c. No se aplicará lo recogido en el TREBEP, en ningún caso
d. Se regirán por sus normas específicas y supletoriamente por lo dispuesto en este Estatuto

32. según el TREBEP. Las disposiciones de este Estatuto sólo se aplicarán directamente cuando así lo disponga su legislación específica al siguiente personal:

a. Personal retribuido por arancel
b. Personal funcionario de la Sociedad Estatal Correos y Telégrafos
c. Personal investigador
d. Todas las respuestas son correctas

33. según el TREBEP. Las disposiciones de este Estatuto sólo se aplicarán directamente cuando así lo disponga su legislación específica al siguiente personal:

a. Personal funcionario de los demás Órganos Constitucionales del Estado y de los órganos estatutarios de las CC AA
b. Personal de las Fuerzas y Cuerpos de Seguridad
c. Personal retribuido por arancel
d. Todas las respuestas son correctas

34. el personal funcionario de la Sociedad Estatal de Correos y Telégrafos:

a. Se aplicará lo dispuesto en el TREBEP en todo caso
b. Se regirán por sus normas específicas y supletoriamente por lo dispuesto en este Estatuto
c. Sólo se aplicará directamente el TREBEP cuando así lo disponga su legislación específica
d. Se regirá exclusivamente por su normativa específica

35. Según el TREBEP, el personal del Centro Nacional de Inteligencia:

a. Se aplicará lo dispuesto en el TREBEP en todo caso
b. Se regirán por sus normas específicas y supletoriamente por lo dispuesto en este Estatuto
c. Sólo se aplicará directamente el TREBEP cuando así lo disponga su legislación específica
d. Se regirá exclusivamente por su normativa específica

36. Del siguiente personal al servicio de las Administraciones Públicas, cuál no está incluido dentro del ámbito de aplicación del TREBEP:

a. Las Universidades Públicas
b. El personal investigador, aunque se podrán dictar normas singulares para adaptarlo a sus peculiaridades
c. El personal docente y el personal estatutario de los Servicios de Salud se regirán por la legislación específica dictada por el Estado y por las CC AA en el ámbito de sus respectivas competencias y por lo previsto en el presente Estatuto, excepto el capítulo II del título III, salvo el artículo 20, y los artículos 22.3, 24 y 84
d. Todos los anteriores están incluidos en el ámbito de aplicación del TREBEP

37. según el TREBEP. Las disposiciones de este Estatuto sólo se aplicarán directamente cuando así lo disponga su legislación específica al siguiente personal:

a. Personal militar de las Fuerzas Armadas
b. Personal de las Fuerzas y Cuerpos de Seguridad
c. Personal retribuido por arancel
d. Todas las respuestas son correctas

38. La igualdad de trato entre hombres y mujeres es:

a. Un fundamento de actuación
b. Un principio de conducta de los empleados públicos
c. Un principio ético de los empleados públicos
d. Un deber de los empleados públicos

39. Según el TREBEP, se podrán dictar normas singulares para adaptarlo a sus peculiaridades al personal:

a. De las Fuerzas y Cuerpos de Seguridad
b. Docente al servicio de las Universidades Públicas
c. Investigador
d. Docente

40. Según el TREBEP, cada vez que este Estatuto haga mención al personal funcionario de carrera, se entenderá comprendido:

a. El personal estatutario de los servicios de Salud
b. El personal eventual
c. El personal docente al servicio de las Universidades Públicas
d. El personal funcionario de las Cortes Generales

41. El presente Estatuto tiene carácter supletorio:

a. Para todo el personal de las Administraciones Públicas no incluido en su ámbito de aplicación
b. Para el personal docente y el personal estatutario de los Servicios de Salud
c. Para el personal funcionario de las Entidades Locales
d. Para todo el personal de las Administraciones Públicas incluido en su ámbito de aplicación

42. Según el TREBEP, el personal docente y el personal estatutario de los Servicios de Salud se regirán por:

a. La legislación específica dictada por el Estado y por las CC AA en el ámbito de sus respectivas competencias y por lo previsto en el presente Estatuto
b. La legislación de las CC AA y por lo previsto en el presente Estatuto
c. Por lo previsto en este estatuto y supletoriamente por la legislación específica de las CC AA
d. Por lo previsto en este estatuto y supletoriamente por la legislación específica del Estado y por lo dispuesto por las CC AA en el ámbito de sus competencias

43. Según el TREBEP, el personal docente y el personal estatutario de los Servicios de salud se regirán por la legislación específica y por lo previsto:

a. Exclusivamente por lo previsto en este Estatuto
b. En sus convenios colectivos
c. En el presente Estatuto
d. Exclusivamente por su legislación específica

44. Señala la respuesta INCORRECTA según el TREBEP. Las disposiciones de este Estatuto sólo se aplicarán directamente cuando así lo disponga su legislación específica al siguiente personal:

a. Al personal docente y el personal estatutario de los Servicios de Salud
b. Al personal funcionario de las Cortes Generales y de las asambleas legislativas de las CC AA
c. Al personal del Banco de España y del Fondo de Garantía de Depósitos de Entidades de Crédito
d. Al personal retribuido por arancel

45. El siguiente personal, está incluido dentro del ámbito de aplicación del TREBEP:

a. Los organismos públicos, agencias y demás entidades de derecho público con personalidad jurídica propia, vinculadas o dependientes de cualquiera de las Administraciones Públicas
b. Personal militar de las Fuerzas Armadas
c. Personal retribuido por arancel
d. Ninguno de los citados anteriormente entra dentro del ámbito de aplicación del TREBEP

46. El servicio a los ciudadanos y a los intereses generales es según el TREBEP:

a. Un deber de los empleados públicos
b. Un fundamento de actuación
c. Un principio ético de los empleados públicos
d. Un principio de conducta de los empleados públicos

47. El ámbito de aplicación del TREBEP, según lo dispuesto en su artículo 2 es:

a. Al personal funcionario de carrera y en lo que proceda al personal funcionario interino y al personal laboral
b. Al personal funcionario y en lo que proceda al personal eventual
c. Al personal funcionario y en lo que proceda al personal laboral
d. Al personal funcionario de carrera y en lo que proceda al personal funcionario interino

48. En la aplicación de este Estatuto, se podrán dictar normas singulares para adecuarlo a sus peculiaridades:

a. Al personal estatutario de los Servicios de Salud
b. Al personal investigador
c. Al personal docente
d. Al personal al servicio de las Universidades Públicas

49. El personal laboral al servicio de las Administraciones Públicas se rige además de por la legislación laboral:

a. Por las demás normas convencionalmente aplicables, por los preceptos de este Estatuto que así lo dispongan
b. Por el convenio colectivo que le sea de aplicación y por los preceptos de este Estatuto que así lo dispongan
c. Por los preceptos de este Estatuto que así lo dispongan
d. Por el Estatuto de los Trabajadores y por los preceptos de este Estatuto que así lo dispongan

50. El TREBEP en su artículo 2.5, indica que el Estatuto Básico del Empleado Público, tendrá carácter supletorio para:

a. El personal al servicio de las Universidades Públicas
b. Para el personal investigador
c. Ambas son correctas
d. Ninguna lo es

51. Según el TREBEP, el personal militar de las Fuerzas Armadas:

a. Se regirá exclusivamente por su normativa específica
b. Sólo se aplicará directamente el TREBEP cuando así lo disponga su legislación específica
c. Se rigen por este Estatuto y por la legislación de las CC AA, excepto en lo establecido para ellos en la Ley Orgánica 2/1986, de 13 de marzo, de Fuerzas y Cuerpos de Seguridad
d. Se regirán por sus normas específicas y supletoriamente por lo dispuesto en este Estatuto

52. En desarrollo del TREBEP, aprobarán en el ámbito de sus competencias, las leyes reguladoras de la Función Pública:

a. Las Cortes Generales
b. Las Asambleas Legislativas de las CC AA
c. Las Cortes Generales y las Asambleas Legislativas de las CC AA
d. Las Entidades Locales

53. El Estatuto Básico del Empleado Público, tendrá carácter supletorio según lo indicado en su artículo 2.5:

a. Para todo el personal de las Administraciones Públicas incluido en su ámbito de aplicación
b. Para todo el personal de las Administraciones Públicas no incluido en su ámbito de aplicación
c. Para el personal al servicio de las Administraciones de las Entidades Locales
d. Para el personal investigador al servicio de las Administraciones Públicas

54. El TREBEP no se aplica al siguiente personal de la Administración Pública:

a. Las Administraciones de las CC AA y de las ciudades de Ceuta y Melilla
b. Las Universidades Públicas
c. Jueces, Magistrados y Fiscales y demás personal funcionario al servicio de la Administración de Justicia
d. Las Administraciones de las entidades locales

55. Según el TREBEP, cada vez que este Estatuto haga mención al personal funcionario de carrera, se entenderá comprendido:

a. El personal de las Fuerzas y Cuerpos de seguridad
b. El personal docente
c. El personal estatutario de los servicios de Salud
d. El personal investigador

56. Según el TREBEP, el personal funcionario de las Entidades Locales se rige por:

a. Por la legislación estatal
b. Por la legislación de las CC AA
c. Por la legislación de las Entidades Locales
d. a) y b) son correctas

57. Cuál es la respuesta INCORRECTA. El personal funcionario de las Entidades Locales se rige por:

a. La legislación estatal que resulte de aplicación
b. La legislación de las CC AA
c. La legislación de las Entidades Locales
d. Por el TREBEP, ya que forma parte de la legislación estatal

58. según el TREBEP. Las disposiciones de este Estatuto sólo se aplicarán directamente cuando así lo disponga su legislación específica al siguiente personal:

a. Jueces, Magistrados, Fiscales y demás personal funcionario al servicio de la Administración de Justicia
b. Los organismos públicos, agencias y demás entidades de derecho público con personalidad jurídica propia, vinculadas o dependientes de cualquiera de las Administraciones Públicas
c. Docente y el personal estatutario de los Servicios de Salud
d. Las Administraciones de las CC AA y de las ciudades de Ceuta y Melilla

59. El Estatuto Básico del Empleado Público, tendrá carácter supletorio según lo indicado en su artículo 2.5:

a. Para los Jueces, Magistrados, Fiscales y demás personal funcionario al servicio de la Administración de Justicia
b. Personal funcionario de las Cortes Generales y de las asambleas legislativas de las CC AA
c. Personal retribuido por arancel
d. Para todos ellos tendrá carácter supletorio

60. ¿Cuál es el objeto del Estatuto Básico del Empleado Público establecido en su artículo 1?

a. Tiene por objeto establecer las bases del régimen estatutario del personal laboral incluidos en su ámbito de aplicación
b. Tiene por objeto determinar las normas aplicables al los funcionarios públicos al servicio de las Administraciones Públicas
c. Ambas son correctas
d. Ninguna lo es

61. Señala la respuesta INCORRECTA según el TREBEP. Las disposiciones de este Estatuto sólo se aplicarán directamente cuando así lo disponga su legislación específica al siguiente personal:

a. Personal funcionario de la Sociedad Estatal Correos y Telégrafos
b. Personal docente y el personal Estatutario de los Servicios de Salud
c. Personal al servicio de las Universidades Públicas
d. Ninguna respuesta es correcta

62. Del siguiente personal al servicio de las Administraciones Públicas, cuál no está incluido dentro del ámbito de aplicación del TREBEP:

a. Las Universidades Públicas
b. Los organismos públicos, agencias y demás entidades de derecho público con personalidad jurídica propia, vinculadas o dependientes de cualquiera de las Administraciones Públicas
c. Jueces, Magistrados, Fiscales y demás personal funcionario al servicio de la Administración de Justicia y se podrán dictar normas para adaptarlo a sus peculiaridades
d. Todos los anteriores están incluidos en el ámbito de aplicación del TREBEP

63. Señala la respuesta INCORRECTA según el TREBEP. Las disposiciones de este Estatuto sólo se aplicarán directamente cuando así lo disponga su legislación específica al siguiente personal:

a. Personal funcionario de la Sociedad Estatal Correos y Telégrafos
b. Personal militar de las Fuerzas Armadas
c. Personal retribuido por arancel
d. Todas las respuestas son correctas

64. El personal laboral al servicio de las Administraciones Públicas se rige según el TREBEP:

a. Además de por la legislación laboral y por las demás normas convencionalmente aplicables, por los preceptos de este Estatuto que así lo dispongan
b. Por la legislación laboral y supletoriamente por lo dispuesto en el presente Estatuto
c. Por lo dispuesto en el Estatuto de los Trabajadores
d. Por lo dispuesto en este Estatuto y supletoriamente por la legislación laboral que le sea de aplicación

65. Según el TREBEP, el personal laboral de la Sociedad Estatal de Correos y Telégrafos:

a. Se regirá por la legislación laboral y demás normas convencionalmente aplicables
b. Se regirá por la legislación laboral y supletoriamente por lo dispuesto en el presente Estatuto
c. Se regirán por sus normas específicas y supletoriamente por lo dispuesto en este Estatuto
d. Se regirá por lo dispuesto en este Estatuto

66. ¿Cuál es el objeto del Estatuto Básico del Empleado Público establecido en su artículo 1?

a. Determinar las bases del régimen estatutario del personal laboral
b. Establecer la normativa básica en el derecho a la carrera profesional y a la promoción interna
c. Establecer los derechos, deberes y código de conducta de los empleados públicos
d. Determinar la normas aplicables al personal laboral al servicio de la Administración Pública

67. Del siguiente personal al servicio de las Administraciones Públicas, cuál no está incluido dentro del ámbito de aplicación del TREBEP:

a. El personal investigador, aunque se podrán dictar normas singulares para adaptarlo a sus peculiaridades
b. El personal docente y el personal estatutario de los Servicios de Salud se regirán por la legislación específica dictada por el Estado y por las CC AA en el ámbito de sus respectivas competencias y por lo previsto en el presente Estatuto, excepto el capítulo II del título III, salvo el artículo 20, y los artículos 22.3, 24 y 84
c. Personal funcionario de las Cortes Generales y de las asambleas legislativas de las CC AA y se podrán dictar normas para adaptarlo a sus peculiaridades
d. Todos los anteriores están incluidos en el ámbito de aplicación del TREBEP

68. La eficacia en la planificación y gestión de los recursos humanos señalado en el artículo 1.3, es según el TREBEP:

a. Un principio de conducta de los empleados públicos
b. Un principio ético de los empleados públicos
c. Un fundamento de actuación
d. Un deber de los empleados públicos

69. Según el TREBEP, se podrán dictar normas singulares para adaptarlo a sus peculiaridades al personal:

a. Directivo
b. De las Entidades Locales
c. Docente
d. Investigador

70. Según el TREBEP cuál es la respuesta INCORRECTA. El personal funcionario de las Entidades Locales se rige por:

a. La legislación estatal que resulte de aplicación
b. La legislación de las CC AA
c. La legislación de las Entidades Locales
d. Con respeto a la autonomía local

71. Según el TREBEP, el personal funcionario de la Sociedad Estatal de Correos y Telégrafos:

a. Se regirá por la legislación laboral y demás normas convencionalmente aplicables
b. Se regirá por la legislación laboral y supletoriamente por lo dispuesto en el presente Estatuto
c. Se regirán por sus normas específicas y supletoriamente por lo dispuesto en este Estatuto
d. Se regirá por lo dispuesto en este Estatuto

72. En la aplicación de este Estatuto, se podrán dictar normas singulares para adecuarlo a sus peculiaridades:

a. Al personal de las Fuerzas y Cuerpos de Seguridad
b. Al personal directivo
c. Al personal de los Servicios de Salud
d. Al personal investigador

Respuestas Título I

1	C	19	D	37	D	55	C
2	A	20	C	38	A	56	D
3	D	21	C	39	C	57	C
4	B	22	C	40	A	58	C
5	D	23	C	41	A	59	D
6	D	24	B	42	A	60	D
7	B	25	C	43	C	61	D
8	C	26	B	44	A	62	C
9	D	27	A	45	A	63	A
10	C	28	C	46	B	64	A
11	C	29	C	47	C	65	A
12	B	30	C	48	B	66	D
13	B	31	A	49	A	67	C
14	C	32	A	50	D	68	C
15	C	33	D	51	B	69	D
16	C	34	B	52	C	70	C
17	D	35	C	53	B	71	C
18	B	36	D	54	C	72	D

TÍTULO II

1. Según el Real Decreto Legislativo 5/2015 por el que se aprueba el texto Refundido de la Ley del Estatuto Básico del Empleado Público (TREBEP):
   a. Las plazas vacantes desempeñadas por funcionarios interinos deberán incluirse en la oferta de empleo público correspondiente al ejercicio en el que se produce su nombramiento y, sino fuera posible, en la siguiente, salvo que se decida su amortización
   b. Sólo podrán interinarse las plazas vacantes que se hallen incluidas en la oferta de empleo público
   c. Ambas son correctas
   d. Ninguna lo es

2. Al personal eventual le será aplicable, en lo que sea adecuado a la naturaleza de su condición, según lo recogido en el TREBEP:
   a. La legislación laboral y demás normas convencionalmente aplicables
   b. Este Estatuto y supletoriamente la legislación laboral que le sea de aplicación
   c. El régimen general de los funcionarios de carrera
   d. Este Estatuto y se podrán dictar normas singulares para adecuarlo a sus singularidades

3. Sson funcionarios de carrera:
   a. Quienes desempeñan funciones retribuidas en las Administraciones Públicas al servicio de los intereses generales
   b. Quienes, en virtud de nombramiento legal, están vinculados a una Administración Pública por una relación estatutaria regulada por el Derecho Administrativo para el desempeño de servicios profesionales retribuidos de carácter permanente
   c. Quienes, en virtud de nombramiento legal y contrato por escrito, desempeñan funciones retribuidas en las Administraciones Públicas al servicio de los intereses generales
   d. Quienes, en virtud de nombramiento legal, están vinculados a una Administración Pública por una relación estatutaria regulada por el Derecho Administrativo para el desempeño de servicios profesionales retribuidos, ya sea con carácter permanente o temporal

4. El Gobierno y los órganos de gobierno de las CC AA atenderán a los siguientes principios para determinar los criterios y la condición de personal directivo según el TREBEP:
   a. Es el que desarrolla funciones directivas expresamente calificadas como de confianza o asesoramiento especial
   b. Su designación atenderá a principios de mérito y capacidad y a criterios de idoneidad
   c. La continuidad en su puesto de trabajo obtenido por concurso quedará vinculada a la evaluación del desempeño
   d. Todas las respuestas son correctas

5. Según el TREBEP, quienes desempeñan funciones retribuidas en las Administraciones Públicas al servicio de los intereses generales son:
   a. Funcionarios de carrera
   b. Funcionarios interinos
   c. Empleados públicos
   d. Personal laboral, ya sea fijo, por tiempo indefinido o temporal

6. ¿Cuál de los siguientes son empleados públicos, según la clasificación realizada en el TREBEP?
   a. Personal directivo y personal eventual
   b. Funcionarios de carrera y funcionarios interinos
   c. Ambas son correctas
   d. Ninguna lo es

7. ¿Quien podrá establecer, en desarrollo de este Estatuto, el régimen jurídico específico del personal directivo así como los criterios para determinar su condición según el TREBEP?
   a. Las Cortes Generales, las Asambleas Legislativas de las CC AA y las Entidades Locales
   b. El Gobierno, los órganos de gobierno de las CC AA y así como los órganos de gobierno de las Entidades Locales
   c. Las Cortes Generales y las Asambleas Legislativas de las CC AA
   d. El Gobierno y los órganos de gobierno de las CC AA

8. Según el TREBEP, el ejercicio de las funciones que impliquen la participación directa o indirecta en el ejercicio de las potestades públicas o en la salvaguardia de los intereses generales del Estado y de las Administraciones Públicas corresponden:
   a. A los funcionarios de carrera y funcionarios interinos
   b. A cualquier empleado Público
   c. A los funcionarios públicos
   d. Ninguna respuesta es correcta

9. según el TREBEP, quienes desempeñan funciones retribuidas en las Administraciones Públicas al servicio de los intereses generales son:
   a. Funcionarios de carrera y funcionarios interinos
   b. Sólo funcionarios de carrera
   c. Funcionarios interinos y personal directivo
   d. Ninguna respuesta es correcta

10. El TREBEP indica que las plazas vacantes desempeñadas por funcionarios interinos deberán incluirse en la oferta de empleo correspondiente:
    a. Al ejercicio en que se produce su nombramiento
    b. Y, si no fuera posible, en la siguiente
    c. Salvo que se decida su amortización
    d. Todas las respuestas son correctas

11. según el TREBEP. La selección de funcionarios interinos habrá de realizarse mediante procedimientos:
    a. Ágiles
    b. Respetando los principios de igualdad
    c. Respetando los principios de mérito
    d. Todas las respuestas son correctas

12. Señala la respuesta INCORRECTA. Las plazas vacantes desempeñadas por funcionarios interinos deberán incluirse en la oferta de empleo correspondiente:
    a. En el ejercicio en el que se produce su nombramiento
    b. En todo caso, deberán incluirse en el plazo improrrogable de tres años
    c. Si no es posible incluirlas en el ejercicio en el que se produce su nombramiento, puede ser en el siguiente
    d. Deberán incluirse, en los plazos indicados en el TREBEP, salvo que se decida su amortización

13. Señala la respuesta INCORRECTA. Son funcionarios interinos:

a. Los que, por razones expresamente justificadas de interés general
b. Son nombrados como tales para el desempeño de funciones propias de funcionarios de carrera
c. Para la ejecución de programas de carácter temporal, que no podrán tener una duración superior a tres años, ampliable hasta doce meses más por las leyes de Función Pública que se dicten en desarrollo de este Estatuto
d. Todas las respuestas son correctas

14. El personal directivo, ¿está sujeto a la evaluación del desempeño según el TREBEP?

a. No
b. Sí
c. En determinados casos
d. Ninguna respuesta es correcta

15. NO se trata de una característica del personal eventual,

a. El que en virtud de nombramiento legal
b. Realiza funciones expresamente calificadas como de alta dirección
c. Siendo retribuido con cargo a los Presupuestos Generales del Estado
d. Todas las respuestas son incorrectas

16. Cuando el personal directivo reúna la condición de personal laboral, el TREBEP indica que:

a. Estará sometido al régimen general de funcionarios de carrera
b. Estará sometido a la relación a las mismas condiciones que el personal eventual
c. Estará sometido a la relación laboral de carácter especial de alta dirección
d. Estará sometido a la relación laboral que se dicte para el personal directivo en desarrollo de este Estatuto

17. En relación a las circunstancias que pueden motivar al nombramiento de funcionarios interinos, NO se encuentra:

a. Los que, por razones expresamente justificadas de necesidad y urgencia
b. La ejecución de programas de carácter temporal, que no podrán tener una duración superior a seis años, ampliable hasta doce meses más por las leyes de Función Pública que se dicten en desarrollo de este Estatuto
c. El exceso o acumulación de tareas por plazo máximo de seis meses, dentro de un periodo de doce meses
d. Todas las respuestas son correctas

18. El personal directivo, ¿está sujeto a la evaluación del desempeño?

a. Sí, está sujeto a la evaluación del desempeño
b. No, no está sujeto a ningún tipo de evaluación
c. No está sujeto a la evaluación del desempeño, sino que estará sujeto a evaluación con arreglo a los criterios de eficacia y eficiencia, responsabilidad por su gestión y control de resultados
d. Sí, estará sujeto a evaluación del desempeño y además estará sujeto a evaluación con arreglo a los criterios de eficacia y eficiencia, responsabilidad por su gestión y control de resultados

19. Son empleados públicos quienes :

a. Desempeñan funciones retribuidas en las Administraciones Públicas al servicio de los intereses generales
b. Están vinculados a una Administración Pública para el desempeño de servicios profesionales retribuidos de carácter permanente
c. En virtud de nombramiento legal, están vinculados a una Administración Pública por una relación estatutaria regulada por el Derecho Administrativo
d. Ejercen la participación directa o indirecta en el ejercicio de las potestades públicas o en la salvaguardia de los intereses generales del Estado y de las Administraciones Públicas

20. NO es correcto afirmar, que los funcionarios interinos son nombrados por:

a. Razones expresamente justificadas de necesidad y urgencia
b. Son nombrados como tales para el desempeño de funciones propias de funcionarios de carrera
c. Son nombrados cuando hay un exceso o acumulación de tareas por plazo máximo de seis meses, dentro de un periodo de doce meses
d. Todas las respuestas son correctas

21. En relación al personal eventual, el TREBEP indica que el número máximo se establecerá:

a. Por las Leyes de Función Pública que se dicten en desarrollo de este Estatuto
b. Por los respectivos órganos de gobierno
c. Por este Estatuto y por lo previsto en la legislación laboral
d. Por la autoridad a la que se preste la función de confianza o asesoramiento

22. Según el TREBEP, el cese de los funcionarios interinos, se producirá además de las causas indicadas en el artículo 63, por:

a. La renuncia a la condición de funcionario
b. La pena principal o accesoria de inhabilitación absoluta o especial para cargo público que tuviere carácter firme
c. Cuando cese la autoridad que lo nombró
d. Cuando finalice la causa que dio lugar a su nombramiento

23. El nombramiento y cese del personal eventual:

a. Atenderá a criterios de mérito, capacidad e idoneidad.. El cese tendrá lugar, en todo caso, cuando se produzca el de la autoridad a la que se preste la función de confianza o asesoramiento
b. El nombramiento y cese serán libres. El órgano competente para el nombramiento podrá, además, recabar la intervención de especialistas que permitan apreciar la idoneidad de los candidatos
c. Serán libres. El cese tendrá lugar, en todo caso, cuando se produzca el de la autoridad a la que se preste la función de confianza o asesoramiento
d. El nombramiento será libre. El cese tendrá lugar, además de por las causas previstas en el artículo 63, cuando finalice la causa que dio lugar a su nombramiento

24. Son funcionarios de carrera:

a. Quienes, en virtud de nombramiento legal y por escrito, están vinculados a una Administración Pública por una relación estatutaria regulada por el Derecho Administrativo para el desempeño de servicios profesionales retribuidos de carácter permanente
b. Quienes, en virtud de nombramiento legal, están vinculados a una Administración Pública por una relación estatutaria regulada por el Derecho Administrativo para el desempeño de servicios profesionales retribuidos ya sea fijo, por tiempo indefinido o temporal
c. Quienes, en virtud de nombramiento legal, están vinculados a una Administración Pública por una relación estatutaria regulada por el Derecho Administrativo para el desempeño de servicios profesionales retribuidos o no de carácter permanente
d. Quienes, en virtud de nombramiento legal, están vinculados a una Administración Pública por una relación estatutaria regulada por el Derecho Administrativo para el desempeño de servicios profesionales retribuidos de carácter permanente

25. Los criterios para la determinación de los puestos de trabajo que pueden ser desempeñados por personal laboral:

a. Se ajustarán a lo establecido en la legislación laboral que les sea de aplicación
b. Vienen establecidos en el TREBEP
c. Se establecerán en las leyes de Función Pública que se dicten en desarrollo de este Estatuto
d. Se ajustarán a lo establecido en el Estatuto de los Trabajadores

26. Seeñala la respuesta INCORRECTA sobre el personal eventual:

a. Las leyes de Función Pública que se dicten en desarrollo de este Estatuto determinarán los órganos de gobierno de las Administraciones Públicas que podrán disponer de este tipo de personal
b. El número máximo se establecerá por los respectivos órganos de gobierno. Este número y las condiciones retributivas serán públicas
c. Al personal eventual le será aplicable, en lo que sea adecuado a la naturaleza de su condición, el régimen general de los funcionarios de carrera
d. La condición de personal eventual podrá constituir mérito para el acceso a la Función Pública y para la promoción interna

27. El ejercicio de las funciones que impliquen la participación directa o indirecta en el ejercicio de las potestades públicas o en la salvaguardia de los intereses generales del Estado y de las Administraciones Públicas corresponden:

a. A los empleados Públicos al servicio de las Administraciones Públicas
b. A los funcionarios interinos
c. A los funcionarios públicos exclusivamente
d. A los funcionarios de carrera exclusivamente

28. ¿La condición de personal eventual constituye mérito para el acceso a la Función Pública o la promoción interna?

a. No, en ningún caso
b. Sí, en todo caso
c. Constituye mérito para la promoción interna, pero no para el acceso a la Función Pública
d. Constituye mérito para el acceso a la Función Pública, pero no para la promoción interna

29. según el TREBEP. Los funcionarios interinos, serán nombrados cuando se de alguna de las siguientes circunstancias:

a. La ejecución de programas de carácter temporal, que no podrán tener una duración superior a tres años, ampliable hasta doce meses más por las leyes de Función Pública que se dicten en desarrollo de este Estatuto
b. El exceso o acumulación de tareas por plazo máximo de seis meses, dentro de un periodo de doce meses
c. Ninguna es correcta
d. Ambas lo son

30. Indica la respuesta INCORRECTA según el TREBEP. El personal laboral es:

a. El que en virtud de contrato de trabajo formalizado por escrito
b. En cualquiera de las modalidades de contratación de personal previstas la legislación laboral
c. Siendo retribuido con cargo a los créditos presupuestarios consignados para este fin
d. Todas las respuestas son correctas

31. Según el TREBEP, el personal laboral

a. Puede ser contratado por tiempo indefinido o temporal
b. Es el que en virtud de contrato de trabajo formalizado por escrito
c. Presta servicios retribuidos por las Administraciones Públicas
d. Todas las respuestas son correctas

32. Señala la respuesta INCORRECTA. Los empleados públicos están clasificados según el TREBEP:

a. Funcionarios interinos y personal eventual
b. Funcionarios de carrera y personal directivo
c. Personal laboral, ya sea fijo, por tiempo indefinido o temporal
d. Todas las respuestas son correctas

33. El nombramiento y cese del personal eventual:

a. Serán libres
b. El nombramiento será libre. El cese tendrá lugar, además de por las causas previstas en el artículo 63, cuando finalice la causa que dio lugar a su nombramiento
c. El nombramiento será libre y el cese tendrá lugar cuando se produzca el de la autoridad a la que se preste la función de confianza o asesoramiento
d. El nombramiento atenderá a los principios de mérito capacidad y a criterios de idoneidad. El cese tendrá lugar, en todo caso, cuando se produzca el de la autoridad a la que se preste la función de confianza o asesoramiento

34. Indica lo INCORRECTO según el TREBEP. Los funcionarios de carrera son quienes:

a. En virtud de nombramiento legal
b. Están vinculados a una Administración Pública por una relación estatutaria regulada por el Derecho Administrativo
c. Desempeñan de servicios profesionales retribuidos, ya sean fijos, por tiempo indefinido o temporal
d. Todas las respuestas son correctas

35. Ssegún el TREBEP, en relación al personal eventual:

a. La condición de personal eventual no podrá constituir mérito para el acceso a la Función Pública o para la promoción interna
b. Al personal eventual le será aplicable, en lo que sea adecuado a la naturaleza de su condición, el régimen general de los funcionarios de carrera
c. El nombramiento y cese serán libres. El cese tendrá lugar, en todo caso, cuando se produzca el de la autoridad a la que se preste la función de confianza o asesoramiento
d. Su designación atenderá a principios de mérito y capacidad y a criterios de idoneidad, y se llevará a cabo mediante procedimientos que garanticen la publicidad y concurrencia

36. Señala la respuesta INCORRECTA, según lo que dispone el TREBEP, en relación al personal eventual:

a. El que en virtud de nombramiento y con carácter no permanente
b. Las leyes de función pública que se dicten en desarrollo de este Estatuto, establecerán los criterios para la determinación de los puestos de trabajo que pueden ser desempeñados por el personal eventual
c. Siendo retribuido con cargo a los créditos presupuestarios consignados para este fin
d. Todas las anteriores son correctas

37. Son empleados públicos según el TREBEP:

a. Quienes desempeñan funciones retribuidas en las Administración General del Estado o de las CC AA al servicio de los intereses generales
b. Quienes desempeñan determinadas funciones en las Administraciones Públicas al servicio de los intereses generales
c. Quienes desempeñan funciones no retribuidas en las Administraciones Públicas al servicio de los intereses generales
d. Quienes desempeñan funciones retribuidas en las Administraciones Públicas al servicio de los intereses generales

38. Según el TREBEP, ¿con cargo a qué créditos, se retribuye al personal laboral?

a. Con cargo a los créditos consignados en los Presupuestos Generales del Estado
b. Con cargo a los créditos consignados a los respectivos órganos de Gobierno
c. Con cargo a los créditos presupuestarios consignados para este fin
d. No viene determinado en el TREBEP

39. Indica lo INCORRECTO según el TREBEP. Los funcionarios de carrera son quienes:

a. En virtud de nombramiento legal
b. Están vinculados a una Administración Pública o privada, por una relación estatutaria regulada por el Derecho Administrativo
c. Desempeñan de servicios profesionales retribuidos de carácter permanente
d. Todas las respuestas son correctas

40. Señale cómo se clasifican los empleados públicos de acuerdo con el TREBEP:

a. Funcionarios de carrera, personal laboral y personal estatutario
b. Funcionarios de carrera, funcionarios interinos y personal estatutario
c. Funcionarios de carrera, funcionarios interinos, personal laboral y personal eventual
d. Funcionarios de carrera, funcionarios interinos, personal laboral, personal eventual y personal estatutario

41. El Gobierno y los órganos de gobierno de las CC AA atenderán a los siguientes principios para determinar los criterios y la condición de personal directivo según el TREBEP:

a. Es el que desarrolla funciones directivas profesionales en las Administraciones Públicas
b. Su designación atenderá a principios de mérito y capacidad y a criterios de idoneidad
c. Estará sujeto a evaluación con arreglo a los criterios de eficacia y eficiencia, responsabilidad por su gestión y control de resultados
d. Todas las respuestas son correctas

42. El Real Decreto Legislativo 5/2015, por el que se aprueba el texto refundido de la Ley del Estatuto Básico del Empleado Público:

a. Ha sido aprobada en las Cortes Generales
b. Contiene un texto refundido por el que se integran, entre otras, la Ley 7/2007, del Estatuto Básico del Empleado Público
c. Las dos respuestas anteriores son correctas
d. Las dos respuestas anteriores son incorrectas

43. NO es correcto afirmar, según lo dispuesto en el TREBEP, en relación a los funcionarios interinos:

a. Que se nombran por razones expresamente justificadas de necesidad y urgencia
b. Que están vinculados a una Administración Pública por una relación estatutaria regulada por el Derecho Administrativo
c. Que son nombrados cuando hay un exceso o acumulación de tareas por plazo máximo de seis meses, dentro de un periodo de doce meses
d. Todas las respuestas son correctas

44. Los funcionarios de carrera son quienes:

a. En virtud de contrato de trabajo formalizado por escrito
b. Están vinculados a una Administración Pública por una relación estatutaria regulada por el Derecho Administrativo
c. Desempeñan de servicios profesionales retribuidos o no de carácter permanente
d. Todas las respuestas son correctas

45. Son empleados públicos:

a. Quienes desempeñan funciones retribuidas en las Administraciones Públicas al servicio de los intereses particulares
b. Quienes desempeñan funciones retribuidas en las Administraciones Públicas al servicio de los intereses generales
c. Quienes desempeñan funciones no retribuidas en las Administraciones Públicas al servicio de los intereses generales
d. Quienes desempeñan funciones retribuidas o no en las Administraciones Públicas al servicio de los intereses generales

46. ¿Cómo define el TREBEP al personal laboral?

a. El que en virtud de contrato de trabajo formalizado por escrito, en cualquiera de las modalidades de contratación de personal previstas en este estatuto, presta servicios retribuidos por las Administraciones Públicas
b. El que en virtud de contrato de trabajo formalizado por escrito, en cualquiera de las modalidades de contratación de personal previstas en las leyes, presta servicios retribuidos por las Administraciones Públicas
c. El que en virtud de contrato de trabajo formalizado por escrito, en cualquiera de las modalidades de contratación de personal previstas en la legislación laboral, presta servicios retribuidos por las Administraciones Públicas
d. El que en virtud de contrato de trabajo formalizado por escrito, en cualquiera de las modalidades de contratación de personal previstas en los convenios colectivos, presta servicios retribuidos por las Administraciones Públicas

47. Indica la respuesta INCORRECTA según el TREBEP. El personal laboral es:

a. El que en virtud de contrato de trabajo formalizado por escrito
b. En cualquiera de las modalidades de contratación de personal previstas en este Estatuto
c. Presta servicios retribuidos por las Administraciones Públicas
d. Todas las respuestas son correctas

48. Es personal laboral, es según el TREBEP:

a. El que en virtud de nombramiento legal, en cualquiera de las modalidades de contratación de personal previstas en la legislación laboral, presta servicios retribuidos por las Administraciones Públicas
b. El que en virtud de nombramiento legal y de contrato de trabajo formalizado por escrito, en cualquiera de las modalidades de contratación de personal previstas en la legislación laboral, presta servicios retribuidos por las Administraciones Públicas
c. El que en virtud de contrato de trabajo formalizado por escrito, en cualquiera de las modalidades de contratación de personal previstas en la legislación laboral, presta servicios retribuidos por las Administraciones Públicas
d. El que en virtud de contrato de trabajo formalizado oralmente o por escrito, en cualquiera de las modalidades de contratación de personal previstas en la legislación laboral, presta servicios retribuidos por las Administraciones Públicas

49. Indica la respuesta correcta según el TREBEP. El personal laboral es:

a. El que en virtud de nombramiento legal y con carácter no permanente
b. Siendo retribuido con cargo a los créditos presupuestarios consignados para este fin
c. Podrá ser por tiempo indefinido o temporal
d. Todas las respuestas son correctas

50. Indica la respuesta INCORRECTA según el TREBEP. El personal laboral es:

a. Por nombramiento legal
b. En virtud de contrato de trabajo formalizado por escrito
c. Presta servicios retribuidos por las Administraciones Públicas
d. Todas las respuestas son correctas

51. Los funcionarios interinos, serán nombrados para el desempeño de funciones propias de funcionarios de carrera, cuando se de alguna de las siguientes circunstancias:

a. El exceso o acumulación de tareas por plazo máximo de seis meses, dentro de un periodo de doce meses ampliables a doce meses más
b. La existencia de plazas vacantes cuando no sea posible su cobertura por funcionarios laborales
c. Ninguna de las dos es correcta
d. Ambas lo son

52. Los que, por razones expresamente justificadas de necesidad y urgencia, son nombrados como tales para el desempeño de funciones propias de funcionarios de carrera son:

a. Funcionarios públicos
b. Funcionarios de carrera
c. Funcionarios interinos
d. Personal eventual

53. Según el TREBEP, son funcionarios interinos:

a. Quienes el que en virtud de contrato de trabajo formalizado por escrito, en cualquiera de las modalidades de contratación de personal previstas en la legislación laboral, presta servicios retribuidos por las Administraciones Públicas
b. Quienes por razones expresamente justificadas de necesidad y urgencia, son nombrados como tales para el desempeño de funciones propias de funcionarios de carrera
c. Quienes, en virtud de nombramiento legal, están vinculados a una Administración Pública por una relación estatutaria regulada por el Derecho Administrativo para el desempeño de servicios profesionales retribuidos de carácter permanente
d. Ninguna respuesta es correcta

54. La determinación de las condiciones de empleo del personal directivo, ¿tendrá la consideración de materia objeto de negociación colectiva según el TREBEP?

a. Sí, será objeto de negociación colectiva
b. No será objeto de negociación colectiva, salvo excepciones
c. No será objeto de negociación colectiva
d. Sí será objeto de negociación colectiva, salvo cuando el personal directivo reúna la condición de personal laboral

55. ¿Cuál de los siguientes no son empleados públicos según la clasificación realizada en el TREBEP?

a. Personal directivo
b. Personal eventual
c. Personal laboral
d. Todas las respuestas son correctas

56. La designación de personal directivo atenderá a principios de:

a. ... igualdad, mérito y capacidad y a criterios de idoneidad, y se llevará a cabo mediante procedimientos que garanticen la publicidad y concurrencia
b. ... mérito y capacidad y a criterios de aptitud, y se llevará a cabo mediante procedimientos que garanticen la publicidad y concurrencia
c. ... mérito y capacidad y a criterios de idoneidad, y se llevará a cabo mediante procedimientos que garanticen la igualdad, la publicidad y libre concurrencia
d. ... mérito y capacidad y a criterios de idoneidad, y se llevará a cabo mediante procedimientos que garanticen la publicidad y concurrencia

57. Indica la respuesta INCORRECTA. El personal laboral es:

a. El que en virtud de contrato de trabajo formalizado por escrito u oralmente
b. En cualquiera de las modalidades de contratación de personal previstas la legislación laboral
c. Presta servicios retribuidos por las Administraciones Públicas
d. Todas las respuestas son correctas

58. Indica la respuesta correcta según el TREBEP. El personal laboral es:

a. El que en virtud de nombramiento legal
b. El que en virtud de contrato de trabajo formalizado por escrito
c. Presta servicios retribuidos a la Administración General del Estado
d. Todas las respuestas son correctas

59. El TREBEP clasifica a los empleados públicos en:

a. Funcionarios de carrera, funcionarios interinos, ya sea fijo, por tiempo indefinido o temporal, personal laboral y personal eventual
b. Funcionarios de carrera, funcionarios interinos, personal laboral, ya sea fijo, por tiempo indefinido o temporal y personal eventual
c. Funcionarios de carrera, funcionarios interinos, personal laboral, ya sea fijo, por tiempo indefinido o temporal y personal directivo
d. Funcionarios de carrera, funcionarios interinos, personal laboral fijo y personal eventual

60. Los funcionarios interinos, serán nombrados para el desempeño de funciones propias de funcionarios de carrera, cuando se de alguna de las siguientes circunstancias:

a. Cuando existan razones justificadas de necesidad y urgencia, sin necesidad de que sea vacante de necesaria cobertura
b. La ejecución de programas de carácter temporal, que no podrán tener una duración superior a seis años, ampliable hasta doce meses más por las leyes de Función Pública que se dicten en desarrollo de este Estatuto
c. a) y b) son incorrectas
d. a) y b) son correctas

61. Indica la respuesta correcta según el TREBEP, en relación al personal directivo:

a. Se llevará a cabo mediante procedimientos que garanticen la publicidad y libre concurrencia
b. El personal directivo estará sujeto a evaluación del desempeño
c. Es el que desarrolla funciones directivas profesionales en las Administraciones Públicas
d. Todas las respuestas son incorrectas

62. Según el TREBEP, salvo que se decida su amortización:

a. Las plazas vacantes desempeñadas por funcionarios interinos podrán incluirse en la oferta de empleo correspondiente al siguiente ejercicio en que se produce su nombramiento y, si no fuera posible, en la siguiente
b. Las plazas vacantes desempeñadas por funcionarios interinos deberán incluirse, en todo caso, en la oferta de empleo correspondiente al ejercicio en que se produce su nombramiento
c. Las plazas vacantes desempeñadas por funcionarios interinos deberán incluirse en la oferta de empleo correspondiente al ejercicio en que se produce su nombramiento y, si no fuera posible, en la siguiente
d. Las plazas vacantes desempeñadas por funcionarios interinos podrán incluirse en la oferta de empleo correspondiente al ejercicio en que se produce su nombramiento y, si no fuera posible, en la siguiente

63. La selección de funcionarios interinos habrá de realizarse mediante procedimientos:

a. Ágiles que respetarán en todo caso los principios de igualdad, mérito y capacidad
b. Ágiles que respetarán en todo caso los principios de igualdad, mérito, capacidad y libre concurrencia
c. Ágiles que respetarán en todo caso los principios de igualdad, mérito, capacidad y no discriminación
d. Ninguna respuesta es correcta

64. Indica lo INCORRECTO, en relación al personal eventual:

a. La condición de personal eventual no podrá constituir mérito para el acceso a la Función Pública o para la promoción interna
b. Al personal eventual le será aplicable, en lo que sea adecuado a la naturaleza de su condición, el régimen general de los funcionarios de carrera
c. Su designación atenderá a principios de mérito y capacidad y a criterios de idoneidad, y se llevará a cabo mediante procedimientos que garanticen la publicidad y concurrencia
d. Todas las respuestas son correctas

65. ¿La condición de personal eventual constituye mérito para el acceso a la Función Pública o la promoción interna?

a. A la Función Pública
b. A la promoción interna
c. Ambas son correctas
d. Ninguna lo es

66. Señala cuál de las siguientes afirmaciones NO es correcta en relación al personal eventual:

a. Las leyes de Función Pública que se dicten en desarrollo de este Estatuto determinarán los órganos de gobierno de las Administraciones Públicas que podrán disponer de este tipo de personal
b. El nombramiento será libre. El cese tendrá lugar, además de por las causas previstas en el artículo 63, cuando finalice la causa que dio lugar a su nombramiento
c. Al personal eventual le será aplicable, en lo que sea adecuado a la naturaleza de su condición, el régimen general de los funcionarios de carrera
d. El número máximo se establecerá por los respectivos órganos de gobierno. Este número y las condiciones retributivas serán públicas

67. El siguiente concepto reflejado en el artículo 8.1 del TREBEP, ¿con quién se corresponde? Quienes desempeñan funciones retribuidas en las Administraciones Públicas al servicio de los intereses generales son:

a. Empleados públicos
b. Funcionarios de carrera
c. Funcionarios de carrera y personal laboral
d. Funcionarios de carrera y personal eventual

68. Indica la respuesta correcta según el TREBEP, en relación al personal directivo:

a. La determinación de las condiciones de empleo del personal directivo tendrá la consideración de materia objeto de negociación colectiva
b. Cuando el personal directivo reúna la condición de personal laboral estará sometido a la régimen general de los funcionarios de carrera
c. Su designación se llevará a cabo, mediante procedimientos que garanticen la publicidad y concurrencia
d. Todas las respuestas son incorrectas

69. Indica la respuesta INCORRECTA. El personal laboral es:

a. El que en virtud de contrato de trabajo formalizado por escrito
b. En cualquiera de las modalidades de contratación de personal previstas en los convenios colectivos que le sean de aplicación
c. Presta servicios retribuidos por las Administraciones Públicas
d. Todas las respuestas son correctas

70. Los funcionarios interinos, serán nombrados para el desempeño de funciones propias de funcionarios de carrera, cuando se de alguna de las siguientes circunstancias:

a. Cuando existan razones justificadas de necesidad y urgencia, sin necesidad de que sea vacante de necesaria cobertura
b. La ejecución de programas de carácter temporal, que no podrán tener una duración superior a tres años, ampliable hasta doce meses más por las leyes de Función Pública que se dicten en desarrollo de este Estatuto
c. a) y b) son incorrectas
d. a) y b) son correctas

71. Señala cuál de las siguientes afirmaciones, es INCORRECTA, en lo que respecta a los funcionarios interinos, según el TREBEP:

a. Los que, por razones expresamente justificadas de necesidad y urgencia
b. Son nombrados como tales para el desempeño de funciones propias de funcionarios eventuales
c. Para la sustitución transitoria de los titulares
d. Todas las respuestas son correctas

72. Una de las siguientes afirmaciones sobre el personal funcionario interino, es INCORRECTA:

a. Los que, por razones expresamente justificadas de necesidad y urgencia
b. Son nombrados como tales para el desempeño de funciones propias de funcionarios de carrera
c. Para la ejecución de programas de carácter temporal, que no podrán tener una duración máxima de seis meses dentro de un periodo de doce meses
d. Todas las respuestas son correctas

73. Cuál es la respuesta correcta. El personal interino cuya designación, sea consecuencia del exceso o acumulación de tareas por plazo máximo de seis meses, dentro de un período de doce meses:

a. Podrán prestar servicios en otras unidades administrativas que estén afectadas por el exceso o acumulación de tareas
b. Podrán prestar servicios en otras unidades administrativas si éstas participan en el ámbito de aplicación del programa de carácter temporal
c. Podrán prestar servicios en otras unidades administrativas aunque no participen en el ámbito de aplicación del programa de carácter temporal
d. Podrán prestar servicios en otras unidades administrativas aunque no estén afectadas por el exceso o acumulación de tareas

74. NO es correcto afirmar: Los funcionarios interinos son:

a. Los que, por razones expresamente justificadas de necesidad y urgencia
b. En virtud de nombramiento legal
c. Son nombrados como tales para el desempeño de funciones propias de funcionarios de carrera
d. Todas las respuestas son correctas

75. Indica la respuesta correcta según el TREBEP. El personal laboral es:

a. El que en virtud de contrato de trabajo formalizado ante la Administración Pública
b. Presta servicios retribuidos por las Administraciones Públicas
c. En cualquiera de las modalidades de contratación de personal previstas en este Estatuto
d. Todas las respuestas son correctas

76. los funcionarios interinos, podrán ser nombrados para el desempeño de funciones propias de los funcionarios de carrera cuando se den unas determinadas circunstancias.:

a. El exceso o acumulación de tareas por plazo máximo de seis meses, dentro de un periodo de un año
b. La existencia de plazas vacantes cuando no sea posible su cobertura por funcionarios de carrera
c. a) y b) son incorrectas
d. a) y b) son correctas

77. Los funcionarios interinos, serán nombrados para el desempeño de funciones propias de funcionarios de carrera, cuando se de alguna de las siguientes circunstancias:

a. La existencia de plazas aunque no estén vacantes cuando sea necesaria su cobertura por razones justificadas de necesidad y urgencia
b. El exceso o acumulación de tareas por plazo máximo de seis meses, dentro de un periodo de doce meses
c. La ejecución de programas de carácter temporal, que no podrán tener una duración superior a tres años, ampliable hasta doce meses más por las leyes de Función Pública que se dicten en desarrollo de este Estatuto
d. Hay más de una respuesta correcta

78. La selección de funcionarios interinos habrá de realizarse mediante procedimientos:

a. Que garanticen la publicidad y la libre concurrencia
b. Ágiles
c. Públicos
d. Basados en los principios de igualdad, mérito, capacidad y a criterios de idoneidad

79. Indica la respuesta correcta según el TREBEP, en relación al personal directivo:

a. Su designación atenderá a principios constitucionales de igualdad, mérito y capacidad, y de acuerdo con lo previsto en el presente Estatuto y en el resto del ordenamiento jurídico
b. Es el que desarrolla funciones directivas expresamente calificadas como de confianza o asesoramiento especial
c. La continuidad en su puesto de trabajo obtenido por concurso quedará vinculada a la evaluación del desempeño
d. Todas las respuestas son incorrectas

80. Según el TREBEP, ¿con cargo a qué créditos, se retribuye al personal eventual?

a. Con cargo a los créditos consignados en los Presupuestos Generales del Estado
b. Con cargo a los créditos consignados a los respectivos órganos de Gobierno
c. Con cargo a los créditos que dispongan las Leyes de Función Pública que se dicten en desarrollo del presente Estatuto
d. Con cargo a los créditos presupuestarios consignados para este fin

81. Según el TREBEP, son funcionarios interinos:

a. Los que, por razones expresamente justificadas de interés general son nombrados como tales para el desempeño de funciones propias del personal laboral
b. Los que, por razones expresamente justificadas de interés general, son nombrados como tales para el desempeño de funciones propias de funcionarios de carrera
c. Los que, por razones expresamente justificadas de necesidad y urgencia, son nombrados como tales para el desempeño de funciones propias de funcionarios de carrera
d. Los que, por razones expresamente justificadas de necesidad y urgencia, en virtud de nombramiento legal y formalizado por escrito, son nombrados como tales para el desempeño de funciones propias de funcionarios de carrera

82. Indica lo INCORRECTO con respecto al personal directivo:

a. La determinación de las condiciones de empleo del personal directivo, no tendrá la consideración de materia objeto de negociación colectiva a los efectos de esta Ley
b. Su designación atenderá a principios de mérito y capacidad y a criterios de idoneidad, y se llevará a cabo mediante proce-

dimientos que garanticen la publicidad y concurrencia

c. Estará sujeto a evaluación con arreglo a los criterios de eficacia y eficiencia, responsabilidad por su gestión y control de resultados en relación con los objetivos que les hayan sido fijados

d. El personal directivo estará sometido a la relación laboral de carácter especial de alta dirección

83. . El TREBEP indica que el personal eventual es:

a. El que en virtud de nombramiento y con carácter no permanente
b. Sólo realiza funciones que impliquen el ejercicio de potestades públicas y salvaguardia de los intereses generales
c. Prestando servicios retribuidos con carácter permanente
d. Todas las respuestas son correctas

84. Es INCORRECTO afirmar, en relación al nombramiento de funcionarios interinos, que;

a. Se nombran por razones expresamente justificadas de necesidad y urgencia
b. Se nombran para la ejecución de programas de carácter temporal, que no podrán tener una duración superior a tres años, ampliable hasta doce meses más por las leyes de Función Pública que se dicten en desarrollo de este Estatuto
c. Se nombran cuando hay un exceso o acumulación de tareas por plazo máximo de seis meses, ampliables a seis más
d. Todas las respuestas son correctas

85. El TREBEP indica que, las plazas vacantes desempeñadas por funcionarios interinos deberán incluirse en la oferta de empleo:

a. En el plazo improrrogable de tres años
b. En el mismo año en que se produce su nombramiento y si no fuera posible, se decidirá su amortización
c. Al año siguiente en que se produzca su nombramiento
d. Ninguna respuesta es correcta

86. Señala en qué circunstancias podrán ser nombrados funcionarios interinos para el desempeño de funciones propias de funcionarios de carrera,

a. La existencia de plazas vacantes cuando no sea posible su cobertura por personal laboral o eventual
b. La sustitución transitoria de los titulares
c. La ejecución de programas de carácter permanente, que no podrán tener una duración superior a tres años, ampliable hasta doce meses más por las leyes de Función Pública que se dicten en desarrollo de este Estatuto
d. El exceso o acumulación de tareas por plazo máximo de seis meses, dentro de un periodo de tres años

87. Cuál es la respuesta correcta según el TREBEP. El personal interino cuya designación sea consecuencia de la ejecución de programas de carácter temporal o del exceso o acumulación de tareas por plazo máximo de seis meses, dentro de un período de doce meses:

a. No podrá prestar servicios en ninguna otra unidad distinta de la que fueron destinados
b. Podrán prestar servicios en otras unidades administrativas, en todo caso
c. No podrán prestar servicios en ninguna otra unidad distinta de la que fueron destinados, salvo que se celebre otra convocatoria pública para cubrir el puesto en dicha unidad
d. Podrán prestar servicios en otras unidades administrativas si éstas participan en el ámbito de aplicación del programa de carácter temporal o estén afectadas por el exceso o acumulación de tareas

88. . El TREBEP indica que el personal eventual es:

a. El que en virtud de nombramiento legal y con carácter no permanente
b. Sólo realiza funciones expresamente calificadas como de confianza o asesoramiento especial
c. Es retribuido con cargo a los Presupuestos Generales del Estado
d. Todas las respuestas son correctas

89. Indica cuál no aparece en la clasificación que realiza el TREBEP sobre los empleados públicos:

a. Personal eventual
b. Personal laboral temporal
c. Personal directivo
d. Aparecen todos

90. Según el TREBEP . Son funcionarios interinos:

a. Los que, por razones expresamente justificadas de necesidad y urgencia
b. Son nombrados como tales para el desempeño de funciones propias de funcionarios de carrera
c. Ambas son correctas
d. Ninguna lo es

91. ¿Cuál de los siguientes, son empleados públicos, según la clasificación realizada en el TREBEP?

a. Personal directivo
b. Diputados y senadores
c. Ambas son correctas
d. Ninguna lo es

92. En relación al personal eventual, señala según el TREBEP, cuál de las siguientes respuestas es INCORRECTA:

a. El que en virtud de nombramiento y con carácter no permanente
b. Sólo realiza funciones expresamente calificadas como de confianza o asesoramiento especial
c. Siendo retribuido con cargo a los Presupuestos Generales del Estado
d. Todas las respuestas son correctas

93. El personal laboral se define según el TREBEP, como quien presta servicios retribuidos a las Administraciones Públicas en virtud de un contrato de trabajo formalizado por escrito:

a. En cualquiera de las modalidades de contratación de personal previstas en la legislación laboral
b. En cualquiera de las modalidades de contratación de personal previstas en este Estatuto
c. En cualquiera de las modalidades de contratación de personal previstas en los convenios colectivos que le sean de aplicación
d. Ninguna respuesta es correcta

94. Es INCORRECTO decir en relación al personal eventual:

a. El cese tendrá lugar, en todo caso, cuando se produzca el de la autoridad a la que se preste la función de confianza o asesoramiento
b. Al personal eventual le será aplicable, en lo que sea adecuado a la naturaleza de su condición, el régimen general de los funcionarios de carrera
c. El número máximo se establecerá por las Leyes de Función Pública que se dicte en desarrollo de este Estatuto. Este número y las condiciones retributivas serán públicas
d. La condición de personal eventual no podrá constituir mérito para el acceso a la Función Pública o para la promoción interna

95. El TREBEP indica que el personal eventual es:

a. El que en virtud de nombramiento y con carácter no permanente, sólo realiza funciones que impliquen el ejercicio de potestades públicas o la salvaguardia de los intereses generales, siendo retribuido con cargo a los créditos presupuestarios consignados para este fin
b. El que en virtud de nombramiento y con carácter permanente, sólo realiza funciones expresamente calificadas como de confianza o asesoramiento especial, siendo retribuido con cargo a los créditos presupuestarios consignados para este fin
c. El que en virtud de nombramiento y con carácter no permanente, sólo realiza funciones que impliquen el ejercicio de potestades públicas o la salvaguardia de los intereses generales, presta servicios retribuidos con carácter permanente
d. El que en virtud de nombramiento y con carácter no permanente, sólo realiza funciones expresamente calificadas como de confianza o asesoramiento especial, siendo retribuido con cargo a los créditos presupuestarios consignados para este fin

96. . El TREBEP indica que el personal eventual es:

a. El que en virtud de contrato de trabajo formalizado por escrito
b. Sólo realiza funciones expresamente calificadas de confianza o asesoramiento especial
c. Presta servicios retribuidos por las Administraciones Públicas
d. Todas las respuestas son correctas

97. El TREBEP indica que, las plazas vacantes desempeñadas por funcionarios interinos deberán incluirse en la oferta de empleo correspondiente:

a. Al ejercicio en que se produce su nombramiento
b. Y, si no fuera posible, se decidirá su amortización
c. Ambas son correctas
d. Ninguna lo es

98. Una de las siguientes afirmaciones sobre el personal funcionario interino, es INCORRECTA:

a. Los que, por razones expresamente justificadas de necesidad y urgencia
b. En virtud de contrato de trabajo formalizado por escrito
c. Son nombrados como tales para el desempeño de funciones propias de funcionarios de carrera
d. Todas las respuestas son correctas

99. Al personal eventual le será aplicable, en lo que sea adecuado a la naturaleza de su condición:

a. El régimen general de los funcionarios interinos
b. El régimen general del personal laboral
c. El régimen general del personal directivo
d. El régimen general de los funcionarios de carrera

100. Señala la respuesta INCORRECTA. Los empleados públicos están clasificados en:

a. Funcionarios de carrera y funcionarios interinos
b. Personal laboral, ya sea fijo, por tiempo indefinido o temporal
c. Personal eventual y personal directivo
d. Todas las respuestas son correctas

Respuestas Título II

1	A	26	D	51	C	76	B
2	C	27	C	52	C	77	D
3	B	28	A	53	B	78	B
4	B	29	D	54	C	79	D
5	C	30	C	55	A	80	D
6	B	31	D	56	D	81	C
7	D	32	B	57	A	82	D
8	C	33	A	58	B	83	A
9	D	34	C	59	B	84	C
10	D	35	D	60	C	85	D
11	D	36	B	61	C	86	B
12	B	37	D	62	C	87	D
13	A	38	D	63	D	88	B
14	A	39	B	64	C	89	C
15	D	40	C	65	D	90	C
16	C	41	C	66	B	91	D
17	B	42	B	67	A	92	C
18	C	43	B	68	C	93	A
19	A	44	B	69	B	94	C
20	D	45	B	70	B	95	D
21	B	46	C	71	B	96	B
22	D	47	B	72	C	97	A
23	C	48	C	73	B	98	B
24	D	49	C	74	B	99	D
25	C	50	A	75	B	100	C

TÍTULO III

1. los ascensos en el sistema de grados, categorías o escalones de los funcionarios de carrera, serán:

a. Consecutivos, en todo caso
b. Consecutivos, con carácter general
c. Alternos, en todo caso
d. Alternos, con carácter general

2. Señala la respuesta INCORRECTA. La evaluación del desempeño mide y valora:

a. La conducta profesional
b. El rendimiento
c. Méritos conseguidos
d. Todas las respuestas son correctas

3. ¿Los funcionarios interinos perciben las retribuciones complementarias?

a. No, en ningún caso
b. Sí, en todo caso
c. No, salvo excepciones
d. Sí, salvo excepciones

4. Las leyes de Función Pública que se dicten en desarrollo de este Estatuto regularán la carrera profesional aplicable en cada ámbito que podrán consistir, entre otras, en la aplicación aislada o simultánea de alguna o algunas de las siguientes modalidades:

a. Carrera horizontal y promoción interna horizontal
b. Carrera vertical y promoción interna vertical
c. Carrera horizontal, promoción interna horizontal, carrera vertical y promoción interna vertical
d. Promoción profesional, carrera vertical y promoción interna vertical

5. El funcionario público tendrá un permiso de dos días hábiles cuando se produzca en la misma localidad y de cuatro días hábiles cuando sea en distinta localidad:

a. Por fallecimiento, accidente o enfermedad grave de un familiar dentro del primer grado de consanguinidad o afinidad
b. Por fallecimiento, accidente o enfermedad grave de un familiar dentro del segundo grado de consanguinidad o afinidad
c. Por fallecimiento, accidente o enfermedad grave de un familiar dentro del tercer grado de consanguinidad o afinidad
d. Ninguna respuesta es correcta

6. en función de lo indicado en el TREBEP. Las Administraciones Públicas determinarán los efectos de la evaluación en:

a. La promoción interna horizontal, la formación, la provisión de puestos de trabajo y en la percepción de las retribuciones complementarias
b. La carrera profesional horizontal, la formación, la provisión de puestos de trabajo y en la percepción de las retribuciones complementarias
c. La carrera profesional vertical, la formación, la provisión de puestos de trabajo y en la percepción de las retribuciones complementarias
d. La promoción interna vertical, la formación, la provisión de puestos de trabajo y en la percepción de las retribuciones complementarias

7. según el TREBEP. ¿Qué es lo que deberán reflejarse para cada ejercicio presupuestario en la correspondiente Ley de Presupuestos?

a. El incremento de las cuantías globales de las retribuciones básicas de los funcionarios
b. La cuantía de las retribuciones complementarias
c. El incremento de la masa salarial del personal laboral
d. Todas las respuestas son correctas

8. En relación a la duración de la representación de los miembros de las Juntas de Personal y los Delegados de Personal:

a. Será de 4 años, pudiendo ser reelegidos
b. Será de 4 años, sin posibilidad de que puedan ser reelegidos
c. Será de 5 años, pudiendo ser reelegidos
d. Será de 5 años, sin posibilidad de que puedan ser reelegidos

9. según el TREBEP. No podrán acordarse incrementos retributivos, que globalmente supongan un incremento superior de los límites fijados anualmente en la Ley de Presupuestos Generales del Estado, para este personal, de:

a. La masa salarial
b. Las pagas extraordinarias
c. Las retribuciones complementarias
d. Las retribuciones básicas

10. Señala la INCORRECTA ¿Qué materias serán objeto de negociación?

a. Las propuestas sobre derechos sindicales y de participación
b. La regulación y determinación concreta, en cada caso, de los sistemas, criterios, órganos y procedimientos de acceso al empleo público y la promoción profesional
c. Los planes de Previsión Social Complementaria
d. Las que afecten a las condiciones de trabajo y a las retribuciones de los funcionarios, cuya regulación exija norma con rango de ley

11. Se abstendrán en aquellos asuntos en los que tengan un interés personal, así como de toda actividad privada o interés que pueda suponer un riesgo de plantear conflictos de intereses con su puesto público es:

a. Un principio ético de los empleados públicos
b. Un deber de los empleados públicos
c. Un fundamento de actuación
d. Un principio de conducta de los empleados públicos

12. En relación a la duración de la representación de los miembros de las Juntas de Personal y los Delegados de Personal:

a. Será de cuatro años, no pudiendo ser reelegidos. Será obligatorio al término del mandato, convocar unas nuevas elecciones para la elección de los representantes
b. Será de cinco años, no pudiendo ser reelegidos. Será obligatorio al término del mandato, convocar unas nuevas elecciones para la elección de los representantes
c. Será de cuatro años, pudiendo ser reelegidos. El mandato se entenderá prorrogado si, a su término, no se hubiesen promovido nuevas elecciones
d. Será de cinco años, pudiendo ser reelegidos. El mandato se entenderá prorrogado si, a su término, no se hubiesen promovido nuevas elecciones

13. ¿Puede la funcionaria participar en los cursos de formación que convoque la Administración?

a. Sí, sin perjuicio de las seis semanas inmediatas posteriores al parto de descanso obligatorio para la madre
b. No, durante el periodo en la que la funcionaria se encuentre disfrutando del permiso por parto, no podrá participar en los cursos de formación que convoque la Administración
c. Sí, durante el disfrute de este permiso se podrá participar en los cursos de formación que convoque la Administración
d. Sí, sólo en el caso de disfrute del permiso a tiempo parcial

14. Las Administraciones Públicas establecerán la jornada general y las especiales de trabajo de sus funcionarios públicos, y la jornada de trabajo:

a. Será siempre a tiempo completo
b. Podrá ser a tiempo completo o parcial
c. Siempre a tiempo completo, salvo excepciones
d. Siempre a tiempo parcial, salvo excepciones

15. Los órganos específicos de representación de los funcionarios son:

a. Los Delegados de Personal y las Mesas de Personal
b. Las Juntas de Personal
c. Los delegados de Personal
d. Los Delegados de Personal y las Juntas de Personal

16. Señala la respuesta INCORRECTA Las Administraciones Públicas, adoptarán medidas que incentiven la participación de su personal en:

a. La evaluación del desempeño
b. Los procesos selectivos de promoción interna
c. Para la progresión en la carrera profesional
d. Todas las respuestas son correctas

17. Deberán reflejarse, en cada ejercicio presupuestario en la correspondiente Ley de Presupuestos:

a. Las cuantías de las retribuciones básicas de los funcionarios
b. El incremento de las cuantías globales de las retribuciones complementarias del personal funcionario de carrera
c. Ambas son correctas
d. Ninguna lo es

18. Son derechos individuales, pero ejercidos colectivamente,

a. La libertad sindical
b. La negociación colectiva y a la participación en la determinación de las condiciones de trabajo
c. Ambas son correctas
d. Ninguna lo es

19. Señala la respuesta INCORRECTA según el Real Decreto Legislativo 5/2015, de 30 de octubre, por el que se aprueba el texto refundido de la Ley del Estatuto Básico del Empleado Público. A los efectos de la negociación colectiva de los funcionarios públicos, se constituirá una Mesa General de Negociación en el ámbito:

a. En la Administración del Estado
b. En cada una de las CC AA
c. En las ciudades de Ceuta y Melilla y las Entidades Locales
d. Todas las respuestas son correctas

20. En relación a los trienios del personal interino. Únicamente a partir de la entrada en vigor del Estatuto:

a. Se reconocerán los trienios al personal interino
b. Tendrán efectos retributivos
c. Ambas son correctas
d. Ninguna lo es

21. Es un derecho individual de los empleados públicos, ejercido colectivamente:

a. Al ejercicio de la huelga, con la garantía del mantenimiento de los servicios esenciales de la comunidad
b. A la libre asociación profesional
c. Ambas son correctas
d. Ninguna lo es

22. según el TREBEP. Los órganos de gobierno de las Administraciones Públicas podrán suspender o modificar excepcionalmente los convenios colectivos o acuerdos que afecten al personal laboral:

a. Con la autorización de las Organizaciones Sindicales más representativas
b. Con la autorización de las Asambleas Legislativas de las CC AA
c. Los Convenios Colectivos y acuerdos que afecten al personal laboral, no se podrán suspender o modificar en ningún caso
d. Deberán informar a las Organizaciones Sindicales de la causa de la suspensión

23. según el TREBEP, sobre quién va a estar legitimado para promover la celebración de elecciones a Delegados y Juntas de Personal:

a. Los sindicatos más representativos a nivel estatal y que hayan obtenido un porcentaje de al menos un 10% en la unidad electoral en la que se pretende promover las elecciones
b. Los sindicatos más representativos a nivel de Comunidad Autónoma, cuando la unidad electoral afectada no esté representada por el sindicato más representativo a nivel estatal
c. Los funcionarios de la unidad electoral por acuerdo de dos tercios
d. Los sindicatos que, sin ser más representativos, hayan conseguido al menos el 10% de los representantes a los que se refiere este Estatuto en el conjunto de las Administraciones Públicas

24. Para la negociación de todas aquellas materias y condiciones de trabajo comunes al personal funcionario, estatutario y laboral de cada Administración Pública, se constituirá una Mesa General de Negociación en:

a. En la Administración General del Estado
b. En la Administración General del Estado, en cada una de las CC AA, ciudades de Ceuta y Melilla, en las entidades locales y en las asociaciones de municipios
c. En la Administración General del Estado, en cada una de las CC AA, ciudades de Ceuta y Melilla y entidades locales
d. En la Administración General del Estado en cada una de las CC AA y en las ciudades de Ceuta y Melilla

25. ¿Tiene derecho el personal laboral a la promoción profesional?

a. No, es una prerrogativa del personal funcionario de carrera
b. Sí, comparte esa prerrogativa con el personal funcionario de carrera
c. No, los que ostentan este derecho son los funcionarios de carrera y los funcionarios interinos
d. Ninguna respuesta es correcta

26. La continuidad de un puesto de trabajo, obtenido por concurso, ¿quedará vinculada a los resultados obtenidos en la evaluación del desempeño?

a. Sí, si así lo determinan las Leyes de Función Pública que se dicten en desarrollo de este Estatuto
b. Sí, de acuerdo con los sistemas de evaluación que cada Administración Pública determine
c. Puede quedar vinculada, si así lo indican los sistemas de evaluación de la Administración Pública de que se trate
d. No, en ningún caso

27. En relación a los funcionarios interinos:

a. Se reconocerán los trienios correspondientes a los servicios prestados después de la entrada en vigor del presente Estatuto que tendrán efectos retributivos únicamente a partir de la entrada en vigor del mismo
b. Se reconocerán los trienios correspondientes a los servicios prestados antes de la entrada en vigor del presente Estatuto que tendrán efectos retributivos únicamente a partir de la entrada en vigor del mismo
c. Se reconocerán los trienios correspondientes a los servicios prestados antes de la entrada en vigor del presente Estatuto que tendrán efectos retributivos únicamente antes entrada en vigor del mismo
d. Se reconocerán los trienios correspondientes a los servicios prestados después de la entrada en vigor del presente Estatuto que tendrán efectos retributivos únicamente antes de la entrada en vigor del mismo

28. según el TREBEP. Para regular la carrera horizontal de los funcionarios de carrera, las Leyes de Función Pública que se dicten en desarrollo del presente Estatuto:

a. Aplicarán obligatoriamente, un sistema de grados, categorías o escalones pudiendo, en su caso, añadir otras diferentes
b. Podrán aplicar, entre otras, un sistema de grados categorías o escalones de ascenso fijados en función de los conocimientos adquiridos
c. Aplicarán, entre otras, un sistema de grados categorías o escalones de ascenso
d. Podrán aplicar, entre otras, un sistema de grados categorías o escalones de ascenso fijándose la remuneración para cada uno de ellos

29. Marca la respuesta correcta según el TREBEP. Las retribuciones complementarias de los funcionarios, se establecerán atendiendo a los siguientes factores:

a. Dietas y gastos de desplazamiento
b. Servicios extraordinarios prestados dentro o fuera de la jornada de trabajo
c. Progresión alcanzada por el funcionario dentro del sistema de carrera administrativa
d. Todas las respuestas son correctas

30. Los representantes legales de los funcionarios, dispondrán en el ejercicio de su función representativa de las siguientes crédito de horas mensuales dentro de la jornada de trabajo y retribuidas como de trabajo efectivo, de acuerdo con la siguiente escala. Marca la respuesta INCORRECTA

a. De 101 a 250 funcionarios: 20
b. De 251 a 500 funcionarios: 30
c. De 501 a 750 funcionarios: 35
d. Todas son correctas

31. Si fuera necesario el desplazamiento previo de los progenitores al país de origen del adoptado, en los casos de adopción o acogimiento internacional:

a. Se tendrá derecho, además, a solicitar una excedencia por reunificación familiar
b. Se tendrá derecho, además, a un permiso de hasta dos meses de duración
c. Se tendrá derecho, además, a un permiso de hasta dos semanas de duración
d. Se tendrá derecho, además, a solicitar una excedencia por interés particular

32. ¿Es posible prorrogar el mandato de un miembro de la Junta de Personal o de un Delegado de Personal sin convocar las correspondientes elecciones? Indica lo correcto según el TREBEP:

a. No, en ningún caso. Será necesario convocar nuevas elecciones
b. Sí, en el caso de que no se hayan promovido nuevas elecciones el mandato quedará prorrogado automáticamente
c. El mandato de un Delegado de Personal o un miembro de la Junta de Personal es de cuatro años sin que pueda se prorrogado bajo ninguna circunstancia
d. Ninguna respuesta es correcta

33. Según lo dispuesto en el Estatuto Básico del Empleado Público, se garantiza el cumplimiento de los convenios colectivos y acuerdos que afecten al personal laboral:

a. En todo caso
b. Salvo excepciones
c. Salvo grave catástrofe o calamidad pública
d. Ninguna respuesta es correcta

34. ¿Tiene derecho un funcionario, a la reducción de su jornada de trabajo para el cuidado de un familiar hasta el segundo grado de consanguinidad, no pueda valerse por sí misma por razones de enfermedad?

a. Sí, siempre que no pueda valerse por sí mismo y no desempeñe actividad retribuida
b. No, este derecho está garantizado en el primer grado de consanguinidad
c. Sí, siempre no desempeñe actividad remunerada
d. Sí, siempre que no pueda valerse por sí mismo

35. Los empleados públicos tienen derecho a la libertad de expresión, que:

a. Será un derecho individual y podrá ejercerse dentro de los límites del ordenamiento jurídico
b. Será un derecho individual o colectivo y podrá ejercerse dentro de los límites del ordenamiento jurídico
c. Será un derecho individual y podrá ejercerse según los términos dispuestos en el presente Estatuto y las Leyes de Función Pública que lo desarrollen
d. Será un derecho individual y podrá ejercerse según los términos dispuestos en el presente Estatuto y las Leyes de Función Pública que lo desarrollen

36. Cómo queda definida en el TREBEP la promoción interna vertical:

a. Consiste en el ascenso desde un cuerpo o escala de un Subgrupo, o Grupo de clasificación profesional en el supuesto de que éste no tenga Subgrupo, a otro superior, de acuerdo con lo establecido en el artículo 18
b. Consiste en el acceso a cuerpos o escalas del mismo Subgrupo profesional, en el supuesto de que éste no tenga Subgrupo, a otro superior, de acuerdo con lo establecido en el artículo 18
c. Consiste en el ascenso desde un cuerpo o escala de un Subgrupo, o Grupo de clasificación profesional sin necesidad de cambiar de puesto de trabajo
d. Ninguna respuesta es correcta

37. Es correcto afirmar, que deberán reflejarse en cada ejercicio presupuestario en la correspondiente Ley de Presupuestos:

a. Las cuantías de las retribuciones básicas de los funcionarios
b. El incremento de las cuantías globales de las retribuciones complementarias de los funcionarios
c. Ambas son correctas
d. Ninguna lo es

38. Señala la respuesta INCORRECTA según el TREBEP. La cuantía y estructura de las retribuciones complementarias de los funcionarios se establecerán por las correspondientes leyes de cada Administración Pública atendiendo, entre otros, a los siguientes factores:

a. Según la adscripción de su cuerpo o escala a un determinado Subgrupo o Grupo de clasificación profesional, en el supuesto de que éste no tenga Subgrupo, y por su antigüedad en el mismo
b. La especial dificultad técnica, responsabilidad, dedicación, incompatibilidad exigible para el desempeño de determinados puestos de trabajo o las condiciones en que se desarrolla el trabajo
c. El grado de interés, iniciativa o esfuerzo con que el funcionario desempeña su trabajo y el rendimiento o resultados obtenidos
d. Todas las respuestas son correctas

39. los ascensos serán consecutivos con carácter general, salvo en aquellos supuestos excepcionales en los que se prevea otra posibilidad:

a. Para los funcionarios de carrera
b. Para los funcionarios públicos
c. Para los funcionarios de carrera y el personal laboral
d. Para los funcionarios de carrera y el personal laboral fijo,

40. El cómputo del plazo del permiso por adopción, se contará, a partir de la decisión administrativa de guarda con fines de adopción o acogimiento, o a partir de la resolución judicial por la que se constituya la adopción a elección de:

a. A elección de la Administración, según las necesidades del servicio
b. A elección del funcionario
c. A elección del funcionario, cuando las necesidades del servicio lo permitan, y en los términos que reglamentariamente se determinen
d. A elección del juez o funcionario que autorice la adopción o el acogimiento

41. según lo dispuesto en el TREBEP. En las normas de desarrollo del presente Estatuto se establecerá la composición numérica de las Mesas correspondientes a sus ámbitos, sin que ninguna de las partes pueda superar el número de:

a. 7 miembros   b. 10 miembros
c. 15 miembros   d. 17 miembros

42. según el Real Decreto Legislativo 5/2015, de 30 de octubre, por el que se aprueba el texto refundido de la Ley del Estatuto Básico del Empleado Público. A los efectos de la negociación colectiva de los funcionarios públicos, se constituirá una Mesa General de Negociación en el ámbito:

a. En la Administración del Estado
b. En cada una de las CC AA
c. En las ciudades de Ceuta y Melilla y las Entidades Locales
d. Todas las respuestas son correctas

43. Según el TREBEP, los funcionarios recibirán las indemnizaciones correspondientes:

a. Por traslado
b. Por razón de servicio
c. Por desplazamiento
d. Por excedencia forzosa

44. En los casos de parto prematuro y en aquéllos en que, por cualquier otra causa, el neonato deba permanecer hospitalizado a continuación del parto, este permiso se ampliará en tantos días como el neonato se encuentre hospitalizado, con un máximo de:

a. 6 semanas adicionales
b. 16 semanas adicionales
c. 13 semanas adicionales
d. 14 semanas adicionales

45. Según el TREBEP, ¿los funcionarios interinos reciben retribuciones complementarias?

a. No, los funcionarios interinos percibirán las retribuciones básicas y las pagas extraordinarias, así como los trienios por los servicios prestados antes de la entrada en vigor del presente Estatuto
b. Sí, los funcionarios interinos reciben retribuciones complementarias en los mismos términos que los funcionarios de carrera
c. No, los funcionarios interinos reciben las retribuciones básicas y las pagas extraordinarias, pero no reciben retribuciones complementarias ni se reconocen los trienios
d. Sí, los funcionarios interinos reciben retribuciones complementarias en los mismos términos que los funcionarios de carrera, salvo en la progresión alcanzada por el funcionario dentro del sistema de carrera administrativa

46. El permiso de paternidad tendrá una duración de:

a. 15 días hábiles   b. 4 semanas
c. 28 días   d. 2 semanas

47. ¿Quiénes establecerán la jornada general y las especiales de trabajo, de los funcionarios públicos?

a. Las Administraciones Públicas
b. Las Cortes Generales
c. Las Cortes Generales o las Asambleas Legislativas de las CC AA
d. Por acuerdo de las Organizaciones sindicales más representativas

48. ¿Qué es la carrera vertical? Indica la respuesta correcta

a. Progresión de grado, categoría, escalón u otros conceptos análogos
b. Ascenso desde un cuerpo o escala de un Subgrupo, o Grupo a un subgrupo o a otro superior
c. Ascenso en la estructura de puestos de trabajo
d. Consiste en el acceso a cuerpos o escalas del mismo Subgrupo profesional

49. . Las retribuciones del personal laboral se determinarán de acuerdo con:

a. La Administración Pública en la que se encuentren adscritos
b. El Subgrupo o Grupo, en el supuesto de que éste no tenga Subgrupo
c. El contrato de trabajo
d. Todas las respuestas son correctas

50. según el TREBEP. Las funcionarias públicas tendrán permisos por lactancia de un hijo menor de doce meses tendrá derecho a una hora de ausencia del trabajo:

a. Que no podrá fraccionarse, siendo la reducción de una hora al inicio o al final de la jornada
b. Que tendrá que fraccionarse, siendo media hora al principio y media hora al final de la jornada
c. Que se podrá dividir en fracciones media hora al inicio y media hora al final de la jornada, así como una hora al inicio o al final de la jornada
d. Que se podrá dividir en fracciones media hora al inicio y media hora al final de la jornada, en fracciones de veinte minutos, así como una hora al inicio o al final de la jornada

51. Corresponderá a los Delegados de Personal, la representación según el TREBEP, en las unidades electorales donde el número de funcionarios:

a. Sea igual o superior a 5 e inferior a 49
b. Sea igual o superior a 6 e inferior a 49
c. Sea igual o superior a 5 e inferior a 50
d. Sea igual o superior a 6 e inferior a 50

52. Según el TREBEP, el funcionario tendrá un permiso por asuntos particulares de ¿cuántos días al año?

a. 4   b. 5   c. 6   d. 3

53. Señala la respuesta INCORRECTA respecto al permiso por adopción, por guarda con fines de adopción, o acogimiento:

a. Este permiso podrá disfrutarse a jornada completa o a tiempo parcial
b. Si fuera necesario el desplazamiento previo de los progenitores al país de origen del adoptado, en los casos de adopción o acogimiento internacional, se tendrá derecho, además, a un permiso de hasta un mes de duración
c. Tendrá una duración de dieciséis semanas ininterrumpidas
d. Todas las respuestas son correctas

54. Las retribuciones que retribuyen las características de los puestos de trabajo, la carrera profesional o el desempeño, rendimiento o resultados alcanzados por el funcionario son:

a. Retribuciones básicas
b. Retribuciones complementarias
c. Ambas son correctas
d. Ninguna lo es

55. ¿Las cantidades destinadas a financiar aportaciones a planes de pensiones o contratos de seguros tendrán la consideración de retribución diferida?

a. Sólo tendrán consideración de retribución diferida las cantidades destinadas a financiar contratos de seguros
b. Sólo tendrán consideración de retribución diferida las cantidades destinadas a financiar planes de pensiones
c. Sí, a todos los efectos
d. No, en ningún caso

56. Indica la respuesta INCORRECTA respecto a lo que deberán determinar los Pactos y Acuerdos:

a. Plazo de vigencia
b. Condiciones de denuncia
c. Ámbito personal, funcional, territorial y temporal
d. Todas las respuestas son correctas

57. Los tipos de Mesas de Negociación que se podrán constituir serán:

a. Mesa General de Negociación
b. Mesas Sectoriales
c. Mesa General de Negociación de las Administraciones Públicas
d. Todas son correctas

58. El derecho del ejercicio de la huelga, con la garantía del mantenimiento de los servicios esenciales de la comunidad, es un derecho,

a. Individual
b. Individual, que se ejerce de forma colectiva
c. Colectivo
d. Colectivo que se ejerce individualmente

59. Señala la respuesta INCORRECTA, según lo dispuesto en el TREBEP en relación al crédito de horas mensuales dentro de la jornada de trabajo y retribuidas como de trabajo efectivo de las que dispondrán los miembros de las Juntas de Personal y los Delegados de Personal, según la siguiente escala:

a. Hasta 100 funcionarios: 15
b. De 101 a 250 funcionarios: 25
c. De 251 a 500 funcionarios: 30
d. De 501 a 750 funcionarios: 35

60. ¿Qué antigüedad se exige los funcionarios de carrera, en servicio activo en el inferior Subgrupo o Grupo para tener acceso a la promoción interna?

a. Dos años b. Tres c. Cinco d. Uno

61. Tienen derecho a promoción profesional:

a. Funcionarios de carrera y funcionarios interinos
b. Funcionarios de carrera y personal laboral
c. Funcionarios interinos y personal laboral
d. Funcionarios de carrera y personal directivo

62. En relación al número de representantes de los que se compone cada Junta de Personal, en función del número de funcionarios de la Unidad electoral, señala la respuesta INCORRECTA,

a. De 251 a 500 funcionarios: 13
b. De 501 a 750 funcionarios: 19
c. De 751 a 1.000 funcionarios: 21
d. De 1.001 en adelante, tres por cada 1.000 o fracción, con el máximo de 75

63. En el caso de un puesto de trabajo obtenido por concurso, ¿puede la Administración, vincular la continuidad, a los resultados obtenidos en la evaluación del desempeño?

a. Sí, de acuerdo con los sistemas de evaluación que cada Administración Pública determine, dándose audiencia al interesado, y por la correspondiente resolución motivada
b. Sí, de acuerdo con los sistemas de evaluación que cada Administración Pública determine y previo apercibimiento
c. No, un puesto obtenido por concurso, no podrá vincularse su continuidad a la evaluación del desempeño
d. No, salvo que Ley de las Cortes Generales así lo autorice para situaciones excepcionales

64. Señala la respuesta INCORRECTA según TREBEP. La negociación colectiva de condiciones de trabajo de los funcionarios públicos que estará sujeta a los principios de:

a. Legalidad, cobertura presupuestaria
b. Imparcialidad y profesionalidad
c. Publicidad y transparencia
d. Todas las respuestas son correctas

65. Las Administraciones Públicas podrán destinar cantidades a financiar aportaciones a planes de pensiones de empleo o contratos de seguro colectivos que incluyan la cobertura de la contingencia de jubilación:

a. Éstas tendrán en todo caso la consideración de indemnizaciones correspondientes por razón de servicio
b. Éstas tendrán a todos los efectos la consideración de retribución diferida
c. Éstas no podrán tener en ningún caso la consideración de retribución en diferido
d. Éstas serán consideradas como retribuciones en especie

66. Es un derecho individual de los empleados públicos:

a. A la movilidad en la condición de funcionario de carrera
b. A la progresión en la carrera profesional y promoción interna según principios constitucionales de igualdad, mérito y publicidad
c. A la formación continua y a la actualización permanente de sus conocimientos y capacidades profesionales, preferentemente en horario laboral
d. A la defensa jurídica y protección de la Administración Pública en los procedimientos que se sigan ante cualquier orden jurisdiccional como consecuencia del ejercicio de sus funciones

67. Indica la respuesta correcta según el TREBEP. El crédito de horas mensuales de los miembros de las Juntas de Personal y los Delegados de Personal, dentro de la jornada de trabajo y retribuidas como trabajo efectivo:

a. De 101 a 250 funcionarios: 15
b. De 251 a 500 funcionarios: 20
c. De 501 a 750 funcionarios: 35
d. De 751 en adelante: 45

68. Si fuera necesario el desplazamiento previo de los progenitores al país de origen del adoptado, en los casos de adopción o acogimiento internacional:

a. Se tendrá derecho, además, a un permiso de hasta dos semanas de duración, percibiendo durante este periodo las retribuciones íntegras
b. Se tendrá derecho, además, a un permiso de hasta dos semanas de duración, percibiendo durante este periodo exclusivamente las retribuciones básicas
c. Se tendrá derecho, además, a un permiso de hasta dos meses de duración, percibiendo durante este periodo exclusivamente las retribuciones básicas
d. Se tendrá derecho, además, a un permiso de hasta dos meses de duración, percibiendo durante este periodo las retribuciones íntegras

69. Según el TREBEP, "obedecerán las instrucciones y órdenes profesionales de los superiores, salvo que constituyan una infracción manifiesta del ordenamiento jurídico, en cuyo caso las pondrán inmediatamente en conocimiento de los órganos de inspección procedentes.":

a. Es un deber de los empleados públicos
b. Es un principio ético del empleado público
c. Es un principio de conducta de los empleados públicos
d. Es un fundamento de actuación de los empleados públicos

70. Los Delegados de Personal que se podrán elegir en unidades electorales de hasta 30 funcionarios, serán:

a. Uno b. Dos c. Tres d. Cinco

71. según el Real Decreto Legislativo 5/2015, de 30 de octubre, por el que se aprueba el texto refundido de la Ley del Estatuto Básico del Empleado Público. Por nacimiento de hijos prematuros o que por cualquier otra causa deban permanecer hospitalizados a continuación del parto, la funcionaria o el funcionario tendrá derecho a:

a. Ausentarse del trabajo dos horas con la disminución proporcional de las retribuciones y reducir jornada otras dos horas percibiendo retribuciones íntegras
b. Ausentarse del trabajo una hora con la disminución proporcional de las retribuciones y reducir jornada otra hora percibiendo retribuciones íntegras
c. Ausentarse del trabajo dos horas percibiendo retribuciones íntegras y reducir jornada otras dos horas con la disminución proporcional de las retribuciones
d. Ausentarse del trabajo una hora percibiendo retribuciones íntegras y reducir jornada otra hora con la disminución proporcional de las retribuciones

72. Señala la respuesta INCORRECTA según el TREBEP, las Administraciones Públicas determinarán los efectos de la evaluación del desempeño en:

a. La promoción interna horizontal
b. La provisión de puestos de trabajo
c. La formación
d. Todas las respuestas son correctas

73. Señala cuál de las siguientes materias quedan excluidas de la obligatoriedad de negociación, según lo indicado en el TREBEP:

a. Las que afecten a las condiciones de trabajo y a las retribuciones de los funcionarios, cuya regulación exija norma con rango de ley
b. La regulación del ejercicio de los derechos de los ciudadanos y de los usuarios de los servicios públicos, así como el procedimiento de formación de los actos y disposiciones administrativas
c. Las normas que fijen los criterios y mecanismos generales en materia de evaluación del desempeño
d. Todas las respuestas anteriormente indicadas pueden ser objeto de negociación según el TREBEP

74. Qué deberán reflejarse para cada ejercicio presupuestario en la correspondiente Ley de Presupuestos:

a. Las cuantías de las retribuciones básicas de los funcionarios
b. El incremento de las cuantías globales de las retribuciones complementarias de los funcionarios
c. El incremento de la masa salarial del personal laboral
d. Todas las respuestas son correctas

75. Marca la respuesta correcta según el TREBEP. Las retribuciones complementarias de los funcionarios, se establecerán atendiendo a los siguientes factores:

a. Objetivos alcanzados
b. Productividad
c. Iniciativa o esfuerzo
d. Todas las respuestas son correctas

76. El procedimiento de elección de las Juntas de Personal, será:

a. Listas cerradas
b. Sistema mayoritario
c. Listas abiertas
d. a) y b) son correctas

77. En las elecciones de las Juntas de Personal y la elección de los Delegados de Personal serán electores y elegibles:

a. Los funcionarios que se encuentren en la situación de servicio activo
b. Los funcionarios que se encuentren en la situación de servicio activo o excedencia voluntaria
c. Los funcionarios que se formen parte de los sindicatos más representativos en la unidad electoral en donde se vayan a realizar las elecciones
d. Los funcionarios que tengan plenos derechos civiles

78. según el TREBEP. El personal laboral, se regirá por lo dispuesto en el Estatuto de los Trabajadores o en los Convenios Colectivos:

a. Para regular las situaciones administrativas
b. Para los procedimientos previstos para hacer efectiva la carrera profesional y la promoción del personal laboral
c. Ambas son correctas
d. Ninguna lo es

79. Señala la respuesta INCORRECTA según lo que el TREBEP indica respecto al permiso por parto:

a. Este permiso podrá disfrutarse a jornada completa o a tiempo parcial, cuando las necesidades del servicio lo permitan, y en los términos que reglamentariamente se determinen
b. La madre, podrá optar por que el otro progenitor disfrute de una parte determinada e ininterrumpida del periodo de descanso posterior al parto, bien de forma simultánea o sucesiva con el de la madre
c. En los casos de disfrute simultáneo de periodos de descanso, la suma de los mismos no podrá exceder de las trece semanas
d. Todas las respuestas son correctas

80. Marca la respuesta INCORRECTA. Están legitimados para convocar una reunión, además de las organizaciones sindicales, directamente o a través de los Delegados Sindicales:

a. Los Delegados de Personal
b. Las Juntas de Personal
c. Ambas son correctas
d. Ninguna lo es

81. Dispondrán en el ejercicio de su función representativa de 20 horas mensuales de trabajo dentro de la jornada de trabajo y retribuidas como de trabajo efectivo, los representantes legales de los funcionarios en unidades donde representen:

a. ... a menos de 100 funcionarios
b. ... de 501 a 750 funcionarios
c. ... de 251 a 500 funcionarios
d. ...de 101 a 200 funcionarios

82. ¿Cómo serán los ascensos en el sistema de grados, categorías o escalones?

a. Alternos con carácter general, salvo en aquellos supuestos excepcionales en los que se prevea otra posibilidad
b. Simultáneos con carácter general, salvo en aquellos supuestos excepcionales en los que se prevea otra posibilidad
c. Consecutivos con carácter general, salvo en aquellos supuestos excepcionales en los que se prevea otra posibilidad
d. Paralelos con carácter general, salvo en aquellos supuestos excepcionales en los que se prevea otra posibilidad

83. Según el Real Decreto Legislativo 5/2015, de 30 de octubre, por el que se aprueba el texto refundido de la Ley del Estatuto Básico del Empleado Público, se entiende por representación:

a. El derecho a negociar la determinación de condiciones de trabajo de los empleados de la Administración Pública
b. La facultad de elegir representantes y constituir órganos unitarios a través de los cuales se instrumente la interlocución entre las Administraciones Públicas y sus empleados
c. El derecho a participar, a través de las organizaciones sindicales, en los órganos de control y seguimiento de las entidades u organismos que legalmente se determine
d. Ninguna respuesta es correcta

84. La retribución de los funcionarios en prácticas, según lo previsto en el TREBEP:

a. Como máximo, se corresponderán a las del sueldo del Subgrupo o Grupo, en el supuesto de que éste no tenga Subgrupo, en que aspiren a ingresar
b. Como mínimo, se corresponderán a las del sueldo del Subgrupo o Grupo, en el supuesto de que éste no tenga Subgrupo, en que aspiren a ingresar
c. Como mínimo, se corresponderán a las del sueldo del Subgrupo o Grupo, en el supuesto de que éste no tenga Subgrupo, en que aspiren a ingresar más las retribuciones complementarias propias del puesto
d. Como máximo, se corresponderán a las del sueldo del Subgrupo o Grupo, en el supuesto de que éste no tenga Subgrupo, en que aspiren a ingresar más las retribuciones complementarias propias del puesto

85. Las Juntas de Personal se elegirán mediante:

a. Listas abiertas, a través de un sistema proporcional corregido
b. Listas cerradas, a través de un sistema proporcional corregido
c. A través de un sistema proporcional mayoritario
d. Listas abiertas, a través de un sistema proporcional mayoritario

86. Señala la respuesta INCORRECTA, según lo dispuesto en el TREBEP en relación al crédito de horas mensuales dentro de la jornada de trabajo y retribuidas como de trabajo efectivo de las que dispondrán los miembros de las Juntas de Personal y los Delegados de Personal, según la siguiente escala:

a. De 101 a 250 funcionarios: 20
b. De 251 a 500 funcionarios: 30
c. De 501 a 750 funcionarios: 35
d. De 1000 en adelante: 40

87. El ascenso desde un cuerpo o escala de un Subgrupo o Grupo de clasificación provisional, en el supuesto de que éste no tenga Subgrupo, a otro superior, constituye la:

a. Promoción profesional vertical
b. Carrera profesional vertical
c. Promoción interna vertical
d. Carrera profesional interna

88. Cada Junta de Personal se compone de un número de representantes, en función del número de funcionarios de la Unidad electoral correspondiente, de acuerdo con la siguiente escala, señala cuál de las siguientes respuestas es INCORRECTA,

a. De 50 a 100 funcionarios: 5
b. De 101 a 250 funcionarios: 9
c. De 251 a 500 funcionarios: 13
d. Todas son correctas

89. En relación a las pagas extraordinarias:

a. Serán dos al año, cada una por el importe de una mensualidad de retribuciones básicas y de la totalidad de las retribuciones complementarias
b. Las retribuciones de los funcionarios de carrera se clasifican en básicas, complementarias y las pagas extraordinarias
c. Ambas son correctas
d. Ninguna lo es

90. Las retribuciones del personal laboral se determinarán de acuerdo con:

a. La legislación laboral
b. El convenio colectivo que sea aplicable
c. El contrato de trabajo
d. Todas las respuestas son correctas

91. En el supuesto de discapacidad del hijo y, por cada hijo a partir del segundo, en los supuestos de parto múltiple, el permiso por parto, se ampliará a cuántas semanas:

a. 6   b. 4   c. 3   d. 2

92. En relación al permiso por cuidado de hijo menor afectado por cáncer u otra enfermedad grave, el TREBEP, indica que el funcionario tendrá derecho a:

a. A una reducción de hasta el cincuenta por ciento de la jornada laboral. Percibiendo retribuciones básicas
b. A una reducción de hasta el cincuenta por ciento de la jornada laboral. Percibiendo retribuciones íntegras
c. A una reducción de la jornada de trabajo de al menos la mitad de la duración de aquélla. Percibiendo retribuciones íntegras
d. A una reducción de la jornada de trabajo de al menos la mitad de la duración de aquélla. Percibiendo retribuciones básicas

93. según el TREBEP. Los órganos de gobierno de las Administraciones Públicas podrán suspender o modificar excepcionalmente los convenios colectivos o acuerdos que afecten al personal laboral:

a. Debiendo negociar con las Organizaciones Sindicales las condiciones de dicha modificación o suspensión
b. Deberán informar a las Organizaciones Sindicales las causas de la suspensión o modificación
c. Pudiendo informar a las Organizaciones Sindicales las causas de la suspensión o modificación
d. Debiendo acordar las condiciones de la modificación de forma conjunta con las Organizaciones Sindicales más representativas

94. Según el Real Decreto Legislativo 5/2015, de 30 de octubre, por el que se aprueba el texto refundido de la Ley del Estatuto Básico del Empleado Público, se entiende por participación:

a. El derecho a participar, a través de las organizaciones sindicales, en los órganos de control y seguimiento de las entidades u organismos que legalmente se determine
b. El derecho a negociar la determinación de condiciones de trabajo de los empleados de la Administración Pública
c. La facultad de elegir representantes y constituir órganos unitarios a través de los cuales se instrumente la interlocución entre las Administraciones Públicas y sus empleados
d. Ninguna respuesta es correcta

95. Por fallecimiento o enfermedad grave de un familiar dentro del segundo grado de consanguinidad o afinidad, el funcionario público según el TREBEP, tendrá un permiso de:

a. Un día en la misma localidad y tres días si es en distinta localidad
b. Dos días si es en la misma localidad y cuatro días si es en distinta localidad
c. Tres días si es en la misma localidad y cinco días si es en distinta localidad
d. Cuatro días si es en la misma localidad y cinco días si es en distinta localidad

96. Indica la respuesta correcta en relación a la promoción profesional de los funcionarios de carrera:

a. Podrán progresar simultáneamente en las modalidades de promoción interna vertical u horizontal, cuando la Administración correspondiente las haya implantado en un mismo ámbito
b. Podrán progresar simultáneamente en las modalidades de carrera horizontal y vertical cuando la Administración correspondiente las haya implantado en un mismo ámbito
c. Podrán progresar simultáneamente en las modalidades de carrera horizontal y vertical cuando la Administración correspondiente las haya implantado y siempre y cuando pertenezcan a disitinto ámbito
d. Podrán progresar, aunque no simultáneamente, en las modalidades de carrera horizontal y vertical cuando la Administración correspondiente las haya implantado en un mismo ámbito

97. Indica la respuesta INCORRECTA según el TREBEP. Podrán promover la celebración de lecciones a Delegados y Juntas de Personal:

a. Los sindicatos más representativos a nivel estatal
b. Los sindicatos que, sin ser más representativos, hayan conseguido al menos el 10 por 100 de los representantes a los que se refiere este Estatuto en el conjunto de las Administraciones Públicas
c. Los sindicatos más representativos de cualquier comunidad autónoma
d. Los sindicatos que hayan obtenido al menos un porcentaje del 10 por 100 en la unidad electoral en la que se pretende promover las elecciones

98. Señale la respuesta correcta. De conformidad con el artículo 28 del Estatuto Básico del Empleado Público, los funcionarios percibirán las indemnizaciones correspondientes por razón de:

a. Por razón de la progresión alcanzada por el funcionario dentro del sistema de carrera administrativa
b. Por razón de la especial dificultad técnica, responsabilidad o dedicación
c. Por razón de servicio
d. Todas las respuestas son correctas

99. Indica la respuesta correcta según el TREBEP. El crédito de horas mensuales de los miembros de las Juntas de Personal y los Delegados de Personal, dentro de la jornada de trabajo y retribuidas como trabajo efectivo:

a. De 751 en adelante: 50
b. De 501 a 750 funcionarios: 45
c. De 251 a 500 funcionarios: 30
d. De 101 a 250 funcionarios: 25

100. El procedimiento de elección de los Delegados de Personal, será:

a. Listas abiertas
b. Sistema proporcional corregido
c. Sistema mayoritario
d. b) y c) son correctas

Respuestas Título III

1	B	26	B	51	D	76	A
2	C	27	B	52	C	77	A
3	D	28	D	53	B	78	B
4	C	29	C	54	B	79	C
5	B	30	D	55	C	80	C
6	B	31	B	56	A	81	D
7	C	32	B	57	D	82	C
8	A	33	B	58	B	83	B
9	A	34	A	59	B	84	B
10	B	35	A	60	A	85	B
11	A	36	A	61	B	86	D
12	C	37	C	62	D	87	C
13	C	38	D	63	A	88	D
14	B	39	A	64	B	89	A
15	D	40	B	65	B	90	D
16	A	41	C	66	C	91	D
17	A	42	D	67	C	92	C
18	C	43	B	68	C	93	B
19	D	44	C	69	C	94	A
20	B	45	C	70	A	95	B
21	A	46	B	71	C	96	B
22	D	47	A	72	A	97	C
23	D	48	C	73	B	98	C
24	C	49	C	74	D	99	C
25	B	50	C	75	C	100	D

Título IV

1. Señala la respuesta INCORRECTA. La jubilación de los funcionarios podrá ser:

a. Voluntaria
b. Forzosa
c. Por declaración de incapacidad permanente
d. Todas son correctas

2. La jubilación forzosa se declarará:

a. ...de oficio
b. ...de oficio o a solicitud del interesado
c. ...al cumplir los 67 años de edad
d. ...l cumplir los 70 años de edad

3. ¿Puede un funcionario, afiliado a un sindicato, formar parte de un órgano de selección?

a. En ningún caso. Se encuentra expresamente prohibido
b. Sí, siempre que sea un funcionario de carrera
c. Sí, siempre que sea un funcionario de carrera o interino y no ostente la representación de dicho sindicato
d. Sí, siempre que sea un funcionario de carrera y actúe a título individual

4. Señala la respuesta INCORRECTA según el TREBEP. Los órganos de selección, serán colegiados y su composición deberá ajustarse a los principios de:

a. Idoneidad
b. Profesionalidad
c. Tenderán a la paridad entre mujer y hombre
d. Todas son correctas

5. ¿Es necesaria una ley, para establecer un sistema selectivo basado en el sistema de concurso, valorando únicamente los méritos?

a. Sí, siempre es necesaria una ley. Tanto para el personal funcionario de carrera, como para el personal laboral fijo
b. Sólo será posible en virtud de ley para el personal funcionario de carrera
c. Sólo será posible en virtud de ley para el personal laboral fijo
d. En ningún caso será necesaria una ley para realizar este tipo de proceso selectivo

6. La renuncia a la condición de funcionario:

a. Inhabilita para ingresar de nuevo en la Administración Pública a través del procedimiento de selección establecido
b. No inhabilita para ingresar de nuevo en la Administración Pública sin pasar a través del procedimiento de selección establecido
c. No inhabilita para ingresar de nuevo en la Administración Pública a través del procedimiento de selección establecido
d. Inhabilita para ingresar de nuevo en la Administración Pública sin pasar a través del procedimiento de selección establecido

7. Señala la respuesta INCORRECTA. La jubilación de los funcionarios podrá ser, según lo recogido en el TREBEP:

a. Voluntaria, a solicitud de la Administración
b. Forzosa, al cumplir la edad legalmente establecida
c. Por la declaración de incapacidad permanente para el ejercicio de las funciones propias de su cuerpo o escala, o por el reconocimiento de una pensión de incapacidad permanente absoluta o, incapacidad permanente total en relación con el ejercicio de las funciones de su cuerpo o escala
d. Todas son correctas

8. El TREBEP indica que, la pena principal o accesoria de inhabilitación especial:

a. Produce la pérdida de la condición de funcionario respecto a los cargos fijados en la sentencia, cuando hubiere adquirido firmeza
b. Produce la pérdida de la condición de funcionario respecto a los cargos fijados en la sentencia, cuando no quepa recurso contra ella
c. Produce la pérdida de la condición de funcionario respecto a todos los empleos o cargos que tuviere, cuando hubiere adquirido firmeza
d. Produce la pérdida de la condición de funcionario respecto a todos los empleos o cargos que tuviere, cuando no quepa recurso contra ella

9. Todos los ciudadanos tienen derecho al acceso al empleo público de acuerdo con los principios constitucionales, según el Real Decreto Legislativo 5/2015, de 30 de octubre:

a. Mérito
b. Publicidad
c. Idoneidad
d. Todas son correctas

10. según el TREBEP. Un funcionario condenado a la pena principal o accesoria de inhabilitación, podrá ser rehabilitado:

a. A petición del interesado
b. Sólo en el caso de inhabilitación especial
c. Con carácter ordinario
d. Concede el juez que dictó la sentencia

11. Indica según el TREBEP, cuál NO es un principio que deban garantizar las Administraciones Públicas para seleccionar a su personal funcionario y laboral, además de los principios constitucionales (igualdad, mérito y capacidad):

a. Transparencia
b. Agilidad
c. Independencia
d. Todas son correctas

12. según lo dispuesto en el TREBEP. Los nacionales de los Estados miembros de la Unión Europea podrán acceder, como personal funcionario, en igualdad de condiciones que los españoles a los empleos públicos:

a. Sí, en todo caso
b. Sí, salvo excepciones
c. No, salvo que sea cónyuge de español y no estén separados de derecho y a sus descendientes, siempre que sean menores de veintiún años
d. No, en ningún caso

13. Es INCORRECTO afirmar sobre la jubilación que:

a. La jubilación de los funcionarios podrá ser voluntaria, forzosa o por incapacidad permanente
b. La jubilación forzosa se declarará al cumplir los 67 años de edad
c. Se podrá solicitar la prolongación de la permanencia en el servicio activo como máximo hasta que se cumplan 70 años
d. Todas son correctas

14. El Título IV del TREBEP, se denomina:

a. Clases de personal al servicio de las Administraciones Públicas
b. Adquisición y pérdida de la relación de servicio
c. Derechos y deberes. Código de conducta de los empleados públicos
d. Ordenación de la actividad profesional

15. En las ofertas de empleo público se reservará un cupo no inferior al siete por ciento de las vacantes para ser cubiertas entre personas con discapacidad. Según el TREBEP, para la obtención de la plaza, deberán:

a. Superar los procesos selectivos
b. Acreditar su discapacidad
c. Acreditar la compatibilidad con el desempeño de las tareas
d. Todas son correctas

16. produce la pérdida de la condición de funcionario respecto de aquellos empleos o cargos especificados en la sentencia, cuando ésta hubiere adquirido firmeza:

a. La pena principal o accesoria de inhabilitación absoluta
b. La pena principal o accesoria de inhabilitación especial
c. La pena principal o accesoria de inhabilitación parcial
d. La pena principal o accesoria de inhabilitación total

17. Podrá eximirse del requisito de nacionalidad, por razones de interés general, para el acceso a la condición de personal funcionario, según lo que se dispone en el TREBEP:

a. Por Real Decreto del Consejo de Ministros
b. Reglamentariamente
c. Por Ley
d. Por Ley Orgánica

18. Indica la respuesta INCORRECTA en relación a los sistemas selectivos según el TREBEP. Las pruebas podrán consistir en:

a. Comprobación del dominio de lenguas extranjeras
b. Pruebas psicotécnicas
c. Periodos de prácticas
d. Todas son correctas

19. Señala la respuesta INCORRECTA. Son causas de pérdida de la condición de funcionario de carrera:
a. La pena principal o accesoria de inhabilitación absoluta o especial para cargo público que tuviere carácter firme
b. La jubilación total o parcial del funcionario
c. La sanción disciplinaria de separación del servicio que tuviere carácter firme
d. La pérdida de la nacionalidad

20. Indica la respuesta correcta en relación a la renuncia voluntaria de la condición de funcionario, según lo estipulado en el TREBEP:
a. Habrá de ser manifestada por escrito u oralmente
b. Será aceptada expresamente por la Administración, salvo excepciones
c. Ambas son correctas
d. Ninguna lo es

21. según el TREBEP. La pérdida de la nacionalidad española o la de cualquier otro Estado miembro de la Unión Europea o la de aquellos Estados a los que, en virtud de tratados internacionales celebrados por la Unión Europea y ratificados por España, les sea de aplicación la libre circulación de trabajadores, que haya sido tenida en cuenta para el nombramiento, determinará la pérdida de la condición de funcionario:
a. En todo caso
b. Salvo lo dispuesto para el personal que desempeñe puestos en Organismos Internacionales
c. Salvo que simultáneamente se adquiera la nacionalidad de alguno de dichos Estados
d. Salvo que simultáneamente se adquiera la nacionalidad de alguno de dichos Estados en cuyo caso, podría ingresar de nuevo en la Adminsitración Pública al través del procedimiento de selección establecido

22. Señala la respuesta INCORRECTA según el TREBEP. Los órganos de selección, serán colegiados y su composición deberá ajustarse a los principios de:
a. Objetividad
b. Profesionalidad
c. Tenderán a la paridad entre mujer y hombre
d. Todas son correctas

23. ¿Qué porcentaje de las plazas ofertadas, se reservarán para que sean cubiertas para personas que acrediten discapacidad intelectual? Indica lo correcto según el TREBEP:
a. Al menos el 2%
b. Al menos el 3%
c. Al menos el 5%
d. Al menos el 7%

24. Para que el funcionario de carrera pueda acogerse a la jubilación voluntaria, el TREBEP, estipula que tendrá que:
a. Tener cumplidos 60 años y 30 años de servicio
b. Reunir los requisitos y condiciones establecidos en el Régimen de la Seguridad Social que le sea aplicable
c. Tener cumplidos 65 años y 25 años de servicio
d. Tener cumplidos 65 años y 30 de servicio

25. cuando hubiere adquirido firmeza la sentencia que la imponga produce la pérdida de la condición de funcionario respecto de aquellos empleos o cargos especificados en la sentencia:
a. La pena principal de inhabilitación especial
b. La pena accesoria de inhabilitación especial
c. Ambas son correctas
d. Ninguna lo es

26. NO está entre los requisitos generales que recoge el TREBEP, para poder participar en los procesos selectivos:
a. Poseer la titulación exigida durante el proceso de selección o, en su caso, estar en posesión de ella en el momento de la toma de posesión del puesto de funcionario
b. Poseer la capacidad funcional para el desempeño de las tareas
c. No haber sido separado mediante expediente disciplinario del servicio de cualquiera de las Administraciones Públicas
d. Tener la nacionalidad española, sin perjuicio de lo dispuesto en el artículo siguiente

27. Señala la respuesta INCORRECTA. La condición de funcionario de carrera se adquiere por el cumplimiento de los siguientes requisitos:
a. Toma de posesión dentro del plazo que se establezca
b. Nombramiento por el órgano o autoridad competente, que será publicado en el Diario Oficial correspondiente
c. Superación del examen psicotécnico
d. Todas son correctas

28. La "Pérdida de la relación de servicio" se encuentra regulada en el Estatuto Básico del Empleado Público:
a. En Título V, Capítulo I
b. En Título IV, Capítulo I
c. En Título V, Capítulo II
d. En Título IV, Capítulo II

29. El TREBEP indica que la renuncia de la condición de funcionario, no podrá ser aceptada cuando:
a. Se haya dictado en su contra auto de procesamiento
b. Haya sido condenado a la pena principal o accesoria de inhabilitación absoluta y hubiere adquirido la condición de firme
c. Ambas son correctas
d. Ninguna lo es

30. Señala cuál NO es un requisito general para poder participar en los procesos selectivos:
a. Tener la nacionalidad española
b. Poseer la capacidad funcional para el desempeño de las tareas
c. Tener cumplidos dieciséis años y no exceder, los 67
d. Todas son correctas

31. Indica la respuesta correcta en relación a la renuncia voluntaria de la condición de funcionario, según lo estipulado en el TREBEP:
a. Habrá de ser manifestada por escrito
b. Será aceptada expresamente por la Administración, en todo caso
c. Ambas son correctas
d. Ninguna lo es

32. Señale en cuál de los siguientes casos, un funcionario de carrera sería declarado en situación de servicios especiales:

a. Funcionario, al que por razones de reestructuración interna, no se le puede asignar, transitoriamente, un puesto de trabajo
b. Funcionario que es adscrito a los servicios del Tribunal Constitucional
c. Funcionario que obtiene destino en una Administración Pública distinta
d. Funcionario que incumple la obligación de solicitar el reingreso al servicio activo en el plazo previsto

33. según el TREBEP, en relación a los órganos de selección:

a. La pertenencia a los órganos de selección será siempre a título colectivo, pudiendo ostentarse ésta en representación o por cuenta de una tercera persona o entidad
b. La pertenencia a los órganos de selección será siempre a título individual, pudiendo ostentarse ésta en representación o por cuenta de de una tercera persona o entidad
c. La pertenencia a los órganos de selección será siempre a título individual, no pudiendo ostentarse ésta en representación o por cuenta de nadie, salvo las excepciones determinadas por la Ley
d. La pertenencia a los órganos de selección será siempre a título individual, no pudiendo ostentarse ésta en representación o por cuenta de nadie

34. Según lo indicado en el TREBEP, los funcionarios de nacionalidad española de Organismos Internacionales podrán quedar exentos de:

a. La acreditación de la titulación requerida, siempre que acrediten los conocimientos ya exigidos para el desempeño de su puesto en el organismo internacional correspondiente
b. La realización de procesos selectivos, siempre que acrediten los conocimientos ya exigidos para el desempeño de su puesto en el organismo internacional correspondiente
c. La realización de aquellas pruebas que tengan por objeto acreditar conocimientos ya exigidos para el desempeño de su puesto en el organismo internacional correspondiente
d. La acreditación del certificado de segunda lengua, siempre que acrediten los conocimientos ya exigidos para el desempeño de su puesto en el organismo internacional correspondiente

35. Procederá la jubilación voluntaria:

a. A solicitud del interesado, desde que cumplan los 60 años de edad, siempre que tengan reconocidos 30 años de servicios al Estado
b. A solicitud del interesado o por propuesta de la Administración, desde que cumplan los 60 años de edad, siempre que tengan reconocidos 30 años de servicios al Estado
c. A solicitud del interesado o por propuesta de la Administración, siempre que el funcionario reúna los requisitos y condiciones establecidos en el Régimen de Seguridad Social que le sea aplicable
d. A solicitud del interesado, siempre que el funcionario reúna los requisitos y condiciones establecidos en el Régimen de Seguridad Social que le sea aplicable

36. Señala la respuesta INCORRECTA. No podrán formar parte de los órganos de selección:

a. Personal directivo o de designación política
b. Funcionarios interinos
c. Personal eventual
d. Todas son correctas

37. Señala la respuesta INCORRECTA. No podrán formar parte de los órganos de selección:

a. Funcionarios de carrera y personal eventual
b. Funcionarios interinos
c. Personal directivo o de designación política
d. Ninguna respuesta es correcta

38. Indica la respuesta INCORRECTA, en relación a la rehabilitación de un funcionario condenado a la pena principal o accesoria de inhabilitación:

a. Tiene carácter excepcional
b. Podrá ser concedida ya sea inhabilitación especial o absoluta
c. Concede el juez que dictó la sentencia
d. A petición del interesado

39. En relación a los sistemas selectivos según el TREBEP. Las pruebas podrán consistir en:

a. Periodos de prácticas
b. Superación de pruebas físicas
c. Superación de cursos
d. Realización de entrevistas

40. En caso de extinción de la relación de servicios como consecuencia de pérdida de la nacionalidad o jubilación por incapacidad permanente para el servicio, el interesado, una vez desaparecida la causa objetiva que la motivó, podrá solicitar la rehabilitación de su condición de funcionario:

a. Que será valorada por el órgano que dictó la extinción de la relación de servicios y responderá en un plazo no superior a tres meses
b. El interesado será informado de la aceptación o rechazo de la petición en un plazo no superior a seis meses
c. Que le será concedida
d. Ninguna respuesta es correcta

41. Entre los requisitos generales que recoge el TREBEP, para poder participar en los procesos selectivos se encuentra:

a. Tener cumplidos los 16 años
b. Tener cumplidos los 18 años
c. No tener cumplidos los 65 años
d. No tener cumplidos los 67 años

42. En las ofertas de empleo público, se reservará, un cupo para discapacidad, según el RDL 5/2015:

a. 3 %   b. 6%   c. 7%   d. 10%

43. ¿Qué indica el TREBEP en cuanto a la selección de personal, para aquéllas CC AA, que tengan dos lenguas oficiales?

a. Se remite a las Leyes de Función Publica que desarrollen este Estatuto para que indiquen la obligatoriedad o no de acreditar el conocimiento de ambas lenguas
b. Indica que para cualquier tipo de Administración Pública cuya sede radique en una Comunidad Autónoma con dos lenguas oficiales, será requisito indispensable para participar en los procesos selectivos
c. Que deberán prever la selección de empleados públicos debidamente capacitados para cubrir estos puestos de trabajo
d. El TREBEP, no hace referencia a las CC AA con dos lenguas oficiales en relación a la selección de personal

44. Indica la respuesta INCORRECTA, en relación a la rehabilitación de un funcionario condenado a la pena principal o accesoria de inhabilitación:

a. Tiene carácter excepcional
b. Sólo es posible cuando la inhabilitación

es especial

c. Lo podrán conceder los órganos de gobierno de las Administraciones Públicas
d. Es a solicitud del interesado

45. En relación a los sistemas selectivos. Las pruebas podrán consistir en:

a. La comprobación de conocimientos y la capacidad analítica de los aspirantes
b. Superación de pruebas físicas
c. Comprobación del dominio de lenguas extranjeras
d. Todas son correctas

46. Señala la respuesta INCORRECTA. La jubilación de los funcionarios podrá ser, según lo recogido en el TREBEP:

a. Voluntaria, a solicitud del funcionario
b. Forzosa, al cumplir los 67 años de edad
c. Por la declaración de incapacidad permanente para el ejercicio de las funciones propias de su cuerpo o escala, o por el reconocimiento de una pensión de incapacidad permanente absoluta o, incapacidad permanente total en relación con el ejercicio de las funciones de su cuerpo o escala
d. Todas son correctas

47. según lo dispuesto en el TREBEP. La renuncia voluntaria a la condición de funcionario:

a. Habrá de ser manifestada por escrito u oralmente y será aceptada expresamente por la Administración, salvo excepciones
b. Habrá de ser manifestada por escrito u oralmente y será aceptada expresamente por la Administración, en todo caso
c. Habrá de ser manifestada por escrito y será aceptada expresamente por la Administración, salvo excepciones
d. Habrá de ser manifestada por escrito y será aceptada expresamente por la Administración, en todo caso

48. Indica la respuesta INCORRECTA en relación a los sistemas selectivos según el TREBEP. Las pruebas podrán consistir en:

a. Comprobación de la capacidad analítica de los aspirantes
b. Reconocimientos médicos
c. Superación de pruebas físicas
d. Comprobación del dominio de lenguas extranjeras

49. El TREBEP indica que la renuncia de la condición de funcionario, no podrá ser aceptada cuando:

a. No se encuentre dentro de ninguna causa prevista para la pérdida de la condición de funcionario
b. Se haya dictado en su contra apertura de juicio oral por la comisión de algún delito
c. Ambas son correctas
d. Ninguna lo es

50. Es INCORRECTO afirmar sobre la jubilación forzosa que:

a. La jubilación forzosa se declarará al cumplir los 65 años de edad
b. Se podrá solicitar la prolongación de la permanencia en el servicio activo como máximo hasta que se cumplan 70 años
c. La Administración Pública competente deberá de resolver de forma favorable la solicitud de la prolongación
d. Todas son correctas

51. En un órgano de selección, ¿puede ostentarse la representación por cuenta de otro? según el TREBEP:

a. Sí, en todo caso
b. No, en ningún caso
c. Sí, siempre que sea funcionario de carrera
d. Sí, siempre que lo haga en representación de una organización sindical

52. según el Real Decreto 5/2015 del 30 de octubre. Todos los ciudadanos tienen derecho al acceso al empleo público de acuerdo con los principios constitucionales de igualdad, mérito y capacidad, y de acuerdo con lo previsto en:

a. La Constitución y el resto del ordenamiento jurídico
b. El presente Estatuto y el resto del ordenamiento jurídico
c. Los reglamentos y convenios que les sean de aplicación
d. Las leyes de Función Pública que se dicten en desarrollo del presente Estatuto

53. Según el TREBEP, sería INCORRECTO afirmar en relación a la jubilación que:

a. Se podrá solicitar la prolongación de la permanencia en el servicio activo como máximo hasta que se cumplan 70 años
b. La jubilación de los funcionarios podrá ser voluntaria, forzosa o por incapacidad temporal
c. La jubilación forzosa se declarará al cumplir los 65 años de edad
d. Todas son correctas

54. En relación a los requisitos que deben cumplir las personas con discapacidad para la obtención de su plaza:

a. Superar proceso selectivo, acreditar capacidad y acreditar compatibilidad con el desempeño de las tareas
b. Superar proceso selectivo, acreditar discapacidad y acreditar compatibilidad con el desempeño de las tareas
c. Superar proceso selectivo, acreditar compatibilidad con el desempeño de las tareas
d. Acreditar discapacidad y acreditar compatibilidad con el desempeño de las tareas

55. Una vez realizada la toma de posesión, si el funcionario pierde la nacionalidad que fuera tenida en cuenta para el nombramiento, ¿pierde la condición de funcionario?

a. No, una vez superada la fase de toma de posesión, el funcionario mantendría esa condición incluso tras la pérdida de la nacionalidad
b. En todo caso, el funcionario que pierda la nacionalidad, pierde la condición de funcionario
c. El funcionario que pierda la nacionalidad, pierde la condición de funcionario, salvo excepciones
d. Ninguna respuesta es correcta

56. Según el TREBEP, un funcionario condenado a la pena principal o accesoria de inhabilitación, podrá ser rehabilitado:

a. Con carácter ordinario, atendiendo a las circunstancias y entidad del delito cometido, por el juez que dictó la sentencia
b. Con carácter extraordinario, a petición del interesado y por los órganos de gobierno de las Administraciones Públicas
c. Con carácter ordinario, a petición de la Adminsitración, por razones de interés general y que podrá ser concedido por los órganos de gobierno de las Administraciones Públicas
d. Con carácter extraordinario, a petición de la Administración y será concedido por el juez que dictó la sentencia

57. Produce la pérdida de la condición de funcionario respecto a todos los empleos o cargos que tuviere, cuando la sentencia hubiere adquirido firmeza:

a. La pena principal o accesoria de inhabilitación absoluta
b. La pena principal o accesoria de inhabilitación especial
c. La pena principal o accesoria de inhabilitación parcial
d. La pena principal o accesoria de inhabilitación absoluta

58. La edad mínima y máxima para participar en un proceso selectivo según el Real Decreto Legislativo 5/2015 es de:

a. 16 mínimo y 67 máximo
b. 18 mínimo y 67 máximo
c. 16 mínimo y no exceder la edad máxima de jubilación forzosa
d. 18 mínimo y no exceder la edad máxima de jubilación forzosa

59. ¿Se pueden establecer adaptaciones y ajustes de tiempos y medios en el proceso selectivo, para personas con discapacidad? Indica lo correcto según el TREBEP:

a. No, en ningún caso. Los medios y los tiempos con los que contarán las personas con discapacidad, serán los mismos que para cualquier otro aspirante
b. Cada Administración Pública adoptará medidas las precisas y que sean razonables para el ajuste de tiempos y medios
c. Cada Administración Pública adoptará medidas las precisas y que sean razonables para el ajuste de tiempos. Los medios con los que contarán las personas con discapacidad, serán los mismos que para cualquier otro asepirante
d. Ninguna respuesta es correcta

60. Para el personal funcionario de carrera, ¿podrá haber, sistemas selectivos basados en el sistema de concurso, valorando únicamente los méritos?

a. No, es necesario que superen el proceso selectivo correspondiente que podrá consistir en la comprobación de conocimientos y en la capacidad analítica de los aspirantes
b. No, los sistemas selectivos de los funcionarios de carrera serán los de oposición y concurso-oposición que deberán incluir, en todo caso, una o varias pruebas para determinar la capacidad de los aspirantes y establecer el orden de prelación
c. Sí, sólo en virtud de Ley y con carácter excepcional
d. Sí, por razones de interés general y si la convocatoria, así específicamente lo indica

61. Podrán formar parte de los órganos de selección:

a. Personal laboral
b. Personal directivo o de designación política
c. Personal eventual
d. Todas son correctas

62. En relación al personal funcionario de carrera, para establecer un sistema selectivo basado sólo en concurso, valorando únicamente los méritos, ¿será necesario hacerlo en virtud de ley?

a. Sí, en todo caso y tiene carácter excepcional
b. No, en ningún caso
c. No, salvo excepciones
d. Sí, siempre que haya más de un aspirante para el mismo puesto

63. Contesta lo correcto según el TREBEP. ¿Es posible eximir del requisito de nacionalidad para el acceso al empleo público?

a. Sólo por Real Decreto del Consejo de Ministros
b. Por razones expresamente justificadas de necesidad y urgencia
c. Ambas son correctas
d. Ninguna lo es

64. Señala la respuesta INCORRECTA. La jubilación de los funcionarios podrá ser, según lo recogido en el TREBEP:

a. Voluntaria, a solicitud del funcionario
b. Forzosa, al cumplir la edad legalmente establecida
c. Por la declaración de incapacidad temporal para el ejercicio de las funciones propias de su cuerpo o escala, o por el reconocimiento de una pensión de incapacidad permanente absoluta o, incapacidad permanente total en relación con el ejercicio de las funciones de su cuerpo o escala
d. Todas son correctas

65. Aquellos procesos selectivos que incluyan la valoración de méritos, la puntuación que se otorgue en este sentido:

a. Podrá determinar por sí sola el resultado del proceso selectivo
b. No determinará, en ningún caso, por sí misma el resultado del proceso selectivo
c. No determinará, en ningún caso, por sí misma el resultado del proceso selectivo, salvo las excepciones establecidas en esta u otras Leyes
d. Podrá determinar por sí sola el resultado del proceso selectivo, salvo que en la convocatoria se indique lo contrario

66. Un funcionario condenado a la pena principal o accesoria de inhabilitación, podrá ser rehabilitado:

a. Por el juez que dictó la sentencia, a petición de la Administración Pública
b. Por los órganos de gobierno de las Administraciones Públicas, a petición del interesado
c. Por el juez que dictó la sentencia, a petición del interesado
d. Por los órganos de gobierno de las Administraciones Públicas, a de la Administración

67. En un órgano de selección, ¿puede ser la representación, en nombre de una organización sindical? :

a. Sí, siempre que el representante designado sea funcionario de carrera y tenga la formación requerida para formar parte de dicho órgano
b. Sí, siempre que se ajuste a los principios de imparcialidad y profesionalidad de sus miembros
c. No, en ningún caso
d. No, salvo excepciones

68. La reserva del mínimo del siete por ciento se realizará de manera que, al menos, el dos por ciento de las plazas ofertadas lo sea para ser cubiertas por personas que acrediten discapacidad intelectual y el resto de las plazas ofertadas:

a. Lo sea para personas que acrediten cualquier otro tipo de discapacidad o a la oferta de turno libre según el caso
b. Lo sea para personas que acrediten cualquier otro tipo de discapacidad
c. Serán añadidas a la oferta de turno libre
d. Lo sea para personas que acrediten cualquier otro tipo de discapacidad o se destinarán a promoción interna

69. ¿Pueden los nacionales de los Estados miembros de la Unión Europea acceder, como personal funcionario a los empleos públicos?

a. Sí, en igualdad de condiciones que los españoles
b. Sí, en igualdad de condiciones que los españoles, con excepción de aquellos que directa o indirectamente impliquen una participación en el ejercicio del poder público
c. No, sólo aquéllos que se encuentren nacionalizados españoles
d. No, salvo que sea cónyuge de español

70. Señala la respuesta INCORRECTA, según lo establecido en el TREBEP. Son causas de pérdida de la condición de funcionario de carrera:

a. La pena principal o accesoria de inhabilitación parcial o especial para cargo público que tuviere carácter firme
b. La renuncia a la condición de funcionario
c. La jubilación total del funcionario
d. Todas son correctas

71. Procederá la jubilación voluntaria:

a. A partir de los 60 años
b. A partir de los 65 años
c. A partir de los 67 años
d. Ninguna respuesta es correcta

72. La jubilación forzosa se declara:

a. ...al cumplir los 60 años de edad y se podrá solicitar la prolongación hasta los 67
b. ...al cumplir los 67 años de edad y se podrá solicitar la prolongación hasta los 70
c. ...al cumplir los 65 años de edad y se podrá solicitar la prolongación hasta los 67
d. ...al cumplir los 66 años de edad y se podrá solicitar la prolongación hasta los 70

73. Cuando hubiere adquirido firmeza la sentencia que lo imponga la pena principal o accesoria de inhabilitación absoluta, produce la pérdida según el TREBEP de:

a. Todos los cargos que tuviere
b. Todos los cargos que se especifiquen en la sentencia
c. Los cargos que se especifiquen en la sentencia e imposiblita el acceso de nuevo a la condición de funcionario
d. Todos los cargos que tuviere e imposibilita el acceso de nuevo a la condición de funcionario

74. La condición de funcionario de carrera se adquiere por el cumplimiento sucesivo de los siguientes requisitos:

a. Superación del proceso selectivo. Acto de acatamiento de la Constitución y, en su caso, del Estatuto de Autonomía correspondiente y del resto del Ordenamiento Jurídico. Nombramiento por el órgano o autoridad competente, que será publicado en el Diario Oficial correspondiente.Toma de posesión dentro del plazo que se establezca
b. Superación del proceso selectivo. Nombramiento por el órgano o autoridad competente, que será publicado en el Diario Oficial correspondiente. Acto de acatamiento de la Constitución y, en su caso, del Estatuto de Autonomía correspondiente y del resto del Ordenamiento Jurídico. Toma de posesión dentro del plazo que se establezca
c. Superación del proceso selectivo. Nombramiento por el órgano o autoridad competente, que será publicado en el Diario Oficial correspondiente. Toma de posesión dentro del plazo que se establezca. Acto de acatamiento de la Constitución y, en su caso, del Estatuto de Autonomía correspondiente y del resto del Ordenamiento Jurídico
d. Superación del proceso selectivo. Toma de posesión dentro del plazo que se establezca. Acto de acatamiento de la Constitución y, en su caso, del Estatuto de Autonomía correspondiente y del resto del Ordenamiento Jurídico. Nombramiento por el órgano o autoridad competente, que será publicado en el Diario Oficial correspondiente

75. Para establecer un sistema selectivo basado sólo en concurso, valorando únicamente los méritos, ¿será necesario hacerlo en virtud de ley?

a. Sí, en todo caso
b. En ningún caso será necesaria una ley para realizar este tipo de proceso selectivo
c. Sólo para el personal funcionario de carrera
d. Sólo para el personal laboral fijo

76. Los órganos de selección serán colegiados y su composición deberá ajustarse a los principios de:

a. Idoneidad
b. Imparcialidad
c. Serán paritarios
d. Ninguna respuesta es correcta

77. El Título IV del TREBEP, se llama:

a. Clases de personal al servicio de las Administraciones Públicas
b. Adquisición y pérdida de la relación de servicio
c. Derechos y deberes. Código de conducta de los empleados públicos
d. Ordenación de la actividad profesional

78. ¿El cónyuge de un nacional de otro Estado UE podrá acceder como personal funcionario en igualdad de condiciones que un español?

a. Sólo como personal laboral
b. Sí, cualquiera que sea su nacionalidad y cualquiera que sea el tipo de puesto al que se acceda
c. Sí, cualquiera que sea su nacionalidad, salvo para aquellos puestos de trabajo que impliquen una participación en el ejercicio del poder público o en las funciones que tienen por objeto la salvaguardia de los intereses del Estado
d. No, en ningún caso

79. en relación a las plazas reservadas para personas con discapacidad,

a. La reserva del mínimo del dos por ciento se realizará de manera que, al menos, el siete por ciento de las plazas ofertadas lo sea para ser cubiertas por personas que acrediten discapacidad intelectual y el resto de las plazas ofertadas lo sea para personas que acrediten cualquier otro tipo de discapacidad
b. La reserva del mínimo del siete por ciento se realizará de manera que, al menos, el dos por ciento de las plazas ofertadas lo sea para ser cubiertas por personas que acrediten discapacidad intelectual y el resto de las plazas ofertadas lo sea para turno libre
c. La reserva del mínimo del diez por ciento se realizará de manera que, al menos, el tres por ciento de las plazas ofertadas lo sea para ser cubiertas por personas que acrediten discapacidad intelectual y el resto de las plazas ofertadas lo sea para personas que acrediten cualquier otro tipo de discapacidad
d. La reserva del mínimo del siete por ciento se realizará de manera que, al menos, el dos por ciento de las plazas ofertadas lo sea para ser cubiertas por personas que acrediten discapacidad intelectual y el resto de las plazas ofertadas lo sea para personas que acrediten cualquier otro tipo de discapacidad

80. según el Real Decreto Legislativo 5/2015, de 30 de octubre. Todos los ciudadanos tienen derecho al acceso al empleo público de acuerdo con los principios constitucionales:

a. Igualdad, mérito, capacidad y publicidad
b. Igualdad, mérito y capacidad
c. Igualdad, mérito y publicidad
d. Igualdad, mérito, capacidad e idoneidad

81. ¿Puede eximirse del requisito de nacionalidad para el acceso al empleo público? Según el RDL 5/2015,

a. En ningún caso, se podrá eximir del requisito de nacionalidad, para el acceso al empleo público
b. En cualquier caso se podrá eximir del requisito de nacionalidad, por razones de interés general, para el acceso a la condición de personal funcionario
c. Sólo por Ley de las Cortes Generales o de las Asambleas Legislativas de las CC AA y por razones de interés general, podrá eximirse del requisito de nacionalidad, para el acceso a la condición de personal funcionario
d. Sólo por Ley de las Cortes Generales o de las Asambleas Legislativas de las CC AA y por razones justificadas de imperiosa necesidad, podrá eximirse del requisito de nacionalidad para el acceso a la condición de personal funcionario

82. Señala la respuesta INCORRECTA Los órganos de selección serán colegiados y su composición deberá ajustarse a los principios de:

a. Imparcialidad
b. Igualdad
c. Tenderán a la paridad entre mujer y hombre
d. Todas son correctas

83. La Administración, ¿tiene la obligación de aceptar la renuncia voluntaria de la condición de funcionario?

a. Sí, siempre que se realice por escrito
b. Sí, se podrá realizar por escrito u oralmente
c. No, si el funcionario está sujeto a expediente disciplinario
d. No, salvo que reúna en ese momento las causas previstas para la pérdida de la condición de funcionario de carrera

84. Señala la respuesta INCORRECTA. No podrán formar parte de los órganos de selección:

a. Funcionarios interinos
b. Personal laboral
c. Personal eventual
d. Todas son correctas

85. Las Administraciones Públicas seleccionarán a su personal funcionario y laboral mediante procedimientos en los que se garanticen los principios constitucionales antes expresados (igualdad, mérito y capacidad), así como los establecidos a continuación. Señala el INCORRECTO:

a. Publicidad
b. Transparencia
c. Idoneidad
d. Agilidad

86. En caso de extinción de la relación de servicios como consecuencia de pérdida de la nacionalidad o jubilación por incapacidad permanente para el servicio, ¿podrá el interesado solicitar la rehabilitación de su condición de funcionario?

a. Una vez desaparecida la causa objetiva que motivó la extinción, la podrá solicitar la rehabilitación de su condición de funcionario, la Administración Pública competente deberá de resolver de forma motivada la aceptación o denegación de la
b. Una vez desaparecida la causa objetiva que motivó la extinción, la podrá solicitar la rehabilitación de su condición de funcionario, que le será concedida
c. No, en caso de extinción como consecuencia de lo anteriormente indicado, no es posible la rehabilitación de la condición de funcionario
d. En el caso de pérdida de la nacionalidad, una vez recuperada, el funcionario, podrá solicitar la rehabilitación de la condición de funcionario. En el caso de incapacidad permanente no

87. Señala la respuesta INCORRECTA. La jubilación de los funcionarios podrá ser, según lo recogido en el TREBEP:

a. Voluntaria, a solicitud del funcionario
b. Forzosa, al cumplir la edad legalmente establecida
c. Por la declaración de incapacidad permanente para el ejercicio de las funciones propias de su cuerpo o escala, o por el reconocimiento de una pensión de incapacidad permanente absoluta o, incapacidad permanente total en relación con el ejercicio de las funciones de su cuerpo o escala
d. Todas son correctas

88. En relación al personal laboral fijo, para establecer un sistema selectivo basado sólo en concurso, valorando únicamente los méritos, ¿será necesario hacerlo en virtud de ley?

a. Sí, en todo caso y tiene carácter excepcional
b. No, no es necesario
c. No es necesario, salvo que concurran más de un aspirante al mismo puesto
d. Ninguna respuesta es correcta

89. En relación a las plazas reservadas para personas con discapacidad,

a. La reserva del mínimo del dos por ciento se realizará de manera que, al menos, el siete por ciento de las plazas ofertadas lo sea para ser cubiertas por personas que acrediten discapacidad intelectual y el resto de las plazas ofertadas lo sea para personas que acrediten cualquier otro tipo de discapacidad
b. La reserva del mínimo del siete por ciento se realizará de manera que, al menos, el dos por ciento de las plazas ofertadas lo sea para ser cubiertas por personas que acrediten discapacidad intelectual y el resto de las plazas ofertadas lo sea para personas que acrediten cualquier otro tipo de discapacidad
c. La reserva del mínimo del dos por ciento se realizará de manera que, al menos, el cinco por ciento de las plazas ofertadas lo sea para ser cubiertas por personas que acrediten discapacidad intelectual y el resto de las plazas ofertadas lo sea para personas que acrediten cualquier otro tipo de discapacidad
d. La reserva del mínimo del siete por ciento se realizará de manera que, al menos, el tres por ciento de las plazas ofertadas lo sea para ser cubiertas por personas que acrediten discapacidad intelectual y el resto de las plazas ofertadas lo sea para personas que acrediten cualquier otro tipo de discapacidad

90. Señala la respuesta INCORRECTA según el TREBEP. Los órganos de selección, serán colegiados y su composición deberá ajustarse a los principios de:

a. Imparcialidad
b. Profesionalidad
c. Tenderán a la paridad entre mujer y hombre
d. Todas son correctas

91. En relación a los sistemas selectivos. Las pruebas podrán consistir en:

a. Superación de pruebas físicas
b. Comprobación del dominio de lenguas extranjeras
c. Superación de un periodo de prueba
d. a) y b) son correctas

92. según el TREBEP. Un funcionario condenado a la pena principal o accesoria de inhabilitación, podrá ser rehabilitado:

a. Por el juez que dictó la sentencia
b. A petición de la Administración Pública
c. Ya sea por inhabilitación absoluta o especial
d. Con carácter ordinario

93. según el TREBEP. La pérdida de la nacionalidad española o la de cualquier otro Estado miembro de la Unión Europea o la de aquellos Estados a los que, en virtud de tratados internacionales celebrados por la Unión Europea y ratificados por España, les sea de aplicación la libre circulación de trabajadores, que haya sido tenida en cuenta para el nombramiento, determinará la pérdida de la condición de funcionario:

a. En todo caso
b. Salvo lo dispuesto para el personal que desempeñe puestos en Organismos Internacionales
c. No en todo caso
d. Salvo para los nombramientos producidos antes de la entrada en vigor del presente Estatuto

94. Indica ¿quién podrá acceder como personal laboral en igualdad de condiciones que los españoles?

a. Los nacionales de los Estados miembros de la Unión Europea y los cónyuges de españoles cualquiera que sea su nacionalidad
b. Los nacionales de los Estados miembros de la Unión Europea, los cónyuges de españoles u otro Estado miembro de la UE, cualquiera que sea su nacionalidad
c. Los nacionales de los Estados miembros de la Unión Europea y los cónyuges de españoles u otro Estado miembro de la UE, cualquiera que sea su nacionalidad, así como sus descendientes
d. Los nacionales de los Estados miembros de la Unión Europea y los cónyuges de españoles u otro Estado miembro de la UE, cualquiera que sea su nacionalidad, así como sus descendientes y además, los extranjeros con residencia legal en España

95. ¿Es posible prolongar la permanencia en el servicio activo una vez superada la edad de jubilación forzosa? según lo indicado en el TREBEP:

a. Sí en todo caso, se podrá ampliar hasta los 70 años
b. Se podrá solicitar la prolongación de la permanencia en el servicio activo como máximo hasta que se cumplan 70 años, en los términos de las Leyes de Función Pública que se dicten en desarrollo de este Estatuto
c. No, una vez superada la edad de jubilación forzosa se declara de oficio por la Administración sin que ésta se pueda ampliar
d. No, salvo en determinados ámbitos definidos en el presente Estatuto en los que se podrá solicitar la ampliación hasta los 70 años

96. Produce la pérdida de la condición de funcionario respecto a todos los empleos o cargos que tuviere, cuando la sentencia hubiere adquirido firmeza:

a. La pena principal de inhabilitación absoluta
b. La pena accesoria de inhabilitación absoluta
c. Ambas son correctas
d. Ninguna lo es

97. Los sistemas selectivos de funcionarios de carrera serán:

a. Concurso-oposición
b. Concurso
c. Ambas son correctas
d. Ninguna lo es

98. ¿Es posible eximir del requisito de nacionalidad para el acceso al empleo público?

a. Sólo por Ley de las Cortes Generales o de las Asambleas Legislativas de las CC AA
b. Por razones expresamente justificadas de necesidad y urgencia
c. Ambas son correctas
d. Ninguna lo es

99. Indica la respuesta INCORRECTA en relación a los sistemas selectivos según el TREBEP. Las pruebas podrán consistir en:

a. Comprobación de conocimientos
b. Superación de pruebas físicas
c. Superación de un examen psicotécnico
d. Comprobación de la capacidad analítica

100. según lo especificado en el TREBEP. Los procesos selectivos tendrán carácter abierto y garantizarán la libre concurrencia:

a. En todo caso
b. Salvo excepciones
c. En ningún caso
d. Ninguna es correcta

Respuestas Título IV

1	D	26	A	51	B	76	B
2	A	27	C	52	B	77	B
3	D	28	D	53	B	78	C
4	A	29	A	54	B	79	D
5	B	30	C	55	C	80	B
6	C	31	A	56	B	81	C
7	A	32	B	57	D	82	B
8	A	33	D	58	C	83	C
9	A	34	C	59	B	84	A
10	A	35	D	60	C	85	C
11	D	36	D	61	A	86	B
12	B	37	D	62	A	87	D
13	B	38	C	63	D	88	B
14	B	39	B	64	C	89	B
15	D	40	C	65	B	90	D
16	B	41	A	66	B	91	D
17	C	42	C	67	C	92	C
18	A	43	C	68	B	93	C
19	B	44	B	69	B	94	D
20	B	45	D	70	A	95	B
21	C	46	B	71	D	96	C
22	A	47	C	72	C	97	A
23	A	48	B	73	A	98	C
24	B	49	B	74	B	99	C
25	C	50	A	75	C	100	B

TÍTULO V

1. La planificación de los recursos humanos en las Administraciones Públicas tendrá como objetivo contribuir a la consecución de:

a. Medidas de movilidad, entre las cuales podrá figurar la suspensión de incorporaciones de personal externo a un determinado ámbito o la convocatoria de concursos de provisión de puestos limitados a personal de ámbitos que se determinen
b. Medidas de promoción interna y de formación del personal y de movilidad forzosa de conformidad con lo dispuesto en el capítulo III del presente título de este Estatuto
c. La eficiencia en la utilización de los recursos económicos
d. Todas las respuestas son correctas

2. ¿pueden las Administraciones Públicas asignar a su personal funciones, tareas o responsabilidades distintas a las correspondientes al puesto de trabajo que desempeñen?

a. No, en ningún caso
b. Sí, en todo caso
c. Cuando las necesidades del servicio lo justifiquen
d. Sí, de acuerdo a las normas de estructuración de recursos humanos

3. Las necesidades de recursos humanos, con asignación presupuestaria, que deban proveerse mediante la incorporación de personal de nuevo ingreso serán objeto de la Oferta de empleo público, o a través de otro instrumento similar de gestión de la provisión de las necesidades de personal, lo que comportará la obligación de convocar los correspondientes procesos selectivos para las plazas comprometidas y hasta:

a. 50% adicional   b. 30% adicional
c. 20% adicional   d. 10% adicional

4. Según lo establecido en el TREBEP, la Oferta de empleo público o instrumento similar, que se aprobará por los órganos de Gobierno de las Administraciones Públicas, deberá ser publicada en el Diario oficial correspondiente:

a. Anualmente   b. Cada dos años
c. Cada tres años   d. Cada cinco años

5. Indica la respuesta correcta en relación a la clasificación de los cuerpos y escalas según el TREBEP:

a. Los cuerpos y escalas se clasifican, por Ley de Cortes Generales o de las Asambleas Legislativas de las CC AA
b. Los cuerpos y escalas se clasifican, de acuerdo con la titulación exigida
c. Los cuerpos y escalas se clasifican, de acuerdo las competencias, capacidades y conocimientos comunes
d. Los cuerpos y escalas se clasifican, de acuerdo a las relaciones de puestos de trabajo

6. Según el TREBEP, ¿cuál sería la titulación exigida para el Subgrupo A2, teniendo en cuenta que los cuerpos y escalas se clasifican de acuerdo con la titulación exigida para los mismos?

a. Título universitario de Grado
b. Título universitario de Técnico Superior
c. Título de Ingeniero Técnico
d. Título de Bachiller o Técnico

7. según el TREBEP. La Oferta de empleo público o instrumento similar, que se aprobará anualmente por los órganos de Gobierno de las Administraciones Públicas, deberá ser publicada:

a. En el BOE en todo caso y en el Diario Oficial correspondiente
b. En el Diario Oficial de la Comunidad Autónoma en todo caso y en el Diario Oficial correspondiente
c. En el BOE en todo caso
d. En el Diario oficial correspondiente

8. Señala la respuesta INCORRECTA según el TREBEP. Los funcionarios se agrupan en cuerpos, escalas, especialidades u otros sistemas que incorporen:

a. Titulación
b. Capacidades
c. Conocimientos comunes
d. Todas las respuestas son correctas

9. La Oferta de empleo público o instrumento similar, que se aprobará por los órganos de Gobierno de las Administraciones Públicas, deberá ser publicada en el Diario oficial correspondiente:

a. En el plazo improrrogable de tres años
b. En el plazo improrrogable de cinco años
c. Bianualmente
d. Anualmente

10. Señala la respuesta INCORRECTA según el TREBEP. Los funcionarios se agrupan en cuerpos, escalas, especialidades u otros sistemas que incorporen:

a. Competencias
b. Capacidades
c. Conocimientos transversales
d. Todas las respuestas son correctas

11. según el TREBEP. ¿En qué Grupo o Subgrupo, se encuadra a un funcionario que para el acceso a su puesto, se le haya exigido el título de Bachiller o Técnico?

a. C1 y C2   b. C1
c. C2   d. B

12. Según el TREBEP, el plazo mínimo de ocupación de los puestos obtenidos por concurso para poder participar en otros concursos de provisión de puestos de trabajo:

a. 6 meses
b. 2 años
c. 5 años
d. El que establezcan las leyes de Función Pública que se dicten en desarrollo del presente Estatuto

13. Señala la respuesta INCORRECTA según el TREBEP. Los funcionarios se agrupan en cuerpos, escalas, especialidades u otros sistemas que incorporen:

a. Competencias
b. Méritos
c. Conocimientos comunes
d. Todas las respuestas son correctas

14. Según el artículo 70 del TREBEP, la ejecución de la oferta de empleo público o instrumento similar:

a. Deberá desarrollarse dentro del plazo improrrogable de tres años
b. Deberá desarrollarse dentro del plazo improrrogable de tres años, excepto causa de interés público
c. Deberá desarrollarse dentro del plazo improrrogable de cinco años
d. Deberá desarrollarse dentro del plazo improrrogable de cinco años, excepto causa de interés público

15. En la libre designación con convocatoria pública, el órgano competente:

a. Podrá recabar la intervención de especialistas que permitan apreciar la idoneidad de los candidatos
b. Deberá recabar la intervención de especialistas que permitan apreciar la idoneidad de los candidatos
c. Recabará la intervención de especialistas que autorizarán la idoneidad de los candidatos
d. No será necesaria, la intervención de especialistas que aprecien la idoneidad de los candidatos

16. En los supuestos de remoción o supresión del puesto de trabajo obtenido por concurso, en relación a la movilidad voluntaria de los funcionarios entre Administraciones:

a. El funcionario deberá solicitar el reingreso al servicio activo en su Administración de origen
b. El funcionario permanecerá en la Administración de destino, que deberá asignarles un puesto de trabajo conforme a los sistemas de carrera y provisión de puestos vigentes en dicha Administración
c. La Administración de destino, podrá acordar la adscripción del funcionario a otro puesto de la misma o le comunicará que no va a hacer efectiva dicha adscripción
d. El funcionario permanecerá en la Administración de origen, que deberá asignarle un nuevo puesto conforme a los sistemas de carrera de dicha Administración

17. La situación administrativa de servicio en otras Administraciones Públicas es para:

a. Funcionarias víctimas de violencia de género, que hayan solicitado el traslado a otra Administración para hacer efectiva su protección
b. Funcionarios de carrera que obtengan destino en otra Administración Pública a través de los procedimientos de movilidad voluntaria entre Administraciones Públicas
c. Los funcionarios de carrera cuando sean adscritos a los servicios del Tribunal Constitucional o del Defensor del Pueblo o destinados al Tribunal de Cuentas
d. Los funcionarios que presten servicios en su condición de funcionarios públicos cualquiera que sea la Administración u organismo público o entidad en el que se encuentren destinados

18. En el supuesto de cese del puesto obtenido por libre designación, en relación a la movilidad voluntaria de los funcionarios entre Administraciones Públicas, el TREBEP indica que:

a. Permanecerán en la Administración de destino, que deberá asignarles un puesto de trabajo conforme a los sistemas de carrera y provisión de puestos vigentes en dicha Administración
b. La Administración de destino en el plazo máximo de un mes a contar desde el día siguiente al del cese, podrá acordar la adscripción del funcionario a otro puesto de la misma o le comunicará que no va a hacer efectiva dicha adscripción
c. La Administración de origen en el plazo máximo de un mes, deberá asignarle un puesto de trabajo conforme a los sistemas de carrera y provisión de puestos vigentes en dicha Administración
d. El funcionario deberá solicitar en el plazo máximo de un mes el reingreso al servicio activo en su Administración de origen

19. Según lo dispuesto en el TREBEP señala la respuesta INCORRECTA. La planificación de los recursos humanos en las Administraciones Públicas tendrá como objetivo contribuir a la consecución de la eficacia y la eficiencia, mediante:

a. Mediante la dimensión adecuada de sus efectivos y su mejor distribución
b. Mediante la mejor formación de sus efectivos
c. Mediante la definición del plan de carrera de sus efectivos
d. Todas las respuestas son correctas

20. Un funcionario del Grupo C, ¿qué titulación ha necesitado para el acceso a ese cuerpo o escala?

a. Título de Bachiller o Técnico Superior o el Graduado en Educación Secundaria Obligatoria, dependiendo del Subgrupo
b. Título de Bachiller o Técnico o el Graduado en Educación Secundaria Obligatoria, dependiendo del Subgrupo
c. Título de Bachiller o Técnico
d. Título de Educación Secundaria Obligatoria

21. Según el TREBEP señala la respuesta INCORRECTA. ¿Pueden las Administraciones Públicas trasladar a sus funcionarios, a unidades, departamentos u organismos públicos o entidades distintos a los de su destino?

a. De manera motivada, por necesidades de servicio o funcionales
b. Respetando sus retribuciones y sus condiciones esenciales de trabajo
c. Sin que pueda implicar cambio de residencia
d. Todas las respuestas son correctas

22. Señala la respuesta INCORRECTA. Los cuerpos y escalas se clasifican, de acuerdo con la titulación exigida para el acceso a los mismos, en los siguientes grupos:

a. Grupo A, dividido en dos Subgrupos A1 y A2
b. Grupo B
c. Grupo C, dividido en dos Subgrupos C1 y C2
d. Todas las respuestas son correctas

23. según lo dispuesto en el TREBEP. La provisión de puestos de trabajo en cada Administración Pública se llevará a cabo por los procedimientos de:

a. Oposición y concurso-oposición
b. Concurso-oposición y de libre designación
c. Libre designación
d. Concurso y de libre designación con convocatoria pública

24. Según el TREBEP, la Oferta de empleo público o instrumento similar:

a. No podrá contener medidas derivadas de la planificación de recursos humanos
b. Podrá contener medidas derivadas de la planificación de recursos humanos
c. Contendrá medidas derivadas de la planificación de recursos humanos
d. Ninguna respuesta es correcta

25. ¿se puede crear, modificar o suprimir un cuerpo o escala de funcionario por Ley de las Asambleas Legislativas de las CC AA?

a. No, es necesario hacerlo a nivel estatal, por lo que será necesario aprobarlo por Ley de las Cortes Generales o Decreto Ley
b. No, es necesario hacerlo a nivel estatal, por lo que será necesario aprobarlo por Ley de las Cortes Generales
c. Sí, en todo caso
d. Sí, o por Ley de las Cortes Generales, según corresponda

26. según el TREBEP. Los cuerpos y escalas de funcionarios se crean, modifican y suprimen por:

a. Ley de las Cortes Generales
b. Ley de las Asambleas Legislativas de las CC AA
c. a) y b) son incorrectas
d. a) y b) son correctas

27. En relación a la movilidad voluntaria de los funcionarios entre Administraciones Públicas, en el supuesto de cese del puesto obtenido por libre designación, es INCORRECTO afirmar, según lo dispuesto en el TREBEP que:

a. La Administración de destino, en el plazo máximo de un mes a contar desde el día siguiente al del cese, podrá acordar la adscripción del funcionario a otro puesto de la misma o le comunicará que no va a hacer efectiva dicha adscripción
b. En todo caso, durante este periodo se entenderá que continúa a todos los efectos en servicio activo en dicha Administración
c. Transcurrido el plazo citado sin que se hubiera acordado su adscripción a otro puesto, o recibida la comunicación de que la misma no va a hacerse efectiva, el funcionario deberá solicitar en el plazo máximo de un mes el reingreso al servicio activo en su Administración de origen
d. Todas las respuestas son correctas

28. Señala según el TREBEP, la respuesta correcta. Las necesidades de recursos humanos, con asignación presupuestaria, que deban proveerse mediante la incorporación de personal de nuevo ingreso serán objeto de la Oferta de empleo público, o a través de otro instrumento similar de gestión de la provisión de las necesidades de personal, lo que comportará la obligación de convocar los correspondientes procesos selectivos para las plazas comprometidas y hasta un:

a. 20% adicional fijando el plazo máximo de la convocatoria de los mismos
b. 10% adicional fijando el plazo máximo de la convocatoria de los mismos
c. 20% adicional fijando el plazo mínimo de la convocatoria de los mismos
d. 10% adicional fijando el plazo mínimo de la convocatoria de los mismos

29. ¿Quién podrá aprobar los criterios generales a tener en cuenta para llevar a cabo las homologaciones necesarias para hacer posible la movilidad voluntaria entre Administraciones Públicas?

a. La Administración General del Estado
b. Las Cortes Generales
c. El Consejo de Ministros
d. La Conferencia Sectorial de Administración Pública

30. Según el TREBEP, podrá aprobar los criterios generales a tener en cuenta para llevar a cabo las homologaciones necesarias para hacer posible la movilidad voluntaria entre Administraciones Públicas:

a. La Administración General del Estado
b. La Administración Pública de destino
c. La Conferencia Sectorial de Administración Pública
d. El Consejo de Ministros

31. En el supuesto de cese del puesto obtenido por libre designación, en relación a la movilidad voluntaria de los funcionarios entre Administraciones Públicas ¿de qué plazo dispone la Administración de destino para acordar la adscripción del funcionario a otro puesto de la misma o comunicarle que no se va a hacer efectiva dicha adscripción?

a. Un mes a contra desde el día del cese
b. Un mes a contar desde el día siguiente al cese
c. 10 días a contar desde el día del cese
d. 10 días a contar desde el siguiente al cese

32. Según lo dispuesto en el TREBEP señala la respuesta INCORRECTA. ¿Pueden las Administraciones Públicas asignar a su personal funciones, tareas o responsabilidades distintas a las correspondientes al puesto de trabajo que desempeñen?

a. Siempre que resulten adecuadas a su clasificación, grado o categoría
b. Cuando las necesidades del servicio lo exijan, sin necesidad de justificación
c. Sin merma en las retribuciones
d. Todas las respuestas son correctas

33. Cuál será la titulación exigida para el Subgrupo A2:

a. Ingeniero Técnico
b. Técnico Superior
c. Formación Profesional
d. Ninguna respuesta es correcta

34. El concurso, como procedimiento normal de provisión de puestos de trabajo, consistirá en la valoración de los méritos y capacidades y, en su caso, aptitudes de los candidatos por órganos colegiados de carácter técnico. La composición de estos órganos:

a. Será paritaria
b. Tendrá igual número de hombres que de mujeres
c. Se adecuará al criterio de paridad entre hombres y mujeres
d. Ninguna respuesta es correcta

35. las Administraciones Públicas ¿pueden trasladar a los funcionarios por necesidades de servicio o funcionales a unidades, departamentos u organismos públicos distintos a los de su destino?

a. No, en ningún caso. Podrán trasladar a los funcionarios por necesidades del servicio, pero no a una unidad departamento u organismo público distinto a los de su destino
b. Sí, en cualquier caso, siempre que se respeten sus condiciones esenciales de su trabajo y con el incremento proporcional de retribuciones
c. No, salvo que implique una promoción interna vertical, con el correspondiente incremento en las retribuciones
d. Sí, de manera motivada, respetando sus retribuciones y sus condiciones esenciales de trabajo

36. Las Administraciones Públicas, podrán trasladar a sus funcionarios, por necesidades de servicio o funcionales, a unidades, departamentos u organismos públicos o entidades distintos a los de su destino, modificando, en su caso, la adscripción de los puestos de trabajo de los que sean titulares y según el TREBEP, podrán hacerlo:

a. En cualquier caso y con un aumento en sus retribuciones
b. De manera motivada y con un aumento en sus retribuciones
c. En cualquier caso y respetando sus retribuciones y sus condiciones esenciales de trabajo
d. De manera motivada y respetando sus retribuciones y sus condiciones esenciales de trabajo

37. Los titulares, funcionarios de carrera, de los puestos de trabajo provistos por el procedimiento de libre designación con convocatoria pública podrán ser cesados discrecionalmente. En caso de cese:

a. Quedarán en situación de servicios especiales
b. Se les deberá asignar un puesto de trabajo conforme al sistema de carrera profesional propio de cada Administración Pública y con las garantías inherentes de dicho sistema
c. Quedarán en situación de excedencia forzosa a la espera de destino y recibirán las retribuciones íntegras
d. Se les deberá asignar un puesto de trabajo en el mismo centro y en la misma ciudad donde veían desempeñando habitualmente sus funciones

38. En el supuesto de cese del puesto obtenido por libre designación, en relación a la movilidad voluntaria de los funcionarios entre Administraciones Públicas, el TREBEP indica que:

a. El funcionario permanecerá en la Administración de destino, que deberá asignarles un puesto de trabajo conforme a los sistemas de carrera y provisión de puestos vigentes en dicha Administración
b. El funcionario permanecerá en la Administración de origen, que deberá asignarles un puesto de trabajo conforme a los sistemas de carrera y provisión de puestos vigentes en dicha Administración
c. La Administración de destino, en el plazo máximo de un mes a contar desde el día siguiente al del cese, podrá acordar la adscripción del funcionario a otro puesto de la misma o le comunicará que no va a hacer efectiva dicha adscripción
d. El funcionario deberá solicitar en el plazo máximo de un mes el reingreso al servicio activo en su Administración de destino

39. Un funcionario de carrera, que desempeñe un puesto de libre designación, ¿podrá ser cesado, según lo dispuesto en el TREBEP?

a. No, al tratarse de un funcionario de carrera, no podrá ser cesado sino por las causas previstas en el artículo 63 o cuando finalice la causa que dio lugar a su nombramiento
b. Sí, discrecionalmente
c. No, al tratarse de un funcionario de carrera, sólo podrá ser cesado cuando se produzca el de la autoridad a la que se preste la función de confianza o asesoramiento
d. No, salvo que se decida la amortización del puesto que veía desempeñando

40. Según el TREBEP, con el fin de lograr un mejor aprovechamiento de los recursos humanos, que garantice la eficacia del servicio que se preste a los ciudadanos, establecerán medidas de movilidad interadministrativa, preferentemente mediante convenio de Conferencia Sectorial u otros instrumentos de colaboración entre:

a. La Administración General del Estado
b. Las CC AA
c. Las Entidades Locales
d. Todas las respuestas son correctas

41. la planificación de los recursos humanos en las Administraciones Públicas tendrá como objetivo contribuir a la consecución de:

a. La eficiencia en la prestación de los servicios
b. La eficacia en la utilización de los recursos económicos
c. Ambas son correctas
d. Ninguna lo es

42. La libre designación con convocatoria pública:

a. Consiste en la apreciación discrecional por el órgano técnico colegiado de la idoneidad de los candidatos en relación con los requisitos exigidos para el desempeño del puesto
b. Consiste en la apreciación discrecional por el órgano competente de la idoneidad de los candidatos en relación con los requisitos exigidos para el desempeño del puesto
c. Consiste en la apreciación técnica y objetiva por el órgano competente de la idoneidad de los candidatos en relación con los requisitos exigidos para el desempeño del puesto
d. Consiste en la apreciación objetiva por el órgano colegiado de carácter técnico, de la idoneidad de los candidatos en relación con los requisitos exigidos para el desempeño del puesto

43. En relación a la movilidad de los funcionarios de carrera, ¿qué indica el TREBEP respecto al traslado? señala la respuesta INCORRECTA:

a. El traslado siempre será voluntario
b. Se podrá trasladar por necesidades del servicio o funcionales
c. Se respetarán las retribuciones
d. Será de manera motivada

44. . Los cuerpos y escalas se clasifican, de acuerdo con la titulación exigida para el acceso a los mismos, en los siguientes grupos:

a. Grupo A, dividido en dos Subgrupos B1 y B2, Grupo C, dividido en dos Subgrupos C1 y C2 y Grupo D
b. Grupo A dividido en dos Subgrupos A1 y A2, Grupo B dividido en dos Subgrupos B1 y B2, Grupo C dividido en dos Subgrupos C1 y C2 y Grupo D
c. Grupo A dividido en dos Subgrupos A1 y A2, Grupo B y Grupo C dividido en dos Subgrupos C1 y C2
d. Grupo A dividido en dos Subgrupos A1 y A2, Grupo B, Grupo C dividido en dos Subgrupos C1 y C2 y Grupo D

45. Según el TREBEP, la provisión de puestos de trabajo en cada Administración Pública se llevará a cabo por los procedimientos de:

a. Libre designación con convocatoria pública
b. Concurso
c. a) y b) son incorrectas
d. a) y b) son correctas

46. Señala la INCORRECTA. Las Administraciones Públicas podrán aprobar Planes para la ordenación de sus recursos humanos, que incluyan:

a. Análisis de las disponibilidades y necesidades de personal, tanto desde el punto de vista del número de efectivos, como del de los perfiles profesionales o niveles de cualificación de los mismos
b. Medidas de movilidad, entre las cuales no podrá figurar la suspensión de incorporaciones de personal externo a un determinado ámbito
c. Medidas de promoción interna y de formación del personal y de movilidad forzosa de conformidad con lo dispuesto en el capítulo III del presente título de este Estatuto
d. Todas las respuestas son correctas

47. según el TREBEP. La Oferta de empleo público o instrumento similar, deberá ser publicada en el Diario oficial correspondiente, se aprobará anualmente por:

a. El presidente de los Órganos Colegiados de las Administraciones Públicas
b. Los órganos de Gobierno de las Administraciones Públicas
c. El presidente de los órganos de Gobierno de las Administraciones Públicas
d. Los órganos de Colegiados de las Administraciones Públicas

48. Según el TREBEP, los cuerpos y escalas se clasifican de acuerdo con:

a. Las capacidades, competencias y conocimientos comunes
b. La titulación exigida
c. Las Relaciones de puestos de trabajo
d. La Ley

49. Según lo dispuesto en el TREBEP señala la respuesta INCORRECTA. La planificación de los recursos humanos en las Administraciones Públicas tendrá como objetivo contribuir a la consecución de la eficacia y la eficiencia, mediante:

a. La dimensión adecuada de sus efectivos y su mejor distribución
b. Disminución, en su caso, de los riesgos laborales
c. Promoción profesional y movilidad de sus efectivos
d. Todas las respuestas son correctas

50. La Oferta de empleo público o instrumento similar, que se aprobará anualmente por los órganos de Gobierno de las Administraciones Públicas, deberá ser publicada:

a. En el BOE
b. En el BOE y en el Diario Oficial de la Comunidad Autónoma correspondiente
c. En el Diario oficial correspondiente
d. En el Diario Oficial de la Comunidad Autónoma correspondiente

51. Señala la respuesta INCORRECTA en relación a la libre designación con convocatoria pública del personal funcionario de carrera:

a. El órgano competente para el nombramiento podrá recabar la intervención de especialistas que permitan apreciar la idoneidad de los candidatos
b. Una Ley de Cortes Generales o de las Asambleas Legislativas de las CC AA, establecerán los criterios para determinar los puestos que por su especial responsabilidad y confianza puedan cubrirse por el procedimiento de libre designación con convocatoria pública
c. Podrán ser cesados discrcionalmente
d. Todas las respuestas son correctas

52. , según lo dispuesto en el TREBEP. Las leyes de Función Pública que se dicten en desarrollo del presente Estatuto establecerán los criterios para determinar los puestos que puedan cubrirse por el procedimiento de libre designación con convocatoria pública:

a. Por su confianza o asesoramiento especial
b. Por su formación y experiencia
c. Por su especial responsabilidad y confianza
d. Por su mérito y capacidad

53. Respecto al concurso no es correcto indicar, según lo dispuesto en el TREBEP que:

a. Consistirá en la valoración de los méritos y capacidades y, en su caso, aptitudes de los candidatos por órganos colegiados de carácter técnico
b. Las leyes de Función Pública que se dicten en desarrollo del presente Estatuto establecerán el plazo máximo de ocupación de los puestos obtenidos por concurso para poder participar en otros concursos de provisión de puestos de trabajo
c. En el caso de supresión o remoción de los puestos obtenidos por concurso se deberá asignar un puesto de trabajo conforme al sistema de carrera profesional propio de cada Administración Pública y con las garantías inherentes de dicho sistema
d. La composición de los órganos que valoren los méritos y capacidades de los candidatos, responderá al principio de profesionalidad y especialización de sus miembros

54. Señala la respuesta INCORRECTA en relación a la movilidad voluntaria de los funcionarios entre Administraciones Públicas, en el supuesto de cese del puesto obtenido por libre designación:

a. La Administración de origen, en el plazo máximo de un mes a contar desde el día siguiente al del cese, podrá acordar la adscripción del funcionario a otro puesto de la misma o le comunicará que no va a hacer efectiva dicha adscripción
b. En todo caso, durante este periodo se entenderá que continúa a todos los efectos en servicio activo en dicha Administración
c. Transcurrido el plazo citado sin que se hubiera acordado su adscripción a otro puesto, o recibida la comunicación de que la misma no va a hacerse efectiva, el funcionario deberá solicitar en el plazo máximo de un mes el reingreso al servicio activo en su Administración de origen
d. Todas las respuestas son correctas

55. , según lo dispuesto en el TREBEP. En el supuesto de cese del puesto obtenido por libre designación, en relación a la movilidad voluntaria de los funcionarios entre Administraciones Públicas:

a. El funcionario deberá solicitar el reingreso al servicio activo en su Administración de origen
b. El funcionario permanecerá en la Administración de destino
c. La Administración de destino, podrá acordar la adscripción del funcionario a otro puesto de la misma o le comunicará que no va a hacer efectiva dicha adscripción
d. El funcionario permanecerá en la Administración de origen, que deberá asignarle un nuevo puesto conforme a los sistemas de carrera de dicha Administración

56. Indica la respuesta INCORRECTA según el TREBEP. Para la ordenación de los recursos humanos, las Administraciones Públicas podrán aprobar Planes que incluyan las siguientes medidas:

a. Medidas de formación profesional
b. La previsión de la incorporación de recursos humanos
c. Promover la promoción interna vertical
d. Suspensión de incorporaciones de personal externo a un determinado ámbito

57. Señala la INCORRECTA en relación a los objetivos e instrumentos de la planificación de los recursos humanos en las Administraciones Públicas:

a. Un instrumento de la planificación de los recursos humanos es asegurar la eficiencia en la utilización de los recursos económicos

b. Es un objetivo de la planificación de los recursos humanos contribuir a la consecución de la eficacia en la prestación de los servicios

c. Para la ordenación de los recursos humanos, las Administraciones Públicas podrán aprobar un plan que incluya medidas de movilidad forzosa

d. Todas las respuestas son correctas

---

58. según el TREBEP. Las Administraciones Públicas estructurarán su organización a través de:

a. Cuerpos, escalas, especialidades u otros sistemas

b. Relaciones de puestos de trabajo

c. a) y b) son incorrectas

d. a) y b) son correctas

---

59. Indica la respuesta correcta según el TREBEP. Para la ordenación de los recursos humanos, las Administraciones Públicas podrán aprobar Planes que incluyan las siguientes medidas:

a. Movilidad forzosa y promoción interna

b. Análisis de las disponibilidades de personal, teniendo en cuenta el número de efectivos y no su nivel de cualificación

c. Medidas para promover la carrera tanto horizontal como vertical

d. Todas las respuestas son correctas

---

60. Los cuerpos y escalas se clasifican, de acuerdo con la titulación exigida para el acceso a los mismos, en diferentes grupos. para el acceso al Grupo C, ¿cuál sería la titulación exigida?

a. Técnico Superior

b. Si se trata del Subgrupo C1, Bachiller o Técnico

c. Si se trata del Subgrupo C2, Graduado en Educación Secundaria Obligatoria

d. b) y c) son correctas

---

61. ¿En qué situación administrativa quedará un funcionario de carrera que obtenga destino en otra Administración Pública a través de los procedimientos de movilidad voluntaria entre Administraciones Públicas, respecto de su Administración de origen?

a. Excedencia voluntaria

b. Servicio en otras Administraciones Públicas

c. Servicio activo

d. Servicios especiales

---

62. Con el fin de lograr un mejor aprovechamiento de los recursos humanos, que garantice la eficacia del servicio que se preste a los ciudadanos, la Administración General del Estado y las CC AA y las entidades locales:

a. Establecerán medidas de movilidad interadministrativa, preferentemente mediante convenio de Conferencia Sectorial u otros instrumentos de colaboración

b. Podrán establecer medidas de movilidad interadministrativa, preferentemente mediante convenio de Conferencia Sectorial u otros instrumentos de colaboración

c. Establecerán medidas de movilidad interadministrativa, mediante convenio de colaboración

d. Podrán establecer medidas de movilidad interadministrativa, mediante convenio de colaboración

---

63. según el TREBEP. ¿En qué Grupo o Subgrupo, se encuadra a un funcionario que para el acceso a su puesto, se le haya exigido el título de Técnico Superior?

a. A1   b. A2   c. B   d. B2

---

64. Señala la respuesta INCORRECTA según lo dispuesto en el TREBEP. Las Administraciones Públicas estructurarán su organización a través de relaciones de puestos de trabajo u otros instrumentos organizativos similares que comprenderán, al menos:

a. La denominación de los puestos

b. Los grupos de clasificación profesional, los cuerpos o escalas, en su caso, a que estén adscritos

c. Los sistemas de provisión y las retribuciones extraordinarias

d. Todas las respuestas son correctas

---

65. El TREBEP establece un plazo improrrogable de tres años para:

a. La ejecución de la oferta de empleo público

b. La convocatoria de la oferta de empleo público

c. La aprobación de Planes de ordenación de recursos humanos

d. La aprobación de medidas de promoción interna

---

66. Señala la respuesta INCORRECTA. La libre designación con convocatoria pública:

a. Es el procedimiento un procedimiento de provisión de puestos de trabajo junto al concurso

b. Consiste en la apreciación discrecional por el órgano competente de la idoneidad de los candidatos en relación con los requisitos exigidos para el desempeño del puesto

c. Se valorarán los méritos y capacidades y, en su caso, aptitudes de los candidatos por órganos colegiados de carácter técnico

d. Todas las respuestas son correctas

---

67. según el TREBEP. La Oferta de empleo público o instrumento similar, deberá ser publicada en el Diario oficial correspondiente, se aprobará anualmente por:

a. El Consejo de Ministros

b. El presidente de los Órganos Colegiados de las Administraciones Públicas

c. Los órganos de Gobierno de las Administraciones Públicas

d. El presidente de las Asambleas Legislativas de las CC AA

---

68. Respecto a la movilidad voluntaria entre Administraciones Públicas, en el supuesto de cese del puesto obtenido por libre designación, de no solicitarse el reingreso al servicio activo en el plazo indicado será declarado de oficio en:

a. Servicio activo en la Administración Pública de origen

b. Suspensión de funciones

c. Excedencia voluntaria por interés particular

d. Servicios especiales a la espera de destino

---

69. Las Administraciones Públicas, podrán trasladar a sus funcionarios, a unidades, departamentos u organismos públicos o entidades distintos a los de su destino, modificando, en su caso, la adscripción de los puestos de trabajo de los que sean titulares y según el TREBEP, podrán hacerlo:

a. En caso de amortización del puesto, sin necesidad de justificación y respetando sus retribuciones

b. Por necesidades de servicio o funcionales, de manera motivada y respetando sus retribuciones

c. Por necesidades de servicio o funcionales, sin necesidad de justificación y con el incremento proporcional en sus retribuciones

d. Por cuestiones operativas, de manera motivada y con el incremento proporcional en sus retribuciones por traslado forzoso

70. ¿Qué titulación ha sido exigida para un funcionario del Grupo A?

a. Para el Subgrupo A2, se exigirá el título de Técnico Superior
b. Para el Subgrupo A1, se exigirá el título universitario de Grado
c. Tanto para el Subgrupo A1 como para el Subgrupo A2, se exige el título universitario de Grado
d. Ninguna respuesta es correcta

71. según el TREBEP. Los cuerpos y escalas de funcionarios se crean, modifican y suprimen por:

a. Ley de las Cortes Generales o Real Decreto del Consejo de Ministros
b. Real Decreto del Consejo de Ministros u Orden Ministerial del Ministerio correspondiente
c. Ley de las Cortes Generales o Ley de las Asambleas Legislativas de las CC AA
d. Ley de las Cortes Generales o Decreto Ley

72. Los funcionarios de carrera, titulares de los puestos de trabajo provistos por el procedimiento de libre designación con convocatoria pública podrán ser cesados:

a. Cuando cese el órgano competente que motivó su nombramiento
b. Discrecionalmente
c. Libremente, tendrá lugar, en todo caso, cuando se produzca el de la autoridad a la que se preste la función de confianza o asesoramiento
d. Se producirá, además de por las causas previstas en el artículo 63, cuando finalice la causa que dio lugar a su nombramiento

73. según el TREBEP. ¿En qué Grupo o Subgrupo, se encuadra a un funcionario que para el acceso a su puesto, se le haya exigido el título graduado en Educación Secundaria Obligatoria?

a. C1 y C2   b. C1   c. C2   d. D

74. Según el TREBEP. ¿Pueden las Administraciones Públicas trasladar a sus funcionarios, a unidades, departamentos u organismos públicos o entidades distintos a los de su destino, implicando un cambio de residencia?

a. Podrán trasladar a sus funcionarios, por necesidades de servicio o funcionales, pero en ningún caso, podrá implicar un cambio de residencia
b. Sí, en todo caso, por necesidades de servicio o funcionales, respetando sus retribuciones y sus condiciones esenciales de trabajo
c. Sí, por motivos excepcionales y se dará prioridad a la voluntariedad. Los funcionarios tendrán derecho a las indemnizaciones establecidas reglamentariamente para los traslados forzosos
d. No, salvo para la ejecución de programas de carácter temporal, que no podrán tener una duración superior a tres años, tendrá consideración de traslado forzoso y se respetarán sus retribuciones

75. Según lo dispuesto en el TREBEP señala la respuesta INCORRECTA. La planificación de los recursos humanos en las Administraciones Públicas tendrá como objetivo contribuir a la consecución de la eficacia y la eficiencia, mediante:

a. Mejor distribución de sus efectivos
b. Formación
c. Promoción profesional
d. Todas las respuestas son correctas

76. ¿Cómo se clasifica el personal laboral, según lo dispuesto en el TREBEP?

a. En cuerpos y escalas
b. En personal laboral, fijo y temporal
c. De conformidad con la legislación laboral
d. De conformidad con lo dispuesto en el presente Estatuto

77. El Título V del Estatuto Básico del Empleado Público se denomina:

a. Ordenación de la actividad profesional
b. Planificación de los recursos humanos
c. Derechos y deberes. Código de conducta de los empleados públicos
d. Adquisición y pérdida de la relación de servicio

78. ¿Cuál será el procedimiento normal de provisión de puestos de trabajo, que consistirá en la valoración de méritos capacidades y, en su caso, aptitudes de los candidatos por órganos colegiados de carácter técnico? Contesta la respuesta correcta,

a. El concurso- oposición
b. La libre designación
c. El concurso
d. La oposición

79. Según el TREBEP, por Ley de Cortes Generales o de las Asambleas Legislativas de las CC AA, los cuerpos y escalas de funcionarios:

a. Se agrupan
b. Se crean, modifican y suprimen
c. Se clasifican
d. Se estructuran

80. Señala la respuesta INCORRECTA en relación a la libre designación con convocatoria pública del personal funcionario de carrera:

a. Consiste en la apreciación discrecional por el órgano competente de la idoneidad de los candidatos en relación con los requisitos exigidos para el desempeño del puesto
b. El órgano técnico colegiado competente para el nombramiento podrá recabar la intervención de especialistas que permitan apreciar la idoneidad de los candidatos
c. Los titulares de los puestos de trabajo provistos por el procedimiento de libre designación con convocatoria pública podrán ser cesados discrecionalmente
d. Todas las respuestas son correctas

81. Marca la respuesta correcta según lo dispuesto en el TREBEP. Las Administraciones Públicas proveerán los puestos de trabajo mediante procedimientos basados en:

a. Los principios de mérito y capacidad y a criterios de idoneidad
b. Los principios de igualdad, mérito y capacidad
c. Los principios de igualdad, mérito, capacidad y publicidad
d. Los principios constitucionales de igualdad, mérito y capacidad

82. Según el TREBEP, ¿cuál sería la titulación exigida para el Grupo B, teniendo en cuenta que los cuerpos y escalas se clasifican de acuerdo con la titulación exigida para los mismos?

a. Para el Subgrupo B1, se exigirá el título de Técnico Superior
b. Para el Subgrupo B2, se exigirá el título de Bachiller o Técnico
c. Ambas son correctas
d. Ninguna lo es

83. Los cuerpos y escalas se clasifican, de acuerdo con la titulación exigida para el acceso a los mismos, en los siguientes grupos. Señala la respuesta INCORRECTA,

a. A1 y A2. Titulación universitaria de Grado
b. B1. Técnico superior
c. C1 y C2. Título de graduado en educación secundaria obligatoria
d. Todas las respuestas son correctas

84. En relación a la movilidad de los funcionarios de carrera, según el TREBEP:

a. En caso de urgente e inaplazable necesidad, los puestos de trabajo podrán proveerse con carácter permanente debiendo procederse a su convocatoria pública dentro del plazo que señalen las normas que sean de aplicación
b. En caso de urgente e inaplazable necesidad, los puestos de trabajo podrán proveerse con carácter provisional debiendo procederse a su convocatoria pública dentro del plazo que señalen las normas que sean de aplicación
c. En caso de urgente e inaplazable necesidad, los puestos de trabajo podrán proveerse con carácter provisional debiendo procederse a la libre designación del puesto, según que señalen las normas que sean de aplicación
d. En caso de urgente e inaplazable necesidad, los puestos de trabajo no podrán proveerse con carácter provisional debiendo procederse a su convocatoria pública dentro del plazo que señalen las normas que sean de aplicación

85. Señala la respuesta INCORRECTA según el TREBEP, en relación a la titulación exigida para los diferentes grupos o escalas:

a. Grupo A: Dividido en dos Subgrupos, A1 y A2, se exige título universitario de Grado
b. Grupo B: Dividido en dos Subgrupos, B1 y B2, se exige título de Técnico Superior
c. Grupo C: Dividido en dos Subgrupos, C1 se exige Título de Bachiller o Técnico y C2 que se exige título de Graduado en Educación Secundaria Obligatoria
d. Todas las respuestas son correctas

86. Establecerá/n los criterios para determinar los puestos que por su especial responsabilidad y confianza puedan cubrirse por el procedimiento de libre designación con convocatoria pública:

a. Las leyes de Función Pública que se dicten en desarrollo del presente Estatuto
b. El Consejo de Ministros
c. El presente Estatuto
d. Los reglamentos

87. Según el TREBEP, las Administraciones Públicas estructuran sus recursos humanos de acuerdo con las normas que regulan:

a. La selección, la evaluación del desempeño, la movilidad y la distribución de funciones y conforme a lo previsto en a Ley de Función Pública de cada Comunidad Autónoma
b. La selección, la evaluación del desempeño, los permisos y licencias y la distribución de funciones y conforme a lo previsto en este capítulo
c. La selección, la promoción profesional, la movilidad y la distribución de funciones y conforme a lo previsto en este capítulo
d. La selección, la promoción profesional, la movilidad y la distribución de funciones y conforme a lo previsto en la Ley de Función Pública de cada Comunidad Autónoma

88. Marca la respuesta correcta según el TREBEP. El concurso, como procedimiento normal de provisión de puestos de trabajo, consistirá en:

a. La valoración de los cursos, de periodos de prácticas, con la exposición curricular por los candidatos, con pruebas psicotécnicas o con la realización de entrevistas. Igualmente podrán exigirse reconocimientos médicos
b. La valoración de los méritos y capacidades y, en su caso, aptitudes de los candidatos por órganos colegiados de carácter técnico
c. La apreciación discrecional por el órgano competente de la idoneidad de los candidatos en relación con los requisitos exigidos para el desempeño del puesto
d. La comprobación de los conocimientos y la capacidad analítica de los aspirantes, expresados de forma oral o escrita, en la realización de ejercicios que demuestren la posesión de habilidades y destrezas, en la comprobación del dominio de lenguas extranjeras y, en su caso, en la superación de pruebas físicas

89. El concurso, como procedimiento normal de provisión de puestos de trabajo, consistirá en la valoración de los méritos y capacidades y, en su caso, aptitudes de los candidatos por órganos colegiados de carácter técnico. La composición de estos órganos,:

a. Responderá al principio de profesionalidad y especialización de sus miembros y se adecuará al criterio de paridad entre mujer y hombre. Su funcionamiento se ajustará a las reglas de publicidad y funcionamiento democrático
b. Responderá al principio de profesionalidad y especialización de sus miembros y se adecuará al criterio de paridad entre mujer y hombre. Su funcionamiento se ajustará a las reglas de imparcialidad y objetividad
c. Responderá al principio de objetividad y especialización de sus miembros y será paritario. Su funcionamiento se ajustará a las reglas de imparcialidad y publicidad
d. Responderá al principio de objetividad y especialización de sus miembros y se adecuará al criterio de igualdad entre mujer y hombre. Su funcionamiento se ajustará a las reglas de democracia interna y representación a título individual

90. según el TREBEP. La Oferta de empleo público o instrumento similar, deberá ser publicada en el Diario oficial correspondiente, se aprobará anualmente por:

a. Las Asambleas Legislativas de las CC AA
b. Los órganos de Gobierno de las Administraciones Públicas
c. Las Cortes Generales
d. El director de planificación de recursos humanos de cada Administración Pública

91. , según lo dispuesto en el TREBEP. Los funcionarios de carrera que obtengan destino en otra Administración Pública a través de los procedimientos de movilidad quedarán respecto de su Administración de origen en la situación administrativa de:

a. Excedencia voluntaria por servicio en otras Administraciones Públicas
b. Suspensión de funciones por servicio en otras Administraciones Públicas
c. Situación administrativa de servicio en otras Administraciones Públicas
d. Situación administrativa de excedencia forzosa por servicio en otras Administraciones Públicas

92. Señala la respuesta INCORRECTA en relación a la libre designación con convocatoria pública del personal funcionario de carrera:

a. Consiste en la apreciación discrecional por el órgano competente de la idoneidad de los candidatos en relación con los requisitos exigidos para el desempeño del puesto
b. El órgano competente para el nombramiento podrá recabar la intervención de especialistas que permitan apreciar la idoneidad de los candidatos
c. Los titulares de los puestos de trabajo provistos por el procedimiento de libre designación con convocatoria pública, no podrán ser cesados, sino por las causas previstas en el artículo 63, cuando finalice la causa que dio lugar a su nombramiento
d. Todas las respuestas son correctas

93. según lo indicado en el TREBEP. El personal laboral se clasificará de conformidad:

a. Con lo dispuesto en el presente Estatuto
b. Con las leyes de Función Pública que se dicten en desarrollo del presente Estatuto
c. Con la legislación laboral
d. a) y b) son correctas

94. En el supuesto de cese del puesto obtenido por libre designación, en relación a la movilidad voluntaria de los funcionarios entre Administraciones Públicas, es INCORRECTO afirmar, que:

a. La Administración de origen, en el plazo máximo de un mes a contar desde el día siguiente al del cese, podrá acordar la adscripción del funcionario a otro puesto de la misma o le comunicará que no va a hacer efectiva dicha adscripción
b. Transcurrido el plazo citado sin que se hubiera acordado su adscripción a otro puesto, o recibida la comunicación de que la misma no va a hacerse efectiva, el funcionario deberá solicitar en el plazo máximo de diez días, el reingreso al servicio activo en su Administración de origen
c. De no solicitarse el reingreso al servicio activo en el plazo indicado será declarado de oficio en situación de excedencia voluntaria por interés particular
d. Ninguna lo es

95. Los criterios para determinar los puestos que por su especial responsabilidad y confianza puedan cubrirse por el procedimiento de libre designación con convocatoria pública, se establecerán:

a. En las bases de la convocatoria
b. En las leyes de Función Pública que se dicten en desarrollo del presente Estatuto
c. En la Ley de incompatibilidades del personal funcionario
d. Todas las respuestas son correctas

96. Señala la respuesta INCORRECTA en relación a la movilidad por razón de violencia de género, si se ven obligadas a abandonar el puesto de trabajo en la localidad donde venían prestando sus servicios:

a. Tendrán derecho al traslado a otro puesto de trabajo propio de su cuerpo, escala o categoría profesional, de análogas características, siempre que sea vacante de necesaria cobertura
b. La Administración Pública competente, estará obligada a comunicarle las vacantes ubicadas en la misma localidad o en las localidades que la interesada expresamente solicite
c. Tendrá consideración de traslado forzoso
d. Todas las respuestas son correctas

97. Según el TREBEP, un funcionario de carrera que, a través de la movilidad voluntaria entre Administraciones Públicas, obtenga destino en otra Administración Pública, en los casos de remoción o supresión del puesto de trabajo obtenido por concurso:

a. Permanecerá en la Administración de destino
b. Permanecerá en la Administración de origen
c. El funcionario, podrá elegir si permanecer en la Administración de origen o de destino
d. La Administración de destino en el plazo máximo de un mes a contar desde el día siguiente al del cese, podrá acordar la adscripción del funcionario a otro puesto de la misma o le comunicará que no va a hacer efectiva dicha adscripción

98. Señala la respuesta INCORRECTA, según lo dispuesto en el TREBEP. Los cuerpos y escalas se clasifican, de acuerdo con la titulación exigida para el acceso a los mismos, en los siguientes grupos:

a. Grupo A: se exigirá título universitario de Grado o Técnico Superior
b. Grupo C1: se exigirá título de bachiller o técnico
c. Grupo C2: se exigirá titulación de graduado en educación secundaria obligatoria
d. Todas las respuestas son correctas

99. En el supuesto de cese del puesto obtenido por libre designación, en relación a la movilidad voluntaria de los funcionarios entre Administraciones Públicas ¿de qué plazo dispone la Administración de destino para acordar la adscripción del funcionario a otro puesto de la misma o comunicarle que no se va a hacer efectiva dicha adscripción?

a. 10 días b. 30 días
c. 1 mes   d. 2 meses

100. Según el TREBEP, serán objeto de la Oferta de Empleo Público:

a. Las necesidades de recursos humanos, sin asignación presupuestaria, que deban proveerse mediante la incorporación de personal de nuevo ingreso
b. Las necesidades de recursos humanos, con asignación presupuestaria, que deban proveerse mediante la incorporación de personal de nuevo ingreso
c. Las necesidades de recursos humanos, con o sin asignación presupuestaria, que deban proveerse mediante la incorporación de personal de nuevo ingreso
d. Las necesidades de recursos humanos, con asignación presupuestaria, que deban proveerse mediante la incorporación de personal de promoción interna

Respuestas Título V

#	R	#	R	#	R	#	R
1	C	26	D	51	B	76	C
2	C	27	D	52	C	77	A
3	D	28	B	53	B	78	C
4	A	29	D	54	A	79	B
5	B	30	C	55	C	80	B
6	A	31	B	56	C	81	C
7	D	32	B	57	A	82	D
8	A	33	D	58	C	83	C
9	D	34	C	59	B	84	B
10	C	35	D	60	D	85	B
11	B	36	D	61	B	86	A
12	D	37	B	62	A	87	C
13	C	38	C	63	C	88	B
14	A	39	B	64	C	89	B
15	A	40	C	65	A	90	B
16	B	41	D	66	C	91	C
17	B	42	B	67	C	92	C
18	B	43	A	68	C	93	C
19	C	44	C	69	B	94	D
20	B	45	D	70	C	95	B
21	C	46	B	71	C	96	A
22	D	47	B	72	B	97	A
23	C	48	B	73	C	98	A
24	B	49	B	74	C	99	C
25	D	50	C	75	D	100	B

TÍTULO VI

1. Señala la respuesta INCORRECTA en relación a la excedencia por razón de violencia de género:

a. Durante los dos primeros meses de esta excedencia la funcionaria tendrá derecho a percibir las retribuciones íntegras y, en su caso, las prestaciones familiares por hijo a cargo
b. Durante los seis primeros meses, tiene derecho a la reserva del puesto de trabajo. Dicho periodo es prorrogable cuando las actuaciones judiciales lo exigieran
c. Durante los seis primeros meses, le es computable dicho período a efectos de antigüedad, carrera y derechos del régimen de Seguridad Social que sea de aplicación. Dicho periodo es prorrogable cuando las actuaciones judiciales lo exigieran
d. Cuando las actuaciones judiciales lo exigieran se podrá prorrogar este periodo por seis meses, con un máximo de dieciocho

2. Es una afirmación INCORRECTA, en relación a la excedencia por el cuidado de familiares, según lo dispuesto en el TREBEP que:

a. El tiempo de permanencia en esta situación no será computable a efectos de trienios
b. El puesto de trabajo desempeñado se reservará, al menos, durante dos años
c. Ambas son correctas
d. Ninguna lo es

3. ¿Tienen derecho a la reserva de plaza un funcionario que se encuentre en situación de servicios especiales?

a. Tendrán derecho, al menos, a reingresar al servicio activo en la misma provincia
b. Tendrán derecho, al menos, a reingresar al servicio activo en la misma Administración Pública
c. Tendrán derecho, al menos, a reingresar al servicio activo en la misma localidad
d. Tendrán derecho, al menos, a reingresar al servicio activo en la misma Comunidad Autónoma

4. Señala la respuesta INCORRECTA según el TREBEP, respecto de los funcionarios transferidos a las CC AA:

a. Mantienen todos sus derechos en la Administración Pública de origen
b. Como si se hallaran en servicio activo
c. De acuerdo con lo establecido el presente Estatuto, la Constitución y las leyes
d. Todas las respuestas son correctas

5. Según el TREBEP, las situaciones administrativas de a) Servicio activo. b) Servicios especiales. c) Servicio en otras Administraciones Públicas. d) Excedencia. e) Suspensión de funciones son propias de:

a. Personal laboral
b. Personal funcionario de carrera
c. Personal interino
d. Todas las respuestas son correctas

6. la suspensión firme de funciones, no podrá exceder de los seis años cuando sea:

a. En virtud de sentencia dictada en causa criminal
b. En virtud de sanción disciplinaria
c. Ambas son correctas
d. Ninguna lo es

7. Los funcionarios que hayan sufrido daños físicos o psíquicos como consecuencia de la actividad terrorista, tendrán derecho a disfrutar de la excedencia por violencia terrorista:

a. Previo reconocimiento del Ministerio del Interior
b. Previo reconocimiento de sentencia judicial firme
c. Ambas son correctas
d. Ninguna lo es

8. El tiempo que permanezcan en situación de excedencia voluntaria por interés particular, ¿les será computable a efectos de ascensos, trienios o derechos en el régimen de la Seguridad Social?

a. No, salvo a efectos de ascensos
b. Sí, en todo caso
c. No, en ningún caso
d. Sí, salvo a efectos de derechos en el régimen de la Seguridad Social

9. Sobre la excedencia voluntaria por interés particular: Las leyes de Función Pública que se dicten en desarrollo del presente Estatuto:

a. Establecerán una duración menor del periodo de prestación de servicios exigido
b. Determinarán los periodos mínimos de permanencia en la misma
c. Ambas son correctas
d. Ninguna lo es

10. Cuando un funcionario de carrera, sea adscrito a los servicios del Tribunal Constitucional, ¿qué situación administrativa le corresponde?

a. Será declarado en situación administrativa de servicios especiales
b. Será declarado en situación de en otras Administraciones Públicas
c. Se encontrará en servicio activo
d. Se encontrará en excedencia voluntaria por servicio en otras Administraciones Públicas

11. ¿Tienen derecho a la reserva de plaza un funcionario que se encuentre en situación de servicios especiales?

a. Tienen derecho, al menos, a reingresar al servicio activo en la misma Comunidad Autónoma, en las condiciones y con las retribuciones correspondientes a la categoría consolidada
b. Tienen derecho, al menos, a reingresar al servicio activo en la misma Administración Pública, en las condiciones y con las retribuciones correspondientes a la categoría consolidada
c. Tienen derecho, al menos, a reingresar al servicio activo en la misma provincia, en las condiciones y con las retribuciones correspondientes a la categoría consolidada
d. Tienen derecho, al menos, a reingresar al servicio activo en la misma localidad, en las condiciones y con las retribuciones correspondientes a la categoría consolidada

12. según lo establecido en el TREBEP. Serán declarados en servicios especiales los funcionarios de carrera:

a. Cuando sean nombrados para desempeñar puestos o cargos en organismos públicos o entidades, dependientes o vinculados a las Administraciones Públicas que, de conformidad con lo que establezca la respectiva Administración Pública, estén asimilados en su rango administrativo a altos cargos
b. Cuando accedan a la condición de Diputado o Senador de las Cortes Generales o miembros de las asambleas legislativas de las CC AA siempre que no reciban retribuciones periódicas por la realización de la función
c. Cuando adquieran la condición de funcionarios al servicio de organizaciones internacionales
d. a) y c) son correctas

13. En relación a las situaciones administrativas de los funcionarios de carrera. Los funcionarios de carrera se hallarán en alguna de las siguientes situaciones:

a. a) Servicio activo. b) Servicios especiales. c) Expectativa de destino. d) Servicio en Organismos Internacionales. e) Servicio en otras Administraciones Públicas. f) Excedencia. g) Suspensión de funciones
b. a) Servicio activo. b) Servicios especiales. c) Servicio en otras Administraciones Públicas. d) Excedencia. e) Suspensión de funciones
c. a) Servicio activo. b) Servicios especiales. c) Servicio en otras Administraciones Públicas. d) Excedencia forzosa. e) Excedencia voluntaria. f) Suspensión de funciones
d. a) Servicio activo. b) Servicios especiales. c) Servicio en Organismos Internacionales. d) Excedencia. e) Suspensión de funciones

14. El TREBEP, NO recoge como situación administrativa de los funcionarios de carrera:

a. Excedencia voluntaria incentivada y suspensión de funciones
b. Servicio activo y servicios especiales
c. Servicio en otras Administraciones Públicas
d. Todas son situaciones administrativas de los funcionarios de carrera

15. ¿Se podrá prorrogar el tiempo que se reserva el puesto de una funcionaria en excedencia por razón de violencia de género?

a. Sí, en todo caso
b. Sí, para hacer efectivo su derecho a la protección y su derecho a la asistencia social integral
c. Sí, cuando las actuaciones judiciales lo exigieran
d. No, en ningún caso

16. El funcionario que esté declarado en servicios especiales, ¿computa el tiempo que permanezcan en esa situación a efectos de ascensos, reconocimiento de trienios, promoción interna y derechos en el régimen de la Seguridad Social?

a. Sí, el tiempo permanecido en servicios especiales, computa para lo anteriormente especificado
b. El tiempo permanecido en servicios especiales, computa a efectos de ascensos y reconocimiento de trienios, pero no para promoción interna y derechos en el régimen de la Seguridad Social
c. El tiempo permanecido en servicios especiales, computa para todo lo anteriormente indicado, salvo para lo que respecta a la promoción interna
d. El tiempo permanecido en servicios especiales, computa para todo lo anteriormente indicado, salvo a efectos de trienios

17. Según el TREBEP, las situaciones administrativas de a) Servicio activo. b) Servicios especiales. c) Servicio en otras Administraciones Públicas. d) Excedencia. e) Suspensión de funciones son para:

a. Funcionarios de carrera
b. Funcionarios interinos
c. a) y b) son incorrectas
d. a) y b) son correctas

18. Señala la respuesta INCORRECTA según el TREBEP, respecto de los funcionarios transferidos a las CC AA:

a. Mantienen todos sus derechos en la Administración Pública de destino
b. Como si se hallaran en servicio activo
c. De acuerdo con lo establecido en los respectivos Estatutos de Autonomía
d. Todas las respuestas son correctas

19. según el TREBEP. Los funcionarios de carrera podrán obtener la excedencia voluntaria por interés particular cuando hayan prestado servicios efectivos:

a. En cualquiera de las Administraciones Públicas
b. Durante un periodo máximo de dos años
c. Este periodo mínimo no tiene porqué ser inmediatamente anterior a la solicitud
d. Todas las respuestas son incorrectas

20. En relación a la excedencia por razón de violencia de género, el TREBEP, indica que cuando las actuaciones judiciales lo exigieran, se podrá prorrogar por tres meses con un máximo de dieciocho:

a. El periodo en el que la funcionaria tendrá derecho a la reserva del puesto
b. El periodo durante el cual, le será computable a la funcionaria el tiempo de permanencia, a efectos de antigüedad, carrera y derechos en el régimen de Seguridad Social que le sea de aplicación
c. a) y b) son incorrectas
d. a) y b) son correctas

21. Tendrán derecho a solicitar la situación de excedencia sin tener que haber prestado un tiempo mínimo de servicios previos:

a. La excedencia a las funcionarias víctimas de violencia de género
b. La excedencia para los funcionarios que hayan sufrido daños físicos o psíquicos como consecuencia de la actividad terrorista
c. Ambas son correctas
d. Ninguna lo es

22. En la excedencia para atender al cuidado de cada hijo, los funcionarios ¿tendrán derecho a la reserva del puesto de trabajo?

a. No se reserva el puesto de trabajo
b. Se reservará el puesto de trabajo, al menos, dos años
c. Se reservará el puesto de trabajo, un máximo, de dos años
d. Se reservará el puesto de trabajo, un mínimo, de dos años

23. Señala la respuesta INCORRECTA Los funcionarios de carrera, en la situación de servicio en otras Administraciones Públicas, que se encuentren en dicha situación por haber obtenido un puesto de trabajo, mediante los sistemas de provisión previstos en este Estatuto:

a. Se rigen por la legislación de destino
b. Conservan la condición de funcionario en la Administración de origen
c. Tienen derecho a participar en las convocatorias para la provisión de puestos de trabajo que se efectúen en la Administración de destino
d. El tiempo de servicio en la Administración Pública en la que estén destinados se les computará como de servicio activo en su cuerpo o escala de origen

24. Señala la respuesta INCORRECTA. Las funcionarias víctimas de violencia de género:

a. Tienen derecho a la reserva del puesto de trabajo que desempeñaran los seis primeros meses
b. Tendrán derecho a percibir las retribuciones íntegras, y en su caso, las prestaciones por hijo a cargo, durante los seis primeros meses
c. Tendrán derecho a solicitar la situación de excedencia sin tener que haber prestado un tiempo mínimo de servicios previos
d. Cuando las actuaciones judiciales lo exigieran se podrá prorrogar este periodo por tres meses, con un máximo de dieciocho

25. Señala cuál NO es una situación administrativa de los funcionarios de carrera, según el Estatuto Básico del Empleado Público:

a. Servicio en otras Administraciones Públicas
b. Servicio activo y servicios especiales
c. Excedencia forzosa y suspensión de funciones
d. Todas son situaciones administrativas de los funcionarios de carrera

26. En relación al reingreso al servicio activo. Los plazos, procedimientos y condiciones, según las situaciones administrativas de procedencia, para solicitar el reingreso al servicio activo de los funcionarios de carrera, con respeto al derecho a la reserva del puesto de trabajo en los casos en que proceda conforme al presente Estatuto, se regularán:

a. Por Ley
b. Por las Leyes de Función Pública que se dicten de el presente Estatuto
c. Reglamentariamente
d. Mediante convenios

27. En relación al periodo de excedencia por cuidado de familiares, es INCORRECTO según el TREBEP:

a. Será único por cada sujeto causante
b. Cuando un nuevo sujeto causante diera origen a una nueva excedencia, el inicio del período de la misma pondrá fin al que se viniera disfrutando
c. En el caso de que dos funcionarios generasen el derecho a disfrutarla por el mismo sujeto causante, la Administración no podrá limitar su ejercicio simultáneo para ambos funcionarios
d. Todas las respuestas son correctas

28. La suspensión de funciones por sanción disciplinaria, no podrá exceder de:

a. 6 meses   b. 6 años
c. 3 años   d. 2 años

29. Las situaciones administrativas del personal laboral,

a. En el caso del personal laboral fijo, se aplicarán las mismas condiciones que al personal funcionario de carrera
b. Se regirán por lo establecido en los Convenios Colectivos que le sean de aplicación y en su defecto, por lo dispuesto en el presente Estatuto
c. Se regirán por el Estatuto de los Trabajadores y los Convenios Colectivos
d. Se regirán por lo establecido por lo dispuesto en el presente Estatuto y en su defecto, por los Convenios Colectivos que le sean de aplicación

30. Los funcionarios que hayan sufrido daños físicos o psíquicos como consecuencia de la actividad terrorista, tendrán derecho a disfrutar de la excedencia por violencia terrorista:

a. En las mismas condiciones que la excedencia para atender al cuidado de un familiar
b. En las mismas condiciones que la excedencia por agrupación familiar
c. En las mismas condiciones que la excedencia por razón de violencia de género
d. Con las condiciones que determine el Ministerio del Interior o por sentencia judicial firme

31. Señala la respuesta INCORRECTA según lo establecido en el TREBEP. Cuando un funcionario de carrera sea elegido o designado para formar parte de los Órganos Constitucionales:

a. Se encontrará en situación administrativa de servicio en otras Administraciones Públicas
b. Tendrán derecho a la reserva del mismo puesto de trabajo durante los dos primeros años
c. Tendrá derecho a reingresar al servicio activo en la misma localidad
d. Ninguna lo es

32. en el caso de que un funcionario de carrera, sea transferido a una Comunidad Autónoma, las Comunidad Autónoma al proceder a esta integración del funcionario transferido como funcionario propio:

a. Le asignará un puesto equivalente al Grupo o Subgrupo del cuerpo o escala de procedencia, conforme a los sistemas de provisión en la Administración Pública de destino, respetando en todo momento derechos económicos y antigüedad
b. Respetará el Grupo o Subgrupo del cuerpo o escala de procedencia, así como los derechos económicos inherentes a la posición en la carrera que tuviesen reconocido
c. Lo adscribirá a un puesto de su cuerpo o escala de un determinado Subgrupo o Grupo de clasificación profesional que sea equivalente, y en el supuesto de que éste no tenga Subgrupo, a otro superior
d. Ninguna de las respuestas anteriores es correcta

33. El funcionario que esté declarado en servicios especiales, ¿tiene derecho a percibir trienios?

a. Percibirán las retribuciones del puesto o cargo que desempeñen y no las que les correspondan como funcionarios de carrera, sin derecho a percibir los trienios, hasta el reingreso en el servicio activo
b. Percibirán las retribuciones del puesto o cargo que desempeñen y las que les correspondan como funcionarios de carrera, sin derecho a percibir los trienios, hasta el reingreso en el servicio activo
c. Percibirán las retribuciones del puesto o cargo que desempeñen y no las que les correspondan como funcionarios de carrera, sin perjuicio del derecho a percibir los trienios que tengan reconocidos en cada momento
d. Percibirán las retribuciones del puesto o cargo que desempeñen y las que les correspondan como funcionarios de carrera, sin perjuicio del derecho a percibir los trienios que tengan reconocidos en cada momento

34. Los funcionarios transferidos a las CC AA, que reingresen al servicio activo en la Administración de origen, procedentes de la situación administrativa de servicio en otras Administraciones Públicas; ¿obtendrán el reconocimiento profesional de los progresos alcanzados en el sistema de carrera profesional?,

a. Los funcionarios transferidos mantienen todos sus derechos en la Administración Pública de origen como si se hallaran en servicio activo
b. Los funcionarios transferidos mantienen todos sus derechos en la Administración Pública de origen como si se hallaran en servicio activo, salvo en lo dispuesto para la promoción interna y el reconocimiento de trienios
c. Los funcionarios transferidos, únicamente se les computará el tiempo de servicio en la Administración Pública en la que estuviesen destinados a efectos de trienios
d. Los funcionarios transferidos, obtienen todos los reconocimientos, salvo las excepciones recogidas en el TREBEP

35. Según el TREBEP, las situaciones administrativas del personal laboral se regirán por:

a. Estatuto de los Trabajadores y por los Convenios Colectivos que les sean de aplicación
b. Los Convenios colectivos
c. Por el presente Estatuto
d. Por las Leyes de Función Pública que se dicten en desarrollo del presente Estatuto

36. Señala la respuesta INCORRECTA según lo establecido en el TREBEP. Serán declarados en servicios especiales los funcionarios de carrera:

a. Cuando sean designados como personal eventual por ocupar puestos de trabajo con funciones expresamente calificadas como de confianza o asesoramiento político y no opten por permanecer en la situación de servicio activo
b. Cuando se desempeñen cargos electivos retribuidos y de dedicación exclusiva en las Asambleas de las ciudades de Ceuta y Melilla y en las entidades locales
c. Cuando sean autorizados para realizar una misión por periodo determinado superior a doce meses en organismos internacionales, gobiernos o entidades públicas extranjeras o en programas de cooperación internacional
d. En todos los casos anteriormente señalados, serían declarados en servicios especiales

37. ¿Cuál de los siguientes, NO es un supuesto para pasar a situación administrativa de servicios especiales?

a. Cuando accedan a la condición de diputados de las Cortes Generales
b. Cuando sean autorizados para realizar una misión por periodo determinado superior a seis meses en organismos internacionales
c. Cuando se suprima su puesto de trabajo y queden a la expectativa de destino
d. Cuando adquieran la condición de funcionarios al servicio de organizaciones internacionales

38. El tiempo que la funcionaria permanezca en excedencia por violencia de género, ¿computa a efectos de antigüedad, carrera y derechos del régimen de la Seguridad Social?

a. Sí, durante los 2 primeros meses
b. Sí, únicamente durante los 6 primeros meses
c. Sí, durante los 2 primeros meses, prorrogable a 6 más cuando las actuaciones judiciales lo exigieran
d. Sí, durante los 6 primeros meses, prorrogable a 3 más, con un máximo de 18 cuando las actuaciones judiciales lo exigieran

39. según el TREBEP. El personal laboral, se regirá por lo dispuesto en el Estatuto de los Trabajadores o en los Convenios Colectivos:

a. Para regular las situaciones administrativas
b. Para los procedimientos previstos para hacer efectiva la carrera profesional y la promoción del personal laboral
c. Ambas son correctas
d. Ninguna lo es

40. En relación al reingreso al servicio activo, el TREBEP, indica que los plazos, procedimientos y condiciones, según las situaciones administrativas de procedencia, para solicitar el reingreso al servicio activo de los funcionarios de carrera, se regularán:

a. Reglamentariamente, con respeto al derecho a la reserva del puesto de trabajo en los casos en que proceda conforme al presente Estatuto
b. Reglamentariamente, con respeto a lo establecido en la Constitución y en el resto del ordenamiento jurídico
c. Por las Leyes de Función Pública que se

dicten de el presente Estatuto, con respeto al derecho a la reserva del puesto de trabajo en los casos en que proceda

d. Por las Leyes de Función Pública que se dicten de el presente Estatuto, con respeto a lo establecido en la Constitución y en el resto del ordenamiento jurídico

41. Indica cuál de las siguientes no es una excedencia prevista para los funcionarios de carrera:

a. Excedencia voluntaria por prestación de servicios en el sector público
b. Excedencia forzosa
c. Excedencia voluntaria por agrupación familiar
d. a) y b) son correctas

42. ¿Tienen derecho a la reserva de plaza un funcionario que se encuentre en situación de servicios especiales?

a. Tienen derecho a la reserva de puesto, pero no de la plaza
b. Tienen derecho a la reserva de plaza, pero no del puesto
c. Tienen derecho, al menos, a reingresar al servicio activo en la misma localidad, en las condiciones y con las retribuciones correspondientes a la categoría consolidada
d. Tienen derecho, al menos, a reingresar al servicio activo aunque no sea en la misma localidad, pero en las condiciones y con las retribuciones correspondientes a la categoría consolidada

43. Señala la respuesta INCORRECTA. La excedencia por cuidado de familiares, podrá ser según el TREBEP:

a. Para atender al cuidado de un familiar que se encuentre a su cargo
b. Por agrupación familiar
c. Para atender al cuidado de cada hijo
d. Todas las respuestas son correctas

44. Se podrá conceder una excedencia voluntaria por agrupación familiar a los funcionarios cuyo cónyuge resida en otra localidad por haber obtenido y estar desempeñando:

a. Un puesto de trabajo de carácter definitivo
b. Como funcionario de carrera o como laboral fijo
c. En cualquiera de las Administraciones Públicas
d. Todas las respuestas son correctas

45. en relación a la suspensión de funciones:

a. La suspensión firme por sanción disciplinaria no podrá exceder de 6 años
b. La suspensión determinará la pérdida del puesto de trabajo si excede de 6 meses
c. Ninguna de las dos es correcta
d. Ambas lo son

46. señala cuál será la situación administrativa de quienes, conforme a la normativa de función pública dictada en desarrollo del presente Estatuto, presten servicios en su condición de funcionarios públicos cualquiera que sea la Administración u organismo público o entidad en el que se encuentren destinados y no les corresponda quedar en otra situación:

a. Servicios especiales
b. Servicio activo
c. Excedencia
d. Suspensión de funciones

47. Es correcto afirmar, respecto de la excedencia voluntaria por interés particular, según lo dispuesto en el TREBEP que no les será computable el tiempo que permanezcan en tal situación a efectos de :

a. Ascensos
b. Trienios
c. Derechos en el régimen de Seguridad Social
d. Todas las respuestas son correctas

48. Señala la respuesta INCORRECTA en relación a la excedencia por cuidado de familiares:

a. El tiempo de permanencia en esta situación será computable a efectos de trienios, carrera y derechos en el régimen de Seguridad Social que sea de aplicación
b. El puesto de trabajo desempeñado se reservará, al menos, durante dos años
c. Su duración no será superior a tres años
d. Está destinada a atender al cuidado de un familiar que se encuentre a su cargo, hasta el segundo grado inclusive de consanguinidad y el primero de afinidad

49. En relación a la excedencia por el cuidado de cada hijo,

a. El puesto de trabajo desempeñado se reservará, al menos, durante dos años
b. El puesto de trabajo desempeñado se reservará, al menos, durante tres años
c. a) es correcta y transcurrido este periodo, dicha reserva lo será a un puesto en la misma localidad y de igual retribución
d. b) es correcta y transcurrido este periodo, dicha reserva lo será a un puesto en la misma localidad y de igual retribución

50. , según lo establecido en el TREBEP. Los funcionarios de carrera en la situación de servicio en otras Administraciones Públicas que se encuentren en dicha situación por haber obtenido un puesto de trabajo mediante los sistemas de provisión previstos en este Estatuto:

a. Conservan su derecho a participar en las convocatorias para la provisión de puestos de trabajo que se efectúen en la Administración de origen
b. Tienen derecho a participar en las convocatorias para la provisión de puestos de trabajo que se efectúen tanto en la Administración de origen como en la Administración de destino
c. No conservan el derecho a participar en las convocatorias para la provisión de puestos de trabajo que se efectúen en la Administración de origen
d. No tienen derecho a participar en las convocatorias para la provisión de puestos de trabajo que se efectúen en la Administración de destino

51. Los funcionarios de carrera en la situación de servicio en otras Administraciones Públicas que se encuentren en dicha situación por haber obtenido un puesto de trabajo mediante los sistemas de provisión previstos en este Estatuto, se rigen,

a. Por la legislación de la Administración de origen y conservan su condición de funcionario de la Administración de destino
b. Por la legislación de la Administración en la que estén destinados de forma efectiva y conservan su condición de funcionario de la Administración de origen
c. Por la legislación de la Administración en la que estén destinados de forma efectiva y conservan, así mismo, su condición de funcionario de la Administración de destino
d. Por la legislación de la Administración de origen, conservando, así mismo, su condición de funcionario de la Administración de proveniencia

52. Procederá declarar de oficio la excedencia voluntaria por interés particular, cuando:

a. Finalizada la causa que determinó el pase a una situación distinta a la de servicio activo, se incumpla la obligación de solicitar el reingreso al servicio activo en el plazo en que se determine reglamentariamente
b. Finalizada la causa que determinó el pase a una situación distinta a la de servicios en otras Administraciones públicas, se incumpla la obligación de solicitar el reingreso al servicio activo en el plazo en que se determine legalmente
c. Finalizada la causa que determinó el pase a una situación distinta a la de movilidad voluntaria entre Administraciones Públicas, se incumpla la obligación de solicitar el reingreso al servicio activo en el plazo de un mes
d. Finalizada la causa que determinó el pase a una situación distinta a la de servicio activo, se incumpla la obligación de solicitar el reingreso al servicios en otras Administraciones Públicas en el plazo de un mes

53. En relación al periodo de excedencia por cuidado de familiares, es INCORRECTO según el TREBEP:

a. Será único por cada sujeto causante
b. No se iniciará una nueva excedencia por el nuevo sujeto causante, hasta que no finalice la anterior
c. En el caso de que dos funcionarios generasen el derecho a disfrutarla por el mismo sujeto causante, la Administración podrá limitar su ejercicio simultáneo por razones justificadas relacionadas con el funcionamiento de los servicios
d. Todas las respuestas son correctas

54. Las leyes de Función Pública que se dicten en desarrollo de este Estatuto, podrán regular otras situaciones administrativas de los funcionarios de carrera, cuando concurra, entre otras, alguna de las circunstancias siguientes:

a. Cuando por razones organizativas, de reestructuración interna o exceso de personal, resulte una imposibilidad transitoria de asignar un puesto de trabajo o la conveniencia de incentivar la cesación en el servicio activo
b. Cuando los funcionarios accedan, bien por promoción interna o por otros sistemas de acceso, a otros cuerpos o escalas y no les corresponda quedar en alguna de las situaciones previstas en este Estatuto, y cuando pasen a prestar servicios en organismos o entidades del sector público en régimen distinto al de funcionario de carrera
c. Ambas son correctas
d. Ninguna lo es

55. A los funcionarios cuyo cónyuge resida en otra localidad por haber obtenido y estar desempeñando un puesto de trabajo de carácter definitivo como funcionario de carrera o como laboral fijo en cualquiera de las Administraciones Públicas, podrá concederse:

a. Una excedencia voluntaria por interés particular
b. Una excedencia voluntaria por agrupación familiar
c. Un permiso especial por reagrupación familiar
d. Todas las respuestas son correctas

56. , según lo dispuesto en el TREBEP. Un funcionario de carrera, que sea nombrado para desempeñar un puesto en Puertos del Estado, ¿se declararía en servicios especiales?

a. No en ningún caso
b. Sí en todo caso
c. En el caso de que sea nombrado como alto cargo de Puertos del Estado
d. Sí, salvo que prefiera permanecer en servicio activo

57. Es INCORRECTO afirmar en relación a la excedencia por el cuidado de familiares, según lo dispuesto en el TREBEP que:

a. El puesto de trabajo desempeñado se reservará, al menos, durante los seis primeros meses
b. Su duración no será superior a tres años
c. Ambas son correctas
d. Ninguna lo es

58. Y en relación a la excedencia por violencia de género, indica que durante los 6 primeros meses tendrán derecho a la reserva del puesto de trabajo que desempeñaran cuando:

a. ... las actuaciones judiciales lo exigieran se podrá prorrogar este periodo por dos meses, con un máximo de dieciocho
b. ...las actuaciones judiciales lo exigieran se podrá prorrogar este periodo por tres meses, con un máximo de dieciocho
c. ...las actuaciones judiciales lo exigieran se podrá prorrogar este periodo por seis meses, con un máximo de dieciocho
d. ...las actuaciones judiciales lo exigieran se podrá prorrogar este periodo por cuatro meses, con un máximo de dieciocho

59. La excedencia por cuidado de familiares, podrá tener una duración:

a. ... no inferior a 2 años y se reservará el puesto de trabajo máximo, por 3 años
b. ...no superior a 2 años y se reservará el puesto de trabajo, al menos, por 3 años
c. ...no inferior a 3 años y se reservará el puesto de trabajo máximo, por 2 años
d. ...no superior a 3 años y se reservará el puesto de trabajo, al menos, por 2 años

60. Los funcionarios de carrera en la situación de servicio en otras Administraciones Públicas que se encuentren en dicha situación por haber obtenido un puesto de trabajo mediante los sistemas de provisión previstos en este Estatuto:

a. Conservan su condición de funcionario de la Administración de origen y de destino
b. Conservan su condición de funcionario de la Administración de origen
c. Conservan su condición de funcionario en la Administración de destino
d. No conservan su condición de funcionario ni en la Administración de origen ni en la de destino

61. Los funcionarios que hayan sufrido daños físicos o psíquicos como consecuencia de la actividad terrorista, tendrán derecho a disfrutar de la excedencia por violencia terrorista:

a. Previo reconocimiento del Ministerio del Interior y de sentencia judicial firme
b. Previo reconocimiento del Ministerio del Interior o de sentencia judicial firme
c. Previo reconocimiento del Ministerio, exclusivamente
d. Previo reconocimiento de sentencia judicial firme, exclusivamente

62. ¿Es posible la suspensión de funciones con carácter provisional?

a. Sólo en caso de tramitación de un procedimiento judicial
b. Sólo en caso de tramitación de un expediente disciplinario
c. Tanto por la tramitación de un procedimiento judicial como por la tramitación de

un expediente disciplinario, en los términos establecidos en este Estatuto

d. No es posible la suspensión de funciones con carácter provisional, en el TREBEP, únicamente está prevista la situación de suspensión de funciones con carácter firme

63. Es INCORRECTO afirmar que se podrá conceder una excedencia voluntaria por agrupación familiar, a los funcionarios cuyo cónyuge resida en otra localidad por haber obtenido y estar desempeñando:

a. Un puesto de trabajo de carácter definitivo
b. Como funcionario de carrera o como laboral fijo
c. Siempre que ambos, desempeñen su puesto en la misma Administración Pública
d. Todas las respuestas son correctas

64. ¿Qué funcionarios percibirán retribuciones del puesto o cargo que desempeñen y no las que le correspondan como funcionarios de carrera?

a. Excedencia forzosa
b. Libre designación
c. Servicios especiales
d. Servicios en otras Administraciones Públicas

65. En relación a la excedencia por razón de violencia de género, el TREBEP, indica que cuando las actuaciones judiciales lo exigieran, se podrá prorrogar por tres meses con un máximo de dieciocho:

a. El periodo en el que la funcionaria tendrá derecho a percibir las retribuciones íntegras, y en su caso, las prestaciones familiares por hijo a cargo
b. El periodo en el que la funcionaria tendrá derecho a la reserva del puesto y el periodo durante el cual, le será computable a efectos de antigüedad, carrera y derechos en el régimen de Seguridad Social que le sea de aplicación
c. El periodo de permanencia en dicha excedencia
d. El periodo mínimo de prestación de servicios para poder solicitar dicha excedencia

66. Sobre la suspensión de funciones:

a. La suspensión firme por sanción disciplinaria no podrá exceder de seis meses
b. La suspensión firme por sentencia judicial firme no podrá exceder de seis meses
c. La suspensión firme por sanción disciplinaria no podrá exceder de seis años
d. La suspensión firme por sentencia judicial firme no podrá exceder de seis años

67. Los funcionarios de carrera no podrán optar por las siguientes excedencias, según lo previsto en el TREBEP:

a. Excedencia voluntaria incentivada
b. Excedencia voluntaria por interés particular
c. Excedencia voluntaria por agrupación familiar
d. b) y c) son correctas

68. Tendrán derecho a un período de excedencia, para atender al cuidado de un familiar.

a. De duración no superior a tres años
b. Hasta el tercer grado de consanguinidad
c. Que por razones de edad, accidente, enfermedad o discapacidad no pueda valerse por sí mismo y con independencia de que éste desempeñe actividad retribuida o no
d. Todas las respuestas son correctas

69. Serán declarados en servicios especiales los funcionarios de carrera, cuando se desempeñen cargos Asambleas de las ciudades de Ceuta y Melilla y en las entidades locales:

a. Cargos electivos no retribuidos y de dedicación exclusiva
b. Si perciben retribuciones periódicas por la realización de la función
c. Cargos electivos retribuidos y de dedicación exclusiva
d. Si no se perciben retribuciones periódicas por la realización de la función

70. En relación a la excedencia por el cuidado de familiares, según lo dispuesto en el TREBEP que:

a. Su duración no será superior a tres años
b. Para atender al cuidado de un familiar que se encuentre a su cargo, hasta el segundo grado inclusive de consanguinidad o afinidad
c. Ambas son correctas
d. Ninguna lo es

71. Los funcionarios de carrera en la situación de servicio en otras Administraciones Públicas que se encuentren en dicha situación por haber obtenido un puesto de trabajo mediante los sistemas de provisión previstos en este Estatuto:

a. Se rigen por la legislación de la Administración en la que estén destinados de forma efectiva
b. Conservan su condición de funcionario de la Administración de destino
c. Conservan su derecho a participar en las convocatorias para la provisión de puestos de trabajo que se efectúen en la Administración de destino
d. Todas las respuestas son incorrectas

72. La suspensión determinará la pérdida de la condición de funcionario

a. Cuando sea por sentencia judicial firme
b. Cuando exceda de seis meses
c. Cuando sea por falta grave o muy grave
d. Cuando sea por falta muy grave

73. Los funcionarios de carrera que sean autorizados para realizar una misión en organismos internacionales, gobiernos o entidades públicas extranjeras o en programas de cooperación internacional, será declarados:

a. En situación administrativa de excedencia por servicio en otras Administraciones si es una misión por un periodo determinado superior a seis meses
b. En situación administrativa de servicio en otras Administraciones Públicas
c. En situación administrativa de servicios especiales si es una misión por un periodo determinado superior a seis meses
d. En situación administrativa de servicio activo, en todo caso

74. Los funcionarios de carrera en la situación de servicio en otras Administraciones Públicas que se encuentren en dicha situación por haber obtenido un puesto de trabajo mediante los sistemas de provisión previstos en este Estatuto:

a. Se rigen por la legislación de origen
b. Se rigen por la legislación de destino
c. Se rigen por la legislación tanto de origen, como de destino
d. Se rigen por la legislación especial para los funcionarios en situación Administrativa de servicio en otras Administraciones Públicas

75. A parte de las situaciones administrativas previstas en el TREBEP, ¿se podrán regular otras situaciones administrativas diferentes para los funcionarios de carrera? según el TREBEP:

a. Sí, reglamentariamente
b. Sí, por ley de Cortes Generales o de las Asambleas Legislativas de las CC AA
c. Sí, las Leyes de Función Pública que se dicten en desarrollo de este Estatuto
d. No, las situaciones administrativas, vienen tasadas y especificadas en el TREBEP, sin posibilidad de desarrollo

76. Podrá concederse la excedencia voluntaria por agrupación familiar:

a. Con el requisito de haber prestado servicios efectivos en cualquiera de las Administraciones Públicas durante un periodo de cinco años
b. Sin el requisito de haber prestado servicios efectivos en cualquiera de las Administraciones Públicas durante el periodo de tiempo establecido
c. Con el requisito de haber prestado servicios efectivos en cualquiera de las Administraciones Públicas durante un periodo de dos años
d. Con el requisito de haber prestado servicios efectivos en cualquiera de las Administraciones Públicas durante un periodo de tres años

77. Se regirán por las normas de este Estatuto y por la normativa de función pública de la Administración Pública en que presten servicios,

a. Los funcionarios de carrera que se encuentren en situación administrativa de servicio activo, servicios especiales y servicio en otras Administraciones Públicas
b. Los funcionarios de carrera
c. Los funcionarios de carrera que no se encuentren en situación administrativa de excedencia o suspensión de funciones
d. Los funcionarios de carrera en situación de servicio activo

78. En relación a la excedencia por el cuidado de cada hijo,

a. No tendrán derecho a la reserva de puesto. Los funcionarios tendrán derecho a reingresar al servicio activo en la misma localidad, en las condiciones y con las retribuciones correspondientes a la categoría, nivel o escalón de la carrera consolidados
b. Tendrán derecho a la reserva de puesto, al menos 3 años y transcurrido ese periodo, los funcionarios tendrán derecho a reingresar al servicio activo en la misma localidad, en las condiciones y con las retribuciones correspondientes a la categoría, nivel o escalón de la carrera consolidados
c. No tendrán derecho a la reserva de puesto. Tendrán derecho a la reserva de un puesto en la misma localidad y de igual retribución
d. Tendrán derecho a la reserva de puesto, al menos 2 años y transcurrido ese periodo, periodo, dicha reserva lo será a un puesto en la misma localidad y de igual retribución

79. A los funcionarios cuyo cónyuge resida en otra localidad por haber obtenido y estar desempeñando un puesto de trabajo de carácter definitivo como funcionario de carrera o como laboral fijo en cualquiera de las Administraciones Públicas, podrá concederse:

a. Suspensión de funciones temporal sin el requisito de haber prestado servicios efectivos en cualquiera de las Administraciones Públicas durante el periodo de tiempo establecido
b. Una excedencia voluntaria por interés particular si cumple con el tiempo mínimo de cinco años de servicios efectivos en cualquiera de las Administraciones Públicas
c. Una excedencia voluntaria por agrupación familiar sin el requisito de haber prestado servicios efectivos en cualquiera de las Administraciones Públicas durante el periodo de tiempo establecido
d. Una excedencia por cuidado de familiares si cumple el requisito de haber prestado servicios efectivos durante cinco años en cualquiera de las Administraciones Públicas durante el periodo de tiempo establecido

80. A los funcionarios cuyo cónyuge resida en otra localidad por haber obtenido y estar desempeñando un puesto de trabajo de carácter definitivo como funcionario de carrera o como laboral fijo en cualquiera de las Administraciones Públicas, podrá concederse:

a. Una excedencia voluntaria por interés particular
b. Una suspensión temporal de funciones
c. Una excedencia voluntaria por agrupación familiar
d. Un permiso temporal por reagrupación familiar

81. Las leyes de Función Pública que se dicten en desarrollo de este Estatuto, podrán regular otras situaciones administrativas de los funcionarios de carrera, cuando concurra, entre otras, alguna de las circunstancias siguientes:

a. Cuando por razones expresamente justificadas de necesidad y urgencia resulte una imposibilidad transitoria de asignar un puesto de trabajo o la conveniencia de incentivar la cesación en el servicio activo
b. Cuando los funcionarios accedan, bien por promoción interna o por otros sistemas de acceso, a otros cuerpos o escalas y no les corresponda quedar en alguna de las situaciones previstas en este Estatuto, y cuando pasen a prestar servicios en organismos o entidades del sector público en régimen distinto al de funcionario de carrera
c. Ambas son correctas
d. Ninguna lo es

82. Señala cuál será la situación administrativa de quienes, conforme a la normativa de función pública dictada en desarrollo del presente Estatuto, presten servicios en su condición de funcionarios públicos cualquiera que sea la Administración u organismo público o entidad en el que se encuentren destinados y no les corresponda quedar en otra situación:

a. Servicios especiales
b. Servicios especiales y servicio activo
c. Servicio activo
d. Servicio activo y servicio en otras Administraciones Públicas

83. Es INCORRECTO afirmar, según lo expresado en el TREBEP, que los funcionarios de carrera, en la situación de servicio en otras Administraciones Públicas, que se encuentren en dicha situación por haber obtenido un puesto de trabajo mediante los sistemas de provisión previstos en este Estatuto:

a. Se rigen por la legislación de la Administración de destino
b. Conservan la condición de funcionario en la Administración de origen
c. Tienen derecho a participar en las convocatorias para la provisión de puestos de trabajo que se efectúen tanto en la Administración de origen como en la de destino
d. El tiempo de servicio en la Administración Pública en la que estén destinados se les computará como de servicio activo en su cuerpo o escala de origen

84. Señala la respuesta INCORRECTA según lo establecido en el TREBEP. Cuando un funcionario de carrera, sea nombrado para desempeñar puestos o cargos en organismos públicos o entidades, dependientes o vinculados a las Administraciones Públicas que, de conformidad con lo que establezca la respectiva Administración Pública, estén asimilados en su rango administrativo a alto cargo:

a. Se encontrará en situación administrativa de servicio en otras Administraciones Públicas
b. Tendrá derecho a reingresar al servicio activo en la misma localidad
c. El tiempo que permanezca en tal situación, se le computará a efectos de ascensos, reconocimiento de trienios, promoción interna y derechos en el régimen de Seguridad Social
d. Todas las respuestas son correctas

85. Un funcionario de carrera que se encuentre en situación administrativa de servicios especiales, ¿tienen derecho a la reserva del el puesto de trabajo?

a. Tendrán derecho, al menos, a reingresar al servicio activo en la misma localidad, en las condiciones y con las retribuciones correspondientes a la categoría, nivel o escalón de la carrera consolidados, de acuerdo con el sistema de carrera administrativa vigente en la Administración Pública a la que pertenezcan
b. Tendrán derecho a la reserva del mismo puesto de trabajo durante los dos primeros años
c. Tendrán derecho, a reingresar al servicio activo en el mismo puesto, en las condiciones y con las retribuciones correspondientes a la categoría, nivel o escalón de la carrera consolidados, de acuerdo con el sistema de carrera administrativa vigente en la Administración Pública a la que pertenezcan
d. Un funcionario de carrera, que sea declarado en servicios especiales, no tiene derecho a la reserva del puesto de trabajo

86. El funcionario quedará privado durante el tiempo de permanencia en la misma del ejercicio de sus funciones y de todos los derechos inherentes a la condición

a. Suspensión de funciones
b. Excedencia voluntaria por interés particular
c. Expectativa de destino
d. Excedencia forzosa

87. Indica en qué caso, un funcionario de carrera, NO será declarado en servicios especiales,

a. Cuando sean designados como personal eventual por ocupar puestos de trabajo con funciones expresamente calificadas como de confianza o asesoramiento político y no opten por permanecer en la situación de servicio activo
b. Cuando adquieran la condición de funcionarios al servicio de organizaciones internacionales
c. Cuando accedan a la condición de Diputado o Senador de las Cortes Generales o miembros de las asambleas legislativas de las CC AA si no perciben retribuciones periódicas por la realización de la función
d. En todos los casos anteriormente señalados, serían declarados en servicios especiales

88. Cuando un funcionario de carrera, sean designados como personal eventual por ocupar puestos de trabajo con funciones expresamente calificadas como de confianza o asesoramiento político,

a. Percibirán las retribuciones del puesto o cargo que desempeñen y no las que les correspondan como funcionarios de carrera
b. Percibirán las retribuciones del puesto o cargo que desempeñen, salvo que opten por permanecer en servicio activo
c. a) es correcta sin perjuicio del derecho a percibir trienios que tengan reconocidos hasta el momento
d. b) es correcta sin perjuicio del derecho a percibir trienios que tengan reconocidos hasta el momento

89. Señala la respuesta INCORRECTA según lo establecido en el TREBEP. Cuando un funcionario de carrera, sea designado como personal eventual por ocupar puestos de trabajo con funciones expresamente calificadas como de confianza o asesoramiento político:

a. Será declarado en situación administrativa de servicios especiales, salvo que opte por permanecer en servicio activo
b. Percibirá las retribuciones del puesto o cargo que desempeñe y no las que le correspondan como funcionario de carrera, en todo caso
c. Tendrá derecho a reingresar al servicio activo en la misma localidad
d. Todas las respuestas son incorrectas

90. Señala la INCORRECTA en relación a la suspensión de funciones:

a. La suspensión firme por sanción disciplinaria no podrá exceder de seis años
b. El funcionario declarado en la situación de suspensión de funciones no podrá prestar servicios en ninguna Administración
c. La suspensión determinará la pérdida de la condición de funcionario cuando exceda de seis meses
d. Todas las respuestas son correctas

91. ¿Podría la suspensión firme de funciones, exceder de seis años?

a. No, en ningún caso
b. Sólo en el caso de sanción disciplinaria
c. No, en el caso de sanción disciplinaria
d. Sí, en todo caso

92. Un funcionario de carrera, que sea nombrado para desempeñar un puesto en el Consejo Superior de Investigaciones Científicas (CSIC), ¿se declararía en servicios especiales, teniendo en cuenta de que se trata de una Agencia Estatal adscrita al Ministerio de Economía y Competititvidad?

a. No, en ningún caso
b. Sí, en todo caso
c. Sí, en el caso que de conformidad con lo que establezca la respectiva Administración Pública, estén asimilados en su rango administrativo a altos cargos
d. Sí, salvo que prefiera permanecer en servicio activo

93. En relación al periodo de excedencia por cuidado de familiares, es INCORRECTO según el TREBEP:

a. Será único por cada sujeto causante
b. Cuando un nuevo sujeto causante diera origen a una nueva excedencia, el inicio del período de la misma pondrá fin al que se viniera disfrutando
c. En el caso de que dos funcionarios generasen el derecho a disfrutarla por el mismo sujeto causante, la Administración podrá limitar su ejercicio simultáneo por razones justificadas relacionadas con el funcionamiento de los servicios
d. Todas las respuestas son correctas

94. Señala la INCORRECTA según lo establecido en el Estatuto Básico del Empleado Público. Los funcionarios de carrera se hallarán en alguna de las siguientes situaciones:

a. Servicios especiales
b. Permiso de paternidad
c. Excedencia
d. Servicio en otras Administraciones Públicas

95. Es una modalidad de excedencia prevista para los funcionarios de carrera en el TREBEP:

a. Excedencia por razón violencia terrorista
b. Excedencia por razón de violencia de género
c. Excedencia por razón de violencia en el ámbito familiar
d. a) y b) son correctas

96. Las funcionarios víctimas de violencia terrorista, tendrán derecho a solicitar una excedencia:

a. Sin tener que haber prestado un tiempo mínimo de servicios previos
b. Sin que sea exigible un plazo de permanencia en la misma
c. a) y b) son incorrectas
d. a) y b) son correctas

97. En relación a la excedencia voluntaria por interés particular. Las leyes de Función Pública que se dicten en desarrollo del presente Estatuto podrán establecer una duración del periodo de prestación de servicios exigido:

a. Menor
b. Menor o mayor
c. Mayor
d. Viene establecida en el TREBEP por 5 años y no podrá ser modificada por las leyes que desarrollen el Estatuto

98. Respecto a la excedencia voluntaria por interés particular:

a. La podrán obtener cuando hayan prestado servicios efectivos en cualquiera de las Administraciones Públicas durante un periodo mínimo de dos años inmediatamente anteriores
b. En determinados casos, procederá declarar de oficio la excedencia voluntaria por interés particular
c. La concesión de excedencia voluntaria por interés particular es de obligada concesión, si el funcionario cumple con los requisitos establecidos en el presente Estatuto para su obtención
d. a) y c) son correctas

99. ¿Es computable el tiempo que la funcionaria permanezca en situación de excedencia por violencia de género a efectos de antigüedad, carrera y derechos del régimen de la Seguridad Social? según el TREBEP:

a. Sí, durante los dos primeros meses, prorrogables a seis más con un máximo de dieciocho
b. Sí, durante todo el tiempo que permanezca en esta situación
c. Sí, durante los seis primeros meses, periodo que no es prorrogable
d. Sí, durante los seis primeros meses, prorrogables a tres meses más con un máximo de dieciocho

100. No es una modalidad de excedencia prevista para los funcionarios de carrera en el TREBEP:

a. Excedencia voluntaria por agrupación familiar
b. Excedencia por razón de violencia en el ámbito familiar
c. Excedencia voluntaria por interés particular
d. Todas las respuestas son correctas

Respuestas Título VI

1	D	26	C	51	B	76	B
2	A	27	C	52	A	77	D
3	C	28	B	53	B	78	D
4	C	29	D	54	C	79	C
5	B	30	C	55	B	80	C
6	B	31	D	56	C	81	B
7	C	32	B	57	D	82	C
8	C	33	C	58	B	83	C
9	B	34	A	59	D	84	A
10	A	35	A	60	B	85	A
11	D	36	C	61	B	86	A
12	D	37	C	62	C	87	C
13	B	38	D	63	C	88	D
14	A	39	C	64	C	89	B
15	C	40	A	65	B	90	C
16	A	41	D	66	C	91	C
17	A	42	C	67	A	92	C
18	A	43	B	68	A	93	D
19	A	44	D	69	C	94	B
20	D	45	D	70	C	95	D
21	C	46	B	71	A	96	D
22	B	47	C	72	B	97	A
23	C	48	D	73	C	98	D
24	B	49	C	74	B	99	D
25	C	50	A	75	C	100	B

TÍTULO VII

1. La potestad disciplinaria se ejercerá de acuerdo con los siguientes principios:

a. Retroactividad de las disposiciones sancionadoras no favorables
b. Irretroactividad de disposiciones favorables
c. Ambas son correctas
d. Ninguna lo es

2. Si una suspensión provisional de funciones, durante la tramotación de un procedimiento judicial, excede de los seis meses,

a. La suspensión determinará la pérdida del puesto de trabajo cuando exceda de seis meses, en todo caso
b. En este caso, si la suspensión provisional excediera de seis meses no supondrá pérdida del puesto de trabajo
c. En este caso, si la suspensión provisional excediera de seis meses supondrá pérdida del puesto de trabajo
d. En este caso, si la suspensión provisional excediera de seis meses supondrá pérdida de la condición de funcionario

3. La suspensión firme de funciones, o de empleo y sueldo en el caso del personal laboral:

a. Tendrá una duración mínima de 3 años
b. Tendrá una duración por el periodo que en cada caso se establezca
c. Tendrá una duración máxima de 3 años
d. Tendrá una duración máxima de 6 años

4. No podrá imponerse sanción por la comisión, de faltas muy graves o graves:

a. Sino mediante el procedimiento previamente establecido
b. Sino mediante un procedimiento sumario con audiencia del interesado
c. Sino mediante un procedimiento oral con audiencia del interesado
d. Sino mediante el procedimiento que reglamentariamente se establezca

5. ¿En qué Título del TREBEP, se desarrolla el régimen disciplinario de los empleados públicos?

a. Título VII   b. Título VI
c. Título V   d. Título VIII

6. en relación a los procedimientos sancionadores, ¿se podrán adoptar medidas de carácter provisional?

a. Cuando así esté previsto por ley, se podrá adoptar medidas de carácter provisional que aseguren la eficacia de la resolución final que pudiera recaer
b. No, en ningún caso, ya que el procedimiento disciplinario está sujeto al principio de presunción de inocencia
c. Cuando así esté previsto reglamentariamente, se podrá adoptar mediante resolución motivada medidas de carácter provisional que aseguren la reparación del daño causado a la Administración o al interés general
d. Cuando así esté previsto en las normas que regulen los procedimientos sancionadores, se podrá adoptar mediante resolución motivada medidas de carácter provisional que aseguren la eficacia de la resolución final que pudiera recaer

7. La desobediencia abierta a las órdenes o instrucciones de un superior, ¿podrá ser sancionada con despido disciplinario?,

a. Sí, en el caso del personal laboral, en todo caso
b. Sí, en el caso del personal laboral, salvo que constituyan infracción manifiesta del Ordenamiento jurídico, en cuyo caso no está tipificado como falta muy grave
c. No, en ningún caso
d. Sí, en el caso del personal funcionario de carrera, ya que constituye una falta considerada muy grave, salvo que dichas órdenes o instrucciones, constituyan una infracción manifiesta del Ordenamiento jurídico

8. Señala la respuesta INCORRECTA en relación a la prescripción de las sanciones:

a. Las muy graves prescribirán a los tres años
b. Las graves prescribirán a los dos años
c. Las leves prescribirán a los seis meses
d. Todas las respuestas son correctas

9. Indica los artículos del TREBEP, que corresponden al Título VII "Régimen disciplinario":

a. Del 93 al 98
b. Del 93 al 99
c. Del 92 al 98
d. Del 92 al 99

10. Cuál de las siguientes, es una falta muy grave,

a. El incumplimiento de las normas sobre incompatibilidades aunque ello no de lugar a una situación de incompatibilidad
b. Las que queden tipificadas como tales en Ley de las Cortes Generales o de la Asamblea Legislativa de la correspondiente Comunidad Autónoma o por los Convenios Colectivos en el caso de personal laboral
c. La incomparecencia justificada en las Comisiones de Investigación de las Cortes Generales y de las asambleas legislativas de las CC AA
d. Ninguna de las respuestas es correcta

11. Al régimen disciplinario establecido en el Título VII del TREBEP, quedan sujetos:

a. El personal laboral fijo
b. El personal funcionario de carrera
c. Los funcionarios públicos y el personal laboral
d. a) y b) son correctas

12. Cuando sea declarado improcedente el despido acordado como consecuencia de la incoación de un expediente disciplinario por la comisión de una falta muy grave,

a. Procederá la readmisión del personal laboral, ya sea por tiempo indefinido o temporal.
b. Procederá una indemnización en el caso del personal laboral, ya sea por tiempo indefinido o temporal.
c. Procederá la readmisión del personal laboral fijo
d. Procederá una indemnización en el caso del personal laboral fijo

13. El funcionario suspenso provisional, ¿tendrá derecho a percibir durante la suspensión algún tipo de retribución?,

a. No, en ningún caso
b. Sí, el 75% de las retribuciones básicas y, en su caso, la totalidad de las prestaciones familiares por hijo a cargo
c. Sí, las retribuciones básicas y la totalidad de las retribuciones complementarias
d. Sí, las retribuciones básicas y, en su caso, las prestaciones familiares por hijo a cargo

14. Señala la respuesta INCORRECTA, según lo dispuesto en el TREBEP. Las faltas graves serán establecidas por ley de las Cortes Generales o de la asamblea legislativa de la correspondiente comunidad autónoma o por los convenios colectivos en el caso de personal laboral, atendiendo a las siguientes circunstancias:

a. El grado de participación en la comisión de los hechos constitutivos de falta disciplinaria
b. La reiteración y la reincidencia de los hechos constitutivos de falta disciplinaria
c. El descrédito para la imagen pública de la Administración
d. Ninguna lo es

15. Señala la respuesta INCORRECTA, en relación a la prescripción de las infracciones:

a. Las muy graves prescribirán a los tres años
b. Las graves prescribirán a los dos años
c. Las leves prescribirán a los seis meses
d. Todas las respuestas son correctas

16. La suspensión firme de funciones, o de empleo y sueldo en el caso del personal laboral tendrá una duración:

a. Máxima de seis años
b. Mínima de seis años
c. Máxima de dos años
d. Mínima de dos años

17. Las infracciones leves prescriben,

a. Al año. El plazo de prescripción, comenzará a contarse desde que la falta se hubiera cometido, en todo caso
b. A los seis meses. El plazo de prescripción, comenzará a contarse desde el cese de su comisión, en todo caso
c. Al año. El plazo de prescripción, comenzará a contarse desde que la falta se hubiera cometido y desde el cese de su comisión cuando se trate de faltas continuadas
d. A los seis meses. El plazo de prescripción, comenzará a contarse desde que la falta se hubiera cometido y desde el cese de su comisión cuando se trate de faltas continuadas

18. Las infracciones graves prescriben

a. A los dos años y el plazo de prescripción comenzará a contarse desde que la falta se hubiera cometido, en todo caso
b. A los tres años y el plazo de prescripción comenzará a contarse desde que la falta se hubiera cometido, en todo caso
c. A los dos años y el plazo de prescripción comenzará a contarse desde que la falta se hubiera cometido y desde el cese de su comisión cuando se trate de faltas continuadas
d. A los tres años y el plazo de prescripción comenzará a contarse desde que la falta se hubiera cometido y desde el cese de su comisión cuando se trate de faltas continuadas

19. , en relación a la prescripción de las faltas y sanciones:

a. Las infracciones leves prescriben a los seis meses y las sanciones leves, prescriben al año
b. Las infracciones graves prescriben a los dos años y las sanciones graves, prescriben al año
c. Las infracciones muy graves, prescriben a los tres años y las sanciones muy graves, prescriben a los tres años también
d. A y C son correctas

20. La suspensión provisional como medida cautelar en la tramitación de un expediente disciplinario no podrá exceder:

a. De seis meses, salvo que un juez que determine la imposibilidad de desempeñar el puesto de trabajo durante el tiempo que dura la prisión provisional u otras medidas decretadas por el mismo
b. De seis meses, salvo en en caso de paralización del procedimiento imputable al interesado
c. Ambas son correctas
d. En ningún caso

21. El a) grado de vulneración de la legalidad, b) la gravedad de los daños causados al interés público, patrimonio o bienes de la Administración o de los ciudadanos y c) el descrédito para la imagen pública de la Administración:

a. El alcance de cada sanción se establecerá teniendo en cuenta las citadas circunstancias
b. Las faltas graves y leves se establecerán atendiendo a dichas circunstancias
c. A y B son incorrectas
d. A y B son correctas

22. Los funcionarios públicos o personal laboral que encubrieren las faltas cuando:

a. Incurrirán en responsabilidad si las faltas consumadas son muy graves o graves, cuando de dichos actos se derive daño grave para la Administración o los ciudadanos
b. Incurrirán en la misma responsabilidad que aquellos que realizaron el acto o falta constitutivo de falta disciplinaria
c. a) y b) son incorrectas
d. a) y b) son correctas

23. Respecto a la prescripción de faltas, NO es correcto afirmar,

a. Las faltas muy leves, prescribirán a los seis meses
b. El plazo de prescripción de las faltas comenzará a contarse desde el cese de su comisión o desde la firmeza de la resolución
c. Las faltas graves, prescribirán a los dos años
d. Ninguna lo es

24. El régimen de las faltas disciplinarias leves, se determinará:

a. Por las Leyes de Función Pública que se dicten en desarrollo del presente Estatuto y atendiendo a las mismas circunstancias que para las faltas graves
b. Por las Leyes de Función Pública que se dicten en desarrollo del presente Estatuto y atendiendo a las mismas circunstancias que para las faltas muy graves
c. Por Ley de Cortes Generales exclusivamente y atendiendo a las mismas circunstancias que para las faltas graves
d. Por Ley de Cortes Generales exclusivamente y atendiendo a las mismas circunstancias que para las faltas muy graves

25. Señala la respuesta INCORRECTA según lo dispuesto en el TREBEP. El procedimiento disciplinario que se establezca en el desarrollo de este Estatuto se estructurará atendiendo a los principios:

a. Eficacia
b. Celeridad
c. Economía procesal
d. Presunción de inocencia

26. Señala la respuesta INCORRECTA, según lo dispuesto en el TREBEP para las faltas disciplinarias leves:

a. El régimen aplicable a las mismas, será establecido por las leyes de Función Pública que se dicten en desarrollo del presente Estatuto
b. Se atenderá para su establecimiento a las mismas circunstancias que para las faltas graves
c. Dichas circunstancias son a) grado de vulneración de la legalidad, b) la gravedad de los daños causados al interés público, patrimonio o bienes de la Administración o de los ciudadanos y c) el descrédito para la imagen pública de la Administración
d. Todas las anteriores son correctas

27. La potestad disciplinaria, se ejercerá, de acuerdo con los siguientes principios. Señala la respuesta INCORRECTA,

a. Principio de legalidad y tipicidad de las faltas y sanciones
b. Principio de retroactividad de las disposiciones sancionadoras no favorables y de retroactividad de las favorables al presunto infractor
c. Principio de proporcionalidad, aplicable tanto a la clasificación de las infracciones y sanciones como a su aplicación
d. Principio de culpabilidad

28. Una infracción grave prescribe

a. A los dos años   b. A los tres años
c. Al año   d. A los cinco años

29. La suspensión firme de funciones durante un periodo superior a seis meses, determina

a. La pérdida de la condición de funcionario
b. La pérdida del puesto de trabajo
c. No es posible la suspensión firme por un periodo superior a seis meses
d. Ninguna respuesta es correcta

30. según el EBEP. El funcionario suspenso provisional, tendrá derecho a percibir durante el tiempo que dure dicha suspensión:

a. Las retribuciones básicas y complementarias y, en su caso, las prestaciones familiares por hijo a cargo
b. El setenta y cinco por ciento de su sueldo, trienios y pagas extraordinarias, así como, en su caso, las prestaciones por hijo a cargo
c. El cincuenta por ciento de su sueldo, trienios y pagas extraordinarias, así como en su caso, las prestaciones por hijo a cargo
d. Las retribuciones básicas y, en su caso, las prestaciones por hijo a cargo

31. Cuando de la instrucción de un procedimiento disciplinario resulte la existencia de indicios fundados de criminalidad, se suspenderá su tramitación poniéndolo en conocimiento de:

a. El superior jerárquico
b. La Administración
c. El Ministerio Fiscal
d. Los Tribunales

32. Es INCORRECTO afirmar que el procedimiento disciplinario que se establezca en el desarrollo de este Estatuto se estructurará atendiendo a los principios:

a. Eficiencia
b. Celeridad
c. Impulso
d. a) y c) son incorrectas

33. Señala la respuesta INCORRECTA. El alcance de cada sanción, según lo dispuesto en el TREBEP en Título VII del régimen disciplinario, se establecerá teniendo en cuenta:

a. El grado de arrepentimiento
b. El grado de culpabilidad
c. El grado de participación
d. Ninguna lo es

34. Señala la respuesta INCORRECTA. Cuando la suspensión no sea declarada firme:

a. El tiempo de duración de la misma se computará como de servicio inactivo
b. Deberá acordarse la inmediata reincorporación del funcionario a su puesto de trabajo
c. Con reconocimiento de todos los derechos económicos y demás que procedan desde la fecha de suspensión
d. Todas las respuestas son correctas

35. Las sanciones leves prescriben,

a. Al año. El plazo de prescripción, comenzará a contarse desde la firmeza de la resolución sancionadora o desde que la falta se hubiera cometido
b. A los seis meses. El plazo de prescripción, comenzará a contarse desde la firmeza de la resolución sancionadora o desde que la falta se hubiera cometido
c. Al año. El plazo de prescripción, comenzará a contarse desde la firmeza de la resolución sancionadora
d. A los seis meses. El plazo de prescripción, comenzará a contarse desde la firmeza de la resolución sancionadora

36. ¿Cuál de los siguientes NO es un principio sobre el cual se estructurará, el procedimiento disciplinario que se establezca en el desarrollo de este Estatuto?

a. Eficacia, celeridad y economía procesal
b. Pleno respeto a los derechos y garantías de defensa del presunto responsable
c. Principio de culpabilidad y presunción de inocencia
d. Todas las respuestas son correctas

37. El funcionario en suspensión firme de funciones, ¿tendrá derecho a percibir durante la suspensión algún tipo de retribución?,

a. No, en ningún caso
b. Sí, el 75% de las retribuciones básicas y, en su caso, la totalidad de las prestaciones familiares por hijo a cargo
c. Sí, las retribuciones básicas y la totalidad de las retribuciones complementarias
d. Sí, las retribuciones básicas y, en su caso, las prestaciones familiares por hijo a cargo

38. El incumplimiento de las normas sobre incompatibilidades, ¿será considerado una falta disciplinaria?

a. Sí, una falta grave en todo caso
b. Sí, una falta grave, cuando ello de lugar a incompatibilidad
c. Sí, una falta muy grave, cuando ello de lugar a incompatibilidad
d. Sí, una falta muy grave en todo caso

39. La suspensión firme de funciones, o de empleo y sueldo en el caso del personal laboral:

a. Tendrá una duración mínima de 3 años
b. Tendrá una duración máxima de 6 años
c. a) y b) son incorrectas
d. a) y b) son correctas

40. El a) grado de vulneración de la legalidad, b) la gravedad de los daños causados al interés público, patrimonio o bienes de la Administración o de los ciudadanos y c) el descrédito para la imagen pública de la Administración,

a. Las faltas graves se establecerán atendiendo a dichas circunstancias
b. Las faltas leves se establecerán atendiendo a dichas circunstancias
c. El alcance de cada sanción se establecerá teniendo en cuenta las citadas circunstancias
d. a) y b) son correctas

41. Cuál es el periodo que establece el TREBEP, para el traslado forzoso:

a. El que en cada caso se establezca
b. Un periodo máximo de 6 años
c. Un periodo máximo de 6 años sin cambio de residencia y 3 años con cambio de residencia
d. Un periodo mínimo de 6 años

42. Los funcionarios públicos o el personal laboral que indujeren a otros a la realización de actos o conductas constitutivos de falta disciplinaria:

a. Incurrirán en menor responsabilidad que aquellos que realizaron el acto o falta constitutivo de falta disciplinaria
b. Incurrirán en mayor responsabilidad que aquellos que realizaron el acto o falta constitutivo de falta disciplinaria
c. Incurrirán en la misma responsabilidad que aquellos que realizaron el acto o falta constitutivo de falta disciplinaria
d. No incurrirán en responsabilidad

43. No es una sanción por razón de falta disciplinaria, prevista en el TREBEP:

a. Pérdida de dos grados en el sistema de carrera horizontal
b. Traslado forzoso, con o sin cambio de localidad de residencia, por el período que en cada caso se establezca
c. Apercibimiento
d. Suspensión firme de funciones, o de empleo y sueldo en el caso del personal laboral

44. La desobediencia abierta a las órdenes o instrucciones de un superior, será considerado...

a. Falta disciplinaria grave, salvo que dichas órdenes o instrucciones contravengan lo dispuesto en el Ordenamiento jurídico, en cuyo caso, será leve
b. Falta disciplinaria muy grave, en cualquier caso
c. Falta disciplinaria muy grave, salvo que dichas órdenes o instrucciones constituyan una infracción manifiesta del Ordenamiento jurídico
d. Falta disciplinaria grave

45. Indica cuál de las siguientes será considerada una falta grave según lo dispuesto en el Título VII del TREBEP:

a. El abandono del servicio, así como no hacerse cargo voluntariamente de las tareas o funciones que tienen encomendadas
b. La publicación o utilización indebida de la documentación o información a que tengan o hayan tenido acceso por razón de su cargo o función
c. La violación de la imparcialidad, utilizando las facultades atribuidas para influir en procesos electorales de cualquier naturaleza y ámbito
d. Ninguna de las respuestas es correcta

46. NO es correcto afirmar en relación a la prescripción de faltas y sanciones, que:

a. Las sanciones leves prescriben al año
b. Las infracciones leves prescriben a los seis meses
c. Las sanciones y las infracciones muy graves, prescriben a los tres años
d. Todas las respuestas son correctas

47. Cuando de la instrucción de un procedimiento disciplinario resulte la existencia de indicios fundados de criminalidad, el TREBEP indica que:

a. Se proseguirá su tramitación poniéndolo en conocimiento de la junta de Gobierno con potestades disciplinarias
b. Se proseguirá su tramitación poniéndolo en conocimiento de la Consejo General de la Potestad Disciplinaria
c. Se suspenderá su tramitación poniéndolo en conocimiento del Ministerio Fiscal
d. Se suspenderá su tramitación poniéndolo en conocimiento de Consejo de Ministros

48. Para la imposición de sanciones por faltas leves:

a. Se llevará a cabo por un procedimiento abreviado con audiencia al interesado
b. Se llevará a cabo por un procedimiento ordinario con audiencia al interesado
c. Se llevará a cabo por un procedimiento sumario con audiencia al interesado
d. Se llevará a cabo por un procedimiento oral con audiencia al interesado

49. Respecto a la prescripción de faltas y sanciones, NO es correcto afirmar que:

a. El plazo de prescripción de las faltas comenzará a contarse desde que se hubieran cometido
b. Las infracciones muy graves prescribirán a los tres años
c. Las sanciones impuestas por faltas leves a los seis meses
d. Todas las respuestas son correctas

50. En relación al procedimiento disciplinario, :

a. La imposición de sanciones por faltas leves o muy leves se llevará a cabo por procedimiento sumario con audiencia al interesado
b. No podrá imponerse sanción por la comisión de faltas muy graves o graves sino mediante el procedimiento previamente establecido
c. Ambas son correctas
d. Ninguna lo es

51. ¿Desde cuándo comienza a contarse el plazo de prescripción de las sanciones?,

a. Desde que la falta se hubiera cometido
b. Desde la firmeza de la resolución sancionadora o desde que la falta se hubiera cometido
c. Desde el día siguiente de la firmeza de la resolución sancionadora
d. Desde la firmeza de la resolución sancionadora

52. Respecto a la suspensión provisional:

a. En la tramitación de un expediente disciplinario se mantendrá por el tiempo que determine el juez
b. Durante la tramitación de un procedimiento judicial, no podrá exceder de 6 meses, salvo en caso de paralización del procedimiento imputable al interesado
c. Ninguna de las dos es correcta
d. Ambas lo son

53. Señala la respuesta INCORRECTA. Serán faltas consideradas graves las establecidas:
a. Por Ley de Cortes Generales y por Ley de las Asambleas Legislativas de las CC AA
b. Por los Convenios Colectivos
c. Ambas son correctas
d. Ninguna lo es

54. Señala la respuesta INCORRECTA. Las faltas graves, serán establecidas atendiendo a las siguientes circunstancias:
a. La gravedad de los daños causados al interés público, patrimonio o bienes de la Administración o de los ciudadanos
b. El grado en que se haya vulnerado la legalidad
c. El descrédito para la imagen pública de la Administración
d. Todas las respuestas son correctas

55. respecto a la suspensión provisional como medida cautelar:
a. En la tramitación de un expediente disciplinario no podrá exceder de 6 meses, salvo en caso de paralización del procedimiento imputable al interesado
b. Durante la tramitación de un procedimiento judicial, y se mantendrá por el tiempo a que se extienda la prisión provisional u otras medidas decretadas por el juez que determinen la imposibilidad de desempeñar el puesto de trabajo
c. a) y b) son incorrectas
d. a) y b) son correctas

56. No podrá imponerse sanción por la comisión, sino mediante el procedimiento previamente establecido, según lo establecido en el TREBEP:
a. De faltas leves
b. De faltas muy graves
c. De faltas muy graves o graves
d. De faltas muy graves, graves o leves

57. según el TREBEP, en relación a las sanciones disciplinarias:
a. Para faltas muy graves pueden ser separados del servicio, lo que conlleva la pérdida de la condición de funcionario cuando tengan carácter firme
b. Pueden declararse en suspensión firme de funciones, con una duración máxima de seis meses
c. La suspensión de funciones por un periodo superior a seis meses, determina la pérdida de la condición de funcionario
d. Todas las respuestas son correctas

58. en relación al procedimiento disciplinario, se indica que la fase instructora y sancionadora:
a. Serán encomendadas al mismo órgano
b. Se establecerá la debida separación entre ellas
c. a) y b) son incorrectas
d. a) y b) son correctas

59. NO es correcto afirmar, respecto de la prescripción de las sanciones:
a. El plazo de prescripción de las sanciones, comenzará a contarse desde la firmeza de la resolución
b. Las sanciones graves prescriben a los dos años
c. Las sanciones leves prescriben a los seis meses
d. Las sanciones graves prescriben a los dos años

60. NO es correcto afirmar, respecto de la prescripción de las infracciones:
a. El plazo de prescripción de las faltas comenzará a contarse desde la firmeza de la resolución
b. Las infracciones graves prescriben a los dos años
c. Las infracciones leves prescriben a los seis meses
d. Las infracciones graves prescriben a los dos años

61. En el TREBEP, se establece un listado de faltas consideradas como muy graves y además, también serán faltas muy graves las que queden tipificadas como tales en:
a. Ley de Cortes Generales, exclusivamente
b. Ley de Cortes Generales y de Asambleas Legislativas de las CC AA o por los Convenios Colectivos en el caso del personal laboral
c. Ley de Cortes Generales y de Asambleas Legislativas, exclusivamente
d. Sólo serán faltas muy graves, las que vengan tipificadas en el TREBEP. Por Ley de Cortes Generales y de Asambleas Legislativas, se establecerán las faltas que sean graves o leves

62. NO son faltas consideradas como muy graves:
a. La violación de la imparcialidad, utilizando las facultades atribuidas para influir en procesos electorales de cualquier naturaleza y ámbito
b. La desobediencia abierta a las órdenes o instrucciones de un superior, salvo que constituyan infracción manifiesta del presente Estatuto
c. La prevalencia de la condición de empleado público para obtener un beneficio indebido para sí o para otro
d. El acoso laboral

63. En relación al procedimiento disciplinario:
a. La imposición de sanciones por faltas leves se llevará a cabo por procedimiento sumario con audiencia al interesado
b. No podrá imponerse sanción por la comisión de faltas muy graves o graves sino mediante el procedimiento previamente establecido
c. Ambas son correctas
d. Ninguna lo es

64. En relación al régimen disciplinario, indica que en lo no previsto en el presente Título (TVII "Régimen disciplinario"), ¿qué personal se regirá por lo previsto en la legislación laboral?
a. El personal laboral y el personal funcionario interino
b. El personal laboral
c. El personal laboral fijo
d. El personal laboral, personal funcionario interino y personal eventual

65. No es una sanción por razón de falta disciplinaria, prevista en el TREBEP:
a. Cualquier otra que establezca la Ley
b. Suspensión provisional de funciones para el personal funcionario de carrera
c. Apercibimiento
d. Todas las respuestas son correctas

66. Serán faltas consideradas muy graves:
a. Las tipificadas en el propio TREBEP, así como las tipificadas como tales por Ley de Cortes Generales y de Asambleas Legislativas de las CC AA o por los Convenios Colectivos
b. Las tipificadas como tales por Ley de

Cortes Generales y de Asambleas Legislativas de las CC AA o por los Convenios Colectivos

c. Las tipificadas en el propio TREBEP, así como las tipificadas como tales por Ley de Cortes Generales y de Asambleas Legislativas de las CC AA

d. Las tipificadas en el propio TREBEP, así como las tipificadas como tales por Ley de Cortes Generales, exclusivamente

67. Señala la respuesta INCORRECTA. Serán faltas consideradas muy graves las establecidas:

a. Por el propio TREBP
b. Por los Convenios Colectivos
c. Por Ley de Cortes Generales y por Ley de las Asambleas Legislativas de las CC AA
d. Todas las respuestas son correctas

68. Señala la respuesta INCORRECTA. Una de las sanciones previstas en el TREBEP, es el demérito, que consistirá en la penalización a efectos:

a. Sueldo o trienios
b. Movilidad voluntaria
c. Carrera
d. Promoción

69. Serán faltas consideradas muy graves:

a. El abandono del servicio, así como no hacerse cargo involuntariamente de las tareas o funciones que tienen encomendadas
b. La adopción de acuerdos manifiestamente legales que causen perjuicio grave a la Administración o a los ciudadanos
c. El incumplimiento de la obligación de atender los servicios esenciales en caso de huelga
d. Ninguna de las respuestas anteriores es considerada como falta muy grave

70. Supone la pérdida del puesto de trabajo,

a. La suspensión provisional de funciones por un periodo superior a seis meses
b. La suspensión firme de funciones durante un periodo superior a seis meses
c. La suspensión firme o provisional de funciones durante un periodo superior a seis meses
d. La suspensión firme por un periodo superior a seis años

71. ¿cuál de las siguientes, son faltas consideradas como muy graves?

a. La desobediencia abierta a las órdenes o instrucciones de un superior, salvo que constituyan infracción manifiesta del Ordenamiento jurídico
b. No actuar de acuerdo con los principios de eficacia, economía y eficiencia, y velar por la consecución del interés general y el cumplimiento de los objetivos de la organización
c. Influir en la agilización o resolución de trámite o procedimiento administrativo sin justa causa, cuando ello comporte un privilegio en beneficio de los titulares
d. a) y b) son faltas muy graves, mientras que c) es una falta grave

72. Es correcto afirmar, que la imposición de sanciones, se llevará a cabo por procedimiento sumario con audiencia al interesado:

a. Cuando se trate de faltas leves o muy leves
b. En todo caso
c. Cuando se trate de faltas graves o muy graves
d. Cuando se trate de faltas leves

73. la potestad disciplinaria se ejercerá de acuerdo con los siguientes principios:

a. Legalidad, tipicidad, irretroactividad de disposiciones desfavorables, proporcionalidad y presunción de inocencia
b. Legalidad, tipicidad, retroactividad, proporcionalidad, culpabilidad y presunción de inocencia
c. Legalidad, tipicidad, irretroactividad de disposiciones desfavorables y retroactividad de las favorables, proporcionalidad, culpabilidad y presunción de inocencia
d. Legalidad, tipicidad, retroactividad de disposiciones favorables, proporcionalidad y presunción de inocencia

74. Señala la respuesta INCORRECTA. Serán faltas consideradas muy graves:

a. Las tipificadas así por Ley de Cortes Generales
b. Las tipificadas así por Ley de las Asambleas Legislativas de las CC AA
c. Las tipificadas así por los Convenios Colectivos
d. Todas las anteriores son correctas

75. Una de las sanciones previstas en el TREBEP, es el demérito, que consistirá en la penalización a efectos:

a. Carrera, promoción o movilidad voluntaria o forzosa
b. Carrera, promoción o movilidad voluntaria
c. Carrera, sueldo y trienios, promoción o movilidad voluntaria
d. Carrera, pagas complementarias o movilidad voluntaria

76. La suspensión provisional como medida cautelar en la tramitación de un expediente disciplinario no podrá exceder, según lo previsto en el TREBEP:

a. De 6 meses, salvo que el juez decida lo contrario
b. De 6 meses, en ningún caso
c. De 6 meses, salvo en caso de paralización de procedimiento imputable al interesado
d. De 6 meses, salvo en caso de paralización del procedimiento imputable a la Administración

77. La imposición de sanciones, se llevará a cabo por procedimiento sumario con audiencia al interesado:

a. Por faltas leves
b. Por faltas graves o leves
c. Por faltas muy graves
d. Por faltas muy graves o graves

78. La suspensión provisional, durante la tramitación de un procedimiento judicial,

a. Se mantendrá por el tiempo máximo de seis meses o por el tiempo que se extienda la prisión provisional u otras medidas decretadas por el juez que determinen la imposibilidad de desempeñar el puesto de trabajo
b. Se mantendrá por el tiempo a que se extienda la prisión provisional u otras medidas decretadas por el juez que determinen la imposibilidad de desempeñar el puesto de trabajo
c. Se mantendrá por el tiempo máximo de seis años
d. No podrá ser superior a seis meses

79. Cuál de los siguientes NO es un principio de la potestad disciplinaria:

a. Principio de irretroactividad y de proporcionalidad
b. Principio de igualdad y presunción de inocencia
c. Principio de tipicidad y de culpabilidad
d. Todas son correctas

80. En relación a la prescripción de las sanciones:

a. Las muy graves prescribirán a los dos años
b. Las graves prescribirán al año
c. Las leves prescribirán a los seis meses
d. Ninguna respuesta es correcta

81. Señala la respuesta INCORRECTA. Las faltas graves, serán establecidas atendiendo a las siguientes circunstancias:

a. El tiempo durante el cual, se haya vulnerado la legalidad
b. El descrédito para la imagen pública de la Administración
c. La reiteración de los hechos constitutivos de falta disciplinaria
d. a) y c) son incorrectas

82. Es INCORRECTO afirmar en relación al procedimiento disciplinario, que:

a. La imposición de sanciones por faltas leves y muy leves, se llevará a cabo por procedimiento sumario con audiencia al interesado
b. No podrá imponerse sanción por la comisión de faltas muy graves o graves sino mediante el procedimiento previamente establecido
c. Ambas son correctas
d. Ninguna lo es

83. El régimen disciplinario del personal laboral se regirá, en lo no previsto en el presente Título (TVII "Régimen disciplinario"),

a. Por los Convenios Colectivos que le sean de aplicación
b. Por lo dispuesto en el Estatuto de los Trabajadores
c. Por la legislación laboral
d. Por los Convenios Colectivos que le sean de aplicación y por lo dispuesto en el Estatuto de los Trabajadores

84. Respecto a la prescripción de faltas y sanciones, NO es correcto afirmar, según lo dispuesto en el TREBEP que:

a. Las infracciones graves prescriben a los dos años
b. El plazo de prescripción de las faltas comenzará a contarse desde la firmeza de la resolución
c. Las infracciones leves prescriben a los seis meses y las sanciones leves, prescriben al año
d. Todas las respuestas son incorrectas

85. La potestad disciplinaria, se ejercerá, de acuerdo con los siguientes principios. Señala la respuesta INCORRECTA,

a. Culpabilidad
b. Retroactividad de disposiciones desfavorables
c. Presunción de inocencia
d. Todas son correctas

86. Incurrirán en responsabilidad los funcionarios públicos o personal laboral, que encubrieren:

a. Las faltas consumadas graves, cuando de dichos actos se derive daño grave para la Administración o los ciudadanos
b. Las faltas consumadas muy graves, cuando de dichos actos se derive daño grave para la Administración o los ciudadanos
c. Las faltas consumadas graves o muy graves, cuando de dichos actos se derive daño grave para la Administración o los ciudadanos
d. Las faltas consumadas graves o muy graves, cuando de dichos actos se derive daño muy grave para la Administración o los ciudadanos

87. NO es correcto afirmar en relación al procedimiento disciplinario, que:

a. La imposición de sanciones por faltas leves se llevará a cabo por procedimiento con audiencia al interesado
b. La imposición de sanciones por faltas leves se llevará a cabo por procedimiento sumario
c. No podrá imponerse sanción por la comisión de faltas muy graves o graves sino mediante el procedimiento previamente establecido
d. Todas las respuestas son correctas

88. El funcionario suspenso provisional tendrá derecho a percibir durante la suspensión,

a. Las retribuciones básicas, las complementarias y, en su caso, las prestaciones familiares por hijo a cargo
b. El 75% de las retribuciones básicas y, en su caso, las prestaciones familiares por hijo a cargo
c. Las retribuciones básicas y, en su caso, las prestaciones familiares por hijo a cargo
d. No tiene derecho a recibir ningún tipo de retribución

89. Los funcionarios públicos y el personal laboral quedarán sujetos al régimen disciplinario:

a. Establecido en el presente título, en las normas que las leyes de Función Pública dicten en desarrollo de este Estatuto y por lo dispuesto en el Estatuto de los Trabajadores.
b. Establecido en el presente título y en las normas que las leyes de Función Pública dicten en desarrollo de este Estatuto
c. Establecido en el presente título, por los Convenios Colectivos que les sean de aplicación y por las normas que las leyes de Función Pública dicten en desarrollo de este Estatuto
d. Establecido en el presente título, en las normas que las leyes de Función Pública dicten en desarrollo de este Estatuto así como la Constitución y el resto del ordenamiento jurídico

90. en relación al procedimiento disciplinario, :

a. No podrá imponerse sanción por la comisión de faltas muy graves sino mediante el procedimiento previamente establecido
b. La imposición de sanciones por faltas graves o leves se llevará a cabo por procedimiento sumario con audiencia al interesado
c. Ambas son correctas
d. Ninguna lo es

91. Señala la respuesta INCORRECTA. Una de las sanciones previstas en el TREBEP, es el demérito, que consistirá en la penalización a efectos:

a. Carrera
b. Promoción
c. Movilidad voluntaria o forzosa
d. Todas las respuestas son correctas

92. Señala la respuesta INCORRECTA. Los funcionarios públicos o personal laboral que encubrieren las faltas incurrirán en responsabilidad:

a. Cuando derive en daño grave para la Administración o los ciudadanos
b. Cuando las faltas consumadas sean graves o muy graves
c. Ambas son correctas
d. Ninguna lo es

93. Los funcionarios públicos o personal laboral que encubrieren las faltas consumadas muy graves o graves:

a. Incurrirán en responsabilidad, cuando de dichos actos se derive daño muy grave para la Administración
b. Incurrirán en responsabilidad, cuando de dichos actos se derive daño muy grave para la Administración o los ciudadanos
c. Incurrirán en responsabilidad, cuando de dichos actos se derive daño grave para la Administración
d. Incurrirán en responsabilidad, cuando de dichos actos se derive daño grave para la Administración o los ciudadanos

94. Señala la respuesta INCORRECTA, en relación a la prescripción de las faltas y sanciones:

a. Las sanciones leves prescriben al año
b. Las infracciones graves prescriben a los dos años
c. Las infracciones muy leves prescriben a los seis meses
d. Las sanciones muy graves prescriben a los tres años

95. ¿cuál de las siguientes, son faltas consideradas como muy graves?

a. El incumplimiento de las normas sobre incompatibilidades, en todo caso
b. El notorio incumplimiento de las funciones esenciales inherentes al puesto de trabajo o funciones encomendadas
c. Ambas son correctas
d. a) es una falta grave y b) es una falta muy grave

96. NO son faltas consideradas como muy graves:

a. El notorio incumplimiento de las funciones esenciales inherentes al puesto de trabajo o funciones encomendadas
b. La realización de actos encaminados a coartar el libre ejercicio del derecho de huelga
c. Contraer obligaciones económicas ni intervendrán en operaciones financieras, obligaciones patrimoniales o negocios jurídicos con personas o entidades cuando pueda suponer un conflicto de intereses con las obligaciones de su puesto público
d. La incomparecencia injustificada en las Comisiones de Investigación de las Cortes Generales y de las asambleas legislativas de las CC AA

97. Es INCORRECTO afirmar que el procedimiento disciplinario que se establezca en el desarrollo de este Estatuto se estructurará atendiendo a los principios:

a. Eficiencia
b. Celeridad
c. Economía procesal
d. Todas las respuestas son correctas

98. Aquel funcionario que se encuentre en situación de suspensión provisional, y mientras permanezca en esta situación, tendrá derecho a:

a. A percibir durante la suspensión las retribuciones básicas y, en su caso, las prestaciones familiares por hijo a cargo
b. Percibir la totalidad de sus retribuciones básicas y el complemento de destino del puesto que viniera desempeñando
c. Dependerá de las características de la suspensión provisional que se adopte, bien sea de funciones o de empleo y sueldo
d. Percibir la totalidad de sus retribuciones, siempre que la suspensión no devenga en una suspensión firme

99. Señala la respuesta INCORRECTA. Las faltas leves, serán establecidas atendiendo a las siguientes circunstancias:

a. La gravedad de los daños causados al interés público, patrimonio o bienes de la Administración o de los ciudadanos
b. El grado en que se haya vulnerado la legalidad
c. El descrédito para la imagen pública de la Administración
d. Todas las respuestas son correctas

100. La suspensión provisional de funciones, ¿determina la pérdida de la condición de funcionario?

a. En este caso, si la suspensión provisional excediera de seis meses supondrá pérdida de la condición de funcionario
b. En este caso, si la suspensión provisional excediera de seis años supondrá pérdida de la condición de funcionario
c. No, en ningún caso
d. No, salvo que la suspensión provisional, se eleve a definitiva

Respuestas Título VII

1	D	26	D	51	D	76	C
2	B	27	B	52	C	77	A
3	D	28	A	53	C	78	B
4	A	29	B	54	D	79	B
5	A	30	D	55	D	80	D
6	D	31	C	56	C	81	D
7	B	32	D	57	A	82	A
8	C	33	D	58	B	83	C
9	A	34	A	59	C	84	B
10	B	35	C	60	A	85	B
11	C	36	C	61	B	86	C
12	C	37	A	62	B	87	D
13	D	38	C	63	C	88	C
14	D	39	B	64	B	89	B
15	D	40	D	65	B	90	C
16	A	41	A	66	A	91	C
17	D	42	C	67	D	92	C
18	C	43	A	68	A	93	D
19	D	44	C	69	C	94	C
20	B	45	D	70	B	95	B
21	B	46	D	71	A	96	C
22	A	47	C	72	D	97	A
23	D	48	C	73	C	98	A
24	A	49	C	74	D	99	D
25	D	50	B	75	B	100	D

Oposiciones a Funcionario

1.000 preguntas de examen tipo test

Recopilación de pruebas utilizadas en exámenes reales
Grupos A1, A2, C1, C2 y E

Tema 1. La Constitución Española de 1978: Principios Generales. Características y estructura.

Tema 2. Derechos y deberes fundamentales de los españoles

Tema 3. Organización territorial del Estado. Los Estatutos de Autonomía: su significado. Especial referencia al Estatuto de Autonomía de Andalucía

Tema 4. Sometimiento de la Administración a la Ley y al Derecho. Fuentes del Derecho Público. La Ley. Clases de leyes

Tema 5. Los derechos del ciudadano ante la Administración Pública. Consideración especial del interesado. Colaboración y participación de los ciudadanos en la Administración

Tema 6. El acto administrativo: concepto y clases de actos administrativos. Elementos del acto administrativo. Eficacia y validez de los actos administrativos

Temas 7 y 8. Dimensión temporal del procedimiento administrativo. Recepción y registro de documentos. Comunicaciones y notificaciones. Las fases del procedimiento Administrativo general. El silencio administrativo. Especial referencia al procedimiento administrativo local

Tema 9. Los recursos administrativos. Principios generales y clases. Las reclamaciones económica- administrativas. Las reclamaciones previas al ejercicio de las acciones en vía judicial

Temas 10 y 11. Régimen local español. Principios generales y regulación jurídica. Organización y competencias provinciales y municipales. Ordenanzas y reglamentos de las entidades locales: Clases procedimiento de elaboración y aprobación

Tema 12. La responsabilidad patrimonial de la Administración. Evolución y régimen jurídico

Tema 13. El servicio público local: Concepto. Los modos de gestión de los servicios públicos locales

Tema 14. Funcionamiento de los órganos colegiados locales: convocatoria, orden del día y requisitos de constitución. Votaciones, actas y certificados de acuerdo

Tema 15. Personal al servicio de la entidad local I: La función pública local y su organización. Selección y situaciones administrativas. Derechos y deberes del personal al servicio de los entes locales. Régimen de incompatibilidades

Tema 16. Personal al servicio de la entidad local II: Responsabilidad administrativa y penal. Régimen disciplinario. El Sistema de seguridad social

Tema 17. Los contratos administrativos en la esfera local

Tema 18. El presupuesto de las entidades locales. Elaboración, aprobación y ejecución presupuestaria. Su control y fiscalización

Tema 1. La Constitución Española de 1978: Principios Generales. Características y estructura

1. De acuerdo con lo establecido en la Constitución Española de 1978 los partidos políticos expresan:
a. El pluralismo político
b. La defensa de los intereses de los ciudadanos
c. La voluntad popular
d. Todas las respuestas son correctas

2. La Constitución Española de 1978 en su artículo 9.3 establece la garantía de una serie de principios, entre los que se puede citar:
a. La libertad
b. La igualdad
c. La jerarquía normativa
d. El pluralismo político

3. Las medidas de las franjas horizontales de la bandera Española son:
a. Las tres son iguales
b. La franja amarilla es de doble anchura que cada una de las franjas rojas
c. Cada una tiene una medida diferente
d. Las franjas rojas son de doble anchura que la amarilla

4. La Constitución Española de 1978 se fundamenta:
a. En la soberanía nacional
b. En el pluralismo político
c. En la monarquía parlamentaria
d. En la indisoluble unidad de la Nación española

5. La Constitución Española de 1978 fue ratificada por el Pueblo Español en Referéndum celebrado el:
a. 6 de Diciembre de 1978
b. 26 de Diciembre de 1978
c. 31 de Octubre de 1978
d. Ninguna de las respuestas es correcta

6. El Preámbulo de la Constitución Española de 1978 consta de:
a. Un artículo
b. Tres artículos
c. Ningún artículo
d. Dos artículos

7. En el Estado Español, según dispone la Constitución, la Soberanía Nacional reside en:
a. El Presidente/a de Gobierno
b. El Gobierno
c. El Pueblo español
d. Las Cortes Generales

8. La Constitución Española de 1978 considera como instrumento fundamental para la participación política:
a. A los partidos políticos
b. A la institución del referéndum
c. A los sindicatos de trabajadores y asociaciones empresariales
d. A los poderes públicos

9. No es correcto afirmar que uno de los principios que inspiran nuestra actual Constitución contempla:
a. La indivisibilidad de España
b. Los valores fundamentales de la organización del Estado son la justicia e igualdad
c. La aceptación de un modelo económico basado, entre otros, en la economía de mercado
d. La jefatura del Estado la ostenta el Rey

10. La justicia, de acuerdo con la Constitución Española de 1978 es:
a. Un valor superior del ordenamiento jurídico
b. La base de la paz social
c. Uno de los derechos fundamentales
d. Todas las respuestas son correctas

11. La Constitución Española de 1978 atribuye el promover las condiciones para que la libertad y la igualdad del individuo y de los grupos que se integran sean reales y efectivas, a:
a. Los Partidos Políticos
b. Al Gobierno
c. A los Jueces
d. A los poderes públicos

12. En relación con la estructura interna y funcionamiento de los sindicatos de trabajadores y asociaciones empresariales, la Constitución Española de 1978 les impone:
a. Que no vayan contra el interés general
b. Que sean democráticos
c. Que sean pluralistas
d. Que sean solidarios

13. Según se desprende del artículo 9.1 de nuestra Constitución, los ciudadanos y los Poderes Públicos están sujetos a:
a. Las Leyes
b. Las Disposiciones Reglamentarias que emanen del Gobierno
c. La Constitución
d. Todas las respuestas son correctas

14. De acuerdo con lo establecido en el Título preliminar de nuestra Constitución, la forma política del Estado español es:
a. La monarquía presidencialista
b. La monarquía
c. La monarquía parlamentaria
d. La monarquía democrática

15. La Constitución Española de 1978 se estructura en:
a. Un preámbulo, 10 títulos, 1 disposición final, 9 transitorias, 4 adicionales, 1 derogatoria
b. Un preámbulo, un título preliminar, 10 títulos, 1 disposición final, 9 transitorias, 4 adicionales, 1 derogatoria
c. Un título preliminar, 11 títulos, 1 disposición final, 4 transitorias, 9 adicionales, 1 derogatoria
d. Un preámbulo, 11 títulos, 1 disposición final, 8 transitorias, 4 adicionales, 1 derogatoria

16. En el art. 1.1 de la Constitución Española de 1978 es donde se enumeran:
a. Los Poderes del Estado
b. Los valores superiores del ordenamiento jurídico
c. Las Comunidades Autónomas
d. Las Entidades Locales

17. Podemos decir que el Título Preliminar de la Constitución de 1978:

a. Es donde se enumeran los Poderes del Estado
b. En él se contienen los principios fundamentales que sirven de base a toda la Constitución
c. En él se recogen los derechos fundamentales de los españoles
d. Todas las respuestas son correctas

18. Según dispone la actual Constitución, España es un Estado:

a. Unitario   b. Democrático
c. Democrático de Derecho   d. Regional

19. La revisión total de la Constitución exige la aprobación de:

a. ...cada Cámara que integran las Cortes Generales por mayoría absoluta
b. ...cada Cámara que integran las Cortes Generales por mayoría de tres quintos
c. ...cada Cámara que integran las Cortes Generales por mayoría de dos tercios
d. Sólo exige la mayoría absoluta del Congreso de Diputados

20. En relación con la lengua española oficial, de acuerdo con lo dispuesto en la Constitución Española de 1978, es correcto afirmar:

a. Es el español
b. Todos los españoles tienen el deber de emplearla
c. Todos los españoles tienen el deber de conocerla
d. Ninguna de las respuestas es correcta

21. La reforma constitucional se regula en la Constitución Española de 1978 en el Título:

a. VII   b. X   c. IX   d. VIII

22. En relación con la bandera de España y las propias de las Comunidades Autónomas...

a. Podrán ser utilizadas ambas en los actos públicos
b. Se utilizarán ambas en todos los edificios públicos y cualquier clase de actos que se celebren
c. Se utilizarán con ocasión de actos que celebren las Comunidades Autónomas, si bien sólo en los de carácter oficial deberán utilizarse ambas
d. Ninguna de las anteriores

23. La actual Constitución española entró en vigor el:

a. 30 de diciembre de 1978
b. 29 de diciembre de 1978
c. 26 de diciembre de 1978
d. A los veinte días de su publicación en el BOE

24. La creación y ejercicio de la actividad sindical, según dispone nuestra Constitución:

a. Es libre sin ningún tipo de limitación
b. No tiene otros límites que el respeto a la Constitución y a la Ley
c. Será necesario que previamente se registren en los términos que establezca la ley que regule la materia
d. Las respuestas b y c son correctas

25. La Constitución de 1978 en lo que respecta a la organización territorial, reconoce y garantiza:

a. El derecho a la autonomía de las nacionalidades y regiones que integran el Estado español
b. El Estado Federal
c. El Estado Confederal
d. El derecho de autodeterminación de las distintas nacionalidades

26. La soberanía e independencia de España se debe garantizar, según la Constitución Española de 1978

a. Por el Rey
b. Por las Fuerzas Armadas
c. Por los Cuerpos y Fuerzas de seguridad del Estado
d. Por el Gobierno

27. La primera modificación realizada a la Constitución Española de 1978 afectó:

a. Al derecho de sufragio de los extranjeros
b. A la Corona
c. Al derecho de propiedad
d. A Comunidades Autónomas

28. Uno de los principios que se garantiza en la Constitución Española de 1978, respecto a las disposiciones sancionadoras no favorables o restrictivas de derechos individuales es:

a. La no aplicabilidad supletoria
b. Su irretroactividad
c. La imposibilidad de aplicarla
d. No se establece nada al respecto

29. De acuerdo con lo establecido en la Constitución Española de 1978 los Poderes del Estado emanan:

a. Del Poder constituyente
b. Del monarca
c. Del Pueblo español
d. De las Cortes Generales

30. En relación con las banderas y enseñas propias de las Comunidades Autónomas, establece la Constitución Española de 1978 que:

a. Se podrán prohibir por el Estado Español
b. Se podrán reconocer por los Estatutos de cada Comunidad Autónoma
c. Se tienen que usar en todas las Comunidades Autónomas
d. Será única para todas las Comunidades Autónomas

31. La capital del Estado, de acuerdo con la Constitución Española de 1978 es:

a. La Comunidad Autónoma de Madrid
b. La Provincia de Madrid
c. La ciudad de Madrid
d. La villa de Madrid

32. Respecto al poder constituyente, es correcto afirmar que su ejercicio corresponde:

a. A los Jueces
b. A la Nación
c. A las Cortes Generales
d. Al Gobierno

33. Las primeras elecciones libres celebradas en España tras la muerte de Francisco Franco, tuvieron lugar el:

a. 10 de octubre de 1978
b. 12 de julio de 1976
c. 20 de junio de 1979
d. 15 de junio de 1977

34. La parte orgánica de la Constitución abarca los títulos:

a. II a X   b. III a X   c. IV a VI   d. III a VI

35. No es una característica formal predicable de la Constitución Española de 1978, el ser:

a. Escrita y en un sólo documento
b. Muy larga
c. Poco original
d. Muy precisa y concreta

36. No es una característica formal predicable de la Constitución Española de 1978, el ser:

a. Rígida
b. Acabada y cerrada
c. Adecuada a la realidad del país
d. Potencialmente transformadora

37. Desde el punto de vista territorial, el Estado se define en la Constitución Española como:

a. Monárquico
b. Social
c. Autonómico
d. Democrático

38. La Constitución Española de 1978 establece como órgano que constituye el símbolo de la unidad y permanencia del Estado:

a. A las Cortes Generales
b. Al Poder Constituyente
c. A las Fuerzas Armadas
d. Al Rey

39. La Constitución Española de 1978 atribuye a las Cortes Generales la función:

a. Legislativa
b. Judicial
c. Ejecutiva
d. Resolutoria

40. La Constitución Española concibe como órgano de dirección política y administrativa del Estado:

a. Al Gobierno
b. Al Rey
c. A las Cortes Generales
d. Al Cuerpo Electoral

41. Como órgano de defensa jurídica de la Constitución Española de 1978 se considera en el texto Constitucional a:

a. Las Cortes Generales
b. Al Poder Judicial
c. Al Defensor del Pueblo
d. Al Tribunal Constitucional

42. El Título Preliminar de la Constitución Española de 1978:

a. Constituye un Título aparte del resto de los que componen la Constitución
b. Se integra en el Preámbulo de la Constitución
c. Se integra en el Título I de la Constitución
d. Se integra en el Título II de la Constitución

43. Cuando la Constitución Española de 1978, en el art. 9, establece el sometimiento a la Constitución y al resto del ordenamiento jurídico, se está refiriendo:

a. A todos los ciudadanos
b. Sólo a los españoles
c. A los Poderes Públicos
d. Las respuestas a) y c) son correctas

44. El art. 9.2 de la Constitución Española de 1978, establece que corresponde a los poderes públicos promover las condiciones para que, sean reales y efectivos:

a. Todos los derechos fundamentales
b. Todos los derechos reconocidos en el Título I de la Constitución
c. La justicia y el pluralismo político
d. La libertad e igualdad de los individuos

45. De acuerdo con lo dispuesto en el art. 7 de la Constitución Española de 1978 las asociaciones empresariales defenderán:

a. Cualquier interés de los empresarios
b. Cualquier interés que les sea propio
c. Cualquier interés que afecte a sus afiliados
d. Los intereses económicos y sociales que les sean propios

46. En relación con los sindicatos, la Constitución Española de 1978 impone el carácter democrático:

a. A sus opiniones
b. A sus dirigentes
c. A su funcionamiento
d. A sus afiliados

47. El art. 9.2 de la Constitución Española de 1978 establece que corresponde a los poderes públicos facilitar la participación de todos los ciudadanos en:

a. La vida cultural y social
b. Las elecciones sindicales
c. Los referéndum
d. La Seguridad Social

48. Corresponde a las Fuerzas Armadas:

a. La defensa del ordenamiento constitucional
b. La interpretación del ordenamiento constitucional
c. La imposición del ordenamiento constitucional
d. Ninguna de las respuestas es correcta

49. Los sindicatos de trabajadores, según dispone el art. 7 de la Constitución Española de 1978, contribuyen a la defensa:

a. De cualquier interés de sus afiliados
b. Sólo los intereses profesionales
c. De los intereses económicos y sociales que les sean propios
d. Los intereses de todos los españoles

50. Establece la Constitución Española de 1978 en su art. 3, que las distintas modalidades lingüísticas de España:

a. Es una manifestación del Estado de las Autonomías
b. Es un bien nacional
c. Es un Patrimonio cultural
d. Ninguna de las respuestas es correcta

51. En el artículo 2 de la Constitución Española de 1978 reconoce el derecho a la autonomía de:

a. El Estado
b. Las nacionalidades y regiones
c. España
d. El Gobierno

52. En la Constitución Española se consideran Poderes del Estado:

a. Poder Ejecutivo, Legislativo y Judicial
b. Sólo el Poder Ejecutivo
c. Sólo el Poder Judicial
d. Sólo el Poder Legislativo

53. Las Cortes Generales se componen:

a. De una sola Cámara legislativa
b. De tres Cámaras legislativas
c. De dos Cámaras legislativas
d. No se compone de Cámaras legislativas

Tema 2. Derechos y deberes fundamentales de los españoles

54. Establece el art. 10 de la Constitución Española de 1978 que el respeto a la Ley y a los derechos de los demás, son fundamento:

a. Del Estado Español
b. Del régimen político
c. Del orden político y de la paz social
d. De la ordenación territorial

55. Los españoles de origen:

a. Podrán ser privados de su nacionalidad cuando contraigan matrimonio con personas de distinta nacionalidad
b. Podrán ser privados de su nacionalidad cuando se nieguen a cumplir ciertos deberes
c. Podrán ser privados de su nacionalidad por resolución penal
d. No podrán ser privados de su nacionalidad

56. La tutela judicial que se reconoce a las personas en el art. 24 de la Constitución Española de 1978, supone:

a. Que cualquier ciudadano puede acudir a los Tribunales y Jueces para la protección de sus derechos
b. Que cualquier ciudadano puede participar en la Administración de Justicia
c. No ser condenados
d. Ser miembro de los jurados

57. La Constitución Española de 1978 prevé que puedan nacionalizarse los/as españoles/as sin perder su nacionalidad:

a. En los países que se les reconozca tal derecho a sus ciudadanos en España
b. En los países iberoamericanos
c. En los países con Tratado de reciprocidad
d. La Constitución no prevé esta posibilidad

58. La Constitución establece la mayoría de edad de los/as españoles/as a la edad de:

a. 16   b. 21   c. 18   d. 23

59. De las siguientes afirmaciones, es correcta:

a. Las personas extranjeras gozan en España de idénticas libertades públicas que los españoles
b. Las personas extranjeras gozan en España de idénticos derechos que los españoles
c. Las personas extranjeras gozan en España de las libertades públicas que se garantizan en el Título I de la Constitución en los términos que establezcan los Tratados y la Ley
d. Las personas extranjeras no gozan de ninguno de los derechos reconocidos en el Título I de la Constitución

60. La Constitución Española de 1978 expresamente excluye a las personas extranjeras de unos derechos reconocidos en su Título I, salvo que se disponga lo contrario por Ley o Tratado. Estos derechos se refieren:

a. A la libertad de cátedra
b. Al derecho de asociación
c. Al derecho a participar directamente en los asuntos públicos a través de las elecciones
d. Al derecho a la tutela efectiva de los jueces

61. La Constitución Española de 1978 en relación con la extradición excluye de la misma:

a. Los delitos cometidos por nacionales
b. Los delitos políticos
c. Los delitos contra autoridades españolas
d. En la Constitución no se excluye ningún delito para la extradición

62. El derecho de asilo en la Constitución Española de 1978:

a. Se prohíbe a los apátridas
b. No se contempla
c. Remite a una Ley para determinar los términos en los que podrá concederse
d. Se reconoce sólo a los países con los que se tenga firmado un Convenio

63. El art. 14 de la Constitución Española de 1978 establece la igualdad de los españoles ante la Ley sin que pueda haber discriminación alguna por una serie de razones entre las que no enumera dicho artículo la:

a. Opinión   b. Nacionalidad
c. Raza   d. Circunstancia personal

64. La Constitución Española de 1978 NO contempla lo siguiente:

a. Todos tienen derecho a la integridad física y moral
b. Queda abolida la pena de muerte salvo en los Estados de Excepción
c. Nadie puede ser sometido a torturas
d. Nadie puede ser sometido a penas degradantes

65. En relación con la libertad ideológica, religiosa y de culto reconocidas en la Constitución Española de 1978, no es cierto:

a. Que se reconozcan a los individuos y comunidades
b. Que no se sometan a ninguna limitación las manifestaciones que al respecto puedan efectuarse
c. Que nadie podrá ser obligado a declarar sobre su ideología
d. Ninguna confesión tendrá carácter estatal

66. El Estado de Excepción será declarado mediante:

a. Decreto acordado en Consejo de Ministros dando cuenta al Congreso de los Diputados
b. Decreto acordado en Consejo de Ministros previa autorización del Congreso de los Diputados
c. Decreto autorizado por las Cortes Generales
d. Una ley

67. La Constitución Española de 1978 establece que teniendo en cuenta las creencias religiosas de la sociedad española:

a. Declara a la religión Católica como oficial
b. Apoyará a la Iglesia Católica
c. Mantendrá relaciones de cooperación con la Iglesia Católica
d. Sólo reconoce a las religiones musulmana y católica

68. El domicilio es inviolable de acuerdo con la Constitución Española de 1978, de modo que no se podrá entrar en él:

a. Salvo sospecha de delito
b. Salvo denuncia de que se ha cometido un delito
c. Salvo flagrante delito
d. En ningún caso

69. Para garantizar el honor y la intimidad personal y familiar de los/as ciudadanos/as, el art. 18.4 de la Constitución Española de 1978, establece que una Ley limitará:

a. Las escuchas autorizadas por resolución judicial
b. El uso de la informática
c. Los medios de telecomunicación
d. Las reproducciones gráficas y sonoras

70. En relación con las penas privativas de libertad, la Constitución expresamente prohíbe:

a. Cadena perpetua
b. El régimen abierto para los delitos de sangre
c. Los trabajos forzados
d. La Constitución no prohíbe expresamente ninguna de las medidas indicadas

71. El derecho de huelga reconocido en la Constitución:

a. Sólo se refiere a los trabajadores
b. No podrá llevarse a cabo por los funcionarios
c. La Administración debe previamente autorizarlo
d. Sólo la mitad de los trabajadores de una empresa pueden acudir a ella

72. En relación con el derecho a la educación, la Constitución reconoce la gratuidad de:

a. La enseñanza universitaria
b. Toda la Formación Profesional
c. Los cursos organizados por el INEM
d. La enseñanza básica

73. No es cierto que la Constitución Española de 1978 establezca que mediante Ley podrán regularse los deberes de los ciudadanos en los casos de:

a. Guerra   b. Catástrofes
c. Graves riesgos   d. Calamidad pública

74. De acuerdo con lo establecido en la Constitución Española de 1978, el Defensor del Pueblo tiene como misión:

a. Asesorar al Gobierno
b. Asesorar a las Cortes Generales
c. Defender los Derechos de los ciudadanos reconocidos en la Constitución
d. Juzgar los conflictos que se susciten entre la Administración y los ciudadanos

75. La Constitución establece que el gasto público realizará una asignación:

a. Equitativa de los recursos públicos
b. Mayoritaria en Andalucía
c. Igual para todos los españoles
d. A las familias necesitadas

76. La libertad sindical no comprende el derecho:

a. A fundar sindicatos
b. De suprimir sindicatos por resolución judicial
c. De afiliarse a confederaciones de sindicatos
d. De formar confederaciones de sindicatos

77. Según la Constitución Española de 1978, la defensa de España se concibe:

a. Sólo como deber
b. Como no obligatoria
c. Como un derecho y un deber
d. Sólo como un derecho

78. En relación con el derecho al trabajo, la Constitución Española de 1978 expresamente prohíbe:

a. Desigualdad de salarios a igual trabajo
b. Remuneraciones por debajo del salario mínimo interprofesional
c. Discriminación por razón de sexo
d. Todas las respuestas son correctas

79. La Constitución Española de 1978, respecto a las medidas de conflicto colectivo:

a. Sólo se reconoce a los trabajadores
b. Una Ley regulará el ejercicio de este derecho que no podrá establecer limitaciones a su ejercicio
c. Se requiere la previa autorización gubernativa para su ejercicio
d. Habrá de asegurarse el funcionamiento de los servicios esenciales de la comunidad

80. La protección que los poderes públicos deberán asegurar a los hijos se extiende:

a. Cualquiera que sea su filiación
b. Sólo a los de madres españolas
c. Sólo a los nacidos de parejas legalizadas
d. Ninguna de las respuestas es correcta

81. El Defensor del Pueblo a nivel estatal se regula:

a. Por Real Decreto
b. Por Ley ordinaria
c. Por Ley Orgánica
d. Por Real Decreto Legislativo

82. El Estado de Alarma se declara por:

a. Decreto del Consejo de Ministros, previa autorización de las Cortes Generales
b. Mayoría absoluta del Congreso a propuestas del Consejo de Ministros
c. Por las Cortes Generales
d. Por Decreto del Consejo de Ministros dando cuenta al Congreso de los Diputados

83. La Constitución Española de 1978 permite el recurso de amparo en relación con un derecho que no es fundamental, en concreto:

a. El derecho al honor
b. La objeción de conciencia
c. El derecho de sindicación
d. El derecho de asilo

84. Indicar cuál de los siguientes derechos no figura en el capítulo segundo del Título I de nuestra Constitución:

a. La igualdad ante la ley
b. A una vivienda digna y adecuada
c. A la herencia
d. A la petición individual

85. De los derechos que se enumeran seguidamente indicar cuál de ellos no tiene el calificativo de fundamental para los españoles, de acuerdo con la Constitución Española de 1978:

a. A elegir libremente su residencia
b. El derecho a la negociación colectiva
c. A participar en los asuntos públicos directamente
d. A la tutela efectiva de los jueces y tribunales

86. De los derechos previstos en la Constitución Española de 1978 y que seguidamente se enumeran, no sería ejercitable por las personas jurídicas el de:

a. La igualdad ante la Ley
b. La libertad de empresa
c. La integridad física
d. La libre circulación por el territorio nacional

87. El derecho a sindicarse libremente prevé la Constitución Española de 1978 que pueda ser objeto de una regulación que contemple ciertas peculiaridades con relación:

a. A las Fuerzas Armadas
b. Todo el personal al servicio de las Administraciones públicas
c. A los Institutos armados
d. Ninguna de las respuestas es correcta

88. La libertad se considera:

a. Una obligación para todos los poderes
b. La base de la monarquía
c. Un principio de la justicia
d. Un valor superior del ordenamiento jurídico

89. La suspensión de algunos derechos y libertades reconocidos en el título I de la Constitución Española de 1978, podrá tener lugar por:

a. La declaración del estado de alarma
b. La declaración del estado de alarma o de excepción
c. La declaración del estado de excepción o de sitio
d. La declaración del estado de alarma, excepción o sitio

90. Según la Constitución Española de 1978, la detención preventiva no puede durar más de:

a. 24 horas   b. 72 horas
c. 48 horas   d. No establece límite

91. De los derechos que se enumeran seguidamente, indicar cuál de ellos no tiene el calificativo de fundamental para los españoles, de acuerdo con la Constitución Española de 1978:

a. La libertad ideológica
b. Al honor
c. Derecho a contraer matrimonio con plena igualdad jurídica
d. A la inviolabilidad del domicilio

92. El Estado de sitio se declara por:

a. El jefe del Estado a propuesta del Presidente/a del Gobierno
b. Las Cortes Generales
c. El Gobierno, previa autorización de las Cortes Generales
d. La mayoría absoluta del Congreso a propuesta exclusiva del Gobierno

93. Se puede afirmar que en el Estado Español es lengua oficial:

a. El castellano   b. El gallego
c. El catalán   d. Todas son correctas

94. De los derechos que se enumeran seguidamente indicar cuál de ellos no tiene el nivel de protección propio de los derechos fundamentales en la Constitución Española de 1978:

a. A la igualdad ante la Ley
b. A la libertad religiosa
c. La objeción de conciencia
d. El derecho a defender a España

95. En el artículo 10.1 de la Constitución Española de 1978 podemos encontrar unos límites generales que afectan el ejercicio de los derechos fundamentales y libertades públicas que se reconocen en dicho texto normativo. En concreto uno de dichos límites es:

a. El respeto a las autoridades
b. No podrán exigirse en los supuestos de estados de alarma
c. El respeto al derecho de los demás
d. Todas las respuestas son correctas

96. De acuerdo con lo previsto en la Constitución Española de 1978, las privaciones que puedan sufrir los/as ciudadanos/as en el derecho de propiedad, deberá ser objeto de:

a. Exenciones fiscales
b. Bonificaciones fiscales
c. Indemnizaciones
d. Todas las medidas se prevén en la Constitución

97. De acuerdo con lo previsto en la Constitución Española de 1978, el domicilio es:

a. Secreto
b. Inalienable
c. Personal
d. Inviolable

98. El derecho a expresar y difundir los pensamientos, ideas y opiniones, se protege por la Constitución Española de 1978 cuando el medio empleado sea:

a. El escrito
b. La palabra
c. Mediante soporte informático
d. En todos los casos expuestos

99. Si se está celebrando una reunión y se produce una alteración de orden público:

a. Podrá prohibirse por la autoridad competente
b. Deberán prohibirse por la autoridad competente
c. Deberá prohibirse por los órganos judiciales
d. Ninguna de las respuestas es correcta

100. La Constitución Española de 1978 establece, en relación con la religión, que:

a. Se podrá obligar a declarar a una persona sobre su religión sin ningún límite
b. Salvo la suspensión de dicho derecho en los estados de alarma, excepción o sitio, nadie puede ser obligado a declarar su religión
c. Sólo para el ejercicio de determinadas profesiones puede excepcionarse este derecho
d. En ninguna circunstancia prevé la Constitución que pueda alguien ser obligado a declarar sobre su religión

101. La finalidad que se persigue con las penas privativas de libertad según dispone el art. 25.2 de la Constitución Española de 1978, es:

a. Redimir el delito cometido
b. Compensar a la sociedad del daño producido
c. Castigar a quien cometa un delito
d. La reinserción en la sociedad

102. La Constitución Española de 1978 prevé en el art. 24, que por Ley pueda dispensarse a una persona de la obligación a declarar la comisión de hechos presuntamente delictivos, por razón de:

a. Afectividad
b. Dependencia profesional
c. Parentesco
d. La Constitución no prevé ninguna excepción a dicha obligación

103. De acuerdo con la Constitución Española de 1978, son fundamento de la paz social, entre otros elementos:

a. La solidaridad entre los españoles
b. La igualdad ante la Ley
c. El respeto a los derechos de los demás
d. Las Fuerzas Armadas

104. La Constitución Española de 1978 prevé la limitación del uso de la informática para garantizar el derecho a:

a. El honor
b. La intimidad familiar
c. La intimidad personal
d. Todas las respuestas son correctas

105. De los derechos que se enumeran seguidamente indicar cuál de ellos no tiene el calificativo de fundamental para los españoles de acuerdo con la Constitución Española:

a. Salir libremente de España en los términos que la Ley establezca
b. El derecho de asociación
c. A la educación
d. El derecho a la propiedad privada

106. En el supuesto de que a los Concejales de un Ayuntamiento no se les permitiese examinar los antecedentes y documentos relacionados con asuntos que va a tratarse en el Pleno de la Corporación, se estará vulnerando el derecho fundamental:

a. A participar en los asuntos públicos
b. A la tutela judicial efectiva
c. A la información
d. A la libertad de expresión

107. El artículo 24 de la Constitución Española de 1978, en relación con el derecho a obtener la tutela efectiva de los jueces y tribunales, establece que en ningún caso:

a. Dejarán de ser públicos los procesos
b. Puede producirse indefensión
c. Tendrá el detenido conocimiento de los hechos que se le imputan si se trata de un acto terrorista
d. Todas las respuestas son correctas

108. Podemos afirmar que la eutanasia atenta al derecho fundamental reconocido en la Constitución Española de 1978:

a. A la salud   b. A la vida
c. A la libertad   d. A la integridad moral

109. España se constituye, según la Constitución, en un Estado:

a. Monárquico
b. Absolutista
c. Social y democrático de derecho
d. Parlamentario

110. Los valores superiores del ordenamiento jurídico, de acuerdo con lo dispuesto en el art. 1 de la Constitución Española de 1978 son:

a. La libertad, justicia e igualdad
b. La justicia y el pluralismo político
c. La solidaridad, justicia e igualdad
d. La libertad, justicia, igualdad y pluralismo político

111. La Constitución Española de 1978 reconoce y garantiza a las nacionalidades y regiones:

a. El derecho a independizarse
b. El derecho a convertirse en un Estado
c. El derecho a unirse a otras Comunidades Autónomas
d. El derecho a la Autonomía

112. La Constitución:

a. Prohíbe la propiedad privada
b. Reconoce el derecho a la propiedad privada
c. Prohíbe que nadie sea privado de su propiedad aunque sea necesario para el interés general
d. Cualquiera puede utilizar su propiedad para lo que quiera sin que pueda limitarse tal derecho

Tema 3. Organización territorial del Estado. Los Estatutos de Autonomía: su significado. Especial referencia al Estatuto de Autonomía de Andalucía

113. La organización territorial del Estado se regula en la Constitución Española de 1978 en el Título:

a. X.   b. VIII   c. VII   d. IX

114. La Constitución Española de 1978 establece el art. 137, las entidades en que se organiza territorialmente el Estado, determinando que todas ellas tienen autonomía:

a. Para el cumplimiento de sus fines
b. Para la gestión de sus competencias
c. Para la gestión de sus respectivos intereses
d. Para la gestión del interés público

115. No es una entidad en que se organiza territorialmente el Estado de acuerdo con el art. 137 de la Constitución Española de 1978:

a. Las Islas
b. Las Comunidades Autónomas
c. Las Provincias
d. Todas las Entidades indicadas se encuentran enumeradas en el art. 137

116. El principio de solidaridad se consagra en la Constitución Española de 1978 en su artículo:

a. 137   b. 2   c. 138   d. 3

117. La Constitución Española de 1978 garantiza la realización efectiva del principio de solidaridad en su artículo:

a. 137   b. 2   c. 138   d. 3

118. Para garantizar el principio de solidaridad proclamado en la Constitución Española de 1978, y según el art. 138 de la misma, el Estado deberá velar por:

a. Una igualdad, ante la Ley, de todos los territorios
b. Una aportación al sostenimiento de los servicios públicos por las distintas Administraciones
c. Un equilibrio económico, adecuado y justo, entre las diversas partes del territorio español
d. Una atención especial a las circunstancias de las Comunidades más necesitadas

119. Las diferencias entre los Estatutos de las distintas Comunidades Autónomas no podrá implicar en ningún caso:

a. Mayores recursos
b. Preferencias normativas
c. Ningún tipo de privilegios
d. Ninguna de las respuestas es correcta

120. En cualquier parte del territorio, establece la Constitución Española de 1978, que todos los españoles:

a. Tienen los mismos derechos y deberes
b. Deben tener los mismos derechos y deberes
c. Tienen los mismos derechos y obligaciones
d. Deben tener los mismos derechos y obligaciones

121. De acuerdo con el art. 139 de la Constitución Española de 1978, ninguna autoridad podrá adoptar medidas que directa o indirectamente obstaculicen, en todo el territorio español:

a. La adquisición de bienes
b. El comercio de bienes
c. La libre circulación de bienes
d. Ninguna de las respuestas es correcta

122. La libre circulación y establecimiento de personas se establece en la Constitución Española de 1978 en el artículo:

a. 2
b. 138
c. 139
d. Ninguna de las respuestas es correcta

123. Establece la Constitución Española de 1978 que las diferencias entre Estatutos de las distintas Comunidades Autónomas, además de no poder implicar privilegios económicos, tampoco podrá reportar privilegios:

a. Estatutarios   b. Normativos
c. Culturales.   d. Sociales

124. La Administración Local se regula en el Título VIII de la Constitución Española de 1978:

a. Sección I   b. Sección II
c. Capítulo I   d. Capítulo II

125. La Autonomía de los Municipios, con carácter particular para estas Entidades, se establece en la Constitución en su artículo:

a. 139   b. 140   c. 141   d. 138

126. La Autonomía de la Provincia, con carácter particular para estas Entidades, se establece en la Constitución Española de 1978 en su artículo:

a. 139   b. 140
c. 143   d. Ninguna de las anteriores

127. Determina la Constitución Española de 1978 en su art. 140 que los Concejales serán elegidos por los vecinos del Municipio mediante sufragio, no siendo una característica de éste, el ser:

a. Universal   b. Libre
c. Secreto   d. Personal

128. Establece la Constitución Española de 1978 que los Ayuntamientos estarán integrados:

a. Por los Concejales
b. Por los Concejales y Alcalde
c. Por los Concejales, Alcalde y Tenientes de Alcalde
d. Por los Concejales, Alcaldes y resto de miembros que se determinen por Ley

129. El gobierno y administración de los municipios, según establece la Constitución Española de 1978, corresponderá a:

a. El Alcalde
b. El Ayuntamiento
c. Los Concejales
d. Todas las respuestas son correctas

130. En relación con el régimen de Concejo Abierto, la Constitución Española de 1978:

a. No lo contempla
b. Se remite a una Ley que regulará las condiciones en que proceda
c. La admite para los municipios con especiales circunstancias
d. Ninguna de las respuestas es correcta

131. La Constitución Española de 1978 establece en el art. 141 que la Provincia es:

a. Una Entidad Territorial
b. Una Entidad Local con autonomía propia
c. Una Entidad Local con personalidad jurídica propia
d. Todas las respuestas son correctas

132. La Provincia, de acuerdo con el art. 141 de la Constitución, constituye una división territorial:

a. Para la delimitación de sus competencias
b. Para el ejercicio de su autonomía
c. Para el cumplimiento de las actividades del Estado
d. Para la gestión de los servicios que le están encomendados

133. Cualquier alteración de los límites provinciales habrá de ser aprobada:

a. Por Ley Orgánica
b. Por las Cortes Generales
c. Por Ley ordinaria aprobada por el Congreso
d. Las respuestas a) y b) son correctas

134. En relación con la regulación de la Provincia en la Constitución Española de 1978 no es cierto:

a. Que el Gobierno y Administración no siempre está encomendado a las Diputaciones
b. Que se puedan crear agrupaciones de Municipios diferentes de la Provincia
c. Que, en los archipiélagos, las islas tendrán su administración propia en forma de Cabildos o Mancomunidades interinsulares
d. Que venga determinada por la agrupación de Municipios

135. Las Haciendas Locales se contemplan en la Constitución Española de 1978 en su artículo:

a. 139   b. 140   c. 41   d. 142

136. Prevé la Constitución que las Haciendas Locales deberán:

a. Establecer los recursos necesarios para el cumplimiento de sus competencias
b. Exigir los medios económicos necesarios para atender sus fines
c. Disponer de los medios suficientes para el desempeño de sus funciones
d. Ninguna de las respuestas es correcta

137. Dispone la Constitución que las Haciendas Locales se nutrirán fundamentalmente:

a. De la participación en los recursos del Estado
b. De la participación en los recursos de las Comunidades Autónomas
c. De sus propios tributos
d. Todas las respuestas son correctas

138. La Constitución dedica a las Comunidades Autónomas, dentro del Título VIII, el capítulo:

a. Primero   b. Segundo
c. Tercero   d. Cuarto

139. El ejercicio del derecho a la autonomía de las nacionalidades y regiones se reconoce en la Constitución Española de 1978 en su artículo:

a. 143   b. 3   c. 2   d. 144

140. La Constitución Española de 1978 en el ejercicio del derecho a la autonomía prevé en su art. 143 que puedan constituirse en Comunidades Autónomas las provincias que reúnan unas características, entre las que no se encuentra:

a. Que sean limítrofes
b. Que tengan características económicas comunes
c. Que tengan características étnicas comunes
d. Que tengan características históricas comunes

141. La Constitución Española de 1978 en el ejercicio del derecho a la autonomía prevé en su art. 143 que puedan constituirse en Comunidades Autónomas las provincias que:

a. Tengan tradición histórica
b. Sean uniprovinciales
c. Tengan entidad regional histórica
d. Tengan plebiscitado con anterioridad Estatutos de Autonomía

142. El artículo 143 de la Constitución prevé la posibilidad de constituirse en Comunidad Autónoma, además de las Provincias que reúnan ciertas características, a:

a. Ceuta y Melilla   b. Los territorios forales
c. Los territorios insulares   d. Las regiones

143. El art. 143.1 de la Constitución establece que las provincias que reúnan ciertas características podrán, además de constituirse en Comunidades Autónomas:

a. Crear sus órganos institucionales
b. Autonormarse
c. Instaurar la autarquía
d. Acceder a su autogobierno

144. De acuerdo con lo dispuesto en el art. 143.2 de la Constitución Española de 1978, se reconoce la iniciativa del proceso autonómico:

a. A las provincias
b. A los entes preautonómicos
c. Al órgano interinsular correspondiente
d. Todas las respuestas son correctas

145. De acuerdo con lo dispuesto en el art. 143.2 de la Constitución Española de 1978, se reconoce la iniciativa del proceso autonómico:

a. A las 3/4 partes de los Municipios que representen la mayoría del censo electoral de la circunscripción que pretenda constituirse en Comunidad Autónoma
b. A las 2/3 partes de los Municipios que representen la mayoría del censo electoral de la circunscripción que pretenda constituirse en Comunidad Autónoma
c. A las 3/4 partes de los municipios cuya población represente, al menos, la mayoría del Censo electoral de cada provincia o isla
d. A las 2/3 partes de los municipios cuya población represente, al menos, la mayoría del Censo electoral de cada provincia o isla

146. El art. 143.2 de la Constitución Española de 1978 reconoce, cumpliendo ciertos requisitos, a los municipios la iniciativa en el proceso autonómico, requisitos habrán de ser cumplidos en el plazo de:

a. Dos meses
b. Seis meses
c. Tres meses
d. No se establece plazo alguno al respecto

147. Si los requisitos previstos en el art. 143.2 de la Constitución Española de 1978 no se cumplieran en el plazo previsto al efecto, la iniciativa autonómica:

a. No podría volver a plantearse
b. Se podría reiterar pasados dos años
c. Se podría reiterar pasados cinco años
d. Ninguna de las respuestas es correcta

148. El art. 144 de la Constitución Española de 1978 prevé que la iniciativa de las Corporaciones Locales respecto al proceso autonómico se pueda sustituir por:

a. Los Entes Autonómicos existentes
b. Acuerdo del Consejo de Ministros
c. Por las Cortes Generales
d. Por el Congreso

149. El art. 144 de la Constitución prevé que la iniciativa de las Corporaciones Locales respecto al proceso autonómico se pueda sustituir mediante Ley Orgánica:

a. Por razón de orden público
b. Por interés nacional
c. Por interés público
d. Por interés general

150. El art. 144 de la Constitución Española de 1978 prevé que mediante Ley orgánica se pueden autorizar la constitución de una Comunidad Autónoma:

a. Sin que la iniciativa sea ejercida por las Corporaciones Locales correspondientes
b. Que abarque un territorio superior al de las regiones históricas
c. Cuando su ámbito territorial no supere el de una provincia
d. Cuando su ámbito territorial no supere el de una provincia y además no reúna las condiciones previstas en el art. 143.1

151. El art. 144.b) prevé que mediante Ley Orgánica se podrá:

a. Autorizar un Estatuto de Autonomía para territorios que no estén integrados en la organización provincial
b. Aprobar un Estatuto de Autonomía para territorios que no estén integrados en la organización provincial
c. Acordar un Estatuto de Autonomía para territorios que no estén integrados en la organización provincial
d. Las respuestas a) y c) son correctas

152. La federación de Comunidades Autónomas, de acuerdo con nuestra Constitución:

a. Requiere la aprobación de una Ley Orgánica
b. Requiere la autorización de las Cortes Generales
c. Requiere la autorización del Gobierno
d. Están totalmente prohibidas

153. En relación con los Convenios entre Comunidades Autónomas, la Constitución Española de 1978:

a. Los permite, cualquiera que sea su finalidad, sin perjuicio de las autorizaciones que deba otorgar el Gobierno
b. Sólo se permiten para fines culturales y sociales
c. Se permiten para la gestión y prestación de servicios propios de las mismas
d. Están totalmente prohibidos

154. En relación con los acuerdos de cooperación de las Comunidades Autónomas entré sí, el art. 145 de la Constitución Española de 1978 establece:

a. Siempre se necesitará la autorización de las Cortes Generales
b. Sólo se necesitará la autorización de las Cortes Generales para los de carácter económico
c. No se necesitará autorización alguna, cuando el convenio sea para la gestión de servicios propios de las mismas
d. En ningún caso se requiere autorización

155. De acuerdo con lo establecido en el art. 146 de la Constitución Española de 1978, el proyecto de Estatuto será elaborado por:

a. Un Grupo de trabajo
b. Una Comisión
c. Una Asamblea
d. Todas las respuestas son correctas

156. Elaborado el proyecto de Estatuto de autonomía, dispone el art. 146 de la Constitución que:

a. Se elevará a las Cortes para su tramitación como ley
b. Se someterá a referéndum
c. Deberá ser ratificado por las Provincias afectadas
d. Se dará traslado a una Comisión Mixta del Congreso

157. La asamblea que se encargará de elaborar el proyecto de Estatuto de Autonomía, de acuerdo con lo establecido en el art. 146 de la Constitución Española de 1978, estará integrada:

a. Por los/as Diputados/as y Senadores/as elegidos en las Provincias afectadas
b. Por los/as Diputados/as y Senadores/as elegidos en las Provincias afectadas o miembros de la Diputación u órgano interinsular de las provincias afectadas
c. Por los/as Diputados/as y Senadores/as elegidos en las Provincias afectadas y miembros de la Diputación u órgano interinsular de las provincias afectadas
d. Por los/as Diputados/as y Senadores/as elegidos en las Provincias afectadas o miembros de los órganos de gobierno de los municipios afectados

158. El art. 147 de la Constitución Española de 1978 eleva el Estatuto de Autonomía a la categoría de:

a. Norma básica estatal
b. Norma básica autonómica
c. Norma internacional básica de la Comunidad Autónoma
d. Norma institucional básica de la Comunidad Autónoma y parte integrante del ordenamiento jurídico del Estado

159. No es contenido mínimo de los Estatutos de Autonomía a tenor de lo dispuesto en el art. 147 de la Constitución Española de 1978:

a. La sede de sus instituciones propias
b. Procedimiento para la elaboración del Estatuto
c. Delimitación de su territorio
d. La denominación de la Comunidad Autónoma que mejor corresponda a su identidad histórica

160. En relación con las instituciones autónomas propias, los Estatutos de Autonomía no requieren que contengan, de acuerdo con lo dispuesto en el art. 147 de la Constitución Española de 1978:

a. Su organización
b. Su sede
c. Sus competencias
d. Todas las respuestas son correctas

161. Según dispone el art. 147 de la Constitución Española de 1978, la reforma de los Estatutos de autonomía:

a. Se efectuará de acuerdo con lo establecido en la Constitución para su aprobación
b. Se efectuará de acuerdo con lo establecido en la Constitución para su aprobación, salvo que expresamente se contenga dicho procedimiento en el propio Estatuto
c. Se ajustará al procedimiento establecido en los mismos, de lo contrario requerirá su aprobación mediante Ley Orgánica, por las Cortes Generales
d. Se ajustará al procedimiento establecido en los mismos, y requerirá su aprobación mediante Ley Orgánica, por las Cortes Generales

162. Las competencias exclusivas del Estado, se enumeran en la Constitución Española de 1978 en el artículo:

a. 151   b. 149   c. 148   d. 150

163. Nuestro Texto Constitucional establece, respecto a las Comunidades Autónomas que accedieron a su constitución por la vía del art. 143, que podrían aumentar sus competencias una vez transcurrieran:

a. Dos años   b. Cinco años
c. Tres años   d. Diez años

164. La atribución de facultades que se puede efectuar en favor de las Comunidades Autónomas de acuerdo con lo dispuesto en el art. 150.1 de la Constitución Española de 1978, se realizará mediante:

a. Una Ley Marco
b. Una Ley de Armonización
c. Una Ley de Coordinación
d. Una Ley Orgánica

165. Determina la Constitución Española de 1978 en el art. 150 que el Estado podrá dictar Leyes que establezcan los principios necesarios para armonizar:

a. La gestión de los servicios de las CC AA
b. El ejercicio de competencias de las CC AA
c. Las actuaciones llevadas a cabo por las CC AA
d. Las disposiciones normativas de las CC AA

166. El quórum que se requiere para que se apruebe una Ley de armonización en los términos previstos en el art. 150 de la Constitución Española de 1978 será:

a. Mayoría absoluta del Congreso y del Senado
b. Mayoría absoluta del Congreso en el supuesto de no aprobarse por el Senado
c. Mayoría absoluta del Congreso en el supuesto de que el Senado vete el Proyecto de Ley
d. No se requiere ningún quórum reforzado

167. La aprobación de una Ley de armonización prevista en el art. 150 de la Constitución Española de 1978 se llevará a cabo:

a. Por motivos de oportunidad
b. Cuando lo exija el interés general
c. Cuando exista peligro para la organización territorial del Estado
d. Ninguna de las respuestas es correcta

168. La vía a la que habrían de acudir las Comunidades Autónomas para constituirse como tales y acceder a las competencias del art. 149.3 directamente es la prevista en el artículo de la Constitución Española de 1978:

a. 149,3   b. 151   c. 152   d. 150

169. En base a lo dispuesto en la Disposición Transitoria 2a de la Constitución Española de 1978 accedieron directamente a asumir competencias del art. 149.3 sin necesidad de que transcurrieran cinco años:

a. País Vasco y Cataluña
b. País Vasco, Cataluña y Galicia
c. País Vasco, Cataluña, Galicia y Andalucía
d. País Vasco, Cataluña, Galicia y Navarra

170. Actualmente el número de Comunidades Autónomas, con competencias legislativas, que existen en el Estado Español es de:

a. 15   b. 17   c. 18   d. 19

171. El Estatuto de Autonomía para Melilla fue aprobado por:

a. Ley Orgánica 1/1995
b. Ley Orgánica 2/1995
c. Ley Orgánica 1/1994
d. Ley Orgánica 2/1994

172. Los Estatutos de Autonomía de Ceuta y Melilla se aprobaron por las Cortes Generales en base a lo dispuesto en qué artículo de la Constitución?

a. 144.a)   b. 144.b)   c. 144.c)   d. 144.d)

173. La Constitución reconoce, en el art. 156, a las Comunidades Autónomas, para el desarrollo y ejecución de sus competencias:

a. Potestad tributaria para poder establecer el hecho imponible de los Tributos
b. Autonomía
c. Autonomía política
d. Autonomía financiera

174. Establece el art. 156.2 de la Constitución que, en relación con la recaudación, gestión y liquidación de los recursos tributarios del Estado, las Comunidades Autónomas podrán actuar como:

a. delegadas del Estado
b. gestoras del servicio de recaudación
c. delegadas o colaboradoras del Estado
d. Ninguna de las respuestas es correcta

175. No es correcto afirmar, en relación con los recursos de las Comunidades Autónomas previstos en la Constitución que puedan provenir de:

a. Sus propios impuestos, tasas y contribuciones especiales
b. Recargos sobre los impuestos transferidos por el Estado y otras participaciones en los ingresos del Estado
c. Operaciones de crédito
d. Transferencias de un Fondo de Compensación interterritorial

176. El régimen preautonómico de Andalucía se aprobó por:

a. R. D. Ley 11/1978, de 27 de abril
b. R. D. Ley 6/1979, de 5 de mayo
c. Ley 11/1978 de 27 de abril
d. Ley 6/1979 de 5 de mayo

177. El referéndum en las ocho provincias andaluzas, para acceder a la autonomía por la vía del art. 151 de la Constitución tuvo lugar:

a. El 28 de febrero de 1980
b. El 28 de febrero de 1981
c. El 26 de febrero de 1980
d. El 26 de febrero de 1981

178. La iniciativa para acceder a la autonomía por el art. 151 de la Constitución, no prosperó en la provincia andaluza de:

a. Cádiz   b. Almería
c. Huelva   d. Granada

179. La iniciativa autonómica en la provincia andaluza donde no se consiguió la mayoría exigida en el art. 151 de la Constitución, tuvo lugar por:

a. Ley 13/1980
b. Ley 10/1981
c. Ley Orgánica 13/1980
d. Ley Orgánica 10/1981

180. Las Cortes Generales aprobaron el texto para el nuevo Estatuto de Autonomía para Andalucía, en su sesión plenaria de:

a. 20 de diciembre de 2006
b. 15 de noviembre de 2006
c. 20 de noviembre de 2006
d. Ninguna de las respuestas es correcta

181. El Título Preliminar del Estatuto de Autonomía de Andalucía consta de:

a. Un artículo   b. Once artículos
c. Cinco artículos   d. Ocho artículos

182. De acuerdo con lo previsto en la Disposición Final Tercera del Estatuto de Andalucía, entró en vigor:

a. El día siguiente de su publicación en el BOE
b. El mismo día de su publicación en el BOE
c. A los veinte días de su publicación en el BOE
d. El día siguiente a su publicación en el BOE y BOJA

183. Los poderes de la Comunidad Autónoma emanan, según dispone el Estatuto de Autonomía de Andalucía en su art. 1.3:

a. Del pueblo andaluz
b. De la Constitución
c. Las respuestas a) y b) son correctas
d. Ninguna de las respuestas es correcta

184. Entre los valores superiores que el Estatuto de Autonomía propugna para todos los andaluces, no se recoge expresamente:

a. La igualdad
b. La solidaridad
c. La justicia
d. La libertad

185. La Entidad Territorial básica de la Comunidad Autónoma es:

a. La Comarca
b. La Provincia
c. El Municipio
d. La Región

186. El Estatuto de Andalucía establece que la Administración de la Junta de Andalucía desarrollará la gestión ordinaria de sus actividades a través de:

a. Sus Servicios Periféricos
b. Las Diputaciones Provinciales
c. Sus Servicios Centrales y periféricos
d. Ninguna de las anteriores es correcta

187. Respecto a la creación de Comarcas, no se recoge en el Estatuto de Autonomía:

a. Que estarán integradas por la agrupación voluntaria de Municipios limítrofes
b. Que para su creación se atenderá a sus características geográficas, culturales, económicas e históricas
c. Se requerirá en todo caso el acuerdo de los Ayuntamientos afectados
d. Se requerirá la aprobación del Consejo de Gobierno

188. La bandera de Andalucía está formada, según el artículo 3.1. del Estatuto de Autonomía, por tres franjas horizontales, verde, blanca y verde, siendo:

a. La anchura de las franjas verdes mayores que la blanca
b. La anchura de la franja blanca mayor que las franjas verdes
c. La anchura igual para las tres franjas
d. La anchura de la franja blanca el doble que las franjas verdes

189. La configuración de la bandera de Andalucía fue acordada en reunión que tuvo lugar en:

a. Antequera   b. Ronda
c. Fuente Vaqueros   d. écija

190. La configuración de la bandera de Andalucía fue acordada en reunión que tuvo lugar en el año:

a. 1920   b. 1921   c. 1932   d. 1918

191. El Estatuto de Autonomía establece que la capital de Andalucía es sede de:

a. El Parlamento
b. La Presidencia de la Junta, el Consejo de Gobierno y el Parlamento
c. La Presidencia de la Junta y el Consejo de Gobierno
d. Ninguna de las anteriores es correcta

192. A los efectos del Estatuto de Andalucía, gozan de la condición política de andaluces:

a. Todos los habitantes de Andalucía
b. Todos los ciudadanos/as españoles/as que vivan en Andalucía
c. Los ciudadanos/as españoles/as que tengan vecindad administrativa en cualquiera de los
municipios de Andalucía
d. Cualquier persona que tenga vecindad administrativa en cualquier municipio de Andalucía

193. El Estatuto de Andalucía declara de aplicación supletoria el Derecho Estatal en nuestra Comunidad Autónoma:

a. Cuando se trate de competencias concurrentes
b. Cuando se trate de competencias compartidas
c. Cuando se trate de competencias exclusivas de la Comunidad Autónoma
d. En ningún caso

194. La clasificación de las competencias de la Comunidad Autónoma de Andalucía, se concretan en el Estatuto de Autonomía en su artículo:

a. 10   b. 16   c. 42   d. 11

195. La Comunidad Autónoma de Andalucía no tiene competencia exclusiva sobre la siguiente materia:

a. Normas y procedimiento electorales para la constitución de sus Instituciones de auto gobierno
b. La planificación del sector pesquero, así como los puertos pesqueros
c. Organización y estructura de sus organismos autónomos
d. Ordenación del territorio y litoral

196. Andalucía no tiene competencia exclusiva sobre la siguiente materia:

a. Las obras públicas en el ámbito de la Comunidad, que estén declaradas de interés general por el Estado
b. Los ferrocarriles y carreteras cuyo itinerario se desarrolle íntegramente en territorio andaluz
c. Aguas minerales y termales
d. Recursos y aprovechamientos hidráulicos, cuando las aguas transcurran únicamente por Andalucía

197. Andalucía no tiene competencia exclusiva sobre la siguiente materia:

a. Establecimiento y ordenación de centros de contratación de mercancías y valores de conformidad con la legislación mercantil
b. Promoción y ordenación del turismo
c. La pesca en aguas interiores y la pesca fluvial
d. La regulación y control de las minas y de los recursos mineros

198. Andalucía no tiene competencia exclusiva sobre la siguiente materia:

a. La artesanía
b. Los instrumentos de conciliación, mediación y arbitraje laborales
c. Orientación y planificación familiar
d. Instituciones públicas de protección y tutela de menores respetando la legislación civil, penal y penitenciaria

199. Andalucía no tiene competencia exclusiva sobre la materia:

a. Fundaciones y asociaciones de carácter docente, cultural o artístico, que desarrollen principalmente sus funciones en Andalucía
b. Conservatorios y Centros de Bellas Artes de interés para la comunidad
c. Promoción de actividades y servicios para la juventud y la tercera edad
d. La regulación de los recursos naturales

200. Andalucía no tiene competencia exclusiva sobre la materia:

a. Deporte y ocio
b. Publicidad y espectáculos, sin perjuicio de las normas del Estado
c. Lucha contra la violencia de género
d. Estadísticas para fines de la Comunidad Autónoma

201. En materia penitenciaria corresponde a la Comunidad Autónoma:

a. La competencia ejecutiva
b. La aprobación de normas legales
c. La competencia exclusiva
d. No tiene ninguna competencia

202. De acuerdo con lo dispuesto en el Estatuto de Autonomía de Andalucía, cuando se trate de Tratados y Convenios Internacionales, que afecten directa y singularmente a la Comunidad Autónoma:

a. La Junta de Andalucía tendrá representación en la Comisión creada al efecto
b. La Junta de Andalucía debe prestar su previa conformidad
c. La Junta de Andalucía podrá solicitar su participación en las delegaciones negociadoras
d. La Junta de Andalucía no tiene ningún tipo de participación

203. El Estatuto de Andalucía consta de:

a. 110 artículos   b. 195 artículos
c. 182 artículos   d. 250 artículos

204. La Junta de Andalucía se define en el Estatuto de Andalucía, en su artículo 99:

a. Como la organización administrativa de la Comunidad Autónoma
b. Como el órgano de representación política de la Comunidad Autónoma
c. Como la institución en que se organiza políticamente el autogobierno de la Comunidad Autónoma
d. Como institución de representación política de la Comunidad Autónoma

205. La Junta de Andalucía está integrada por:

a. Las Consejerías de la Comunidad Autónoma
b. El Consejo de Gobierno y las Consejerías de la Comunidad Autónoma
c. El Parlamento
d. El Parlamento, el Consejo de Gobierno y la Presidencia de la Junta

206. En Andalucía la circunscripción electoral para la elección de Diputados/as de la Asamblea Legislativa es:

a. El Municipio   b. La Provincia
c. La Región   d. La Comarca

207. Es correcto afirmar que, a los efectos del número de representantes en el Parlamento de Andalucía, ninguna Provincia:

a. Tendrá más del doble de Diputados que otra
b. Tendrá más del triple que otra
c. Podrá superar el número de ocho Diputados
d. Ninguna de las respuestas es correcta

208. La elección de Diputados/as del Parlamento de Andalucía se verificará atendiendo a criterios:

a. De mayoría simple
b. De mayoría cualificada
c. De representación proporcional
d. De representación mayoritaria

209. Los/as Diputados/as electos al Parlamento de Andalucía deberán ser convocados/as para su sesión constitutiva, dentro de:

a. Los quince días siguientes a la celebración de las elecciones
b. Los veinticinco días siguientes a la celebración de las elecciones
c. Los veinte días siguientes a la celebración de las elecciones
d. Los diez días siguientes a la celebración de las elecciones

210. El Parlamento de Andalucía según dispone el art. 100 del Estatuto de Autonomía, representa:

a. A la Comunidad Autónoma
b. A sus Instituciones
c. Al Pueblo Andaluz
d. Todas las respuestas son correctas

211. Según dispone el Estatuto de Andalucía, el Parlamento Andaluz estará compuesto por un máximo de:

a. 105 Diputados/as
b. No se establece ningún máximo
c. 115 Diputados/as
d. 120 Diputados/as

212. Según dispone el Estatuto de Andalucía, el Parlamento Andaluz estará compuesto por un mínimo de diputados/as:

a. 100   b. 80   c. 109   d. 85

213. La aprobación o reforma del Reglamento del Parlamento de Andalucía:

a. Requiere el voto de la mayoría absoluta de los/as Diputados/as
b. Requiere el voto de la mayoría simple de los/as Diputados/as
c. Requiere el voto de las dos terceras partes de los/as Diputados/as
d. No requiere un quórum especial

214. No se contempla en el art. 103.1 del Estatuto que el Parlamento elija de entre sus miembros:

a. Mesa   b. Diputación Permanente
c. Comisiones   d. Presidente

215. Las Leyes aprobadas por el Parlamento de Andalucía serán promulgadas según el art. 116 del Estatuto de Autonomía:

a. Por el Consejero correspondiente al sector en que incida la Ley
b. Por el Rey
c. En nombre del Rey, por el Presidente/a de la Junta de Andalucía
d. Por el Presidente/a del Parlamento

216. Vigencia de las Leyes aprobadas por el Parlamento. Regirá...

a. La fecha de publicación en el BOE
b. La fecha de publicación en el BOJA
c. La fecha de publicación en el BOE o BOJA, dependiendo del lugar donde primero se inserte
d. Ninguna de las respuestas es correcta

217. Desde la aprobación de una Ley por el Parlamento de Andalucía, deberá procederse a su publicación en el BOJA en el plazo de:

a. Veinte días   b. Quince días
c. Diez días   d. No establece plazo

218. La iniciativa legislativa popular en Andalucía se regula por:

a. Ley 5/1988 de 17 de octubre
b. Ley 7/1987 de 15 de octubre
c. Ley 6/1989 de 20 de octubre
d. Ley 8/1986 de 10 de noviembre

219. La iniciativa legislativa, de los Ayuntamientos, en Andalucía se rige por:

a. Ley 5/1988 de 17 de octubre
b. Ley 7/1987 de 15 de octubre
c. Ley 6/1989 de 20 de octubre
d. Ley 8/1986 de 10 de noviembre

220. En relación con el Consejo de Gobierno y a tenor de lo establecido en el Estatuto de Andalucía, no es correcto afirmar:

a. Que estará integrado por el/la Presidente/a y los/as Vicepresidentes/as
b. Que es un órgano colegiado
c. Que desarrolla funciones ejecutivas
d. Que desarrolla funciones administrativas

221. En relación con el Presidente/a de la Junta y a tenor de lo establecido en el Estatuto de Andalucía, no es correcto afirmar:

a. Que dirige y coordina la actividad del Consejo de Gobierno
b. Que podrá delegar temporalmente, funciones ejecutivas propias, en uno de los Consejeros
c. Que ostenta la suprema representación de la Comunidad Autónoma y del Estado en Andalucía
d. Que es responsable políticamente ante el Parlamento

222. Para ser elegido/a Presidente/a/a de la Junta de Andalucía por el Parlamento se requiere en primera votación:

a. Mayoría absoluta
b. Mayoría simple de los Diputados
c. Mayoría de dos tercios de los Diputados
d. No se prevé ningún quórum para la elección, remitiéndose el Estatuto de Autonomía a lo previsto en la Constitución

223. Si transcurriera más de dos meses desde la primera votación para elegir Presidente/a a la Junta de Andalucía, sin que ningún candidato/a hubiera obtenido la mayoría simple:

a. Se disolverá automáticamente el Parlamento
b. Se procederá a convocar nuevas elecciones
c. Las respuestas a) y b) son correctas
d. Será designado Presidente/a el candidato del partido que tenga mayor número de escaños

224. La cuestión de confianza se plantea ante el Parlamento de Andalucía:

a. Por el Presidente/a de la Junta
b. Por el Presidente/a del Parlamento
c. Por el Portavoz del Consejo de Gobierno
d. Por el Consejo de Gobierno

225. La propuesta de una moción de censura ante el Parlamento de Andalucía, con el fin de exigir la responsabilidad política del Consejo de Gobierno, habrá de ser presentada al menos por:

a. la tercera parte de los parlamentarios
b. una cuarta parte de los parlamentarios
c. una décima parte de los parlamentarios
d. la mayoría simple de los parlamentarios

226. La moción de censura presentada para exigir la responsabilidad del Consejo de Gobierno de la Junta de Andalucía no podrá ser votada hasta que no transcurran:

a. Dos días
b. 48 h. desde su presentación
c. Tres días desde su presentación
d. Cinco días desde su presentación

227. Si el Parlamento de Andalucía adoptara una moción de censura el/la Presidente/a de la Junta presentará su dimisión ante:

a. El Consejo de Gobierno
b. El Parlamento
c. El Rey
d. Ninguna de las anteriores

228. De acuerdo con el Estatuto de Autonomía de Andalucía, se podrá plantear conflictos de jurisdicción a los Jueces y Tribunales conforme a las leyes reguladoras de aquellos por:

a. El Consejo de Gobierno, por conducto de su Presidente
b. El Presidente de la Junta de Andalucía
c. El Presidente del Parlamento andaluz
d. Los Consejeros a los que afecte la materia

229. El control de constitucionalidad de las disposiciones normativas con fuerza de Ley de la Comunidad Autónoma, le corresponde exclusivamente a:

a. El/la Presidente/a del Gobierno
b. Los/as Consejeros/as
c. Tribunal Constitucional
d. Todas las respuestas son correctas

230. Nombra al Presidente del Tribunal Superior de Justicia de Andalucía:

a. Presidente del Consejo del Poder Judicial
b. Presidente del Tribunal Supremo
c. Presidente de la Junta de Andalucía
d. El Rey

231. De acuerdo con lo dispuesto en el Estatuto de Autonomía de Andalucía, no se cede a la Comunidad Autónoma el rendimiento del siguiente Tributo:

a. Impuesto sobre el Patrimonio
b. Los tributos sobre el juego
c. La imposición general sobre las ventas en su fase mayorista
d. El Impuesto sobre Transmisiones Patrimoniales

232. Al objeto de cubrir necesidades transitorias de tesorería, la Comunidad Autónoma de Andalucía, podrá realizar operaciones de crédito por periodo inferior:

a. A los tres años
b. A los dos años
c. A un año
d. No se establece ninguna limitación en cuanto al tiempo

233. El control externo de la actividad económica y presupuestaria de la Comunidad Autónoma se ejercerá, según dispone el art. 130 del Estatuto de Autonomía de Andalucía, por:

a. El Parlamento
b. El Consejo de Gobierno
c. El Tribunal de Cuentas
d. La Cámara de Cuentas

234. No corresponde al Parlamento de Andalucía en relación con el Presupuesto de la Comunidad Autónoma:

a. Su examen
b. Enmienda
c. Aplicación
d. Aprobación

235. Para obligarse en los convenios y acuerdos de colaboración con otras Comunidades Autónomas, el Parlamento habrá de...:

a. ... informar a las Cortes Generales
b. ... solicitar la aprobación de las Cortes Generales
c. ... autorizar al Consejo de Gobierno
d. No requiere ninguna intervención de las Cortes Generales

236. La iniciativa de reforma del Estatuto de Andalucía, cuando se efectúe por el Parlamento, requerirá para su aprobación como mínimo el acuerdo de:

a. La mayoría absoluta de sus miembros
b. Las tres cuartas partes de sus miembros
c. Una tercera parte de sus miembros
d. La quinta parte de sus miembros

237. No corresponde la iniciativa de reforma del Estatuto de Andalucía a:

a. Las Cortes Generales
b. Parlamento de Andalucía
c. Consejo de Gobierno
d. Presidente/a de la Junta de Andalucía

238. El vigente Estatuto de Autonomía para Andalucía fue aprobado por Referéndum el:
a. El 28 de Febrero de 2007
b. El 18 de Febrero de 2006
c. El 28 de Febrero de 2006
d. El 18 de Febrero de 2007

239. El Consejo Económico y Social de Andalucía se creó por:
a. Ley 12/1991
b. Ley 26/1994
c. Ley 5/1997
d. Ley 8/1996

240. El Consejo Económico y Social de Andalucía tiene carácter:
a. Decisor
b. Consultivo
c. De Coordinación
d. Todas las respuestas son correctas

241. El vigente Estatuto de Autonomía de Andalucía fue sancionado por S.M. el Rey el:
a. 18 de marzo 2007
b. 19 de febrero 2007
c. 19 de marzo 2007
d. 18 de febrero 2007

242. El Estatuto de Autonomía de Andalucía fue aprobado por Ley:
a. Ley Orgánica 1/ 2007
b. Ley Orgánica 2/ 2007
c. Real Decreto 2/2007
d. Ninguna de las anteriores es correcta

243. El Estatuto de Autonomía de Andalucía consta de:
a. Título Preliminar y 10 títulos
b. Preámbulo, Título Preliminar y 10 Títulos
c. 10 títulos
d. Preámbulo y 10 Títulos

244. La protección integral contra la violencia de género aparece recogida en el Estatuto de Autonomía en el artículo:
a. 26
b. 46
c. 16
d. 12

245. El impacto de género deberá ser tenido en cuenta, según el Estatuto en:
a. El procedimiento de elaboración de las leyes y disposiciones reglamentarias
b. El procedimiento de elaboración de las leyes
c. El procedimiento de elaboración de las disposiciones reglamentarias
d. Ninguna de las anteriores es correcta

Tema 4. Sometimiento de la Administración a la Ley y al Derecho. Fuentes del Derecho Público. La Ley. Clases de leyes

246. El rule of law, según Dicey, se caracteriza, entre otras notas, por:
a. La igual sujeción de todas las clases a la ley ordinaria del país, administrada por los Tribunales ordinarios
b. La supremacía de la Administración sobre los particulares
c. La exención del control de los Tribunales sobre la Administración
d. La sujeción de la Corona a las normas políticas

247. Las leyes estatales pueden ser:
a. Orgánicas y ordinarias
b. Aprobadas todas por mayoría simple
c. Derogadas por cada Comunidad Autónoma cuando legisle sobre la misma materia
d. Modificadas no antes de un año desde su promulgación

248. La atribución de funciones públicas de carácter administrativo a la Administración de las Comunidades Autónomas y a los entes que integran la Administración Local, con preferencia respecto de la Administración del Estado, así como la disminución de las formas de fiscalización de ésta sobre aquéllas, es lo que se denomina:
a. Principio de desconcentración
b. Principio de autonomía financiera
c. Principio de descentralización
d. Principio de jerarquía

249. Entre los principios de actuación de las Administraciones Públicas mencionados en el art. 103 de la Constitución Española de 1978, se encuentra el de:
a. Autonomía
b. Igualdad de trato
c. Coordinación
d. Indemnización

250. El carácter de norma suprema del ordenamiento jurídico que se atribuye a la Constitución:
a. Es de creación exclusivamente doctrinal, no encontrándose positivizado
b. Se reconoce expresamente con esas palabras en la propia Constitución
c. Se proclama expresamente con esas palabras en la Ley Orgánica del Poder Judicial
d. Se encuentra en el art. 4 de la Ley 30/1992, de 26 de noviembre

251. Los Decretos Legislativos pueden:
a. Refundir textos legales
b. Regular el desarrollo directo de los derechos fundamentales y libertades públicas
c. Fijar directrices a desarrollar por el Gobierno en un texto refundido
d. Delegar en el Gobierno cualeuier materia

252. Los principios generales de la potestad reglamentaria están en:
a. La Ley 30/1992, de 26 de noviembre
b. La Ley de procedimiento Administrativo de 1958, en la parte no derogada expresamente
c. La Ley de la Jurisdicción contencioso-administrativa
d. En ningún texto positivo

253. Entre los principios específicos de la potestad reglamentaria está:
a. Coordinación.
b. Eficacia
c. Publicidad
d. Autonomía

254. El procedimiento de elaboración de las disposiciones de carácter general, en el ámbito estatal:
a. No es de aplicación a los Reglamentos
b. Se regula en la Ley 50/1997, de 27 de noviembre
c. Se regula en la Ley de procedimiento Administrativo de 17 de julio de 1958
d. Se contiene en el Título V de la Ley 30/1992, de 26 de noviembre

255. Los reglamentos que contradigan disposiciones administrativas de rango superior:
a. Son anulables, según la Ley 30/1992
b. Pueden ser desconocidos por la propia Administración y por los particulares, al no ser eficaces
c. Pueden ser objeto de recurso en vía administrativa
d. No se aplicarán por Jueces y Tribunales

256. Los reglamentos de necesidad:

a. No tiene cabida en nuestro derecho positivo
b. No puede afectar derechos de la persona
c. Los dictan las Cortes en caso de necesidad
d. Caben en los estados alarma, excepción y sitio

257. Los reglamentos, una vez dictados:

a. Entran en vigor automáticamente
b. Entran en vigor cuando se publican
c. Han de publicarse en el Diario Oficial que corresponda
d. Obligan, sin necesidad de otros requisitos formales, a sus destinatarios, al tratarse de
normas jurídicas

258. Los Tratados internacionales:

a. Forman parte del ordenamiento jurídico español desde su estipulación
b. Nunca es fuente del derecho administrativo, por su propia naturaleza
c. Se recepcionan por el derecho español una vez publicados en el B.O.E., previa autorización
o comunicación a las Cortes
d. No son interpretables por los órganos del orden jurisdiccional contencioso-administrativo

259. El incumplimiento del principio de jerarquía normativa por parte de un reglamento:

a. Se sanciona sólo penalmente
b. Se prohíbe por el art. 62.1 de la Ley 30/1992, de 26 de noviembre
c. Determina su nulidad radical
d. Puede determinar el planteamiento de cuestión de inconstitucionalidad por los Tribunales

260. El sometimiento de la Administración a los fines que la justifican:

a. Se proclama en el art. 103.1 de la Constitución Española de 1978
b. Se proclama de forma explícita en el art. 106 de la Constitución Española de 1978
c. Constituye una innovación de la Ley 30/1992, de 26 de noviembre
d. No alcanza a los actos de las entidades locales

261. La responsabilidad patrimonial de la Administración:

a. Exige una intervención activa del particular en la causación del daño
b. No exige la ilegalidad de la actuación administrativa
c. Se declara únicamente a instancia del interesado perjudicado, nunca de oficio
d. Se regula exclusivamente por cada Comunidad Autónoma

262. Entre los requisitos de la iniciación del procedimiento de elaboración de disposiciones de carácter general en el ámbito de la Administración General del Estado, se exige que al proyecto se acompañe:

a. Una tabla de vigencias de las disposiciones que quedan afectadas
b. Un informe de la Secretaría General Técnica
c. Un informe sobre la legalidad del proyecto
d. Una memoria económica sobre el coste a que dará lugar

263. El plazo mínimo de audiencia a los interesados, cuando ésta proceda, en el procedimiento de elaboración de disposiciones de carácter general en el ámbito de la Administración Gral. del Estado, es de:

a. Un mes
b. Quince días
c. Diez días
d. Treinta días

264. El trámite de información pública en el procedimiento de elaboración de disposiciones de carácter general en el ámbito de la Administración General del Estado, cuando se acuerde, podrá ser reducido cuando razones debidamente motivadas así lo justifiquen, hasta un mínimo de:

a. Díez días
b. Cinco días
c. Siete días
d. Quince días

265. El trámite de audiencia a los/as ciudadanos/as, en el procedimiento de elaboración de disposiciones de carácter general en el ámbito de la Administración General del Estado, no se aplicará a las disposiciones que:

a. Desarrollen normas con rango de Ley
b. Regulen órganos previstos en la Ley 50/1997
c. Regulen cuestiones atinentes a materias fiscales
d. Desarrollen normas de seguridad ciudadana

266. Los proyectos de reglamentos a aprobar por el Gobierno deberán ser informados en todo caso por:

a. El Consejo de Estado
b. La Secretaría General Técnica
c. La Dirección del Servicio Jurídico del Estado
d. El Secretariado del Gobierno

267. Cuando la norma reglamentaria a aprobar en Consejo de Ministros pueda afectar a la distribución de competencias entre el Estado y las Comunidades Autónomas, habrá de ser informado por:

a. El Consejo de Estado
b. El Ministerio de las Administraciones Públicas
c. La Dirección del Servicio Jurídico del Estado
d. El Secretariado del Gobierno

268. Las disposiciones aprobadas por el/la Presidente/a/a del Gobierno de la Nación revisten la forma de:

a. Orden del Presidente/a del Gobierno
b. Decreto del Presidente/a del Gobierno
c. Real Decreto del Presidente/a del Gobierno
d. Acuerdo del Presidente/a del Gobierno

269. Cuando una disposición ministerial afecte a varios departamentos ministeriales, revestirá la forma de:

a. Real Decreto
b. Decreto
c. Orden del Ministro de la Presidencia
d. Real Decreto de la Presidencia del Gobierno

270. El recurso a interponer contra las disposiciones administrativas de carácter general es:

a. Ningún recurso en vía administrativa
b. Recurso de alzada
c. Recurso extraordinario de revisión
d. Recurso de reposición

271. El concepto de Derecho Administrativo:

a. Se contiene en la Constitución
b. Es de carácter doctrinal
c. Equivale al de Administración Pública
d. No existe tal rama del derecho

272. El Gobierno:

a. No puede dictar disposiciones con fuerza de Ley
b. Se compone exclusivamente del Presidente/a y los Ministros
c. Dirige la Administración civil y militar
d. Declara el estado de sitio cuando proceda

273. El principio de coordinación:

a. Se proclama respecto del Gobierno en el art. 103 de la Constitución Española de 1978
b. Es un principio de actuación de las Administraciones Públicas
c. No resulta de aplicación a las relaciones de las entidades locales con el resto de las Administraciones Públicas
d. Se consagra constitucionalmente en el art. 9o.3 de la Alta Norma

274. El art. 9o de la Constitución Española de 1978:

a. Menciona a los/as ciudadanos/as
b. Se refiere a las Fuerzas Armadas
c. Proclama la arbitrariedad de los poderes públicos
d. Consagra la dignidad de la persona como valor constitucionalmente protegible

275. Las Administraciones Públicas:

a. No se encuentran sometidas a las normas reglamentarias que ellas dictan
b. Han de regular en exclusiva la audiencia de los/as ciudadanos/as en el procedimiento de elaboración de disposiciones generales
c. Están sometidas en su actuación al control de los Jueces y Tribunales
d. Se someten únicamente a las normas con rango de Ley

276. Las leyes de bases:

a. Desarrollan derechos y libertades públicas
b. Requieren votación final sobre el conjunto del proyecto
c. Son producto de la delegación en el Gobierno
d. Autorizan al Gobierno a formar textos articulados

277. Los principios generales del Derecho:

a. Se mencionan en el art. 1o del Código Civil como fuente del derecho
b. No son fuente del derecho Administrativo
c. No pueden aplicarse por los Tribunales
d. Se enumeran en la Ley 30/1992, de 26 de noviembre

278. El derecho de petición:

a. Se consagra como tal en el art. 29 de la Constitución Española de 1978
b. Se regula en la Ley preconstitucional 22/1973
c. No puede ejercitarse en tanto no se desarrollen las previsiones constitucionales
d. No se menciona en la Ley 30/1992, de 26 de noviembre

279. El rule of law es:

a. La denominación de la Constitución consuetudinaria británica
b. Uno de los principios de la Constitución Estadounidense
c. La Ley británica sobre el Parlamento
d. Una forma de sometimiento de la Administración al Derecho

280. El control jurisdiccional por los órganos de la jurisdicción contencioso-administrativa de los actos de la Administración Pública sujetos al derecho Administrativo se proclama expresamente en:

a. El art. 2 de la Ley 30/1992, de 26 de noviembre
b. El art. 9.4 de la Ley Orgánica del poder Judicial
c. Por exclusión, en la Ley de Procedimiento Laboral
d. En el art. 103.1 de la Constitución Española de 1978

281. La presidencia del Consejo de Ministros por el Rey:

a. Se produce a petición del mismo
b. No es constitucionalmente admisible en virtud del principio de irresponsabilidad del rey
c. Se produce a petición del Presidente/a del Gobierno
d. Puede alcanzar a las sesiones decisorias en su integridad

282. La potestad reglamentaria del Gobierno:

a. Se reconoce en la Constitución Española de 1978 para dictar únicamente reglamentos ejecutivos de las leyes
b. Se reconoce únicamente en normas infraconstitucionales
c. Se reconoce en la Constitución Española de 1978 en forma genérica
d. Sólo se reconoce para los denominados reglamentos independientes

283. El Consejo de Estado es un órgano:

a. Incardinado en la Administración General del Estado
b. Dependiente tan sólo de las Cortes Generales
c. Con competencias resolutorias de recursos en el ámbito de los órganos superiores de la Administración General del Estado
d. De carácter consultivo en determinadas materias

284. El Tribunal de Cuentas:

a. Depende de las Cortes Generales
b. Se incardina en el Poder Judicial plenamente
c. Fiscaliza toda la actuación administrativa del Gobierno
d. Carece de competencias en relación con las entidades locales

285. La división de poderes:

a. Es una forma de distinguir el Gobierno de la Administración
b. Se proclama expresamente en el preámbulo de la Constitución Española de 1978
c. Se encuentra implícitamente reconocida en la Constitución Española de 1978
d. Es un principio formulado inicialmente por Hauriou

Tema 5. Los derechos del ciudadano ante la Administración Pública. Consideración especial del interesado. Colaboración y participación de los ciudadanos en la Administración

286. En toda relación jurídico-administrativa:
a. Existe una Administración y un particular, como sujetos activo y pasivo, respectivamente
b. La Administración es sujeto activo
c. Existe siempre una Administración como sujeto activo
d. La Administración es sujeto activo o pasivo

287. Cuando la Administración está obligada a indemnizar, como consecuencia del servicio público, a los particulares:
a. Actúa en un plano de igualdad con éstos
b. Es sujeto activo de la relación jurídico-administrativa
c. Es sujeto pasivo de la relación jurídico-administrativa
d. No se puede hablar propiamente de relación jurídico-procesal

288. Todo administrado, por el hecho de serlo:
a. Es sujeto pasivo de una relación jurídico-administrativa
b. Se encuentran en un estado de sujeción general frente a la Administración
c. Tiene la condición de interesado
d. Tiene interés directo y personal en todo procedimiento

289. La capacidad de obrar ante las Administraciones Públicas:
a. Faculta genéricamente para entablar relaciones jurídicas con la Administración
b. Confiere la condición de interesado en los procedimientos administrativos
c. No se reconoce en ningún caso a los menores de edad
d. Se rige por las normas civiles exclusivamente

290. Los menores incapacitados:
a. Carecen de la condición de interesados en un procedimiento administrativo
b. Carecen de capacidad de obrar ante las Administraciones Públicas cuando la extensión de su incapacitación afecte al ejercicio y defensa de los derechos e intereses de que se trate
c. Tienen capacidad de obrar ante las Administraciones Públicas cuando la extensión de su incapacitación afecte al ejercicio y defensa de los derechos e intereses de que se trate
d. Se equiparan a los menores capaces, en el ámbito del procedimiento administrativo

291. La legitimación en el procedimiento administrativo:
a. Se reconoce a cualquier persona plenamente capaz
b. Se reconoce a los que, sin haber iniciado el procedimiento, tengan derechos que puedan resultar afectados por la decisión que en el mismo se adopte
c. Se reconoce exclusivamente a titulares de derechos subjetivos, personales, legítimos y directos
d. Se reconoce incondicionalmente a todas las asociaciones y organizaciones representativas de intereses económicos y sociales

292. Quienes promuevan un procedimiento como titulares de intereses legítimos:
a. Pueden tener la condición de interesados en el procedimiento
b. Tienen derecho a que se le reintegren los gastos que ello les origine
c. Tienen la condición de interesados en el procedimiento
d. Tienen la obligación de intervenir en el procedimiento

293. La representación en un procedimiento administrativo:
a. Habrá de acreditarse siempre que la Administración lo requiera
b. Puede asumirse por cualquier persona que designe el interesado
c. Se presume para los actos de mero trámite
d. Habrá de ostentarla un Gestor Administrativo en todo caso

294. Una vez designado representante por el interesado en un procedimiento administrativo:
a. La Administración requerirá la acreditación de la representación otorgada
b. Aquél actuará en nombre propio ante la Administración
c. No podrá designarse otro distinto hasta que no finalice el procedimiento
d. Se entenderán con aquél las actuaciones administrativas, como regla

295. Todo interesado podrá designar representante en un procedimiento administrativo:
a. Salvo que aquél no tenga capacidad de obrar
b. A cualquier persona para que actúe en su nombre
c. Salvo para entablar recursos o desistir del procedimiento
d. Siempre que acredite ante la Administración haber otorgado la representación

296. La acreditación de la representación en un procedimiento:
a. Es siempre exigible antes de admitirse tal representación por la Administración
b. Ha de hacerse en todo caso mediante poder notarial o firma notarialmente legitimada
c. No es exigible para formular solicitudes, pero si para entablar recursos
d. Es precisa para desistir de acciones

297. La insuficiente acreditación de la representación en un procedimiento:
a. Impide que se tenga por realizado el acto de que se trate
b. Obliga a la Administración a conceder un plazo de subsanación
c. Es un requisito insubsanable que impide resolver
d. Carece de efectos; no así la falta de tal acreditación

298. La declaración del interesado otorgando su representación, en comparecencia personal ante la Administración:

a. Es requisito esencial para otorgar válidamente la representación
b. Es una forma de acreditar la representación en el procedimiento
c. No exime de aportar el documento acreditativo de la representación, para tenerla por otorgada, aunque tiene validez por diez días la así concedida
d. Ha de ser subsanada en el plazo de diez días, aportando el correspondiente documento fidedigno

299. En el caso de pluralidad de personas que formulan una misma solicitud:

a. No cabe actuar mediante representante, salvo que todos otorguen representación a la misma persona
b. Deberán otorgar su representación a uno de ellos para poder admitirse la solicitud
c. La Administración deberá requerir a todos ellos a fin de que designen un representante, o asuma la representación del resto uno de ellos
d. Se entenderán las actuaciones con el que aparezca primero en el escrito, salvo que ellos dispongan otra cosa

300. Conforme al art. 35 de la Ley 30/1992, los ciudadanos/as en sus relaciones con la Administración, tienen derecho a:

a. Conocer el estado de la tramitación de cualquier procedimiento
b. Aportar documentos al procedimiento en cualquier fase
c. Formular alegaciones antes del trámite de audiencia
d. No presentar originales de los documentos que presente

301. La obtención de copia sellada de los documentos que los ciudadanos/as presenten ante la Administración:

a. Requiere el pago de un precio público
b. No es posible
c. Es un derecho
d. Puede realizar antes de que caduque el procedimiento

302. De los acuerdos notificados a los interesados/as:

a. Se dará traslado al órgano decisorio
b. Se mandará su publicación para general conocimiento
c. No se dará publicidad en ningún caso
d. Podrán estos solicitar copias certificadas

303. La devolución de los originales de los documentos aportados al procedimiento:

a. Es un derecho incondicional del ciudadano
b. No es posible, salvo que se trate de documentos remitidos por otras Administraciones Públicas
c. Es posible, salvo que deban constar en el expediente
d. No es posible mientras no finalice el procedimiento

304. La lengua oficial del Estado, según la Constitución de 1978, es:

a. El español
b. El español y las demás lenguas españolas
c. El castellano
d. El castellano y las demás lenguas españolas

305. El conocimiento de la lengua oficial del Estado:

a. Es un deber de todo el que reside en el mismo
b. Es un derecho de todo el que reside en el mismo
c. Es una obligación de todo extranjero
d. Es un deber de todo español

306. En los procedimientos tramitados por la Administración general del Estado en el territorio de una Comunidad Autónoma oficialmente bilingüe, los interesados/as:

a. Podrán exigir, en lo que a la comunicación con ellos se refiere, la lengua distinta del castellano que sea cooficial en esa Comunidad Autónoma
b. Podrán solicitar, para su consideración potestativa por la Administración, y en cuanto haga a la comunicación con ellos, que se tramite en la lengua distinta del castellano que sea oficial en esa Comunidad Autónoma
c. Podrán imponer, en cuanto a las comunicaciones que se entiendan con todos los interesados, cualquiera de las lenguas oficiales en esa Comunidad Autónoma
d. No tiene derecho a que la Administración utilice la lengua cooficial, con el castellano, en esa Comunidad Autónoma

307. Los interesados/as que se dirijan a órganos de la Administración del Estado con sede en el territorio de una Comunidad Autónoma con lengua cooficial:

a. Deberán expresarse en castellano
b. Podrán expresarse en la lengua cooficial en esa Comunidad Autónoma
c. Deberán expresarse en la lengua cooficial en esa Comunidad Autónoma
d. No podrán expresarse en la lengua oficial en esa Comunidad Autónoma

308. En los procedimientos tramitados por las entidades locales, en Comunidades Autónomas con lengua cooficial:

a. Deberá utilizarse el castellano
b. Deberá utilizarse la lengua cooficial en esa Comunidad Autónoma
c. Se estará a lo que disponga la normativa autonómica sobre la materia
d. Siempre se utilizará el castellano

309. Conforme al art. 36.3 de la Ley 30/1992, siempre deberán traducirse al castellano los siguientes documentos del procedimiento:

a. Todos, siempre que la Administración lo estime oportuno, por las características del procedimiento
b. Los que consten en expedientes relativos a procedimientos tramitados por la Administración General del Estado
c. Los que se dirijan a interesados que así lo hayan solicitado
d. Los que deban surtir efectos ante órganos de la Administración General del Estado en el territorio de la Comunidad Autónoma de que se trate

310. El acceso de los ciudadanos/as a los archivos y registros administrativos:

a. Se regula en la Ley 50/1997, de 27 de noviembre
b. Se regula en el art. 36 de la Ley 30/1992, de 26 de noviembre
c. Es un derecho de los ciudadanos contemplado en la Constitución
d. Es incondicional, por imperativo de la Constitución

311. Los documentos que contengan datos referentes a la intimidad de las personas:

a. Son accesibles sólo por las personas a quienes se refieren tales datos
b. Son accesibles por cualquier persona que acredite un interés legítimo y directo
c. Son siempre rectificables a instancias del sujeto a quienes afecten
d. No son accesibles por ninguna persona

312. Los documentos de carácter nominativo que, sin incluir otros datos pertenecientes a la intimidad de las personas, obren en los procedimientos administrativos, salvo los de carácter sancionador o disciplinario, que puedan hacerse valer para el ejercicio de los derechos de los ciudadanos/as, son accesibles:

a. Sólo a las personas a quienes se refieren tales documentos
b. A cualquier persona que acredite un interés legítimo y directo, además de a quienes se
refieren los mismos
c. A cualquier persona que acredite un interés legítimo
d. No son accesibles por ninguna persona

313. Los expedientes tramitados para la investigación de los delitos:

a. No son accesibles en ningún caso por los ciudadanos
b. Son accesibles para los ciudadanos en ciertos casos
c. No se mencionan en la Ley 30/1992, de 26 de noviembre, al tratarse siempre de procesos
judiciales
d. Se mencionan en la Ley 50/1997, de 27 de noviembre

314. Las solicitudes de consulta de documentos, formuladas genéricamente sobre materias:

a. No son atendibles en ningún caso por la Administración
b. Habrán de concretar los documentos a consultar
c. No existen
d. Pueden considerarse con carácter potestativo

315. Los ciudadanos están obligados a facilitar a la Administración inspecciones:

a. Siempre que la Administración les requiera fehacientemente
b. Cuando una norma así lo exija
c. En todo caso
d. En los casos previstos en las leyes

316. La comparecencia de los ciudadanos ante la Administración será obligatoria:

a. Siempre que la Administración les requiera fehacientemente
b. Cuando una norma así lo exija
c. En todo caso
d. Cuando lo prevea una norma con rango de ley

317. En las citaciones que habrán de efectuarse para la comparecencia de los ciudadanos ante las Administraciones Públicas, según el art. 40 de la Ley 30/1992, de 26 de noviembre, tendrá que hacerse constar:

a. El nombre del funcionario/a ante el que deberán comparecer
b. El D.N.I. del ciudadano
c. Los efectos de no atender el requerimiento
d. El precepto en que se funde la obligación de comparecer

318. Como regla general, los interesados en un procedimiento administrativo cuando han de evacuar un trámite, disponen de un plazo de:

a. Un mes   b. Quince días
c. Diez días   d. Cinco días

319. Las alegaciones, salvo los defectos de tramitación, que los interesados deseen realizar en un procedimiento podrán hacerlas únicamente:

a. En cualquier momento del procedimiento
b. En el trámite de audiencia preceptiva
c. Hasta el trámite de audiencia, éste incluido, si existe
d. Si acompañan documentos para apoyarlas

320. En relación con las alegaciones y documentos que realicen y aporten los interesados, respectivamente, dispone la Ley 30/1992 que:

a. Podrán ser tenidos en cuenta por el órgano competente para redactar la propuesta de resolución
b. Serán tenidos en cuenta por el órgano competente al redactar la propuesta de resolución
c. No podrán ser tenidos en cuenta si se efectúan o aportan antes del trámite de audiencia
d. Han de ser aceptado por el órgano que ha de resolver

321. Los interesados podrán alegar los defectos de tramitación, según la Ley 30/1992, únicamente:

a. Antes de la propuesta de resolución
b. En cualquier momento del procedimiento
c. Sólo con ocasión del recurso que se interponga contra la resolución
d. Siempre que se refieran a la paralización del procedimiento o al incumplimiento de trámites

322. Las alegaciones que realice el interesado en relación con defectos de tramitación, podrán dar lugar, si hubiere razones para ello, y conforme dispone el art. 79 de la Ley 30/1992, a:

a. La infracción penal del autor del defecto
b. La exigencia de responsabilidad disciplinaria
c. La derogación de la Ley que ampara el acto
d. La necesaria estimación de las mismas en la resolución que se dicte

323. El rechazo de las pruebas propuestas por los interesados en un procedimiento administrativo podrá acordarse por el Instructor del mismo cuando sean:

a. Manifiestamente interesadas
b. Capciosas o sugestivas
c. Manifiestamente impertinentes
d. Manifiestamente improcedentes o innecesarias

324. La resolución por la que el Instructor de un procedimiento administrativo rechace las pruebas propuestas por los interesados en un procedimiento administrativo habrá de ser, según dispone la Ley 30/1992:

a. Motivada
b. Fundada en razones de interés público
c. Dictada por el órgano que ha de resolver el procedimiento
d. Considerada en la resolución

325. Según la Ley 30/1992, los gastos de las pruebas admitidas a instancias del interesado en un procedimiento administrativo, que no deban ser soportados por la Administración:

a. Son objeto de precios públicos
b. Pueden ser objeto de liquidación provisional
c. Son objeto de tasas
d. No podrán serles exigidos a los interesados en ningún caso

326. El Instructor de un procedimiento administrativo puede disponer que el plazo durante el cual los interesados puedan efectuar alegaciones, conforme al art. 84 de la Ley 30/1992, sea de:

a. Entre diez y treinta días
b. Diez días
c. Un mes
d. Entre diez y quince días

327. La actuación de los interesados asistidos de asesor en un procedimiento administrativo, a tenor de lo dispuesto en la Ley 30/1992:

a. Se reserva en exclusiva a los gestores administrativos
b. No es posible
c. Es factible si la norma reguladora del procedimiento lo permite
d. Se permite cuando los interesados lo consideren conveniente

328. El período de información pública en un procedimiento administrativo, según establece la Ley 30/1992:

a. Es preceptivo en todo procedimiento
b. Se da en todo caso en los procedimientos de concurrencia competitiva o de selección de personal
c. Es posible cuando la naturaleza del procedimiento lo requiera
d. Sólo se abre cuando un interesado personado en el procedimiento lo insta

329. Si no comparece algún interesado en el trámite de información pública que se hubiere dispuesto en un procedimiento administrativo, la Ley 30/.992, establece que:

a. El interesado no podrá formular alegaciones en un trámite posterior del procedimiento
b. Ello no le impedirá recurrir contra la resolución que se dicte en el procedimiento
c. No podrá formular recurso contra la resolución que se dicte en el procedimiento
d. Ello significa la pérdida de la condición de interesado en el procedimiento de que se trate

330. Establece la Ley 30/1992, que el plazo para someter a los interesados cuestiones conexas a las planteadas por ellos en un procedimiento administrativo y que no hubieren sido planteadas por los mismos, es de:

a. Máximo de quince días
b. Mínimo de diez días naturales
c. Treinta días
d. Mínimo de treinta días

331. Dispone la Ley 30/1992, que el desistimiento de un interesado en un procedimiento administrativo:

a. Pone fin al procedimiento respecto del interesado
b. Impide en todo caso continuar el procedimiento administrativo
c. Le imposibilita totalmente para repetir su solicitud
d. Equivale legalmente a la renuncia del derecho

Tema 6. El acto administrativo: concepto y clases de actos administrativos. Elementos del acto administrativo. Eficacia y validez de los actos administrativos

332. Los actos administrativos nulos de pleno derecho son:

a. Solo los comprendidos en algunos de los supuestos previstos en los apartados a) al f) del art. 62.1 de la Ley 30/1992
b. Los calificados así por cualquier norma jurídica
c. Los calificados así por normas con rango de ley
d. Los que contravienen gravemente normas con rango de ley

333. La incompetencia manifiesta del órgano que dicta un acto, para provocar la nulidad de éste, ha de serlo:

a. Por razón del territorio
b. Por razón de la materia o de jerarquía
c. Por razón de la materia o del territorio
d. Por razón de jerarquía o del territorio

334. La infracción penal, para determinar la nulidad del acto constitutivo de la misma, ha de ser:

a. Falta
b. Delito
c. Cualquiera de las dos anteriores
d. Declarada por la Administración

335. Según el art. 62 de la Ley 30/1992, son nulos los actos que prescinden del procedimiento legalmente establecido, de forma:

a. Ostensible y manifiesta
b. Total y absoluta
c. Insubsanable
d. Esencial y absoluta

336. El ejercicio de las potestades administrativas para fines distintos de los predeterminados por el ordenamiento jurídico:

a. Es una forma de control de los actos discrecionales
b. Es la descripción del tipo penal del cohecho
c. Se denomina desviación procesal
d. Es conocido como desviación de poder

337. La desviación de poder hace que el acto que incida en ella sea considerado:

a. Nulo
b. Anulable
c. Rescindible
d. Meramente irregular

338. Según el art. 63 de la Ley 30/1992, el defecto de forma determina la anulabilidad del acto, entre otras causas, cuando:

a. De lugar a la indefensión de las personas interesadas
b. Lo imponga la naturaleza de la forma
c. Consista en la falta de firma
d. Se hubiere omitido la fecha

339. Cuando un acto nulo o anulable produce los efectos de otro distinto por contener los elementos constitutivos de éste, se habla del fenómeno de la:

a. Conservación del acto
b. Convalidación del acto
c. Confirmación del acto
d. Conversión del acto

340. La convalidación se predica de los actos:

a. Nulos
b. Anulables
c. Los dos anteriores
d. Declarativos de derechos

341. La revisión de los actos nulos, según la Ley 30/1992, puede tener lugar:

a. En cualquier momento
b. Sólo a instancias de interesado
c. Dentro de los cuatro años siguientes al dictado del acto
d. Sólo por propia iniciativa

342. El órgano competente para la revisión de oficio podrá declarar la inadmisión a trámite de las solicitudes formuladas por los interesados, para lo cual se requiere:

a. Que el acto sea anulable, al menos
b. El dictamen favorable del Consejo de Estado u órgano equivalente en la Comunidad Autónoma
c. El dictamen del Consejo de Estado u órgano equivalente de la Comunidad Autónoma
d. Que esté motivada, sin necesidad de recabar dictamen del Consejo de Estado u órgano consultivo de la Comunidad Autónoma

343. Las Administraciones Públicas para proceder a la revisión de oficio de sus actos, conforme al art. 102.1 de la Ley 30/1992, es preciso que estos sean:

a. Nulos de pleno derecho
b. De gravamen para el interesado
c. Anulable
d. Revocable

344. En la misma resolución por la que se declare la nulidad de pleno derecho de un acto, la Administración, y a tenor del art. 102 de la Ley 30/1992, puede:

a. Declarar la responsabilidad disciplinaria del personal responsable de haber dictado el acto nulo
b. Declarar la nulidad de otros actos relacionados con el sometido a revisión
c. Declarar las indemnizaciones que procedan si se dan las circunstancias legalmente previstas
d. Declarar la anulabilidad del mismo acto

345. Para poder declarar lesivo para el interés público un acto, conforme al art. 103.1 de la Ley 30/1992, es preciso que el acto sea:

a. Nulo de pleno derecho
b. De gravamen para el interesado
c. Revocable
d. Favorable para el interesado

346. Para que las Administraciones Públicas puedan declarar lesivo un acto, conforme al art. 103.1 de la Ley 30/1992, es preciso que el acto sea:

a. Nulo de pleno derecho
b. De gravamen para el interesado
c. Anulable
d. Revocable

347. El plazo para declarar lesivo para el interés público un acto administrativo, de acuerdo con lo dispuesto en el art. 103.1 de la Ley 30/1992, es de:

a. Un año desde que se dicta el acto
b. Tres años desde que se dicta el acto
c. Cuatro años desde que se dicta el acto
d. No existe plazo límite para la declaración de lesividad

348. La lesividad a que se refiere el art. 103.1 de la Ley 30/1992 para anular actos favorables para los interesados ha de afectar:

a. A los intereses generales
b. Al interés económico de la Administración
c. A cualquier tipo de interés, público o privado
d. Al interés público

349. En la Administración Local, el órgano competente para adoptar la declaración de lesividad de sus actos, es:

a. El/la Presidente/a
b. La Comisión de Gobierno
c. El Pleno
d. Cualquiera de los tres anteriores, dependiendo de quién lo hubiera dictado

350. La suspensión de los efectos del acto, cuando se interpone cualquier recurso contra el mismo, ha de fundarse, según la Ley 30/92, en:

a. La anulabilidad del acto
b. Perjuicios de imposible o difícil reparación que pudieran seguirse de la ejecución del acto
c. Gravedad y ostensibilidad del vicio afectante al acto sujeto a revisión
d. El criterio de la apariencia de buen derecho

Temas 7 y 8. Dimensión temporal del procedimiento administrativo. Recepción y registro de documentos. Comunicaciones y notificaciones. Las fases del procedimiento Administrativo general. El silencio administrativo. Especial referencia al procedimiento administrativo local

351. El plazo para llevar a cabo la revocación de actos favorables para los interesados es de:
a. No es posible la revocación de esos actos
b. Cuatro años desde que se dictó el acto
c. En cualquier momento
d. Un año desde que se dictó el acto

352. El plazo para la rectificación de errores aritméticos de los actos administrativos es de:
a. No es posible rectificar esos errores si no es a través de los procedimientos revisorios de los arts. 102 y 103 de la Ley 30/1992
b. Cuatro años desde que se dictó el acto
c. En cualquier momento
d. Un año desde que se dictó el acto

353. Contra las disposiciones administrativas de carácter general cabe:
a. Recurso de alzada
b. Ningún recurso en vía administrativa
c. Recurso extraordinario de revisión
d. Recurso de reposición

354. La responsabilidad en la tramitación de los procedimientos recae en:
a. La autoridad de la que dependa el órgano ante el que se tramite
b. Los titulares de las unidades administrativas
c. El personal encargado de la resolución o el despacho de los asuntos
d. Los señalados en los apartados b) y c)

355. La obligación de resolver los procedimientos administrativos, prevista en el art. 42 de la Ley 30/1992, afecta a los procedimientos:
a. Iniciados a solicitud de persona interesada
b. De oficio que pueda afectar a los ciudadanos o a cualquier interesado
c. Los dos anteriores
d. Los iniciados por personas que tengan un interés legítimo

356. La obligación de resolver los procedimientos administrativos prevista en el art. 42 de la Ley 30/1992, se refiere a la resolución en forma:
a. Expresa
b. Presunta
c. Tácita
d. Cualquier forma

357. Están exceptuados de la obligación de resolver a que se refiere el art. 42 de la Ley 30/1992, los procedimientos:
a. Iniciados de oficio
b. Interadministrativos
c. De revisión de actos administrativos
d. Terminados por pacto o convenio

358. Cuando la norma reguladora de un procedimiento no establezca el plazo máximo para resolver y recibir la notificación, se entenderá que éste es de:
a. Seis meses
b. Tres meses
c. Cuatro meses
d. Doce meses

359. Cuando el número de solicitudes formuladas o personas afectadas pudieran suponer un incumplimiento del plazo máximo de resolución se podrá habilitar los medios personales y materiales para cumplir con el despacho adecuado y en plazo, lo cual deberá decidirlo, conforme al art. 42 de la Ley 30/1992:
a. El órgano competente para resolver
b. El órgano superior jerárquico del que deba resolver
c. Uno de los dos anteriores
d. El órgano responsable de la tramitación del procedimiento

360. El transcurso del plazo máximo legal para resolver un procedimiento y notificar la resolución se podrá suspender cuando:
a. Exista un gran número de solicitudes formuladas o de personas afectadas
b. Deba obtenerse un pronunciamiento previo y preceptivo de un órgano de las Comunidades Europeas
c. Deban solicitarse informes que sean preceptivos y determinantes del contenido de la resolución
d. Cualquiera de las dos anteriores

361. Uno de los supuestos de desestimación presunta de solicitudes, previsto expresamente en el art. 43 de la Ley 30/1992, es:
a. Aquellos procedimientos que tengan como consecuencia que se transfieran al solicitante o a terceros facultades relativas al dominio público
b. Permiso para asuntos particulares
c. Excedencia voluntaria por interés particular
d. Reingreso por servicios especiales

362. Uno de los supuestos de desestimación presunta de solicitudes, previsto expresamente en el art. 43 de la Ley 30/1992, es:

a. Ejercicio de derecho de petición
b. Responsabilidad patrimonial de la Administración
c. Autorizaciones de traslado de empresas
d. Autorizaciones de ampliación de centros de trabajo

363. Los actos administrativos presuntos se podrán hacer valer sólo frente a:

a. Cualquier Administración Pública
b. Cualquier otro ciudadano/a
c. La Administración Pública autora del acto presunto
d. Tanto ante la Administración pública como ante cualquier persona física o jurídica

364. Los actos administrativos producidos por silencio administrativo producen efectos desde:

a. La fecha en que se presentó la solicitud
b. El vencimiento del plazo máximo en el que debió dictarse y notificarse la resolución expresa
c. El día en que se solicite el certificado acreditativo del silencio producido
d. El día siguiente al de la solicitud del certificado acreditativo del silencio producido

365. Los actos administrativos producidos por silencio administrativo pueden ser acreditados:

a. Exclusivamente mediante el certificado acreditativo del silencio producido
b. Solo mediante prueba documental
c. Solo mediante prueba documental y testifical
d. Por cualquier medio de prueba admitido en Derecho, incluido el certificado acreditativo del silencio producido

366. Solicitado el certificado del silencio producido, éste deberá emitirse en el plazo máximo de:

a. 10 días   b. 15 días
c. 20 días   d. 30 días

367. La determinación reglamentaria de los órganos que tengan atribuidas las competencias de expedición de copias auténticas de documentos públicos o privados corresponde a:

a. El/la Secretario/a de cada órgano
b. Cada Administración Pública
c. La Administración del Estado
d. Cada Comunidad Autónoma

368. Cuando los plazos se señalen por días, según la Ley 30/1992, en su cómputo habrá que excluir:

a. Los hábiles
b. Los declarados festivos
c. Los domingos
d. Los señalados en los apartados b) y c)

369. En las normas y actos administrativos, si el plazo se fija en meses se computará:

a. De fecha a fecha, a partir del mismo día de la notificación o publicación
b. 30 días naturales
c. 30 días hábiles
d. A partir del día siguiente al de la notificación o publicación

370. Si el último día de un plazo administrativo es inhábil:

a. El plazo expira el día anterior
b. El día en cuestión se entiende hábil a los solos efectos de ese trámite
c. El plazo se entiende prorrogado al día siguiente hábil
d. No puede darse ese supuesto

371. Los plazos administrativos expresados en días se cuentan, como regla general, a partir de:

a. El mismo día de la notificación o publicación
b. El día siguiente al de la notificación o publicación
c. El mismo día de la notificación, siempre que éste sea hábil
d. El primer día hábil del mes siguiente

372. Si el plazo se fija en meses y en el mes de vencimiento no hubiera día equivalente a aquel en que comienza el cómputo, se entenderá que el plazo expira:

a. A los 30 días de haberse notificado o publicado el acto
b. A los 31 días de haberse notificado o publicado el acto
c. El último día del mes de vencimiento
d. El primer día hábil siguiente al del mes de vencimiento

373. En los procedimientos iniciados a solicitud del interesado/a, el cómputo del plazo para resolver y notificar se cuenta a partir de:

a. La fecha que conste en la solicitud
b. La fecha en la que la solicitud haya tenido entrada en el registro del órgano competente para su tramitación
c. La fecha en la que la solicitud haya tenido entrada en cualquiera de los registros en los que se pueden presentar escritos dirigidos a la Administración
d. El primer día hábil tras la presentación del escrito en cualquier registro apto para ello

374. El calendario de días inhábiles en el ámbito de la Administración local se fija por:

a. Cada ente local
b. La Administración del Estado
c. La Administración de cada Comunidad Autónoma, en su ámbito
d. Ley de las Cortes Generales

375. La tramitación de urgencia de los procedimientos administrativos prevista en el art. 50 de la Ley 30/1992, puede acordarse, según expresamente se advierte en dicho precepto, siempre que exista:

a. Urgencia en la persona interesada
b. Interés social
c. Utilidad pública
d. Interés público

376. La forma general de los actos administrativos es:

a. No hay regla general   b. Escrita
c. La motivación   d. Oral

377. Como regla general, desde la fecha en que dictan los actos administrativos:

a. Son válidos y eficaces
b. Se presumen válidos y eficaces
c. Se demora su eficacia hasta la notificación
d. Son válidos

378. Uno de los supuestos en los que puede otorgarse eficacia retroactiva a un acto, a tenor del art. 57 de la Ley 30/1992, es:

a. En las licencias de actividad
b. En los actos que se dicten en sustitución de otros anulados
c. En los actos que se dicten en procedimientos de responsabilidad patrimonial
d. Cuando el interés público así lo aconseje

379. Una vez dictado un acto, deberá cursarse la notificación a los interesados dentro del plazo de:

a. Un mes
b. 30 días
c. 15 días
d. 10 días

380. Cuando la persona interesada rechace la notificación de una actuación administrativa:

a. Se habrá de intentar notificar nuevamente, en una hora distinta, dentro de los tres días siguientes
b. Se hará por medio de anuncio en el tablón de edictos del Ayuntamiento de su último domicilio
c. Se hará por medio de anuncio en el Boletín Oficial del Estado, de la Comunidad Autónoma o de la Provincia, según cuál sea la Administración de la que proceda el acto a notificar
d. Se tendrá por efectuado el trámite, siguiéndose el procedimiento

381. Cuando la notificación se practique en el domicilio de la persona interesada, de no hallarse éste en el momento de entregarse la notificación, a tenor del art. 59 de la Ley 30/1992:

a. Se ordenará la publicación en el B.O.P
b. Se intentará en cualquier lugar adecuado para ello
c. Se entregará a cualquier persona que se encuentre en el domicilio y haga constar su identidad
d. Se entregará a cualquier vecino/a del inmueble, si lo hubiere, dejando constancia de su identidad

382. Las notificaciones que, conteniendo el texto íntegro del acto, omitiese alguno de los demás requisitos previstos en el art. 58 de la Ley 30/92, surtirán efecto a partir de:

a. La fecha en que se dicte el acto
b. La fecha en que se notifique el acto
c. La fecha en que el interesado interponga cualquier recurso que proceda
d. No surten efecto nunca

383. Cuando la notificación se practique en el domicilio de la persona interesada y nadie pudiera hacerse cargo de ella, el art. 59 de la Ley 30/1992 establece que:

a. Se hará por medio de anuncios en el tablón de edictos del Ayuntamiento de su último domicilio
b. Se hará, entre otros medios, por anuncio en el Diario Oficial que corresponda
c. Se publicará en el B.O.P. y en un diario de los de mayor difusión de la provincia del último domicilio
d. Se repetirá, por una sola vez, un nuevo intento en el mismo lugar, en una hora distinta, dentro de los tres días siguientes

384. Cuando deban notificarse actos integrantes de un procedimiento selectivo:

a. Se efectuará personalmente en el domicilio indicado por cada aspirante en su solicitud de participación
b. Se hará siempre mediante anuncio en el tablón de edictos de la Administración correspondiente
c. Se efectuará en el tablón de anuncios o medio indicado en la convocatoria
d. Se efectuará siempre mediante anuncios en el Diario oficial que corresponda

385. El procedimiento administrativo puede iniciarse:

a. De oficio, por denuncia o a instancia de persona interesada
b. Por cualquier persona
c. De oficio o a solicitud de persona interesada
d. Por solicitud o por denuncia

386. La denuncia es una forma de iniciación de los procedimientos administrativos:

a. No
b. De oficio
c. A solicitud de persona interesada
d. De concurrencia competitiva

387. Una orden superior motiva la iniciación de un procedimiento administrativo:

a. Por denuncia
b. A solicitud de persona interesada
c. Por propia iniciativa
d. De oficio

388. Las solicitudes de iniciación del procedimiento administrativo, a tenor del art. 70 de la Ley 30/1992, tienen que mencionar necesariamente:

a. El domicilio de la persona interesada
b. El D.N.I. del solicitante
c. Lugar y fecha
d. El estado civil del solicitante

389. Si la solicitud de iniciación del procedimiento no reúne los requisitos exigibles, la Administración debe:

a. Archivar la solicitud sin más trámite
b. Requerir a la persona interesada para que la subsane
c. Requerir a la persona interesada para que formule una nueva que reúna todos los requisitos
d. Sancionar al ciudadano/a

390. Plazo de subsanación de las solicitudes, como regla general:

a. Diez días
b. Quince días
c. Siete días
d. El que prudencialmente fije la Administración

391. La modificación voluntaria de la solicitud podrá serle recabada al interesado en los procedimientos:

a. De concurrencia competitiva
b. Iniciados de oficio
c. Iniciados a solicitud de los interesados
d. Sancionadores

392. El impulso del procedimiento administrativo se produce siempre:

a. Que lo solicite una a la persona interesada en él
b. Que el/la defensor/a del pueblo lo inste
c. De oficio
d. A solicitud de la persona interesada al que beneficie el trámite subsiguiente

393. El no guardar el orden riguroso de incoación de los procedimientos en su despacho, a salvo de resolución motivada del titular de la unidad administrativa, según establece expresamente la Ley 30/1992, podrá ser causa de:

a. Remoción del puesto de trabajo de la persona responsable
b. Suspensión de los plazos del procedimiento
c. Caducidad de la instancia
d. Silencio administrativo

394. Los actos de instrucción de un procedimiento, según el art. 78 de la Ley 30/1992, tienden a:

a. La comprobación, ordenación e instrucción
b. Comprobación de datos de prueba
c. Determinación, conocimiento y comprobación de datos
d. Comprobación, determinación y prueba de los datos

395. Las alegaciones, salvo los defectos de tramitación, que las personas interesadas deseen realizar en un procedimiento, podrán hacerlas únicamente:

a. Hasta el trámite de audiencia, éste incluido, si existe
b. En cualquier momento del procedimiento
c. En el trámite de audiencia preceptiva
d. Si acompañan documentos para apoyarlas

396. Las personas interesadas podrán alegar los defectos de tramitación, según la Ley 30/1992:

a. Antes de la propuesta de resolución
b. En cualquier momento del procedimiento
c. Sólo con ocasión del recurso que se interponga contra la resolución
d. Siempre que se refieran a la paralización del procedimiento o al incumplimiento de trámites

397. Los hechos relevantes para la decisión de un procedimiento podrán acreditarse solamente:

a. Por la Admón. que instruye
b. Por cualquier medio de prueba
c. Por declaraciones de testigos y documentos
d. Por técnicos/as en la especialidad de que se trate

398. El plazo del período de prueba en los procedimientos administrativos, según la Ley 30/1992, es de:

a. Treinta días
b. Quince días
c. De entre diez y treinta días
d. No inferior a quince días ni superior a treinta

399. Los gastos de las pruebas admitidas a instancias del interesado en un procedimiento administrativo, que no deban ser soportados por la Administración:

a. Pueden ser objeto de liquidación provisional
b. Son objeto de precios públicos
c. Son objeto de tasas fiscales
d. No podrán serles exigidos a los interesados

400. Salvo disposición expresa en contrario los informes, en el procedimiento administrativo, son:

a. Facultativos y no vinculantes
b. Vinculantes y no facultativos
c. Preceptivos y no vinculantes
d. Facultativos y vinculantes

401. El plazo para emitir los informes en un procedimiento administrativo, salvo disposición especial, es de:

a. Treinta días   b. Diez días
c. Quince días   d. Siete días

402. El momento del trámite de audiencia a la persona interesada, regulado en el art. 84 de la Ley 30/1992, en un procedimiento administrativo, es:

a. Inmediatamente antes de la propuesta de resolución
b. Inmediatamente después de la propuesta de resolución
c. En cualquier momento antes de la propuesta de resolución
d. Cuando lo disponga el órgano que instruye el procedimiento, atendidas las circunstancias

403. La actuación de las personas interesadas asistidos de asesor en un procedimiento administrativo:

a. No es posible
b. Sólo se permite cuando la norma reguladora del procedimiento lo permita
c. Se reserva a los gestores administrativos
d. Se permite cuando las personas interesadas lo consideren conveniente

404. La declaración de caducidad de un procedimiento administrativo es:

a. Un vicio del mismo
b. Una forma de terminación
c. Una forma de concesión administrativa
d. Una forma de terminación convencional

405. La terminación del procedimiento administrativo por causas sobrevenidas exige:

a. La intervención del superior jerárquico del órgano que ha de resolver
b. El dictamen del Consejo de Estado u órgano de la Comunidad Autónoma que le sustituya
c. Una resolución motivada
d. Un trámite de información pública por veinte días

406. En los procedimientos tramitados a solicitud de las personas interesadas, la resolución será:

a. Congruente con las peticiones formuladas
b. Coherente con la postura de la Administración
c. Siempre motivada
d. Presunta

407. La resolución que ponga fin al procedimiento tramitado a solicitud de persona interesada:

a. Podrá abstenerse de pronunciarse sobre las peticiones formuladas por insuficiencia legal
b. No podrá agravar su situación inicial
c. Podrá, como pronunciamiento accesorio, imponerle una sanción
d. Deberá ser siempre motivada

408. El desistimiento de una persona interesada en un procedimiento administrativo:

a. Impide en todo caso continuar el procedimiento
b. Pone fin al procedimiento respecto de la persona interesada
c. Le impide en todo caso repetir su solicitud
d. Equivale a la renuncia del derecho

409. La renuncia, como forma de terminación del procedimiento administrativo:

a. No cabe en los procedimientos afectantes a derechos fundamentales
b. Se encuentra prohibida por el ordenamiento jurídico
c. No cabe cuando se prohíbe por el ordenamiento jurídico
d. Debe ser formulada por cualquier interesado y produce la terminación frente al resto

410. Los terceros interesados que no hubiesen desistido del procedimiento podrán solicitar la continuación del mismo, una vez notificado por la Administración el desistimiento formulado por el solicitante, en el plazo de:

a. Diez días
b. Quince días
c. Cinco días
d. Siete días

411. La caducidad del procedimiento por inactividad de la persona interesada, requiere, desde que se le advierte al interesado/a, el transcurso de:

a. Un mes
b. Diez días
c. Tres meses
d. Seis meses

412. La caducidad del procedimiento, como forma de terminación del procedimiento, requiere:

a. El transcurso de seis mese sin actividad de la persona interesada
b. Dos advertencias a la persona interesada antes de decretarse
c. Que se trate de procedimientos iniciados de oficio
d. Una resolución expresa declarando la caducidad

413. La ejecución forzosa de los actos administrativos exige, como requisito previo:

a. Un apercibimiento
b. La suspensión del acto
c. El cumplimiento de lo ordenado
d. Una ley que lo autorice para cada clase de actos

414. Si fueren varios los medios de ejecución forzosa admisibles, se elegirá:

a. El más eficaz al menor coste
b. El menos perjudicial para el patrimonio del ejecutado
c. El menos restrictivo de la libertad individual
d. El orden establecido en el apartado 1 del art. 96 de la Ley 30/1992

415. Si fuese necesaria la entrada en el domicilio de la persona afectada, las Administraciones Públicas deberán obtener en primer lugar:

a. Una autorización judicial
b. Auxilio de la fuerza pública
c. La presencia de la comisión judicial
d. El consentimiento de la persona afectada

416. Para ejecutar actos administrativos consistentes en la satisfacción de una cantidad líquida, el procedimiento de ejecución forzosa a seguir es:

a. Apremio sobre el patrimonio
b. Ejecución subsidiaria
c. Multa coercitiva
d. Compulsión sobre las personas

417. Cuando se trate de la ejecución forzosa de actos que por no ser personalismos puedan ser realizados por sujeto distinto del obligado, procede:

a. El apremio sobre el patrimonio
b. La ejecución subsidiaria
c. La multa coercitiva
d. La compulsión sobre las personas

Tema 9.
Los recursos administrativos. Principios generales y clases. Las reclamaciones económica-administrativas. Las reclamaciones previas al ejercicio de las acciones en vía judicial

418. Los recursos contra un acto administrativo que se funden únicamente en la nulidad de una disposición administrativa de carácter general:

a. Se denominan recursos directos
b. Pueden interponerse en el plazo de dos meses
c. Pueden interponerse directamente ante el órgano que dictó ésta
d. Son resueltos por el Consejo de Ministros sea cual sea el autor del acto

419. Entre los requisitos exigidos por la Ley 30/1992 para el escrito de interposición de un recurso administrativo no se encuentra:

a. Apellidos del recurrente
b. El acto que se recurre
c. Hechos
d. La fecha

420. El error en la calificación del recurso en vía administrativa por parte del recurrente:

a. Determina su inadmisión, conforme al art. 89 de la Ley 30/1992
b. Da lugar a un trámite de mejora, al igual que en la solicitud
c. No es obstáculo para su tramitación, si se deduce su verdadero carácter
d. Implica su tramitación conforme a las normas reguladoras del recurso ordinario

421. La interposición de recurso contencioso-administrativo contra un acto administrativo requiere, según la Ley 30/1992:
a. Comunicación previa al órgano que lo dictó
b. El transcurso de los plazos de la revisión de oficio
c. Agotar la vía administrativa previamente
d. Instar la revisión de oficio previamente

422. La suspensión de la ejecución de un acto recurrido en vía administrativa podrá adoptarse por:
a. El órgano instructor del recurso
b. El mismo órgano que dictó el acto recurrido
c. El órgano que instruyó el procedimiento previo al acto recurrido
d. El órgano que deba resolver el recurso

423. La suspensión del acto recurrido en vía administrativa es una medida:
a. Que se lleva a cabo de oficio
b. Que exige solicitud del recurrente
c. Innominada
d. Que puede acordarse de oficio

424. La suspensión de la ejecución de un acto administrativo recurrido en vía administrativa puede fundarse, según la Ley 30/1992, en:
a. Que existan razones de seguridad ciudadana que lo aconsejen
b. Que la impugnación se fundamente en causa de anulabilidad
c. Que la impugnación se fundamente en causa de nulidad
d. Que puedan seguirse perjuicios a terceros si se acuerda la suspensión

425. La falta de resolución expresa por el órgano competente para resolver sobre la petición de suspensión de un acto recurrido en vía administrativa, para que pueda entenderse estimatoria de tal solicitud, se exige el transcurso de un plazo de:
a. Un mes   b. Treinta días
c. Quince días   d. Tres meses

426. El plazo de alegaciones que puede acordarse en vía de recurso administrativo, se extenderá por plazo de:
a. Entre diez y quince días
b. Quince días
c. Diez días
d. De entre quince y treinta días

427. No tienen carácter de documentos nuevos, a los efectos de poder acordar un trámite de alegaciones en vía de recurso administrativo:
a. Los documentos periciales
b. Los documentos públicos
c. Los informes
d. Las certificaciones de registros administrativos

428. La resolución del recurso administrativo deberá:
a. Estimar o desestimar en todo o en parte las pretensiones del recurrente
b. Estimar o desestimar el recurso
c. Estimar o desestimar total o parcialmente el recurso, o inadmitirlo
d. Resolver en primer lugar acerca de la suspensión solicitada

429. La prohibición reformatio in peius en un recurso administrativo implica que:
a. Se han desestimado todas las pretensiones del recurrente
b. Su resolución no puede agravar la situación inicial del recurrente
c. Han de anularse todas las actuaciones del recurso por vicios formales
d. Se estiman todas las pretensiones del recurrente

430. A efectos del recurso de alzada, los Tribunales y órganos de selección del personal al servicio de las Administraciones Públicas se entienden dependientes de:
a. El Presidente/a de los mismos
b. La máxima autoridad de la Administración de que se trate
c. La Autoridad que nombró a su Presidente/a
d. El órgano que haya de resolver el proceso selectivo

431. El plazo para la interposición del recurso de alzada, si el acto administrativo fuera expreso, es de:
a. Un mes   b. Treinta días
c. Quince días   d. Tres meses

432. Una vez transcurrido el plazo de interposición del recurso de reposición, únicamente podrá interponerse contra los actos administrativos no firmes que hubiesen puesto fin a la vía administrativa:
a. Recurso contencioso-administrativo
b. Reclamación en queja
c. Recurso de revisión
d. Recurso de alzada

433. Los motivos que pueden alegarse en el recurso de alzada son:
a. Cualquier motivo es suficiente
b. Los mismos que en el de revisión
c. De nulidad o de anulabilidad
d. Sólo de anulabilidad

434. El recurso de alzada puede interponerse ante:
a. El órgano que dictó el acto recurrido
b. El órgano que ha de resolverlo
c. Cualquiera de los anteriores
d. El Consejo de Ministros

435. Si el recurso de alzada se interpone ante el órgano que dictó el acto, éste deberá remitirlo al competente para resolver en el plazo de:
a. Diez días   b. Quince días
c. Un mes   d. Siete días

436. Si el recurso de alzada se interpone ante el órgano que dictó el acto, éste deberá remitirlo al competente para resolver junto con:
a. Su informe y copia del expediente
b. Copia del acto recurrido
c. Extracto del expediente
d. Certificado de la fecha de interposición

437. El recurso de alzada podrá entenderse desestimado, como regla general, transcurrido desde su interposición sin que recaiga resolución expresa, el plazo de:
a. Un mes   b. Quince días
c. Dos meses   d. Tres meses

438. El órgano competente para resolver el recurso extraordinario de revisión administrativo es:

a. El mismo que dictó el acto
b. El superior jerárquico del que dictó el acto
c. Cualquiera de los dos anteriores
d. Cada Administración ha de establecerlo en su ámbito de competencias

439. El error de hecho que constituye uno de los motivos para interponer recurso de revisión administrativo, conforme al art. 118 de la Ley 30/1992, debe:

a. Ser manifiesto e indubitado
b. Resultar de los propios documentos incorporados al expediente
c. Aparecer de documentos públicos
d. Ser invencible para el órgano que dictó el acto

440. La sentencia firme que declare falso un documento de esencial influencia en una resolución, para que pueda fundamentar un recurso extraordinario de revisión administrativo, conforme al art. 118 de la Ley 30/1992, ha de ser:

a. Anterior al dictado de la resolución
b. Posterior al dictado de la resolución
c. Cualquiera de los dos casos anteriores
d. Dictada por los tribunales de lo contencioso-administrativo

441. Uno de los delitos cuya comisión e influencia en el dictado de una resolución puede fundamentar un recurso extraordinario de revisión administrativo, mencionado expresamente en el art. 118 de la Ley 30/1992, es:

a. Estafa
b. Cohecho
c. Lesiones
d. Coacciones

442. Los dos plazos mencionados en el art. 118 de la Ley 30/1992, para interponer recurso extraordinario de revisión, son:

a. Cuatro años y tres meses
b. Tres años y cuatro meses
c. Un año y tres meses
d. Cuatro meses y cuatro años

443. El recurso extraordinario de revisión administrativo podrá entenderse desestimado transcurrido desde su interposición sin que recaiga resolución expresa en el plazo de:

a. Un mes
b. Quince días
c. Dos meses
d. Tres meses

444. Una vez resuelto expresa o tácitamente el recurso administrativo extraordinario de revisión cabe interponer:

a. Recurso contencioso-administrativo
b. Recurso de reposición
c. Recurso de revisión
d. Recurso de alzada

445. El efecto principal de la interposición de una reclamación previa al ejercicio de acciones fundadas en el derecho privado o laboral es:

a. La renuncia al ejercicio de acciones en vía contencioso-administrativa
b. La suspensión automática del acto recurrido
c. La apertura de la vía judicial que corresponda
d. La interrupción de los plazos para el ejercicio de acciones judiciales

446. En el ámbito de la Administración General del Estado, el órgano ante el que ha de plantearse la reclamación previa al ejercicio de acciones civiles es:

a. El Jefe Administrativo o Director del establecimiento
b. El Director General competente por razón de la materia
c. El Ministro de Economía y Hacienda
d. El Ministro del Departamento competente por razón de la materia

447. El plazo para que queda expedita la vía judicial civil, desde que se presenta el escrito de reclamación previa, sin que se haya notificado la resolución, es de:

a. Un mes
b. Dos meses
c. Tres meses
d. Quince días

448. El plazo para la interposición del recurso de reposición, si el acto fuera expreso, es de:

a. Un mes
b. Tres meses
c. Dos meses
d. 15 días

449. El plazo para que queda expedita la vía judicial laboral, desde que se presenta el escrito de reclamación previa, sin que se haya notificado la resolución, es de:

a. Un mes
b. Dos meses
c. Tres meses
d. Quince días

450. En relación con las reclamaciones económico-administrativas, la Ley 30/1992:

a. Se remite a su normativa específica
b. Las deroga expresamente
c. Excluye a la Administración Local de su ámbito
d. Regula las cuestiones generales atinentes a las mismas

451. El plazo máximo para dictar y notificar la resolución del recurso de reposición es de:

a. 3 meses
b. 2 meses
c. 1 mes
d. No es el mismo plazo el de resolución y notificación

452. Contra una disposición administrativa de carácter general:

a. Podrá interponerse recurso de reposición
b. Podrá interponerse recurso de alzada
c. No cabe recurso en vía administrativa
d. Podrá interponerse cualquier recurso en vía administrativa, según la materia que se trate

453. Contra la desestimación presunta de un acto administrativo, el plazo para interponer el recurso de reposición será de:

a. Un mes a contar desde el día siguiente aquel, en que de acuerdo con su normativa específica, se produzca el acto presunto
b. Tres meses a contar desde el día siguiente a aquel en que, de acuerdo a su normativa específica, se produzca el acto presunto
c. Tres meses desde que se presentó la solicitud que se ha desestimado
d. No cabe recurso de reposición contra un acto presunto

454. Contra los actos firmes en vía administrativa podrá interponerse, cuando concurran las circunstancias prevenidas legalmente:

a. Recurso de reposición
b. Recurso extraordinario de revisión
c. Recurso contencioso-administrativo
d. No cabe recurso alguno contra un acto firme

Temas 10 y 11. Régimen local español. Principios generales y regulación jurídica. Organización y competencias provinciales y municipales. Ordenanzas y reglamentos de las entidades locales: Clases procedimiento de elaboración y aprobación

455. El art. 137 de la Constitución Española de 1978 reconoce la autonomía para la gestión de sus respectivos intereses a:

a. Municipios, Provincias, Islas y Comunidades Autónomas que se constituyan
b. Municipios, Provincias, y Comunidades Autónomas que se constituyan
c. Municipios, Provincias e Islas
d. Comunidades Autónomas que se constituyan

456. La vigente Ley Reguladora de las Haciendas Locales fue aprobada por:

a. Real Decreto Legislativo 2/2003, de 5 de marzo
b. Ley 39/1989, de 29 de diciembre
c. Real Decreto Legislativo 2/2004, de 5 de marzo
d. Ley 39/1988, de 28 de diciembre

457. La Ley 7/1985, de 2 de abril, contiene el siguiente número de títulos:

a. 8   b. 9   c. 7   d. 11

458. La integración del Régimen Especial de la Seguridad Social de los/as funcionarios/as de Administración Local en el Régimen General de la Seguridad Social se llevó a efecto en virtud de:

a. Ley 7/1985, de 2 de abril
b. R.D. 480/1993, de 2 de abril
c. R.D. 896/1991, de 7 de julio
d. Real Decreto Legislativo 1/1994, de 20 de junio, por el que se aprueba el texto refundido de la L. G. de Seguridad Social

459. La competencia de la Comunidad Autónoma de Andalucía en materia de Régimen Local se recoge expresamente en:

a. El art. 60 del Estatuto de Autonomía aprobado por L.O.2/2007
b. El art. 1 de la Ley 7/1985, de 2 de abril, reguladora de las bases del régimen local
c. El art. 137 de la Constitución
d. La Carta Europea de Autonomía Local

460. El Reglamento de funcionarios/as de Administración Local, de 30 de mayo de 1952:

a. Se encuentra vigente en su totalidad
b. Se derogó expresamente por el R.D.L. 781/1986, de 18 de abril
c. Fue objeto de refundición por el R.D.L. 781/1986, de 18 de abril
d. No ha sido derogado expresamente por norma alguna

461. El Reglamento de contratación de las Corporaciones Locales, de 9 de enero de 1953:

a. Se encuentra vigente en su totalidad
b. Se derogó expresamente por la Ley 13/1995, de 18 de mayo
c. Fue objeto de refundición por el R.D.L. 781/1986, de 18 de abril
d. No ha sido derogado expresamente por norma alguna

462. El Real Decreto 500/1990, de 20 de abril, desarrolla:

a. El art. 94 del Texto refundido aprobado por R.D.L. 781/1986, en materia de planes provinciales de obras y servicios
b. La Ley 39/1988, de 28 de diciembre, capítulo I del Título VI
c. El Título IX de la Ley 7/1985, de 2 de abril
d. La Ley 30/1984, de 2 de agosto, en materia de provisión de puestos de trabajo

463. La Ley 30/1992, de 26 de noviembre:

a. No es de aplicación a las entidades locales en lo que respecta al régimen de responsabilidad patrimonial
b. Establece los órganos de las entidades locales cuyos actos ponen fin a la vía administrativa
c. Deroga expresamente determinados preceptos de la Ley 7/1985, de 2 de abril
d. Recoge los principios de la potestad sancionadora de las Administraciones Públicas

464. La Constitución Española de 1978:

a. Contempla expresamente la materia régimen local, para atribuir la competencia sobre la misma a las Comunidades Autónomas
b. Consagra la autonomía de las entidades locales menores
c. Dispone la elección de los Alcaldes por los Concejales o por los vecinos
d. Prohíbe crear agrupaciones de municipios distintas a la Comarca

465. La administración propia de las islas en los archipiélagos balear y canario, se encomienda por el art. 141.4 de la Constitución Española de 1978a:

a. Las respectivas Comunidades Autónomas
b. Las Mancomunidades de Municipios
c. Los Consejos y Cabildos
d. Las Diputaciones Insulares

466. El art. 142 de la Constitución Española de 1978 se dedica a:

a. La provincia
b. Las haciendas locales
c. El Municipio
d. La elección de los Alcaldes

467. La posibilidad crear agrupaciones de municipios distintas de la provincia:

a. Se reconoce expresamente en la Constitución Española de 1978
b. Se reconoce exclusivamente en la Ley 7/1985, de 2 de abril
c. Se prohíbe implícitamente en la Constitución de 1978, al no mencionarse
d. No existe

468. El art. 142 de la Constitución Española de 1978:

a. No es de aplicación a la Provincia
b. Se refiere al principio de elección democrática propio de las Provincias
c. Se refiere a las Haciendas Locales
d. Pertenece al Título IX de la misma

469. La atribución de concretas potestades administrativas a las entidades locales distintas al Municipio, Provincia e Isla se efectúa:

a. Por la Ley 7/1985, de 2 de abril
b. Incondicionalmente por la legislación básica sobre régimen local
c. Carecen, en todo caso, de potestades
d. Por la legislación autonómica

470. Según la Constitución de 1978, las Haciendas Locales se nutrirán, fundamentalmente, de:

a. De la participación en los tributos del Estado y de tributos cedidos
b. De tributos cedidos e impuestos de las Comunidades Autónomas
c. De tributos propios y participación en los del Estado y las CC.AA
d. De las asignaciones que efectúen los Presupuestos Generales del Estado y tributos cedidos

471. Las áreas Metropolitanas, según la Ley 7/1985, de 2 de abril:

a. Son de preceptiva creación en los términos fijados en la misma
b. Son entidades locales
c. Carecen de la consideración de entidad local
d. Equivalen a las Mancomunidades allí donde éstas no existen

472. Las entidades locales tiene obligación de remitir a las Administraciones estatal y autonómica, según la Ley 7/1985, de 2 de abril:

a. Copia de todos los acuerdos de sus órganos colegiados
b. Copia o extracto de todos los actos y acuerdos
c. Un extracto de todos los actos y acuerdos
d. Las Ordenanzas y Reglamentos únicamente

473. Cuando la Administración del Estado conforme al art. 65 de la Ley 7/1985, de 2 de abril, considere que un acto de alguna entidad local infringe el ordenamiento jurídico:

a. Podrá requerirla de anulación, invocando expresamente dicho precepto
b. Deberá requerirle de anulación, invocando expresamente dicho precepto
c. Podrá anular dicho acuerdo, comunicándolo previamente al ente local
d. Podrá desconocer dicho acuerdo, comunicándolo así al ente local

474. El plazo para formular requerimiento de anulación por la Administración de la Comunidad Autónoma al ente local en casos de actos que infrinjan el ordenamiento jurídico es de:

a. 15 días hábiles
b. 20 días hábiles
c. Un mes
d. 7 días hábiles

475. La competencia para la alteración de los límites provinciales corresponde a:

a. Las Comunidades Autónomas, siempre que así lo tengan recogido en sus Estatutos de Autonomía
b. Las Cortes Generales, mediante Ley Orgánica
c. Los Parlamentos Autónomos, previo informe de las Diputaciones Provinciales interesadas
d. Las Comunidades Autónomas, por Ley de su Parlamento, ratificada en referéndum por los vecinos de los Municipios afectados por la alteración

476. Las Diputaciones Provinciales se mencionan expresamente en la Constitución, artículo:

a. 137   b. 140   c. 141   d. 142

477. La provincia es:

a. Una entidad local de carácter sectorial
b. Equivalente a Diputación
c. Una entidad local de carácter territorial
d. Equivalente a Isla en los archipiélagos balear y canario

478. El art. 137 de la Constitución Española de 1978 recoge:

a. La autonomía de Municipios, Provincias y Comunidades Autónomas
b. La regulación esencial de las Diputaciones Provinciales
c. La consideración de la Isla como entidad local
d. Las fuentes de la hacienda provincial

479. La Provincia es:

a. Una entidad local básica
b. Una entidad local territorial
c. El órgano de administración de las Diputaciones
d. El equivalente a Comunidad Autónoma

480. La alteración de los límites provinciales:

a. No es jurídicamente posible, al estar prohibido por la Constitución
b. Se atribuye a las Comunidades Autónomas a las que afecte, mediante Ley de su Parlamento
c. Corresponde a las Comunidades Autónomas, previo informe de las Diputaciones afectadas
d. Ha de efectuarse mediante Ley Orgánica

481. Entre los órganos necesarios de la Diputación se encuentra:

a. Los/as Tenientes de Alcalde
b. Las Juntas de Distrito
c. Los/as Diputados/as Delegados
d. La Junta de Gobierno

482. El nombramiento de los/as Vicepresidente/as/as de una Diputación corresponde a:

a. El Pleno, en la sesión constitutiva
b. A la Junta de Gobierno, una vez formada
c. Al Presidente/a/a
d. A los distintos grupos del pleno

483. Es órgano complementario en una Diputación Provincial:

a. El/la Vicepresidente/a/a
b. El Pleno
c. La Junta de Gobierno
d. Los/as Diputados/as Delegados/as

484. El Pleno de la Diputación Provincial está constituido, según el art. 33.1 de la Ley 7/1985, de 2 de abril, por:

a. El/la Presidente/a/a y los/as Diputados/as
b. El/la Presidente/a/a, el/la Secretario7a y los/as Diputados/as
c. Los/as Diputados/as Provinciales
d. Los miembros que disponga cada Reglamento Orgánico

485. La jefatura superior del personal de la Diputación es competencia:

a. De Pleno en todo caso
b. Del Presidente/a/a o Diputado/a provincial en quien delegue
c. Del Diputado/a-Delegado/a de personal
d. Del Presidente/a/a en todo caso

486. Los/as Vicepresidente/as/as de la Diputación:

a. Sustituyen al Presidente/a/a en caso de enfermedad por el orden de su nombramiento
b. Son designados libremente por el/la Presidente/a/a de entre todos los Diputados/as
c. No pueden ser más de dos
d. Son nombrados por el Pleno al comienzo de su mandato

487. La Junta de Gobierno:

a. Es de existencia preceptiva en todos los Ayuntamientos
b. No existe en las Diputaciones Provinciales
c. Carece de atribuciones propias
d. Existe en todas las Diputaciones de régimen común

488. Las relaciones entre la Comunidad Autónoma de Andalucía y las Diputaciones Provinciales de su territorio es objeto específico de:

a. La Ley 3/1983, de 1 de junio
b. La Ley 5/2010, de 11 de junio
c. La Ley 3/1988, de 3 de mayo
d. La Ley 7/1993, de 27 de junio

489. La Junta de Gobierno existe en:

a. Todos los Municipios
b. Los Municipios con población inferior a 5.000 habitantes
c. Todas las Diputaciones Provinciales de régimen común
d. Las Mancomunidades de Municipios

490. Entre las funciones de la Comisión Especial de Cuentas, según la Ley 7/1985, de 2 de abril, puede citarse:

a. El informe del Presupuesto general, antes de su aprobación por el Pleno
b. La aprobación de las cuentas de la entidad
c. El informe sobre las cuentas anuales de la entidad
d. El informe a elevar al Tribunal de Cuentas cada año

491. La atribución de competencias a los Municipios, según la Ley 7/1985, de 2 de abril:

a. Ha de realizarse por Ley autonómica o estatal
b. Ha de fundarse en criterios economicistas, exclusivamente
c. Ha de respetar el principio de desconcentración
d. La efectúa en legislador estatal, exclusivamente

492. Según la Ley 7/1985, de 2 de abril, el Municipio, para la gestión de sus intereses y en el ámbito de sus competencias, puede promover toda clase de actividades y prestar cuantos servicios públicos contribuyan a:

a. Hacer efectivo el principio de igualdad
b. La mayor participación vecinal
c. Satisfacer las necesidades de la comunidad vecinal
d. La efectiva prestación de los servicios públicos obligatorios

493. El alcance de las competencias que el Municipio ostenta en cada materia se determina por:

a. La Constitución de 1978
b. La Ley 7/1985, de 2 de abril
c. La legislación del Estado y de las CC.AA
d. Cada Comunidad Autónoma, en sus Estatutos

494. Según el art. 25.2 de la Ley 7/1985, de 2 de abril, el Municipio ostenta competencias en materia de:

a. Protección de Carreteras
b. Ordenación del tráfico en vías interurbanas
c. Transporte interurbano de viajeros
d. Protección del medio ambiente urbano

495. La Prevención de incendios es un servicio público que han de prestar obligatoriamente, como regla general:

a. Todos los Municipios
b. Las Diputaciones Provinciales
c. Los Municipios de más de 20.000 hab.
d. Los Municipios de más de 50.000 hab.

496. Entre los elementos del municipio se encuentra:

a. El Ayuntamiento
b. El territorio
c. La sumisión al principio de legalidad
d. La autonomía

497. El término municipal se define en la Ley 7/1985, de 2 de abril, como:

a. El ámbito territorial de su jurisdicción propia
b. Los límites espaciales del Municipio
c. Uno de los elementos del Municipio
d. El territorio donde el Ayuntamiento ejerce sus competencias

498. El padrón municipal de habitantes, según la Ley 7/1985, de 2 de abril, es:

a. Un registro administrativo donde constan los/as vecinos/as de un Municipio
b. Un registro administrativo donde constan los habitantes de un Municipio
c. Un registro administrativo donde constan los residentes de un Municipio
d. Un registro administrativo donde constan los/as ciudadanos/as de un Municipio

499. La inscripción en el padrón municipal de habitantes:

a. Es obligada para toda persona que resida habitualmente en el Municipio
b. Es facultativa para todo aquél que resida en el Municipio
c. Determina la condición legal de domiciliado/a en el Municipio
d. Constituye prueba de la residencia legal de los/as extranjeros/as en España

500. Los vecinos de un municipio, según la Ley 7/1985 son:

a. Los/as residentes habituales en el mismo
b. Los/as españoles/as mayores de edad que residan en el mismo
c. Las personas inscritas en el padrón municipal
d. Las personas residentes en el Municipio

501. Las personas que viven habitualmente en un término municipal:

a. Se denominan vecinos/as
b. Deberán inscribirse en el padrón si no lo están
c. Tiene los derechos y obligaciones propios de los/as vecinos/as
d. Constituyen la población de derecho del Municipio

502. El gobierno y administración municipal corresponde:

a. Al Alcalde/sa y a los/as Concejales/as
b. Al Ayuntamiento
c. Al Ayuntamiento, salvo régimen de Concejo Abierto
d. Al Pleno, integrado por el/la Alcalde/sa y los/las Concejales/as

503. En todos los Ayuntamientos ha de existir el siguiente órgano:

a. La Junta de Gobierno
b. Las Juntas Municipales de Distrito
c. La Comisión Especial de Cuentas
d. Los/as Concejales/as-Delegados/as

504. La Junta de Gobierno de un Ayuntamiento puede crearse:

a. En Ayuntamientos de Municipios con población superior a 5.000 habitantes
b. Mediante acuerdo plenario
c. Sólo mediante el Reglamento Orgánico
d. Cuando lo disponga la legislación sobre régimen local de la respectiva Comunidad Autónoma

505. El/la Alcalde/sa es elegido/a:

a. Por los/las concejales/as o por los/las vecinos/as
b. Conforme a las normas reguladoras de su elección, contenidas en la Ley 7/1985, de 2 de abril
c. Por los/as concejales/as del Ayuntamiento
d. Por sufragio universal, libre, directo y secreto, en todos los supuestos

506. Los/as concejales/as que suscriben una moción de censura:

a. No puede firmar otra antes de un año
b. No pueden ser candidatos/as alternativos a Alcalde/sa
c. No pueden suscribir otra durante su mandato
d. No pueden votar en la sesión correspondiente, por tener interés

507. En caso de urgencia, el/la Alcalde/sa está facultado/a para:

a. Aprobar el Presupuesto Municipal
b. Presidir Tribunales de Justicia
c. Ejercer acciones judiciales, en materias de la competencia del Pleno
d. Convocar elecciones locales parciales

508. Los/as Tenientes de Alcalde:

a. Son nombrados por el Pleno al comienzo de su mandato
b. No pueden exceder, en su número, de tres
c. Han de ser nombrados de entre los miembros de la Junta de Gobierno, donde ésta exista
d. Pueden ser cesados por el Pleno

509. En el caso de atribuciones legalmente asignadas al Municipio pero sin especificar el órgano, se entiende que corresponden:

a. Al Pleno
b. A la Junta de Gobierno
c. Al Alcalde/sa
d. A la Comunidad Autónoma

510. La determinación del número del personal eventual de un Ayuntamiento corresponde:

a. Al/la Alcalde/sa, al igual que su nombramiento y cese
b. Al Pleno, al comienzo del mandato corporativo
c. A la Comisión de Gobierno, dentro de los límites presupuestarios establecidos por el pleno
d. Al/la Alcalde/sa, si bien precisa la ratificación del Pleno

511. Entre las competencias de la Junta de Gobierno de un Ayuntamiento, directamente atribuidas por la Ley 7/1985, se encuentra:

a. La aceptación de las delegaciones que otras Administraciones Públicas hagan en favor del Ayuntamiento
b. La aprobación de las convocatorias de selección de personal de nuevo ingreso
c. La autorización de compatibilidad del personal municipal
d. La asistencia al/la Alcalde/sa en el ejercicio de sus atribuciones

512. Según el Reglamento de Organización, Funcionamiento y Régimen Jurídico de las Entidades Locales, de 28/11/1986, entre los órganos complementarios en los Municipios se encuentran:

a. Los/as concejales/as
b. Los/as Tenientes de Alcalde
c. Los/as Subdelegados/as del Gobierno
d. Los Consejos Sectoriales

513. Entre las funciones propias de las comisiones informativas, según el Reglamento de Organización, Funcionamiento y Régimen Jurídico de las Entidades Locales, de 28/11/1986, encontramos:

a. Estudio de los asuntos que hayan de ser sometidos a la decisión del Pleno
b. Resolución, por delegación del Pleno, de los asuntos menores
c. Emisión de los informes preceptivos requeridos por otras Administraciones Públicas
d. Asistencia al/la Alcalde/sa en el ejercicio de sus funciones

514. La elección de los/as concejales/as se rige por:

a. La Ley 7/85, de 2 de abril
b. El texto refundido aprobado por R.D.L. 781/1986, de 18 de abril
c. La Ley Orgánica 5/1985, de 19 de junio
d. La Ley 39/1978, de 17 de julio, de elecciones locales

515. Funcionan en Concejo Abierto:

a. Los Municipios de menos de 150 habitantes que tradicionalmente cuenten con este sistema de autogobierno
b. Los Municipios de menos de 500 habitantes
c. Los Municipios de menos de 100 habitantes
d. Los Municipios de menos de 300 habitantes que así lo acuerden

Tema 12.
La responsabilidad patrimonial de la Administración. Evolución y régimen jurídico

516. El derecho a ser indemnizados por toda lesión que sufran en sus bienes y derechos como consecuencia del funcionamiento de los servicios públicos se reconoce en la Constitución en el artículo:

a. 103   b. 10   c. 106   d. 131

517. El derecho a ser indemnizados por toda lesión que sufran en sus bienes y derechos como consecuencia del funcionamiento de los servicios públicos, se reconoce por la Constitución Española de 1978 a:

a. Los particulares
b. Las personas privadas y públicas
c. Las Administraciones Públicas
d. Los/as ciudadanos/as y las Administraciones

518. El Código Civil Español estableció de modo general la responsabilidad extracontractual patrimonial general en su artículo:

a. 1911   b. 1902   c. 1214   d. 1900

519. La primera Constitución Española que estableció el principio de responsabilidad patrimonial de la Administración fue la de:

a. 1812
b. 1876
c. 1931 d) 1978

520. La responsabilidad de los contratistas de la Administración por daños causados a particulares se regula específicamente en:

a. La Ley 30/1992
b. El RDL 3/2011, de 14 de noviembre
c. La Ley de Expropiación Forzosa de 1954
d. El Reglamento de Contratación de las Corporaciones Locales

521. La excepción a la responsabilidad patrimonial de la Administración es:

a. El caso fortuito
b. La relación de causalidad
c. El daño
d. La fuerza mayor

522. Entre las características del daño que da lugar a responsabilidad patrimonial de la Administración, según la Ley 30/1992, está:

a. Ser una lesión
b. Ser proporcional
c. Ser evaluable económicamente
d. Ser indemnizable

523. La obligación de indemnizar por la aplicación de actos legislativos no expropiatorios de derechos y que no deban soportar los particulares se da cuando:

a. Se produzca un daño real y efectivo
b. Exista relación de causalidad
c. Lo prevean los propios actos legislativos
d. Se reconozca por los órganos judiciales

524. La responsabilidad patrimonial del Estado por el funcionamiento de la Administración de Justicia se rige por:

a. La Ley Orgánica del Poder Judicial
b. La Ley 30/1992, de 26 de noviembre
c. La Ley de Enjuiciamiento Civil
d. La Ley de Expropiación Forzosa

525. La responsabilidad patrimonial del Estado por el funcionamiento anormal de la Administración de Justicia se prevé en la Constitución de 1978, artículo:

a. 103   b. 106   c. 119   d. 121

526. La responsabilidad patrimonial concurrente de las Administraciones Públicas, como consecuencia de la gestión dimanante de fórmulas conjuntas de actuación entre ellas, según la Ley 30/1992, es:

a. Mancomunada
b. Exigible a cada una de ellas, según su participación en el daño
c. Solidaria
d. Común

527. La cuantía de la indemnización a abonar al particular, como consecuencia de la responsabilidad patrimonial de las Administraciones Públicas, será, según la Ley 30/1992:

a. La que establezcan los Tribunales
b. Calculada con referencia al día de la lesión
c. Calculada con referencia al día de su abono
d. Establecida de mutuo acuerdo con el afectado

528. Los procedimientos de responsabilidad patrimonial de las Administraciones Públicas se iniciarán siempre:

a. De oficio
b. Por reclamación de los interesados
c. De cualquiera de las formas anteriores
d. Por Orden Ministerial

529. En el ámbito de la Administración General del Estado, los procedimientos de responsabilidad patrimonial, a salvo de lo que las leyes dispongan, se resuelven, como dispone la Ley 30/1992, por:

a. El Consejo de Ministros
b. El/la Ministro/a respectivo
c. El/la Subsecretario/a de cada Departamento
d. El/la Director/a general competente

530. La Ley 30/1992 prevé que reglamentariamente se regulen dos procedimientos de responsabilidad patrimonial, denominados:

a. General y abreviado
b. Ordinario y urgente
c. Ordinario y abreviado
d. Normal y abreviado

531. El plazo de prescripción del derecho a reclamar la responsabilidad patrimonial de las Administraciones Públicas, previsto en la Ley 30/1992 es de:

a. Seis meses
b. Un año
c. Dos años
d. Depende de lo que disponga cada Ley sobre la materia

532. En caso de daños físicos, el plazo de prescripción del derecho a reclamar por responsabilidad patrimonial de las Administraciones Públicas, según la Ley 30/1992, comienza a computarse desde:

a. La fecha de producción de daño
b. La fecha en que comenzó a manifestarse el efecto lesivo
c. La fecha de la curación o determinación del alcance de las secuelas
d. La fecha del acto que motiva la indemnización

533. La falta de resolución expresa de los procedimientos de responsabilidad patrimonial de las Administraciones Públicas, genera efectos:

a. Estimatorios
b. Desestimatorios
c. Patrimoniales
d. Lo que establezca cada norma reglamentaria

534. Contra la resolución que ponga fin a los procedimientos de responsabilidad patrimonial de las Administraciones Públicas cabe interponer:

a. Recurso contencioso-administrativo
b. Reclamación previa a la vía judicial civil
c. Recurso de alzada
d. Reclamación económico-administrativa

535. Según se establece en la Ley 30/1992, una vez acordada la sustanciación del procedimiento abreviado de responsabilidad patrimonial, se podrá reconocer el derecho a la indemnización en el plazo de:

a. Un mes   b. Treinta días
c. Dos meses   d. Diez días

536. Cuando las Administraciones Públicas actúen en relaciones de derecho privado, su responsabilidad patrimonial se exige:

a. Ante los órganos del orden jurisdiccional civil
b. Mediante la oportuna reclamación previa a la vía judicial civil
c. A través de los procedimientos administrativos de responsabilidad patrimonial
d. Una vez que se determine la responsabilidad del personal a su servicio ante los órganos judiciales civiles

537. Para hacer efectiva la responsabilidad patrimonial de las autoridades y el personal al servicio de las Administraciones Públicas, los particulares:

a. Deberán dirigirse a la Administración al servicio de quien actúen aquéllos
b. Deberán dirigirse directamente contra aquéllos, sin perjuicio de sus responsabilidades disciplinarias
c. Podrán optar entre dirigirse frente a aquéllos o frente a la Administración de que se trate
d. Deberán dirigirse contra unos y otra simultáneamente, y ante los Tribunales civiles

538. La exigencia de responsabilidad penal del personal al servicio de las Administraciones Públicas:

a. Suspenderá los procedimientos de responsabilidad patrimonial que se instruyan
b. Suspenderá los procedimientos de responsabilidad patrimonial que se instruyan en el caso previsto en el artículo 146.2 de la Ley 30/1992, de 26 de noviembre
c. No suspenderá en ningún caso los procedimientos de responsabilidad patrimonial que se instruyan
d. Terminará los procedimientos de responsabilidad patrimonial que se instruyan

539. En la reclamación de indemnización por responsabilidad patrimonial a las Administraciones Públicas, los interesados deben hacer constar, entre otros extremos:

a. Determinación de las personas responsables
b. Momento en que la lesión efectivamente se produjo
c. Que no existe obligación de soportar el daño sufrido
d. Que el daño es antijurídico

540. El plazo para que el Consejo de Estado emita dictamen, cuando es preceptivo, en los procedimientos de responsabilidad patrimonial, y de acuerdo con el Reglamento aprobado por R.D. 429/1993, es de:

a. Un mes   b. Dos meses
c. Tres meses   d. 30 días

Tema 13. El servicio público local: Concepto. Los modos de gestión de los servicios públicos locales

541. Cuando un Ayuntamiento opte, para la gestión de un servicio público, por constituir una empresa mercantil, podemos afirmar:

a. Que podrá adoptar cualquiera de las formas previstas en las normas mercantiles
b. Que la aportación de la Entidad Local podrá consistir en metálico o en bienes patrimoniales
c. El capital social no requiere estar totalmente desembolsado, en el momento de su constitución, por parte de la Entidad Local
d. Habrá de estarse a la limitación prevista en la Ley de Sociedades Anónimas en cuanto a pluralidad de socios fundadores

542. En relación con los órganos sociales de una Sociedad Mercantil de capital exclusivo de la Corporación que se haya creado para la gestión de un servicio público, resulta que:

a. Sus acuerdos deberán quedar reflejados, sin perjuicio de contar con su propio libro, en el libro de Actas de la Corporación que los cree
b. El Pleno de la Corporación asume las funciones de la Junta General
c. La convocatoria y adopción de acuerdos de la Junta General se somete a las normas mercantiles que regulan la materia
d. Todas las respuestas son correctas

543. El Consejo de Administración de una Sociedad Mercantil creada por un Ayuntamiento para la gestión directa de un servicio público:

a. Pueden formar parte del mismo quienes no sean accionistas
b. Se limita el número de Corporativistas que forman parte del Consejo a un máximo del tercio del total de miembros de éste
c. La duración del mandato de los/as Consejeros/as no será inferior a cinco años
d. Los miembros de la Corporación que forma parte del Consejo, no perderán tal condición en el supuesto de perder la cualidad de Concejal/a

544. Entre las facultades que posee el Gerente de una Sociedad Mercantil creada por una Entidad Local para gestionar directamente un servicio público que prevé el Reglamento de Servicios de las Corporaciones Locales, no se encuentra la de:

a. Planificar b. Dirigir
c. Gestionar d. Ejecutar

545. El art. 103.2 del Texto Refundido de Disposiciones Vigentes en Materia de Régimen Local prevé que será obligatoria la disolución de una Sociedad Mercantil creada para la gestión de un servicio público cuando las pérdidas:

a. Se mantengan durante dos años consecutivos
b. Se mantengan durante tres años consecutivos
c. Superen la mitad del Capital Social
d. Superen una tercera parte del Capital Social

546. En los casos de gestión indirecta de un servicio público local, no es correcto afirmar:

a. Que la titularidad del servicio la sigue ostentando el municipio
b. Los poderes de policía necesarios para asegurar la buena marcha del servicio corresponden al contratista encargado de su gestión
c. La Entidad Local titular del servicio podrá asumir temporalmente la ejecución directa del servicio sólo cuando concurran ciertas circunstancias
d. La Entidad Local correspondiente podrá imponer al gestor las correcciones pertinentes por razón de las infracciones que cometiera

547. Respecto al concierto como forma de gestión indirecta de un servicio público, cabe decir:

a. Que dará origen al nacimiento de una persona jurídica
b. Que el concierto podrá realizarse tanto con entidades públicas como privadas
c. Quedarán sin efecto desde la aprobación por la Entidad Local de un servicio análogo al concertado
d. De acuerdo con lo previsto en el art. 108 del R. D. Legislativo 781/1986, de 18 de abril, su duración no podrá exceder de diez años

548. No es una forma de gestión indirecta de servicios públicos locales prevista en el artículo 277 del RDL 3/2011, de 14 de noviembre:

a. Concierto b. Concesión
c. Arrendamiento d. Gestión interesada

549. En la concesión como forma de gestión indirecta de un servicio público:

a. El contratista asume la titularidad del servicio
b. El concesionario puede dictar actos en el ejercicio de funciones delegadas de la Entidad Local
c. La concesión no puede comprender la construcción de una obra o instalación
d. Ninguna de las respuestas es cierta

550. En relación con las retribuciones previstas para el concesionario, establece el art. 129 del Reglamento de Servicios de las Corporaciones Locales que aquéllas deberán ser calculadas de modo que permitan:

a. Cubrir los gastos de explotación
b. Un margen normal de beneficio industrial
c. Amortizar durante el plazo concesional el coste del establecimiento del servicio
d. Todas las respuestas son correctas

551. En relación con los concesionarios de servicios públicos locales y a tenor de lo establecido en el art. 49 del RDL 2/2004, de 5 de marzo, por el que se aprueba el Texto Refundido de la Ley Reguladora de las Haciendas Locales, no es correcto afirmar:

a. Que la Entidad Local podrá conceder su aval a las operaciones de préstamos que concierte el concesionario
b. Que el importe del préstamo no podrá destinarse a las obras e instalaciones necesarias para la prestación del servicio
c. Que su importe no podrá ser superior al que hubiera supuesto la financiación directa, mediante crédito, de la obra o servicio por la propia Corporación
d. Que la Entidad Local no podrá conceder directamente préstamos al concesionario

552. De acuerdo con lo dispuesto en el art. 95 del Texto Refundido de las Disposiciones Vigentes en Materia de Régimen Local, las actividades económicas:

a. Habrán de gestionarse de forma directa
b. Sólo cabe la gestión a través de organismos autónomos de carácter industrial, comercial o financiero, o a través de Sociedades Mercantiles
c. Cabe cualquier forma de gestión directa o indirecta prevista para los servicios públicos
d. Sólo cabe gestionarse indirectamente a través de Sociedades Mercantiles

553. Sin perjuicio de la potestad de autoorganización que tienen reconocidas las Entidades Locales territoriales, a la hora de gestionar los servicios públicos se les imponen algunas limitaciones, entre las que no se encuentra:

a. Los servicios relacionados con actividades benéficas deben prestarse por gestión directa
b. Sólo podrán ser objeto de arrendamiento los servicios cuya instalación se haya hecho directamente por la Corporación, o que sea propiedad de ésta
c. Se impone la gestión directa para los servicios que impliquen ejercicio de autoridad
d. Los servicios que impliquen el ejercicio de autoridad deberán ser ejercidos necesariamente por funcionarios

554. En relación con la gestión directa de los servicios públicos locales es correcta la siguiente afirmación:

a. Sólo se entiende por tal los que realizan las Corporaciones Locales para sí mismas, con exclusión de organismos de ellas dependientes
b. La gestión directa puede realizarse a través de la gestión interesada
c. Las fórmulas de derecho privado quedan al margen de la gestión directa
d. Dentro de éstas se admite la gestión con órgano especial administrativo no dotado de personalidad jurídica

555. No es una nota propia de la gestión de un servicio público local realizado a través de la organización general:

a. El personal que gestione el servicio estará a cargo directamente, en su actuación, de los órganos de gobierno de la Corporación Local
b. La Entidad Local asume su propio riesgo y ventura de servicio público
c. Se admite que pueda designarse un Administrador/a del Servicio con facultades para el manejo de caudales y adopción de resoluciones relacionadas con el servicio
d. La gestión del servicio se asume sin intermediarios

556. Una de las formas en que puede prestarse el servicio público por una Entidad Local es a través de una organización especializada que se caracteriza:

a. Por encuadrarse tanto en la forma de gestión directa como indirecta
b. Se trata de una organización especializada pero no separada del resto de la organización general
c. No está dotada de personalidad jurídica
d. El órgano especial de gestión estará a cargo de un/a Administrador/a y un Consejo de Administración

557. Respecto al Consejo de Administración como órgano especial que se crea para la gestión de un servicio por la propia Entidad Local, cuando se opte por un órgano especial de Administración, cabe indicar:

a. Que dicho órgano estará presidido por un/a funcionario/a o miembro de la Corporación Local
b. Que la persona que presida dicho órgano será nombrado por el Pleno del Ayuntamiento
c. Que el número de Consejeros/as no podrá ser superior a nueve
d. Las decisiones que adopte el Consejo de Administración agotan la vía administrativa

558. Cuando la Entidad Local opte para la gestión de un servicio público por la fórmula de gestión directa con órgano especial de administración, resultará que:

a. A propuesta del Pleno de la Corporación, el/la Alcalde/sa podrá nombrar un/a Gerente/a
b. Dicho Gerente/a habrá de ser un/a funcionario/a de la Corporación
c. El vínculo que unirá al Gerente/a con la Corporación, será un contrato de carácter laboral
d. El/la Gerente/a no podrá ser nombrado/a por un periodo superior a cinco años

559. Cuando la Entidad Local opte, para la gestión de un servicio público, por la fórmula de gestión directa con órgano especial de administración, resulta que a nivel presupuestario y contable:

a. Tendrá dentro del presupuesto único de la Corporación Local, sección especializada integrada por los tributos, prestamos o subvenciones que se le asignen
b. Se llevará una contabilidad especial
c. Estará exento de publicar las liquidaciones
d. No requiere aprobar balances

560. Respecto a la gestión de un servicio público local mediante organismo autónomo local, no es correcto afirmar:

a. Tiene personalidad jurídica propia
b. Tiene patrimonio propio
c. Se rige por el Estatuto de su creación
d. Queda excluido del control externo previsto en la Ley de Haciendas Locales

561. Respecto a la gestión de un servicio público local mediante organismo autónomo local, no es correcto afirmar:

a. Que los mismos pueden concretar operaciones de crédito
b. Que se les puede atribuir la fijación de los precios públicos correspondientes a los servicios a su cargo, incluso cuando no cubran el coste de los mismos
c. Podrán percibir contribuciones especiales
d. Podrán percibir tasas

562. Respecto a la gestión de un servicio público local mediante organismo autónomo local, no es correcto afirmar que:

a. Los beneficios que se obtuvieran podrán destinarse a cubrir cualquier gasto de los previstos en sus presupuestos
b. Su presupuesto se integra en el Presupuesto General de la Entidad
c. El control y fiscalización interna se ejerce por la Intervención de la Corporación Local, directamente o por delegado
d. Las contrataciones que efectúen deben ajustarse a las reglas de la Contratación Administrativa

563. En relación con el secuestro de un servicio público por parte de una Entidad Local, cabe indicar que:

a. Se trata de una forma de extinción del contrato de gestión
b. Antes de proceder al mismo, se notificará tal acuerdo al gestor para que corrija las deficiencias que pudieran dar lugar al mismo
c. En su virtud la Administración procederá a cambiar al gestor del servicio por otro que reúna los requisitos necesarios para prestarlo
d. Todas las respuestas son correctas

564. Entre los supuestos que contempla el Reglamento de Servicios de las Corporaciones Locales para que la Entidad Local pueda proceder al secuestro de un servicio público no se encuentra:

a. La desobediencia sistemática del concesionario a las órdenes de la Corporación sobre conservación de obras e instalaciones
b. La imposibilidad de llevarlo a cabo por quiebra del concesionario
c. Cuando el concesionario actuare de mala fe en ejecución de las órdenes de la Corporación sobre conservación de obras e instalaciones
d. Si el concesionario incurriera en infracción de carácter grave que pusiera en peligro la buena prestación del servicio

565. La caducidad como forma de extinción del servicio público, de acuerdo con lo dispuesto en el Reglamento de Servicios de las Corporaciones Locales, consiste:

a. En la finalización del plazo de la concesión
b. En la asunción del servicio por la Administración por interés general
c. En la extinción del contrato de gestión por haber incurrido el concesionario en infracciones gravísimas
d. Todas las respuestas son correctas

566. De acuerdo con lo dispuesto en el Texto Refundido de las Disposiciones Legales Vigentes en Materia de Régimen Local, la gestión indirecta, por una Entidad Local a través de Sociedad Mercantil, no podrá exceder de:

a. Diez años
b. Cien años
c. Cincuenta años
d. No se establece ningún límite máximo de duración

567. No es correcto afirmar que la constitución de una empresa mercantil como modo de gestión indirecta de un servicio público local, puede realizarse:

a. Por la adquisición, por la Corporación interesada, de al menos el 10% de las acciones de una empresa ya constituida
b. Mediante la aportación de capitales privados por el procedimiento de concurso de iniciativa
c. Mediante la aportación de capitales privados por el procedimiento de convenio con empresa única ya existente, en el que se fijará el Estatuto por el que hubiera de regirse en
lo sucesivo
d. Por la aportación de capitales privados por el procedimiento de suscripción pública de
acciones

568. No constituye un órgano social de una sociedad mercantil para la gestión indirecta de los servicios públicos locales:

a. El/a Administrador/a
b. El/la Gerente/a
c. El Consejo de Administración
d. La Junta General

569. En los supuestos de gestión por empresa mixta y de acuerdo con lo dispuesto en el art. 107 del Reglamento de Servicios de las Corporaciones Locales, para la adopción de una serie de acuerdos se exige un quórum reforzado que se concreta en:

a. La mayoría absoluta del número de miembros de la sociedad
b. Las tres cuartas partes del número de miembros de la sociedad
c. La mayoría absoluta del número estatutario de votos
d. Las tres cuartas partes del número estatutario de votos

570. En supuestos de gestión por empresa mixta y de acuerdo con lo dispuesto en el art. 107 del Reglamento de Servicios de las Corporaciones Locales, para la adopción de una serie de acuerdos se exige un quórum reforzado, no afectando a:

a. La modificación de los Estatutos de la Empresa
b. El aumento o disminución del Capital Social
c. La aprobación de los proyectos generales de los servicios
d. La aprobación de balances

571. En relación a los Consorcios que las Entidades puedan constituir con otras Administraciones Públicas, no es cierto que el art. 110 del Texto Refundido de Disposiciones Vigentes en Materia de Régimen Local disponga que:

a. Los Consorcios gozarán de personalidad jurídica propia
b. Los Estatutos del Consorcio determinarán los fines de los mismos
c. Sus órganos de decisión estarán integrados por representantes de todas las Entidades consorciadas en la proporción a su participación
d. Para la gestión de los servicios se podrá utilizar cualquiera de las formas previstas en la legislación de Régimen Local

572. En relación con la gestión por la propia Entidad Local sin organización especializada como forma de gestionar un servicio público, no es correcto afirmar que:

a. Tal modalidad de gestión requiere el voto favorable de la mayoría absoluta del número legal de miembros de la Corporación
b. La Entidad asume a su propio riesgo el servicio
c. Sólo cabe utilizar personal sometido a régimen funcionarial
d. El personal depende directamente en su actuación de los acuerdos y actos de los órganos
de gobierno de la Corporación

573. Para los casos de prestación indirecta, el art. 108 del Texto Refundido de las Disposiciones Vigentes en Materia de Régimen Local establece unas normas que no afectarán a los:

a. Servicios de Mercados Centrales
b. Servicios de Extinción de Incendios
c. Servicios de Alcantarillado
d. Servicios concedidos

574. El acuerdo por el que se disponga la efectiva ejecución en régimen de monopolio de alguna actividad reservada a los municipios, en todo caso, llevará anejo:

a. La expropiación de empresas
b. La declaración de utilidad pública
c. La necesidad de ocupación de los bienes afectos al servicio
d. Ninguna de las respuestas es correcta

575. Para el ejercicio de actividades económicas por las Entidades Locales se requiere tramitar un expediente donde la memoria relativa a los aspectos social, jurídico, técnico y financiero de la actividad de que se trate se expondrá al público:

a. Por un plazo no superior a treinta días naturales
b. Por un plazo no superior a treinta días hábiles
c. Por un plazo no inferior a treinta días naturales
d. Por un plazo no inferior a treinta días hábiles

576. Para ejercer en régimen de monopolio una de las actividades reservadas a las Entidades Locales de acuerdo con lo previsto en el artículo 86.2 de la Ley 7/1985, de 2 de abril, se requiere en nuestra Comunidad Autónoma el acuerdo del:

a. Consejo de Gobierno
b. Parlamento de Andalucía
c. Consejero/a de Gobernación
d. Ninguna de las respuestas es correcta

577. Para ejercer en régimen de monopolio una de las actividades reservada a la Entidades Locales de acuerdo con lo previsto en la Ley 7/1985, de 2 de abril, se requiere el acuerdo del correspondiente órgano autonómico que deberá resolver sobre su aprobación en el plazo de:

a. Seis meses   b. Tres meses
c. Dos meses   d. Cuatro meses

Tema 14. Funcionamiento de los órganos colegiados locales: convocatoria, orden del día y requisitos de constitución. Votaciones, actas y certificados de acuerdo

578. Las sesiones ordinarias del Pleno son aquellas que:

a. Se convocan por el Presidente/a
b. Sólo tratan asuntos, pero no los votan
c. Tiene una periodicidad establecida de antemano
d. Se convocan a solicitud de los concejales

579. Las sesiones extraordinarias de los órganos colegiados pueden ser además:

a. Especiales y urgentes   b. Urgentes
c. Periódicas   d. No existen

580. La convocatoria de las sesiones ordinarias del Pleno se efectuará con una antelación mínima a su celebración de:

a. 48 horas   b. Dos días naturales
c. Dos días hábiles   d. Según la urgencia

581. La convocatoria de las sesiones extraordinarias del Pleno corresponde:

a. Al Alcalde o Presidente/a, o a sus delegados
b. Al Alcalde o Presidente/a, sin posibilidad de delegación
c. A los concejales que la solicitaron
d. Al Secretario de la entidad

582. Han de asistir a las sesiones de todos los órganos colegiados locales, con voz y voto:

a. Sus miembros
b. Los concejales
c. El Subdelegado del Gobierno
d. El Interventor/a

583. Existe mayoría absoluta de votos en un órgano colegiado local cuando:

a. Los votos afirmativos son más que los negativos
b. Los votos afirmativos son la mitad más uno que el de votos negativos
c. Los votos afirmativos superan a los negativos
d. Los votos afirmativos son más de la mitad del número legal de miembros de la Corporación

584. Existe mayoría simple en un órgano colegiado local, según el artículo 99.1 del Reglamento de Organización, de 28 de noviembre de 1986, cuando:

a. Los votos afirmativos son más de la mitad del número legal de miembros de la Corporación
b. Los votos afirmativos son la mitad más uno que el de votos negativos
c. Los votos afirmativos no superan a los negativos
d. Los votos afirmativos son más que los negativos

585. En una Corporación Local con diecisiete miembros, habrá mayoría absoluta con:

a. Nueve votos   b. Ocho votos
c. Diez votos   d. Mayoría simple

586. Cuando se produce un empate en una votación, según la Ley 7/1985, de 2 de abril:

a. Se vuelve a votar, y si persiste el empate, se realiza una última votación
b. Se deja el asunto sobre la mesa
c. Se vuelve a votar al final de la sesión, y caso de persistir el empate, se queda sobre la mesa para la siguiente sesión
d. Se repite la votación, y si el empate persiste, decide el voto de calidad del Presidente/a

587. Las actas de las sesiones del Pleno se extienden por:

a. El Secretario
b. El Interventor/a
c. El Presidente/a
d. El Jefe de la Unidad Administrativa correspondiente

588. En el procedimiento de elaboración de Ordenanzas Locales regulado en la Ley 7/1985, de 2 de abril, es trámite obligado:

a. El informe de Secretaría
b. La información pública por un mes
c. La audiencia a los interesados
d. La aprobación provisional

589. En materia de organización complementaria de la Diputación, según la Ley 7/1985, de 2 de abril, el Reglamento Orgánico propio se sitúa:

a. Antes que la Ley 7/1985 y la normativa autonómica
b. Después de la Ley 7/1985 y antes que la normativa autonómica
c. Después de la Ley 7/1985 y de la normativa autonómica
d. Antes que cualquier Ley o normativa, tanto estatal como autonómica

590. El Diputado Provincial pierde su condición de tal, entre otras causas, por:

a. Expulsión del partido por el que salió elegido
b. Decisión de su grupo político
c. Moción de censura contra él
d. Incompatibilidad

591. De los acuerdos de los órganos colegiados de las entidades locales son responsables:

a. Todos sus miembros
b. El Presidente/a de los mismos
c. Todos los órganos del ente local
d. Los miembros que hubieren votado a favor

Tema 15.
Personal al servicio de la entidad local I: La función pública local y su organización. Selección y situaciones administrativas. Derechos y deberes del personal al servicio de los entes locales. Régimen de incompatibilidades

592. La indemnización a percibir por el/la trabajador/a en caso de dimisión de éste es de:

a. No tiene derecho a indemnización
b. 12 mensualidades de salario
c. 45 días de salario por año de servicio, con un máximo de 42 mensualidades
d. 20 días de salario por año de servicio, con un máximo de 12 mensualidades

593. La ineptitud del/la trabajador/a, para poder ser causa de extinción del contrato por causas objetivas, según el Estatuto de los Trabajadores, ha de ser:

a. Sobrevenida con posterioridad a su colocación efectiva en le empresa
b. Manifiesta en relación con el trabajo a desarrollar
c. Durante el período de prueba
d. Declarada por los Juzgados de lo Social, a petición del empresario

594. La indemnización a abonar el/la trabajador/a en caso de despido por causas objetivas, es de:

a. No tiene derecho a indemnización
b. 12 mensualidades de salario
c. 45 días de salario por año de servicio, con un máximo de 42 mensualidades
d. 20 días de salario por año de servicio, con un máximo de12 mensualidades

595. Los comités de empresa deberán elegir de entre sus miembros:

a. Un/a Presidente/a
b. Un/a Secretario/a que levante acta de las sesiones que celebre
c. Un/a Presidente/a y un Un/a Secretario/a
d. A un/a delegado/a

596. El derecho a la huelga se recoge en el artículo de la Constitución:

a. 7   b. 28   c. 37   d. 106

597. Las retribuciones básicas de los/as funcionarios/as de administración local, respecto de las de los/as funcionarios/as de la Administración del Estado:

a. Son las mismas
b. Tienen la misma estructura
c. Son distintas
d. Coinciden sólo en el sueldo

598. La cuantía de las retribuciones básicas de los/as funcionarios/as de administración local, respecto de las de los/as funcionarios/as de la Administración del Estado:

a. Es la misma
b. Tiene la misma estructura
c. Es distinta
d. Coinciden sólo en el sueldo

599. Las retribuciones complementarias de los/as funcionarios/as de administración local, respecto de las de los/as funcionarios/as de la Administración del Estado:

a. Son las mismas
b. Tienen la misma estructura
c. Son distintas
d. Coinciden sólo en el sueldo

600. La cuantía global de las retribuciones complementarias de los/as funcionarios/as de administración local, respecto de las de los/as funcionarios/as de la Administración del Estado:

a. Es la misma
b. Tiene la misma estructura
c. No existen
d. La fija el Pleno de la entidad

601. Las retribuciones de los/as funcionarios/as, a tenor del Real Decreto Legislativo 5/2015, de 30 de octubre, por el que se aprueba el texto refundido de la Ley del Estatuto Básico del Empleado Público, son:

a. Sueldo, trienio y complementarias
b. Básicas y complementarias
c. Salariales y complementarias
d. Sueldo y complementos

602. Los conceptos retributivos de los/as funcionarios/as públicos son los que fija:

a. La legislación básica en materia de función pública
b. La legislación autonómica en materia de función pública
c. La Constitución
d. Cada Administración Pública para sí

603. Las retribuciones básicas de los/as funcionarios/as, según la normativa vigente, son:

a. Sueldo y paga extraordinaria
b. Sueldo y trienios
c. Sueldo, trienios y pagas extraordinarias
d. Sueldo, trienios y complementos

604. El Estatuto Básico del Empleado Público:

a. Sólo se aplicará al personal de las Administraciones Públicas incluido en su ámbito de aplicación
b. Se aplicará con carácter supletorio a todo el personal de las Administraciones Públicas no incluido en su ámbito de aplicación
c. Se aplicará con carácter supletorio al personal laboral al servicio de la Administración General del Estado
d. Se aplicará con carácter supletorio al personal laboral al servicio de las Administraciones de las Entidades Locales

605. Con respeto a la autonomía local, el personal funcionario/a de las Entidades Locales se rige:

a. Por la legislación estatal que resulte de aplicación, de la que forma parte el Estatuto Básico del Empleado Público y por la legislación local
b. Por la legislación de las Comunidades Autónomas, de la que forma parte el Estatuto Básico del Empleado Público
c. Por la legislación de las Entidades Locales, de la que forma parte el Estatuto Básico del Empleado Público
d. Por la legislación estatal que resulte de aplicación, de la que forma parte el Estatuto Básico del Empleado Público y por la legislación de las Comunidades Autónomas

606. El Estatuto Básico del Empleado Público es aplicable a:

a. El personal laboral al servicio de las Administraciones Públicas
b. El personal funcionario/a al servicio de las Administraciones Públicas
c. Ambas son correctas
d. Ambas son excluyentes

607. El Estatuto Básico del Empleado Público clasifica a los empleados públicos en:

a. Funcionarios/as y personal laboral
b. Funcionarios/as y personal temporal
c. Funcionarios/as de carrera, funcionarios/as interinos/as, personal laboral y personal eventual
d. Funcionarios/as de carrera y funcionarios/as interinos/as

608. No es correcto afirmar que para poder ser admitido a pruebas de acceso a la función pública local sea necesario:

a. Tener cumplidos 16 años
b. Padecer enfermedad o defecto físico
c. No haber sido separado, mediante expediente disciplinario, del servicio de cualquier Administración Pública
d. No hallarse inhabilitado para el ejercicio de funciones públicas

609. El personal laboral al servicio de una Administración Local puede ser:

a. Exclusivamente personal fijo
b. Personal fijo exclusivamente, ya sea continuo o discontinuo
c. Personal laboral fijo, por tiempo indefinido o temporal
d. Personal laboral fijo o indefinido

610. Los/as funcionarios/as de carrera se rigen en sus relaciones con la Administración por lo dispuesto en:

a. El derecho administrativo
b. El derecho mercantil y administrativo
c. El derecho laboral
d. Todo el ordenamiento jurídico

611. ¿Cuál de los siguientes principios ha de regir el procedimiento de selección de un/a funcionario/a interino/a en la Administración Local?

a. Mérito y antigüedad
b. Igualdad, mérito, capacidad y publicidad
c. Igualdad, capacidad, responsabilidad y publicidad
d. Igualdad, mérito, responsabilidad, capacidad y publicidad

612. Por regla general, ¿qué régimen jurídico es el aplicable al personal funcionario interino?

a. Uno propio sui generis
b. El general de los funcionarios de carrera
c. El del personal laboral
d. El general del empleado público temporal

613. ¿Cuál de los siguientes criterios se han de tener en cuenta para la designación de personal directivo profesional al servicio de la Administración Pública?

a. Los principios de mérito y capacidad
b. Criterios de idoneidad
c. Procedimientos que garanticen la publicidad y concurrencia
d. Todas las respuestas son correctas

614. La condición de personal eventual:

a. Constituye mérito para el acceso a la Función Pública
b. Constituye mérito para la promoción interna
c. Se obtiene en virtud de nombramiento libre
d. Ninguna es correcta

615. En una unidad electoral de 35 funcionarios/as, ¿cuántos Delegados/as de Personal se elegirán?

a. Uno   b. Dos   c. Tres.   d. Cuatro

616. Cuál de las siguientes no es una función de las Juntas de Personal:

a. Ser oídas en el establecimiento de la jornada laboral y horario de trabajo
b. Vigilar el cumplimiento de las normas en materia de condiciones de trabajo
c. Emitir informe, a solicitud de la Administración correspondiente, sobre el traslado total o parcial de las instalaciones e implantación o revisión de sus sistemas de organización y métodos de trabajo
d. Todas las anteriores son funciones de las Juntas de Personal

617. En materia de negociación colectiva, los Pactos y Acuerdos se prorrogarán:

a. De año en año si mediara denuncia expresa de una de las partes
b. De año en año si no mediara denuncia expresa de una de las partes, salvo acuerdo en contrario
c. Siempre de año en año
d. No se prorrogarán, salvo acuerdo en contrario

618. Para la elección de Delegados/as de Personal, son electores y elegibles:

a. Todos/as los/as funcionarios/as
b. Los/as funcionarios/as que ocupen puestos cuyos nombramientos se efectúen por libre designación
c. Los/as funcionarios/as que se encuentren en situación de servicio activo
d. Ninguna respuesta es correcta

619. Las reuniones en el centro de trabajo:

a. No perjudicarán la prestación de los servicios siendo los convocantes los responsables de su normal desarrollo
b. Se autorizarán dentro de las horas de trabajo, salvo acuerdo entre el órgano competente en materia de personal y los legitimados para convocarlas
c. Se autorizarán fuera de las horas de trabajo, en todo caso
d. Ninguna respuesta es correcta

620. El mandato de los miembros de las Juntas de Personal será de:

a. 5 años, pudiendo ser reelegidos/as
b. 4 años, pudiendo ser reelegidos/as
c. 4 años, no pudiendo ser reelegidos/as
d. 5 años, no pudiendo ser reelegidos/as

621. Las horas mensuales retribuidas que como máximo tienen los miembros de las Juntas de Personal en el ejercicio de su función representativa, según el Estatuto Básico del Empleado Público, es de:

a. 20   b. 30   c. 40   d. 50

622. Cuando un órgano de selección aprecia discrecionalmente la idoneidad de los/as candidatos/as en relación con el desempeño de un determinado puesto de trabajo, nos encontramos frente a un sistema de:

a. Concurso
b. Libre designación
c. Concurso-oposición
d. Cualquiera de los anteriores

623. El titular de un puesto de trabajo provisto por el procedimiento de libre designación con convocatoria pública:

a. No podrá ser cesado/a, salvo causa justificada
b. Cesará en su cargo siempre que cese la autoridad que los nombró
c. Podrá ser cesado/a discrecionalmente
d. Ninguna respuesta es correcta

624. A través de qué instrumentos vinculados a su personal estructurarán las Administraciones Públicas su organización:

a. Oferta de Empleo Público
b. Relaciones de Puestos de Trabajo
c. Registros de Personal
d. Planes de Empleo

625. El Grupo profesional A de personal se divide, según dispone el nuevo Estatuto de la Función Pública:

a. En dos subgrupos: A1 y A2
b. En tres subgrupos: A1, A2 y A3
c. No se divide en subgrupo
d. En el subgrupo A1 y B1

626. El título de graduado en educación secundaria obligatoria sirve para acceder al subgrupo:

a. C1   b. C2   c. B1   d. B2

627. El porcentaje adicional de plazas de personal de nuevo ingreso que pueden convocarse de forma adicional a las comprometidas en una Oferta de Empleo Público puede ser:

a. Hasta un 20% adicional
b. Hasta un 15% adicional
c. Hasta un 10% adicional
d. Hasta un 7% adicional

628. Los Cuerpos y Escalas de los/as funcionarios/as, sean o no de las Entidades locales, se crean, modifican y suprimen por Ley de:

a. Las Cortes Generales
b. De las Asambleas Legislativas de las Comunidades Autónomas
c. Las respuestas a) y b) son correctas
d. Por Acuerdo Plenario de cada Administración Pública

629. Para el acceso a los cuerpos o escalas del Grupo B se exigirá estar en posesión del título de:

a. Universitario de grado
b. Bachiller superior
c. Graduado en ESO
d. Técnico Superior

630. ¿En qué casos pueden las Administraciones Públicas trasladar a sus funcionarios/as a unidades distintas a las de su destino?:

a. Cuando lo impongan las necesidades del servicio
b. En ningún caso
c. Cuando lo impongan necesidades funcionales
d. Las respuestas a) y c) son correctas

631. Los puestos de trabajo podrán proveerse de forma provisional:

a. En casos de urgente e inaplazable necesidad
b. Cuando se trate de puestos cubiertos por funcionarios/as interinos/as
c. Cuando los puestos no se encuentren identificados en las relaciones de puestos de trabajo
d. En casos de abandono de servicio

632. Por regla general, el sistema normal de provisión de puestos de trabajo reservados a funcionarios/as locales con habilitación de carácter nacional será:

a. El concurso
b. La oposición libre
c. La libre designación
d. El concurso-oposición

633. El abandono de servicio se tipifica en el Real Decreto Legislativo 5/2015, de 30 de octubre, por el que se aprueba el texto refundido de la Ley del Estatuto Básico del Empleado Público, como:

a. Falta muy grave
b. Falta grave
c. Falta leve
d. No está tipificado en dicha ley

634. La jornada de trabajo de los/as funcionarios/as puede ser:

a. A tiempo completo o a tiempo parcial
b. A tiempo completo, a tiempo parcial o discontinua
c. A tiempo completo exclusivamente
d. A tiempo completo, a tiempo parcial o extraordinaria

635. Según el RDL 5/2015, por fallecimiento de un familiar de primer grado de consanguinidad o afinidad, los/as funcionarios/as derecho, si el suceso ocurre en la misma localidad, a un permiso de:

a. 2 días hábiles   b. 3 días hábiles
c. 4 días hábiles   d. 5 días hábiles

636. Según el RDL 5/2015, por fallecimiento de un familiar de primer grado de consanguinidad o afinidad, los/as funcionarios/as tienen derecho, si el suceso ocurre en distinta localidad, a un permiso de:

a. 4 días naturales   b. 4 días hábiles
c. 5 días naturales   d. 5 días hábiles

637. Según el RDL 5/2015, por accidente grave de un familiar dentro del segundo grado de consanguinidad o afinidad, si el suceso se produce en la misma localidad, el/la funcionario/a tendrá derecho a un permiso de:

a. Dos días hábiles
b. Tres días naturales
c. Tres días hábiles
d. Cuatro días naturales

638. Según el RDL 5/2015, por fallecimiento de un familiar dentro del segundo grado de consanguinidad o afinidad, si el suceso se produce en distinta localidad, los funcionarios tienen derecho a un permiso de:

a. Tres días naturales
b. Cuatro días naturales
c. Cuatro días hábiles
d. Cinco días hábiles

639. Según el RDL 5/2015, por traslado de domicilio sin cambio de residencia, los/as funcionarios/as tienen derecho a un permiso de:

a. Un día
b. 2 días
c. 3 días
d. No tienen derecho a permiso al no cambiar la residencia

640. Según el RDL 5/2015, para concurrir a exámenes finales, ¿tendrán derecho a permiso los los/as funcionarios/as?

a. Si, en los términos que se determine
b. Si, durante los días de su celebración
c. Si, durante las horas de su celebración
d. No, salvo casos excepcionales

641. Según el RDL 5/2015, el/la funcionario/a tendrá derecho a una hora de ausencia del trabajo por lactancia de un hijo menor de:

a. 20 meses   b. 18 meses
c. 9 meses   d. 12 meses

642. Según el RDL 5/2015, el permiso por lactancia de hijo/a:

a. Podrá sustituirse por una reducción de la jornada normal en media hora al inicio y al final de la jornada
b. Podrá sustituirse por una reducción de la jornada normal en una hora al inicio o al final de la jornada
c. Podrá sustituirse por un permiso retribuido que acumule en jornadas completas el tiempo correspondiente
d. Todas las respuestas son correctas

643. Según el RDL 5/2015, por nacimiento de hijo/a prematuro, la funcionaria o funcionario tendrá derecho a ausentarse del trabajo:

a. Durante un máximo de media hora diaria
b. Durante un máximo de una hora diaria
c. Durante un máximo de dos horas diarias
d. Durante un máximo de dos horas y media diarias

644. Según el RDL 5/2015, por nacimiento de hijo/a no prematuro, que deba permanecer hospitalizado a continuación del parto, la funcionaria o funcionario, tendrá derecho a reducir su jornada de trabajo hasta un máximo de:

a. 1hora   b. 2 horas
c. 3 horas   d. 4 horas

645. Según el RDL 5/2015, por razón de guarda legal, el/la funcionario/a tiene derecho a una reducción de su jornada cuando tenga a su cuidado directo algún menor de:

a. 12 años   b. 13 años
c. 10 años   d. 14 años

646. Según el RDL 5/2015, por asuntos particulares, los/as funcionarios/as tendrán derecho a un permiso de:

a. 3 días   b. 4 días
c. 6 días   d. 5 días

647. Según el RDL 5/2015, para atender el cuidado de un familiar de primer grado, por enfermedad muy grave, el/la funcionario/a tendrá derecho a solicitar una reducción de su jornada laboral de:

a. Hasta el 40%, con carácter retribuido
b. Hasta el 40%, sin carácter retribuido
c. Hasta el 50%, con carácter retribuido
d. Hasta el 50%, sin carácter retribuido

648. Según el RDL 5/2015, para atender el cuidado de un familiar de primer grado, por enfermedad muy grave, el/la funcionario/a tendrá derecho a solicitar reducción de su jornada por el plazo máximo de:

a. Seis meses   b. Tres meses
c. Dos meses   d. Un mes

649. Según el RDL 5/2015, en caso de haber dos titulares del derecho a la reducción de jornada por atender el cuidado de un familiar de primer grado por enfermedad muy grave, el tiempo de disfrute de la reducción:

a. Se podrá prorratear entre ambos, respetando cada uno el plazo máximo de dos meses
b. Se podrá prorratear entre ambos, respetando siempre el plazo máximo de un mes
c. Se podrá prorratear entre ambos, salvo en los casos que reglamentariamente se determine
d. No se podrá prorratear entre ambos, salvo los casos que reglamentariamente se determine

650. Según el RDL 5/2015, el/la funcionario/a tendrá derecho, siempre que ambos progenitores, adoptantes o acogedores de carácter preadoptivo o permanente trabajen, por cuidado de hijo/a menor afectado por cáncer u otra enfermedad grave, a una reducción de la jornada de trabajo de al menos:

a. El 50%, con carácter retribuido
b. El 40%, con carácter retribuido
c. El 30%, con carácter retribuido
d. El 20%, con carácter retribuido

651. Según el RDL 5/2015, el derecho del funcionario/a ala reducción de la jornada por cuidado de hijo/a menor afectado por cáncer u otra enfermedad grave podrá prolongarse hasta que el menor cumpla:

a. 18 años
b. 16 años
c. 14 años
d. No se establece límite de edad

652. Según el RDL 5/2015, por deberes relacionados con la conciliación de la vida familiar y laboral, los/as funcionarios/as tendrán derecho a:

a. Una reducción de hasta el cuarenta por ciento de su jornada
b. La reducción de su jornada con la disminución de sus retribuciones correspondientes
c. Un permiso por el tiempo indispensable
d. Ninguna respuesta es correcta

653. Según el RDL 5/2015, para el cumplimiento de un deber inexcusable de carácter personal, los/as funcionarios/as tendrán derecho a permiso:

a. Sí, de un día
b. Sí, por el tiempo indispensable
c. No, salvo autorización del órgano competente
d. No, sólo si se trata de un deber inexcusable de carácter público

654. Según el RDL 5/2015, para realizar funciones sindicales o de representación del personal, los/as funcionarios/as tendrán derecho a permiso:

a. Durante los días que establezca cada Administración Pública
b. Durante las horas que establezca cada Administración Pública
c. Sin retribución
d. En los términos que se determine

655. En qué artículo del RDL 5/2015, se recogen los permisos de los/as funcionarios/as:

a. En el artículo 29
b. En el artículo 31
c. En el artículo 48
d. En el artículo 52

656. El permiso por parto, según el RDL 5/2015, tendrá una duración, en todo caso de:

a. 5 meses ininterrumpidos
b. 16 semanas ininterrumpidas
c. 18 semanas ininterrumpidas
d. 20 semanas ininterrumpidas

657. El permiso por parto, según el RDL 5/2015, se ampliará en los casos de parto múltiple:

a. En cuatro semanas más por cada hijo a partir del segundo
b. En tres semanas más por cada hijo a partir del segundo
c. En dos semanas más a partir del segundo
d. En una semana más por cada hijo a partir del segundo

658. En relación con los procesos selectivos para acceder a la condición de funcionarios/as de la Administración Local, no es correcto afirmar:

a. Que se podrá establecer la superación de un periodo de prácticas
b. Que en la fase de oposición, concurso o concurso oposición, podrán establecerse entrevistas curriculares
c. Se podrán establecer pruebas de carácter voluntario en la fase de oposición
d. Las pruebas de carácter voluntario no podrán tener carácter eliminatorio

659. La exigencia de titulación o especialización iguales o superiores a las exigidas para el acceso a plazas en régimen funcionarial convocadas por una Diputación Provincial, debe poseerla:

a. Todos los miembros del Tribunal de selección
b. Sólo el Secretario
c. Sólo el Presidente/a
d. Sólo los Vocales

660. El Real Decreto que aprueba las reglas básicas y programas mínimos del procedimiento de selección de funcionarios/as de la Administración Local, es de aplicación a los procedimientos de selección:

a. De todos los/as funcionarios/as al servicio de la Administración Local
b. De todo el personal al servicio de la Administración Local
c. No es de aplicación a los funcionarios/as de habilitación de carácter nacional a los que se refiere el artículo 92 bis de la Ley 7/1985
d. Todas las respuestas son ciertas

661. Los procedimientos de selección de los/as funcionarios/as de la Administración Local se regirán:

a. Por las bases de la convocatoria
b. Por las convocatorias
c. Por los programas
d. Por los temarios

662. Las bases de convocatoria para la selección de funcionarios/as de la Administración Local por el sistema de oposición deberá contener, entre los ejercicios obligatorios:

a. Prueba de idioma para los grupos A y B
b. Al menos un ejercicio de carácter práctico
c. Tests psicotécnicos
d. Ninguna de las respuestas es correcta

663. El número mínimo de temas que compondrán el programa de pruebas selectivas para el acceso a plazas del grupo C2 de funcionarios/as de la Administración Local será de:

a. 25   b. 10   c. 15   d. 20

664. No es un contenido mínimo obligatorio de las bases reguladoras de las pruebas selectivas para el acceso a la función pública local:

a. El programa de las pruebas
b. La determinación de las características generales del período de prácticas
c. El número de miembros de los Tribunales de Selección
d. El sistema selectivo elegido

665. Para el acceso a la función pública de la Administración Local, se establece que los programas de ejercicios teóricos contendrán materias:

a. Propias y básicas
b. Mínimos y obligatorios
c. Comunes y generales
d. Comunes y específicas

666. Del total de temas que componen los programas de los ejercicios teóricos para la selección de funcionarios/as de la Administración Local, las materias comunes para la escala de Administración Especial, representarán al menos:

a. Una quinta parte
b. La mitad
c. Las dos terceras partes
d. Una tercera parte

667. No integran necesariamente las materias comunes de los contenidos de los programas de ejercicios teóricos establecidos para la selección de los/as funcionarios/as de la Administración Local:

a. La Constitución Española
b. El Régimen Local
c. El Derecho civil
d. La Hacienda Pública y Administración Tributaria

668. Cuando se trate de pruebas selectivas para el acceso a la Administración Local, y dichas plazas se integren en la Administración General, del número total de temas que componen el programa correspondiente se exige que se refiera a materias relacionadas directamente con las funciones encomendadas con carácter habitual a los miembros de las respectivas escalas, subescalas o clases de funcionarios:

a. Las tres cuartas partes de los temas del programa
b. La mitad de los temas del programa
c. Las dos quintas partes de los temas del programa
d. No se establece ningún mínimo

669. Los programas de ejercicios teóricos que integrarán las pruebas selectivas de ingreso a la función pública de la Administración Local serán aprobados por:

a. El/la Ministro/a de la Admón. Pública
b. La propia Corporación
c. El Consejo de Ministros
d. El Consejo de Gobierno de la Comunidad Autónoma

670. Las pruebas selectivas para acceder a la función pública de la Administración Local comprenderán uno o varios ejercicios prácticos, teniendo tal consideración:

a. Los tests psicotécnicos
b. La redacción de proyectos
c. La redacción de informes
d. Todas las respuestas son ciertas

671. Los ejercicios prácticos establecidos para seleccionar a aspirantes como funcionarios/as de la Administración Local deberán ser adecuados para que el tribunal juzgue la preparación de dichos aspirantes en relación a:

a. La plaza a cubrir
b. El nivel de titulación exigido para la plaza a cubrir
c. El puesto de trabajo a desempeñar
d. Indistintamente, la plaza o el puesto de trabajo

672. El nombramiento de los/as funcionarios/as interinos/as en un Ayuntamiento o Diputación Provincial corresponde a:

a. El Pleno
b. El/la Presidente/a de la Corporación
c. La Junta de Gobierno
d. No se atribuye expresamente a ninguno de los cargos enumerados

673. El reconocimiento de servicios previos en la Administración Pública se regula por:

a. Ley 30/1984 de 2 de Agosto
b. Ley 70/1978 de 26 de Diciembre
c. Ley 62/1989 de 7 de Noviembre
d. Ley 53/1984 de 15 de Diciembre

674. No es correcto afirmar que a un/a funcionario/a de la Administración Local se le reconocerá como servicios previos los prestados con anterioridad a su ingreso en la entidad Local correspondiente:

a. En régimen de contratación administrativa
b. En régimen de contratación laboral
c. Como funcionario/a eventual
d. Como funcionario/a en prácticas, con independencia de haber superado o no las correspondientes pruebas de ingreso

675. Los periodos de tiempo reconocido como servicios previos:

a. Podrá ser computado más de una vez cuando el funcionario/a hubiese prestado al mismo tiempo su actividad en dos Administraciones Públicas distintas
b. Podrá ser computado más de una vez cuando el funcionario/a hubiese prestado al mismo tiempo su actividad en la misma Administración Pública
c. Sólo se computarán los periodos simultáneamente prestados si se desarrollan en la Administración Sanitaria
d. En ningún caso se podrán computar dos veces los periodos coincidentes en el tiempo

676. El procedimiento para el reconocimiento de servicios previos a los funcionarios/as se iniciará:

a. A instancia del interesado
b. Siempre de oficio
c. A instancia de la Administración de procedencia
d. A instancia del interesado o de oficio indistintamente

677. Las incompatibilidades de los funcionarios/as públicos se regula en:

a. Ley 53/1984 de 26 de Diciembre
b. Ley 52/1983 de 15 de Abril
c. Ley 53/1983 de 15 de Diciembre
d. Ley 52/1984 de 26 de Diciembre

678. Cual de las siguientes afirmaciones no es correcta, en relación con la selección de funcionario/as de la Administración Local:

a. La resolución de las pruebas selectivas deberá efectuarse por el Pleno de la Corporación
b. Los correspondientes nombramientos deberán efectuarse por el Presidente/a de la Corporación
c. La propuesta del Tribunal de selección tendrá carácter vinculante para la Corporación
d. En ningún caso puede declararse que ha superado las pruebas selectivas un número de aspirantes superior al de las plazas convocadas

679. La convocatoria de pruebas selectivas para cubrir plazas vacantes en una Entidad Local corresponde efectuarla:

a. Al Pleno
b. Al Presidente/a de la Corporación
c. La competencia del Pleno o Presidente/a se establece en el Reglamento Orgánico de la Corporación, al no venir previamente determinado en ninguna norma
d. A la Junta de Gobierno Local

680. ¿A quién corresponde la convocatoria de la oferta de empleo público con objeto de cubrir las vacantes existentes de plazas de funcionarios/as públicos locales con habilitación de carácter nacional que deban proveerse por concurso?

a. A las Corporaciones Locales
b. Al Estado
c. A los municipios
d. A las Comunidades Autonómicas

681. El número de miembros que integran los Tribunales de selección para el acceso a la función pública, en ningún caso podrá ser inferior a:

a. Tres
b. Cuatro
c. Cinco
d. Ninguna de las respuestas es correcta

682. La publicación de las bases de las pruebas selectivas de acceso a la función pública local no tiene que efectuarse:

a. En el periódico oficial de la Corporación, si lo hubiese
b. En el Boletín Oficial de la Provincia
c. En el Boletín Oficial del Estado
d. En el Boletín Oficial de la Comunidad Autónoma

683. El número mínimo de temas que compondrán el programa de pruebas selectivas para el acceso a plazas del grupo A1 de funcionarios/as de la Administración Local será de:

a. 80   b. 90   c. 100   d. 110

684. El número mínimo de temas que compondrán el programa de pruebas selectivas para el acceso a plazas del grupo A2 de funcionarios/as de la Administración local será de:

a. 50   b. 80   c. 60   d. 70

685. El número mínimo de temas que compondrán el programa de pruebas selectivas para el acceso a plazas del grupo C1 de funcionarios/as de la Administración local será de:

a. 60   b. 30   c. 40   d. 20

686. Las retribuciones de los funcionarios/as de la Administración Local se regula de manera específica en:

a. Ley 30/1984 de 2 de Agosto
b. Ley 7/1985 de 2 de Abril
c. RD 861/1986 de 25 de Abril
d. RDL 781/1986 de 18 de Abril

687. La excedencia por interés particular, para solicitarla un funcionario/a será requisito imprescindible haber prestado servicio:

a. En el propio Ayuntamiento al menos los tres últimos meses
b. En cualquier administración cinco años
c. Cinco años, ya sea como funcionario/a o laboral, en cualquier administración y además que estos años sean inmediatamente anteriores a la solicitud
d. Ninguna de las respuestas es correcta

688. Los funcionarios/as de la Administración Local se integraron en el Régimen General de la Seguridad Social a partir del:

a. 1 de Marzo de 1992
b. 1 de Abril de 1993
c. 1 de Febrero de 1994
d. Ninguna de las respuestas es correcta

689. La integración de los funcionarios/as de la Administración Local en el Régimen General de la Seguridad Social tuvo lugar por:

a. Resolución de 20 de Marzo de 1993
b. RD 480/1993, de 2 de Abril
c. RD 380/1993, de 1 de Abril
d. Orden de 7 de Abril de 1993

690. Cual de los siguientes factores no se toma en consideración para asignar el complemento específico a un puesto de trabajo:

a. Jerarquía
b. Incompatibilidad
c. Penosidad.
d. dedicación

691. La oferta de empleo público de un Ayuntamiento corresponde aprobarla:

a. Al Alcalde
b. Al Concejal Delegado de personal
c. Al Pleno
d. A la Junta de Gobierno Local

692. Contra la resolución de un tribunal de selección de funcionarios/as de un Ayuntamiento, por la que se declare a un aspirante no apto para pasar al siguiente ejercicio:

a. Cabe interponer recurso de alzada ante la autoridad que haya nombrado a su presidente/a
b. Solo cabe el Recurso Contencioso Administrativo
c. Cabe interponer una Reclamación Previa a la vía judicial
d. Sólo cabe interponer un escrito de alegaciones, exponiendo las causas que considera determinante para alterar el resultado de la puntuación

693. Según el RDL 5/2015, ¿en cuántos grupos se clasifica el personal funcionario de carrera?

a. 5 y agrupaciones profesionales
b. 3 y agrupaciones profesionales
c. 4 y agrupaciones profesionales
d. 2 y agrupaciones profesionales

694. De acuerdo con lo dispuesto en el art. 8, no entra dentro de la clasificación de Empleado Público:

a. El personal directivo
b. El personal contratado en régimen de derecho laboral
c. El personal eventual
d. Los funcionarios/as de carrera

695. El nombramiento y cese del personal eventual en las Entidades Locales se efectuará:

a. Por el Pleno de la Corporación
b. Por el Presidente/a de la Corporación
c. Por el miembro de la corporación a quien asesore
d. La normativa vigente no determina a quién compete el nombramiento, por lo que dependerá de lo que establezca el Reglamento Orgánico de la Corporación

696. Las plantillas de personal de las Corporaciones Locales se aprobarán:

a. Cada dos años
b. Por el Presidente/a de la Corporación
c. A través del Presupuesto de la Corporación
d. Ninguna de las respuestas es correcta

697. En las Entidades Locales el personal eventual de acuerdo con lo dispuesto en el artículo 12 del RDL 5/2015, podrá:

a. Desempeñar cualquier puesto de trabajo
b. Sólo los puestos de trabajo reservados al régimen funcionarial
c. Sólo los puestos de trabajo de confianza
d. Sólo los puestos de trabajo de confianza o asesoramiento especial

698. En relación con el personal eventual en las Entidades Locales, no es correcta la siguiente afirmación:

a. La plantilla de personal de la Corporación Local deberá comprender los puestos de trabajo reservados a dicho personal
b. Su ingreso requerirá superar las correspondientes pruebas selectivas
c. En ningún caso el desempeño de un puesto de trabajo reservado a personal eventual constituirá mérito para el acceso a la función pública
d. Podrán ocupar puestos de trabajo de carácter directivo

699. La jornada ordinaria de trabajo de los funcionarios/as de la Administración Local está fijada actualmente en:

a. 40 horas semanales
b. 37,5 horas semanales
c. 36 horas semanales
d. 38,5 horas semanales

700. La aprobación de las bases de los concursos para la provisión de puestos de trabajo en las Entidades Locales es competencia:

a. De la Consejería de Gobernación de la Comunidad Autónoma
b. Del Pleno de la Corporación
c. Del Presidente/a de la Corporación
d. Del Ministro de las Administraciones Públicas

701. La determinación del número, características y retribuciones del personal eventual es una competencia que corresponde en las Entidades Locales:

a. Al Pleno de la Corporación
b. Al Presidente/a de la Corporación
c. A los miembros de la Corporación que vayan a nombrarlos
d. Ninguna de las respuestas es correcta

702. Los funcionarios/as de carrera de las Entidades Locales que no ocupen puestos de trabajo reservados a funcionarios/as con habilitación de carácter nacional no se integran en:

a. Cuerpos
b. Clases
c. Categorías
d. Subescalas

703. No se puede considerar como funcionario/a de carrera a:

a. El personal eventual
b. El funcionario/a interino
c. El personal al servicio de un Ayuntamiento en régimen laboral
d. Ningún personal de los antes indicados tiene la consideración de funcionario/a de carrera

704. De las siguientes afirmaciones, referidas al personal de las Entidades Locales, indicar cuál es correcta:

a. Será nulo el nombramiento como funcionario/a de la Entidad Local de quienes estén incursos en causa de incapacidad específica, conforme a la normativa vigente
b. Será anulable el nombramiento como funcionario/a de la Entidad Local de quienes estén incursos en causa de incapacidad específica, conforme a la normativa vigente
c. Las causas de incapacidad específica no son aplicables al personal interino y laboral
d. Los vicios en los nombramientos del personal eventual no darán lugar a la anulación del mismo

705. De los cuatro requisitos que, de acuerdo con el art. 62 del RDL 5/2015, ha de cumplirse sucesivamente para adquirir la condición de funcionario/a, el último de ellos es:

a. La toma de posesión
b. Prestar juramento o promesa en la forma legalmente establecida
c. Superar el periodo de prácticas
d. El nombramiento conferido por la autoridad competente

706. No es una nota propia de los funcionarios/as de carrera de la Administración Local, tal como se definen estos en el art. 130 del R. D. Legislativo 781/1986, de 18 de abril:

a. Que adquieran tal condición en virtud de nombramiento legal
b. Que desempeñen servicios de carácter permanente en la Entidad Local
c. Que perciban sueldos con cargo a los Presupuestos del Estado
d. Que deban figurar en las correspondientes plantillas de personal

707. Las pagas extraordinarias de los funcionarios/as se devengan:

a. El día 1 de julio y 1 de diciembre
b. El 30 de junio y 30 de diciembre
c. El primer día hábil de los meses de junio y diciembre
d. El primer día hábil de los meses de julio y diciembre

708. No tiene la consideración de situación administrativa propiamente dicha:

a. Servicios en otras Administraciones Públicas
b. Servicios Especiales
c. Suspensión de funciones
d. Comisión de Servicios

709. Se considera como sistema normal de provisión de los puestos de trabajo:

a. El concurso
b. El concurso y la libre designación
c. La comisión de servicios
d. Las respuestas a) y c) son correctas

710. La provisión de puestos de trabajo en caso de urgente e inaplazable necesidad, realizada por comisión de servicios tendrá una duración:

a. De un año, prorrogable por otro en caso de no haberse cubierto el puesto de trabajo
b. De dos años, prorrogables por otro en caso de no haberse cubierto el puesto de trabajo
c. No se establece plazo de duración máxima
d. Ninguna de las respuestas es correcta

711. De acuerdo con la normativa aplicable al ámbito de la Administración Local, podría ser desempeñado, en régimen laboral, el siguiente puesto de trabajo:

a. Conductor
b. Policía
c. Técnico de Administración General
d. Administrativo

712. El grado personal consolidado asegura al funcionario/a el percibo, cualquiera que fuese el puesto que cubra, de las siguientes retribuciones:

a. Del complemento específico del último puesto de trabajo
b. Del complemento de destino del último puesto de trabajo
c. Del complemento de destino correspondiente al nivel de su grado personal consolidado
d. Del complemento específico correspondiente a su grado consolidado

713. El grado personal se adquiere por los funcionarios/as:

a. Desde que ocupa el primer puesto de trabajo
b. A partir de estar tres años continuados en un puesto de trabajo
c. Por el desempeño de un puesto de trabajo durante dos años continuados
d. Ninguna de las respuestas es correcta

714. La regulación de los órganos de representación del personal al servicio de las Administraciones Públicas se regula en la Ley:

a. 7/1989   b. 7/2007
c. 30/1984   d. 9/1987

715. Los órganos específicos de representación de los funcionarios públicos son:

a. Las Juntas de Personal
b. Los Delegados de Personal
c. Los dos anteriores
d. El Comité de Empresa

716. La Ley 53/1984, de 26 de diciembre, de incompatibilidades:

a. No es de aplicación al personal laboral de las Administraciones Públicas
b. Sólo se aplica al personal sujeto al estatuto funcionarial
c. No es de aplicación al personal laboral temporal de las Administraciones Públicas
d. Es de aplicación a todo el personal de las Administraciones Públicas

717. Los órganos unitarios de representación del personal laboral al servicio de las Administraciones Públicas, son:

a. Las Secciones Sindicales
b. Los mismos que los de los funcionarios
c. Comités de empresa y delegados de personal
d. Juntas de Personal y delegados de personal

718. El derecho a la negociación colectiva se reconoce expresamente en el siguiente artículo de la Constitución de 1978:

a. 7   b. 28   c. 37   d. 103

719. La duración de los convenios colectivos es de:

a. Depende del ámbito territorial de los mismos
b. Un año
c. La que disponga anualmente la Ley de medidas de orden social
d. La que disponga el propio convenio

720. La excedencia forzosa de un trabajador, conforme al art. 46 del Real Decreto Legislativo 2/2015, de 23 de octubre, por el que se aprueba el texto refundido de la Ley del Estatuto de los Trabajadores, le da derecho a:

a. Sus retribuciones durante el tiempo de duración de la excedencia
b. Cotizar a la Seguridad Social durante la excedencia
c. Conservar el puesto de trabajo
d. Nada

721. La posibilidad de situarse en excedencia voluntaria se reconoce, a salvo de lo previsto en convenio colectivo, a los trabajadores con una antigüedad mínima en la empresa de:

a. Seis meses
b. No es precisa una antigüedad mínima
c. Un año
d. Dos años

722. El plazo de duración de la excedencia voluntaria, salvo que por convenio colectivo se disponga otra cosa, y a tenor del art. 46, es de:

a. Un año mínimo
b. Un año mínimo y cinco máximos
c. Cuatro meses mínimo y cinco años máximos
d. Un año mínimo y tres años máximos

723. El trabajador en excedencia voluntaria sólo podrá ejercer otra vez el derecho a situarse en dicha excedencia - a salvo de lo que dispongan los convenios colectivos- si ha transcurrido desde el final de la anterior excedencia:

a. Un año   b. Dos años
c. Tres años   d. Cuatro años

724. El contrato de trabajo indefinido se extingue, entre otras causas:

a. Por finalización de la obra o servicio objeto del contrato
b. Por expiración del tiempo convenido
c. Por muerte del empresario
d. Voluntad del empresario sin necesidad de alegar causa

725. Una de las características de la extinción del contrato de trabajo por dimisión del trabajador es:

a. Que es imprescindible la conformidad del empresario
b. Que ha de alegar la causa de la dimisión, para su eventual control por el empresario
c. Que es necesario efectuar un preaviso, de acuerdo con lo previsto en el convenio colectivo o costumbre del lugar
d. Que obliga al trabajador a indemnizar al empresario en cuantía equivalente a la retribución de un mes

726. Los trienios de los funcionarios/as consisten en:

a. Una mensualidad de sueldo cada 3 años
b. Una cantidad igual para cada grupo cada tres años de servicios en el Cuerpo o Escala, Clase o Categoría
c. Una cantidad equivalente al sueldo de un mes cada tres años de servicios en el Cuerpo o Escala, Clase o Categoría
d. Tres años de retribuciones básicas más complementarias

727. Las pagas extraordinarias de los funcionarios/as tienen la consideración de retribución, según la normativa vigente:

a. Básica
b. Complementaria
c. Indemnizatoria
d. A la productividad

728. Las pagas extraordinarias de los funcionarios/as previstas en la normativa vigente son:

a. Una al año
b. Dos al año
c. Cuatro al año
d. Lo decide cada Administración

729. Entre las retribuciones complementarias establecidas en la normativa vigente se encuentra:

a. Los trienios
b. El sueldo
c. El complemento de destino
d. Las pagas extraordinarias

730. El complemento de destino de los funcionarios/as, según establece la normativa vigente, está destinado a retribuir:

a. El nivel del puesto que se desempeñe
b. Las condiciones particulares de algunos puestos de trabajo
c. El especial rendimiento del funcionario/a
d. Los servicios extraordinarios realizados fuera de la jornada normal

731. El complemento específico, como concepto retributivo de los funcionarios, según establece la normativa vigente, está destinado a retribuir:

a. El nivel del puesto que se desempeñe
b. Las condiciones particulares de algunos puestos de trabajo
c. El especial rendimiento del funcionario/a
d. Los servicios extraordinarios realizados fuera de la jornada normal

732. El complemento de productividad, como concepto retributivo de los funcionarios/as, según establece la normativa vigente, está destinado a retribuir:

a. El nivel del puesto que se desempeñe
b. Las condiciones particulares de algunos puestos de trabajo
c. El especial rendimiento del funcionario/a, la actividad extraordinaria y el interés o iniciativa del funcionario/a
d. Los servicios extraordinarios realizados fuera de la jornada normal

733. Las gratificaciones extraordinarias, como concepto retributivo de los funcionarios/as, según establece la normativa vigente, están destinadas a retribuir:

a. El nivel del puesto que se desempeñe
b. Las condiciones particulares de algunos puestos de trabajo
c. El especial rendimiento del funcionario/a
d. Los servicios extraordinarios realizados fuera de la jornada normal

734. Las gratificaciones extraordinarias, como concepto retributivo de los funcionarios/as, según establece la normativa vigente:

a. No pueden ser fijas en su cuantía
b. No pueden ser periódicas en su devengo
c. Las dos características anteriores
d. Constituyen una retribución básica

735. Los límites al incremento de las retribuciones o gastos de personal de las Corporaciones Locales, según determina el Texto Refundido de las Disposiciones Legales Vigentes en Materia de Régimen Local de 1986, se establecen generalmente mediante:

a. Ley Orgánica
b. Ley de Presupuestos Generales del Estado
c. Ley de la Comunidad Autónoma sobre presupuesto
d. Presupuesto de cada entidad local, autónomamente

736. El único concepto retributivo que puede generar adquisición de derechos, en los términos legalmente previstos, es:

a. El grado personal consolidado
b. El sueldo
c. Las retribuciones básicas
d. Los trienios

737. Los funcionarios/as de Administración Local son retribuidos actualmente por los conceptos retributivos previstos y regulados en:

a. La Ley 30/1984
b. El Real Decreto Legislativo 5/2015, de 30 de octubre, por el que se aprueba el texto refundido de la Ley del Estatuto Básico del Empleado Público
c. La Ley 53/1984
d. La Ley 39/1988

738. La asignación de nivel de complemento de destino a cada puesto de trabajo en una Entidad Local corresponde a:

a. El Pleno
b. La Junta de Gobierno Local
c. El Presidente/a de la entidad
d. La Comunidad Autónoma

739. Las cuantías del complemento de destino correspondiente a los puestos de una Entidad Local en Andalucía son:

a. Las que establezca el Pleno autónomamente
b. Las que establezca la Comunidad Autónoma en su Ley de Presupuestos
c. Las que establezca para cada nivel la Ley de Presupuestos Generales del Estado
d. Las que establezca para cada nivel la Ley 30/1984

740. Uno de los aspectos a tener en cuenta para determinar la cuantía del complemento específico de un puesto de trabajo en la Administración Local es:

a. El nivel del puesto que se desempeñe
b. El especial rendimiento
c. La dificultad técnica
d. La actividad extraordinaria

741. El número de complementos específicos que cabe asignar a un puesto de trabajo en la Administración Local es de:

a. Uno   b. Dos   c. Tres   d. Uno o más

742. El nivel mínimo de complemento de destino de los funcionarios/as de Administración Local pertenecientes al Grupo A1, es el:

a. 30   b. 20   c. 18   d. 10

743. El nivel máximo de complemento de destino de los funcionarios/as de Administración Local pertenecientes al Grupo C1, es el:

a. 22   b. 20   c. 18   d. 16

744. La jefatura superior del personal de una Entidad Local corresponde a:

a. El Presidente/a
b. El Pleno
c. El corporativo en quien delegue el Presidente/a
d. El Jefe de la Unidad de Personal

745. Aprueba las bases de las pruebas para la selección del personal de una Diputación Provincial:

a. El Presidente/a
b. La Junta de Gobierno
c. El Pleno
d. Cualquiera de los anteriores

746. La fijación del número del personal eventual corresponde en una Diputación Provincial a:

a. El Presidente/a
b. La Junta de Gobierno
c. El Pleno
d. Cualquiera de los anteriores

747. El despido del personal laboral en un Ayuntamiento compete al Alcalde, debiendo después:

a. Ratificarlo en el plazo de 20 días
b. Dar cuenta a la Junta de Gobierno en la primera sesión que celebre con posterioridad al despido
c. Dar cuenta al Pleno en la primera sesión que celebre con posterioridad al despido
d. Cualquiera de las dos anteriores

748. Aprueba las bases para los concursos de provisión de puestos de trabajo en una entidad localr:

a. El Presidente/a
b. La Junta de Gobierno
c. El Pleno
d. Cualquiera de los anteriores

749. La separación del servicio de los funcionarios/as propios de una Entidad Local corresponde decidirla a:

a. El Presidente/a
b. La Junta de Gobierno
c. El Pleno
d. Cualquiera de los anteriores

750. El despido del personal laboral de una Diputación Provincial compete a:

a. El Presidente/a
b. La Junta de Gobierno
c. El Pleno
d. Cualquiera de los anteriores

751. El órgano competente al que se ha de dar cuenta de la separación del servicio de los funcionarios/as o del despido del personal laboral de una Diputación Provincial es:

a. El Presidente/a
b. La Junta de Gobierno
c. El Pleno
d. Cualquiera de los anteriores

752. La jornada de trabajo de los funcionarios/as locales, a tenor de la Ley 7/1985, será:

a. La misma que la de los funcionarios de la Comunidad Autónoma, en cómputo anual
b. La misma que la de los funcionarios de la Administración del Estado, en cómputo anual
c. La que libremente establezca en Pleno de cada entidad
d. La establecida en la Ley 30/1984, de 2 de agosto

753. El nombramiento del personal eventual en una entidad local corresponde a:

a. El Presidente/a
b. La Junta de Gobierno
c. El Pleno
d. Cualquiera de los anteriores

754. El cese del personal eventual en una entidad local corresponde a:

a. La Junta de Gobierno
b. El Pleno
c. El Presidente/a
d. Cualquiera de los anteriores

755. Los funcionarios/as de carrera de Administración Local, que no ocupen puestos de trabajo reservados a funcionarios/as con habilitación de carácter estatal, se integrarán en:

a. Escalas
b. Subescalas
c. Los dos anteriores
d. Cuerpos

756. Cuando un funcionario/a de carrera sea designado como personal eventual y no opte por permanecer en la situación de servicio activo, quedará en situación de:

a. Excedencia voluntaria
b. Excedencia forzosa
c. Suspensión de funciones
d. Servicios especiales

757. La Escalas de funcionarios/as de carrera de las Entidades Locales sin habilitación de carácter nacional son de Administración:

a. Especial y Ordinaria
b. General y Especial
c. Genérica y Especial
d. Entrada y Superior

758. La Escala de Administración General de funcionarios/as locales se divide en las subescalas:

a. Técnica y de Servicios Especiales
b. Técnica superior, media y auxiliar
c. Técnica, administrativa, auxiliar y subalterna
d. Técnica, de gestión, administrativa, auxiliar y subalterna

759. Pertenecen a la subescala administrativa de la Escala de Administración General, los funcionarios/as que realicen tareas de:

a. Gestión a nivel superior
b. Custodia interior de oficinas
c. Administrativas de trámite
d. Archivo de documentos

760. Pertenecen a la subescala subalterna de la Escala de Administración General, los funcionarios que realicen tareas de:

a. Mecanografía
b. Vigilancia
c. Administrativas de colaboración
d. Cálculo sencillo

761. Pertenecen a la subescala auxiliar de la Escala de Administración General, los funcionarios que realicen tareas de:

a. Despacho de correspondencia
b. Porteo
c. Propuesta a nivel superior
d. Custodia interior de oficinas

762. Los puestos de trabajo a desempeñar por funcionarios/as de servicios especiales podrán existir únicamente en:
a. Ayuntamientos de más de 5.000 habitantes
b. Todas las entidades locales
c. Todas las entidades locales excepto las de ámbito inferior al Municipio y los Municipios con población inferior a 5.000 habitantes
d. Las Mancomunidades, Ayuntamientos y Diputaciones

763. Los funcionarios/as de los Servicios de Extinción de Incendios se integran, dentro de la Escala de Administración Especial, en la Subescala:
a. Técnica
b. De Servicios Especiales
c. De Cometidos Especiales
d. Media

764. Los funcionarios/as de la Policía Local se integran, dentro de la Escala de Administración Especial, en la Subescala:
a. Técnica
b. De Servicios Especiales
c. De Cometidos Especiales
d. Media

765. Los funcionarios/as locales que tengan a su cargo el desempeño de misiones de Conserje en edificios de la Corporación han de pertenecer a la Escala de Administración General, subescala:
a. Media
b. Auxiliar
c. Subalterna
d. Administrativa

766. Un funcionario/a que ocupe plaza de Arquitecto Técnico en una entidad local debe pertenecer a la Escala de Administración Especial, subescala:
a. Técnica
b. De Servicios Especiales
c. De Cometidos Especiales
d. Personal de Oficios

767. Los funcionarios/as pertenecientes a la Clase de Personal de Oficios puede ostentar, entre otras, la categoría de:
a. Auxiliar
b. Técnico auxiliar
c. Oficial
d. Graduado

768. Entre las funciones que puede desempeñar el personal eventual de una entidad local se encuentra:
a. La Intervención
b. La Jefatura Superior del Personal
c. De confianza
d. Dictado de Providencias de apremio

769. El cese automático del personal eventual a que se refiere el art. 12 del Real Decreto Legislativo 5/2015, de 30 de octubre, por el que se aprueba el texto refundido de la Ley del Estatuto Básico del Empleado Público, se produce:
a. Cuando expira su contrato de trabajo
b. Cuando lo decida el Pleno
c. Cuando lo decida el Presidente/a
d. Cuando cesa la autoridad a la que presta su función de confianza o asesoramiento

770. No puede constituir mérito para el acceso a la función pública, según Real Decreto Legislativo 5/2015, de 30 de octubre, por el que se aprueba el texto refundido de la Ley del Estatuto Básico del Empleado Público:
a. Los servicios previos en la Administración Pública
b. Las titulaciones Universitarias
c. El desempeño de puestos reservados a personal eventual
d. Los cursos de formación

771. Los funcionarios/as de Administración Local pierden su condición de tal, entre otros, en el siguiente supuesto:
a. Por incapacidad temporal
b. Por excedencia forzosa
c. Por renuncia
d. Por sanción de suspensión de funciones

772. La jubilación forzosa de los funcionarios/as, según el art. 67.3 del Real Decreto Legislativo 5/2015, de 30 de octubre, por el que se aprueba el texto refundido de la Ley del Estatuto Básico del Empleado Público, se declarará de oficio al cumplir la edad de:
a. 60 años
b. 65 años
c. 68 años
d. 70 años

773. La jubilación forzosa del personal laboral de la Administración Local se produce a los:
a. 65 años
b. 69 años
c. 70 años
d. No existe una edad de jubilación forzosa

774. La fe pública se enmarca dentro de la función pública necesaria en todas las Entidades Locales de:
a. Secretaría. b) Intervención. c) Tesorería
d. Fiscalización

775. El asesoramiento legal preceptivo se enmarca dentro de la función pública necesaria en todas las entidades locales de:
a. Secretaría
b. Intervención
c. Tesorería
d. Gobierno

776. El control de la gestión económico-financiera se enmarca dentro de la función pública necesaria en todas las Entidades Locales de:
a. Secretaría
b. Intervención
c. Tesorería
d. Gobierno

777. La recaudación se enmarca dentro de la función pública necesaria en todas las Entidades Locales de:
a. Secretaría. b) Intervención. c) Tesorería
d. Gobierno

778. La asignación de funciones, distintas de las reservadas a los funcionarios/as con habilitación de carácter nacional, la efectuará cada Entidad Local a través de:
a. Autorización de la Comunidad Autónoma respectiva
b. El reglamento Orgánico de la entidad
c. La relación de puestos de trabajo de la entidad
d. Acuerdo de la Comisión de Gobierno

779. Las Secretarías de las Diputaciones Provinciales se clasifican como de clase:
a. Primera. b) Segunda. c) Tercera. d) Especial

780. Las incompatibilidades del personal al servicio de las Administraciones Públicas se regulan en la Ley:
a. 30/1984
b. 7/1985
c. 53/1984
d. 9/1987

781. La Ley 53/1984, de 26 de diciembre, es de aplicación, entre otros colectivos, a:

a. El personal civil de la Administración del Estado
b. El personal al servicio de las Corporaciones Locales
c. El personal al servicio de la Seguridad Social
d. Todos los anteriores

782. El desempeño de un puesto de trabajo en el sector público es incompatible con la pensión de:

a. Jubilación por la Seguridad Social
b. Retiro por derechos pasivos
c. Los dos anteriores
d. Un Plan privado de pensiones

783. Si un pensionista de jubilación por la Seguridad Social pasa a desempeñar un puesto en el sector público a tiempo completo:

a. Debe optar entre el cobro de la pensión o las retribuciones del puesto
b. Desaparece su derecho a la pensión
c. Queda suspendida la percepción de la pensión
d. Puede simultanear ambas percepciones

784. El personal afectado por la Ley 53/1984 puede compatibilizar su puesto con la cualidad de miembro de una Corporación Local siempre que:

a. Se trate de la misma Comunidad Autónoma
b. Sea autorizado por su Partido
c. No desempeñe en la Corporación cargo retribuido y con dedicación exclusiva
d. En todo caso puede compatibilizarlo

785. La autorización o denegación de compatibilidad para un segundo puesto o actividad en el sector público, en el ámbito de la Administración Local, corresponde a:

a. El Pleno
b. La Junta de Gobierno
c. El Presidente/a
d. Cualquiera de ellos

786. La autorización o denegación de compatibilidad para el ejercicio de actividades privadas, en el ámbito de la Administración Local, corresponde a:

a. El Pleno
b. La Junta de Gobierno
c. El Presidente/a
d. Cualquiera de ellos

787. A falta de delegación, la competencia para la concesión de permisos en una Diputación provincial corresponde a:

a. El Pleno
b. La Junta de Gobierno
c. El Presidente/a
d. La Junta de Personal

788. Según el Real Decreto Legislativo 5/2015, de 30 de octubre, por el que se aprueba el texto refundido de la Ley del Estatuto Básico del Empleado Público, por razón de matrimonio, los funcionarios/as tienen derecho a una licencia de:

a. Diez días
b. Veinte días
c. Quince días
d. Un mes

789. Pertenecen a la subescala de gestión de la Escala de Administración General, los funcionarios/as que realicen tareas de:

a. Gestión a nivel superior
b. Administrativas que no sean de mero trámite
c. Apoyo a las funciones de nivel superior
d. Propuesta a nivel superior

Tema 16. Personal al servicio de la entidad local II: Responsabilidad administrativa y penal. Régimen disciplinario. El Sistema de seguridad social

790. ¿Qué responsabilidad tendrá el personal laboral que indujere a otro a la realización de conductas constitutivas de falta disciplinaria?:

a. La misma que la del que comete el acto
b. La que establezca el Código Penal para el delito de inducción
c. La responsabilidad civil derivada de la falta disciplinaria cometida
d. Ninguna

791. No es un principio que afecte a la potestad disciplinaria:

a. Tipicidad
b. Legalidad
c. Culpabilidad
d. Impunidad

792. El principio de proporcionalidad es aplicable a:

a. La clasificación de las infracciones disciplinarias
b. La clasificación de las sanciones disciplinarias
c. La aplicación de infracciones y sanciones disciplinarias
d. Todas son correctas

793. Constituye una falta disciplinaria muy grave:

a. El acoso moral
b. El acoso sexual
c. Las respuestas A y B) son correctas
d. Ninguna de las respuestas son correctas

794. Cuando de la instrucción de un expediente disciplinario resulte la existencia de indicios fundados de criminalidad:

a. Se suspende su tramitación y se pone en conocimiento del Juzgado de Guardia
b. Se suspende su tramitación y se pone en

conocimiento del Ministerio Fiscal

c. Se pone en conocimiento del Ministerio Fiscal mientras se concluye la tramitación del procedimiento disciplinario

d. Se sobresee el expediente disciplinario y se trasladan las actuaciones al Juzgado de lo Penal

795. No es considerada falta disciplinaria muy grave, según el RDL:

a. El abandono del servicio
b. La publicación o utilización indebida de la documentación o información a que tengan o hayan tenido acceso por razón de su cargo o función
c. El incumplimiento del deber de respeto a la Constitución Europea y a los respectivos Estatutos de Autonomía en el ejercicio de la función publica
d. Toda actuación que suponga discriminación por razón de origen racial o étnico

796. La adopción de acuerdos manifiestamente ilegales por parte de un funcionario/a público constituirán falta disciplinaria muy grave cuando:

a. Causen perjuicio muy grave a la Administración
b. Causen perjuicio muy grave a los ciudadanos
c. Causen perjuicio grave a la Administración, a los ciudadanos y a los poderes públicos
d. Causen perjuicio grave a la Administración o a los ciudadanos

797. Incurrirá en falta muy grave el funcionario/a público que en la custodia de secretos oficiales actúe:

a. Con negligencia que provoque el conocimiento indebido de los mismos
b. Con culpa aunque no provoque la difusión de los secretos
c. Con premeditación
d. Las respuestas a) y b) son correctas

798. Para que el incumplimiento de las funciones esenciales inherentes al puesto de trabajo constituya falta disciplinaria muy grave debe ser:

a. Persistente   b. Evidente
c. Permanente   d. Notorio

799. La desobediencia abierta a las órdenes o instrucciones de un superior será falta disciplinaria muy grave, salvo que constituya:

a. Desviación de poder
b. Infracción manifiesta del ordenamiento jurídico
c. Falta grave
d. Notoria negligencia

800. El hecho de prevalerse de la condición de empleado público para obtener un beneficio indebido constituirá falta muy grave cuando dicho beneficio lo sea:

a. Para el propio empleado público
b. Para cualquier persona
c. Para el empleado público o cualquier otra persona que sea familiar de él
d. Para el empleado público o para otro

801. Las faltas graves del personal laboral al servicio de la Administración Pública se establecen:

a. En el Estatuto del Personal al servicio de las Administraciones Públicas
b. En los Convenios Colectivos
c. En las leyes autonómicas
d. En leyes generales

802. No es una circunstancia a tener en cuenta para la clasificación de las faltas disciplinarias en la categoría de graves:

a. El grado en que se haya vulnerado la legalidad
b. La gravedad de los daños causados al interés público
c. La categoría profesional del infractor
d. La gravedad de los daños causados a los bienes de los ciudadanos

803. El régimen aplicable a las faltas leves será establecido por:

a. Los Convenios Colectivos
b. Las Leyes de la Función Pública que se dicten en desarrollo del Estatuto Básico del Empleado Público
c. Los Reglamentos de desarrollo del Estatuto Básico del Empleado Público
d. Todas las respuestas son correctas

804. Las consecuencias que acarrea la imposición de la sanción de separación del servicio para un funcionario/a interino serán:

a. Las mismas que para un funcionario/a de carrera
b. La revocación de su nombramiento
c. El despido por causas imputables al trabajador
d. La inhabilitación para ser titular de un nuevo contrato

805. El despido disciplinario es una sanción que se impone:

a. Al personal laboral por la comisión de faltas muy graves
b. Al personal laboral por la comisión de faltas graves
c. Al personal funcionario/a por la comisión de faltas muy graves
d. Al personal laboral o funcionario/a interino por la comisión de faltas muy graves

806. La duración mínima que establece el RDL 5/2015 para la sanción de suspensión firme de funciones es de:

a. Seis meses   b. Dos años
c. Seis años   d. Ninguna

807. La sanción de demérito consiste en la penalización...

a. ...a efectos de retribución y promoción
b. ...a efectos de carrera y movilidad
c. ...a efectos de carrera, promoción o movilidad voluntaria
d. ...a efectos de retribuciones complementarias, vacaciones y pensión

808. ¿Cuál de las siguientes sanciones no se recoge explícitamente en el EBEP?

a. Apercibimiento
b. Deducción proporcional de haberes
c. Suspensión de empleo y sueldo
d. Traslado forzoso

809. Según el artículo 96.2, la declaración de despido improcedente del personal laboral fijo en el supuesto de expediente disciplinario por la comisión de una falta muy grave acarreará:

a. La readmisión
b. Un nuevo nombramiento
c. La suspensión de funciones
d. Las respuestas a) y b) son correctas

810. A los tres años prescriben las infracciones aplicables a los funcionarios/as públicos:

a. leves
b. graves
c. muy graves
d. Ninguna

811. Las sanciones impuestas a los funcionarios/as por faltas leves prescriben:

a. A los dos años
b. Al año
c. A los seis meses
d. Ninguna respuesta es correcta

812. El momento en que comienza a contarse el plazo de prescripción de las sanciones impuestas a los funcionarios/as públicos por la comisión de una falta disciplinaria:

a. Desde que la falta se hubiera cometido
b. Desde el cese de su comisión cuando se trate de faltas continuadas
c. Desde la firmeza de la resolución sancionadora
d. Las respuestas A) y B) son correctas

813. En los procedimientos disciplinarios aplicables a los funcionarios/as públicos:

a. Se podrán adoptar motivadamente medidas de carácter provisional para asegurar la eficacia de la resolución que pudiera recaer
b. Las fases instructora y sancionadora están encomendadas a los mismos órganos
c. La suspensión provisional como medida cautelar en la tramitación del expediente podrá exceder de 6 meses si se produce paralización imputable al interesado
d. Las respuestas a) y c) son correctas

814. El tiempo de duración de la suspensión de funciones de un funcionario/a cuando la misma no sea declarada firme se computará como:

a. De servicios especiales
b. De servicio activo
c. De suspensión provisional
d. De excedencia forzosa

815. El órgano competente en la Administración Local para la incoación de expedientes disciplinarios a funcionarios/as de carrera es:

a. El Pleno
b. La Junta de Gobierno Local
c. El Presidente/a
d. La comisión informativa de personal

816. El órgano competente en la administración local para el nombramiento de instructor/a en los expedientes disciplinarios a funcionarios/as de carrera es:

a. El Pleno
b. La Junta de Gobierno Local
c. El Presidente/a
d. La comisión informativa de personal

817. El órgano competente en la administración local para imponer sanciones a funcionarios/as como consecuencia de haber cometido una falta de carácter leve es:

a. El Pleno
b. La Junta de Gobierno Local
c. El Presidente/a
d. La comisión informativa de personal

818. El órgano competente en la administración local para imponer la sanción de suspensión de funciones a funcionarios/as de carrera como consecuencia de haber cometido una falta de carácter muy grave es:

a. El Pleno
b. La Junta de Gobierno Local
c. El Presidente/a
d. La comisión informativa de personal

819. El Reglamento de régimen disciplinario de los/as funcionarios/as de la Administración del Estado data de:

a. 1952
b. 1968
c. 1986
d. 1995

820. La responsabilidad disciplinaria de un funcionario/a se extingue por:

a. Muerte del funcionario/a
b. Prescripción de la falta
c. Indulto
d. Todos los supuestos anteriores

821. Los delitos que pueden cometer los/as funcionarios/as públicos se tipifican en:

a. El Código penal
b. La Ley Penal de la Función Pública, de 1964
c. La Ley 30/1984
d. La Ley Orgánica 1/1985

822. El funcionario/a que se negare abiertamente a dar el debido cumplimiento a resoluciones judiciales, puede ser constitutivo de un delito de:

a. Prevaricación
b. Cohecho
c. Desacato
d. Desobediencia

823. El funcionario/a público que a sabiendas sustrajere documentos cuya custodia le esté encomendada por razón de su cargo, puede cometer un delito de:

a. Robo
b. Hurto
c. Infidelidad en la custodia de documentos
d. Desobediencia

824. Las personas que con dádivas, presentes, ofrecimientos o promesas corrompieren o intentaren corromper a los funcionarios públicos, pueden estar cometiendo un delito de:

a. Malversación
b. Prevaricación
c. Cohecho
d. Tráfico de influencias

825. Cuando un funcionario/a cause a un particular daños indemnizables que generen responsabilidad patrimonial de la contemplada en la Ley 30/1992, éste ha de dirigirse a:

a. La Administración a la que sirve el funcionario/a
b. Directamente al funcionario/a
c. El Juzgado de Primera Instancia
d. A los dos primeros simultáneamente

826. Si la Administración indemnizase a un particular como consecuencia de daños producidos por un funcionario/a:

a. Debe incoar expediente sancionador contra el mismo
b. Podrá exigir a éste la responsabilidad correspondiente
c. Debe dar cuenta el Ministerio Fiscal
d. Solicitará al funcionario/a la mitad de lo abonado

827. La responsabilidad penal de los/as funcionarios/as se exige:

a. Igual que la civil
b. A través del procedimiento regulado en la Ley 30/1992
c. Una vez satisfecha la civil
d. Conforme a las normas penales

828. La protección social de los/as funcionarios/as de Administración Local, respecto de los de la Administración del Estado, según la Ley 7/1985, de 2 de abril, ha de ser:

a. Igual b. Menor
c. Distinta d. Parecida

829. La protección de la seguridad social de los funcionarios locales prevista en la Ley 7/1985 se gestionaba a su entrada en vigor por:

a. El I.N.S.S b. La MUFACE
c. La MUNPAL d. El I.N.P

830. La supresión de la MUNPAL se dispuso en:

a. La Ley 7/1985, de 2 de abril
b. El R.D.L. 781/1986, de 18 de abril
c. La Ley 23/1988, de 28 de julio
d. El R.D. 480/1993, de 2 de abril

831. Las pensiones de muerte y supervivencia que se causen a partir del 1 de abril de 1993 por los funcionarios integrados en el Régimen General de la Seguridad Social:

a. Se abonan conforme a las normas de la extinta MUNPAL
b. Se ven sometidas a una disminución del 0,5% como consecuencia del coste de integración
c. Se reconocen de acuerdo con las normas del Régimen General de la Seguridad Social
d. Se transforman en pensiones de viudedad y orfandad de la MUNPAL

832. ----

833. La incapacidad del trabajador, para que sea causa de suspensión del contrato de trabajo, ha de calificarse como:

a. Incapacidad temporal
b. Incapacidad habitual
c. Incapacidad permanente absoluta
d. Incapacidad permanente total

834. La suspensión tiene como efecto fundamental, según el art. 45 del Estatuto de los Trabajadores:

a. La exoneración de remunerar el trabajo
b. La exoneración de las obligaciones recíprocas de trabajar y remunerar el trabajo
c. Suprimir el puesto de trabajo del trabajador excedente
d. Permitir al trabajador reducir su jornada laboral a la mitad, como máximo

835. El incumplimiento del trabajador que faculta al empresario para despedirle disciplinariamente, ha de ser, según el Estatuto de los Trabajadores:

a. Manifiesto y grave
b. Grave y culpable
c. Grave y doloso
d. Gravoso y culpable

836. Las ofensas físicas o verbales del trabajador a familiares del empresario, para poder ser causa de despido disciplinario, ha de dirigirse a familiares:

a. Directos
b. Hasta el segundo grado de consanguinidad con el empresario
c. Que convivan con el empresario
d. Que trabajen en la misma empresa

837. La embriaguez o toxicomanía que permite al empresario despedir disciplinariamente al trabajador, ha de:

a. Ser manifiesta
b. Ser continuada
c. Acompañarse de agresiones verbales o físicas al empresario o a compañeros
d. Repercutir negativamente en el trabajo

838. El despido nulo tiene como efectos, a tenor del Estatuto de los Trabajadores:

a. El abono de una indemnización, pero sin readmisión
b. El abono de una indemnización y de los salarios de tramitación, pero sin readmisión
c. La readmisión o una indemnización, a elección del empresario, más el abono de los salarios de tramitación
d. La readmisión inmediata y el abono de los salarios de tramitación

Tema 17. Los contratos administrativos en la esfera local

839. El Reglamento General de la Ley de Contratos de las Administraciones Públicas, R.D. 1098/2001:

a. Continúa vigente en cuanto no se oponga al RDL 3/2011, de 14 de noviembre, por el que se aprueba el Texto Refundido de la Ley de Contratos del Sector Público
b. Fue derogado expresamente por la Ley de Contratos del Sector Público
c. Fue derogado expresamente por la Ley 7/07, de 12 de abril
d. Fue derogado por el R.D. 817/2009, de 8 de, que desarrolla parcialmente la Ley de 30/07, de Contratos del Sector Público

840. Los contratos administrativos:

a. No puede elevarse a escritura pública
b. Deben formalizarse en el plazo de quince días hábiles a contar desde el siguiente al de la notificación de la adjudicación
c. Ha de ir suscrito también por el Secretario de la Corporación
d. Carece de acceso a los registros públicos si no se eleva a escritura pública

841. La mesa de contratación en las Entidades Locales estará compuesta por:

a. Un Presidente/a y un Secretario
b. Un Presidente/a, un mínimo de tres vocales y un Secretario
c. Un Presidente/a, un Secretario y al menos cuatro vocales
d. Ninguna respuesta es correcta

842. La aprobación del pliego de cláusulas administrativas particulares en una Corporación Local irá precedida, según el RDL 3/2011, del informe de:

a. La Intervención General del Estado
b. La Junta Consultiva de Contratación Administrativa
c. El Secretario de la entidad y del Interventor/a
d. La Junta de Gobierno

843. La prerrogativa de interpretación de los contratos administrativos se reconoce por el RDL 3/2011 a:

a. La Administración General del Estado
b. La Administración de las Comunidades Autónomas
c. Los entes que integran la Administración Local
d. Al órgano de contratación

844. La competencia para otorgar la Clasificación de las empresas, según el RDL 3/2011, corresponde a:

a. Cada entidad local
b. A las Diputaciones Provinciales
c. A la Junta Consultiva de Contratación Administrativa del Estado
d. Todos los anteriores

845. La contratación administrativa de los Organismos Autónomos se rige por:

a. La Ley de su creación
b. Sus propias normas
c. El RDL 3/2011
d. La Ley 50/1997

846. Cual de estos contratos no está sujeto a regulación armonizada:

a. Contrato de colaboración entre el sector público y el sector privado
b. Contrato de obra
c. Contrato de Gestión de Servicios Públicos
d. Todas las respuestas son correctas

847. Están excluidos del ámbito de aplicación del RDL 3/2011, los contratos que celebre la Administración relativos a:

a. Suministros
b. Gestión de servicios públicos
c. La relación de servicio de los funcionarios públicos y personal de carácter laboral
d. De obras

848. Uno de los límites al principio de libertad de pactos en los contratos que celebre la Administración Pública, consignados expresamente en el art. 25 del RDL 3/2011 es el de que no vayan en contra de:

a. El derecho de los particulares
b. La moral
c. La buena fe
d. El interés público

849. Los contratos administrativos especiales se rigen preferentemente por:

a. Sus normas específicas
b. El RDL 3/2011
c. El derecho privado
d. El derecho administrativo no contractual

850. Para conocer de las controversias entre las partes de un contrato administrativo es competente el orden jurisdiccional:

a. Depende de qué controversia se trate
b. El contencioso-administrativo
c. El civil
d. El de conflictos

851. En materia de recusación del personal que intervenga en los procedimientos de contratación administrativa, habrá que entender aplicable las prescripciones que sobre ello contiene:

a. La Ley 30/1992   b. El RDL 3/2011
c. La Ley 30/1984   d. La Ley 9/1987

852. Es característica básica del precio en los contratos administrativos, según el RDL 3/2011, su:

a. Idoneidad   b. Certeza
c. Igualdad   d. Indeterminación

853. Para estar incurso en causa de prohibición para contratar con las Administraciones Públicas por declaración de concurso, es preciso que éste:

a. Haya sido solicitado
b. Haya sido declarado insolvente en cualquier procedimiento
c. Estar sujeto a intervención judicial
d. Cualquiera de las anteriores

854. Un empresario no podrá contratar con las Administraciones Públicas cuando no se encuentre al corriente de:

a. Sus obligaciones tributarias
b. Sus obligaciones de seguridad social
c. Las dos anteriores
d. Cualquier clase de obligación

855. En el ámbito de la contratación administrativa de las entidades locales, las clasificaciones de los contratistas:

a. Se decidirán por el Pleno
b. Serán las acordadas por la Junta Consultiva de contratación administrativa del Estado o por los órganos competentes de la Comunidad Autónoma respectiva
c. Se decidirán por la Junta Local de contratación
d. No es exigible clasificación para contratar con las entidades locales

856. Dentro de las normas que disciplinan la contratación administrativa, ¿existe algún límite para modificar los contratos con independencia de lo previsto en los correspondientes pliegos?

a. No, puesto que las modificaciones se pueden introducir por razones de interés público
b. No, puesto que las modificaciones se pueden introducir para atender a causas imprevistas
c. Sí, cuando, entre otros supuestos, se adicionen prestaciones complementarias a las inicialmente contratadas
d. Habrá que estar a lo que ese establezca en los correspondientes pliegos

857. El importe de la garantía provisional en los contratos administrativos no podrá ser superior al:

a. 2% del presupuesto del contrato
b. 5% del presupuesto del contrato
c. 4% del presupuesto del contrato
d. 3% del presupuesto del contrato

858. En materia de preferencias en la ejecución de garantías en la contratación administrativa, según el RDL 3/2011:

a. Rige el Código Civil
b. Tiene preferencia la Hacienda Pública
c. Tienen preferencia los trabajadores del contratista
d. Tiene preferencia la Administración contratante

859. Los pliegos de cláusulas administrativas particulares contendrán:

a. La autorización del gasto
b. La firma del contratista
c. Los pactos y condiciones del contrato
d. El visto bueno del Secretario

860. Las Administraciones Públicas facilitarán copias de los pliegos o condiciones de los contratos a:

a. La Junta Consultiva de Contratación Administrativa
b. Los antiguos contratistas de la propia Administración
c. Todos los interesados que lo soliciten
d. El Consejo de Estado

861. Salvo las excepciones previstas en el RDL 3/2011, es requisito previo y necesario para la formalización de los contratos administrativos:

a. La aportación de la escritura social
b. La declaración jurada de veracidad de los datos aportados por el contratista
c. Que se produzca la adjudicación
d. El pago de los impuestos exigibles

862. En los contratos administrativos de obras se podrán adjudicar al contratista principal, por procedimiento negociado, obras complementarias que no figuren en el proyecto ni en el contrato de obras pero que debido a una circunstancia que no pudiera haberse previsto por un poder adjudicador diligente pasen a ser necesarias para ejecutar la obra tal y como estaba descrita en el proyecto o en el contrato sin modificarla:

a. Siempre que el importe acumulado no supere el 25% del importe primitivo del contrato
b. Siempre que el importe acumulado no supere el 50% del importe primitivo del contrato
c. Siempre que el importe acumulado no supere el 30% del importe primitivo del contrato
d. Deberá seguirse el procedimiento utilizado para el contrato inicial

863. El único supuesto de excepción de la obligación de tramitación de expediente administrativo de contratación es:

a. El contrato fruto del procedimiento negociado
b. Los contratos menores
c. En los expedientes de contratación de emergencia
d. Los contratos de suministro

864. En un contrato de servicios, ¿podrá adjudicarse al contratista principal, a través del procedimiento de adjudicación directa, servicios complementarios que no figuren en el proyecto ni en el contrato, pero que debido a una circunstancia imprevista pasen a ser necesarios para ejecutar el servicio tal y como estaba descrito en el proyecto o contrato sin modificarlo?

a. Si, siempre que el importe acumulado no supere el 50% del importe primitivo del contrato
b. Si, siempre que el importe acumulado no supere el 25% del importe primitivo del contrato
c. Si, siempre que el importe acumulado no supere el 30% del importe primitivo del contrato
d. Ninguna respuesta es correcta

865. ¿Qué ocurre con los contratos administrativos en los casos de fusión de empresas en los que participe la sociedad contratista?

a. Se procederá a la liquidación del contrato y a una nueva adjudicación
b. Se deberá llevar a cabo un acto administrativo de adjudicación directa a la nueva empresa resultante
c. Continuará el contrato vigente con la entidad absorbente o con la resultante de la fusión
d. Vicia de nulidad el contrato por incapacidad sobrevenida del contratista

866. En el expediente de contratación administrativa, a tenor del RDL 3/2011, se recogerán:

a. Las alegaciones de los contratistas
b. Las ofertas de los licitadores
c. La adjudicación del contrato
d. Las prescripciones técnicas del contrato

867. El fraccionamiento del objeto de un contrato administrativo se permite por el RDL 3/2011, además de cuando lo permita una Ley:

a. Para disminuir la cuantía del mismo y eludir el procedimiento de adjudicación
b. Cuando el objeto del contrato admita fraccionamiento
c. Para elegir la forma de adjudicación
d. Para eludir el requisito de publicidad

868. En el procedimiento restringido de contratación administrativa pueden participar:

a. Todos los empresarios interesados que tengan la oportuna clasificación y lo soliciten
b. Los empresarios seleccionados por la Administración previa solicitud de los mismos
c. Los empresarios libremente elegidos por la Administración, sin que lo soliciten
d. Los empresarios que lo deseen, siempre que no estén incursos en causa de incapacidad o prohibición para contratar

869. En el procedimiento abierto, cuando el único criterio a considerar sea el precio, el contrato administrativo se adjudicará a:

a. El licitador que haga la proposición más ventajosa en su conjunto
b. El licitador con el que la Administración llegue a un acuerdo, dentro de los límites económicos del pliego
c. El licitador que haya presentado la oferta económicamente más ventajosa
d. El licitador que ofrezca mejores condiciones en su conjunto, ofreciendo mayor precio

870. Los órganos de contratación utilizarán normalmente como formas de adjudicación de los contratos administrativos:

a. El procedimiento abierto
b. El procedimiento restringido
c. El diálogo competitivo
d. Las respuestas A) y B)

871. En el procedimiento abierto, la Mesa de Contratación, según el RDL 3/2011, procederá en acto público a:

a. Adjudicar el contrato al mejor postor
b. Entrevistar a los licitadores sobre sus condiciones de solvencia técnica y económica
c. Apertura y examen de las proposiciones
d. Valorar las condiciones de cada licitador, según el baremo contenido en el pliego

872. En supuestos de escisión, aportación o transmisión de empresas o ramas de actividad de una empresa contratista, ¿qué ocurre con los contratos administrativos en vigor?

a. Continuará con la entidad a la que se atribuya el contrato, siempre que tenga la solvencia exigida al acordarse la adjudicación

b. Se deberá llevar a cabo un acto administrativo de adjudicación directa a la nueva empresa resultante
c. Se procederá a su adjudicación a la nueva empresa a través de un procedimiento restringido
d. Vicia de nulidad el contrato por incapacidad sobrevenida del contratista

873. Cuando se utilice el procedimiento negociado será necesario solicitar la oferta de empresas capacitadas al menos de:

a. Dos   b. Tres   c. Cuatro.   d. Cinco

874. Los daños y perjuicios que el contratista causa a terceros como consecuencia de las operaciones que requiera la ejecución del contrato de obras:

a. Correrán a cargo de la Administración contratante
b. Correrán a cargo del contratista, salvo excepciones
c. Debe reclamarlos directamente a la jurisdicción competente
d. No son indemnizables

875. El pago del precio en los contratos administrativos:

a. Se hará siempre de forma total al finalizar el contrato
b. Se hará siempre parcialmente mediante abonos a buena cuenta
c. Podrá hacerse de manera total o parcialmente, mediante abonos a cuenta
d. Se hará siempre de forma fraccionada

876. En supuestos de demora en el pago de los contratos administrativos superior a cuatro meses, el contratista:

a. Tendrá derecho a percibir abonos a cuenta por el importe de los trabajos de los tres meses siguientes
b. No puede acordar la suspensión de forma unilateral al prevalecer el interés público
c. Podrá proceder a la suspensión del contrato con el reconocimiento de los derechos que puedan derivarse de la misma, si la comunica con tres meses de antelación
d. Podrá proceder a la suspensión del contrato con el reconocimiento de los derechos que puedan derivarse de la misma, si la comunica con un mes de antelación

877. El plazo de demora en el abono del precio del contrato que habilita al contratista para instar la suspensión del cumplimiento de sus obligaciones, según el RDL 3/2011, es superior a:

a. Tres meses
b. Cuatro meses
c. Seis meses
d. Un año

878. El plazo de demora en el abono del precio del contrato que da derecho al contratista a resolver el contrato, según el RDL 3/2011, es superior a:

a. Cuatro meses   b. Ocho meses
c. Seis meses   d. Un año

879. Los contratos administrativos se extinguen, según el RDL 3/2011, por:

a. Cumplimiento o por resolución
b. Caducidad o por cumplimiento
c. Pago o por cumplimiento
d. Resolución o por nulidad

880. La responsabilidad del contratista en los contratos administrativos quedará extinguida generalmente:

a. Una vez entregado o realizado el objeto del contrato
b. Una vez se recepcione o dé el conforme por la Administración contratante
c. Una vez transcurra el plazo de garantía que se fije
d. Cuando la Intervención de la Administración compruebe la inversión

881. La subcontratación en los contratos administrativos requiere, entre otros requisitos previstos en el RDL 3/2011:

a. Que las prestaciones parciales que el adjudicatario subcontrate con terceros no excedan del 60% del presupuesto del contrato
b. Que se autorice siempre con carácter previo por el órgano de contratación
c. Que el adjudicatario lo comunique anticipadamente y por escrito a la Administración contratante
d. Que se dé en contratos concertados intuitu personae

882. A los efectos de elaboración de los proyectos en el contrato administrativo de obras, uno de los grupos en que se clasifican las obras es:

a. Mayores   b. De nueva planta
c. De demolición d. Nuevas

883. Aprobado el proyecto y previamente a la tramitación del expediente de contratación de una obra, se procederá a:

a. Fiscalizar el gasto
b. Comprobar la legalidad del gasto
c. Efectuar el replanteo del proyecto
d. Redactar las instrucciones técnicas

884. Cuando la contraprestación del adjudicatario de un contrato administrativo consista en el derecho a explotar una obra, estamos en presencia del denominado por el RDL 3/2011:

a. Contrato de obra pública
b. Contrato de explotación de obras públicas
c. Contrato de concesión de obras públicas
d. Contrato de concesión demanial

885. Las certificaciones que a efectos del pago ha de expedir la Administración en el contrato administrativo de obras, salvo prevención en contrario en el pliego de cláusulas administrativas, tendrán carácter:

a. Semanal
b. Quincenal. c) Mensual. d) Bimensual

886. A la recepción de las obras, en el contrato de obras, concurrirá preceptivamente:

a. Un representante de la Intervención de la Administración
b. Un representante de la Junta Consultiva de Contratación Administrativa
c. Un facultativo designado por el contratista
d. El facultativo encargado de la dirección de las obras

887. En el contrato administrativo de obras el plazo, contado desde la recepción de la obra y una vez expirado el plazo de garantía, en el que el contratista responde por vicios ocultos es de:

a. Un año   b. Seis años
c. Diez años d. Quince años

888. Los contratos de colaboración que celebre la Administración con empresarios para ejecución de obras en el supuesto de obras ejecutadas por la propia Administración, según el RDL 3/2011:

a. Son contratos administrativos de obras
b. Son contratos de derecho privado
c. Son contratos administrativos especiales
d. Son contratos administrativos de servicios

889. La duración máxima, incluidas prórrogas, de los contratos administrativos de gestión de servicios públicos que comprendan la ejecución de obras y la explotación de servicios públicos se fija por el RDL 3/2011 en:

a. 50 años   b. 75 años
c. 99 años   d. 100 años

890. La adquisición y el arrendamiento de equipos y sistemas para el tratamiento de la información por parte de la Administración es un típico contrato de:

a. Obra   b. Concesión
c. Suministro   d. Servicios

891. En los contratos administrativos de suministro que tengan por objeto el arrendamiento la prórroga expresa no podrá extenderse a un período superior a:

a. Un año
b. La mitad del contrato inmediatamente anterior
c. Un tercio del contrato inmediatamente anterior
d. Dos años

892. La regla general en lo que respecta al procedimiento de adjudicación del contrato administrativo de suministro, cuando el precio no es el único factor determinante de la adjudicación, es:

a. La subasta
b. El concurso
c. El procedimiento abierto con varios criterios de adjudicación
d. El restringido

893. Salvo pacto en contrario, los gastos de entrega y transporte de los bienes objeto del contrato administrativo de suministro al lugar convenido serán de cuenta:

a. Del contratista
b. De la Administración
c. De ambos por mitad
d. Un 25% a cargo de la Administración y un 75% a cargo del contratista

894. No es causa de resolución del contrato administrativo de suministro:

a. El mutuo acuerdo entre la Administración y el contratista
b. La declaración de concurso o la declaración de insolvencia en cualquier otro procedimiento
c. C La demora en el pago por parte de la Administración por plazo superior a 4 meses
d. El desistimiento de la Administración

895. Los contratos que tengan por objeto elaborar proyectos de carácter técnico se califican por el RDL 3/2011 como contratos de:

a. Suministros
b. Trabajos específicos y concretos no habituales
c. Mixtos
d. Servicios

896. Los contratos que tengan por objeto el mantenimiento de bienes, equipos e instalaciones se califican por el RDL 3/2011 como contratos de:

a. Suministro
b. Obras
c. Servicios
d. Gestión de servicios públicos

897. Los contratos que tengan por objeto programas de ordenador desarrollados a medida para la Administración se califican por el RDL 3/2011 como contratos de:

a. Suministros
b. Trabajos específicos y concretos no habituales
c. Servicios
d. Mixtos

898. Los contratos administrativos de Servicios tendrán la consideración de contratos menores cuando su cuantía no exceda (IVA excluido) de:

a. 60.000 euros
b. 9.015,18 euros.-
c. 18.000 euros.-
d. 15.025,30 euros.-

Tema 18.
El presupuesto de las entidades locales. Elaboración, aprobación y ejecución presupuestaria. Su control y fiscalización

899. En relación con el presupuesto de las Entidades Locales, no se imputarán a él, de acuerdo con lo establecido en el art. 163 del Texto Refundido de la Ley Reguladora de las Haciendas Locales:

a. Las obligaciones reconocidas durante el año natural de su vigencia
b. Los derechos liquidados en el año natural de su vigencia
c. Las obligaciones reconocidas durante el mes de enero siguiente al año natural de vigencia, correspondientes a gastos realizados con anterioridad
d. Los derechos liquidados en el año natural, cualquiera que sea el periodo de que deriven

900. La adaptación de las disposiciones generales en materia presupuestaria a la organización y circunstancias de la propia Entidad Local, se contendrá:

a. En la Memoria que ha de acompañarse a los Presupuestos de la Entidad Local
b. En el Estado de Ingresos
c. En el Estado de Gastos
d. En las Bases de Ejecución del Presupuesto

901. Al Presupuesto General de una Entidad Local, según dispone el art. 166 del Texto Refundido de la LRHL, se unirán una serie de anexos, entre los que no se encuentra:

a. Los Planes de Programas de Inversión y Financiación formulados por los Municipios y demás Entidades Locales de ámbito supramunicipal
b. Los Programas anuales de actuación, in-

versiones, y financiación de las Sociedades Mercantiles de cuyo capital social sea titular único o partícipe mayoritario la Entidad Local

c. El estado de consolidación del Presupuesto de la propia Entidad con el de todos los presupuestos y estado de previsión de sus organismos autónomos

d. El estado de ingresos y gastos de las Sociedades Mercantiles de capital exclusivo de la Entidad Local

902. Los Planes y Programas de inversión que formulen los Municipios y se incorporen como anexo al presupuesto se efectuarán, según dispone el art. 166 del Texto Refundido de la LRHL, para el plazo de:

a. Vigencia del Presupuesto
b. Cuatro años
c. Dos años
d. Cinco años

903. Los Estados de Gastos de los Presupuestos Generales de las Entidades Locales aplicarán la clasificación:

a. Por Programas, Económica y Orgánica
b. Orgánica y por Programas
c. Económica y Orgánica
d. Por Programas y Económica

904. La clasificación Económica a nivel de gastos se dividen con carácter general, sin perjuicio de la ampliación prevista en el art. 167 del Texto Refundido de la LRHL, en tres niveles, a saber:

a. Partida, Artículo y Concepto
b. Concepto, Subconcepto y Artículo
c. Artículo, Capítulo y Partidas
d. Concepto, Artículo y Capítulo

905. La clasificación por programas del Estado de Gastos se divide con carácter general en tres niveles, sin perjuicio de la ampliación, en ciertos casos, prevista en el Texto Refundido de la LRHL. Estos tres niveles son:

a. Concepto, Política de Gasto y Grupo de Programa
b. Capítulo, Programa y Política de Gasto
c. área de Gasto, Política de Gasto y Grupo de Programa
d. Artículo, Programa y Subprograma

906. La norma que regula la estructura Presupuestaria de las Entidades Locales es:

a. El RD 500/1990 de 15 de mayo
b. El RD 500/1990 de 10 de septiembre
c. La Orden de 20 de septiembre de 1989
d. La Orden de 3 de diciembre de 2008

907. La norma que regula la Estructura de los presupuestos de las Entidades Locales establece seis áreas para el Estado de Gastos, entre los que no se encuentra:

a. Servicios públicos básicos
b. Actuaciones de carácter económico
c. Transferencias a Administraciones Públicas
d. Deuda pública

908. De acuerdo con la Clasificación que se efectúa del Estado de Gastos del Presupuesto General de una Entidad Local, la interrogante ¿EN qué se gasta? se responde con la Clasificación:

a. Orgánica
b. Por Programas
c. Económica
d. Por área de Gastos

909. De acuerdo con la Clasificación que se efectúa del Estado de Gastos del Presupuesto General de una Entidad Local, la interrogante ¿PARA qué se gasta? se responde con la Clasificación:

a. Orgánica
b. Por Programas
c. Económica
d. Por área de Gastos

910. En el Estado de Gastos del Presupuesto General de una Entidad Local, las operaciones corrientes abarcarán:

a. Capítulos I a IV
b. Capítulos I, II, III y V
c. Capítulos I a VI
d. Capítulos I a V

911. En el Estado de Ingresos del Presupuesto General de una Entidad Local, las operaciones corrientes abarcarán:

a. Capítulos I a IV
b. Capítulos I, II, III y V
c. Capítulos I a VI
d. Capítulos I a V

912. En el Estado de Gastos del Presupuesto General de una Entidad Local, y dentro de la clasificación económica, el Capítulo III se refiere a:

a. Transferencias corrientes
b. Inversiones reales
c. Gastos financieros
d. Gastos en bienes corrientes y servicios

913. En el Estado de Gastos del Presupuesto General de una Entidad Local, y dentro de la clasificación económica, el Capítulo IV se refiere a:

a. Transferencias corrientes
b. Inversiones reales
c. Gastos financieros
d. Gastos en bienes corrientes y servicios

914. En el Estado de Ingresos de una Entidad Local y dentro de la clasificación económica, "Los Pasivos Financieros" se incluyen en el Capítulo:

a. V   b. IX   c. III.   d. VIII

915. En el Estado de Ingresos de una Entidad Local y dentro de la clasificación económica "Los Ingresos Patrimoniales" se incluyen en el Capítulo:

a. V
b. IX
c. III. d) VIII

916. El Presupuesto de las Entidades Locales será formado por:

a. El Interventor/a
b. El Presidente/a
c. El Tesorero/a
d. La Unidad de Gestión Presupuestaria

917. Al Presupuesto formado de una Entidad Local, debe unirse una serie de documentación entre la que no se encuentra:

a. Anexo de las Inversiones a realizar durante el ejercicio
b. Liquidación del Presupuesto del ejercicio anterior
c. Avance de la liquidación del Presupuesto corriente, referida, al menos, a seis meses del mismo
d. Anexo del personal de las sociedades mercantiles dependientes de la Entidad Local

918. El Presupuesto de cada uno de los Organismos Autónomos que integran el Presupuesto General de la Entidad Local, una vez aprobado por el órgano competente, será remitido a la Entidad Local de la que dependa antes del:

a. 1 de julio
b. 15 de septiembre
c. 15 de mayo
d. 1 de junio

919. Las Sociedades Mercantiles, incluso de aquellas en cuyo capital sea mayoritaria la participación de la Entidad Local, remitirá a ésta sus previsiones de ingresos y gastos a fin de que se integre en el Presupuesto General antes del:

a. 1 de julio
b. 15 de septiembre
c. 15 de mayo
d. 1 de junio

920. El Proyecto de Presupuesto General de la Entidad Local deberá ser remitido al Pleno de la Corporación para su aprobación, enmienda o devolución antes del:

a. 1 de septiembre
b. 31 de octubre
c. 15 de octubre
d. 30 de septiembre

921. Aprobado inicialmente el Presupuesto General de una Entidad Local de nuestra Comunidad Autónoma, éste habrá de exponerse al público previo anuncio en el:

a. BOJA Y BOP
b. BOJA, BOP y uno de los diarios de mayor circulación en el término municipal
c. BOP
d. BOP y uno de los diarios de mayor circulación en el término municipal

922. El plazo durante el cual estará expuesto al público el Presupuesto General de una Entidad Local, durante los cuales los interesados podrán presentar reclamaciones, será de:

a. Un mes
b. Treinta días
c. Quince días
d. Veinte días

923. El plazo de que dispone el Pleno para resolver las reclamaciones presentadas durante el plazo de exposición al público sobre la aprobación inicial del Presupuesto General será de:

a. Un mes
b. Treinta días
c. Quince días
d. Veinte días

924. Copia del Presupuesto y sus modificaciones deberán hallarse a disposición del público a efectos informativos, desde su aprobación definitiva:

a. Por un plazo de tres meses
b. Quince días
c. Un mes
d. Ninguna de las respuestas es correcta

925. Aprobado definitivamente el Presupuesto General de una Entidad Local, éste habrá de publicarse, sin perjuicio de otros lugares previstos en el art. 169 del TRLRHL, en el Boletín Oficial de la Provincia, resumido, cada uno de los presupuestos que lo integren, por:

a. Artículos
b. Partidas
c. Capítulos
d. Conceptos

926. Establece el art. 165.3 del Texto Refundido de la LRHL que los derechos liquidados y las obligaciones reconocidas se aplicarán a los Presupuestos por su importe íntegro, quedando prohibido atender obligaciones mediante minoración de los derechos a liquidar o ya ingresados, salvo que la Ley lo autorice de modo expreso, si bien se exceptúan de lo anterior:

a. Las cantidades destinadas a atender inversiones subvencionadas por otra u otras Administraciones
b. Los créditos destinados a atender los gastos de personal
c. Las devoluciones de ingresos declarados indebidos por Tribunal o Autoridad Competente
d. Los créditos que hayan de habilitarse con ocasión de dar cumplimiento a una resolución judicial

927. En relación con el principio de equilibrio presupuestario que rige para los Presupuestos de las Entidades Locales, no es correcto afirmar:

a. La aprobación sin déficit inicial afecta a todos los Presupuestos que integran el Presupuesto General
b. Todo incremento en los créditos presupuestarios deberán ser compensados en el mismo acto en que se acuerde
c. Todo decremento en las previsiones de ingreso deberá ser compensado en el mismo acto en que se acuerde
d. Cualquier déficit que pueda producirse en algunos de los presupuestos que integran el Presupuesto General, obligará a tomar las medidas, en éste último, tendentes a cerrar el ejercicio económico con un Presupuesto General equilibrado

928. Remitido a la Intervención el Presupuesto General de la Entidad Local a fin de que sea informado, se concederá para ello un plazo:

a. Superior a 15 días
b. Inferior a 15 días
c. Superior a 10 días
d. Inferior a 10 días

929. Si antes del correspondiente ejercicio económico no se hubiese aprobado el Presupuesto General de la Entidad Local:

a. Habrá de tomarse acuerdo expreso en el sentido de prorrogar el Presupuesto del ejercicio anterior
b. El Presupuesto prorrogado no podrá ser objeto de modificaciones presupuestarias
c. Sólo se puede prorrogar el Presupuesto hasta el límite global de sus créditos iniciales como máximo, por lo que no serán prorrogables las modificaciones de crédito de que hayan sido objeto
d. El Pleno de la Corporación habrá de ajustar a la baja los créditos iniciales del Presupuesto anterior a fin de obtener el Prorrogado

930. A los efectos de poder presentar reclamaciones durante el periodo de exposición al público del Presupuesto General de la Entidad Local, no tendrán la consideración de interesados:

a. Los que habiten en el territorio de la respectiva Entidad Local
b. Los que sin habitar en el término de la Entidad Local, resulten directamente afectados
c. Los Colegios Oficiales cuando actúen en defensa de los que les son propios
d. Todos los sujetos expuestos tienen la consideración de interesados a los efectos expuestos en la pregunta

931. El Texto Refundido de la LRHL establece taxativamente los motivos por los que podrán establecerse reclamaciones contra el Presupuesto General de una Entidad Local.

Entre dichos motivos NO se encuentra:

a. Por no haberse ajustado su elaboración a los trámites legales
b. Por no atender obligaciones exigibles a la Entidad Local
c. Por no haberse ajustado su aprobación a los trámites legales
d. Por considerar que los créditos previstos en el Estado de ingresos no serán suficientes para alcanzar un determinado nivel de calidad en ciertos servicios

932. **Contra la aprobación definitiva del Presupuesto General de una Entidad Local:**

a. Se podrá interponer Recurso Contencioso-Administrativo
b. Solo se podrá interponer Recurso de Reposición
c. Deberá de interponerse Recurso de Alzada
d. Se interpondrá Recurso de Revisión ante el Pleno de la Corporación

933. **Recurrido el Presupuesto General de una Entidad Local, establece el art. 171 del Texto Refundido de la LRHL:**

a. Que se podrá solicitar informe del Tribunal de Cuentas antes de resolver
b. Que habrá de informar previamente al Tribunal de Cuentas, antes de su resolución
c. Que sólo cuando la impugnación afecte o se refiera a la nivelación presupuestaria, habrá de informar el Tribunal de Cuentas previamente a la resolución del recurso
d. Ninguna de las respuestas es correcta

934. **No es correcto afirmar, respecto a los créditos autorizados para gastos en el Presupuesto General de la Entidad Local, que:**

a. Será nulo todo acuerdo por el que se adquieran compromisos de gastos en cuantía superior al importe de los créditos autorizados en el estado de gastos
b. Los créditos autorizados tienen carácter limitativo y vinculante
c. Con cargo a los créditos del Estado de gastos de cada Presupuesto sólo se podrán contraer obligaciones derivadas de gastos en general que se realicen en el año natural del propio ejercicio presupuestario
d. Se podrán aplicar a los créditos del Presupuesto vigente, en el momento de su reconocimiento, las obligaciones derivadas de las adquisiciones de bienes corrientes que no se hubiesen podido realizar en el ejercicio anterior

935. **Las Entidades Locales podrán establecer en las bases de ejecución del Presupuesto la vinculación de los créditos, por lo que cuando lo sea en los niveles de desarrollo por programas el nivel de vinculación será por:**

a. Grupo orgánico
b. Capítulo
c. Concepto
d. Ninguna de las respuestas es correcta

936. **Las Entidades Locales podrán establecer en las bases de ejecución del Presupuesto la vinculación de los créditos, que cuando lo sea en los niveles de desarrollo económico el nivel de vinculación máximo será por:**

a. Grupo orgánico
b. Capítulo
c. Concepto
d. Ninguna de las respuestas es correcta

937. **Los créditos consignados en el Presupuesto de gastos de una Entidad Local podrán encontrarse en la situación de:**

a. Créditos no disponibles
b. Créditos retenidos pendientes de utilización
c. Créditos disponibles
d. Pueden estar en cualquiera de las situaciones enumeradas en los apartados anteriores

938. **En cuanto a las obligaciones de pago exigibles de la Hacienda Local:**

a. El cumplimiento de las resoluciones judiciales que determinen los jueces a cargo de las Entidades Locales, incumbe a aquellos adoptar a tal efecto las medidas pertinentes en caso de inejecución
b. Con el fin de asegurar el cumplimiento de sus obligaciones, los Jueces podrán exigir a las Haciendas Locales el depósito de ciertas cantidades
c. Sólo serán exigibles cuando resulten de la ejecución de sus respectivos presupuestos o de sentencia judicial firme
d. Ninguna de las respuestas es correcta

939. **El art. 173 del Texto Refundido de la LRHL prevé que notificada una sentencia judicial que imponga una obligación a una Entidad Local, si hubiese de modificarse el Presupuesto para hacer frente a la misma, la autoridad administrativa encargada de la ejecución del Presupuesto deberá solicitar al órgano competente de la Corporación tramitar la oportuna modificación en el plazo, contado a partir del siguiente a la notificación, de:**

a. Quince días
b. Treinta días
c. Tres meses
d. No se establece ningún plazo

940. **En relación con el Presupuesto General de las Entidades Locales, podemos decir que una retención de crédito:**

a. Es un acto por el cual el órgano competente de la Corporación aprueba un gasto con cargo a un crédito del estado de gastos
b. Es un acto por el cual, en la aprobación del Presupuesto, se vinculan determinados gastos al estado de ingresos
c. Es un acto por el cual se emite un certificado de existencias de saldo para autorizar un gasto, produciéndose una reserva para dicho gasto
d. Supone una reserva de crédito, a nivel de Capítulo, por lo que se acuerda por el Presidente/a de la Corporación la utilización de Créditos para atender a gastos futuros

941. **La expedición de certificaciones sobre existencia de créditos en el Estado de Gastos del Presupuesto de una Corporación Local corresponde al:**

a. Tesorero/a
b. Interventor/a
c. Presidente/a
d. órgano que tenga a su cargo la gestión de los Créditos

942. **La declaración de no disponibilidad de créditos del Estado de Gastos del presupuesto General de una Entidad Local corresponde efectuarla:**

a. Al Presidente/a de la Corporación
b. Al Pleno
c. Al Interventor/a
d. Al Tesorero/a

943. La articulación de las modificaciones de Crédito en los Presupuestos de Gastos de las Entidades Locales se efectúan a través de una serie de modalidades entre los que no se encuentra:

a. Bajas por anulación
b. Transferencias de ingresos
c. Créditos extraordinarios
d. Incorporación de remanente de crédito

944. No es una nota propia de los créditos extraordinarios que supongan una modificación presupuestaria:

a. Asignar crédito para la realización de un gasto específico
b. Que no exista crédito presupuestado
c. Que el gasto que se pretende atender no pueda demorarse hasta el ejercicio siguiente
d. Que no cabe acudir al Remanente líquido de Tesorería para su financiación

945. Se puede decir del Suplemento de Crédito, en cuanto a medios a utilizar ante una modificación presupuestaria:

a. Que se utilizará ante la falta de crédito presupuestado para atender el gasto
b. Que no supone alterar la cuantía del Presupuesto de gastos
c. Que deberá estar previsto en las base de ejecución del Presupuesto para que puedan llevarse a cabo
d. Que atiende a gastos que no se pueden demorar al ejercicio siguiente

946. No cabe financiar, salvo excepciones, los suplementos de crédito a los que se haya acudido para atender gastos de operaciones corrientes que no pueden demorarse con:

a. Anulaciones de créditos de otras partidas del Presupuesto vigente no comprometidas
b. Operaciones de Créditos
c. Nuevos ingresos efectivamente recaudados salvo los previstos en algún concepto del Presupuesto Corriente
d. Cargo al Remanente líquido de Tesorería

947. La incoación de los expedientes de concesión de créditos extraordinarios se efectuará:

a. Por orden del Presidente/a de la Corporación
b. Por Acuerdo del Pleno de la Corporación
c. A instancias del Interventor/a
d. A instancia de cualquier miembro de la Corporación

948. Para que pueda financiarse con una operación de crédito, un crédito extraordinario destinado a gasto corriente, expresamente declarado necesario y urgente es preciso que en ésta se den conjuntamente una serie de condiciones, entre las que no se contemplan por el art. 36 del R.D. 500/1990:

a. Que su importe total anual no supere el 5% de los recursos del Presupuesto de la Entidad
b. Que la carga financiera total de la Entidad, incluida la derivada de las operaciones en tramitación, no supere el 25% de los recursos del Presupuesto de la Entidad
c. Que las operaciones queden canceladas antes de que se proceda a la renovación de la Corporación que las concierte
d. Todas ellas están contempladas en el R.D. 500/1990 como condición para la realización de la operación de crédito que lo financiará

949. Se puede definir la ampliación de crédito como la modificación presupuestaria:

a. Que aumente el crédito presupuestado de una partida de gasto mediante la correlativa disminución de otra
b. Mediante la cual se dota de crédito a una partida de gasto no prevista en el Presupuesto
c. Que incremente el Presupuesto de gastos a través de un aumento de crédito de una partida ampliable determinada así en las Bases de Ejecución del presupuesto
d. Ninguna de las respuestas es correcta

950. En relación con las transferencias de créditos es correcto afirmar:

a. Que afectarán a los créditos ampliables
b. En todo caso la aprobación de las transferencias de crédito entre distintos grupos de función corresponde al Presidente/a de la Corporación, salvo cuando afecten a créditos de personal
c. Supone una modificación del presupuesto de gastos mediante la que, sin alterar la cuantía total del mismo, se imputa el importe total o parcial de un crédito a otras partidas presupuestarias con idéntica vinculación jurídica
d. Las Bases de Ejecución del presupuesto deberán establecer el régimen de las transferencias de crédito y el órgano competente para autorizarlas en cada caso

951. No podrán generar créditos en los estados de gastos de los Presupuestos:

a. Los ingresos de naturaleza tributaria
b. Reembolsos de préstamos
c. Enajenación de bienes de la Entidad Local
d. Prestación de servicios

952. La incorporación de remanente de crédito quedará subordinada:

a. A la existencia de suficientes recursos financieros para ello
b. A que esté previsto en las Bases de Ejecución del presupuesto
c. A que los créditos estén vinculados a nivel de artículos
d. Todas las respuestas con correctas

953. Para que el remanente de crédito no utilizado, procedente de créditos extraordinarios, suplementos de créditos, y transferencias de crédito, se puedan incorporar a los correspondientes créditos de los Presupuestos de Gastos del ejercicio inmediato siguiente:

a. Deberán haberse concedido o autorizado en el último trimestre del ejercicio
b. Ha de referirse exclusivamente a gastos de inversión
c. Deberá haberse previsto en las Bases de Ejecución del Presupuesto
d. Todas las respuestas son correctas

954. No podrán incorporarse a los créditos de gastos del ejercicio siguiente, los remanentes que procedan de:

a. Los créditos que amparan compromisos de gastos del ejercicio anterior que a su vez derivan de compromisos de gastos obligatoriamente adquiridos en ejercicios anteriores
b. Los créditos por operaciones de capital
c. Los remanentes de créditos ya incorporados en el ejercicio precedente
d. Los créditos autorizados en función de la efectiva recaudación de los derechos afectados

955. No constituye una fase de la gestión de los Presupuestos de Gastos de las Entidades Locales:

a. Autorización del gasto
b. Disposición del pago
c. Reconocimiento de la obligación
d. Ordenación del pago

956. El compromiso del gasto es el acto mediante el cual:

a. Se acuerda la realización de un gasto determinado por una cuantía cierta o aproximada
b. Se acuerda la realización de un gasto previamente autorizado y por un importe exactamente determinado
c. Se declara la existencia de un crédito exigible contra la Entidad
d. Ninguna de las respuestas es correcta

957. El reconocimiento de la obligación es el acto mediante el cual:

a. Se acuerda la realización de gasto determinado por una cuantía cierta o aproximada
b. Se acuerda la realización de un gasto previamente autorizado y por un importe exactamente determinado
c. Se declara la existencia de un crédito exigible contra la Entidad
d. Ninguna de las respuestas es correcta

958. La autorización del gasto es el acto mediante el cual:

a. Se acuerda la realización de un gasto determinado por una cuantía cierta o aproximada
b. Se acuerda la realización de un gasto previamente autorizado y por un importe exactamente determinado
c. Se declara la existencia de un crédito exigible contra la Entidad
d. Ninguna de las respuestas es correcta

959. De las distintas fases de ejecución del gasto, no implica una relación con terceros externos a la Entidad Local:

a. La ordenación del gasto
b. La autorización del gasto
c. La liquidación de la obligación
d. El compromiso del gasto

960. En un mismo acto administrativo no podrá acumularse con la fase de autorización del gasto, y dentro de la gestión de los Presupuestos de gastos de la Entidades Locales:

a. La Ordenación del pago
b. La realización del pago
c. La Disposición y Reconocimiento de la Obligación
d. Las fases contenidas en las respuestas A) y B) no son acumulables con la autorización del gasto

961. Los perceptores de órdenes de pago a justificar deberán verificar la aplicación de las cantidades percibidas en el plazo máximo de:

a. Quince días   b. Tres meses
c. Un mes   d. Seis meses

962. Para que los fondos librados a justificar tengan el carácter de anticipos de caja fija, será necesario que en el gasto concurran unas características, como:

a. Que tengan carácter esporádico
b. Que tengan carácter de inventariable, cuando se trate de material de oficina
c. Que se refieran a dietas
d. Que no se destinen a conservación

963. En relación con los anticipos de Caja Fija no cabe afirmar que:

a. Se trata de provisiones de fondos de carácter no presupuestario
b. Serán objeto del adecuado seguimiento contable
c. Las cantidades debidamente justificadas se aplicarán a los conceptos presupuestarios a que correspondan
d. Los fondos no invertidos que, al finalizar el ejercicio económico, se hallen en poder de los respectivos habilitados, no podrán utilizarse en el nuevo ejercicio

964. Es una nota necesaria que deba concurrir en los gastos de carácter plurianual:

a. Que deba tener necesariamente una duración superior al año
b. Que suponga una excepción al principio presupuestario de anualidad
c. Que suponga comprometer gastos cuya ejecución rebase el ejercicio presupuestario
d. Todas las notas indicadas son predicables de los gastos de carácter plurianual

965. Con carácter general no podrán adquirirse compromisos de gastos que hayan de extenderse a ejercicios posteriores a aquél en que se autorice:

a. Cuando su ejecución se inicie en el propio ejercicio y además se encuentre en alguno de los casos determinados por la Ley
b. Cuando se trate de gastos para inversión y transferencias corrientes o de capital
c. Para arrendamientos de bienes muebles
d. Para atender cargas financieras de los Organismos Autónomos de la Entidad Local

966. Con carácter general el número de ejercicios para el que pueden adquirirse compromisos de gastos para inversiones y transferencias de capital es de, como máximo:

a. Tres   b. Cinco   c. Dos   d. Cuatro

967. El art. 174 del TR de la LRHL no establece una limitación al número de ejercicios a que pueden aplicarse gastos plurianuales respecto a:

a. Arrendamientos de bienes muebles
b. Cargas financieras de las Deudas de la Entidad Local
c. Inversiones
d. En ninguno de los casos indicados se establece límites en cuanto a las anualidades a que pueden aplicarse los gastos

968. De las notas siguientes, ¿cuál es la que diferencia a los créditos ampliables de la generación de créditos, entendidos ambos como supuestos de modificación presupuestaria?

a. El que suponga un incremento de determinados créditos de los Estados de Gastos
b. El incremento de determinados gastos está condicionado a la efectiva recaudación de derechos
c. El que sea necesario establecer formalmente una afectación entre el recurso y el crédito
d. Los créditos generados se pueden incorporar a los de los presupuestos de gastos del ejercicio siguiente

969. De acuerdo con lo previsto en el art. 186 del Texto Refundido de la LRHL, podrán crear una Unidad Central de Tesorería:

a. Las Entidades Locales Capitales de Provincia
b. Las Entidades Locales con población de derecho superior a 50.000 habitantes
c. Las Entidades Locales con población de derecho superior a 100.000 habitantes
d. Las Entidades Locales con población de derecho superior a 500.000 habitantes

970. La Unidad Central de Tesorería que pueden crear ciertas Entidades Locales tendrán atribuidas:

a. Las funciones de elaboración de las cuentas de la Entidad Local
b. Las funciones propias de Intervención y Tesorería
c. Las funciones de Ordenación del Pago
d. Las funciones de Fiscalización previa a la Ordenación de Pagos

971. La expedición de las órdenes de pago habrá de acomodarse, según dispone el art. 187 del Texto Refundido de la LRHL, al Plan de disposición de Fondos de la Tesorería que establezca:

a. El Presidente/a de la Corporación
b. El Tesorero/a
c. El Pleno
d. La Unidad de Ordenación de Pagos

972. De acuerdo con lo dispuesto en el art. 189 del Texto Refundido de la LRHL, los perceptores de subvenciones concedidas con cargo a los Presupuestos de las Entidades Locales vendrán obligados a acreditar, antes de su percepción:

a. La aplicación que darán a los fondos
b. Que se encuentran al corriente de sus obligaciones fiscales con la Entidad
c. La disponibilidad presupuestaria para hacer frente a las obligaciones que deriven del proyecto subvencionado
d. Las respuestas A) y B) son correctas

973. La aprobación de la liquidación del Presupuesto de una Entidad Local corresponde:

a. Al Presidente/a   b. Al Interventor/a
c. Al Pleno   d. Al Tesorero/a

974. La confección de la liquidación del Presupuesto de una Entidad Local deberá efectuarse antes del:

a. 31 de mayo del ejercicio siguiente
b. 1 de abril del ejercicio siguiente
c. 1 de marzo del ejercicio siguiente
d. 15 de febrero del ejercicio siguiente

975. La liquidación del Presupuesto puede definirse como el conjunto de operaciones tendentes a determinar:

a. El resultado presupuestario del ejercicio
b. Los remanentes de crédito
c. El remanente de Tesorería
d. Todas las respuestas son correctas

976. La liquidación del Presupuesto de Gastos por partidas presupuestarias, no pondrá de manifiesto:

a. Los derechos recaudados netos
b. Las modificaciones de crédito
c. Los créditos comprometidos
d. Los gastos autorizados

977. La liquidación del Presupuesto de ingresos por cada concepto no pondrá de manifiesto:

a. El crédito inicial
b. Los derechos reconocidos
c. Modificaciones de las previsiones iniciales
d. La previsión definitiva

978. Respecto a los derechos y obligaciones pendientes de cobro y pago, respectivamente, que han de determinarse como consecuencia de la liquidación del Presupuesto, no es correcto afirmar:

a. Que los derechos pendientes de cobro vendrán dados por el saldo de una serie de cuentas, después de la regularización de los derechos anulados del Presupuesto de ingresos
b. Que tales derechos y obligaciones incluirán aquellos pendientes de cobro como de pago, respectivamente, tanto de naturaleza presupuestaria como extrapresupuestaria
c. Se tomarán con referencia al 31 de diciembre del correspondiente ejercicio económico
d. Ninguna de las respuestas es correcta

979. Del resultado presupuestario previsto en el art. 96 del R.D. 500/1990 cabe extraer una serie de notas, entre las que no se encuentra:

a. Dará una magnitud que se refleja directamente en una de las cuentas específicas de los Planes de Cuentas Locales
b. Compara el Presupuesto de ingresos con el Presupuesto de gastos en términos de ejecución
c. Se refiere a un ejercicio concreto
d. Representa en qué medida los derechos reconocidos en el ejercicio han sido suficientes para cubrir las obligaciones del mismo periodo

980. El R.D. 500/1990 desarrolla:

a. El Capítulo II del Título IV de la Ley 39/1988 de 28 de diciembre
b. El Capítulo III del Título V de la Ley 39/1988 de 28 de diciembre
c. El Capítulo IV del Título III de la Ley 39/1988 de 28 de diciembre
d. El Capítulo I del Título VI de la Ley 39/1988 del 28 de diciembre

981. El R.D. 500/1990 es de fecha:

a. 15 de mayo   b. 20 de abril
c. 10 de septiembre d. 8 de febrero

982. Como consecuencia de la liquidación del Presupuesto deberán determinarse:

a. Los derechos pendientes de cobro y las obligaciones pendientes de pago a 31 de diciembre
b. Los remanentes de crédito y de Tesorería
c. El resultado presupuestario del ejercicio
d. Todas las respuestas son correctas

983. Las Entidades Locales remitirán copia de las liquidaciones de sus Presupuestos a la Administración del Estado y a la Comunidad Autónoma antes del:

a. 1 de junio   b. 31 de marzo
c. 31 de mayo   d. 15 de abril

984. El art. 193 del Texto Refundido de la LRHL prevé que el Pleno adopte una serie de medidas en caso de que resulte un remanente negativo de Tesorería de la liquidación del Presupuesto. De dichas medidas, la primera por la que debe optar antes de acudir a otras es:

a. Aprobar el Presupuesto del ejercicio siguiente con un superávit inicial de cuantía no inferior al déficit resultante
b. Aprobar una operación de crédito
c. Reducción de gastos del nuevo Presupuesto por cuantía igual al déficit
d. Aprobar un Plan de saneamiento

985. Las operaciones de crédito que se concierten con la finalidad de financiar el remanente negativo de Tesorería no podrán exceder de los recursos ordinarios del Presupuesto en un:

a. 25%   b. 5%   c. 7%.   d. 35%

986. De la liquidación de cada uno de los Presupuestos que integran el Presupuesto General y de los estados financieros de las Sociedades mercantiles dependientes de la Entidad Local, una vez realizada su aprobación, se dará cuenta:

a. Al Concejal o Diputado Delegado de Hacienda
b. A la Junta de Gobierno
c. Al Pleno, en su primera sesión
d. Al Presidente/a

987. La fiscalización externa de las cuentas y la gestión económica de las Entidades locales y de todos los Organismos y Sociedades de ellas dependientes es función propia de:

a. El Ministerio de Hacienda
b. El Tribunal de Cuentas
c. El Tribunal Superior de Justicia de la Comunidad Autónoma
d. La Inspección de Hacienda

988. El control interno de la gestión económica de las Entidades Locales que se encarga de verificar que la actuación controlada se acomoda a la legalidad vigente, se identifica con la función:

a. De control financiero
b. Interventor/a
c. De control de funcionamiento
d. De control de eficacia

989. El ejercicio de la función Interventor/a sobre la gestión económica de las Entidades Locales, comprenderá una serie de actividades que se relacionan en el art. 214 del Texto Refundido de la LRHL. Sin embargo, no se encuentra entre dichas actividades:

a. La intervención y comprobación material de las inversiones
b. La intervención material del gasto
c. La intervención formal de la ordenación de pagos
d. La intervención crítica de todo acto susceptible de producir obligaciones de contenido económico

990. Se suspenderá la tramitación del expediente si el reparo, puesto de manifiesto por el Interventor/a, afecta a la disposición de gastos, en los siguientes casos:

a. Omisión en el expediente de los trámites esenciales
b. Cuando el reparo derive de comprobaciones materiales de obras
c. Cuando se base en la insuficiencia de crédito
d. Todos los supuestos enumerados determinan la suspensión de la tramitación del expediente

991. Cuando el órgano a que afecte el reparo manifestado por el Interventor/a no esté de acuerdo con el mismo, no es correcto afirmar:

a. Que, con carácter general, corresponderá al Presidente/a de la Corporación resolver la discrepancia
b. Que el Presidente/a de la Corporación podrá delegar en el Pleno o Junta de Gobierno, la competencia para resolver las discrepancias surgidas
c. Que la resolución del Presidente/a, resolviendo las discrepancias, es ejecutiva
d. Que en determinados supuestos corresponde al Pleno resolver las discrepancias surgidas

992. Efectuado un reparo por el Interventor/a, si existiese discrepancia por el órgano a que afecte el reparo, corresponderá al Pleno resolverla:

a. Cuando el reparo se base en inadecuación de crédito
b. Cuando el reparo se base en la omisión, en el expediente, de requisitos esenciales
c. Cuando el reparo se base en no haberse fiscalizado los actos que dieran origen a las órdenes de pago
d. En ningún caso corresponde al Pleno resolver las discrepancias salvo que se haya delegado tal competencia por el alcalde

993. Cuando el órgano Interventor/a de una Entidad Local formule reparos contra resoluciones adoptadas por el Presidente/a de la Entidad Local y aún así se adopten por éste, el Interventor/a:

a. Deberá elevar al Pleno un informe al respecto
b. Deberá dar traslado de los reparos al Tribunal de Cuentas
c. Deberá dar cuenta al Juzgado competente si constituyen delito los acuerdos adoptados
d. Ninguna de las respuestas es correcta

994. De acuerdo con lo previsto en el art. 219 del Texto Refundido de la LRHL, determinados actos no estarán sujetos a previa fiscalización, si bien entre ellos no se encuentra:

a. Gastos de material no inventariable
b. Los contratos menores
c. Los contratos de carácter periódico, una vez intervenido el gasto correspondiente al período inicial
d. Todo gasto menor de 3.005,06 euros

995. El Pleno podrá acordar que la Intervención previa se limite a comprobar:

a. La existencia de crédito presupuestario
b. Que los gastos se generan por órgano competente
c. Que el crédito presupuestario propuesto para hacer frente a un gasto sea el adecuado a la
naturaleza de éste
d. Todas las respuestas son correctas

996. El control financiero ejercido por el órgano Interventor/a de las Entidades Locales tiene por objeto comprobar el funcionamiento de los servicios de dichas Entidades Locales, en el aspecto:

a. Económico-financiero
b. De legalidad
c. De oportunidad
d. Cumplimiento de los objetivos previstos

997. El control financiero que lleva a cabo el órgano Interventor/a de una Entidad Local se realizará por procedimientos de:

a. Muestreos
b. Análisis de costes
c. Auditorías
d. Fiscalización

998. El control de eficacia, llevado a cabo por el órgano Interventor/a de una Entidad Local, tendrá por objeto:

a. Comprobación periódica del grado de cumplimiento de los objetivos
b. Análisis del coste de funcionamiento de los servicios
c. Análisis del rendimiento de las inversiones
d. Todas las respuestas son correctas

999. Según el Texto Refundido de la LRHL las Entidades Locales habrán de rendir la Cuenta General correspondiente al ejercicio económico anterior al Tribunal de Cuentas, antes del día:

a. 1 de septiembre
b. 15 de octubre
c. 1 de noviembre
d. No se establece una fecha concreta de presentación

1000. Entre los criterios que una Entidad Local puede o ha de seguir para clasificar los créditos incluidos en el estado de gastos del Presupuesto General, no prevé la norma que regula su estructura que se clasifiquen:

a. Por áreas de gastos
b. Por Programas
c. Por Unidades Orgánicas, opcionalmente
d. Por Categorías Económicas

1001. El detalle de los créditos del estado de gastos del Presupuesto de una Entidad Local que se ordenen según su finalidad y objetivos que con ello se propongan conseguir se presentarán, como mínimo, a nivel de:

a. Artículo
b. Concepto
c. Grupo de Programas
d. Capítulo

1002. El detalle de los Créditos ordenados según su naturaleza económica, se presentarán como mínimo a nivel de:

a. Artículo
b. Concepto
c. Políticas de Gasto
d. Capítulo

1003. Se entenderá por crédito inicial el asignado:

a. A cada Programa del Presupuesto de la Entidad definitivamente aprobado
b. A cada Partida del Presupuesto de la Entidad definitivamente aprobado
c. A cada Programa del Presupuesto de la Entidad inicialmente aprobado
d. A cada aplicación del Presupuesto de la Entidad definitivamente aprobado

1004. Para las previsiones incluidas en los estados de ingresos del Presupuesto de la Entidad Local, la norma que regula la estructura presupuestaria no prevé la clasificación por:

a. Subprogramas
b. Artículos
c. Capítulos
d. Subconceptos

1005. Los planes de inversión que se acompañan como anexo al Presupuesto de una Entidad Local se revisarán:

a. Con carácter semestral
b. Cuando se ejecuten los mismos
c. Cada año
d. No se establece plazo

1006. En la clasificación económica de los gastos de un Presupuesto de la Entidad Local los subconceptos se pueden desarrollar a través de:

a. Partidas
b. Artículos
c. Capítulos
d. Ninguna de las respuestas es correcta

1007. En una clasificación económica del Estado de Gastos de un Presupuesto de la Entidad Local, los gastos destinados a la adquisición de material no inventariable se incluyen en el Capítulo de:

a. Gastos corrientes en bienes y servicios
b. Gastos de transferencias de operaciones corrientes
c. Gastos de inversión
d. Activos financieros

1008. En la clasificación económica de los ingresos de un Presupuesto de una Entidad Local, cuando éstos procedan de la emisión de Deuda Pública, se incluirán en el capítulo de:

a. Activos financieros
b. Transferencias corrientes
c. Pasivos financieros
d. Transferencias de Capital.

Respuestas

Tema 1
001 A
002 C
003 B
004 D
005 A
006 C
007 C
008 A
009 B
010 A
011 D
012 B
013 D
014 C
015 B
016 B
017 B
018 C
019 C
020 C
021 B
022 C
023 B
024 B
025 A
026 B
027 A
028 B
029 C
030 B
031 D
032 C
033 D
034 A
035 D
036 B
037 C
038 D
039 A
040 A
041 D
042 A
043 D
044 D
045 D
046 C
047 A
048 A
049 C
050 C
051 B
052 A
053 C

Tema 2
054 C
055 D
056 A
057 B
058 C
059 C
060 C
061 B
062 C
063 B
064 B
065 B
066 B
067 C
068 C
069 B
070 C
071 A
072 D
073 A
074 C
075 A
076 B
077 C
078 C
079 D
080 A
081 C
082 D
083 B
084 B
085 B
086 C
087 B
088 D
089 C
090 B
091 C
092 D
093 A
094 D
095 C
096 C
097 D
098 D
099 D
100 D
101 D
102 C
103 C
104 D
105 D
106 A
107 B
108 B
109 C
110 D
111 D
112 B

Tema 3
113 B
114 C
115 A
116 B
117 C
118 C
119 D
120 C
121 C
122 C
123 D
124 D
125 B
126 B
127 D
128 B
129 B
130 B
131 C
132 C
133 D
134 C
135 D
136 C
137 C
138 C
139 A
140 C
141 C
142 C
143 D
144 C
145 D
146 B
147 C
148 C
149 B
150 D
151 D
152 D
153 C
154 C
155 C
156 A
157 C
158 D
159 B
160 C
161 D
162 B
163 B
164 A
165 D
166 A
167 B
168 B
169 B
170 B
171 B
172 B
173 D
174 C
175 B
176 A
177 A
178 B
179 C
180 A
181 B
182 B
183 C
184 B
185 C
186 C
187 B
188 C
189 B
190 D
191 B
192 C
193 C
194 C
195 B
196 A
197 D
198 B
199 D
200 C
201 A
202 C
203 D
204 C
205 D
206 B
207 A
208 C
209 B
210 C
211 B
212 C
213 A
214 C
215 C
216 B
217 B
218 A
219 A
220 A
221 C
222 A
223 C
224 A
225 B
226 D
227 B
228 A
229 C
230 D
231 C
232 C
233 D
234 C
235 C
236 C
237 D
238 D
239 C
240 B
241 C
242 B
243 B
244 C
245 A

Tema 4
246 A
247 A
248 C
249 C
250 C
251 A
252 A
253 C
254 B
255 D
256 D
257 C
258 C
259 C
260 B
261 B
262 D
263 B
264 C
265 B

Tema 5
266 B
267 B
268 C
269 C
270 A
271 B
272 C
273 B
274 A
275 C
276 D
277 A
278 A
279 D
280 B
281 C
282 C
283 D
284 A
285 C
286 D
287 C
288 B
289 A
290 C
291 B
292 C
293 C
294 D
295 A
296 D
297 B
298 D
299 D
300 C
301 C
302 D
303 C
304 C
305 D
306 A
307 B
308 C
309 C
310 C
311 A
312 B
313 B
314 D
315 D
316 D
317 C
318 C
319 C
320 B
321 B
322 B
323 D
324 A
325 B
326 D
327 D
328 C
329 B
330 A
331 A

Tema 5
332 C
333 C
334 C
335 B
336 D
337 B
338 A
339 D
340 B
341 A
342 D
343 A
344 C
345 D
346 C
347 C
348 D
349 C
350 B
351 A
352 C
353 B

Tema 7-8
354 D
355 C
356 A
357 D
358 B
359 C
360 D
361 A
362 A
363 D
364 B
365 D
366 B
367 B
368 D
369 D
370 C
371 B
372 C
373 B
374 C
375 D
376 B
377 B
378 B
379 D
380 D
381 C
382 C
383 D
384 C
385 C
386 B
387 D
388 C
389 B
390 A
391 C
392 C
393 A
394 C
395 A
396 B
397 B

Tema 9
398 C
399 A
400 A
401 B
402 A
403 D
404 B
405 C
406 A
407 B
408 B
409 C
410 A
411 C
412 D
413 A
414 C
415 D
416 A
417 B
418 C
419 C
420 C
421 C
422 D
423 D
424 C
425 B
426 A
427 C
428 C
429 B
430 C
431 A
432 A
433 C
434 C
435 A
436 A
437 D
438 A
439 B
440 C
441 B
442 A
443 D
444 A
445 D
446 D
447 C
448 A
449 A
450 A
451 C
452 C
453 B
454 B

Tema 10-11
455 B
456 C
457 D
458 B
459 A
460 D
461 B
462 B
463 D
464 C
465 C
466 B
467 A
468 C
469 D
470 C
471 B
472 B
473 A
474 A
475 B
476 C
477 C
478 A
479 B
480 D
481 D
482 C
483 D
484 A
485 D

486 A	534 A	**Tema 14**	624 B	673 B	722 C	771 C	819 C	867 B	915 A	964 D
487 D	535 B	578 C	625 A	674 D	723 D	772 B	820 D	868 B	916 B	965 C
488 B	536 C	579 B	626 B	675 D	724 C	773 D	821 A	869 C	917 D	966 D
489 C	537 A	580 C	627 C	676 A	725 C	774 A	822 D	870 D	918 B	967 B
490 C	538 B	581 B	628 C	677 A	726 B	775 A	823 C	871 C	919 B	968 C
491 A	539 B	582 A	629 D	678 A	727 A	776 B	824 C	872 A	920 C	969 D
492 C	540 B	583 D	630 D	679 B	728 B	777 C	825 A	873 B	921 C	970 C
493 C	**Tema 13**	584 D	631 A	680 B	729 C	778 C	826 B	874 B	922 C	971 A
494 D	541 B	585 A	632 A	681 C	730 A	779 A	827 D	875 C	923 A	972 B
495 C	542 B	586 D	633 A	682 C	731 B	780 C	828 A	876 D	924 D	973 A
496 B	543 A	587 A	634 A	683 B	732 C	781 D	829 C	877 B	925 C	974 C
497 D	544 A	588 C	635 B	684 C	733 D	782 C	830 D	878 C	926 C	975 D
498 A	545 C	589 C	636 D	685 C	734 C	783 C	831 C	879 A	927 D	976 A
499 A	546 B	590 D	637 A	686 C	735 B	784 C	832 C	880 C	928 C	977 A
500 C	547 B	591 D	638 C	687 C	736 A	785 A	833 A	881 C	929 C	978 B
501 B	548 C	**Tema 15**	639 A	688 B	737 A	786 A	834 B	882 C	930 D	979 A
502 C	549 B	592 A	640 B	689 B	738 A	787 C	835 B	883 C	931 D	980 D
503 C	550 D	593 A	641 D	690 A	739 C	788 C	836 C	884 C	932 A	981 B
504 B	551 B	594 D	642 D	691 A	740 C	789 C	837 D	885 C	933 C	982 D
505 A	552 C	595 C	643 C	692 A	741 A	**Tema 16**	838 D	886 D	934 D	983 B
506 C	553 A	596 B	644 B	693 B	742 B	790 A	**Tema 17**	887 D	935 D	984 C
507 C	554 D	597 B	645 A	694 A	743 A	791 D	839 A	888 C	936 B	985 B
508 C	555 C	598 A	646 C	695 B	744 A	792 D	840 B	889 A	937 D	986 C
509 C	556 C	599 B	647 C	696 C	745 A	793 C	841 B	890 C	938 C	987 B
510 B	557 C	600 D	648 D	697 D	746 C	794 B	842 C	891 B	939 C	988 B
511 D	558 C	601 B	649 B	698 B	747 C	795 C	843 D	892 C	940 C	989 B
512 D	559 B	602 A	650 A	699 B	748 A	796 D	844 C	893 A	941 B	990 D
513 A	560 D	603 C	651 A	700 C	749 A	797 A	845 C	894 C	942 B	991 B
514 C	561 B	604 B	652 C	701 A	750 A	798 D	846 C	895 D	943 B	992 A
515 C	562 A	605 D	653 B	702 A	751 C	799 B	847 C	896 C	944 D	993 A
Tema 12	563 B	606 C	654 D	703 D	752 B	800 D	848 D	897 C	945 D	994 D
516 C	564 B	607 C	655 C	704 A	753 A	801 B	849 A	898 C	946 B	995 D
517 A	565 C	608 B	656 B	705 A	754 C	802 C	850 B	**Tema 18**	947 A	996 A
518 B	566 C	609 C	657 C	706 C	755 C	803 B	851 A	899 C	948 D	997 C
519 C	567 A	610 A	658 B	707 C	756 D	804 B	852 B	900 D	949 C	998 D
520 B	568 A	611 B	659 D	708 D	757 B	805 A	853 D	901 D	950 D	999 B
521 D	569 D	612 B	660 C	709 A	758 D	806 D	854 C	902 B	951 A	1000 A
522 C	570 B	613 D	661 A	710 A	759 C	807 C	855 B	903 D	952 A	1001 C
523 C	571 C	614 C	662 B	711 A	760 B	808 B	856 C	904 D	953 A	1002 B
524 A	572 C	615 C	663 D	712 C	761 A	809 A	857 D	905 C	954 C	1003 D
525 D	573 D	616 D	664 B	713 C	762 B	810 C	858 D	906 D	955 B	1004 A
526 C	574 D	617 B	665 D	714 B	763 B	811 B	859 C	907 C	956 B	1005 C
527 B	575 C	618 C	666 A	715 C	764 B	812 C	860 C	908 C	957 C	1006 A
528 C	576 A	619 A	667 C	716 D	765 C	813 D	861 C	909 B	958 A	1007 A
529 B	577 B	620 B	668 C	717 C	766 A	814 B	862 B	910 C	959 B	1008 C
530 A		621 C	669 B	718 C	767 C	815 C	863 C	911 D	960 D	
531 B		622 B	670 D	719 D	768 C	816 C	864 C	912 C	961 B	
532 C		623 C	671 C	720 C	769 D	817 C	865 C	913 A	962 C	
533 B			672 B	721 C	770 C	818 C	866 D	914 B	963 D	

www.ingramcontent.com/pod-product-compliance
Lightning Source LLC
Chambersburg PA
CBHW082321220526
45470CB00008B/2371